Simon Weiß NAN

Ganzheitliches Schulungskonzept aus der Praxis für die Praxis.

Speziell für Medizinprodukte-Industrie

- Medizinprodukterecht
- In-Verkehr-Bringen und internationale Zulassung
- Produktionshygiene und Sterilität
- Anforderungen an die Produktsicherheit
- Qualitäts-, Risiko- und Prozessmanagement

Speziell für Kliniken, stationäre und ambulante Pflege

- Medizinprodukterecht
- Medizintechnik und IT
- Anforderungen an den sicheren Betrieb

Sprechen Sie uns an! Wir beraten Sie gern.

TÜV Rheinland Akademie GmbH
Am Grauen Stein · 51105 Köln
Tel. 0800 8484006 (gebührenfrei)
servicecenter@de.tuv.com
www.tuev-akademie.de

Praxiswissen Medizintechnik

**Eine Vorschriftensammlung zum
Medizinprodukterecht mit Fachwörterbuch**
6. aktualisierte Auflage

MPG & Co.

Rolf-Dieter Böckmann / Horst Frankenberger

Das Fachwörterbuch ist ein aktualisierter Auszug aus dem umfassenden Fachwörterbuch in:

Rolf-Dieter Böckmann / Horst Frankenberger
Durchführungshilfen zum Medizinproduktegesetz
Schwerpunkt Medizintechnik und In-vitro-Diagnostika
Praxisnahe Hinweise, Erläuterungen, Textsammlung
Loseblattwerk, TÜV Media GmbH, Köln
ISBN 3-8249-0227-3 (Grundwerk inklusive jeweils letzter Ergänzungslieferung)

Bibliografische Informationen Der Deutschen Nationalbibliothek

Die Deutsche Nationalbibliothek verzeichnet diese Publikation in der Deutschen Nationalbibliografie; detaillierte bibliografische Daten sind im Internet über http://portal.d-nb.de abrufbar.

ISBN: 978-3-8249-1384-8

Die Inhalte dieses Werkes werden von Verlag, Herausgeber und Autoren nach bestem Wissen und Gewissen erarbeitet und zusammengestellt. Eine rechtliche Gewähr für die Richtigkeit der einzelnen Angaben kann jedoch nicht übernommen werden. Gleiches gilt auch für die Websites, auf die über Hyperlinks verwiesen wird. Es wird betont, dass wir keinerlei Einfluss auf die Inhalte und Formulierungen der verlinkten Seiten haben und auch keine Verantwortung für sie übernehmen. Grundsätzlich gelten die Wortlaute der Gesetzestexte und Richtlinien sowie die einschlägige Rechtsprechung.

Gesamtherstellung: TÜV Media GmbH, Köln 2010
Printed in Germany 2014
www.tuev-media.de
© by TÜV Media GmbH, TÜV Rheinland Group
® TÜV, TUEV und TUV sind eingetragene Marken. Eine Nutzung und Verwendung bedarf der vorherigen Zustimmung.

Inhalt

Vorwort 7

Einführung 9

Gesetze
MPG	Gesetz über Medizinprodukte	17
HWG	Gesetz über die Werbung auf dem Gebiete des Heilwesens	65

Verordnungen
MPV	Verordnung über Medizinprodukte	75
MPBetreibV	Verordnung über das Errichten, Betreiben und Anwenden von Medizinprodukten	85
MPKPV	Verordnung über klinische Prüfungen von Medizinprodukten	101
MPSV	Verordnung über die Erfassung, Bewertung und Abwehr von Risiken bei Medizinprodukten	113
DIMDIV	Verordnung über das datenbankgestützte Informationssystem über Medizinprodukte des Deutschen Instituts für Medizinische Dokumentation und Information	127
MPVertrV	Verordnung über Vertriebswege für Medizinprodukte	181
MPVerschrV	Verordnung über die Verschreibungspflicht von Medizinprodukten	185
BGebV-MPG	Gebührenverordnung zum Medizinproduktegesetz und den zu seiner Ausführung ergangenen Rechtsverordnungen	189

Inhalt

EG-Richtlinien

AIMDD	Richtlinie 90/385/EWG über aktive implantierbare medizinische Geräte	195
MDD	Richtlinie 93/42/EWG über Medizinprodukte	245
IVDD	Richtlinie 98/79/EG über In-vitro-Diagnostika	331
TSED	Richtlinie 2003/32/EG mit genauen Spezifikationen an unter Verwendung von Gewebe tierischen Ursprungs hergestellte Medizinprodukte	389
BID	Richtlinie 2003/12/EG zur Neuklassifizierung von Brustimplantaten	403
JRD	Richtlinie 2005/50/EG zur Neuklassifizierung von Gelenkersatz für Hüfte, Knie und Schulter	405

Fachwörterbuch 411

Vorwort zur 6. überarbeiteten und aktualisierten Auflage

Dieses Taschenbuch enthält die wichtigsten Gesetze, Verordnungen und EU-Richtlinien, die für den täglichen Umgang mit dem Medizinprodukterecht von Bedeutung sind in handlicher Form.

In der vorliegenden 6. Auflage werden die durch das Gesetz zur Änderung medizinprodukterechtlicher Vorschriften vom 29. Juli 2009 und durch das Gesetz zur Änderung krankenversicherungsrechtlicher und anderer Vorschriften vom 24. Juli 2010 erfolgten Änderungen des Medizinprodukterechts, die neue Verordnung über klinische Prüfungen von Medizinprodukten vom 10. Mai 2010 und die mit diesem Datum ebenfalls geänderten Verordnungen berücksichtigt. Die neuen bzw. geänderten Texte sind durch Unterstreichungen kenntlich gemacht. Ebenfalls sind die durch die Richtlinie 2007/47/EG bedingten Änderungen der Richtlinie 90/385/EWG und der Richtlinie 93/42/EWG und die durch die EG-Verordnung Nr. 596/2009 erfolgten Änderungen der Richtlinie 98/79/EG durch Unterstreichung zu erkennen. Bei jeder Rechtsnorm ist in der Fußnote die Grundlage für die Unterstreichung angegeben.

Die 6. Auflage enthält folgende nationale Regelungen (Stand September 2010):
- Medizinproduktegesetz, zuletzt geändert am 24. Juli 2010,
- Heilmittelwerbegesetz, zuletzt geändert am 26. April 2006,
- Medizinprodukte-Verordnung, zuletzt geändert am 10. Mai 2010,
- Medizinprodukte-Betreiberverordnung, zuletzt geändert am 29. Juli 2009,
- Medizinprodukte-Klinische Prüfungsverordnung vom 10. Mai 2010,
- Medizinprodukte-Sicherheitsplanverordnung, zuletzt geändert am 10. Mai 2010,
- DIMDI-Verordnung, zuletzt geändert am 10. Mai 2010,
- Medizinprodukte-Vertriebswegeverordnung, zuletzt geändert am 31. Oktober 2006,
- Medizinprodukte-Verschreibungspflichtverordnung, zuletzt geändert am 23. Juni 2005
- Medizinprodukte-Gebührenverordnung, zuletzt geändert am 10. Mai 2009.

Darüber hinaus sind die relevanten europäischen Richtlinien 90/385/EWG und 93/42/EWG, in der ab 21. März 2010 anzuwendenden Fassung, und die Richtlinie 98/79/EG, in der ab 7. August 2009 anzuwendenden Fassung, enthalten.

Das Fachwörterbuch mit ca. 260 Fachbegriffen ist im Vergleich zur 5. Auflage erweitert und aktualisiert worden. Berücksichtigt werden neben Fachbegriffen aus den angegebenen Gesetzen, Verordnungen und EU-Richtlinien und -Verordnungen u. a. Begriffe aus
- der neu in die Medizinprodukte-Betreiberverordnung aufgenommenen RiLiBÄK,
- dem am 31. Juli 2009 veröffentlichten Akkreditierungsstellengesetz und aus
- der Verordnung (EG) Nr. 765/2008 über die Vorschriften für die Akkreditierung und Marktüberwachung,

Vorwort zur 6. Auflage

- der am 13. Mai 2010 in Kraft getretenen Verordnung über klinische Prüfungen von Medizinprodukten.

Zu wichtigen Fachbegriffen werden Definitionen und praxisnahe Hinweise angegeben.

Kommentierungen und praxisnahe Erläuterungen zum Medizinproduktegesetz und zu den dazugehörigen Verordnungen sind in den *„Durchführungshilfen zum Medizinproduktegesetz"* [1] zu finden. Dieses Loseblattwerk zeigt Lösungen auf zur Umsetzung der Forderungen des Medizinprodukterechts und vermittelt einen umfassenden Überblick zu diesem Rechtsgebiet.

Rolf-Dieter Böckmann   *Horst Frankenberger*

---

[1] Böckmann / Frankenberger
Durchführungshilfen zum Medizinproduktegesetz
Schwerpunkt Medizintechnik und In-vitro-Diagnostika
Praxisnahe Hinweise, Erläuterungen, Textsammlung
Loseblattwerk, TÜV Media GmbH, Köln
ISBN 3-8249-0227-3 (Grundwerk inklusive jeweils letzter Ergänzungslieferung)

Einführung zur 6. überarbeiteten und aktualisierten Auflage

Medizinprodukte unterliegen im Europäischen Wirtschaftsraum im Hinblick auf den freien Warenverkehr einheitlichen regulatorischen Vorschriften in Form von europäischen Richtlinien und europäischen Verordnungen. Europäische Richtlinien wenden sich an die Mitgliedstaaten und sind von diesen in nationales Recht umzusetzen. Europäische Verordnungen gelten ab dem Zeitpunkt ihres Inkrafttretens unmittelbar in jedem Mitgliedstaat, eine Umsetzung in nationale Rechtsvorschriften ist nicht erforderlich.

Für Medizinprodukte sind u. a. folgende EU-Richtlinien zu beachten:
- 90/385/EWG über aktive implantierbare medizinische Geräte, zuletzt geändert durch Artikel 1 der Richtlinie 2007/47/EG;
- 93/42/EWG über Medizinprodukte, zuletzt geändert durch Artikel 2 der Richtlinie 2007/47/EG, einschließlich der Ergänzungsrichtlinien
  - 2003/12/EG zur Neuklassifizierung von Brustimplantaten im Rahmen der Richtlinie 93/42/EWG über Medizinprodukte,
  - 2003/32/EG mit genauen Spezifikationen bezüglich der in der Richtlinie 93/42/EWG festgelegten Anforderungen an unter Verwendung von Gewebe tierischen Ursprungs hergestellte Medizinprodukte,
  - 2005/50/EG zur Neuklassifizierung von Gelenkersatz für Hüfte, Knie und Schulter im Rahmen der Richtlinie 93/42/EWG über Medizinprodukte;
- 98/79/EG über In-vitro-Diagnostika, zuletzt geändert durch Verordnung (EG) Nr. 596/2009.

Weitere auch das Medizinprodukterecht beeinflussende Maßnahmen hat der europäische Gesetzgeber 2008 erlassen. Es handelt sich um:
- den Beschluss 768/2008/EG über einen gemeinsamen Rechtsrahmen für die Vermarktung von Produkten.
  „Dieser Beschluss stellt somit einen allgemeinen horizontalen Rahmen für künftige Rechtsvorschriften zur Harmonisierung der Bedingungen für die Vermarktung von Produkten und einen Bezugspunkt für geltende Rechtsvorschriften dar." [1]
- die Verordnung (EG) Nr. 765/2008 über die Vorschriften für die Akkreditierung und Marktüberwachung im Zusammenhang mit der Vermarktung von Produkten. Diese Verordnung hat die „Neue Konzeption" auf dem Gebiet der technischen Harmonisierung und Normung wesentlich geändert.[2]

---

1) Beschluss Nr. 768/2008/EG des Europäischen Parlaments und des Rates vom 9. Juli 2008 über einen gemeinsamen Rechtsrahmen für die Vermarktung von Produkten und zur Aufhebung des Beschlusses 93/465/EWG des Rates [ABl. Nr. L218 vom 13. 8. 2008, S. 82]

2) Verordnung (EG) Nr. 765/2008 des Europäischen Parlaments und des Rates vom 9. Juli 2008 über die Vorschriften für die Akkreditierung und Marktüberwachung im Zusammenhang mit der Vermarktung von Produkten und zur Aufhebung der Verordnung (EWG) Nr. 339/93 des Rates [ABl. Nr. L 218 vom 13. 8. 2008, S. 30]

Einführung zur 6. Auflage

Nach *Anselmann* beseitigt die Verordnung (EG) Nr. 765/2008 zusammen mit dem Beschluss 768/2008/EG bei der „Neuen Konzeption" aufgetretene Schwachstellen und „führt erstmals eine europäische Rechtsgrundlage für die Akkreditierung ein".[3] Gemäß der Verordnung (EG) Nr. 765/2008, müssen die Mitgliedstaaten seit dem 1. Januar 2010 eine einzige nationale Akkreditierungsstelle benannt haben. In Deutschland wurde die Deutsche Akkreditierungsstelle (DAkkS) errichtet, die die Anforderungen der Verordnung (EG) Nr. 765/2008 erfüllt. Mit dem Akkreditierungsstellengesetz (AkkStelleG) vom 31. Juli 2009 wurde in der Bundesrepublik der gesetzliche Rahmen für die Organisation des bislang zersplitterten Akkreditierungswesens in Deutschland geschaffen.

Bedingt durch die in 2007 und 2008 in der Europäischen Union vorgenommenen Änderungen im Medizinprodukterecht wurde in der Bundesrepublik das Medizinproduktegesetz (MPG) vom 2. August 1994 mit dem Gesetz zur Änderung medizinprodukterechtlicher Vorschriften vom 29. Juli 2009 aktualisiert und mit Artikel 12 des Gesetzes zur Änderung krankenversicherungsrechtlicher und anderer Vorschriften vom 24. Juli 2010 korrigiert.

Wesentliche sich ergebende Änderungen sind beispielsweise:
- Anpassung der Regulierungen für aktive implantierbare medizinische Geräte an die Vorschriften für Medizinprodukte der Richtlinie 93/42/EWG;
- Neuregelung der Anforderungen an die Genehmigung und Durchführung von klinischen Prüfungen;
- Erweiterung der Zuständigkeit des Bundesinstituts für Arzneimittel und Medizinprodukte;
- Klinische Bewertung als notwendige Voraussetzung für den Nachweis der Übereinstimmung mit den Grundlegenden Anforderungen für alle Medizinprodukte der Richtlinien 90/385/EWG und 93/42/EWG;
- Klassifizierung von Software als aktives Medizinprodukt, wenn sie vom Hersteller speziell für diagnostische oder therapeutische Anwendungen bestimmt ist;
- Erweiterung der Aufgaben von Benannten Stellen beim Bewerten der technischen Dokumentation bei Medizinprodukten der Klassen IIa und IIb;
- Herausnahme der Anforderungen an die Akkreditierungstätigkeiten aus dem Medizinproduktegesetz und Verlagerung in das Akkreditierungsstellengesetz vom 29. Juli 2009.

Die Verordnung (EG) Nr. 765/2008 zusammen mit dem Beschluss 768/2008/EG hat die „Neue Konzeption" wesentlich beeinflusst. Die neuen Harmonisierungsrechtsvorschriften für die „Vermarktung von Produkten" basieren u. a. auf folgenden Eckpfeilern:
- **Erfüllung der Wesentlichen (Grundlegenden) Anforderungen** zum Schutz der einschlägigen öffentlichen Interessen – als eine wesentliche Grundlage für den freien Warenverkehr innerhalb des Europäischen Wirtschaftsraums.

---

3) *Anselmann, N.*: Europäische technische Vorschriften und Normen – Grundlegende Reform mit Auswirkung auf Medizinprodukte. Medizinprodukte Journal 16 (2009), Nr. 1, S. 36

Da auf ein Produkt mehr als eine Richtlinie anwendbar sein kann – beispielsweise auf ein Medizinprodukt die Richtlinie 93/42/EWG und die Maschinenrichtlinie 2006/42/EG – sind die jeweils zutreffenden Grundlegenden Anforderungen und Grundlegenden Sicherheits- und Gesundheitsschutzanforderungen zu berücksichtigen.

- **Verweis auf freiwillig anwendbare „Europäische Harmonisierte Normen".**
Die freiwillig anwendbaren „Europäischen Harmonisierten Normen" konkretisieren die Wesentlichen (Grundlegenden) Anforderungen der EU-Richtlinien. Einer „Europäischen Harmonisierten Norm" wird eine „Vermutung der Konformität mit den einschlägigen gesetzlichen Schutzanforderungen zugeschrieben"[4]. Im Anhang I des Beschlusses 768/2008/EG[5] wird eine Harmonisierte Norm definiert als: „Norm, die von einem der in Anhang I der Richtlinie 98/34/EG anerkannten europäischen Normungsgremien auf der Grundlage eines Ersuchens der Kommission nach Artikel 6 jener Richtlinie erstellt wurde." Die im Anhang I der Richtlinie 98/34/EG genannten anerkannten europäischen Normenorganisationen sind:
    - Europäisches Komitee für Normung (CEN),
    - Europäisches Komitee für Elektrotechnische Normung (CENELEC) und
    - Europäisches Institut für Telekommunikationsnormen (ETSI).
- **Bewertung der Konformität**
Medizinprodukte können im europäischen Wirtschaftsraum nur dann in Verkehr gebracht werden, wenn der Hersteller ein in den EU-Richtlinien vorgegebenes Konformitätsbewertungsverfahren durchgeführt und das Medizinprodukt – von wenigen Ausnahmen abgesehen – mit der CE-Kennzeichnung versehen hat. Im Sinne des MPG's wird unter dem Begriff „Konformität" die Erfüllung aller für das Medizinprodukt zutreffenden Anforderungen mit den jeweiligen für das Medizinprodukt zutreffenden EU-Richtlinien verstanden. Anzumerken ist, dass nach § 7 Abs. 2 MPG ggf. auch die grundlegenden Gesundheits- und Sicherheitsanforderungen anderer Richtlinien, beispielsweise der Maschinenrichtlinie zu beachten sind.
- **Module zur Konformitätsbewertung**
In jeder der drei Richtlinien 90/385/EWG, 93/42/EWG und 98/79/EG sind verschiedene Module oder Modulkombinationen festgelegt, die vom Hersteller zur Durchführung eines Konformitätsbewertungsverfahrens – in der Regel unter Berücksichtigung der Klassenzuordnung des Medizinprodukts – angewandt werden können. Der Hersteller hat zur Durchführung eines Konformitätsbewertungsverfahrens die Freiheit, einen für sein Medizinprodukt zulässigen Modul bzw. eine für das jeweilige Medizinprodukt zulässige Modulkombination auszuwählen.

---

4) *Anselmann, N.*: Europäische technische Vorschriften und Normen – Grundlegende Reform mit Auswirkung auf Medizinprodukte. Medizinprodukte Journal 16 (2009), Nr. 1, S. 36
5) Beschluss Nr. 768/2008/EG des Europäischen Parlaments und des Rates vom 9. Juli 2008 über einen gemeinsamen Rechtsrahmen für die Vermarktung von Produkten und zur Aufhebung des Beschlusses 93/465/EWG des Rates [ABl. Nr. L218 vom 13. 8. 2008, S. 82]

Einführung zur 6. Auflage

Bei Medizinprodukten mit höherem Risiko ist bei der Durchführung des Konformitätsbewertungsverfahrens die Einbeziehung einer Benannten Stelle erforderlich. Nach Erbringen des dokumentierten Nachweises, dass die Anforderungen der EU-Richtlinie(n) eingehalten werden, ist vom Hersteller die CE-Kennzeichnung am Medizinprodukt anzubringen. Ausgenommen hiervon sind Sonderanfertigungen, Medizinprodukte aus Eigenherstellung, Medizinprodukte zur klinischen Prüfung, In-vitro-Diagnostika zur Leistungsbewertungsprüfung und Medizinprodukte, deren geometrische Abmessungen oder deren Beschaffenheit dies nicht zulassen (z. B. Kontaktlinsen). Abgeschlossen wird das Konformitätsbewertungsverfahren mit der EG-Konformitätserklärung. Hier erklärt der Hersteller, dass das Medizinprodukt die Anforderungen aller zutreffenden EU-Richtlinien erfüllt.

- **Einschalten einer Benannten Stelle in die Konformitätsbewertung**
  In den EU-Richtlinien ist jeweils festgelegt, für welche Medizinprodukte eine vom Hersteller auszuwählende akkreditierte und notifizierte Konformitätsbewertungsstelle (Benannte Stelle) bei der Konformitätsbewertung einzuschalten ist. Unterliegt ein Medizinprodukt – beispielsweise ein Sterilisator – zwei gleichrangigen EU-Richtlinien (Richtlinie 93/42/EWG über Medizinprodukte und Druckgeräterichtlinie 97/23/EG), so sind vom Hersteller ggf. zwei Benannte Stellen einzuschalten. Bei der CE-Kennzeichnung müssen beide Konformitätsbewertungsstellen berücksichtigt werden.

- **CE-Kennzeichnung**
  Gemäß der Begriffsbestimmung der Verordnung (EG) Nr. 765/2008 erklärt der Hersteller mit der „CE-Kennzeichnung",
  «[...] dass das Produkt den geltenden Anforderungen genügt, die in den Harmonisierungsrechtsvorschriften der Gemeinschaft über ihre Anbringung festgelegt sind».
  Die CE-Kennzeichnung ist eine notwendige Voraussetzung für den freien Warenverkehr innerhalb des Europäischen Wirtschaftsraums. Sie ist somit in erster Linie eine Art „Verwaltungszeichen" und erleichtert der zuständigen Behörde die Marktüberwachung. Darüber hinaus ist mit der CE-Kennzeichnung auch die Information an den Betreiber und Anwender verbunden, dass alle zutreffenden Schutzziele aller für das Medizinprodukt zu berücksichtigenden EU-Richtlinien erfüllt sind. Weitere Kennzeichnungen sind nur dann zulässig, wenn sie die Sichtbarkeit und Lesbarkeit der CE-Kennzeichnung nicht beeinträchtigen oder wenn sie Dritte nicht bezüglich der Bedeutung oder der graphischen Gestaltung „in die Irre zu führen" (vgl. § 9 MPG).

- **Marktüberwachung**
  Den allgemeinen Rahmen für die Marktüberwachung gibt die Verordnung (EG) Nr. 765/2008 vor, die unmittelbar in allen Mitgliedstaaten gilt. Eine Umsetzung dieser Verordnung in nationales Recht ist deshalb nicht erforderlich.

Mit dem Begriff „Medizinprodukt" wird ein sehr weit gefächertes Spektrum von Produkten erfasst, das weit über den Rahmen der medizinisch-technischen Geräte hinausgeht: z. B. zur Chirurgie, Beatmung, Infusion, Endoskopie, Dialyse, Patientenüberwachung, Narkose, Dentalmedizin, Herz-Kreislaufdiagnostik, Röntgendiagnostik, Strahlentherapie. Produkte zur Wundversorgung und zur Empfängnisregelung fallen ebenso unter den Anwendungsbereich des MPG's wie beispielsweise Herzschrittmacher, chirurgische Instrumente, chirurgisches Nahtmaterial, beschichtete Stents, In-vitro Diagnostika (klinische Laborgeräte und -Reagenzien), Implantate, Prothesen, künstliche Zähne, Dentallegierungen, Inlays, Wurzelkanalinstrumente und Hilfsmittel wie Brillen, Hörhilfen, Rollstühle, Gehhilfen, Kompressionsstrümpfe etc. Neu festgelegt wurde, dass Software mit medizinischer Zweckbestimmung ebenfalls ein Medizinprodukt ist.

Wesentliche bei der Umsetzung der regulatorischen Anforderungen für Medizinprodukte zu erledigende und zu dokumentierende Punkte sind:

- Festlegen der Zweckbestimmung des Produkts;
- Prüfen, ob das Produkt im Sinne der Legaldefinition „Medizinprodukt" (vgl. § 3 Nr. 1 bis 6 MPG) eine oder mehrere Festlegungen erfüllt und damit das Produkt als Medizinprodukt dem Medizinprodukterecht unterliegt;
- Klassifizieren von Medizinprodukten, wenn es sich um Medizinprodukte der MDD handelt;
- Auswahl und Durchführung eines für das Medizinprodukt zulässigen Konformitätsbewertungsverfahrens;
  - Nachweis der Erfüllung der „Grundlegenden Anforderungen" – vorzugsweise unter Beachtung von Harmonisierten Normen bzw. bei In-vitro-Diagnostika ggf. unter Beachtung der Gemeinsamen Technischen Spezifikationen;
  - Durchführen einer Risikoanalyse mit Bewertung und Beherrschung der Risiken;
  - Durchführen einer klinischen Bewertung anhand von klinischen Daten – bei In-vitro-Diagnostika Durchführung einer Leistungsbewertung anhand von geeigneten Daten;
- Auswahl einer Benannten Stelle – falls für das Medizinprodukt erforderlich;
- Aufbau und Unterhaltung eines unternehmensspezifischen Medizinprodukte-Beobachtungs- und -Meldesystems;
- Beachtung der Anzeige- und Meldepflichten.

Medizinprodukte, die nach den Regelungen des MPG's in Verkehr gebracht werden, sind grundsätzlich im Europäischen Wirtschaftsraum frei verkehrsfähig.

Das MPG enthält darüber hinaus nationale Regelungen, die von Herstellern, Einführern, Händlern, Betreibern und professionellen Anwendern von Medizinprodukten zu beachten sind. Diese nationalen Festlegungen beziehen sich beispielsweise auf

- regelmäßig zu schulende Medizinprodukteberater eines Herstellers, Einführers oder Händlers von Medizinprodukten;
- die Pflicht der Verantwortlichen mit Sitz in Deutschland (Hersteller, Bevollmächtigter, Einführer) zur Beauftragung einer Person als Sicherheitsbeauftragter;
- Festlegungen zum Errichten, Betreiben und Anwenden von Medizinprodukten;

Einführung zur 6. Auflage

- Festlegungen zur Instandhaltung und zur Aufbereitung von Medizinprodukten;
- Festlegungen zu Sicherheitstechnischen und Messtechnischen Kontrollen von Medizinprodukten;
- Festlegungen zur Durchführung klinischer Prüfungen von Medizinprodukten;
- Eigenherstellung von Medizinprodukten.

Mit diesen nationalen Festlegungen wird das freie Inverkehrbringen von Medizinprodukten im Europäischen Wirtschaftsraum nicht beeinträchtigt.

Das MPG enthält Ermächtigungen für Verordnungen. Von diesen Verordnungen existieren zurzeit:

- Verordnung über Medizinprodukte (Medizinprodukte-Verordnung – MPV),
- Verordnung über das Errichten, Betreiben und Anwenden von Medizinprodukten (Medizinprodukte-Betreiberverordnung – MPBetreibV),
- Verordnung über Klinische Prüfungen von Medizinprodukten (Medizinprodukte-Klinische Prüfungsverordnung[6] – MPKPV),
- Verordnung über die Erfassung, Bewertung und Abwehr von Risiken bei Medizinprodukten (Medizinprodukte-Sicherheitsplanverordnung – MPSV),
- Verordnung über das datenbankgestützte Informationssystem über Medizinprodukte des Deutschen Instituts für Medizinische Dokumentation und Information (DIMDI-Verordnung – DIMDIV),
- Verordnung über die Verschreibungspflicht von Medizinprodukten (MPVerschrV),
- Verordnung über Vertriebswege für Medizinprodukte (MPVertrV),
- Gebührenverordnung zum Medizinproduktegesetz und den zu seiner Ausführung ergangenen Rechtsverordnungen (Medizinprodukte-Gebührenverordnung – BGebV-MPG).

Die neue Verordnung über klinische Prüfungen von Medizinprodukten enthält Regelungen zur Durchführung klinischer Prüfungen von Medizinprodukten und genehmigungspflichtiger Leistungsbewertungsprüfungen von In-vitro-Diagnostika gemäß den §§ 20 bis 24 MPG. Insbesondere wird in dieser Verordnung geregelt:

- die Kennzeichnungspflicht bei Medizinprodukten für klinische Prüfungen und bei In-vitro-Diagnostika für Leistungsbewertungszwecke,
- das Verfahren der Antragstellung für klinische Prüfungen / Leistungsbewertungsprüfungen,
- die Antragsunterlagen für den Antrag auf zustimmende Bewertung bei der nach Landesrecht zuständigen Ethik-Kommission und das zugehörige Bewertungsverfahren,
- die Antragsunterlagen für den Genehmigungsantrag bei der zuständigen Bundesoberbehörde und das zugehörige Genehmigungsverfahren,
- das Verfahren zur Befreiung von der Genehmigungspflicht bei Medizinprodukten mit geringem Sicherheitsrisiko,

---

6) nichtamtliche Kurzbezeichnung

- das Verfahren bei Änderungen der klinischen Prüfung / Leistungsbewertungsprüfungen,
- die Qualifikation des Prüfers bei klinischen Prüfungen / Leistungsbewertungsprüfungen,
- die Durchführung der klinischen Prüfung und Leistungsbewertungsprüfung,
- die Überwachung durch die zuständige Landesbehörde.

Mit dem Gesetz zur Änderung medizinprodukterechtlicher Vorschriften vom 29. Juli 2009 hat der Gesetzgeber im § 37 MPG folgende Verordnungsermächtigungen für das BMG vorgesehen, von der bis heute das Bundesministerium keinen Gebrauch gemacht hat:
- Regelungen für eine sichere Aufbereitung von bestimmungsgemäß keimarm oder steril zur Anwendung kommender Medizinprodukte insbesondere im Hinblick auf Anforderungen an Aufbereiter, die Medizinprodukte mit besonderen Anforderungen aufbereiten.

Mit dem Gesetz zur Änderung medizinprodukterechtlicher Vorschriften vom 29. Juli 2009 wird die Bundesregierung aufgefordert, mit Zustimmung des Bundesrats eine zur Durchführung des Medizinproduktegesetzes erforderliche allgemeine Verwaltungsvorschrift zu erlassen. In dieser Verwaltungsvorschrift sind insbesondere Regelungen zu treffen
- zur Durchführung und Qualitätssicherung der Überwachung durch die zuständigen Landesbehörden,
- zur Sachkenntnis der mit der Überwachung beauftragten Personen,
- zur Ausstattung,
- zum Informationsaustausch und
- zur Zusammenarbeit der zuständigen Behörden.

Diese allgemeine Verwaltungsvorschrift ist bis heute noch nicht erlassen worden.

Ein weiteres Gesetz hat eine wesentliche Bedeutung für Medizinprodukte. Es handelt sich hierbei um das Gesetz über die Werbung auf dem Gebiete des Heilwesens (Heilmittelwerbegesetz – HWG), in dessen Anwendungsbereich Medizinprodukte explizit aufgeführt sind. Die Werbung für Medizinprodukte unterliegt allerdings nur bestimmten Vorschriften des HWG.

Gesetz über Medizinprodukte
(Medizinproduktegesetz – MPG)[1]

Vom 2. August 1994 (BGBl. I S. 1963)
in der Fassung der Bekanntmachung vom 7. August 2002 (BGBl. I S. 3146), zuletzt geändert durch Artikel 12 des Gesetzes vom 24. Juli 2010 (BGBl. I S. 983, 993)[2]

Inhaltsübersicht

Erster Abschnitt
Zweck, Anwendungsbereich des Gesetzes, Begriffsbestimmungen

§ 1		Zweck des Gesetzes
§ 2		Anwendungsbereich des Gesetzes
§ 3		Begriffsbestimmungen

Zweiter Abschnitt
Anforderungen an Medizinprodukte und deren Betrieb

§ 4		Verbote zum Schutz von Patienten, Anwendern und Dritten
§ 5		Verantwortlicher für das erstmalige Inverkehrbringen
§ 6		Voraussetzungen für das Inverkehrbringen und die Inbetriebnahme
§ 7		Grundlegende Anforderungen
§ 8		Harmonisierte Normen, Gemeinsame Technische Spezifikationen

---

1) Artikel 1, 2 und 3 dieses Gesetzes dienen der Umsetzung der Richtlinie 2007/47/EG des Europäischen Parlaments und des Rates vom 5. September 2007 zur Änderung der Richtlinie 90/385/EWG des Rates zur Angleichung der Rechtsvorschriften der Mitgliedstaaten über aktive implantierbare medizinische Geräte und 93/42/EWG des Rates über Medizinprodukte sowie der Richtlinie 98/8/EG (ABl. L 247 vom 21.9.2007, S. 21) und der Verordnung (EG) Nr. 765/2008 des Europäischen Parlaments und des Rates vom 9. Juli 2008 über die Vorschriften für die Akkreditierung und Marktüberwachung im Zusammenhang mit der Vermarktung von Produkten und zur Aufhebung der Verordnung (EWG) Nr. 339/93 (ABl. L 218 vom 13.8.2008, S. 30).
2) Redaktionelle Anmerkung: Gesetz zur Änderung krankenversicherungsrechtlicher und anderer Vorschriften vom 24. Juli 2010 (BGBl. I S. 983) – die Änderungen sind im Text durch Unterstreichung und entsprechendem Hinweis in der Fußnote zu erkennen. Artikel 12 dieses Gesetzes ist am 30. Juli 2010 in Kraft getreten.
Zuvor geändert durch:
- Gesetz zur Änderung medizinprodukterechtlicher Vorschriften vom 29. Juli 2009 (BGBl. I S. 2326 – die Änderungen sind im Text durch Unterstreichung zu erkennen,
- Artikel 109 der Achten Zuständigkeitsanpassungsverordnung vom 25. November 2003 (BGBl. I S. 2304, 2316),
- Artikel 145 der Neunten Zuständigkeitsanpassungsverordnung vom 31. Oktober 2006 (BGBl. I S. 2047, S. 2423),
- Artikel 1 des Gesetzes zur Änderung medizinprodukterechtlicher und anderer Vorschriften vom 14. Juni 2007 (BGBl. I S. 1066).

§ 9	CE-Kennzeichnung
§ 10	Voraussetzungen für das erstmalige Inverkehrbringen und die Inbetriebnahme von Systemen und Behandlungseinheiten sowie für das Sterilisieren von Medizinprodukten
§ 11	Sondervorschriften für das Inverkehrbringen und die Inbetriebnahme
§ 12	Sonderanfertigungen, Medizinprodukte aus Eigenherstellung, Medizinprodukte zur klinischen Prüfung oder für Leistungsbewertungszwecke, Ausstellen
§ 13	Klassifizierung von Medizinprodukten, Abgrenzung zu anderen Produkten
§ 14	Errichten, Betreiben, Anwenden und Instandhalten von Medizinprodukten

Dritter Abschnitt
Benannte Stellen und Bescheinigungen

§ 15	Benennung und Überwachung der Stellen, Anerkennung und Beauftragung von Prüflaboratorien
§ 15a	Benennung und Überwachung von Konformitätsbewertungsstellen für Drittstaaten
§ 16	Erlöschen, Rücknahme, Widerruf und Ruhen der Benennung
§ 17	Geltungsdauer von Bescheinigungen der Benannten Stellen
§ 18	Einschränkung, Aussetzung und Zurückziehung von Bescheinigungen, Unterrichtungspflichten

Vierter Abschnitt
Klinische Bewertung, Leistungsbewertung, klinische Prüfung, Leistungsbewertungsprüfung

§ 19	Klinische Bewertung, Leistungsbewertung
§ 20	Allgemeine Voraussetzungen zur klinischen Prüfung
§ 21	Besondere Voraussetzungen zur klinischen Prüfung
§ 22	Verfahren bei der Ethik-Kommission
§ 22a	Genehmigungsverfahren bei der Bundesoberbehörde
§ 22b	Rücknahme, Widerruf und Ruhen der Genehmigung oder der zustimmenden Bewertung
§ 22c	Änderungen nach Genehmigung von klinischen Prüfungen
§ 23	Durchführung der klinischen Prüfung
§ 23a	Meldungen über Beendigung oder Abbruch von klinischen Prüfungen
§ 23b	Ausnahmen zur klinischen Prüfung
§ 24	Leistungsbewertungsprüfung

Medizinproduktegesetz MPG

Fünfter Abschnitt
Überwachung und Schutz vor Risiken

§ 25	Allgemeine Anzeigepflicht
§ 26	Durchführung der Überwachung
§ 27	Verfahren bei unrechtmäßiger und unzulässiger Anbringung der CE-Kennzeichnung
§ 28	Verfahren zum Schutz vor Risiken
§ 29	Medizinprodukte-Beobachtungs- und -Meldesystem
§ 30	Sicherheitsbeauftragter für Medizinprodukte
§ 31	Medizinprodukteberater

Sechster Abschnitt
Zuständige Behörden, Rechtsverordnungen, sonstige Bestimmungen

§ 32	Aufgaben und Zuständigkeiten der Bundesoberbehörden im Medizinproduktebereich
§ 33	Datenbankgestütztes Informationssystem, Europäische Datenbank
§ 34	Ausfuhr
§ 35	Kosten
§ 36	Zusammenarbeit der Behörden und Benannten Stellen im Europäischen Wirtschaftsraum und der Europäischen Kommission
§ 37	Verordnungsermächtigungen
§ 37a	Allgemeine Verwaltungsvorschriften

Siebter Abschnitt
Sondervorschriften für den Bereich der Bundeswehr

§ 38	Anwendung und Vollzug des Gesetzes
§ 39	Ausnahmen

Achter Abschnitt
Straf- und Bußgeldvorschriften

§ 40	Strafvorschriften
§ 41	Strafvorschriften
§ 42	Bußgeldvorschriften
§ 43	Einziehung

Neunter Abschnitt
Übergangsbestimmungen

§ 44	Übergangsbestimmungen

Erster Abschnitt
Zweck, Anwendungsbereich des Gesetzes, Begriffsbestimmungen

§ 1 Zweck des Gesetzes

Zweck dieses Gesetzes ist es, den Verkehr mit Medizinprodukten zu regeln und dadurch für die Sicherheit, Eignung und Leistung der Medizinprodukte sowie die Gesundheit und den erforderlichen Schutz der Patienten, Anwender und Dritter zu sorgen.

§ 2 Anwendungsbereich des Gesetzes

(1) Dieses Gesetz gilt für Medizinprodukte und deren Zubehör. Zubehör wird als eigenständiges Medizinprodukt behandelt.

(2) Dieses Gesetz gilt auch für das Anwenden, Betreiben und Instandhalten von Produkten, die nicht als Medizinprodukte in Verkehr gebracht wurden, aber mit der Zweckbestimmung eines Medizinproduktes im Sinne der Anlagen 1 und 2 der Medizinprodukte-Betreiberverordnung eingesetzt werden. Sie gelten als Medizinprodukte im Sinne dieses Gesetzes.

(3) Dieses Gesetz gilt auch für Produkte, die dazu bestimmt sind, Arzneimittel im Sinne des § 2 Abs. 1 des Arzneimittelgesetzes zu verabreichen. Werden die Medizinprodukte nach Satz 1 so in den Verkehr gebracht, dass Medizinprodukt und Arzneimittel ein einheitliches, miteinander verbundenes Produkt bilden, das ausschließlich zur Anwendung in dieser Verbindung bestimmt und nicht wiederverwendbar ist, gilt dieses Gesetz nur insoweit, als das Medizinprodukt die Grundlegenden Anforderungen nach § 7 erfüllen muss, die sicherheits- und leistungsbezogene Produktfunktionen betreffen. Im Übrigen gelten die Vorschriften des Arzneimittelgesetzes.

(4) Die Vorschriften des Atomgesetzes, der Strahlenschutzverordnung, der Röntgenverordnung und des Strahlenschutzvorsorgegesetzes, des Chemikaliengesetzes, der Gefahrstoffverordnung sowie die Rechtsvorschriften über Geheimhaltung und Datenschutz bleiben unberührt.

(4a) Dieses Gesetz gilt auch für Produkte, die vom Hersteller sowohl zur Verwendung entsprechend den Vorschriften über persönliche Schutzausrüstungen der Richtlinie 89/686/EWG des Rates vom 21. Dezember 1989 zur Angleichung der Rechtsvorschriften der Mitgliedstaaten für persönliche Schutzausrüstungen (ABl. L 399 vom 30.12.1989, S. 18) als auch der Richtlinie 93/42/EWG des Rates vom 14. Juni 1993 über Medizinprodukte (ABl. L 169 vom 12.7.1993, S. 1) bestimmt sind.

(5) Dieses Gesetz gilt nicht für

1. Arzneimittel im Sinne des § 2 Abs. 1 Nr. 2 des Arzneimittelgesetzes,

2. kosmetische Mittel im Sinne des § 2 Absatz 5 des Lebensmittel-, Bedarfsgegenstände- und Futtermittelgesetzbuchs,

Medizinproduktegesetz MPG

3. menschliches Blut, Produkte aus menschlichem Blut, menschliches Plasma oder Blutzellen menschlichen Ursprungs oder Produkte, die zum Zeitpunkt des Inverkehrbringens Bluterzeugnisse, -plasma oder -zellen dieser Art enthalten, soweit es sich nicht um Medizinprodukte nach § 3 Nr. 3 oder § 3 Nr. 4 handelt,
4. Transplantate oder Gewebe oder Zellen menschlichen Ursprungs und Produkte, die Gewebe oder Zellen menschlichen Ursprungs enthalten oder aus solchen Geweben oder Zellen gewonnen wurden, soweit es sich nicht um Medizinprodukte nach § 3 Nr. 4 handelt,
5. Transplantate oder Gewebe oder Zellen tierischen Ursprungs, es sei denn, ein Produkt wird unter Verwendung von abgetötetem tierischen Gewebe oder von abgetöteten Erzeugnissen hergestellt, die aus tierischen Geweben gewonnen wurden, oder es handelt sich um Medizinprodukte nach § 3 Nr. 4.
6. (aufgehoben)

§ 3 Begriffsbestimmungen

1. Medizinprodukte sind alle einzeln oder miteinander verbunden verwendeten Instrumente, Apparate, <u>Vorrichtungen, Software, Stoffe und Zubereitungen aus Stoffen oder andere Gegenstände einschließlich der vom Hersteller speziell zur Anwendung für diagnostische oder therapeutische Zwecke bestimmten und für ein einwandfreies Funktionieren des Medizinproduktes eingesetzten Software</u>, die vom Hersteller zur Anwendung für Menschen mittels ihrer Funktionen zum Zwecke

   a) der Erkennung, Verhütung, Überwachung, Behandlung oder Linderung von Krankheiten,

   b) der Erkennung, Überwachung, Behandlung, Linderung oder Kompensierung von Verletzungen oder Behinderungen,

   c) der Untersuchung, der Ersetzung oder der Veränderung des anatomischen Aufbaus oder eines physiologischen Vorgangs oder

   d) der Empfängnisregelung

   zu dienen bestimmt sind und deren bestimmungsgemäße Hauptwirkung im oder am menschlichen Körper weder durch pharmakologisch oder immunologisch wirkende Mittel noch durch Metabolismus erreicht wird, deren Wirkungsweise aber durch solche Mittel unterstützt werden kann.

2. Medizinprodukte sind auch Produkte nach Nummer 1, die einen Stoff oder eine Zubereitung aus Stoffen enthalten oder auf die solche aufgetragen sind, die bei gesonderter Verwendung als Arzneimittel im Sinne des § 2 Abs. 1 des Arzneimittelgesetzes angesehen werden können und die in Ergänzung zu den Funktionen des Produktes eine Wirkung auf den menschlichen Körper entfalten können.

3. Medizinprodukte sind auch Produkte nach Nummer 1, die als Bestandteil einen Stoff enthalten, der gesondert verwendet als Bestandteil eines Arzneimittels oder Arzneimittel aus menschlichem Blut oder Blutplasma im Sinne des Artikels 1 der Richtlinie 2001/83/EG des Europäischen Parlaments und des Rates vom 6. November 2001 zur Schaffung eines Gemeinschaftskodexes für Humanarzneimittel (ABl. L 311 vom 28. 11. 2001, S. 67), die zuletzt durch die Verordnung (EG) Nr. 1394/2007 (ABl. L 324 vom 10. 12. 2007, S. 121) geändert worden ist, betrachtet werden und in Ergänzung zu dem Produkt eine Wirkung auf den menschlichen Körper entfalten kann.

4. In-vitro-Diagnostikum ist ein Medizinprodukt, das als Reagenz, Reagenzprodukt, Kalibriermaterial, Kontrollmaterial, Kit, Instrument, Apparat, Gerät oder System einzeln oder in Verbindung miteinander nach der vom Hersteller festgelegten Zweckbestimmung zur In-vitro-Untersuchung von aus dem menschlichen Körper stammenden Proben einschließlich Blut- und Gewebespenden bestimmt ist und ausschließlich oder hauptsächlich dazu dient, Information zu liefern

   a) über physiologische oder pathologische Zustände oder

   b) über angeborene Anomalien oder

   c) zur Prüfung auf Unbedenklichkeit oder Verträglichkeit bei den potentiellen Empfängern oder

   d) zur Überwachung therapeutischer Maßnahmen.

   Probenbehältnisse gelten als In-vitro-Diagnostika. Probenbehältnisse sind luftleere oder sonstige Medizinprodukte, die von ihrem Hersteller speziell dafür gefertigt werden, aus dem menschlichen Körper stammende Proben unmittelbar nach ihrer Entnahme aufzunehmen und im Hinblick auf eine In-vitro-Untersuchung aufzubewahren. Erzeugnisse für den allgemeinen Laborbedarf gelten nicht als In-vitro-Diagnostika, es sei denn, sie sind auf Grund ihrer Merkmale nach der vom Hersteller festgelegten Zweckbestimmung speziell für In-vitro-Untersuchungen zu verwenden.

5. In-vitro-Diagnostikum zur Eigenanwendung ist ein In-vitro-Diagnostikum, das nach der vom Hersteller festgelegten Zweckbestimmung von Laien in der häuslichen Umgebung angewendet werden kann.

6. Neu im Sinne dieses Gesetzes ist ein In-vitro-Diagnostikum, wenn

   a) ein derartiges Medizinprodukt für den entsprechenden Analyten oder anderen Parameter während der vorangegangenen drei Jahre innerhalb des Europäischen Wirtschaftsraums nicht fortwährend verfügbar war oder

   b) das Verfahren mit einer Analysetechnik arbeitet, die innerhalb des Europäischen Wirtschaftsraums während der vorangegangenen drei Jahre nicht fortwährend in Verbindung mit einem bestimmten Analyten oder anderen Parameter verwendet worden ist.

7. Als Kalibrier- und Kontrollmaterial gelten Substanzen, Materialien und Gegenstände, die von ihrem Hersteller vorgesehen sind zum Vergleich von Messdaten oder zur Prüfung der Leistungsmerkmale eines In-vitro-Diagnostikums im Hinblick auf die bestimmungsgemäße Anwendung. Zertifizierte internationale Referenzmaterialien und Materialien, die für externe Qualitätsbewertungsprogramme verwendet werden, sind keine In-vitro-Diagnostika im Sinne dieses Gesetzes.

8. Sonderanfertigung ist ein Medizinprodukt, das nach schriftlicher Verordnung nach spezifischen Auslegungsmerkmalen eigens angefertigt wird und zur ausschließlichen Anwendung bei einem namentlich benannten Patienten bestimmt ist. Das serienmäßig hergestellte Medizinprodukt, das angepasst werden muss, um den spezifischen Anforderungen des Arztes, Zahnarztes oder des sonstigen beruflichen Anwenders zu entsprechen, gilt nicht als Sonderanfertigung.

9. Zubehör für Medizinprodukte sind Gegenstände, Stoffe sowie Zubereitungen aus Stoffen, die selbst keine Medizinprodukte nach Nummer 1 sind, aber vom Hersteller dazu bestimmt sind, mit einem Medizinprodukt verwendet zu werden, damit dieses entsprechend der von ihm festgelegten Zweckbestimmung des Medizinproduktes angewendet werden kann. Invasive, zur Entnahme von Proben aus dem menschlichen Körper zur In-vitro-Untersuchung bestimmte Medizinprodukte sowie Medizinprodukte, die zum Zwecke der Probenahme in unmittelbaren Kontakt mit dem menschlichen Körper kommen, gelten nicht als Zubehör für In-vitro-Diagnostika.

10. Zweckbestimmung ist die Verwendung, für die das Medizinprodukt in der Kennzeichnung, der Gebrauchsanweisung oder den Werbematerialien nach den Angaben des in Nummer 15 genannten Personenkreises bestimmt ist.

11. Inverkehrbringen ist jede entgeltliche oder unentgeltliche Abgabe von Medizinprodukten an andere. Erstmaliges Inverkehrbringen ist die erste Abgabe von neuen oder als neu aufbereiteten Medizinprodukten an andere im Europäischen Wirtschaftsraum. Als Inverkehrbringen nach diesem Gesetz gilt nicht

    a) die Abgabe von Medizinprodukten zum Zwecke der klinischen Prüfung,

    b) die Abgabe von In-vitro-Diagnostika für Leistungsbewertungsprüfungen,

    c) die erneute Abgabe eines Medizinproduktes nach seiner Inbetriebnahme an andere, es sei denn, dass es als neu aufbereitet oder wesentlich verändert worden ist.

    Eine Abgabe an andere liegt nicht vor, wenn Medizinprodukte für einen anderen aufbereitet und an diesen zurückgegeben werden.

12. Inbetriebnahme ist der Zeitpunkt, zu dem das Medizinprodukt dem Endanwender als ein Erzeugnis zur Verfügung gestellt worden ist, das erstmals entsprechend seiner Zweckbestimmung im Europäischen Wirtschaftsraum angewendet werden kann. Bei aktiven implantierbaren Medizinprodukten gilt als Inbetriebnahme die Abgabe an das medizinische Personal zur Implantation.
13. Ausstellen ist das Aufstellen oder Vorführen von Medizinprodukten zum Zwecke der Werbung.
14. Die Aufbereitung von bestimmungsgemäß keimarm oder steril zur Anwendung kommenden Medizinprodukten ist die nach deren Inbetriebnahme zum Zwecke der erneuten Anwendung durchgeführte Reinigung, Desinfektion und Sterilisation einschließlich der damit zusammenhängenden Arbeitsschritte sowie die Prüfung und Wiederherstellung der technisch-funktionellen Sicherheit.
15. Hersteller ist die natürliche oder juristische Person, die für die Auslegung, Herstellung, Verpackung und Kennzeichnung eines Medizinproduktes im Hinblick auf das erstmalige Inverkehrbringen im eigenen Namen verantwortlich ist, unabhängig davon, ob diese Tätigkeiten von dieser Person oder stellvertretend für diese von einer dritten Person ausgeführt werden. Die dem Hersteller nach diesem Gesetz obliegenden Verpflichtungen gelten auch für die natürliche oder juristische Person, die ein oder mehrere vorgefertigte Medizinprodukte montiert, abpackt, behandelt, aufbereitet, kennzeichnet oder für die Festlegung der Zweckbestimmung als Medizinprodukt im Hinblick auf das erstmalige Inverkehrbringen im eigenen Namen verantwortlich ist. Dies gilt nicht für natürliche oder juristische Personen, die – ohne Hersteller im Sinne des Satzes 1 zu sein – bereits in Verkehr gebrachte Medizinprodukte für einen namentlich genannten Patienten entsprechend ihrer Zweckbestimmung montieren oder anpassen.
16. Bevollmächtigter ist die im Europäischen Wirtschaftsraum niedergelassene natürliche oder juristische Person, die vom Hersteller ausdrücklich dazu bestimmt wurde, im Hinblick auf seine Verpflichtungen nach diesem Gesetz in seinem Namen zu handeln und den Behörden und zuständigen Stellen zur Verfügung zu stehen.
17. Fachkreise sind Angehörige der Heilberufe, des Heilgewerbes oder von Einrichtungen, die der Gesundheit dienen, sowie sonstige Personen, soweit sie Medizinprodukte herstellen, prüfen, in der Ausübung ihres Berufes in den Verkehr bringen, implantieren, in Betrieb nehmen, betreiben oder anwenden.
18. Harmonisierte Normen sind solche Normen von Vertragsstaaten des Abkommens über den Europäischen Wirtschaftsraum, die den Normen entsprechen, deren Fundstellen als „harmonisierte Norm" für Medizinprodukte im Amtsblatt der Europäischen Union veröffentlicht wurden. Die Fundstellen der diesbezüglichen Normen werden vom Bundesinstitut für Arzneimittel und Medizinprodukte im Bundesanzeiger bekannt gemacht. Den Normen nach den Sätzen 1 und 2 sind die Medizinprodukte betreffenden Monographien des Europäischen Arz-

neibuches, deren Fundstellen im Amtsblatt der Europäischen Union veröffentlicht und die als Monographien des Europäischen Arzneibuchs, Amtliche deutsche Ausgabe, im Bundesanzeiger bekannt gemacht werden, gleichgestellt.

19. Gemeinsame Technische Spezifikationen sind solche Spezifikationen, die In-vitro-Diagnostika nach Anhang II Listen A und B der Richtlinie 98/79/EG des Europäischen Parlaments und des Rates vom 27. Oktober 1998 über In-vitro-Diagnostika (ABl. EG Nr. L 331 S. 1) in der jeweils geltenden Fassung betreffen und deren Fundstellen im Amtsblatt der Europäischen Union veröffentlicht und im Bundesanzeiger bekannt gemacht wurden. In diesen Spezifikationen werden Kriterien für die Bewertung und Neubewertung der Leistung, Chargenfreigabekriterien, Referenzmethoden und Referenzmaterialien festgelegt.

20. Benannte Stelle ist eine für die Durchführung von Prüfungen und Erteilung von Bescheinigungen im Zusammenhang mit Konformitätsbewertungsverfahren nach Maßgabe der Rechtsverordnung nach § 37 Abs. 1 vorgesehene Stelle, die der Kommission der Europäischen Union und den Vertragsstaaten des Abkommens über den Europäischen Wirtschaftsraum von einem Vertragsstaat des Abkommens über den Europäischen Wirtschaftsraum benannt worden ist.

21. Medizinprodukte aus Eigenherstellung sind Medizinprodukte einschließlich Zubehör, die in einer Gesundheitseinrichtung hergestellt und angewendet werden, ohne dass sie in den Verkehr gebracht werden oder die Voraussetzungen einer Sonderanfertigung nach Nummer 8 erfüllen.

22. In-vitro-Diagnostika aus Eigenherstellung sind In-vitro-Diagnostika, die in Laboratorien von Gesundheitseinrichtungen hergestellt werden und in diesen Laboratorien oder in Räumen in unmittelbarer Nähe zu diesen angewendet werden, ohne dass sie in den Verkehr gebracht werden. Für In-vitro-Diagnostika, die im industriellen Maßstab hergestellt werden, sind die Vorschriften über Eigenherstellung nicht anwendbar. Die Sätze 1 und 2 sind entsprechend anzuwenden auf in Blutspendeeinrichtungen hergestellte In-vitro-Diagnostika, die der Prüfung von Blutzubereitungen dienen, sofern sie im Rahmen der arzneimittelrechtlichen Zulassung der Prüfung durch die zuständige Behörde des Bundes unterliegen.

23. Sponsor ist eine natürliche oder juristische Person, die die Verantwortung für die Veranlassung, Organisation und Finanzierung einer klinischen Prüfung bei Menschen oder einer Leistungsbewertungsprüfung von In-vitro-Diagnostika übernimmt.

24. Prüfer ist in der Regel ein für die Durchführung der klinischen Prüfung bei Menschen in einer Prüfstelle verantwortlicher Arzt oder in begründeten Ausnahmefällen eine andere Person, deren Beruf auf Grund seiner wissenschaftlichen Anforderungen und der seine Ausübung voraussetzenden Erfahrungen in der Patientenbetreuung für die Durchführung von Forschungen am Menschen qualifiziert. Wird eine Prüfung in einer Prüfstelle von mehreren Prüfern vorgenommen,

so ist der verantwortliche Leiter der Gruppe der Hauptprüfer. Wird eine Prüfung in mehreren Prüfstellen durchgeführt, wird vom Sponsor ein Prüfer als Leiter der klinischen Prüfung benannt. Die Sätze 1 bis 3 gelten für genehmigungspflichtige Leistungsbewertungsprüfungen von In-vitro-Diagnostika entsprechend.

25. Klinische Daten sind Sicherheits- oder Leistungsangaben, die aus der Verwendung eines Medizinprodukts hervorgehen. Klinische Daten stammen aus folgenden Quellen:

   a) einer klinischen Prüfung des betreffenden Medizinprodukts oder

   b) klinischen Prüfungen oder sonstigen in der wissenschaftlichen Fachliteratur wiedergegebene Studien über ein ähnliches Produkt, dessen Gleichartigkeit mit dem betreffenden Medizinprodukt nachgewiesen werden kann, oder

   c) veröffentlichten oder unveröffentlichten Berichten über sonstige klinische Erfahrungen entweder mit dem betreffenden Medizinprodukt oder einem ähnlichen Produkt, dessen Gleichartigkeit mit dem betreffenden Medizinprodukt nachgewiesen werden kann.

26. Einführer im Sinne dieses Gesetzes ist jede in der Europäischen Gemeinschaft ansässige natürliche oder juristische Person, die ein Medizinprodukt aus einem Drittstaat in der Europäischen Gemeinschaft in Verkehr bringt.

Zweiter Abschnitt
Anforderungen an Medizinprodukte und deren Betrieb

§ 4 Verbote zum Schutz von Patienten, Anwendern und Dritten

(1) Es ist verboten, Medizinprodukte in den Verkehr zu bringen, zu errichten, in Betrieb zu nehmen, zu betreiben oder anzuwenden, wenn

1. der begründete Verdacht besteht, dass sie die Sicherheit und die Gesundheit der Patienten, der Anwender oder Dritter bei sachgemäßer Anwendung, Instandhaltung und ihrer Zweckbestimmung entsprechender Verwendung über ein nach den Erkenntnissen der medizinischen Wissenschaften vertretbares Maß hinausgehend unmittelbar oder mittelbar gefährden oder

2. das Datum abgelaufen ist, bis zu dem eine gefahrlose Anwendung nachweislich möglich ist.

(2) Es ist ferner verboten, Medizinprodukte in den Verkehr zu bringen, wenn sie mit irreführender Bezeichnung, Angabe oder Aufmachung versehen sind. Eine Irreführung liegt insbesondere dann vor, wenn

1. Medizinprodukten eine Leistung beigelegt wird, die sie nicht haben,

2. fälschlich der Eindruck erweckt wird, dass ein Erfolg mit Sicherheit erwartet werden kann oder dass nach bestimmungsgemäßem oder längerem Gebrauch keine schädlichen Wirkungen eintreten,

Medizinproduktegesetz *MPG*

3. zur Täuschung über die in den Grundlegenden Anforderungen nach § 7 festgelegten Produkteigenschaften geeignete Bezeichnungen, Angaben oder Aufmachungen verwendet werden, die für die Bewertung des Medizinproduktes mitbestimmend sind.

§ 5 Verantwortlicher für das erstmalige Inverkehrbringen

Verantwortlicher für das erstmalige Inverkehrbringen von Medizinprodukten ist der Hersteller oder sein Bevollmächtigter. <u>Werden Medizinprodukte nicht unter der Verantwortung des Bevollmächtigten in den Europäischen Wirtschaftsraum eingeführt, ist der Einführer Verantwortlicher.</u> Der Name oder die Firma und die Anschrift des Verantwortlichen müssen in der Kennzeichnung oder Gebrauchsanweisung des Medizinproduktes enthalten sein.

§ 6 Voraussetzungen für das Inverkehrbringen und die Inbetriebnahme

(1) Medizinprodukte, mit Ausnahme von Sonderanfertigungen, Medizinprodukten aus Eigenherstellung, Medizinprodukten gemäß § 11 Abs. 1 sowie Medizinprodukten, die zur klinischen Prüfung oder In-vitro-Diagnostika, die für Leistungsbewertungszwecke bestimmt sind, dürfen in Deutschland nur in den Verkehr gebracht oder in Betrieb genommen werden, wenn sie mit einer CE-Kennzeichnung nach Maßgabe des Absatzes 2 Satz 1 und des Absatzes 3 Satz 1 versehen sind. Über die Beschaffenheitsanforderungen hinausgehende Bestimmungen, die das Betreiben oder das Anwenden von Medizinprodukten betreffen, bleiben unberührt.

(2) Mit der CE-Kennzeichnung dürfen Medizinprodukte nur versehen werden, wenn die Grundlegenden Anforderungen nach § 7, die auf sie unter Berücksichtigung ihrer Zweckbestimmung anwendbar sind, erfüllt sind und ein für das jeweilige Medizinprodukt vorgeschriebenes Konformitätsbewertungsverfahren nach Maßgabe der Rechtsverordnung nach § 37 Abs. 1 durchgeführt worden ist. Zwischenprodukte, die vom Hersteller spezifisch als Bestandteil für Sonderanfertigungen bestimmt sind, dürfen mit der CE-Kennzeichnung versehen werden, wenn die Voraussetzungen des Satzes 1 erfüllt sind. <u>Hat der Hersteller seinen Sitz nicht im Europäischen Wirtschaftsraum, so darf das Medizinprodukt zusätzlich zu Satz 1 nur mit der CE-Kennzeichnung versehen werden, wenn der Hersteller einen einzigen für das jeweilige Medizinprodukt verantwortlichen Bevollmächtigten im Europäischen Wirtschaftsraum benannt hat.</u>

(3) Gelten für das Medizinprodukt zusätzlich andere Rechtsvorschriften als die dieses Gesetzes, deren Einhaltung durch die CE-Kennzeichnung bestätigt wird, so darf der Hersteller das Medizinprodukt nur dann mit der CE-Kennzeichnung versehen, wenn auch diese anderen Rechtsvorschriften erfüllt sind. Steht dem Hersteller auf Grund einer oder mehrerer weiterer Rechtsvorschriften während einer Übergangszeit die Wahl der anzuwendenden Regelungen frei, so gibt er mit der CE-Kennzeichnung an, dass dieses Medizinprodukt nur den angewandten Rechtsvorschriften entspricht. In diesem Fall hat der Hersteller in den dem Medizinprodukt beiliegenden

Unterlagen, Hinweisen oder Anleitungen die Nummern der mit den angewandten Rechtsvorschriften umgesetzten Richtlinien anzugeben, unter denen sie im Amtsblatt der Europäischen Union veröffentlicht sind. Bei sterilen Medizinprodukten müssen diese Unterlagen, Hinweise oder Anleitungen ohne Zerstörung der Verpackung, durch welche die Sterilität des Medizinproduktes gewährleistet wird, zugänglich sein.

(4) Die Durchführung von Konformitätsbewertungsverfahren lässt die zivil- und strafrechtliche Verantwortlichkeit des Verantwortlichen nach § 5 unberührt.

§ 7 Grundlegende Anforderungen

(1) Die Grundlegenden Anforderungen sind für aktive implantierbare Medizinprodukte die Anforderungen des Anhangs 1 der Richtlinie 90/385/EWG des Rates vom 20. Juni 1990 zur Angleichung der Rechtsvorschriften der Mitgliedstaaten über aktive implantierbare medizinische Geräte (ABl. L 189 vom 20. 7. 1990, S. 17), die zuletzt durch Artikel 1 der Richtlinie 2007/47/EG (ABl. L 247 vom 21. 9. 2007, S. 21) geändert worden ist, für In-vitro-Diagnostika die Anforderungen des Anhangs I der Richtlinie 98/79/EG und für die sonstigen Medizinprodukte die Anforderungen des Anhangs I der Richtlinie 93/42/EWG des Rates vom 14. Juni 1993 über Medizinprodukte (ABl. L 169 vom 12. 7. 1993, S. 1), die zuletzt durch Artikel 2 der Richtlinie 2007/47/EG (ABl. L 247 vom 21. 9. 2007, S. 21) geändert worden ist, in den jeweils geltenden Fassungen.

(2) Besteht ein einschlägiges Risiko, so müssen Medizinprodukte, die auch Maschinen im Sinne des Artikels 2 Buchstabe a der Richtlinie 2006/42/EG des Europäischen Parlaments und des Rates vom 17. Mai 2006 über Maschinen (ABl. L 157 vom 9.6.2006, S. 24) sind, auch den grundlegenden Gesundheits- und Sicherheitsanforderungen gemäß Anhang I der genannten Richtlinie entsprechen, sofern diese grundlegenden Gesundheits- und Sicherheitsanforderungen spezifischer sind als die Grundlegenden Anforderungen gemäß Anhang I der Richtlinie 93/42/EWG oder gemäß Anhang 1 der Richtlinie 90/385/EWG.

(3) Bei Produkten, die vom Hersteller nicht nur als Medizinprodukt, sondern auch zur Verwendung entsprechend den Vorschriften über persönliche Schutzausrüstungen der Richtlinie 89/686/EWG bestimmt sind, müssen auch die einschlägigen grundlegenden Gesundheits- und Sicherheitsanforderungen dieser Richtlinie erfüllt werden.

§ 8 Harmonisierte Normen, Gemeinsame Technische Spezifikationen

(1) Stimmen Medizinprodukte mit harmonisierten Normen oder ihnen gleichgestellten Monographien des Europäischen Arzneibuches oder Gemeinsamen Technischen Spezifikationen, die das jeweilige Medizinprodukt betreffen, überein, wird insoweit vermutet, dass sie die Bestimmungen dieses Gesetzes einhalten.

(2) Die Gemeinsamen Technischen Spezifikationen sind in der Regel einzuhalten. Kommt der Hersteller in hinreichend begründeten Fällen diesen Spezifikationen

§ 9 CE-Kennzeichnung

(1) Die CE-Kennzeichnung ist für aktive implantierbare Medizinprodukte gemäß Anhang 9 der Richtlinie 90/385/EWG, für In-vitro-Diagnostika gemäß Anhang X der Richtlinie 98/79/EG und für die sonstigen Medizinprodukte gemäß Anhang XII der Richtlinie 93/42/EWG zu verwenden. Zeichen oder Aufschriften, die geeignet sind, Dritte bezüglich der Bedeutung oder der graphischen Gestaltung der CE-Kennzeichnung in die Irre zu leiten, dürfen nicht angebracht werden. <u>Alle sonstigen Zeichen dürfen auf dem Medizinprodukt, der Verpackung oder der Gebrauchsanweisung des Medizinproduktes angebracht werden, sofern sie die Sichtbarkeit, Lesbarkeit und Bedeutung der CE-Kennzeichnung nicht beeinträchtigen.</u>

(2) Die CE-Kennzeichnung muss von der Person angebracht werden, die in den Vorschriften zu den Konformitätsbewertungsverfahren gemäß der Rechtsverordnung nach § 37 Abs. 1 dazu bestimmt ist.

(3) Die CE-Kennzeichnung nach Absatz 1 Satz 1 muss deutlich sichtbar, gut lesbar und dauerhaft auf dem Medizinprodukt und, falls vorhanden, auf der Handelspackung sowie auf der Gebrauchsanweisung angebracht werden. Auf dem Medizinprodukt muss die CE-Kennzeichnung nicht angebracht werden, wenn es zu klein ist, seine Beschaffenheit dies nicht zulässt oder es nicht zweckmäßig ist. Der CE-Kennzeichnung muss die Kennnummer der Benannten Stelle hinzugefügt werden, die an der Durchführung des Konformitätsbewertungsverfahrens nach den Anhängen 2, 4 und 5 der Richtlinie 90/385/EWG, den Anhängen II, IV, V und VI der Richtlinie 93/42/EWG sowie den Anhängen III, IV, VI und VII der Richtlinie 98/79/EG beteiligt war, das zur Berechtigung zur Anbringung der CE-Kennzeichnung geführt hat. Bei Medizinprodukten, die eine CE-Kennzeichnung tragen müssen und in sterilem Zustand in den Verkehr gebracht werden, muss die CE-Kennzeichnung auf der Steril-Verpackung und gegebenenfalls auf der Handelspackung angebracht sein. Ist für ein Medizinprodukt ein Konformitätsbewertungsverfahren vorgeschrieben, das nicht von einer Benannten Stelle durchgeführt werden muss, darf der CE-Kennzeichnung keine Kennnummer einer Benannten Stelle hinzugefügt werden.

§ 10 Voraussetzungen für das erstmalige Inverkehrbringen und die Inbetriebnahme von Systemen und Behandlungseinheiten sowie für das Sterilisieren von Medizinprodukten

(1) Medizinprodukte, die eine CE-Kennzeichnung tragen und die entsprechend ihrer Zweckbestimmung innerhalb der vom Hersteller vorgesehenen Anwendungsbeschränkungen zusammengesetzt werden, um in Form eines Systems oder einer Behandlungseinheit erstmalig in den Verkehr gebracht zu werden, müssen keinem Konformitätsbewertungsverfahren unterzogen werden. Wer für die Zusammenset-

zung des Systems oder der Behandlungseinheit verantwortlich ist, muss in diesem Fall eine Erklärung nach Maßgabe der Rechtsverordnung nach § 37 Abs. 1 abgeben.

(2) Enthalten das System oder die Behandlungseinheit Medizinprodukte oder sonstige Produkte, die keine CE-Kennzeichnung nach Maßgabe dieses Gesetzes tragen, oder ist die gewählte Kombination von Medizinprodukten nicht mit deren ursprünglicher Zweckbestimmung vereinbar, muss das System oder die Behandlungseinheit einem Konformitätsbewertungsverfahren nach Maßgabe der Rechtsverordnung nach § 37 Abs. 1 unterzogen werden.

(3) Wer Systeme oder Behandlungseinheiten gemäß Absatz 1 oder 2 oder andere Medizinprodukte, die eine CE-Kennzeichnung tragen, für die der Hersteller eine Sterilisation vor ihrer Verwendung vorgesehen hat, für das erstmalige Inverkehrbringen sterilisiert, muss dafür nach Maßgabe der Rechtsverordnung nach § 37 Abs. 1 ein Konformitätsbewertungsverfahren durchführen und eine Erklärung abgeben. Dies gilt entsprechend, wenn Medizinprodukte, die steril angewendet werden, nach dem erstmaligen Inverkehrbringen aufbereitet und an andere abgegeben werden.

(4) Medizinprodukte, Systeme und Behandlungseinheiten gemäß der Absätze 1 und 3 sind nicht mit einer zusätzlichen CE-Kennzeichnung zu versehen. Wer Systeme oder Behandlungseinheiten nach Absatz 1 zusammensetzt oder diese sowie Medizinprodukte nach Absatz 3 sterilisiert, hat dem Medizinprodukt nach Maßgabe des § 7 die nach den Nummern 11 bis 15 des Anhangs 1 der Richtlinie 90/385/EWG, nach den Nummern 13.1, 13.3, 13.4 und 13.6 des Anhangs I der Richtlinie 93/42/EWG oder den Nummern 8.1, 8.3 bis 8.5 und 8.7 des Anhangs I der Richtlinie 98/79/EG erforderlichen Informationen beizufügen, die auch die von dem Hersteller der Produkte, die zu dem System oder der Behandlungseinheit zusammengesetzt wurden, mitgelieferten Hinweise enthalten müssen.

§ 11 Sondervorschriften für das Inverkehrbringen und die Inbetriebnahme

(1) Abweichend von den Vorschriften des § 6 Abs. 1 und 2 kann die zuständige Bundesoberbehörde auf begründeten Antrag das erstmalige Inverkehrbringen oder die Inbetriebnahme einzelner Medizinprodukte, bei denen die Verfahren nach Maßgabe der Rechtsverordnung nach § 37 Abs. 1 nicht durchgeführt wurden, in Deutschland befristet zulassen, wenn deren Anwendung im Interesse des Gesundheitsschutzes liegt. Die Zulassung kann auf begründeten Antrag verlängert werden.

(2) Medizinprodukte dürfen nur an den Anwender abgegeben werden, wenn die für ihn bestimmten Informationen in deutscher Sprache abgefasst sind. In begründeten Fällen kann eine andere für den Anwender des Medizinproduktes leicht verständliche Sprache vorgesehen oder die Unterrichtung des Anwenders durch andere Maßnahmen gewährleistet werden. Dabei müssen jedoch die sicherheitsbezogenen Informationen in deutscher Sprache oder in der Sprache des Anwenders vorliegen.

(3) Regelungen über die Verschreibungspflicht von Medizinprodukten können durch Rechtsverordnung nach § 37 Abs. 2, Regelungen über die Vertriebswege von Medizinprodukten durch Rechtsverordnung nach § 37 Abs. 3 getroffen werden.

(3a)[3] In-vitro-Diagnostika zur Erkennung von HIV-Infektionen dürfen nur an

1. Ärzte,
2. ambulante und stationäre Einrichtungen im Gesundheitswesen, Großhandel und Apotheken,
3. Gesundheitsbehörden des Bundes, der Länder, der Gemeinden und Gemeindeverbände

abgegeben werden.

(4) Durch Rechtsverordnung nach § 37 Abs. 4 können Regelungen für Betriebe und Einrichtungen erlassen werden, die Medizinprodukte in Deutschland in den Verkehr bringen oder lagern.

§ 12 Sonderanfertigungen, Medizinprodukte aus Eigenherstellung, Medizinprodukte zur klinischen Prüfung oder für Leistungsbewertungszwecke, Ausstellen

(1) Sonderanfertigungen dürfen nur in den Verkehr gebracht oder in Betrieb genommen werden, wenn die Grundlegenden Anforderungen nach § 7, die auf sie unter Berücksichtigung ihrer Zweckbestimmung anwendbar sind, erfüllt sind und das für sie vorgesehene Konformitätsbewertungsverfahren nach Maßgabe der Rechtsverordnung nach § 37 Abs. 1 durchgeführt worden ist. Der Verantwortliche nach § 5 ist verpflichtet, der zuständigen Behörde auf Anforderung eine Liste der Sonderanfertigungen vorzulegen. Für die Inbetriebnahme von Medizinprodukten aus Eigenherstellung nach § 3 Nr. 21 und 22 finden die Vorschriften des Satzes 1 entsprechende Anwendung.

(2) Medizinprodukte, die zur klinischen Prüfung bestimmt sind, dürfen zu diesem Zwecke an Ärzte, Zahnärzte oder sonstige Personen, die auf Grund ihrer beruflichen Qualifikation zur Durchführung dieser Prüfungen befugt sind, nur abgegeben werden, wenn bei aktiven implantierbaren Medizinprodukten die Anforderungen der Nummer 3.2 Satz 1 und 2 des Anhangs 6 der Richtlinie 90/385/EWG und bei sonstigen Medizinprodukten die Anforderungen der Nummer 3.2 des Anhangs VIII der Richtlinie 93/42/EWG erfüllt sind. Der Sponsor der klinischen Prüfung muss die Dokumentation nach Nummer 3.2 des Anhangs 6 der Richtlinie 90/385/EWG mindestens 15 Jahre und die Dokumentation nach Nummer 3.2 des Anhangs VIII der Richtlinie 93/42/EWG mindestens fünf und im Falle von implantierbaren Medizinprodukten mindestens 15 Jahre nach Beendigung der Prüfung aufbewahren.

3) Redaktioneller Hinweis:
Nach Artikel 6 Nr. 1 in Verbindung mit Artikel 7 Absatz 3 des Gesetzes zur Änderung medizinprodukterechtlicher Vorschriften 29. Juli 2009 wird § 11 Absatz 3a am 1. Januar 2013 aufgehoben.

(3) In-vitro-Diagnostika für Leistungsbewertungsprüfungen dürfen zu diesem Zwecke an Ärzte, Zahnärzte oder sonstige Personen, die auf Grund ihrer beruflichen Qualifikation zur Durchführung dieser Prüfungen befugt sind, nur abgegeben werden, wenn die Anforderungen der Nummer 3 des Anhangs VIII der Richtlinie 98/79/EG erfüllt sind. Der Sponsor der Leistungsbewertungsprüfung muss die Dokumentation nach Nummer 3 des Anhangs VIII der Richtlinie 98/79/EG mindestens fünf Jahre nach Beendigung der Prüfung aufbewahren.

(4) Medizinprodukte, die nicht den Voraussetzungen nach § 6 Abs. 1 und 2 oder § 10 entsprechen, dürfen nur ausgestellt werden, wenn ein sichtbares Schild deutlich darauf hinweist, dass sie nicht den Anforderungen entsprechen und erst erworben werden können, wenn die Übereinstimmung hergestellt ist. Bei Vorführungen sind die erforderlichen Vorkehrungen zum Schutz von Personen zu treffen. Nach Satz 1 ausgestellte In-vitro-Diagnostika dürfen an Proben, die von einem Besucher der Ausstellung stammen, nicht angewendet werden.

§ 13 Klassifizierung von Medizinprodukten, Abgrenzung zu anderen Produkten

(1) Medizinprodukte mit Ausnahme der In-vitro-Diagnostika und der aktiven implantierbaren Medizinprodukte werden Klassen zugeordnet. Die Klassifizierung erfolgt nach den Klassifizierungsregeln des Anhangs IX der Richtlinie 93/42/ EWG[4].

(2) Bei Meinungsverschiedenheiten zwischen dem Hersteller und einer Benannten Stelle über die Anwendung der vorgenannten Regeln hat die Benannte Stelle der zuständigen Bundesoberbehörde die Angelegenheit zur Entscheidung vorzulegen.

(3) Die zuständige Bundesoberbehörde entscheidet ferner auf Antrag einer zuständigen Behörde oder des Herstellers über die Klassifizierung einzelner Medizinprodukte oder über die Abgrenzung von Medizinprodukten zu anderen Produkten.

(4) Die zuständige Behörde übermittelt alle Entscheidungen über die Klassifizierung von Medizinprodukten und zur Abgrenzung von Medizinprodukten zu anderen Produkten an das Deutsche Institut für Medizinische Dokumentation und Information zur zentralen Verarbeitung und Nutzung nach § 33 Abs . 1 Satz 1. Dies gilt für Entscheidungen der zuständigen Bundesoberbehörde nach Absatz 2 und 3 entsprechend.

§ 14 Errichten, Betreiben, Anwenden und Instandhalten von Medizinprodukten

Medizinprodukte dürfen nur nach Maßgabe der Rechtsverordnung nach § 37 Abs. 5 errichtet, betrieben, angewendet und in Stand gehalten werden. Sie dürfen nicht betrieben und angewendet werden, wenn sie Mängel aufweisen, durch die Patienten, Beschäftigte oder Dritte gefährdet werden können.

4) Redaktioneller Hinweis:
Brustimplantate werden ab dem 1. September 2003 der Klasse III zugeordnet – vgl. § 8 MPV;
Gelenkersatz für Hüfte, Knie und Schulter werden ab dem 1. September 2007 der Klasse III zugeordnet – vgl. § 9 MPV.

Dritter Abschnitt
Benannte Stellen und Bescheinigungen

§ 15 Benennung und Überwachung der Stellen, Anerkennung und Beauftragung von Prüflaboratorien

(1) Das Bundesministerium für Gesundheit teilt dem Bundesministerium für Wirtschaft und Technologie die von der zuständigen Behörde für die Durchführung von Aufgaben im Zusammenhang mit der Konformitätsbewertung nach Maßgabe der Rechtsverordnung nach § 37 Abs. 1 benannten Stellen und deren Aufgabengebiete mit, die von diesem an die Kommission der Europäischen Gemeinschaften und die anderen Vertragsstaaten des Abkommens über den Europäischen Wirtschaftsraum weitergeleitet werden. Bei der zuständigen Behörde kann ein Antrag auf Benennung als Benannte Stelle gestellt werden. Voraussetzung für die Benennung ist, dass die Befähigung der Stelle zur Wahrnehmung ihrer Aufgaben sowie die Einhaltung der Kriterien des Anhangs 8 der Richtlinie 90/385/EWG, des Anhangs XI der Richtlinie 93/42/EWG oder des Anhangs IX der Richtlinie 98/79/EG entsprechend den Verfahren, für die sie benannt werden soll, durch die zuständige Behörde in einem Benennungsverfahren festgestellt wurden. Von den Stellen, die den Kriterien entsprechen, welche in den zur Umsetzung der einschlägigen harmonisierten Normen erlassenen einzelstaatlichen Normen festgelegt sind, wird angenommen, dass sie den einschlägigen Kriterien entsprechen. Die Benennung kann unter Auflagen erteilt werden und ist zu befristen. Erteilung, Ablauf, Rücknahme, Widerruf und Erlöschen der Benennung sind dem Bundesministerium für Gesundheit unverzüglich anzuzeigen.

(2) Die zuständige Behörde überwacht die Einhaltung der in Absatz 1 für Benannte Stellen festgelegten Verpflichtungen und Anforderungen. Sie trifft die zur Beseitigung festgestellter Mängel oder zur Verhütung künftiger Verstöße notwendigen Anordnungen. Die Überwachung der Benannten Stellen, die an der Durchführung von Konformitätsbewertungsverfahren für Medizinprodukte, die ionisierende Strahlen erzeugen oder radioaktive Stoffe enthalten, beteiligt sind, wird insoweit im Auftrag des Bundes durch die Länder ausgeführt. Die zuständige Behörde kann von der Benannten Stelle und ihrem mit der Leitung und der Durchführung von Fachaufgaben beauftragten Personal die zur Erfüllung ihrer Überwachungsaufgaben erforderlichen Auskünfte und sonstige Unterstützung verlangen; sie ist befugt, die Benannte Stelle bei Überprüfungen zu begleiten. Ihre Beauftragten sind befugt, zu den Betriebs- und Geschäftszeiten Grundstücke und Geschäftsräume sowie Prüflaboratorien zu betreten und zu besichtigen und die Vorlage von Unterlagen insbesondere über die Erteilung der Bescheinigungen und zum Nachweis der Erfüllung der Anforderungen des Absatzes 1 Satz 2 zu verlangen. Das Betretungsrecht erstreckt sich auch auf Grundstücke des Herstellers, soweit die Überwachung dort erfolgt. § 26 Abs. 4 und 5 gilt entsprechend.

(3) Stellen, die der Kommission der Europäischen Gemeinschaften und den anderen Mitgliedstaaten der Europäischen Gemeinschaften auf Grund eines Rechtsaktes

des Rats oder der Kommission der Europäischen Gemeinschaften von einem Vertragsstaat des Abkommens über den Europäischen Wirtschaftsraum mitgeteilt wurden, sind Benannten Stellen nach Absatz 1 gleichgestellt.

(4) Die deutschen Benannten Stellen werden mit ihren jeweiligen Aufgaben und ihrer Kennnummer von der zuständigen Behörde auf ihrer Internetseite bekannt gemacht.

(5) Soweit eine Benannte Stelle zur Erfüllung ihrer Aufgaben Prüflaboratorien beauftragt, muss sie sicherstellen, dass diese die Kriterien des Anhangs 8 der Richtlinie 90/385/EWG, des Anhangs XI der Richtlinie 93/42/EWG oder des Anhangs IX der Richtlinie 98/79/EG entsprechend den Verfahren, für die sie beauftragt werden sollen, erfüllen. Die Erfüllung der Mindestkriterien ist in einem Anerkennungsverfahren durch die zuständige Behörde festzustellen.

§ 15a Benennung und Überwachung von Konformitätsbewertungsstellen für Drittstaaten

(1) Mit der Benennung als Konformitätsbewertungsstelle für Drittstaaten ist eine natürliche oder juristische Person oder eine rechtsfähige Personengesellschaft befugt, Aufgaben der Konformitätsbewertung im Bereich der Medizinprodukte für den oder die genannten Drittstaaten im Rahmen des jeweiligen Abkommens der Europäischen Gemeinschaft mit dritten Staaten oder Organisationen nach Artikel 228 des EG-Vertrages (Drittland-Abkommen) wahrzunehmen. § 15 Absatz 1 und 2 gelten entsprechend.

(2) Grundlage für die Benennung als Konformitätsbewertungsstelle für Drittstaaten ist ein von der zuständigen Behörde durchgeführtes Benennungsverfahren, mit dem die Befähigung der Stelle zur Wahrnehmung ihrer Aufgaben gemäß den entsprechenden sektoralen Anforderungen der jeweiligen Abkommen festgestellt wird.

(3) Die Benennung als Konformitätsbewertungsstelle für Drittstaaten kann unter Auflagen erteilt werden und ist zu befristen. Erteilung, Ablauf, Rücknahme, Widerruf und Erlöschen der Benennung sind dem Bundesministerium für Gesundheit sowie den in den jeweiligen Abkommen genannten Institutionen unverzüglich anzuzeigen.

§ 16 Erlöschen, Rücknahme, Widerruf und Ruhen der Benennung

(1) Die Benennung erlischt mit Fristablauf, mit der Einstellung des Betriebs der Benannten Stelle oder durch Verzicht. Die Einstellung oder der Verzicht sind der zuständigen Behörde unverzüglich schriftlich mitzuteilen.

(2) Die zuständige Behörde nimmt die Benennung zurück, soweit nachträglich bekannt wird, dass eine Benannte Stelle bei der Benennung nicht die Voraussetzungen für eine Benennung erfüllt hat; sie widerruft die Benennung, soweit die Voraussetzungen für eine Benennung nachträglich weggefallen sind. An Stelle des Widerrufs kann das Ruhen der Benennung angeordnet werden.

(3) In den Fällen der Absätze 1 und 2 ist die bisherige Benannte Stelle verpflichtet, alle einschlägigen Informationen und Unterlagen der Benannten Stelle zur Verfü-

Medizinproduktegesetz   *MPG*

gung zu stellen, mit der der Hersteller die Fortführung der Konformitätsbewertungsverfahren vereinbart.

(4) Die zuständige Behörde teilt das Erlöschen, die Rücknahme und den Widerruf unverzüglich dem Bundesministerium für Gesundheit sowie den anderen zuständigen Behörden in Deutschland unter Angabe der Gründe und der für notwendig erachteten Maßnahmen mit. Das Bundesministerium für Gesundheit unterrichtet darüber unverzüglich das Bundesministerium für Wirtschaft und Technologie, das unverzüglich die Kommission der Europäischen Gemeinschaften und die anderen Vertragsstaaten des Abkommens über den Europäischen Wirtschaftsraum unterrichtet. Erlöschen, Rücknahme und Widerruf einer Benennung sind von der zuständigen Behörde auf deren Internetseite bekannt zu machen.

(5) Absätze 1, 2 und 4 gelten für Konformitätsbewertungsstellen für Drittstaaten entsprechend.

§ 17 Geltungsdauer von Bescheinigungen der Benannten Stellen

(1) Soweit die von einer Benannten Stelle im Rahmen eines Konformitätsbewertungsverfahrens nach Maßgabe der Rechtsverordnung nach § 37 Abs. 1 erteilte Bescheinigung eine begrenzte Geltungsdauer hat, kann die Geltungsdauer auf Antrag um jeweils höchstens fünf Jahre verlängert werden. Sollte diese Benannte Stelle nicht mehr bestehen oder andere Gründe den Wechsel der Benannten Stelle erfordern, kann der Antrag bei einer anderen Benannten Stelle gestellt werden.

(2) Mit dem Antrag auf Verlängerung ist ein Bericht einzureichen, der Angaben darüber enthält, ob und in welchem Umfang sich die Beurteilungsmerkmale für die Konformitätsbewertung seit der Erteilung oder Verlängerung der Konformitätsbescheinigung geändert haben. Soweit nichts anderes mit der Benannten Stelle vereinbart wurde, ist der Antrag spätestens sechs Monate vor Ablauf der Gültigkeitsfrist zu stellen.

§ 18 Einschränkung, Aussetzung und Zurückziehung von Bescheinigungen, Unterrichtungspflichten

(1) Stellt eine Benannte Stelle fest, dass die Voraussetzungen zur Ausstellung einer Bescheinigung vom Hersteller nicht oder nicht mehr erfüllt werden oder die Bescheinigung nicht hätte ausgestellt werden dürfen, schränkt sie unter Berücksichtigung des Grundsatzes der Verhältnismäßigkeit die ausgestellte Bescheinigung ein, setzt sie aus oder zieht sie zurück, es sei denn, dass der Verantwortliche durch geeignete Abhilfemaßnahmen die Übereinstimmung mit den Voraussetzungen gewährleistet. Die Benannte Stelle trifft die erforderlichen Maßnahmen unverzüglich.

(2) Vor der Entscheidung über eine Maßnahme nach Absatz 1 ist der Hersteller von der Benannten Stelle anzuhören, es sei denn, dass eine solche Anhörung angesichts der Dringlichkeit der zu treffenden Entscheidung nicht möglich ist.

(3) Die Benannte Stelle unterrichtet

1. unverzüglich das Deutsche Institut für Medizinische Dokumentation und Information über alle ausgestellten, geänderten, ergänzten und, unter Angabe der Gründe, über alle abgelehnten, eingeschränkten, zurückgezogenen, ausgesetzten und wieder eingesetzten Bescheinigungen; § 25 Abs . 5 und 6 gilt entsprechend,

2. unverzüglich die für sie zuständige Behörde in Fällen, in denen sich ein Eingreifen der zuständigen Behörde als erforderlich erweisen könnte,

3. auf Anfrage die anderen Benannten Stellen oder die zuständigen Behörden über ihre Bescheinigungen und stellt zusätzliche Informationen, soweit erforderlich, zur Verfügung,

4. auf Anfrage Dritte über Angaben in Bescheinigungen, die ausgestellt, geändert, ergänzt, ausgesetzt oder widerrufen wurden.

(4) Das Deutsche Institut für Medizinische Dokumentation und Information unterrichtet über eingeschränkte, verweigerte, ausgesetzte, wieder eingesetzte und zurückgezogene Bescheinigungen elektronisch die für den Verantwortlichen nach § 5 zuständige Behörde, die zuständige Behörde des Bundes, die Kommission der Europäischen Gemeinschaften, die anderen Vertragsstaaten des Abkommens über den Europäischen Wirtschaftsraum und gewährt den Benannten Stellen eine Zugriffsmöglichkeit auf diese Informationen.

**Vierter Abschnitt
Klinische Bewertung, Leistungsbewertung,
klinische Prüfung, Leistungsbewertungsprüfung**

§ 19 Klinische Bewertung, Leistungsbewertung

(1) Die Eignung von Medizinprodukten für den vorgesehenen Verwendungszweck ist durch eine klinische Bewertung anhand von klinischen Daten nach § 3 Nummer 25 zu belegen, soweit nicht in begründeten Ausnahmefällen andere Daten ausreichend sind. Die klinische Bewertung schließt die Beurteilung von unerwünschten Wirkungen sowie die Annehmbarkeit des in den Grundlegenden Anforderungen der Richtlinien 90/385/EWG und 93/42/EWG genannten Nutzen-/Risiko-Verhältnisses ein. Die klinische Bewertung muss gemäß einem definierten und methodisch einwandfreien Verfahren erfolgen und gegebenenfalls einschlägige harmonisierte Normen berücksichtigen.

(2) Die Eignung von In-vitro-Diagnostika für den vorgesehenen Verwendungszweck ist durch eine Leistungsbewertung anhand geeigneter Daten zu belegen. Die Leistungsbewertung ist zu stützen auf

1. Daten aus der wissenschaftlichen Literatur, die die vorgesehene Anwendung des Medizinproduktes und die dabei zum Einsatz kommenden Techniken be-

Medizinproduktegesetz MPG

handeln, sowie einen schriftlichen Bericht, der eine kritische Würdigung dieser Daten enthält, oder

2. die Ergebnisse aller Leistungsbewertungsprüfungen oder sonstigen geeigneten Prüfungen.

§ 20 Allgemeine Voraussetzungen zur klinischen Prüfung

(1) Mit der klinischen Prüfung eines Medizinproduktes darf in Deutschland erst begonnen werden, wenn die zuständige Ethik-Kommission diese nach Maßgabe des § 22 zustimmend bewertet und die zuständige Bundesoberbehörde nach Maßgabe des § 22a genehmigt hat. Bei klinischen Prüfungen von Medizinprodukten mit geringem Sicherheitsrisiko kann die zuständige Bundesoberbehörde von einer Genehmigung absehen. Das Nähere zu diesem Verfahren wird in einer Rechtsverordnung nach § 37 Absatz 2a geregelt. Die klinische Prüfung eines Medizinproduktes darf bei Menschen nur durchgeführt werden, wenn und solange

1. die Risiken, die mit ihr für die Person verbunden sind, bei der sie durchgeführt werden soll, gemessen an der voraussichtlichen Bedeutung des Medizinproduktes für die Heilkunde ärztlich vertretbar sind,

1a. ein Sponsor oder ein Vertreter des Sponsors vorhanden ist, der seinen Sitz in einem Mitgliedstaat der Europäischen Union oder in einem anderen Vertragsstaat des Abkommens über den Europäischen Wirtschaftsraum hat,

2. die Person, bei der sie durchgeführt werden soll, ihre Einwilligung hierzu erteilt hat, nachdem sie durch einen Arzt, bei für die Zahnheilkunde bestimmten Medizinprodukten auch durch einen Zahnarzt, über Wesen, Bedeutung und Tragweite der klinischen Prüfung aufgeklärt worden ist und mit dieser Einwilligung zugleich erklärt, dass sie mit dem im Rahmen der klinischen Prüfung erfolgenden Aufzeichnung von Gesundheitsdaten und mit der Einsichtnahme zu Prüfungszwecken durch Beauftragte des Auftraggebers oder der zuständigen Behörde einverstanden ist,

3. die Person, bei der sie durchgeführt werden soll, nicht auf gerichtliche oder behördliche Anordnung in einer Anstalt verwahrt ist,

4. sie in einer geeigneten Einrichtung und einem angemessen qualifizierten Prüfer durchgeführt und von einem entsprechend qualifizierten und spezialisierten Arzt, bei für die Zahnheilkunde bestimmten Medizinprodukten auch von einem Zahnarzt, oder einer sonstigen entsprechend qualifizierten und befugten Person geleitet wird, die mindestens eine zweijährige Erfahrung in der klinischen Prüfung von Medizinprodukten nachweisen können,

5. soweit erforderlich, eine dem jeweiligen Stand der wissenschaftlichen Erkenntnisse entsprechende biologische Sicherheitsprüfung oder sonstige für die vorgesehene Zweckbestimmung des Medizinproduktes erforderliche Prüfung durchgeführt worden ist,

6. soweit erforderlich, die sicherheitstechnische Unbedenklichkeit für die Anwendung des Medizinproduktes unter Berücksichtigung des Standes der Technik sowie der Arbeitsschutz- und Unfallverhütungsvorschriften nachgewiesen wird,

7. die Prüfer über die Ergebnisse der biologischen Sicherheitsprüfung und der Prüfung der technischen Unbedenklichkeit sowie die voraussichtlich mit der klinischen Prüfung verbundenen Risiken informiert worden sind,

8. ein dem jeweiligen Stand der wissenschaftlichen Erkenntnisse entsprechender Prüfplan vorhanden ist und

9. für den Fall, dass bei der Durchführung der klinischen Prüfung ein Mensch getötet oder der Körper oder die Gesundheit eines Menschen verletzt oder beeinträchtigt wird, eine Versicherung nach Maßgabe des Absatzes 3 besteht, die auch Leistungen gewährt, wenn kein anderer für den Schaden haftet.

(2) Eine Einwilligung nach Absatz 1 Nr. 2 ist nur wirksam, wenn die Person, die sie abgibt,

1. geschäftsfähig und in der Lage ist, Wesen, Risiken, Bedeutung und Tragweite der klinischen Prüfung einzusehen und ihren Willen hiernach zu bestimmen, und

2. die Einwilligung selbst und schriftlich erteilt hat.

Eine Einwilligung kann jederzeit widerrufen werden.

(3) Die Versicherung nach Absatz 1 Nr. 9 muss zugunsten der von der klinischen Prüfung betroffenen Person bei einem in Deutschland zum Geschäftsbetrieb befugten Versicherer genommen werden. Ihr Umfang muss in einem angemessenen Verhältnis zu den mit der klinischen Prüfung verbundenen Risiken stehen und auf der Grundlage der Risikoabschätzung so festgelegt werden, dass für jeden Fall des Todes oder der dauernden Erwerbsunfähigkeit einer von der klinischen Prüfung betroffenen Person mindestens 500.000 Euro zur Verfügung stehen. Soweit aus der Versicherung geleistet wird, erlischt ein Anspruch auf Schadensersatz.

(4) Auf eine klinische Prüfung bei Minderjährigen finden die Absätze 1 bis 3 mit folgender Maßgabe Anwendung:

1. Das Medizinprodukt muss zum Erkennen oder zum Verhüten von Krankheiten bei Minderjährigen bestimmt sein.

2. Die Anwendung des Medizinproduktes muss nach den Erkenntnissen der medizinischen Wissenschaft angezeigt sein, um bei dem Minderjährigen Krankheiten zu erkennen oder ihn vor Krankheiten zu schützen.

3. Die klinische Prüfung an Erwachsenen darf nach den Erkenntnissen der medizinischen Wissenschaft keine ausreichenden Prüfergebnisse erwarten lassen.

4. Die Einwilligung wird durch den gesetzlichen Vertreter oder Betreuer abgegeben. Sie ist nur wirksam, wenn dieser durch einen Arzt, bei für die Zahnheilkun-

de bestimmten Medizinprodukten auch durch einen Zahnarzt, über Wesen, Bedeutung und Tragweite der klinischen Prüfung aufgeklärt worden ist. Ist der Minderjährige in der Lage, Wesen, Bedeutung und Tragweite der klinischen Prüfung einzusehen und seinen Willen hiernach zu bestimmen, so ist auch seine schriftliche Einwilligung erforderlich.

(5) Auf eine klinische Prüfung bei Schwangeren oder Stillenden finden die Absätze 1 bis 4 mit folgender Maßgabe Anwendung: Die klinische Prüfung darf nur durchgeführt werden, wenn

1. das Medizinprodukt dazu bestimmt ist, bei schwangeren oder stillenden Frauen oder bei einem ungeborenen Kind Krankheiten zu verhüten, zu erkennen, zu heilen oder zu lindern,

2. die Anwendung des Medizinproduktes nach den Erkenntnissen der medizinischen Wissenschaft angezeigt ist, um bei der schwangeren oder stillenden Frau oder bei einem ungeborenen Kind Krankheiten oder deren Verlauf zu erkennen, Krankheiten zu heilen oder zu lindern oder die schwangere oder stillende Frau oder das ungeborene Kind vor Krankheiten zu schützen,

3. nach den Erkenntnissen der medizinischen Wissenschaft die Durchführung der klinischen Prüfung für das ungeborene Kind keine unvertretbaren Risiken erwarten lässt und

4. die klinische Prüfung nach den Erkenntnissen der medizinischen Wissenschaft nur dann ausreichende Prüfergebnisse erwarten lässt, wenn sie an schwangeren oder stillenden Frauen durchgeführt wird.

(6) (aufgehoben)

(7) (aufgehoben)

(8) (aufgehoben)

§ 21 Besondere Voraussetzungen zur klinischen Prüfung

Auf eine klinische Prüfung bei einer Person, die an einer Krankheit leidet, zu deren Behebung das zu prüfende Medizinprodukt angewendet werden soll, findet § 20 Abs. 1 bis 3 mit folgender Maßgabe Anwendung:

1. Die klinische Prüfung darf nur durchgeführt werden, wenn die Anwendung des zu prüfenden Medizinproduktes nach den Erkenntnissen der medizinischen Wissenschaft angezeigt ist, um das Leben des Kranken zu retten, seine Gesundheit wiederherzustellen oder sein Leiden zu erleichtern.

2. Die klinische Prüfung darf auch bei einer Person, die geschäftsunfähig oder in der Geschäftsfähigkeit beschränkt ist, durchgeführt werden. Sie bedarf der Einwilligung des gesetzlichen Vertreters. Daneben bedarf es auch der Einwilligung des Vertretenen, wenn er in der Lage ist, Wesen, Bedeutung und Tragweite der klinischen Prüfung einzusehen und seinen Willen hiernach zu bestimmen.

3. Die Einwilligung des gesetzlichen Vertreters ist nur wirksam, wenn dieser durch einen Arzt, bei für die Zahnheilkunde bestimmten Medizinprodukten auch durch einen Zahnarzt, über Wesen, Bedeutung und Tragweite der klinischen Prüfung aufgeklärt worden ist. Auf den Widerruf findet § 20 Abs. 2 Satz 2 Anwendung. Der Einwilligung des gesetzlichen Vertreters bedarf es so lange nicht, als eine Behandlung ohne Aufschub erforderlich ist, um das Leben des Kranken zu retten, seine Gesundheit wiederherzustellen oder sein Leiden zu erleichtern, und eine Erklärung über die Einwilligung nicht herbeigeführt werden kann.

4. Die Einwilligung des Kranken oder des gesetzlichen Vertreters ist auch wirksam, wenn sie mündlich gegenüber dem behandelnden Arzt, bei für die Zahnheilkunde bestimmten Medizinprodukten auch gegenüber dem behandelnden Zahnarzt, in Gegenwart eines Zeugen abgegeben wird, der auch bei der Information der betroffenen Person einbezogen war. Der Zeuge darf keine bei der Prüfstelle beschäftigte Person und kein Mitglied der Prüfgruppe sein. Die mündlich erteilte Einwilligung ist schriftlich zu dokumentieren, zu datieren und von dem Zeugen zu unterschreiben.

5. (aufgehoben)

§ 22 Verfahren bei der Ethik-Kommission

(1) Die nach § 20 Absatz 1 Satz 1 erforderliche zustimmende Bewertung der Ethik-Kommission ist vom Sponsor bei der nach Landesrecht für den Prüfer zuständigen unabhängigen interdisziplinär besetzten Ethik-Kommission zu beantragen. Wird die klinische Prüfung von mehreren Prüfern durchgeführt, so ist der Antrag bei der für den Hauptprüfer oder Leiter der klinischen Prüfung zuständigen unabhängigen Ethik-Kommission zu stellen. Bei multizentrischen klinischen Prüfungen genügt ein Votum. Das Nähere zur Bildung, Zusammensetzung und Finanzierung der Ethik-Kommission wird durch Landesrecht bestimmt. Der Sponsor hat der Ethik-Kommission alle Angaben und Unterlagen vorzulegen, die diese zur Bewertung benötigt. Zur Bewertung der Unterlagen kann die Ethik-Kommission eigene wissenschaftliche Erkenntnisse verwerten, Sachverständige beiziehen oder Gutachten anfordern. Sie hat Sachverständige beizuziehen oder Gutachten anzufordern, wenn es sich um eine klinische Prüfung bei Minderjährigen handelt und sie nicht über eigene Fachkenntnisse auf dem Gebiet der Kinderheilkunde, einschließlich ethischer und psychosozialer Fragen der Kinderheilkunde, verfügt. Das Nähere zum Verfahren wird in einer Rechtsverordnung nach § 37 Absatz 2a geregelt.

(2) Die Ethik-Kommission hat die Aufgabe, den Prüfplan und die erforderlichen Unterlagen, insbesondere nach ethischen und rechtlichen Gesichtspunkten, zu beraten und zu prüfen, ob die Voraussetzungen nach § 20 Absatz 1 Satz 4 Nummer 1 bis 4 und 7 bis 9 sowie Absatz 4 und 5 und nach § 21 erfüllt werden.

Medizinproduktegesetz MPG

(3) Die zustimmende Bewertung darf nur versagt werden, wenn

1. die vorgelegten Unterlagen auch nach Ablauf einer dem Sponsor gesetzten angemessenen Frist zur Ergänzung unvollständig sind,

2. die vorgelegten Unterlagen einschließlich des Prüfplans, der Prüferinformation und der Modalitäten für die Auswahl der Probanden nicht dem Stand der wissenschaftlichen Erkenntnisse entsprechen, insbesondere die klinische Prüfung ungeeignet ist, den Nachweis der Unbedenklichkeit, Leistung oder Wirkung des Medizinproduktes zu erbringen, oder

3. die in § 20 Absatz 1 Satz 4 Nummer 1 bis 4 und 7 bis 9 sowie Absatz 4 und 5 und die in § 21 genannten Anforderungen nicht erfüllt sind.

(4) Die Ethik-Kommission hat eine Entscheidung über den Antrag nach Absatz 1 innerhalb einer Frist von 60 Tagen nach Eingang der erforderlichen Unterlagen zu übermitteln. Sie unterrichtet zusätzlich die zuständige Bundesoberbehörde über die Entscheidung.

§ 22a Genehmigungsverfahren bei der Bundesoberbehörde

(1) Die nach § 20 Absatz 1 Satz 1 erforderliche Genehmigung ist vom Sponsor bei der zuständigen Bundesoberbehörde zu beantragen. Der Antrag muss, jeweils mit Ausnahme der Stellungnahme der beteiligten Ethik-Kommission, bei aktiven implantierbaren Medizinprodukten die Angaben nach Nummer 2.2 des Anhangs 6 der Richtlinie 90/385/EWG und bei sonstigen Medizinprodukten die Angaben nach Nummer 2.2 des Anhangs VIII der Richtlinie 93/42/EWG enthalten. Zusätzlich hat der Sponsor alle Angaben und Unterlagen vorzulegen, die die zuständige Bundesoberbehörde zur Bewertung benötigt. Die Stellungnahme der Ethik-Kommission ist nachzureichen. Das Nähere zum Verfahren wird in einer Rechtsverordnung nach § 37 Absatz 2a geregelt.

(2) Die zuständige Bundesoberbehörde hat die Aufgabe, den Prüfplan und die erforderlichen Unterlagen, insbesondere nach wissenschaftlichen und technischen Gesichtspunkten zu prüfen, ob die Voraussetzungen nach § 20 Absatz 1 Satz 4 Nummer 1, 5, 6 und 8 erfüllt werden.

(3) Die Genehmigung darf nur versagt werden, wenn

1. die vorgelegten Unterlagen auch nach Ablauf einer dem Sponsor gesetzten angemessenen Frist zur Ergänzung unvollständig sind,

2. das Medizinprodukt oder die vorgelegten Unterlagen, insbesondere die Angaben zum Prüfplan einschließlich der Prüferinformation nicht dem Stand der wissenschaftlichen Erkenntnisse entsprechen, insbesondere die klinische Prüfung ungeeignet ist, den Nachweis der Unbedenklichkeit, Leistung oder Wirkung des Medizinproduktes zu erbringen oder

3. die in § 20 Absatz 1 Satz 4 Nummer 1, 5, 6 und 8 genannten Anforderungen nicht erfüllt sind.

(4) Die Genehmigung gilt als erteilt, wenn die zuständige Bundesoberbehörde dem Sponsor innerhalb von 30 Tagen nach Eingang der Antragsunterlagen keine mit Gründen versehenen Einwände übermittelt. Wenn der Sponsor auf mit Gründen versehene Einwände den Antrag nicht innerhalb einer Frist von 90 Tagen entsprechend abgeändert hat, gilt der Antrag als abgelehnt.

(5) Nach einer Entscheidung der zuständigen Bundesoberbehörde über den Genehmigungsantrag oder nach Ablauf der Frist nach Absatz 4 Satz 2 ist das Einreichen von Unterlagen zur Mängelbeseitigung ausgeschlossen.

(6) Die zuständige Bundesoberbehörde unterrichtet die zuständigen Behörden über genehmigte und abgelehnte klinische Prüfungen und Bewertungen der Ethik-Kommission und informiert die zuständigen Behörden der anderen Vertragsstaaten des Europäischen Wirtschaftsraums und die Europäische Kommission über abgelehnte klinische Prüfungen. Die Unterrichtung erfolgt automatisch über das Informationssystem des Deutschen Instituts für Medizinische Dokumentation und Information. § 25 Absatz 5 und 6 gilt entsprechend.

(7) Die für die Genehmigung einer klinischen Prüfung zuständige Bundesoberbehörde unterrichtet die zuständige Ethik-Kommission, sofern ihr Informationen zu anderen klinischen Prüfungen vorliegen, die für die Bewertung der von der Ethik-Kommission begutachteten Prüfung von Bedeutung sind; dies gilt insbesondere für Informationen über abgebrochene oder sonst vorzeitig beendete Prüfungen. Dabei unterbleibt die Übermittlung personenbezogener Daten; ferner sind Betriebs- und Geschäftsgeheimnisse dabei zu wahren. Absatz 6 Satz 2 und 3 gilt entsprechend.

§ 22b Rücknahme, Widerruf und Ruhen der Genehmigung oder der zustimmenden Bewertung

(1) Die Genehmigung nach § 22a ist zurückzunehmen, wenn bekannt wird, dass ein Versagungsgrund nach § 22a Absatz 3 bei der Erteilung vorgelegen hat. Sie ist zu widerrufen, wenn nachträglich Tatsachen eintreten, die die Versagung nach § 22a Absatz 3 Nummer 2 oder Nummer 3 rechtfertigen würden. In den Fällen des Satzes 1 kann auch das Ruhen der Genehmigung befristet angeordnet werden.

(2) Die zuständige Bundesoberbehörde kann die Genehmigung widerrufen, wenn die Gegebenheiten der klinischen Prüfung nicht mit den Angaben im Genehmigungsantrag übereinstimmen oder wenn Tatsachen Anlass zu Zweifeln an der Unbedenklichkeit oder der wissenschaftlichen Grundlage der klinischen Prüfung geben. In diesem Fall kann auch das Ruhen der Genehmigung befristet angeordnet werden.

(3) Vor einer Entscheidung nach den Absätzen 1 und 2 ist dem Sponsor Gelegenheit zur Stellungnahme innerhalb einer Frist von einer Woche zu geben. § 28 Absatz 2 Nummer 1 des Verwaltungsverfahrensgesetzes gilt entsprechend. Ordnet die zuständige Bundesoberbehörde den Widerruf, die Rücknahme oder das Ruhen der Genehmigung mit sofortiger Wirkung an, so übermittelt sie diese Anordnung unver-

züglich dem Sponsor. Widerspruch und Anfechtungsklage haben keine aufschiebende Wirkung.

(4) Ist die Genehmigung einer klinischen Prüfung zurückgenommen oder widerrufen oder ruht sie, so darf die klinische Prüfung nicht fortgesetzt werden.

(5) Die zustimmende Bewertung durch die zuständige Ethik-Kommission ist zurückzunehmen, wenn die Ethik-Kommission nachträglich Kenntnis erlangt, dass ein Versagungsgrund nach § 22 Absatz 3 vorgelegen hat; sie ist zu widerrufen, wenn die Ethik-Kommission nachträglich Kenntnis erlangt, dass

1. die Anforderungen an die Eignung des Prüfers und der Prüfstelle nicht gegeben sind,
2. keine ordnungsgemäße Probandenversicherung besteht,
3. die Modalitäten für die Auswahl der Prüfungsteilnehmer nicht dem Stand der medizinischen Erkenntnisse entsprechen, insbesondere die klinische Prüfung ungeeignet ist, den Nachweis der Unbedenklichkeit, Leistung oder Wirkung des Medizinproduktes zu erbringen,
4. die Voraussetzungen für die Einbeziehung von Personen nach § 20 Absatz 4 und 5 oder § 21 nicht gegeben sind.

Die Absätze 3 und 4 gelten entsprechend. Die zuständige Ethik-Kommission unterrichtet unter Angabe von Gründen unverzüglich die zuständige Bundesoberbehörde und die anderen für die Überwachung zuständigen Behörden.

(6) Wird die Genehmigung einer klinischen Prüfung zurückgenommen, widerrufen oder das Ruhen einer Genehmigung angeordnet, so informiert die zuständige Bundesoberbehörde die zuständigen Behörden und die Behörden der anderen betroffenen Mitgliedstaaten des Europäischen Wirtschaftsraums über die getroffene Maßnahme und deren Gründe. § 22a Absatz 6 Satz 2 und 3 gilt entsprechend.

§ 22c Änderungen nach Genehmigung von klinischen Prüfungen

(1) Der Sponsor zeigt jede Änderung der Dokumentation der zuständigen Bundesoberbehörde an.

(2) Beabsichtigt der Sponsor nach Genehmigung der klinischen Prüfung eine wesentliche Änderung, so beantragt er unter Angabe des Inhalts und der Gründe der Änderung

1. bei der zuständigen Bundesoberbehörde eine Begutachtung und
2. bei der zuständigen Ethik-Kommission eine Bewertung

der angezeigten Änderungen.

(3) Als wesentlich gelten insbesondere Änderungen, die

1. sich auf die Sicherheit der Probanden auswirken können,

2. die Auslegung der Dokumente beeinflussen, auf die die Durchführung der klinischen Prüfung gestützt wird oder

3. die anderen von der Ethik-Kommission beurteilten Anforderungen beeinflussen.

(4) Die Ethik-Kommission nimmt innerhalb von 30 Tagen nach Eingang des Änderungsantrags dazu Stellung. § 22 Absatz 4 Satz 2 gilt entsprechend.

(5) Stimmt die Ethik-Kommission dem Antrag zu und äußert die zuständige Bundesoberbehörde innerhalb von 30 Tagen nach Eingang des Änderungsantrages keine Einwände, so kann der Sponsor die klinische Prüfung nach dem geänderten Prüfplan durchführen. Im Falle von Auflagen muss der Sponsor diese beachten und die Dokumentation entsprechend anpassen oder seinen Änderungsantrag zurückziehen. § 22a Absatz 6 gilt entsprechend. Für Rücknahme, Widerruf und Ruhen der Genehmigung der Bundesoberbehörde nach Satz 1 findet § 22b entsprechende Anwendung.

(6) Werden wesentliche Änderungen auf Grund von Maßnahmen der zuständigen Bundesoberbehörde an einer klinischen Prüfung veranlasst, so informiert die zuständige Bundesoberbehörde die zuständigen Behörden und die zuständigen Behörden der anderen betroffenen Vertragsstaaten des Abkommens über den Europäischen Wirtschaftsraum über die getroffene Maßnahme und deren Gründe. § 22a Absatz 6 Satz 2 und 3 gilt entsprechend.

§ 23 Durchführung der klinischen Prüfung

Neben den §§ 20 bis 22c gelten für die Durchführung klinischer Prüfungen von aktiven implantierbaren Medizinprodukten auch die Bestimmungen der Nummer 2.3 des Anhangs 7 der Richtlinie 90/385/EWG und für die Durchführung klinischer Prüfungen von sonstigen Medizinprodukten die Bestimmungen der Nummer 2.3 des Anhangs X der Richtlinie 93/42/EWG.

§ 23a Meldungen über Beendigung oder Abbruch von klinischen Prüfungen

(1) Innerhalb von 90 Tagen nach Beendigung einer klinischen Prüfung meldet der Sponsor der zuständigen Bundesoberbehörde die Beendigung der klinischen Prüfung.

(2) Beim Abbruch der klinischen Prüfung verkürzt sich diese Frist auf 15 Tage. In der Meldung sind alle Gründe für den Abbruch anzugeben.

(3) Der Sponsor reicht der zuständigen Bundesoberbehörde innerhalb von zwölf Monaten nach Abbruch oder Abschluss der klinischen Prüfung den Schlussbericht ein.

(4) Im Falle eines Abbruchs der klinischen Prüfung aus Sicherheitsgründen informiert die zuständige Bundesoberbehörde alle zuständigen Behörden, die Behörden der Mitgliedstaaten des Europäischen Wirtschaftsraums und die Europäische Kommission. § 22a Absatz 6 Satz 2 und 3 gilt entsprechend.

Medizinproduktegesetz MPG

§ 23b Ausnahmen zur klinischen Prüfung

Die §§ 20 bis 23a sind nicht anzuwenden, wenn eine klinische Prüfung mit Medizinprodukten durchgeführt wird, die nach den §§ 6 und 10 die CE-Kennzeichnung tragen dürfen, es sei denn, diese Prüfung hat eine andere Zweckbestimmung des Medizinproduktes zum Inhalt oder es werden zusätzlich invasive oder andere belastende Untersuchungen durchgeführt.

§ 24 Leistungsbewertungsprüfung

Auf Leistungsbewertungsprüfungen von In-vitro-Diagnostika sind die §§ 20 bis 23b entsprechend anzuwenden, wenn

1. eine invasive Probenahme ausschließlich oder in erheblicher zusätzlicher Menge zum Zwecke der Leistungsbewertung eines In-vitro-Diagnostikums erfolgt oder

2. im Rahmen der Leistungsbewertungsprüfung zusätzlich invasive oder andere belastende Untersuchungen durchgeführt werden oder

3. die im Rahmen der Leistungsbewertung erhaltenen Ergebnisse für die Diagnostik verwendet werden sollen, ohne dass sie mit etablierten Verfahren bestätigt werden können.

In den übrigen Fällen ist die Einwilligung der Person, von der die Proben entnommen werden, erforderlich, soweit das Persönlichkeitsrecht oder kommerzielle Interessen dieser Person berührt sind.

Fünfter Abschnitt
Überwachung und Schutz vor Risiken

§ 25 Allgemeine Anzeigepflicht

(1) Wer als Verantwortlicher im Sinne von § 5 Satz 1 und 2 seinen Sitz in Deutschland hat und Medizinprodukte mit Ausnahme derjenigen nach § 3 Nr. 8 erstmalig in den Verkehr bringt, hat dies vor Aufnahme der Tätigkeit unter Angabe seiner Anschrift der zuständigen Behörde anzuzeigen; dies gilt entsprechend für Betriebe und Einrichtungen, die Medizinprodukte, die bestimmungsgemäß keimarm oder steril zur Anwendung kommen, ausschließlich für andere aufbereiten.

(2) Wer Systeme oder Behandlungseinheiten nach § 10 Abs. 1 zusammensetzt oder diese sowie Medizinprodukte nach § 10 Abs. 3 sterilisiert und seinen Sitz in Deutschland hat, hat der zuständigen Behörde unter Angabe seiner Anschrift vor Aufnahme der Tätigkeit die Bezeichnung sowie bei Systemen oder Behandlungseinheiten die Beschreibung der betreffenden Medizinprodukte anzuzeigen.

(3) Wer als Verantwortlicher nach § 5 Satz 1 und 2 seinen Sitz in Deutschland hat und In-vitro-Diagnostika erstmalig in Verkehr bringt, hat der zuständigen Behörde unter Angabe seiner Anschrift vor Aufnahme der Tätigkeit anzuzeigen:

1. die die gemeinsamen technologischen Merkmale und Analyten betreffenden Angaben zu Reagenzien, Medizinprodukten mit Reagenzien und Kalibrier- und Kontrollmaterialien sowie bei sonstigen In-vitro-Diagnostika die geeigneten Angaben,
2. im Falle der In-vitro-Diagnostika gemäß Anhang II der Richtlinie 98/79/EG und der In-vitro-Diagnostika zur Eigenanwendung alle Angaben, die eine Identifizierung dieser In-vitro-Diagnostika ermöglichen, die analytischen und gegebenenfalls diagnostischen Leistungsdaten gemäß Anhang I Abschnitt A Nummer 3 der Richtlinie 98/79/EG, die Ergebnisse der Leistungsbewertung sowie Angaben zu Bescheinigungen,
3. bei einem „neuen In-vitro-Diagnostikum" im Sinne von § 3 Nr. 6 zusätzlich die Angabe, dass es sich um ein „neues In-vitro-Diagnostikum" handelt.

(4) Nachträgliche Änderungen der Angaben nach den Absätzen 1 bis 3 sowie eine Einstellung des Inverkehrbringens sind unverzüglich anzuzeigen.

(5) Die zuständige Behörde übermittelt die Daten gemäß den Absätzen 1 bis 4 dem Deutschen Institut für medizinische Dokumentation und Information zur zentralen Verarbeitung und Nutzung nach § 33. Dieses unterrichtet auf Anfrage die Kommission der Europäischen Gemeinschaften und die anderen Vertragsstaaten des Abkommens über den Europäischen Wirtschaftsraum über Anzeigen nach den Absätzen 1 bis 4.

(6) Näheres zu den Absätzen 1 bis 5 regelt die Rechtsverordnung nach § 37 Abs. 8.

§ 26 Durchführung der Überwachung

(1) Betriebe und Einrichtungen mit Sitz in Deutschland, in denen Medizinprodukte hergestellt, klinisch geprüft, einer Leistungsbewertungsprüfung unterzogen, verpackt, ausgestellt, in den Verkehr gebracht, errichtet, betrieben, angewendet oder Medizinprodukte, die bestimmungsgemäß keimarm oder steril zur Anwendung kommen, aufbereitet werden, unterliegen insoweit der Überwachung durch die zuständigen Behörden. Dies gilt auch für Sponsoren und für Personen, die die in Satz 1 genannten Tätigkeiten geschäftsmäßig ausüben, sowie für Personen oder Personenvereinigungen, die Medizinprodukte für andere sammeln.

(2) Die zuständige Behörde trifft die zur Beseitigung festgestellter oder zur Verhütung künftiger Verstöße notwendigen Maßnahmen. Sie prüft in angemessenem Umfang unter besonderer Berücksichtigung möglicher Risiken, ob die Voraussetzungen zum Inverkehrbringen, zur Inbetriebnahme, zum Errichten, Betreiben und Anwenden erfüllt sind. Sie kann bei hinreichenden Anhaltspunkten für eine unrechtmäßige CE-Kennzeichnung oder eine von dem Medizinprodukt ausgehende Gefahr verlangen, dass der Verantwortliche im Sinne von § 5 das Medizinprodukt von einem Sachverständigen überprüfen lässt. Satz 2 gilt entsprechend für die Überwachung von klinischen Prüfungen, Leistungsbewertungsprüfungen und der Aufbereitung von Medi-

zinprodukten, die bestimmungsgemäß keimarm oder steril zur Anwendung kommen. Bei einem In-vitro-Diagnostikum nach § 3 Nr. 6 kann sie zu jedem Zeitpunkt innerhalb von zwei Jahren nach der Anzeige nach § 25 Abs. 3 und in begründeten Fällen die Vorlage eines Berichts über die Erkenntnisse aus den Erfahrungen mit dem neuen In-vitro-Diagnostikum nach dessen erstmaligem Inverkehrbringen verlangen.

(2a) Die zuständigen Behörden müssen über die zur Erfüllung ihrer Aufgaben notwendige personelle und sachliche Ausstattung verfügen sowie für eine dem allgemein anerkannten Stand der Wissenschaft und Technik entsprechende regelmäßige Fortbildung der überwachenden Mitarbeiter sorgen.

(2b) Die Einzelheiten zu den Absätzen 2 und 2a, insbesondere zur Durchführung und Qualitätssicherung der Überwachung, regelt eine allgemeine Verwaltungsvorschrift nach § 37a.

(3) Die mit der Überwachung beauftragten Personen sind befugt,

1. Grundstücke, Geschäftsräume, Betriebsräume, Beförderungsmittel und zur Verhütung drohender Gefahr für die öffentliche Sicherheit und Ordnung auch Wohnräume zu den üblichen Geschäftszeiten zu betreten und zu besichtigen, in denen eine Tätigkeit nach Absatz 1 ausgeübt wird; das Grundrecht der Unverletzlichkeit der Wohnung (Artikel 13 des Grundgesetzes) wird insoweit eingeschränkt,

2. Medizinprodukte zu prüfen, insbesondere hierzu in Betrieb nehmen zu lassen, sowie Proben zu entnehmen,

3. Unterlagen über die Entwicklung, Herstellung, Prüfung, klinische Prüfung, Leistungsbewertungsprüfung oder Erwerb, Aufbereitung, Lagerung, Verpackung, Inverkehrbringen und sonstigen Verbleib der Medizinprodukte sowie über das im Verkehr befindliche Werbematerial einzusehen und hieraus in begründeten Fällen Abschriften oder Ablichtungen anzufertigen,

4. alle erforderlichen Auskünfte, insbesondere über die in Nummer 3 genannten Betriebsvorgänge, zu verlangen.

Für Proben, die nicht bei dem Verantwortlichen nach § 5 entnommen werden, ist eine angemessene Entschädigung zu leisten, soweit nicht ausdrücklich darauf verzichtet wird.

(4) Wer der Überwachung nach Absatz 1 unterliegt, hat Maßnahmen nach Absatz 3 Satz 1 Nr. 1 bis 3 zu dulden und die beauftragten Personen sowie die sonstigen in der Überwachung tätigen Personen bei der Erfüllung ihrer Aufgaben zu unterstützen. Dies beinhaltet insbesondere die Verpflichtung, diesen Personen die Medizinprodukte zugänglich zu machen, erforderliche Prüfungen zu gestatten, hierfür benötigte Mitarbeiter und Hilfsmittel bereitzustellen, Auskünfte zu erteilen und Unterlagen vorzulegen.

(5) Der im Rahmen der Überwachung zur Auskunft Verpflichtete kann die Auskunft auf solche Fragen verweigern, deren Beantwortung ihn selbst oder einen seiner in § 383 Abs. 1 Nr. 1 bis 3 der Zivilprozessordnung bezeichneten Angehörigen der Gefahr strafrechtlicher Verfolgung oder eines Verfahrens nach dem Gesetz über Ordnungswidrigkeiten aussetzen würde.

(6) Sachverständige, die im Rahmen des Absatzes 2 prüfen, müssen die dafür notwendige Sachkenntnis besitzen. Die Sachkenntnis kann auch durch ein Zertifikat einer von der zuständigen Behörde akkreditierten Stelle nachgewiesen werden.

(7) Die zuständige Behörde unterrichtet auf Anfrage das Bundesministerium für Gesundheit sowie die zuständigen Behörden der anderen Vertragsstaaten des Abkommens über den Europäischen Wirtschaftsraum über durchgeführte Überprüfungen, deren Ergebnisse sowie die getroffenen Maßnahmen.

§ 27 Verfahren bei unrechtmäßiger und unzulässiger Anbringung der CE-Kennzeichnung

(1) Stellt die zuständige Behörde fest, dass die CE-Kennzeichnung auf einem Medizinprodukt unrechtmäßig angebracht worden ist, ist der Verantwortliche nach § 5 verpflichtet, die Voraussetzungen für das rechtmäßige Anbringen der CE-Kennzeichnung nach Weisung der zuständigen Behörde zu erfüllen. Werden diese Voraussetzungen nicht erfüllt, so hat die zuständige Behörde das Inverkehrbringen dieses Medizinproduktes einzuschränken, von der Einhaltung bestimmter Auflagen abhängig zu machen, zu untersagen oder zu veranlassen, dass das Medizinprodukt vom Markt genommen wird. Sie unterrichtet davon die übrigen zuständigen Behörden in Deutschland und das Bundesministerium für Gesundheit, das die Kommission der Europäischen Gemeinschaften und die anderen Vertragsstaaten des Abkommens über den Europäischen Wirtschaftsraum hiervon unterrichtet.

(2) Trägt ein Produkt unzulässigerweise die CE-Kennzeichnung als Medizinprodukt, trifft die zuständige Behörde die erforderlichen Maßnahmen nach Absatz 1 Satz 2. Absatz 1 Satz 3 gilt entsprechend.

§ 28 Verfahren zum Schutze vor Risiken

(1) Die nach diesem Gesetz zuständige Behörde trifft alle erforderlichen Maßnahmen zum Schutz der Gesundheit und zur Sicherheit von Patienten, Anwendern und Dritten vor Gefahren durch Medizinprodukte, soweit nicht das Atomgesetz oder eine darauf gestützte Rechtsverordnung für Medizinprodukte, die ionisierende Strahlen erzeugen oder radioaktive Stoffe enthalten, für die danach zuständige Behörde entsprechende Befugnisse vorsieht.

(2) Die zuständige Behörde ist insbesondere befugt, Anordnungen, auch über die Schließung des Betriebs oder der Einrichtung, zu treffen, soweit es zur Abwehr einer drohenden Gefahr für die öffentliche Gesundheit, Sicherheit oder Ordnung geboten ist. Sie kann das Inverkehrbringen, die Inbetriebnahme, das Betreiben, die Anwen-

dung der Medizinprodukte sowie den Beginn oder die weitere Durchführung der klinischen Prüfung oder der Leistungsbewertungsprüfung untersagen, beschränken oder von der Einhaltung bestimmter Auflagen abhängig machen oder den Rückruf oder die Sicherstellung der Medizinprodukte anordnen. Sie unterrichtet hiervon die übrigen zuständigen Behörden in Deutschland, die zuständige Bundesoberbehörde und das Bundesministerium für Gesundheit.

(3) Stellt die zuständige Behörde fest, dass CE-gekennzeichnete Medizinprodukte oder Sonderanfertigungen die Gesundheit oder Sicherheit von Patienten, Anwendern oder Dritten oder deren Eigentum gefährden können, auch wenn sie sachgemäß installiert, in Stand gehalten oder ihrer Zweckbestimmung entsprechend angewendet werden und trifft sie deshalb Maßnahmen mit dem Ziel, das Medizinprodukt vom Markt zu nehmen oder das Inverkehrbringen oder die Inbetriebnahme zu verbieten oder einzuschränken, teilt sie diese umgehend unter Angabe von Gründen dem Bundesministerium für Gesundheit zur Einleitung eines Schutzklauselverfahrens nach Artikel 7 der Richtlinie 90/385/EWG, Artikel 8 der Richtlinie 93/42/EWG oder Artikel 8 der Richtlinie 98/79/EG mit. In den Gründen ist insbesondere anzugeben, ob die Nichtübereinstimmung mit den Vorschriften dieses Gesetzes zurückzuführen ist auf

1. die Nichteinhaltung der Grundlegenden Anforderungen,

2. eine unzulängliche Anwendung harmonisierter Normen oder Gemeinsamer Technischer Spezifikationen, sofern deren Anwendung behauptet wird, oder

3. einen Mangel der harmonisierten Normen oder Gemeinsamen Technischen Spezifikationen selbst.

(4) Die zuständige Behörde kann veranlassen, dass alle, die einer von einem Medizinprodukt ausgehenden Gefahr ausgesetzt sein können, rechtzeitig in geeigneter Form auf diese Gefahr hingewiesen werden. Eine hoheitliche Warnung der Öffentlichkeit ist zulässig, wenn bei Gefahr im Verzug andere ebenso wirksame Maßnahmen nicht oder nicht rechtzeitig getroffen werden können.

(5) Maßnahmen nach Artikel 14b der Richtlinie 93/42/EWG und Artikel 13 der Richtlinie 98/79/EG trifft das Bundesministerium für Gesundheit durch Rechtsverordnung nach § 37 Abs. 6.

§ 29 Medizinprodukte-Beobachtungs- und -Meldesystem

(1) Die zuständige Bundesoberbehörde hat, soweit nicht eine oberste Bundesbehörde im Vollzug des Atomgesetzes oder der auf Grund dieses Gesetzes erlassenen Rechtsverordnungen zuständig ist, zur Verhütung einer Gefährdung der Gesundheit oder der Sicherheit von Patienten, Anwendern oder Dritten die bei der Anwendung oder Verwendung von Medizinprodukten auftretenden Risiken, insbesondere Nebenwirkungen, wechselseitige Beeinflussung mit anderen Stoffen oder Produkten, Gegenanzeigen, Verfälschungen, Funktionsfehler, Fehlfunktionen und technische Mängel zentral zu erfassen, auszuwerten und zu bewerten. Sie hat die zu ergreifen-

den Maßnahmen zu koordinieren, insbesondere, soweit sie alle schwerwiegenden unerwünschten Ereignisse während klinischer Prüfungen oder Leistungsbewertungsprüfungen von In-vitro-Diagnostika oder folgende Vorkommnisse betreffen:

1. jede Funktionsstörung, jeden Ausfall oder jede Änderung der Merkmale oder der Leistung eines Medizinproduktes sowie jede Unsachgemäßheit der Kennzeichnung oder Gebrauchsanweisung, die direkt oder indirekt zum Tod oder zu einer schwerwiegenden Verschlechterung des Gesundheitszustandes eines Patienten oder eines Anwenders oder einer anderen Person geführt haben oder hätten führen können,

2. jeden Grund technischer oder medizinischer Art, der auf Grund der in Nummer 1 genannten Ursachen durch die Merkmale und die Leistungen eines Medizinprodukts bedingt ist und zum systematischen Rückruf von Medizinprodukten desselben Typs durch den Hersteller geführt hat.

§ 26 Abs. 2 Satz 3 findet entsprechende Anwendung. Die zuständige Bundesoberbehörde teilt das Ergebnis der Bewertung der zuständigen Behörde mit, die über notwendige Maßnahmen entscheidet. Die zuständige Bundesoberbehörde übermittelt Daten aus der Beobachtung, Sammlung, Auswertung und Bewertung von Risiken in Verbindung mit Medizinprodukten an das Deutsche Institut für Medizinische Dokumentation und Information zur zentralen Verarbeitung und Nutzung nach § 33. Näheres regelt die Rechtsverordnung nach § 37 Abs. 8.

(2) Soweit dies zur Erfüllung der in Absatz 1 aufgeführten Aufgaben erforderlich ist, dürfen an die danach zuständigen Behörden auch Name, Anschrift und Geburtsdatum von Patienten, Anwendern oder Dritten übermittelt werden. Die nach Absatz 1 zuständige Behörde darf die nach Landesrecht zuständige Behörde auf Ersuchen über die von ihr gemeldeten Fälle und die festgestellten Erkenntnisse in Bezug auf personenbezogene Daten unterrichten. Bei der Zusammenarbeit nach Absatz 3 dürfen keine personenbezogenen Daten von Patienten übermittelt werden. Satz 3 gilt auch für die Übermittlung von Daten an das Informationssystem nach § 33.

(3) Die Behörde nach Absatz 1 wirkt bei der Erfüllung der dort genannten Aufgaben mit den Dienststellen der anderen Vertragsstaaten des Abkommens über den Europäischen Wirtschaftsraum und der Kommission der Europäischen Gemeinschaften, der Weltgesundheitsorganisation, den für die Gesundheit und den Arbeitsschutz zuständigen Behörden anderer Staaten, den für die Gesundheit, den Arbeitsschutz, den Strahlenschutz und das Mess- und Eichwesen zuständigen Behörden der Länder und den anderen fachlich berührten Bundesoberbehörden, Benannten Stellen in Deutschland, den zuständigen Trägern der gesetzlichen Unfallversicherung, dem Medizinischen Dienst des Spitzenverbandes Bund der Krankenkassen, den einschlägigen Fachgesellschaften, den Herstellern und Vertreibern sowie mit anderen Stellen zusammen, die bei der Durchführung ihrer Aufgaben Risiken von Medizinprodukten erfassen. Besteht der Verdacht, dass ein Zwischenfall durch eine elektro-

Medizinproduktegesetz MPG

magnetische Einwirkung eines anderen Gerätes als ein Medizinprodukt verursacht wurde, ist das Bundesamt für Post und Telekommunikation zu beteiligen.

(4) Einzelheiten zur Durchführung der Aufgaben nach § 29 regelt der Sicherheitsplan nach § 37 Abs. 7.

§ 30 Sicherheitsbeauftragter für Medizinprodukte

(1) Wer als Verantwortlicher nach § 5 Satz 1 und 2 seinen Sitz in Deutschland hat, hat unverzüglich nach Aufnahme der Tätigkeit eine Person mit der zur Ausübung ihrer Tätigkeit erforderlichen Sachkenntnis und der erforderlichen Zuverlässigkeit als Sicherheitsbeauftragten für Medizinprodukte zu bestimmen.

(2) Der Verantwortliche nach § 5 Satz 1 und 2 hat, soweit er nicht ausschließlich Medizinprodukte nach § 3 Nr. 8 erstmalig in den Verkehr bringt, der zuständigen Behörde den Sicherheitsbeauftragten sowie jeden Wechsel in der Person unverzüglich anzuzeigen. Die zuständige Behörde übermittelt die Daten nach Satz 1 an das Deutsche Institut für Medizinische Dokumentation und Information zur zentralen Verarbeitung und Nutzung nach § 33.

(3) Der Nachweis der erforderlichen Sachkenntnis als Sicherheitsbeauftragter für Medizinprodukte wird erbracht durch

1. das Zeugnis über eine abgeschlossene naturwissenschaftliche, medizinische oder technische Hochschulausbildung oder

2. eine andere Ausbildung, die zur Durchführung der unter Absatz 4 genannten Aufgaben befähigt,

und eine mindestens zweijährige Berufserfahrung. Die Sachkenntnis ist auf Verlangen der zuständigen Behörde nachzuweisen.

(4) Der Sicherheitsbeauftragte für Medizinprodukte hat bekanntgewordene Meldungen über Risiken bei Medizinprodukten zu sammeln, zu bewerten und die notwendigen Maßnahmen zu koordinieren. Er ist für die Erfüllung von Anzeigepflichten verantwortlich, soweit sie Medizinprodukterisiken betreffen.

(5) Der Sicherheitsbeauftragte für Medizinprodukte darf wegen der Erfüllung der ihm übertragenen Aufgaben nicht benachteiligt werden.

§ 31 Medizinprodukteberater

(1) Wer berufsmäßig Fachkreise fachlich informiert oder in die sachgerechte Handhabung der Medizinprodukte einweist (Medizinprodukteberater), darf diese Tätigkeit nur ausüben, wenn er die für die jeweiligen Medizinprodukte erforderliche Sachkenntnis und Erfahrung für die Information und, soweit erforderlich, für die Einweisung in die Handhabung der jeweiligen Medizinprodukte besitzt. Dies gilt auch für die fernmündliche Information.

(2) Die Sachkenntnis besitzt, wer

1. eine Ausbildung in einem naturwissenschaftlichen, medizinischen oder technischen Beruf erfolgreich abgeschlossen hat und auf die jeweiligen Medizinprodukte bezogen geschult worden ist oder

2. durch eine mindestens einjährige Tätigkeit, die in begründeten Fällen auch kürzer sein kann, Erfahrungen in der Information über die jeweiligen Medizinprodukte und, soweit erforderlich, in der Einweisung in deren Handhabung erworben hat.

(3) Der Medizinprodukteberater hat der zuständigen Behörde auf Verlangen seine Sachkenntnis nachzuweisen. Er hält sich auf dem neuesten Erkenntnisstand über die jeweiligen Medizinprodukte, um sachkundig beraten zu können. Der Auftraggeber hat für eine regelmäßige Schulung des Medizinprodukteberaters zu sorgen.

(4) Der Medizinprodukteberater hat Mitteilungen von Angehörigen der Fachkreise über Nebenwirkungen, wechselseitige Beeinflussungen, Fehlfunktionen, technische Mängel, Gegenanzeigen, Verfälschungen oder sonstige Risiken bei Medizinprodukten schriftlich aufzuzeichnen und unverzüglich dem Verantwortlichen nach § 5 Satz 1 und 2 oder dessen Sicherheitsbeauftragten für Medizinprodukte schriftlich zu übermitteln.

Sechster Abschnitt
Zuständige Behörden, Rechtsverordnungen, sonstige Bestimmungen

§ 32 Aufgaben und Zuständigkeiten der Bundesoberbehörden im Medizinproduktebereich

(1) Das Bundesinstitut für Arzneimittel und Medizinprodukte ist insbesondere zuständig für

1. die Aufgaben nach § 29 Absatz 1 und 3,

2. die Bewertung hinsichtlich der technischen und medizinischen Anforderungen und der Sicherheit von Medizinprodukten, es sei denn, dass dieses Gesetz anderes vorschreibt oder andere Bundesoberbehörden zuständig sind,

3. Genehmigungen von klinischen Prüfungen und Leistungsbewertungsprüfungen nach den §§ 22a und 24,

4. Entscheidungen zur Abgrenzung und Klassifizierung von Medizinprodukten nach § 13 Absatz 2 und 3,

5. Sonderzulassungen nach § 11 Absatz 1 und

6. die Beratung der zuständigen Behörden, der Verantwortlichen nach § 5, von Sponsoren und Benannten Stellen.

(2) Das Paul-Ehrlich-Institut ist zuständig für die Aufgaben nach Absatz 1, soweit es sich um in Anhang II der Richtlinie 98/79/EG genannte In-vitro-Diagnostika handelt,

Medizinproduktegesetz MPG

die zur Prüfung der Unbedenklichkeit oder Verträglichkeit von Blut- oder Gewebespenden bestimmt sind oder Infektionskrankheiten betreffen. Beim Paul-Ehrlich-Institut kann ein fachlich unabhängiges Prüflabor eingerichtet werden, das mit Benannten Stellen und anderen Organisationen zusammenarbeiten kann.

(3) Die Physikalisch-Technische Bundesanstalt ist zuständig für die Sicherung der Einheitlichkeit des Messwesens in der Heilkunde und hat

1. Medizinprodukte mit Messfunktion gutachterlich zu bewerten und, soweit sie nach § 15 dafür benannt ist, Baumusterprüfungen durchzuführen,

2. Referenzmessverfahren, Normalmessgeräte und Prüfhilfsmittel zu entwickeln und auf Antrag zu prüfen und

3. die zuständigen Behörden und Benannten Stellen wissenschaftlich zu beraten.

§ 33 Datenbankgestütztes Informationssystem, Europäische Datenbank

(1) Das Deutsche Institut für medizinische Dokumentation und Information richtet ein Informationssystem über Medizinprodukte zur Unterstützung des Vollzugs dieses Gesetzes ein und stellt den für die Medizinprodukte zuständigen Behörden des Bundes und der Länder die hierfür erforderlichen Informationen zur Verfügung. Es stellt die erforderlichen Daten für die Europäische Datenbank im Sinne von Artikel 10b der Richtlinie 90/385/EWG, Artikel 14a der Richtlinie 93/42/EWG und Artikel 12 der Richtlinie 98/79/EG zur Verfügung. Eine Bereitstellung dieser Informationen für nicht-öffentliche Stellen ist zulässig, soweit dies die Rechtsverordnung nach § 37 Abs. 8 vorsieht. Für seine Leistungen kann es Entgelte verlangen. Diese werden in einem Entgeltkatalog festgelegt, der der Zustimmung des Bundesministeriums für Gesundheit bedarf.

(2) Im Sinne des Absatzes 1 hat das dort genannte Institut insbesondere folgende Aufgaben:

1. zentrale Verarbeitung und Nutzung von Informationen nach § 25 Abs. 5, auch in Verbindung mit § 18 Abs. 3, §§ 22a bis 23a und § 24[5],

2. zentrale Verarbeitung und Nutzung von Basisinformationen der in Verkehr befindlichen Medizinprodukte,

3. zentrale Verarbeitung und Nutzung von Daten aus der Beobachtung, Sammlung, Auswertung und Bewertung von Risiken in Verbindung mit Medizinprodukten,

4. Informationsbeschaffung und Übermittlung von Daten an Datenbanken anderer Mitgliedstaaten und Institutionen der Europäischen Gemeinschaften und anderer Vertragsstaaten des Abkommens über den Europäischen Wirtschaftsraum, insbesondere im Zusammenhang mit der Erkennung und Abwehr von Risiken in Verbindung mit Medizinprodukten,

---

5) „Abs. 2" durch Artikel 12 Nr. 1 des Gesetzes vom 24. Juli 2010 gestrichen.

5. Aufbau und Unterhaltung von Zugängen zu Datenbanken, die einen Bezug zu Medizinprodukten haben.

(3) Das in Absatz 1 genannte Institut ergreift die notwendigen Maßnahmen, damit Daten nur dazu befugten Personen übermittelt werden oder diese Zugang zu diesen Daten erhalten.

§ 34 Ausfuhr

(1) Auf Antrag eines Herstellers oder Bevollmächtigten stellt die zuständige Behörde für die Ausfuhr eine Bescheinigung über die Verkehrsfähigkeit des Medizinproduktes in Deutschland aus.

(2) Medizinprodukte, die einem Verbot nach § 4 Abs. 1 unterliegen, dürfen nur ausgeführt werden, wenn die zuständige Behörde des Bestimmungslandes die Einfuhr genehmigt hat, nachdem sie von der zuständigen Behörde über die jeweiligen Verbotsgründe informiert wurde.

§ 35 Kosten

Für Amtshandlungen nach diesem Gesetz und den zur Durchführung dieses Gesetzes erlassenen Rechtsverordnungen sind Kosten (Gebühren und Auslagen) nach Maßgabe der Rechtsverordnung nach § 37 Abs. 9 zu erheben. Soweit das Bundesministerium für Gesundheit von der Ermächtigung keinen Gebrauch macht, werden die Landesregierungen ermächtigt, entsprechende Vorschriften zu erlassen. Das Verwaltungskostengesetz findet Anwendung.

§ 36 Zusammenarbeit der Behörden und Benannten Stellen im Europäischen Wirtschaftsraum und der Europäischen Kommission

Die für die Durchführung des Medizinprodukterechts zuständigen Behörden und Benannten Stellen arbeiten mit den zuständigen Behörden und Benannten Stellen der anderen Vertragsstaaten des Abkommens über den Europäischen Wirtschaftsraum und der Europäischen Kommission zusammen und erteilen einander die notwendigen Auskünfte, um eine einheitliche Anwendung der zur Umsetzung der Richtlinie 90/385/EWG, 93/42/EWG und 98/79/ EG erlassenen Vorschriften zu erreichen.

§ 37 Verordnungsermächtigungen

(1) Das Bundesministerium für Gesundheit wird ermächtigt, zur Umsetzung von Rechtsakten der Europäischen Gemeinschaften durch Rechtsverordnung die Voraussetzungen für die Erteilung der Konformitätsbescheinigungen, die Durchführung der Konformitätsbewertungsverfahren und ihre Zuordnung zu Klassen von Medizinprodukten sowie Sonderverfahren für Systeme und Behandlungseinheiten zu regeln.

(2) Das Bundesministerium für Gesundheit wird ermächtigt, durch Rechtsverordnung für Medizinprodukte, die

Medizinproduktegesetz MPG

1. die Gesundheit des Menschen auch bei bestimmungsgemäßer Anwendung unmittelbar oder mittelbar gefährden können, wenn sie ohne ärztliche oder zahnärztliche Überwachung angewendet werden, oder
2. häufig in erheblichem Umfang nicht bestimmungsgemäß angewendet werden, wenn dadurch die Gesundheit von Menschen unmittelbar oder mittelbar gefährdet wird,

die Verschreibungspflicht vorzuschreiben. In der Rechtsverordnung nach Satz 1 können weiterhin Abgabebeschränkungen geregelt werden.

(2a) Das Bundesministerium für Gesundheit wird ermächtigt, durch Rechtsverordnung Regelungen zur ordnungsgemäßen Durchführung der klinischen Prüfung und der genehmigungspflichtigen Leistungsbewertungsprüfung sowie der Erzielung dem wissenschaftlichen Erkenntnisstand entsprechender Unterlagen zu treffen. In der Rechtsverordnung können insbesondere Regelungen getroffen werden über:

1. Aufgaben und Verantwortungsbereiche des Sponsors, der Prüfer oder anderer Personen, die die klinische Prüfung durchführen oder kontrollieren, einschließlich von Anzeige-, Dokumentations- und Berichtspflichten insbesondere über schwerwiegende unerwünschte Ereignisse, die während der Prüfung auftreten und die Sicherheit der Studienteilnehmer oder die Durchführung der Studie beeinträchtigen könnten,
2. Aufgaben und Verfahren bei Ethik-Kommissionen einschließlich der einzureichenden Unterlagen, auch mit Angaben zur angemessenen Beteiligung von Frauen und Männern als Prüfungsteilnehmerinnen und Prüfungsteilnehmer, der Unterbrechung, Verlängerung oder Verkürzung der Bearbeitungsfrist und der besonderen Anforderungen an die Ethik-Kommissionen bei klinischen Prüfungen nach § 20 Absatz 4 und 5 sowie nach § 21,
3. die Aufgaben der zuständigen Behörden und das behördliche Genehmigungsverfahren einschließlich der einzureichenden Unterlagen, auch mit Angaben zur angemessenen Beteiligung von Frauen und Männern als Prüfungsteilnehmerinnen und Prüfungsteilnehmer und der Unterbrechung oder Verlängerung oder Verkürzung der Bearbeitungsfrist, das Verfahren zur Überprüfung von Unterlagen in Betrieben und Einrichtungen sowie die Voraussetzungen und das Verfahren für Rücknahme, Widerruf und Ruhen der Genehmigung oder Untersagung einer klinischen Prüfung,
4. die Anforderungen an die Prüfeinrichtung und an das Führen und Aufbewahren von Nachweisen,
5. die Übermittlung von Namen und Sitz des Sponsors und des verantwortlichen Prüfers und nicht personenbezogener Angaben zur klinischen Prüfung von der zuständigen Behörde an eine europäische Datenbank,

6. die Art und Weise der Weiterleitung von Unterlagen und Ausfertigung der Entscheidungen an die zuständigen Behörden und die für die Prüfer zuständigen Ethik-Kommissionen bestimmt werden,

7. Sonderregelungen für Medizinprodukte mit geringem Sicherheitsrisiko.

(3) Das Bundesministerium für Gesundheit wird ermächtigt, durch Rechtsverordnung Vertriebswege für Medizinprodukte vorzuschreiben, soweit es geboten ist, die erforderliche Qualität des Medizinproduktes zu erhalten oder die bei der Abgabe oder Anwendung von Medizinprodukten notwendigen Erfordernisse für die Sicherheit des Patienten, Anwenders oder Dritten zu erfüllen.

(4) Das Bundesministerium für Gesundheit wird ermächtigt, durch Rechtsverordnung Regelungen für Betriebe oder Einrichtungen zu erlassen (Betriebsverordnungen), die Medizinprodukte in Deutschland in den Verkehr bringen oder lagern, soweit es geboten ist, um einen ordnungsgemäßen Betrieb und die erforderliche Qualität, Sicherheit und Leistung der Medizinprodukte sicherzustellen sowie die Sicherheit und Gesundheit der Patienten, der Anwender und Dritter nicht zu gefährden. In der Rechtsverordnung können insbesondere Regelungen getroffen werden über die Lagerung, den Erwerb, den Vertrieb, die Information und Beratung sowie die Einweisung in den Betrieb einschließlich Funktionsprüfung nach Installation und die Anwendung der Medizinprodukte. Die Regelungen können auch für Personen getroffen werden, die die genannten Tätigkeiten berufsmäßig ausüben.

(5) Das Bundesministerium für Gesundheit wird ermächtigt, durch Rechtsverordnung

1. Anforderungen an das Errichten, Betreiben, Anwenden und Instandhalten von Medizinprodukten festzulegen, Regelungen zu treffen über die Einweisung der Betreiber und Anwender, die sicherheitstechnischen Kontrollen, Funktionsprüfungen, Meldepflichten und Einzelheiten der Meldepflichten von Vorkommnissen und Risiken, das Bestandsverzeichnis und das Medizinproduktebuch sowie weitere Anforderungen festzulegen, soweit dies für das sichere Betreiben und die sichere Anwendung oder die ordnungsgemäße Instandhaltung notwendig ist,

1a. Anforderungen an die sichere Aufbereitung von bestimmungsgemäß keimarm oder steril zur Anwendung kommenden Medizinprodukten festzulegen und Regelungen zu treffen über

a) zusätzliche Anforderungen an Aufbereiter, die Medizinprodukte mit besonders hohen Anforderungen an die Aufbereitung aufbereiten,

b) die Zertifizierung von Aufbereitern nach Buchstabe a,

c) die Anforderungen an die von der zuständigen Behörde anerkannten Konformitätsbewertungsstellen, die Zertifizierungen nach Buchstabe b vornehmen,

2. a) Anforderungen an das Qualitätssicherungssystem beim Betreiben und Anwenden von In-vitro-Diagnostika festzulegen,

   b) Regelungen zu treffen über

   aa) die Feststellung und die Anwendung von Normen zur Qualitätssicherung, die Verfahren zur Erstellung von Richtlinien und Empfehlungen, die Anwendungsbereiche, Inhalte und Zuständigkeiten, die Beteiligung der betroffenen Kreise sowie

   bb) Umfang, Häufigkeit und Verfahren der Kontrolle sowie die Anforderungen an die für die Kontrolle zuständigen Stellen und das Verfahren ihrer Bestellung und

   c) festzulegen, dass die Normen, Richtlinien und Empfehlungen oder deren Fundstellen vom Bundesministerium für Gesundheit im Bundesanzeiger bekannt gemacht werden,

3. zur Gewährleistung der Messsicherheit von Medizinprodukten mit Messfunktion diejenigen Medizinprodukte mit Messfunktion zu bestimmen, die messtechnischen Kontrollen unterliegen, und zu bestimmen, dass der Betreiber, eine geeignete Stelle oder die zuständige Behörde messtechnische Kontrollen durchzuführen hat, sowie Vorschriften zu erlassen über den Umfang, die Häufigkeit und das Verfahren von messtechnischen Kontrollen, die Voraussetzungen, den Umfang und das Verfahren der Anerkennung und Überwachung mit der Durchführung messtechnischer Kontrollen betrauter Stellen sowie die Mitwirkungspflichten des Betreibers eines Medizinproduktes mit Messfunktion bei messtechnischen Kontrollen.

(6) Das Bundesministerium für Gesundheit wird ermächtigt, durch Rechtsverordnung ein bestimmtes Medizinprodukt oder eine Gruppe von Medizinprodukten aus Gründen des Gesundheitsschutzes und der Sicherheit oder im Interesse der öffentlichen Gesundheit gemäß Artikel 30 des EG-Vertrages zu verbieten oder deren Bereitstellung zu beschränken oder besonderen Bedingungen zu unterwerfen.

(7) Das Bundesministerium für Gesundheit wird ermächtigt, durch Rechtsverordnung zur Durchführung der Aufgaben im Zusammenhang mit dem Medizinprodukte-Beobachtungs- und -Meldesystem nach § 29 einen Sicherheitsplan für Medizinprodukte zu erstellen. In diesem werden insbesondere die Aufgaben und die Zusammenarbeit der beteiligten Behörden und Stellen sowie die Einschaltung der Hersteller und Bevollmächtigten, Einführer, Inverkehrbringer und sonstiger Händler, der Anwender und Betreiber, der Kommission der Europäischen Gemeinschaften sowie der anderen Vertragsstaaten des Abkommens über den Europäischen Wirtschaftsraum näher geregelt und die jeweils zu ergreifenden Maßnahmen bestimmt. In dem Sicherheitsplan können ferner Einzelheiten zur Risikobewertung und deren Durchführung, Mitwirkungspflichten der Verantwortlichen nach § 5 Satz 1 und 2, sonstiger

Händler, der Anwender, Betreiber und Instandhalter, Einzelheiten des Meldeverfahrens und deren Bekanntmachung, Melde-, Berichts-, Aufzeichnungs- und Aufbewahrungspflichten, Prüfungen und Produktionsüberwachungen, Einzelheiten der Durchführung von Maßnahmen zur Risikoabwehr und deren Überwachung sowie Informationspflichten, -mittel und -wege geregelt werden. Ferner können in dem Sicherheitsplan Regelungen zu personenbezogenen Daten getroffen werden, soweit diese im Rahmen der Risikoabwehr erfasst, verarbeitet und genutzt werden.

(8) Das Bundesministerium für Gesundheit wird ermächtigt, zur Gewährleistung einer ordnungsgemäßen Erhebung, Verarbeitung und Nutzung von Daten nach § 33 Absatz 1 und 2 durch Rechtsverordnung Näheres zu regeln, auch hinsichtlich der Art, des Umfangs und der Anforderungen an Daten. In dieser Rechtsverordnung können auch die Gebühren für Handlungen dieses Institutes festgelegt werden.

(9) Das Bundesministerium für Gesundheit wird ermächtigt, durch Rechtsverordnung die gebührenpflichtigen Tatbestände nach § 35 zu bestimmen und dabei feste Sätze oder Rahmensätze vorzusehen. Die Gebührensätze sind so zu bemessen, dass der mit den Amtshandlungen verbundene Personal- und Sachaufwand abgedeckt ist. In der Rechtsverordnung kann bestimmt werden, dass eine Gebühr auch für eine Amtshandlung erhoben werden kann, die nicht zu Ende geführt worden ist, wenn die Gründe hierfür von demjenigen zu vertreten sind, der die Amtshandlung veranlasst hat.

(10) Das Bundesministerium für Gesundheit wird ermächtigt, durch Rechtsverordnung Regelungen zur Erfüllung von Verpflichtungen aus zwischenstaatlichen Vereinbarungen oder zur Durchführung von Rechtsakten des Rates oder der Kommission der Europäischen Gemeinschaften, die Sachbereiche dieses Gesetzes betreffen, insbesondere sicherheitstechnische und medizinische Anforderungen, die Herstellung und sonstige Voraussetzungen des Inverkehrbringens, des Betreibens, des Anwendens, des Ausstellens, insbesondere Prüfungen, Produktionsüberwachung, Bescheinigungen, Kennzeichnung, Aufbewahrungs- und Mitteilungspflichten, behördliche Maßnahmen sowie Anforderungen an die Benennung und Überwachung von Benannten Stellen, zu treffen.

(11) Die Rechtsverordnungen nach den Absätzen 1 bis 10 ergehen mit Zustimmung des Bundesrates und im Einvernehmen mit dem Bundesministerium für Wirtschaft und Technologie. Sie ergehen im Einvernehmen mit dem Bundesministerium für Umwelt, Naturschutz und Reaktorsicherheit, soweit der Strahlenschutz betroffen ist oder es sich um Medizinprodukte handelt, bei deren Herstellung radioaktive Stoffe oder ionisierende Strahlen verwendet werden und im Einvernehmen mit dem Bundesministerium für Arbeit und Soziales, soweit der Arbeitsschutz betroffen ist und im Einvernehmen mit dem Bundesministerium des Innern, soweit der Datenschutz betroffen ist.

(12) Die Rechtsverordnungen nach den Absätzen 6 und 10 bedürfen nicht der Zustimmung des Bundesrates bei Gefahr im Verzug oder wenn ihr unverzügliches In-

krafttreten zur Durchführung von Rechtsakten der Organe der Europäischen Gemeinschaft erforderlich ist. Die Rechtsverordnungen nach den Absätzen 1 bis 3 können ohne Zustimmung des Bundesrates erlassen werden, wenn unvorhergesehene gesundheitliche Gefährdungen dies erfordern. Soweit die Rechtsverordnung nach Absatz 9 Kosten von Bundesbehörden betrifft, bedarf sie nicht der Zustimmung des Bundesrates. Die Rechtsverordnungen nach den Sätzen 1 und 2 bedürfen nicht des Einvernehmens mit den jeweils beteiligten Bundesministerien. Sie treten spätestens sechs Monate nach ihrem Inkrafttreten außer Kraft. Ihre Geltungsdauer kann nur mit Zustimmung des Bundesrates verlängert werden. Soweit der Strahlenschutz betroffen ist, bleibt Absatz 11 unberührt.

§ 37a Allgemeine Verwaltungsvorschriften

Die Bundesregierung erlässt mit Zustimmung des Bundesrates die zur Durchführung dieses Gesetzes erforderlichen allgemeinen Verwaltungsvorschriften insbesondere zur Durchführung und Qualitätssicherung der Überwachung, zur Sachkenntnis der mit der Überwachung beauftragten Personen, zur Ausstattung, zum Informationsaustausch und zur Zusammenarbeit der Behörden.

Siebter Abschnitt
Sondervorschriften für den Bereich der Bundeswehr

§ 38 Anwendung und Vollzug des Gesetzes

(1) Dieses Gesetz findet auf Einrichtungen, die der Versorgung der Bundeswehr mit Medizinprodukten dienen, entsprechende Anwendung.

(2) Im Bereich der Bundeswehr obliegt der Vollzug dieses Gesetzes und die Überwachung den jeweils zuständigen Stellen und Sachverständigen der Bundeswehr.

§ 39 Ausnahmen

(1) Schreiben die Grundlegenden Anforderungen nach § 7 die Angabe des Verfalldatums vor, kann diese bei Medizinprodukten entfallen, die an die Bundeswehr abgegeben werden. Das Bundesministerium der Verteidigung stellt sicher, dass Qualität, Leistung und Sicherheit der Medizinprodukte gewährleistet sind. Satz 1 gilt entsprechend für Medizinprodukte, die zum Zweck des Zivil- und Katastrophenschutzes an die zuständigen Behörden des Bundes oder der Länder abgegeben werden. Die zuständigen Behörden stellen sicher, dass Qualität, Leistung und Sicherheit der Medizinprodukte gewährleistet sind.

(2) Das Bundesministerium der Verteidigung kann für seinen Geschäftsbereich im Einvernehmen mit dem Bundesministerium für Gesundheit und, soweit der Arbeitsschutz betroffen ist, im Einvernehmen mit dem Bundesministerium für Arbeit und Soziales in Einzelfällen Ausnahmen von diesem Gesetz und auf Grund dieses Gesetzes erlassenen Rechtsverordnungen zulassen, wenn Rechtsakte der Europäischen

Gemeinschaften dem nicht entgegenstehen und dies zur Durchführung der besonderen Aufgaben gerechtfertigt ist und der Schutz der Gesundheit gewahrt bleibt.

Achter Abschnitt
Straf- und Bußgeldvorschriften

§ 40 Strafvorschriften

(1) Mit Freiheitsstrafe bis zu drei Jahren oder mit Geldstrafe wird bestraft, wer

1. entgegen § 4 Abs. 1 Nr. 1 ein Medizinprodukt in den Verkehr bringt, errichtet, in Betrieb nimmt, betreibt oder anwendet,

2. entgegen § 6 Abs. 1 Satz 1 ein Medizinprodukt, das den Vorschriften der Strahlenschutzverordnung oder der Röntgenverordnung unterliegt oder bei dessen Herstellung ionisierende Strahlen verwendet wurden, in den Verkehr bringt oder in Betrieb nimmt,

3. entgegen § 6 Abs. 2 Satz 1 in Verbindung mit einer Rechtsverordnung nach § 37 Abs. 1 ein Medizinprodukt, das den Vorschriften der Strahlenschutzverordnung oder der Röntgenverordnung unterliegt oder bei dessen Herstellung ionisierende Strahlen verwendet wurden, mit der CE-Kennzeichnung versieht oder

4. entgegen § 14 Satz 2 ein Medizinprodukt betreibt oder anwendet.

(2) Der Versuch ist strafbar.

(3) In besonders schweren Fällen ist die Strafe Freiheitsstrafe von einem Jahr bis zu fünf Jahren. Ein besonders schwerer Fall liegt in der Regel vor, wenn der Täter durch eine der in Absatz 1 bezeichneten Handlungen

1. die Gesundheit einer großen Zahl von Menschen gefährdet,

2. einen anderen in die Gefahr des Todes oder einer schweren Schädigung an Körper oder Gesundheit bringt oder

3. aus grobem Eigennutz für sich oder einen anderen Vermögensvorteile großen Ausmaßes erlangt.

(4) Handelt der Täter in den Fällen des Absatzes 1 fahrlässig, so ist die Strafe Freiheitsstrafe bis zu einem Jahr oder Geldstrafe.

§ 41 Strafvorschriften

Mit Freiheitsstrafe bis zu einem Jahr oder mit Geldstrafe wird bestraft, wer

1. entgegen § 4 Abs. 2 Satz 1 in Verbindung mit Satz 2 ein Medizinprodukt in den Verkehr bringt,

2. entgegen § 6 Abs. 1 Satz 1 ein Medizinprodukt, das nicht den Vorschriften der Strahlenschutzverordnung oder der Röntgenverordnung unterliegt oder bei dessen Herstellung ionisierende Strahlen nicht verwendet wurden, in den Verkehr bringt oder in Betrieb nimmt,

3. entgegen § 6 Abs. 2 Satz 1 in Verbindung mit einer Rechtsverordnung nach § 37 Abs. 1 ein Medizinprodukt, das nicht den Vorschriften der Strahlenschutzverordnung oder der Röntgenverordnung unterliegt oder bei dessen Herstellung ionisierende Strahlen nicht verwendet wurden, mit der CE-Kennzeichnung versieht,

4.[6] entgegen § 20 Absatz 1 Satz 1 oder Satz 4 Nummer 1 bis 6 oder Nummer 9, jeweils auch in Verbindung mit § 20 Absatz 4 oder Absatz 5 oder § 21 Nummer 1 oder entgegen § 22b Absatz 4 mit einer klinischen Prüfung beginnt, eine klinische Prüfung durchführt oder eine klinische Prüfung fortsetzt,

5.[6] entgegen § 24 Satz 1 in Verbindung mit § 20 Absatz 1 Satz 1 oder Satz 4 Nummer 1 bis 6 oder Nummer 9, jeweils auch in Verbindung mit § 20 Absatz 4 oder Absatz 5, oder entgegen § 24 Satz 1 in Verbindung mit § 22b Absatz 4 mit einer Leistungsbewertungsprüfung beginnt, eine Leistungsbewertungsprüfung durchführt oder eine Leistungsbewertungsprüfung fortsetzt oder

6. einer Rechtsverordnung nach § 37 Abs. 2 Satz 2 zuwiderhandelt, soweit sie für einen bestimmten Tatbestand auf diese Strafvorschrift verweist.

§ 42 Bußgeldvorschriften

(1) Ordnungswidrig handelt, wer eine der in § 41 bezeichneten Handlungen fahrlässig begeht.

(2) Ordnungswidrig handelt, wer vorsätzlich oder fahrlässig

1. entgegen § 4 Abs. 1 Nr. 2 ein Medizinprodukt in den Verkehr bringt, errichtet, in Betrieb nimmt, betreibt oder anwendet,

2. entgegen § 9 Abs. 3 Satz 1 eine CE-Kennzeichnung nicht richtig oder nicht in der vorgeschriebenen Weise anbringt,

3. entgegen § 10 Abs. 1 Satz 2 oder Abs. 3 Satz 1, auch in Verbindung mit Satz 2, jeweils in Verbindung mit einer Rechtsverordnung nach § 37 Abs. 1, eine Erklärung nicht, nicht richtig, nicht vollständig oder nicht rechtzeitig abgibt,

4. entgegen § 10 Abs. 4 Satz 2 einem Medizinprodukt eine Information nicht beifügt,

5. entgegen § 11 Absatz 2 Satz 1 oder Absatz 3a[7] ein Medizinprodukt abgibt,

6. entgegen § 12 Abs. 1 Satz 1 in Verbindung mit einer Rechtsverordnung nach § 37 Abs. 1 eine Sonderanfertigung in den Verkehr bringt oder in Betrieb nimmt,

7. entgegen § 12 Abs. 2 Satz 1 oder Abs. 3 Satz 1 ein Medizinprodukt abgibt,

---

6) Artikel 12 Nr. 2 des Gesetzes vom 24. Juli 2010
7) Redaktioneller Hinweis:
Nach Artikel 6 Nr. 2 in Verbindung mit Artikel 7 Abs. 3 des Gesetzes zur Änderung medizinprodukterechtlicher Vorschriften vom 29. Juli 2009 werden in § 42 Absatz 2 Nummer 5 die Wörter „oder Absatz 3a" am 1. Januar 2013 gestrichen.

8. entgegen § 12 Abs. 4 Satz 1 ein Medizinprodukt ausstellt,

9. entgegen § 12 Abs. 4 Satz 3 ein In-vitro-Diagnostikum anwendet,

10.[8] entgegen § 20 Abs. 1 <u>Satz 4</u> Nr. 7 oder 8, jeweils auch in Verbindung mit § 21 Nr. 1, eine klinische Prüfung durchführt,

11. entgegen § 25 Abs. 1 Satz 1, Abs. 2, 3 oder 4 oder § 30 Abs. 2 Satz 1 eine Anzeige nicht, nicht richtig, nicht vollständig oder nicht rechtzeitig erstattet,

12. entgegen § 26 Abs. 4 Satz 1 eine Maßnahme nicht duldet oder eine Person nicht unterstützt,

13. entgegen § 30 Abs. 1 einen Sicherheitsbeauftragten nicht oder nicht rechtzeitig bestimmt,

14. entgegen § 31 Abs. 1 Satz 1, auch in Verbindung mit Satz 2, eine Tätigkeit ausübt,

15. entgegen § 31 Abs. 4 eine Mitteilung nicht, nicht richtig, nicht vollständig oder nicht in der vorgeschriebenen Weise aufzeichnet oder nicht oder nicht rechtzeitig übermittelt oder

16.[8] einer Rechtsverordnung nach § 37 Abs. 1, <u>2a</u>, 3, 4 Satz 1 oder 3, Abs. 5 Nr. 1, 2 Buchstabe a oder b Doppelbuchstabe bb oder Nr. 3, Abs. 7 oder 8 Satz 1 oder einer vollziehbaren Anordnung auf Grund einer solchen Rechtsverordnung zuwiderhandelt, soweit die Rechtsverordnung für einen bestimmten Tatbestand auf diese Bußgeldvorschrift verweist.

(3) Die Ordnungswidrigkeit kann mit einer Geldbuße bis zu fünfundzwanzigtausend Euro geahndet werden.

§ 43 Einziehung

Gegenstände, auf die sich eine Straftat nach § 40 oder § 41 oder eine Ordnungswidrigkeit nach § 42 bezieht, können eingezogen werden. § 74 a des Strafgesetzbuches und § 23 des Gesetzes über Ordnungswidrigkeiten sind anzuwenden.

Neunter Abschnitt
Übergangsbestimmungen

§ 44 Übergangsbestimmungen

(1) Medizinprodukte mit Verfalldatum, die vor dem 30. Juni 2007 zum Zweck des Zivil- und Katastrophenschutzes an die zuständigen Behörden des Bundes oder der Länder oder zur Durchführung ihrer besonderen Aufgaben an die Bundeswehr abgegeben wurden, dürfen auch nach Ablauf des Verfalldatums angewendet werden. Die zuständigen Behörden stellen sicher, dass Qualität, Leistung und Sicherheit der Medizinprodukte gewährleistet sind.

---

8) Artikel 12 Nr. 3 lit. a) des Gesetzes vom 24. Juli 2010

(2) Auf Medizinprodukte im Sinne des § 3 Nr. 3 sind die Vorschriften dieses Gesetzes ab dem 13. Juni 2002 anzuwenden. Medizinprodukte nach § 3 Nr. 3 dürfen noch bis zum 13. Dezember 2005 nach den am 13. Dezember 2000 in Deutschland geltenden Vorschriften in Deutschland erstmalig in Verkehr gebracht werden. Das weitere Inverkehrbringen und die Inbetriebnahme der danach erstmalig in Verkehr gebrachten Medizinprodukte ist bis zum 13. Dezember 2007 zulässig.

(3) Die Vorschriften des § 14 sowie der Rechtsverordnung nach § 37 Abs. 5 gelten unabhängig davon, nach welchen Vorschriften die Medizinprodukte erstmalig in den Verkehr gebracht wurden.

(4) Für klinische Prüfungen nach § 20 und Leistungsbewertungsprüfungen nach § 24 des Medizinproduktegesetzes, mit denen vor dem 20. März 2010 begonnen wurde, sind die §§ 19 bis 24 des Medizinproduktegesetzes in der Fassung der Bekanntmachung vom 7. August 2002 (BGBl. I S. 3146), das zuletzt durch Artikel 1 des Gesetzes vom 14. Juni 2007 (BGBl. I S. 1066) geändert worden ist, weiter anzuwenden.

(5) Für klinische Prüfungen und Leistungsbewertungsprüfungen nach Absatz 4 ist ab dem 21. März 2010 die Medizinprodukte-Sicherheitsplanverordnung vom 24. Juni 2002 (BGBl. I S. 2131), die zuletzt durch Artikel 3 des Gesetzes vom 14. Juni 2007 (BGBl. I S. 1066) geändert worden ist, in der geltenden Fassung entsprechend anzuwenden, die sie durch Artikel 3 des Gesetzes vom 29. Juli 2009 (BGBl. I S. 2326) erhält.

Gesetz über die Werbung auf dem Gebiete des Heilwesens (Heilmittelwerbegesetz – HWG)

Vom 11. Juli 1965 (BGBl. I S. 604)
in der Fassung der Bekanntmachung vom 19. Oktober 1994 (BGBl. I S. 3068), zuletzt geändert durch Artikel 2 des Gesetzes zur Verbesserung der Wirtschaftlichkeit in der Arzneimittelversorgung vom 26. April 2006 (BGBl. I S. 984)

§ 1

(1) Dieses Gesetz findet Anwendung auf die Werbung für

1. Arzneimittel im Sinne des § 2 des Arzneimittelgesetzes,

1a. Medizinprodukte im Sinne des § 3 des Medizinproduktegesetzes,

2. andere Mittel, Verfahren, Behandlungen und Gegenstände, soweit sich die Werbeaussage auf die Erkennung, Beseitigung oder Linderung von Krankheiten, Leiden, Körperschäden oder krankhaften Beschwerden bei Mensch oder Tier bezieht, sowie operative plastisch-chirurgische Eingriffe, soweit sich die Werbeaussage auf die Veränderung des menschlichen Körpers ohne medizinische Notwendigkeit bezieht.

(2) Andere Mittel im Sinne des Absatzes 1 Nr. 2 sind kosmetische Mittel im Sinne des § 4 des Lebensmittel- und Bedarfsgegenständegesetzes. Gegenstände im Sinne des Absatzes 1 Nr. 2 sind auch Gegenstände zur Körperpflege im Sinne des § 5 Abs. 1 Nr. 4 des Lebensmittel- und Bedarfsgegenständegesetzes.

(3) Eine Werbung im Sinne dieses Gesetzes ist auch das Ankündigen oder Anbieten von Werbeaussagen, auf die dieses Gesetz Anwendung findet.

(4) Dieses Gesetz findet keine Anwendung auf die Werbung für Gegenstände zur Verhütung von Unfallschäden.

(5) Das Gesetz findet keine Anwendung auf den Schriftwechsel und die Unterlagen, die nicht Werbezwecken dienen und die zur Beantwortung einer konkreten Anfrage zu einem bestimmten Arzneimittel erforderlich sind.

(6) Das Gesetz findet ferner keine Anwendung beim elektronischen Handel mit Arzneimitteln auf das Bestellformular und die dort aufgeführten Angaben, soweit diese für eine ordnungsgemäße Bestellung notwendig sind.

§ 2

Fachkreise im Sinne dieses Gesetzes sind Angehörige der Heilberufe oder des Heilgewerbes, Einrichtungen, die der Gesundheit von Mensch oder Tier dienen, oder sonstige Personen, soweit sie mit Arzneimitteln, Medizinprodukten, Verfahren, Behandlungen, Gegenständen oder anderen Mitteln erlaubterweise Handel treiben oder sie in Ausübung ihres Berufes anwenden.

§ 3

Unzulässig ist eine irreführende Werbung. Eine Irreführung liegt insbesondere dann vor,

1. wenn Arzneimitteln, Medizinprodukten, Verfahren, Behandlungen, Gegenständen oder anderen Mitteln eine therapeutische Wirksamkeit oder Wirkungen beigelegt werden, die sie nicht haben,
2. wenn fälschlich der Eindruck erweckt wird, dass
    a) ein Erfolg mit Sicherheit erwartet werden kann,
    b) bei bestimmungsgemäßem oder längerem Gebrauch keine schädlichen Wirkungen eintreten
    c) die Werbung nicht zu Zwecken des Wettbewerbs veranstaltet wird,
3. wenn unwahre oder zur Täuschung geeignete Angaben
    a) über die Zusammensetzung oder Beschaffenheit von Arzneimitteln, Medizinprodukten, Gegenständen oder anderen Mitteln oder über die Art und Weise der Verfahren oder Behandlungen oder
    b) über die Person, Vorbildung, Befähigung oder Erfolge des Herstellers, Erfinders oder der für sie tätigen oder tätig gewesenen Personen

gemacht werden.

§ 3a

Unzulässig ist eine Werbung für Arzneimittel, die der Pflicht zur Zulassung unterliegen und die nicht nach den arzneimittelrechtlichen Vorschriften zugelassen sind oder als zugelassen gelten. Satz 1 findet auch Anwendung, wenn sich die Werbung auf Anwendungsgebiete oder Darreichungsformen bezieht, die nicht von der Zulassung erfasst sind.

§ 4

(1) Jede Werbung für Arzneimittel im Sinne des § 2 Abs. 1 oder Abs. 2 Nr. 1 des Arzneimittelgesetzes muss folgende Angaben enthalten:

1. den Namen oder die Firma und den Sitz des pharmazeutischen Unternehmens,
2. die Bezeichnung des Arzneimittels,
3. die Zusammensetzung des Arzneimittels gemäß § 11 Abs. 1 Satz 1 Nr. 6 Buchstabe d des Arzneimittelgesetzes,
4. die Anwendungsgebiete,
5. die Gegenanzeigen,

6. die Nebenwirkungen,
7. Warnhinweise, soweit sie für die Kennzeichnung der Behältnisse und äußeren Umhüllungen vorgeschrieben sind,
7a. bei Arzneimitteln, die nur auf ärztliche, zahnärztliche oder tierärztliche Verschreibung abgegeben werden dürfen, den Hinweis „Verschreibungspflichtig",
8. die Wartezeit bei Arzneimitteln, die zur Anwendung bei Tieren bestimmt sind, die der Gewinnung von Lebensmitteln dienen.

Eine Werbung für traditionelle pflanzliche Arzneimittel, die nach dem Arzneimittelgesetz registriert sind, muss folgenden Hinweis enthalten: „Traditionelles pflanzliches Arzneimittel zur Anwendung bei ... [spezifiziertes Anwendungsgebiet / spezifizierte Anwendungsgebiete] ausschließlich auf Grund langjähriger Anwendung".

(1a) Bei Arzneimitteln, die nur einen arzneilich wirksamen Bestandteil enthalten, muss der Angabe nach Absatz 1 Nr. 2 die Bezeichnung dieses Bestandteils mit dem Hinweis: „Wirkstoff:" folgen; dies gilt nicht, wenn in der Angabe nach Absatz 1 Nr. 2 die Bezeichnung des Wirkstoffs enthalten ist.

(2) Die Angaben nach den Absätzen 1 und 1a müssen mit denjenigen übereinstimmen, die nach § 11 oder § 12 des Arzneimittelgesetzes für die Packungsbeilage vorgeschrieben sind. Können die in § 11 Abs. 1 Nr. Satz 1 Nr. 3 Buchstabe a und c und Nr. 5 des Arzneimittelgesetzes vorgeschriebenen Angaben nicht gemacht werden, so können sie entfallen.

(3) Bei einer Werbung außerhalb der Fachkreise ist der Text „Zu Risiken und Nebenwirkungen lesen sie die Packungsbeilage und fragen Sie Ihren Arzt oder Apotheker" gut lesbar und von den übrigen Werbeaussagen deutlich abgesetzt und abgegrenzt anzugeben. Bei einer Werbung für Heilwässer tritt an die Stelle der Angabe „die Packungsbeilage" die Angabe „das Etikett" und bei einer Werbung für Tierarzneimittel an die Stelle „Ihren Arzt" die Angabe „den Tierarzt". Die Angaben nach Absatz 1 Nr. 1, 3, 5 und 6 können entfallen. Satz 1 findet keine Anwendung auf Arzneimittel, die für den Verkehr außerhalb der Apotheken freigegeben sind, es sei denn, dass in der Packungsbeilage oder auf dem Behältnis Nebenwirkungen oder sonstige Risiken angegeben sind.

(4) Die nach Absatz 1 vorgeschriebenen Angaben müssen von den übrigen Werbeaussagen deutlich abgesetzt, abgegrenzt und gut lesbar sein.

(5) Nach einer Werbung in audiovisuellen Medien ist der nach Absatz 3 Satz 1 oder 2 vorgeschriebene Text einzublenden, der im Fernsehen vor neutralem Hintergrund gut lesbar wiederzugeben und gleichzeitig zu sprechen ist, sofern nicht die Angabe dieses Textes nach Absatz 3 Satz 4 entfällt. Die Angaben nach Absatz 1 können entfallen.

(6) Die Absätze 1, 1a, 3 und 5 gelten nicht für eine Erinnerungswerbung. Eine Erinnerungswerbung liegt vor, wenn ausschließlich mit der Bezeichnung eines Arznei-

mittels oder zusätzlich mit dem Namen, der Firma, der Marke des pharmazeutischen Unternehmers oder dem Hinweis „Wirkstoff:" geworben wird.

§ 4a

(1) Unzulässig ist es, in der Packungsbeilage eines Arzneimittels für andere Arzneimittel oder andere Mittel zu werben.

(2) Unzulässig ist es auch, außerhalb der Fachkreise für die im Rahmen der vertragsärztlichen Versorgung bestehende Verordnungsfähigkeit eines Arzneimittels zu werben.

§ 5

Für homöopathische Arzneimittel, die nach dem Arzneimittelgesetz registriert oder von der Registrierung freigestellt sind, darf mit der Angabe von Anwendungsgebieten nicht geworben werden.

§ 6

Unzulässig ist eine Werbung, wenn

1. Gutachten oder Zeugnisse veröffentlicht oder erwähnt werden, die nicht von wissenschaftlich oder fachlich hierzu berufenen Personen erstattet worden sind und nicht die Angabe des Namens, Berufes und Wohnortes der Person, die das Gutachten erstellt oder das Zeugnis ausgestellt hat sowie den Zeitpunkt der Ausstellung des Gutachtens oder Zeugnisses enthalten,

2. auf wissenschaftliche, fachliche oder sonstige Veröffentlichungen Bezug genommen wird, ohne dass aus der Werbung hervorgeht, ob die Veröffentlichung das Arzneimittel, das Verfahren, die Behandlung, den Gegenstand oder ein anderes Mittel selbst betrifft, für die geworben wird, und ohne dass der Name des Verfassers, der Zeitpunkt der Veröffentlichung und die Fundstelle genannt werden,

3. aus der Fachliteratur entnommene Zitate, Tabellen oder sonstige Darstellungen nicht wortgetreu übernommen werden.

§ 7

(1) Es ist unzulässig, Zuwendungen und sonstige Werbegaben (Waren oder Leistungen) anzubieten, anzukündigen oder zu gewähren oder als Angehöriger der Fachkreise anzunehmen, es sei denn, dass

1. es sich bei den Zuwendungen oder Werbegaben um Gegenstände von geringem Wert, die durch eine dauerhafte und deutlich sichtbare Bezeichnung des Werbenden oder des beworbenen Produktes oder beider gekennzeichnet sind, oder um geringwertige Kleinigkeiten handelt;

2. die Zuwendungen oder Werbegaben in

a) einem bestimmten oder auf bestimmte Art zu berechnenden Geldbetrag oder

b) einer bestimmten oder auf bestimmte Art zu berechnende Menge gleicher Ware gewährt werden;

Zuwendungen oder Werbegaben nach Buchstabe a sind für Arzneimittel unzulässig, soweit sie entgegen den Preisvorschriften gewährt werden, die aufgrund des Arzneimittelgesetzes gelten; Buchstabe b gilt nicht für Arzneimittel, deren Abgabe den Apotheken vorbehalten ist;

3. die Zuwendungen oder Werbegaben nur in handelsüblichem Zubehör zur Ware oder in handelsüblichen Nebenleistungen bestehen; als handelsüblich gilt insbesondere eine im Hinblick auf den Wert der Ware oder Leistung angemessene teilweise oder vollständige Erstattung oder Übernahme von Fahrtkosten für Verkehrsmittel des öffentlichen Personennahverkehrs, die im Zusammenhang mit dem Besuch des Geschäftslokals oder des Orts der Erbringung der Leistung aufgewendet werden;

4. die Zuwendungen oder Werbegaben in der Erteilung von Auskünften oder Ratschlägen bestehen oder

5. es sich um unentgeltlich an Verbraucherinnen und Verbraucher abzugebende Zeitschriften handelt, die nach ihrer Aufmachung und Ausgestaltung der Kundenwerbung und den Interessen der verteilenden Person dienen, durch einen entsprechenden Aufdruck auf der Titelseite diesen Zweck erkennbar machen und in ihren Herstellungskosten geringwertig sind (Kundenzeitschriften).

Werbeabgaben für Angehörige der Heilberufe sind unbeschadet des Satzes 1 nur dann zulässig, wenn sie zur Verwendung in der ärztlichen, tierärztlichen oder pharmazeutischen Praxis bestimmt sind. § 47 Abs. 3 des Arzneimittelgesetzes bleibt unberührt.

(2) Absatz 1 gilt nicht für Zuwendungen im Rahmen ausschließlich berufsbezogener wissenschaftlicher Veranstaltungen, sofern diese einen vertretbaren Rahmen nicht überschreiten, insbesondere in bezug auf den wissenschaftlichen Zweck der Veranstaltung von untergeordneter Bedeutung sind und sich nicht auf andere als im Gesundheitswesen tätige Personen erstrecken.

(3) Es ist unzulässig, für die Entnahme oder sonstige Beschaffung von Blut-, Plasma- oder Gewebespenden zur Herstellung von Blut- und Gewebeprodukten und anderen Produkten zur Anwendung bei Menschen mit der Zahlung einer finanziellen Zuwendung oder Aufwandsentschädigung zu werben.

§ 8

Unzulässig ist die Werbung, Arzneimittel im Wege des Teleshopping oder bestimmte Arzneimittel im Wege der Einzeleinfuhr nach § 73 Abs. 2 Nr. 6a oder § 73 Abs. 3 des Arzneimittelgesetzes zu beziehen.

§ 9

Unzulässig ist eine Werbung für die Erkennung oder Behandlung von Krankheiten, Leiden, Körperschäden oder krankhaften Beschwerden, die nicht auf eigener Wahrnehmung an dem zu behandelnden Menschen oder Tier beruht (Fernbehandlung).

§ 10

(1) Für verschreibungspflichtige Arzneimittel darf nur bei Ärzten, Zahnärzten, Tierärzten, Apothekern und Personen, die mit diesen Arzneimitteln erlaubterweise Handel treiben, geworben werden.

(2) Für Arzneimittel, die dazu bestimmt sind, bei Menschen die Schlaflosigkeit oder psychische Störungen zu beseitigen oder die Stimmungslage zu beeinflussen, darf außerhalb der Fachkreise nicht geworben werden.

§ 11

(1) Außerhalb der Fachkreise darf für Arzneimittel, Verfahren, Behandlungen, Gegenstände oder andere Mittel nicht geworben werden

1. mit Gutachten, Zeugnissen, wissenschaftlichen oder fachlichen Veröffentlichungen sowie mit Hinweisen darauf,

2. mit Angaben, dass das Arzneimittel, das Verfahren, die Behandlung, der Gegenstand oder das andere Mittel ärztlich, zahnärztlich, tierärztlich oder anderweitig fachlich empfohlen oder geprüft ist oder anderweitig angewendet wird,

3. mit der Wiedergabe von Krankengeschichten sowie mit Hinweisen darauf,

4. mit der bildlichen Darstellung von Personen in der Berufskleidung oder bei der Ausübung der Tätigkeit von Angehörigen der Heilberufe, des Heilgewerbes oder des Arzneimittelhandels,

5. mit der bildlichen Darstellung

    a) von Veränderungen des menschlichen Körpers oder seiner Teile durch Krankheiten, Leiden oder Körperschäden,

    b) der Wirkung eines Arzneimittels, eines Verfahrens, einer Behandlung, eines Gegenstandes oder eines anderen Mittels durch vergleichende Darstellung des Körperzustandes oder des Aussehens vor und nach der Anwendung,

    c) des Wirkungsvorganges eines Arzneimittels, eines Verfahrens, einer Behandlung, eines Gegenstandes oder eines anderen Mittels am menschlichen Körper oder an seinen Teilen,

6. mit fremd- oder fachsprachlichen Bezeichnungen, soweit sie nicht in den allgemeinen deutschen Sprachgebrauch eingegangen sind,

7. mit einer Werbeaussage, die geeignet ist, Angstgefühle hervorzurufen oder auszunutzen,

8. durch Werbevorträge, mit denen ein Feilbieten oder eine Entgegennahme von Anschriften verbunden ist,

9. mit Veröffentlichungen, deren Werbezweck missverständlich oder nicht deutlich erkennbar ist,

10. mit Veröffentlichungen, die dazu anleiten, bestimmte Krankheiten, Leiden, Körperschäden oder krankhafte Beschwerden beim Menschen selbst zu erkennen und mit den in der Werbung bezeichneten Arzneimitteln, Gegenständen, Verfahren, Behandlungen oder anderen Mitteln zu behandeln, sowie mit entsprechenden Anleitungen in audiovisuellen Medien,

11. mit Äußerungen Dritter, insbesondere mit Dank-, Anerkennungs- oder Empfehlungsschreiben, oder mit Hinweisen auf solche Äußerungen,

12. mit Werbemaßnahmen, die sich ausschließlich oder überwiegend an Kinder unter 14 Jahren richten,

13. mit Preisausschreiben, Verlosungen oder anderen Verfahren, deren Ergebnis vom Zufall abhängig ist,

14. durch die Abgabe von Mustern oder Proben von Arzneimitteln oder durch Gutscheine dafür,

15. durch die nicht verlangte Abgabe von Mustern oder Proben von anderen Mitteln oder Gegenständen oder durch Gutscheine dafür.

Für Medizinprodukte gilt Satz 1 Nr. 6 bis 9, 11 und 12 entsprechend.

(2) Außerhalb der Fachkreise darf für Arzneimittel zur Anwendung bei Menschen nicht mit Angaben geworben werden, die nahe legen, dass die Wirkung des Arzneimittels einem anderen Arzneimittel oder einer anderen Behandlung entspricht oder überlegen ist.

§ 12

(1) Außerhalb der Fachkreise darf sich die Werbung für Arzneimittel und Medizinprodukte nicht auf die Erkennung, Verhütung, Beseitigung oder Linderung der in Abschnitt A der Anlage zu diesem Gesetz aufgeführten Krankheiten oder Leiden bei Menschen beziehen, die Werbung für Arzneimittel außerdem nicht die Erkennung, Verhütung, Beseitigung oder Linderung der in Abschnitt B dieser Anlage aufgeführten Krankheiten oder Leiden beim Tier. Abschnitt A Nr. 2 der Anlage findet keine Anwendung auf die Werbung für Medizinprodukte.

(2) Die Werbung für andere Mittel, Verfahren, Behandlungen oder Gegenstände außerhalb der Fachkreise darf sich nicht auf die Erkennung, Beseitigung oder Linderung dieser Krankheiten oder Leiden beziehen. Dies gilt nicht für die Werbung für Verfahren oder Behandlungen in Heilbädern, Kurorten und Kuranstalten.

§ 13

Die Werbung eines Unternehmens mit Sitz außerhalb des Geltungsbereichs dieses Gesetzes ist unzulässig, wenn nicht ein Unternehmen mit Sitz oder eine natürliche Person mit gewöhnlichem Aufenthalt im Geltungsbereich dieses Gesetzes oder in einem anderen Mitgliedstaat der Europäischen Gemeinschaften oder in einem anderen Vertragsstaat des Abkommens über den Europäischen Wirtschaftsraum, die nach diesem Gesetz unbeschränkt strafrechtlich verfolgt werden kann, ausdrücklich damit betraut ist, die sich aus diesem Gesetz ergebenden Pflichten zu übernehmen.

§ 14

Wer dem Verbot der irreführenden Werbung (§ 3) zuwiderhandelt, wird mit Freiheitsstrafe bis zu einem Jahr oder mit Geldstrafe bestraft.

§ 15

(1) Ordnungswidrig handelt, wer vorsätzlich oder fahrlässig

1. entgegen § 3a eine Werbung für ein Arzneimittel betreibt, das der Pflicht zur Zulassung unterliegt und das nicht nach den arzneimittelrechtlichen Vorschriften zugelassen ist oder als zugelassen gilt,

2. eine Werbung betreibt, die die nach § 4 vorgeschriebenen Angaben nicht enthält oder entgegen § 5 mit der Angabe von Anwendungsgebieten wirbt,

3. in einer nach § 6 unzulässigen Weise mit Gutachten, Zeugnissen oder Bezugnahmen auf Veröffentlichungen wirbt,

4. entgegen § 7 Abs. 1 und 3 eine mit Zuwendungen oder sonstigen Werbegaben verbundene Werbung betreibt,

4a. entgegen § 7 Abs. 1 als Angehöriger der Fachkreise eine Zuwendung oder sonstige Werbegabe annimmt,

5. entgegen § 8 eine dort genannte Werbung betreibt,

6. entgegen § 9 für eine Fernbehandlung wirbt,

7. entgegen § 10 für die dort bezeichneten Arzneimittel wirbt,

8. auf eine durch § 11 verbotene Weise außerhalb der Fachkreise wirbt,

9. entgegen § 12 eine Werbung betreibt, die sich auf die in der Anlage zu § 12 aufgeführten Krankheiten oder Leiden bezieht,

10. eine nach § 13 unzulässige Werbung betreibt.

(2) Ordnungswidrig handelt ferner, wer fahrlässig dem Verbot der irreführenden Werbung (§ 3) zuwiderhandelt.

(3) Die Ordnungswidrigkeit nach Absatz 1 kann mit einer Geldbuße bis zu fünfzigtausend Euro, die Ordnungswidrigkeit nach Absatz 2 mit einer Geldbuße bis zu zwanzigtausend Euro geahndet werden.

§ 16

Werbematerial und sonstige Gegenstände, auf die sich eine Straftat nach § 14 oder eine Ordnungswidrigkeit nach § 15 bezieht, können eingezogen werden. § 74a des Strafgesetzbuches und § 23 des Gesetzes über Ordnungswidrigkeiten sind anzuwenden.

§ 17

Das Gesetz gegen den unlauteren Wettbewerb bleibt unberührt.

§ 18

Werbematerial, das den Vorschriften des § 4 nicht entspricht, jedoch den Vorschriften des Gesetzes in der bis zum 10. September 1998 geltenden Fassung, darf noch bis zum 31. März 1999 verwendet werden.

Anlage
(zu § 12)

Krankheiten und Leiden, auf die sich die Werbung gemäß § 12 nicht beziehen darf

A. Krankheiten und Leiden beim Menschen

1. Nach dem Infektionsschutzgesetz vom 20. Juli 2000 (BGBl. I S. 1045) meldepflichtige Krankheiten oder durch meldepflichtige Krankheitserreger verursachte Infektionen,
2. bösartige Neubildungen,
3. Suchtkrankheiten, ausgenommen Nikotinabhängigkeit,
4. krankhafte Komplikationen der Schwangerschaft, der Entbindung und des Wochenbetts.

B. Krankheiten und Leiden beim Tier

1. Nach der Verordnung über anzeigepflichtige Tierseuchen und der Verordnung über meldepflichtige Tierkrankheiten in ihrer jeweils geltenden Fassung anzeige- oder meldepflichtige Seuchen oder Krankheiten,
2. bösartige Neubildungen,
3. bakterielle Eutererkrankungen bei Kühen, Ziegen und Schafen,
4. Kolik bei Pferden und Rindern.

Verordnung über Medizinprodukte (Medizinprodukte-Verordnung – MPV)

Vom 20. Dezember 2001 (BGBl. I S. 3854),
zuletzt geändert durch Artikel 2 der Verordnung vom 10. Mai 2010 (BGBl. I S. 555)[1]

Abschnitt 1
Anwendungsbereich und Allgemeine Anforderungen an die Konformitätsbewertung

§ 1 Anwendungsbereich

Diese Verordnung regelt die Bewertung und Feststellung der Übereinstimmung von Medizinprodukten mit den Grundlegenden Anforderungen gemäß § 7 des Medizinproduktegesetzes (Konformitätsbewertung), die Sonderverfahren für Systeme und Behandlungseinheiten und die Änderung der Klassifizierung von Medizinprodukten durch Rechtsakte der Kommission der Europäischen Gemeinschaft.

§ 2 Biologische Sicherheitsprüfung

Zur Bewertung der biologischen Verträglichkeit von Medizinprodukten sind biologische Sicherheitsprüfungen mit Tierversuchen durchzuführen, soweit sie

1. bei Medizinprodukten im Sinne des § 3 Nr. 2 des Medizinproduktegesetzes nach der Richtlinie 2001/83/EG des Europäischen Parlaments und des Rates vom 6. November 2001 zur Schaffung eines Gemeinschaftskodexes für Humanarzneimittel (ABl. L 311 vom 28. 11. 2001, S. 67), die zuletzt durch die Verordnung (EG) Nr. 1394/2007 (ABl. L 324 vom 10. 12. 2007, S. 121) geändert worden ist, in der jeweils geltenden Fassung oder nach den Arzneimittelprüfrichtlinien nach § 26 des Arzneimittelgesetzes,

2. nach harmonisierten Normen im Sinne des § 3 Nr. 18 des Medizinproduktegesetzes oder

3. nach dem jeweiligen Stand der wissenschaftlichen Erkenntnisse

---

1) Redaktionelle Anmerkung: Verordnung über klinische Prüfungen von Medizinprodukten und zur Änderung medizinprodukterechtlicher Vorschriften vom 10. Mai 2010 – die Änderungen sind im Text durch Unterstreichung und entsprechenden Hinweis in der Fußnote zu erkennen. Artikel 2 dieser Verordnung ist am 13. Mai 2010 in Kraft getreten.
Zuvor geändert durch:
– Artikel 2 des Gesetzes vom 29. Juli 2009 (BGBl. I S. 2326) – diese Änderungen sind im Text durch Unterstreichung zu erkennen,
– Artikel 1 § 10 der Verordnung vom 4. Dezember 2002 (BGBl. I S. 4456),
– Verordnung vom 13. Februar 2004 (BGBl. I S. 216),
– Artikel 383 der Verordnung vom 31. Oktober 2006 (BGBl. I S. 2407,2458),
– Verordnung vom 16. Februar 2007 (BGBl. I S. 155).

erforderlich sind.

§ 3 Allgemeine Vorschriften zur Durchführung der Konformitätsbewertung

(1) Die Konformitätsbewertung erfolgt nach Maßgabe des Absatzes 2 und der §§ 4 bis 7 durch den Hersteller. Die Verfahren nach den Anhängen 3, 4 und 6 der Richtlinie 90/385/EWG des Rates vom 20. Juni 1990 zur Angleichung der Rechtsvorschriften der Mitgliedstaaten über aktive implantierbare medizinische Geräte (ABl. EG Nr. L 189 S. 17), die zuletzt durch Artikel 1 der Richtlinie 2007/47/EG (ABl. L 247 vom 21. 9. 2007, S. 21) geändert worden ist, den Anhängen III, V, VI und VIII der Richtlinie 98/79/ EG des Europäischen Parlaments und des Rates vom 27. Oktober 1998 über In-vitro-Diagnostika (ABl. EG Nr. L 331, S. 1), die zuletzt durch die Verordnung (EG) Nr. 1882/ 2003 (ABl. L 284 vom 31. 10. 2003, S. 1) geändert worden ist und den Anhängen III, IV, VII und VIII der Richtlinie 93/42/EWG des Rates vom 14. Juni 1993 über Medizinprodukte (ABl. EG Nr. L 169 S. 1), die zuletzt durch Artikel 2 der Richtlinie 2007/47/EG (ABl. L 247 vom 21. 9. 2007, S. 21) geändert worden ist, in den jeweils geltenden Fassungen, können im Auftrag des Herstellers auch von seinem Bevollmächtigten im Sinne des § 3 Nr. 16 des Medizinproduktegesetzes durchgeführt werden.

(2) Soweit die Verfahren unter Beteiligung einer Benannten Stelle im Sinne des § 3 Nr. 20 des Medizinproduktegesetzes durchgeführt werden, beauftragen der Hersteller oder sein Bevollmächtigter eine Benannte Stelle ihrer Wahl, die für das entsprechende Verfahren und die jeweiligen Medizinprodukte benannt ist. Die Benannte Stelle und der Hersteller oder sein Bevollmächtigter legen einvernehmlich die Fristen für die Durchführung der Prüfungen und Bewertungen fest.

(3) Die Benannte Stelle kann im Konformitätsbewertungsverfahren alle Informationen und Angaben fordern, die zur Durchführung der Überprüfungen und Bewertungen und zur Erteilung von Bescheinigungen erforderlich sind.

(4) Im Verfahren der Konformitätsbewertung sind Ergebnisse von Prüfungen und Bewertungen, die für die jeweiligen Produkte bereits durchgeführt wurden, angemessen zu berücksichtigen.

(5)[2] Die Geltungsdauer von Bescheinigungen, die nach den Anhängen 2 und 5 der Richtlinie 90/385/EWG, den Anhängen III, IV und V der Richtlinie 98/79/EG und den Anhängen II, III, V und VI der Richtlinie 93/42/EWG ausgestellt werden, ist auf höchstens fünf Jahre zu befristen.

---

2) Artikel 2 der Verordnung vom 10. Mai 2010.

Abschnitt 2
Anforderungen an die Verfahren der Konformitätsbewertung

§ 4 Konformitätsbewertungsverfahren für aktive implantierbare Medizinprodukte

(1) Für aktive implantierbare Medizinprodukte, mit Ausnahme der Produkte nach Absatz 2 und 4, hat der Hersteller

1. das Verfahren der EG-Konformitätserklärung nach Anhang 2 der Richtlinie 90/385/EWG oder

2. das Verfahren der EG-Baumusterprüfung nach Anhang 3 der Richtlinie 90/385/EWG in Verbindung mit dem Verfahren der EG-Prüfung nach Anhang 4 der Richtlinie 90/385/EWG oder dem Verfahren der EG-Erklärung zur Übereinstimmung mit dem Baumuster nach Anhang 5 der Richtlinie 90/385/EWG

einzuhalten.

(2) Für Sonderanfertigungen hat der Hersteller die Erklärung nach Nummer 2.1 des Anhangs 6 der Richtlinie 90/385/EWG auszustellen und dem Produkt beizufügen. Die Erklärung muss für den in diesem Anhang genannten betreffenden Patienten verfügbar sein. Der Hersteller hat die Dokumentation nach Nummer 3.1 des Anhangs 6 zu erstellen und alle erforderlichen Maßnahmen zu treffen, um die Übereinstimmung der hergestellten Medizinprodukte mit dieser Dokumentation sicherzustellen. Erklärung und Dokumentation sind mindestens 15 Jahre aufzubewahren. Der Hersteller sichert zu, unter Berücksichtigung der in Anhang 7 der Richtlinie 90/385/EWG enthaltenen Bestimmungen die Erfahrungen mit Produkten in der der Herstellung nachgelagerten Phase auszuwerten und zu dokumentieren. Er hat angemessene Vorkehrungen zu treffen, um erforderliche Korrekturen durchzuführen. Dies schließt die Verpflichtung des Herstellers ein, die zuständige Bundesoberbehörde unverzüglich über folgende Vorkommnisse zu unterrichten, sobald er selbst davon Kenntnis erlangt hat, und die einschlägigen Korrekturen vorzunehmen:

1. jede Funktionsstörung und jede Änderung der Merkmale oder der Leistung sowie jede Unsachgemäßheit der Kennzeichnung oder der Gebrauchsanweisung eines Produktes, die zum Tode oder zu einer schwerwiegenden Verschlechterung des Gesundheitszustandes eines Patienten oder eines Anwenders führen kann oder dazu geführt hat;

2. jeden Grund technischer oder medizinischer Art, der auf Grund der unter Nummer 1 genannten Ursachen durch die Merkmale und Leistungen des Produktes bedingt ist und zum systematischen Rückruf von Produkten desselben Typs durch den Hersteller geführt hat.

(3) Wer aktive implantierbare Medizinprodukte nach § 10 Abs. 3 Satz 2 des Medizinproduktegesetzes aufbereitet, hat im Hinblick auf die Sterilisation und die Aufrechterhaltung der Funktionsfähigkeit ein Verfahren entsprechend Anhang 4 oder 5 der

Richtlinie 90/385/EWG durchzuführen und eine Erklärung auszustellen, die die Aufbereitung nach einem geeigneten validierten Verfahren bestätigt. Die Erklärung ist mindestens 15 Jahre aufzubewahren.

(4) Für aktive implantierbare Medizinprodukte aus Eigenherstellung hat der Hersteller vor der Inbetriebnahme eine Erklärung auszustellen, die folgende Angaben enthält:

1. Name und Anschrift des Eigenherstellers,
2. die zur Identifizierung des jeweiligen Produktes notwendigen Daten,
3. die Versicherung, dass das Produkt den in Anhang 1 der Richtlinie 90/385/EWG aufgeführten Grundlegenden Anforderungen entspricht, und gegebenenfalls die Angabe der Grundlegenden Anforderungen, die nicht vollständig eingehalten worden sind, mit Angabe der Gründe.

Er hat eine Dokumentation zu erstellen, aus der die Fertigungsstätte sowie Auslegung, Herstellung und Leistungsdaten des Produktes, einschließlich der vorgesehenen Leistung, hervorgehen, so dass sich beurteilen lässt, ob es den Grundlegenden Anforderungen der Richtlinie 90/385/EWG entspricht. Er hat auch alle erforderlichen Maßnahmen zu treffen, um die Übereinstimmung der hergestellten Medizinprodukte mit dieser Dokumentation zu gewährleisten. Absatz 2 Satz 4 bis 7 gilt entsprechend.

§ 5 Konformitätsbewertungsverfahren für In-vitro-Diagnostika

(1) Für In-vitro-Diagnostika nach Anhang II Liste A der Richtlinie 98/79/EG, mit Ausnahme der Produkte nach Absatz 6, hat der Hersteller

1. das Verfahren der EG-Konformitätserklärung (vollständiges Qualitätssicherungssystem) nach Anhang IV der Richtlinie 98/79/EG oder
2. das Verfahren der EG-Baumusterprüfung nach Anhang V der Richtlinie 98/79/EG in Verbindung mit dem Verfahren der EG-Konformitätserklärung (Qualitätssicherung Produktion) nach Anhang VII der Richtlinie 98/79/EG

durchzuführen.

(2) Für In-vitro-Diagnostika nach Anhang II Liste B der Richtlinie 98/79/EG, mit Ausnahme der Produkte nach Absatz 6, hat der Hersteller

1. das Verfahren der EG-Konformitätserklärung (vollständiges Qualitätssicherungssystem) nach Anhang IV der Richtlinie 98/79/EG oder
2. das Verfahren der EG-Baumusterprüfung nach Anhang V der Richtlinie 98/79/EG in Verbindung mit dem Verfahren der EG-Prüfung nach Anhang VI oder dem Verfahren der EG-Konformitätserklärung (Qualitätssicherung Produktion) nach Anhang VII der Richtlinie 98/79/EG

durchzuführen.

(3) Für In-vitro-Diagnostika zur Eigenanwendung mit Ausnahme der in Anhang II genannten Produkte hat der Hersteller das Verfahren nach Anhang III der Richtlinie 98/79/EG oder ein Verfahren nach Absatz 1 oder 2 durchzuführen.

(4) Für die sonstigen In-vitro-Diagnostika, mit Ausnahme der Produkte nach Absatz 6, hat der Hersteller das Verfahren nach Anhang III der Richtlinie 98/79/EG durchzuführen; Nummer 6 des Anhangs findet keine Anwendung.

(5) Der Hersteller muss die Konformitätserklärung, die technische Dokumentation gemäß den Anhängen III bis VIII der Richtlinie 98/79/EG sowie die Entscheidungen, Berichte und Bescheinigungen der Benannten Stellen aufbewahren und sie den zuständigen Behörden in einem Zeitraum von fünf Jahren nach Herstellung des letzten Produktes auf Anfrage zur Prüfung vorlegen.

(6) Für In-vitro-Diagnostika aus Eigenherstellung, die nicht im industriellen Maßstab hergestellt werden, hat der Eigenhersteller vor der Inbetriebnahme eine Erklärung auszustellen, die folgende Angaben enthält:

1. Name und Anschrift des Eigenherstellers,
2. die zur Identifizierung des jeweiligen Produktes notwendigen Daten,
3. die Versicherung, dass das Produkt den in Anhang I der Richtlinie 98/79/EG aufgeführten Grundlegenden Anforderungen entspricht, und gegebenenfalls die Angabe der Grundlegenden Anforderungen, die nicht vollständig eingehalten worden sind, mit Angabe der Gründe.

Er hat eine Dokumentation zu erstellen, aus der die Fertigungsstätte sowie Auslegung, Herstellung und Leistungsdaten des Produktes, einschließlich der vorgesehenen Leistung, hervorgehen, so dass sich beurteilen lässt, ob es den Grundlegenden Anforderungen der Richtlinie 98/79/EG entspricht und alle erforderlichen Maßnahmen zu treffen, um die Übereinstimmung der hergestellten Medizinprodukte mit dieser Dokumentation zu gewährleisten. Erklärung und Dokumentation sind mindestens fünf Jahre aufzubewahren. Der Eigenhersteller sichert zu, die Erfahrungen mit Produkten in der der Herstellung nachgelagerten Phase auszuwerten und zu dokumentieren und angemessene Vorkehrungen zu treffen, um erforderliche Korrekturen durchzuführen. § 4 Absatz 2 Satz 7 gilt entsprechend.

§ 6 Konformitätsbewertungsverfahren für unter Verwendung von tierischem Gewebe hergestellte Medizinprodukte

(1) Für unter Verwendung von Gewebe tierischen Ursprungs hergestellte Medizinprodukte nach Artikel 1 Abs. 1 und 2 der Richtlinie 2003/32/EG der Kommission vom 23. April 2003 (ABl. EU Nr. L 105 S. 18) in der jeweils gültigen Fassung umfasst das Konformitätsbewertungsverfahren die Bewertung der Übereinstimmung mit den Grundlegenden Anforderungen der Richtlinie 93/42/EWG des Rates vom 14. Juni 1993 (ABl. EG Nr. L 169 S. 1) und den Spezifikationen im Anhang der Richtlinie

2003/32/EG in der jeweils gültigen Fassung. Dabei sind die Definitionen des Artikels 2 der Richtlinie 2003/32/EG zu Grunde zu legen.

(2) Für Medizinprodukte nach Absatz 1 hat der Hersteller

1. das Verfahren der EG-Konformitätserklärung (vollständiges Qualitätssicherungssystem) nach Anhang II der Richtlinie 93/42/EWG oder

2. das Verfahren der EG-Baumusterprüfung nach Anhang III der Richtlinie 93/42/EWG in Verbindung mit dem Verfahren der EG-Prüfung nach Anhang IV der Richtlinie 93/42/EWG oder dem Verfahren der EG-Konformitätserklärung (Qualitätssicherung Produktion) nach Anhang V der Richtlinie 93/42/EWG

durchzuführen. Bevor er einen entsprechenden Antrag stellt, hat er das Verfahren zur Risikoanalyse und zum Risikomanagement nach dem Anhang der Richtlinie 2003/32/EG durchzuführen. Werden bei der Herstellung von Medizinprodukten Kollagene, Gelatine oder Talg verwendet, so müssen diese zumindest die Anforderungen für die Eignung zum menschlichen Verzehr erfüllen.

(3) Bei der Wahrnehmung der ihnen im Rahmen der Verfahren nach Absatz 2 Satz 1 obliegenden Aufgaben müssen die Benannten Stellen zusätzlich die Maßgaben des Artikels 5 Abs. 2 bis 4 der Richtlinie 2003/32/EG erfüllen.

(4) Die zuständige Behörde nach § 15 des Medizinproduktegesetzes überprüft, ob bei den Benannten Stellen die fachlichen Voraussetzungen für eine Bewertung nach den Absätzen 1 bis 3 vorliegen. Falls diese Voraussetzungen nicht vorliegen, widerruft sie insoweit die Akkreditierung und Benennung und teilt dies dem Bundesministerium für Gesundheit mit.

(5) Die Absätze 1 bis 4 gelten nicht für Medizinprodukte, die nicht dazu bestimmt sind, mit dem menschlichen Körper in Berührung zu kommen oder die dazu bestimmt sind, nur mit unversehrter Haut in Berührung zu kommen.

§ 7 Konformitätsbewertungsverfahren für die sonstigen Medizinprodukte

(1) Für Medizinprodukte der Klasse III, mit Ausnahme der Produkte nach Absatz 5 und 9, hat der Hersteller

1. das Verfahren der EG-Konformitätserklärung (vollständiges Qualitätssicherungssystem) nach Anhang II der Richtlinie 93/42/EWG oder

2. das Verfahren der EG-Baumusterprüfung nach Anhang III der Richtlinie 93/42/EWG in Verbindung mit dem Verfahren der EG-Prüfung nach Anhang IV der Richtlinie 93/42/EWG oder dem Verfahren der EG-Konformitätserklärung (Qualitätssicherung Produktion) nach Anhang V der Richtlinie 93/42/EWG

durchzuführen.

(2) Für Medizinprodukte der Klasse IIb, mit Ausnahme der Produkte nach Absatz 5 und 9, hat der Hersteller

1. das Verfahren der EG-Konformitätserklärung (vollständiges Qualitätssicherungssystem) nach Anhang II der Richtlinie 93/42/EWG mit Ausnahme der Nummer 4 oder

2. das Verfahren der EG-Baumusterprüfung nach Anhang III der Richtlinie 93/42/EWG in Verbindung mit dem Verfahren der EG-Prüfung nach Anhang IV oder dem Verfahren der EG-Konformitätserklärung (Qualitätssicherung Produktion) nach Anhang V oder dem Verfahren der EG-Konformitätserklärung (Qualitätssicherung Produkt) nach Anhang VI der Richtlinie 93/42/EWG

durchzuführen.

(3) Für Medizinprodukte der Klasse IIa, mit Ausnahme der Produkte nach Absatz 5 und 9, hat der Hersteller

1. das Verfahren der EG-Konformitätserklärung nach Anhang VII der Richtlinie 93/42/EWG in Verbindung mit dem Verfahren der EG-Prüfung nach Anhang IV oder dem Verfahren EG-Konformitätserklärung (Qualitätssicherung Produktion) nach Anhang V oder dem Verfahren der EG-Konformitätserklärung (Qualitätssicherung Produkt) nach Anhang VI der Richtlinie 93/42/EWG oder

2. das Verfahren nach Absatz 2 Nr. 1

durchzuführen.

(4) Für Medizinprodukte der Klasse I, mit Ausnahme der Produkte nach Absatz 5 und 9, hat der Hersteller das Verfahren nach Anhang VII der Richtlinie 93/42/EWG durchzuführen.

(5) Für Sonderanfertigungen hat der Hersteller die Erklärung nach Nummer 2.1 des Anhangs VIII der Richtlinie 93/42/EWG auszustellen und Sonderanfertigungen der Klassen IIa, IIb und III bei der Abgabe eine Kopie beizufügen, die für den durch seinen Namen, ein Akronym oder einen numerischen Code identifizierbaren Patienten verfügbar sein muss. Er hat die Dokumentation nach Nummer 3.1 des Anhangs VIII der Richtlinie 93/42/EWG zu erstellen und alle erforderlichen Maßnahmen zu treffen, um die Übereinstimmung der hergestellten Medizinprodukte mit dieser Dokumentation zu gewährleisten. Erklärung und Dokumentation sind mindestens fünf Jahre und im Falle von implantierbaren Produkten mindestens 15 Jahre aufzubewahren. Der Hersteller sichert zu, unter Berücksichtigung der in Anhang X der Richtlinie 93/42/EWG enthaltenen Bestimmungen die Erfahrungen mit Produkten in der der Herstellung nachgelagerten Phase auszuwerten und zu dokumentieren und angemessene Vorkehrungen zu treffen, um erforderliche Korrekturen durchzuführen. § 4 Absatz 2 Satz 7 gilt entsprechend.

(6) Für System und Behandlungseinheiten nach § 10 Abs. 1 des Medizinproduktegesetzes hat der Hersteller die Erklärung nach Artikel 12 Abs. 2 Satz 1 der Richtlinie 93/42/EWG auszustellen. Die Erklärung ist mindestens fünf Jahre und im Falle von implantierbaren Produkten mindestens 15 Jahre aufzubewahren. Für Systeme und

Behandlungseinheiten nach § 10 Abs. 2 des Medizinproduktegesetzes gelten die Vorschriften der Absätze 1 bis 4 entsprechend.

(7) Wer Medizinprodukte nach § 10 Abs. 3 Satz 1 des Medizinproduktegesetzes sterilisiert, hat im Hinblick auf die Sterilisation ein Verfahren nach Anhang II oder V der Richtlinie 93/42/EWG durchzuführen und eine Erklärung auszustellen, dass die Sterilisation gemäß den Anweisungen des Herstellers erfolgt ist. Die Erklärung ist mindestens fünf Jahre aufzubewahren.

(8) Wer Medizinprodukte nach § 10 Absatz 3 Satz 2 des Medizinproduktegesetzes aufbereitet, hat im Hinblick auf die Sterilisation und die Aufrechterhaltung der Funktionsfähigkeit der Produkte ein Verfahren entsprechend Anhang II oder V der Richtlinie 93/42/EWG durchzuführen und eine Erklärung auszustellen, dass die Aufbereitung nach einem geeigneten validierten Verfahren bestätigt. Die Erklärung ist mindestens fünf Jahre und im Falle von implantierbaren Produkten mindestens 15 Jahre aufzubewahren.

(9) Für Medizinprodukte aus Eigenherstellung hat der Eigenhersteller vor der Inbetriebnahme eine Erklärung auszustellen, die folgende Angaben enthält:

1. Name und Anschrift des Eigenherstellers,
2. die zur Identifizierung des jeweiligen Produktes notwendigen Daten,
3. die Versicherung, dass das Produkt den in Anhang I der Richtlinie 93/42/EWG aufgeführten Grundlegenden Anforderungen entspricht, und gegebenenfalls die Angabe der Grundlegenden Anforderungen, die nicht vollständig eingehalten worden sind, mit Angabe der Gründe.

Er hat eine Dokumentation zu erstellen, aus der die Fertigungsstätte sowie Auslegung, Herstellung und Leistungsdaten des Produktes, einschließlich der vorgesehenen Leistung, hervorgehen, so dass sich beurteilen lässt, ob es den Grundlegenden Anforderungen der Richtlinie 93/42/EWG entspricht, und alle erforderlichen Maßnahmen zu treffen, um die Übereinstimmung der hergestellten Medizinprodukte mit dieser Dokumentation zu gewährleisten. Erklärung und Dokumentation sind mindestens fünf Jahre und im Falle von implantierbaren Produkten mindestens 15 Jahre aufzubewahren. Der Eigenhersteller sichert zu, unter Berücksichtigung der in Anhang X der Richtlinie 93/42/ EWG enthaltenen Bestimmungen die Erfahrungen mit Produkten in der der Herstellung nachgelagerten Phase auszuwerten und zu dokumentieren und angemessene Vorkehrungen zu treffen, um erforderliche Korrekturen durchzuführen. § 4 Absatz 2 Satz 7 gilt entsprechend.

Abschnitt 3
Änderungen der Klassifizierung von Medizinprodukten

§ 8 Brustimplantate

§ 13 Abs. 1 Satz 2 des Medizinproduktegesetzes in Verbindung mit Anhang IX der Richtlinie 93/42/EWG des Rates vom 14. Juni 1993 über Medizinprodukte (ABl. EG

Nr. L 169 S. 1), zuletzt geändert durch die Verordnung (EG) Nr. 1882/2003 des Europäischen Parlaments und des Rates vom 29. September 2003 (ABl. EU Nr. L 284 S. 1), in der jeweils geltenden Fassung, findet auf Brustimplantate keine Anwendung. Brustimplantate werden der Klasse III zugeordnet.

§ 9 Gelenkersatz für Hüfte, Knie und Schulter

(1) § 13 Abs. 1 Satz 2 des Medizinproduktegesetzes in Verbindung mit Anhang IX der Richtlinie 93/42/EWG des Rates vom 14. Juni 1993 über Medizinprodukte (ABl. EG Nr. L 169 S. 1), zuletzt geändert durch die Verordnung (EG) Nr. 1882/2003 des Europäischen Parlaments und des Rates vom 29. September 2003 (ABl. EU Nr. L 284 S. 1), in der jeweils geltenden Fassung, findet auf Gelenkersatzteile für Hüfte, Knie und Schulter keine Anwendung. Gelenkersatzteile für Hüfte, Knie und Schulter werden der Klasse III zugeordnet.

(2) Ein Gelenkersatzteil für Hüfte, Knie und Schulter ist eine implantierbare Gesamtheit von Teilen, die dazu bestimmt sind, zusammen die Funktion des natürlichen Hüft-, Knie- oder Schultergelenks möglichst vollständig zu erfüllen. Dazu gehören nicht Zubehörteile.

Abschnitt 4
Übergangsbestimmungen

§ 10 Übergangsbestimmung für unter Verwendung von tierischem Gewebe hergestellte Medizinprodukte

Medizinprodukte im Sinne von § 6, für die eine vor dem 1. April 2004 ausgestellte EG-Auslegungsprüfbescheinigung oder EG-Baumusterprüfbescheinigung vorliegt, dürfen von dem Verantwortlichen nach § 5 des Medizinproduktegesetzes nur dann in den Verkehr gebracht werden, wenn eine zusätzliche EG-Auslegungsprüfbescheinigung oder EG-Baumusterprüfbescheinigung vorliegt, in der die Übereinstimmung mit den im Anhang der Richtlinie 2003/32/EG festgelegten Spezifikationen bescheinigt wird.

§ 11 Übergangsbestimmungen für Gelenkersatz für Hüfte, Knie und Schulter

(1) Medizinprodukte im Sinne von § 9 Abs. 2, für die ein Konformitätsbewertungsverfahren nach § 7 Abs. 2 Nr. 1 durchgeführt wurde, dürfen nach dem 1. September 2009 nur dann in den Verkehr gebracht und in Betrieb genommen werden, wenn der Hersteller bis zu diesem Zeitpunkt für diese Medizinprodukte entweder

a) eine ergänzende Konformitätsbewertung nach Anhang II Nr. 4 (EG-Auslegungsprüfbescheinigung) der Richtlinie 93/42/EWG oder

b) das Verfahren der EG-Baumusterprüfung nach Anhang III der Richtlinie 93/42/EWG in Verbindung mit dem Verfahren der EG-Prüfung nach Anhang IV oder dem Verfahren der EG-Konformitätserklärung (Qualitätssicherung Produktion) nach Anhang V

durchgeführt hat.

(2) Medizinprodukte im Sinne von § 9 Abs. 2, für die das Verfahren der EG-Baumusterprüfung nach Anhang III der Richtlinie 93/42/EWG in Verbindung mit der EG-Konformitätserklärung (Qualitätssicherung Produkt) nach Anhang VI der Richtlinie 93/42/EWG durchgeführt wurde, dürfen nach dem 1. September 2010 nur dann in den Verkehr gebracht werden, wenn der Hersteller bis zu diesem Zeitpunkt für diese Medizinprodukte entweder

a) das Verfahren der EG-Baumusterprüfung nach Anhang III der Richtlinie 93/42/EWG in Verbindung mit dem Verfahren der EG-Prüfung nach Anhang IV oder dem Verfahren der EG-Konformitätserklärung (Qualitätssicherung Produktion) nach Anhang V der Richtlinie 93/42/EWG oder

b) das Verfahren der EG-Konformitätserklärung (vollständiges Qualitätssicherungssystem) nach Anhang II der Richtlinie 93/42/EWG

durchgeführt hat. Medizinprodukte nach Satz 1 Halbsatz 1 dürfen auch nach dem 1. September 2010 in Betrieb genommen werden.

Verordnung über das Errichten, Betreiben und Anwenden von Medizinprodukten
(Medizinprodukte-Betreiberverordnung – MPBetreibV)[1]

Vom 29. Juni 1998 (BGBl. I S. 1762),
in der Fassung der Bekanntmachung vom 21. August 2002 (BGBl. I S. 3396),
zuletzt geändert durch Artikel 4 des Gesetzes vom 29. Juli 2009 (BGBl. I S. 2326)[2]

Abschnitt 1
Anwendungsbereich und allgemeine Vorschriften

§ 1 Anwendungsbereich

(1) Diese Verordnung gilt für das Errichten, Betreiben, Anwenden und Instandhalten von Medizinprodukten nach § 3 des Medizinproduktegesetzes mit Ausnahme der Medizinprodukte zur klinischen Prüfung oder zur Leistungsbewertungsprüfung.

(2) Diese Verordnung gilt nicht für Medizinprodukte, die weder gewerblichen noch wirtschaftlichen Zwecken dienen und in deren Gefahrenbereich keine Arbeitnehmer beschäftigt sind.

§ 2 Allgemeine Anforderungen

(1) Medizinprodukte dürfen nur ihrer Zweckbestimmung entsprechend und nach den Vorschriften dieser Verordnung, den allgemein anerkannten Regeln der Technik sowie den Arbeitsschutz- und Unfallverhütungsvorschriften errichtet, betrieben, angewendet und in Stand gehalten werden.

(2) Medizinprodukte dürfen nur von Personen errichtet, betrieben, angewendet und in Stand gehalten werden, die dafür die erforderliche Ausbildung oder Kenntnis und Erfahrung besitzen.

(3) Miteinander verbundene Medizinprodukte sowie mit Zubehör einschließlich Software oder mit anderen Gegenständen verbundene Medizinprodukte dürfen nur betrieben und angewendet werden, wenn sie dazu unter Berücksichtigung der Zweck-

---

1) Die Verpflichtung aus der Richtlinie 98/34/EG des Europäischen Parlaments und des Rates vom 22. Juni 1998 über ein Informationsverfahren auf dem Gebiet der Normen und technischen Vorschriften und der Vorschriften für die Dienste der Informationsgesellschaft (ABl. EG Nr. L 204 S. 37), geändert durch die Richtlinie 98/48/EG des Europäischen Parlaments und des Rates vom 20. Juli 1998 (ABl. EG Nr. L 217 S. 18), sind beachtet worden.
2) Redaktionelle Anmerkung: Gesetz zur Änderung medizinprodukterechtlicher Vorschriften vom 29. Juli 2009 – die Änderungen sind im Text durch Unterstreichung zu erkennen.
   Zuvor geändert durch:
   – Artikel 288 der Verordnung vom 25. November 2003 (BGBl. I S. 2304),
   – Artikel 386 der Verordnung vom 31. Oktober 2006 (BGBl. I S. 2407).

bestimmung und der Sicherheit der Patienten, Anwender, Beschäftigten oder Dritten geeignet sind.

(4) Der Betreiber darf nur Personen mit dem Errichten und Anwenden von Medizinprodukten beauftragen, die die in Absatz 2 genannten Voraussetzungen erfüllen.

(5) Der Anwender hat sich vor der Anwendung eines Medizinproduktes von der Funktionsfähigkeit und dem ordnungsgemäßen Zustand des Medizinproduktes zu überzeugen und die Gebrauchsanweisung sowie die sonstigen beigefügten sicherheitsbezogenen Informationen und Instandhaltungshinweise zu beachten. Satz 1 gilt entsprechend für die mit dem Medizinprodukt zur Anwendung miteinander verbundenen Medizinprodukte sowie Zubehör einschließlich Software und anderen Gegenständen.

(6) Medizinprodukte der Anlage 2 dürfen nur betrieben und angewendet werden, wenn sie die Fehlergrenzen nach § 11 Abs. 2 einhalten.

(7) Sofern Medizinprodukte in Bereichen errichtet, betrieben oder angewendet werden, in denen die Atmosphäre auf Grund der örtlichen oder betrieblichen Verhältnisse explosionsfähig werden kann, findet die Verordnung über elektrische Anlagen in explosionsgefährdeten Bereichen in der Fassung der Bekanntmachung vom 13. Dezember 1996 (BGBl. I S. 1931) in der jeweils geltenden Fassung entsprechende Anwendung.

(8) Die Vorschriften zu den wiederkehrenden Prüfungen von Medizinprodukten nach den Unfallverhütungsvorschriften bleiben unberührt, es sei denn, der Prüfumfang ist in den sicherheitstechnischen Kontrollen nach § 6 enthalten.

§ 3 Meldungen von Vorkommnissen

Die Meldepflichten und sonstigen Verpflichtungen für Betreiber und Anwender im Zusammenhang mit dem Medizinprodukte-Beobachtungs- und -Meldesystem ergeben sich aus der Medizinprodukte-Sicherheitsplanverordnung.

§ 4 Instandhaltung

(1) Der Betreiber darf nur Personen, Betriebe oder Einrichtungen mit der Instandhaltung (Wartung, Inspektion, Instandsetzung und Aufbereitung) von Medizinprodukten beauftragen, die die Sachkenntnis, Voraussetzungen und die erforderlichen Mittel zur ordnungsgemäßen Ausführung dieser Aufgabe besitzen.

(2) Die Aufbereitung von bestimmungsgemäß keimarm oder steril zur Anwendung kommenden Medizinprodukten ist unter Berücksichtigung der Angaben des Herstellers mit geeigneten validierten Verfahren so durchzuführen, dass der Erfolg dieser Verfahren nachvollziehbar gewährleistet ist und die Sicherheit und Gesundheit von Patienten, Anwendern oder Dritten nicht gefährdet wird. Dies gilt auch für Medizinprodukte, die vor der erstmaligen Anwendung desinfiziert oder sterilisiert werden. Eine ordnungsgemäße Aufbereitung nach Satz 1 wird vermutet, wenn die gemeinsame Empfehlung der Kommission für Krankenhaushygiene und Infektionsprävention

am Robert-Koch-Institut und des Bundesinstitutes für Arzneimittel und Medizinprodukte zu den Anforderungen an die Hygiene bei der Aufbereitung von Medizinprodukten beachtet wird. Die Fundstelle wird vom Bundesministerium für Gesundheit und Soziale Sicherung im Bundesanzeiger bekannt gemacht.

(3) Die Voraussetzungen nach Absatz 1 werden erfüllt, wenn die mit der Instandhaltung Beauftragten

1. auf Grund ihrer Ausbildung und praktischen Tätigkeit über die erforderlichen Sachkenntnisse bei der Instandhaltung von Medizinprodukten und

2. über die hierfür erforderlichen Räume einschließlich deren Beschaffenheit, Größe, Ausstattung und Einrichtung sowie über die erforderlichen Geräte und sonstigen Arbeitsmittel

verfügen und in der Lage sind, diese nach Art und Umfang ordnungsgemäß und nachvollziehbar durchzuführen.

(4) Nach Wartung oder Instandsetzung an Medizinprodukten müssen die für die Sicherheit und Funktionstüchtigkeit wesentlichen konstruktiven und funktionellen Merkmale geprüft werden, soweit sie durch die Instandhaltungsmaßnahmen beeinflusst werden können.

(5) Die durch den Betreiber mit den Prüfungen nach Absatz 4 beauftragten Personen, Betriebe oder Einrichtungen müssen die Voraussetzungen nach Absatz 3 erfüllen und bei der Durchführung und Auswertung der Prüfungen in ihrer fachlichen Beurteilung weisungsunabhängig sein.

§ 4a Qualitätssicherung in medizinischen Laboratorien

(1) Wer laboratoriumsmedizinische Untersuchungen durchführt, hat ein Qualitätssicherungssystem nach dem allgemein anerkannten Stand der medizinischen Wissenschaft und Technik zur Aufrechterhaltung der erforderlichen Qualität, Sicherheit und Leistung bei der Anwendung von In-vitro-Diagnostika sowie zur Sicherstellung der Zuverlässigkeit der damit erzielten Ergebnisse einzurichten. Eine ordnungsgemäße Qualitätssicherung in medizinischen Laboratorien wird vermutet, wenn die Teile A und B1 der Richtlinie der Bundesärztekammer zur Qualitätssicherung laboratoriumsmedizinischer Untersuchungen vom 23. November 2007 (Deutsches Ärzteblatt 105, S. A 341 bis 355) beachtet werden.

(2) Wer im Bereich der Heilkunde mit Ausnahme der Zahnheilkunde quantitative laboratoriumsmedizinische Untersuchungen durchführt, hat für die in der Anlage 1 der Richtlinie der Bundesärztekammer zur Qualitätssicherung quantitativer laboratoriumsmedizinischer Untersuchungen vom 24. August 2001 (Deutsches Ärzteblatt 98, S. A 2747), die zuletzt durch Beschluss des Vorstandes der Bundesärztekammer vom 14. November 2003 (Deutsches Ärzteblatt 100, S. A 3335) geändert worden ist, oder die in der Tabelle B1 der Richtlinie der Bundesärztekammer zur Qualitätssicherung laboratoriumsmedizinischer Untersuchungen vom 23. November 2007 (Deut-

sches Ärzteblatt 105, S. A 341 bis 355) aufgeführten Messgrößen die Messergebnisse durch Kontrolluntersuchungen (interne Qualitätssicherung) und durch Teilnahme an einer Vergleichsuntersuchung je Messgröße pro Quartal (Ringversuche – externe Qualitätssicherung) zu überwachen.

(3) Ab dem 1. April 2010 ist die interne und externe Qualitätssicherung gemäß Absatz 2 nur noch nach der in Absatz 1 Satz 2 genannten Richtlinie durchzuführen.

(4) Die Unterlagen über das eingerichtete Qualitätssicherungssystem, die durchgeführten Kontrolluntersuchungen und die Bescheinigungen über die Teilnahme an den Ringversuchen sowie die erteilten Ringversuchszertifikate sind für die Dauer von fünf Jahren aufzubewahren, sofern auf Grund anderer Vorschriften keine längere Aufbewahrungsfrist vorgeschrieben ist. Die Unterlagen sind der zuständigen Behörde auf Verlangen vorzulegen.

Abschnitt 2
Spezielle Vorschriften für aktive Medizinprodukte

§ 5 Betreiben und Anwenden

(1) Der Betreiber darf ein in der Anlage 1 aufgeführtes Medizinprodukt nur betreiben, wenn zuvor der Hersteller oder eine dazu befugte Person, die im Einvernehmen mit dem Hersteller handelt,

1. dieses Medizinprodukt am Betriebsort einer Funktionsprüfung unterzogen hat und

2. die vom Betreiber beauftragte Person anhand der Gebrauchsanweisung sowie beigefügter sicherheitsbezogener Informationen und Instandhaltungshinweise in die sachgerechte Handhabung und Anwendung und den Betrieb des Medizinproduktes sowie in die zulässige Verbindung mit anderen Medizinprodukten, Gegenständen und Zubehör eingewiesen hat.

Eine Einweisung nach Nummer 2 ist nicht erforderlich, sofern diese für ein baugleiches Medizinprodukt bereits erfolgt ist.

(2) In der Anlage 1 aufgeführte Medizinprodukte dürfen nur von Personen angewendet werden, die die Voraussetzungen nach § 2 Abs. 2 erfüllen und die durch den Hersteller oder durch eine nach Absatz 1 Nr. 2 vom Betreiber beauftragte Person unter Berücksichtigung der Gebrauchsanweisung in die sachgerechte Handhabung dieses Medizinproduktes eingewiesen worden sind.

(3) Die Durchführung der Funktionsprüfung nach Absatz 1 Nr. 1 und die Einweisung der vom Betreiber beauftragten Person nach Absatz 1 Nr. 2 sind zu belegen.

§ 6 Sicherheitstechnische Kontrollen

(1) Der Betreiber hat bei Medizinprodukten, für die der Hersteller sicherheitstechnische Kontrollen vorgeschrieben hat, diese nach den Angaben des Herstellers und

den allgemein anerkannten Regeln der Technik sowie in den vom Hersteller angegebenen Fristen durchzuführen oder durchführen zu lassen. Soweit der Hersteller für die in der Anlage 1 aufgeführten Medizinprodukte keine sicherheitstechnischen Kontrollen vorgeschrieben und diese auch nicht ausdrücklich ausgeschlossen hat, hat der Betreiber sicherheitstechnische Kontrollen nach den allgemein anerkannten Regeln der Technik und zwar in solchen Fristen durchzuführen oder durchführen zu lassen, mit denen entsprechende Mängel, mit denen auf Grund der Erfahrungen gerechnet werden muss, rechtzeitig festgestellt werden können. Die Kontrollen nach Satz 2 sind jedoch spätestens alle zwei Jahre durchzuführen. Die sicherheitstechnischen Kontrollen schließen die Messfunktionen ein. Für andere Medizinprodukte, Zubehör, Software und andere Gegenstände, die der Betreiber bei Medizinprodukten nach den Sätzen 1 und 2 verbunden verwendet, gelten die Sätze 1 bis 4 entsprechend.

(2) Die zuständige Behörde kann im Einzelfall die Fristen nach Absatz 1 Satz 1 und 3 auf Antrag des Betreibers in begründeten Fällen verlängern, soweit die Sicherheit auf andere Weise gewährleistet ist.

(3) Über die sicherheitstechnische Kontrolle ist ein Protokoll anzufertigen, das das Datum der Durchführung und die Ergebnisse der sicherheitstechnischen Kontrolle unter Angabe der ermittelten Messwerte, der Messverfahren und sonstiger Beurteilungsergebnisse enthält. Das Protokoll hat der Betreiber zumindest bis zur nächsten sicherheitstechnischen Kontrolle aufzubewahren.

(4) Eine sicherheitstechnische Kontrolle darf nur durchführen, wer

1. auf Grund seiner Ausbildung, Kenntnisse und durch praktische Tätigkeit gewonnenen Erfahrungen die Gewähr für eine ordnungsgemäße Durchführung der sicherheitstechnischen Kontrollen bietet,

2. hinsichtlich der Kontrolltätigkeit keiner Weisung unterliegt und

3. über geeignete Mess- und Prüfeinrichtungen verfügt.

Die Voraussetzungen nach Satz 1 sind durch die Person, die sicherheitstechnische Kontrollen durchführt, auf Verlangen der zuständigen Behörde nachzuweisen.

(5) Der Betreiber darf nur Personen mit der Durchführung sicherheitstechnischer Kontrollen beauftragen, die die in Absatz 4 Satz 1 genannten Voraussetzungen erfüllen.

§ 7 Medizinproduktebuch

(1) Für die in den Anlagen 1 und 2 aufgeführten Medizinprodukte hat der Betreiber ein Medizinproduktebuch mit den Angaben nach Absatz 2 Satz 1 zu führen. Für das Medizinproduktebuch sind alle Datenträger zulässig, sofern die in Absatz 2 Satz 1 genannten Angaben während der Dauer der Aufbewahrungsfrist verfügbar sind. Ein Medizinproduktebuch nach Satz 1 ist nicht für elektronische Fieberthermometer als

Kompaktthermometer und Blutdruckmessgeräte mit Quecksilber- oder Aneroidmanometer zur nichtinvasiven Messung zu führen.

(2) In das Medizinproduktebuch sind folgende Angaben zu dem jeweiligen Medizinprodukt einzutragen:

1. Bezeichnung und sonstige Angaben zur Identifikation des Medizinproduktes,
2. Beleg über Funktionsprüfung und Einweisung nach § 5 Abs. 1,
3. Name des nach § 5 Abs. 1 Nr. 2 Beauftragten, Zeitpunkt der Einweisungen sowie Namen der eingewiesenen Personen,
4. Fristen und Datum der Durchführung sowie das Ergebnis von vorgeschriebenen sicherheits- und messtechnischen Kontrollen und Datum von Instandhaltungen sowie der Name der verantwortlichen Person oder der Firma, die diese Maßnahme durchgeführt hat,
5. soweit mit Personen oder Institutionen Verträge zur Durchführung von sicherheits- oder messtechnischen Kontrollen oder Instandhaltungsmaßnahmen bestehen, deren Namen oder Firma sowie Anschrift,
6. Datum, Art und Folgen von Funktionsstörungen und wiederholten gleichartigen Bedienungsfehlern,
7. Meldungen von Vorkommnissen an Behörden und Hersteller.

Bei den Angaben nach Nummer 1 sollte die Bezeichnung nach der vom Deutschen Institut für medizinische Dokumentation und Information (DIMDI) veröffentlichten Nomenklatur für Medizinprodukte eingesetzt werden. Das Bundesministerium für Gesundheit und Soziale Sicherung macht die Bezugsquelle der jeweils geltenden Nomenklatur für Medizinprodukte im Bundesanzeiger bekannt.

(3) Der zuständigen Behörde ist auf Verlangen am Betriebsort jederzeit Einsicht in die Medizinproduktebücher zu gewähren.

§ 8 Bestandsverzeichnis

(1) Der Betreiber hat für alle aktiven nichtimplantierbaren Medizinprodukte der jeweiligen Betriebsstätte ein Bestandsverzeichnis zu führen. Die Aufnahme in ein Verzeichnis, das auf Grund anderer Vorschriften geführt wird, ist zulässig.

(2) In das Bestandsverzeichnis sind für jedes Medizinprodukt nach Absatz 1 folgende Angaben einzutragen:

1. Bezeichnung, Art und Typ, Loscode oder die Seriennummer, Anschaffungsjahr des Medizinproduktes,
2. Name oder Firma und die Anschrift des für das jeweilige Medizinprodukt Verantwortlichen nach § 5 des Medizinproduktegesetzes,

3. die der CE-Kennzeichnung hinzugefügte Kennnummer der Benannten Stelle, soweit diese nach den Vorschriften des Medizinproduktegesetzes angegeben ist,

4. soweit vorhanden, betriebliche Identifikationsnummer,

5. Standort und betriebliche Zuordnung,

6. die vom Hersteller angegebene Frist für die sicherheitstechnische Kontrolle nach § 6 Abs. 1 Satz 1 oder die vom Betreiber nach § 6 Abs. 1 Satz 2 festgelegte Frist für die sicherheitstechnische Kontrolle.

Bei den Angaben nach Nummer 1 sollte zusätzlich die Bezeichnung nach der vom Deutschen Institut für medizinische Dokumentation und Information (DIMDI) veröffentlichten Nomenklatur für Medizinprodukte eingesetzt werden. § 7 Abs. 2 Satz 3 gilt entsprechend.

(3) Die zuständige Behörde kann Betreiber von der Pflicht zur Führung eines Bestandsverzeichnisses oder von der Aufnahme bestimmter Medizinprodukte in das Bestandsverzeichnis befreien. Die Notwendigkeit zur Befreiung ist vom Betreiber eingehend zu begründen.

(4) Für das Bestandsverzeichnis sind alle Datenträger zulässig, sofern die Angaben nach Absatz 2 Satz 1 innerhalb einer angemessenen Frist lesbar gemacht werden können.

(5) Der zuständigen Behörde ist auf Verlangen beim Betreiber jederzeit Einsicht in das Bestandsverzeichnis zu gewähren.

§ 9 Aufbewahrung der Gebrauchsanweisungen und der Medizinproduktebücher

(1) Die Gebrauchsanweisungen und die dem Medizinprodukt beigefügten Hinweise sind so aufzubewahren, dass die für die Anwendung des Medizinproduktes erforderlichen Angaben dem Anwender jederzeit zugänglich sind.

(2) Das Medizinproduktebuch ist so aufzubewahren, dass die Angaben dem Anwender während der Arbeitszeit zugänglich sind. Nach der Außerbetriebnahme des Medizinproduktes ist das Medizinproduktebuch noch fünf Jahre aufzubewahren.

§ 10 Patienteninformation bei aktiven implantierbaren Medizinprodukten

(1) Die für die Implantation verantwortliche Person hat dem Patienten, dem ein aktives Medizinprodukt implantiert wurde, nach Abschluss der Implantation eine schriftliche Information auszuhändigen, in der die für die Sicherheit des Patienten nach der Implantation notwendigen Verhaltensanweisungen in allgemein verständlicher Weise enthalten sind. Außerdem müssen diese Informationen Angaben enthalten, welche Maßnahmen bei einem Vorkommnis mit dem Medizinprodukt zu treffen sind und in welchen Fällen der Patient einen Arzt aufsuchen sollte.

(2) Die für die Implantation eines aktiven Medizinproduktes verantwortliche Person hat folgende Daten zu dokumentieren und der Patienteninformation nach Absatz 1 beizufügen:

1. Name des Patienten,
2. Bezeichnung, Art und Typ, Loscode oder die Seriennummer des Medizinproduktes,
3. Name oder Firma des Herstellers des Medizinproduktes,
4. Datum der Implantation,
5. Name der verantwortlichen Person, die die Implantation durchgeführt hat,
6. Zeitpunkt der nachfolgenden Kontrolluntersuchungen.

Die wesentlichen Ergebnisse der Kontrolluntersuchungen sind in der Patienteninformation zu vermerken.

Abschnitt 3
Medizinprodukte mit Messfunktion

§ 11 Messtechnische Kontrollen

(1) Der Betreiber hat messtechnische Kontrollen

1. für die in der Anlage 2 aufgeführten Medizinprodukte,
2. für die Medizinprodukte, die nicht in der Anlage 2 aufgeführt sind und für die jedoch der Hersteller solche Kontrollen vorgesehen hat,

nach Maßgabe der Absätze 3 und 4 auf der Grundlage der anerkannten Regeln der Technik durchzuführen oder durchführen zu lassen. Messtechnische Kontrollen können auch in Form von Vergleichsmessungen durchgeführt werden, soweit diese in der Anlage 2 für bestimmte Medizinprodukte vorgesehen sind.

(2) Durch die messtechnischen Kontrollen wird festgestellt, ob das Medizinprodukt die zulässigen maximalen Messabweichungen (Fehlergrenzen) nach Satz 2 einhält. Bei den messtechnischen Kontrollen werden die Fehlergrenzen zugrunde gelegt, die der Hersteller in seiner Gebrauchsanweisung angegeben hat. Enthält eine Gebrauchsanweisung keine Angaben über Fehlergrenzen, sind in harmonisierten Normen festgelegte Fehlergrenzen einzuhalten. Liegen dazu keine harmonisierten Normen vor, ist vom Stand der Technik auszugehen.

(3) Für die messtechnischen Kontrollen dürfen, sofern keine Vergleichsmessungen nach Absatz 1 Satz 2 durchgeführt werden, nur messtechnische Normale benutzt werden, die rückverfolgbar an ein nationales oder internationales Normal angeschlossen sind und hinreichend kleine Fehlergrenzen und Messunsicherheiten einhalten. Die Fehlergrenzen gelten als hinreichend klein, wenn sie ein Drittel der Fehlergrenzen des zu prüfenden Medizinproduktes nicht überschreiten.

(4) Die messtechnischen Kontrollen der Medizinprodukte nach Absatz 1 Satz 1 Nr. 1 sind, soweit vom Hersteller nicht anders angegeben, innerhalb der in Anlage 2 festgelegten Fristen und der Medizinprodukte nach Absatz 1 Satz 1 Nr. 2 nach den vom Hersteller vorgegebenen Fristen durchzuführen. Soweit der Hersteller keine Fristen bei den Medizinprodukten nach Absatz 1 Satz 1 Nr. 2 angegeben hat, hat der Betreiber messtechnische Kontrollen in solchen Fristen durchzuführen oder durchführen zu lassen, mit denen entsprechende Mängel, mit denen auf Grund der Erfahrungen gerechnet werden muss, rechtzeitig festgestellt werden können, mindestens jedoch alle zwei Jahre. Für die Wiederholungen der messtechnischen Kontrollen gelten dieselben Fristen. Die Fristen beginnen mit Ablauf des Jahres, in dem die Inbetriebnahme des Medizinproduktes erfolgte oder die letzte messtechnische Kontrolle durchgeführt wurde. Eine messtechnische Kontrolle ist unverzüglich durchzuführen, wenn

1. Anzeichen dafür vorliegen, dass das Medizinprodukt die Fehlergrenzen nach Absatz 2 nicht einhält oder

2. die messtechnischen Eigenschaften des Medizinproduktes durch einen Eingriff oder auf andere Weise beeinflusst worden sein könnten.

(5) Messtechnische Kontrollen dürfen nur durchführen

1. für das Messwesen zuständige Behörden oder

2. Personen, die die Voraussetzungen des § 6 Abs. 4 entsprechend für messtechnische Kontrollen erfüllen.

Personen, die messtechnische Kontrollen durchführen, haben vor Aufnahme ihrer Tätigkeit dies der zuständigen Behörde anzuzeigen und auf deren Verlangen das Vorliegen der Voraussetzungen nach Satz 1 Nr. 2 nachzuweisen.

(6) Der Betreiber darf mit der Durchführung der messtechnischen Kontrollen nur Behörden oder Personen beauftragen, die die Voraussetzungen nach Absatz 5 Satz 1 erfüllen.

(7) Derjenige, der messtechnische Kontrollen durchführt, hat die Ergebnisse der messtechnischen Kontrolle unter Angabe der ermittelten Messwerte, der Messverfahren und sonstiger Beurteilungsergebnisse in das Medizinproduktebuch unverzüglich einzutragen, soweit dieses nach § 7 Abs. 1 zu führen ist.

(8) Derjenige, der messtechnische Kontrollen durchführt, hat das Medizinprodukt nach erfolgreicher messtechnischer Kontrolle mit einem Zeichen zu kennzeichnen. Aus diesem muss das Jahr der nächsten messtechnischen Kontrolle und die Behörde oder Person, die die messtechnische Kontrolle durchgeführt hat, eindeutig und rückverfolgbar hervorgehen.

Abschnitt 4
Vorschriften für die Bundeswehr

§ 12 Medizinprodukte der Bundeswehr

(1) Für Medizinprodukte im Bereich der Bundeswehr stehen die Befugnisse nach § 6 Abs. 2 und § 8 Abs. 3 sowie die Aufsicht über die Ausführung dieser Verordnung dem Bundesministerium der Verteidigung oder den von ihm bestimmten zuständigen Stellen und Sachverständigen zu.

(2) Das Bundesministerium der Verteidigung kann für Medizinprodukte im Bereich der Bundeswehr Ausnahmen von den Vorschriften dieser Verordnung zulassen, wenn

1. dies zur Durchführung der besonderen Aufgaben gerechtfertigt ist oder
2. die Besonderheiten eingelagerter Medizinprodukte dies erfordern oder
3. die Erfüllung zwischenstaatlicher Verpflichtungen der Bundesrepublik Deutschland dies erfordern

und die Sicherheit einschließlich der Messsicherheit auf andere Weise gewährleistet ist.

Abschnitt 5
Ordnungswidrigkeiten

§ 13 Ordnungswidrigkeiten

Ordnungswidrig im Sinne des § 42 Abs. 2 Nr. 16 des Medizinproduktegesetzes handelt, wer vorsätzlich oder fahrlässig

1. entgegen § 2 Abs. 6 ein Medizinprodukt betreibt oder anwendet,
2. entgegen § 4 Abs. 1 eine Person, einen Betrieb oder eine Einrichtung beauftragt,
3. entgegen § 4 Abs. 2 Satz 1 die Aufbereitung eines dort genannten Medizinproduktes nicht richtig durchführt,

3a. entgegen § 4a Absatz 2 Messergebnisse nicht oder nicht in der vorgeschriebenen Weise überwacht,

3b. entgegen § 4a Absatz 4 Satz 2 eine Unterlage nicht oder nicht rechtzeitig vorlegt,

4. entgegen § 5 Abs. 1 Satz 1 oder Abs. 2 oder § 15 Nr. 5 Satz 1 ein Medizinprodukt betreibt oder anwendet,
5. entgegen § 6 Abs. 1 Satz 1, 2, 3 oder 4, jeweils auch in Verbindung mit Satz 5, oder § 11 Abs. 1 Satz 1 oder § 15 Nr. 6 eine Kontrolle nicht, nicht richtig oder nicht rechtzeitig durchführt und nicht oder nicht rechtzeitig durchführen lässt,

6. entgegen § 6 Abs. 3 Satz 2 ein Protokoll nicht bis zur nächsten sicherheitstechnischen Kontrolle aufbewahrt,

7. entgegen § 6 Abs. 4 Satz 1 oder § 11 Abs. 5 Satz 1 Nr. 2 eine Kontrolle durchführt,

8. entgegen § 6 Abs. 5 oder § 11 Abs. 6 eine Person mit einer Kontrolle beauftragt,

9. entgegen § 7 Abs. 1 Satz 1 oder § 8 Abs. 1 Satz 1, jeweils in Verbindung mit § 15 Nr. 8, ein Medizinproduktebuch oder ein Bestandsverzeichnis gemäß § 8 Abs. 2 Satz 1 nicht, nicht richtig oder nicht vollständig führt,

10. entgegen § 10 Abs. 1 eine Information nicht, nicht richtig, nicht vollständig oder nicht rechtzeitig aushändigt,

11. entgegen § 11 Abs. 5 Satz 2 die Aufnahme der Tätigkeit nicht der zuständigen Behörde anzeigt,

12. entgegen § 11 Abs. 7 eine Eintragung nicht, nicht richtig, nicht vollständig oder nicht rechtzeitig macht,

13. entgegen § 11 Abs. 8 Medizinprodukte nicht, nicht richtig oder nicht vollständig kennzeichnet oder

14. entgegen § 15 Nr. 1 oder 2 Satz 1, auch in Verbindung mit Satz 2, ein Medizinprodukt betreibt oder weiter betreibt.

Abschnitt 6
Übergangs- und Schlussbestimmungen

§ 14 Übergangsbestimmungen

(1) Soweit ein Medizinprodukt, das nach den §§ 8, 10, 11 Abs. 1 oder § 12 Abs. 1 des Medizinproduktegesetzes in den Verkehr gebracht oder in Betrieb genommen wurde, vor dem 7. Juli 1998 betrieben oder angewendet wurde, müssen

1. die Funktionsprüfung und Einweisung nach § 5 Abs. 1,

2. die sicherheitstechnischen Kontrollen nach § 6 Abs. 1,

3. das Medizinproduktebuch nach § 7 Abs. 1 und das Bestandsverzeichnis nach § 8 Abs. 1 und

4. die messtechnischen Kontrollen nach § 11 Abs. 1

bis spätestens 1. Januar 1999 dieser Verordnung durchgeführt oder eingerichtet worden sein. Satz 1 gilt für die Nummern 2 und 4, soweit die in dieser Verordnung vorgeschriebenen Fristen bis zum 7. Juli 1998 abgelaufen sind.

(2) Soweit ein Betreiber vor dem 7. Juli 1998 ein Gerätebuch nach § 13 der Medizingeräteverordnung vom 14. Januar 1985 (BGBl. I S. 93), die zuletzt durch Artikel 12 Abs. 56 des Gesetzes vom 14. September 1994 (BGBl. I S. 2325) geändert worden

ist, begonnen hat, darf dieses als Medizinproduktebuch im Sinne des § 7 weitergeführt werden.

(3) Für die in Anlage 2 aufgeführten medizinischen Messgeräte, die nach den Vorschriften der §§ 1, 2 und 77 Abs. 3 der Eichordnung vom 12. August 1988 (BGBl. I S. 1657), die zuletzt durch die Verordnung vom 21. Juni 1994 (BGBl. I S. 1293) geändert worden ist, am 31. Dezember 1994 geeicht oder gewartet sein mussten oder für die die Übereinstimmung mit der Zulassung nach diesen Vorschriften bescheinigt sein mussten, gilt ab 14. Juni 1998 § 11 mit der Maßgabe, dass die messtechnischen Kontrollen nach den Anforderungen der Anlage 15 oder der Anlage 23 Abschnitt 4 der Eichordnung in der genannten Fassung durchgeführt werden.

§ 15 Sondervorschriften

Für Medizinprodukte, die nach den Vorschriften der Medizingeräteverordnung in Verkehr gebracht werden dürfen, gelten die Vorschriften dieser Verordnung mit folgenden Maßgaben:

1. Medizinprodukte nach § 2 Nr. 1 der Medizingeräteverordnung dürfen außer in den Fällen des § 5 Abs. 10 der Medizingeräteverordnung nur betrieben werden, wenn sie der Bauart nach zugelassen sind.

2. Ist die Bauartzulassung zurückgenommen oder widerrufen worden, dürfen vor der Bekanntmachung der Rücknahme oder des Widerrufs im Bundesanzeiger in Betrieb genommene Medizinprodukte nur weiterbetrieben werden, wenn sie der zurückgenommenen oder widerrufenen Zulassung entsprechen und in der Bekanntmachung nach § 5 Abs. 9 der Medizingeräteverordnung nicht festgestellt wird, dass Gefahren für Patienten, Beschäftigte oder Dritte zu befürchten sind. Dies gilt auch, wenn eine Bauartzulassung nach § 5 Abs. 8 Nr. 2 der Medizingeräteverordnung erloschen ist.

3. Medizinprodukte, für die dem Betreiber vor Inkrafttreten des Medizinproduktegesetzes eine Ausnahme nach § 8 Abs. 1 der Medizingeräteverordnung erteilt wurde, dürfen nach den in der Ausnahmezulassung festgelegten Maßnahmen weiterbetrieben werden.

4. Der Betreiber eines Medizinproduktes, der gemäß § 8 Abs. 2 der Medizingeräteverordnung von den allgemein anerkannten Regeln der Technik, soweit sie sich auf den Betrieb des Medizinproduktes beziehen, abweichen durfte, darf dieses Produkt in der bisherigen Form weiterbetreiben, wenn er eine ebenso wirksame Maßnahme trifft. Auf Verlangen der zuständigen Behörde hat der Betreiber nachzuweisen, dass die andere Maßnahme ebenso wirksam ist.

5. Medizinprodukte nach § 2 Nr. 1 und 3 der Medizingeräteverordnung dürfen nur von Personen angewendet werden, die am Medizinprodukt unter Berücksichtigung der Gebrauchsanweisung in die sachgerechte Handhabung eingewiesen worden sind. Werden solche Medizinprodukte mit Zusatzgeräten zu Gerätekombinationen erweitert, ist die Einweisung auf die Kombination und deren Be-

sonderheiten zu erstrecken. Nur solche Personen dürfen einweisen, die auf Grund ihrer Kenntnisse und praktischen Erfahrungen für die Einweisung und die Handhabung dieser Medizinprodukte geeignet sind.

6. Der Betreiber eines Medizinproduktes nach § 2 Nr. 1 der Medizingeräteverordnung hat die in der Bauartzulassung festgelegten sicherheitstechnischen Kontrollen im dort vorgeschriebenen Umfang fristgerecht durchzuführen oder durchführen zu lassen. Bei Dialysegeräten, die mit ortsfesten Versorgungs- und Aufbereitungseinrichtungen verbunden sind, ist die sicherheitstechnische Kontrolle auch auf diese Einrichtungen zu erstrecken.

7. Für Medizinprodukte nach § 2 Nr. 1 der Medizingeräteverordnung, für die nach § 28 Abs. 1 der Medizingeräteverordnung Bauartzulassungen nicht erforderlich waren oder die nach § 28 Abs. 2 der Medizingeräteverordnung betrieben werden dürfen, gelten für Umfang und Fristen der sicherheitstechnischen Kontrollen die Angaben in den Prüfbescheinigungen nach § 28 Abs. 1 oder 2 der Medizingeräteverordnung.

8. Bestandsverzeichnisse und Gerätebücher nach den §§ 12 und 13 der Medizingeräteverordnung dürfen weitergeführt werden und gelten als Bestandsverzeichnis und Medizinproduktebuch entsprechend den §§ 8 und 7 dieser Verordnung.

9. Unbeschadet, ob Medizinprodukte die Anforderungen nach § 6 Abs. 1 Satz 1 der Medizingeräteverordnung im Einzelfall erfüllen, dürfen Medizinprodukte weiterbetrieben werden, wenn sie

    a) vor dem Wirksamwerden des Beitritts zulässigerweise in dem in Artikel 3 des Einigungsvertrages genannten Gebiet betrieben wurden,

    b) bis zum 31. Dezember 1991 errichtet und in Betrieb genommen wurden und den Vorschriften entsprechen, die am Tage vor dem Wirksamwerden des Beitritts in dem in Artikel 3 des Einigungsvertrages genannten Gebiet gegolten haben.

§§ 16 und 17 (Änderung anderer Vorschriften)

§ 18 (Inkrafttreten)

MPBetreibV *Medizinprodukte-Betreiberverordnung*

Anlage 1
(zu § 5 Abs. 1 und 2, § 6 Abs. 1 und § 7 Abs. 1)

1 Nichtimplantierbare aktive Medizinprodukte zur

1.1 Erzeugung und Anwendung elektrischer Energie zur unmittelbaren Beeinflussung der Funktion von Nerven und / oder Muskeln beziehungsweise der Herztätigkeit einschließlich Defibrillatoren,

1.2 intrakardialen Messung elektrischer Größen oder Messung anderer Größen unter Verwendung elektrisch betriebener Messsonden in Blutgefäßen beziehungsweise an freigelegten Blutgefäßen,

1.3 Erzeugung und Anwendung jeglicher Energie zur unmittelbaren Koagulation, Gewebezerstörung oder Zertrümmerung von Ablagerungen in Organen,

1.4 unmittelbare Einbringung von Substanzen und Flüssigkeiten in den Blutkreislauf unter potenziellem Druckaufbau, wobei die Substanzen und Flüssigkeiten auch aufbereitete oder speziell behandelte körpereigene sein können, deren Einbringen mit einer Entnahmefunktion direkt gekoppelt ist,

1.5 maschinellen Beatmung mit oder ohne Anästhesie,

1.6 Diagnose mit bildgebenden Verfahren nach dem Prinzip der Kernspinresonanz,

1.7 Therapie mit Druckkammern,

1.8 Therapie mittels Hypothermie

und

2 Säuglingsinkubatoren sowie

3 externe aktive Komponenten aktiver Implantate.

Anlage 2
(zu § 11 Abs. 1)

1 Medizinprodukte, die messtechnischen Kontrollen nach § 11 Abs. 1 Satz 1 Nr. 1 unterliegen

		Nachprüffristen in Jahren
1.1	Medizinprodukte zur Bestimmung der Hörfähigkeit (Ton- und Sprachaudiometer)	1
1.2	Medizinprodukte zur Bestimmung von Körpertemperaturen (mit Ausnahme von Quecksilberglasthermometern mit Maximumvorrichtung)	
1.2.1	– medizinische Elektrothermometer	2
1.2.2	– mit austauschbaren Temperaturfühlern	2
1.2.3	– Infrarot-Strahlungsthermometer	1
1.3	Messgeräte zur nichtinvasiven Blutdruckmessung	2
1.4	Medizinprodukte zur Bestimmung des Augeninnendruckes (Augentonometer)	
1.4.1	allgemein	2
1.4.2	zur Grenzwertprüfung	5
1.5	Therapiedosimeter bei der Behandlung von Patienten von außen	
1.5.1	mit Photonenstrahlung im Energiebereich bis 1,33 MeV – allgemein – mit geeigneter Kontrollvorrichtung, wenn der Betreiber in jedem Messbereich des Dosimeters mindestens halbjährliche Kontrollmessungen ausführt, ihre Ergebnisse aufgezeichnet und die bestehenden Anforderungen erfüllt werden	2 6
1.5.2	mit Photonenstrahlung im Energiebereich ab 1,33 MeV und mit Elektronenstrahlung aus Beschleunigern mit messtechnischer Kontrolle in Form von Vergleichsmessungen	2
1.5.3	mit Photonenstrahlung aus Co-60-Bestrahlungsanlagen wahlweise nach 1.5.1 oder 1.5.2	
1.6	Diagnostikdosimeter zur Durchführung von Mess- und Prüfaufgaben, sofern sie nicht § 2 Abs. 1 Nr. 3 oder 4 der Eichordnung unterliegen	5

| 1.7 | Tretkurbelergometer zur definierten physikalischen und reproduzierbaren Belastung von Patienten | 2 |

2 Ausnahmen von messtechnischen Kontrollen

Abweichend von 1.5.1 unterliegen keiner messtechnischen Kontrolle Therapiedosimeter, die nach jeder Einwirkung, die die Richtigkeit der Messung beeinflussen kann, sowie mindestens alle zwei Jahre in den verwendeten Messbereichen kalibriert und die Ergebnisse aufgezeichnet werden. Die Kalibrierung muss von fachkundigen Personen, die vom Betreiber bestimmt sind, mit einem Therapiedosimeter durchgeführt werden, dessen Richtigkeit entsprechend § 11 Abs. 2 sichergestellt worden ist und das bei der die Therapie durchführenden Stelle ständig verfügbar ist.

3 Messtechnische Kontrollen in Form von Vergleichsmessungen

Vergleichsmessungen nach 1.5.2 werden von einer durch die zuständige Behörde beauftragten Messstelle durchgeführt.

Verordnung über klinische Prüfungen von Medizinprodukten (Medizinprodukte-Klinische Prüfungsverordnung[1] – MPKPV)

Vom 10. Mai 2010 (BGBl. I S. 555)

Auf Grund des § 37 Absatz 1, 2a, 7 und 9 in Verbindung mit Absatz 11 des Medizinproduktegesetzes, von denen Absatz 1 zuletzt durch Artikel 145 Nummer 4 Buchstabe a der Verordnung vom 31. Oktober 2006 (BGBl. I S. 2407) geändert, Absatz 2a durch Artikel 1 Nummer 25 Buchstabe a des Gesetzes vom 29. Juli 2009 (BGBl. I S. 2326) eingefügt sowie Absatz 7 zuletzt durch Artikel 145 Nummer 4 Buchstabe a der Verordnung vom 31. Oktober 2006 (BGBl. I S. 2407), Absatz 9 zuletzt durch Artikel 1 Nummer 25 Buchstabe c des Gesetzes vom 29. Juli 2009 (BGBl. I S. 2326) und Absatz 11 zuletzt durch Artikel 145 Nummer 4 Buchstabe b der Verordnung vom 31. Oktober 2006 (BGBl. I S. 2407) geändert worden sind, verordnet das Bundesministerium für Gesundheit im Einvernehmen mit dem Bundesministerium für Wirtschaft und Technologie:

§ 1 Anwendungsbereich

(1) Die Verordnung gilt für klinische Prüfungen und genehmigungspflichtige Leistungsbewertungsprüfungen gemäß den §§ 20 bis 24 des Medizinproduktegesetzes, deren Ergebnisse verwendet werden sollen zu:

1. der Durchführung eines Konformitätsbewertungsverfahrens gemäß der Medizinprodukte-Verordnung,

2. der Durchführung eines Konformitätsbewertungsverfahrens mit einem Medizinprodukt, das die CE-Kennzeichnung tragen darf, zur Erlangung einer neuen Zweckbestimmung, die über die der CE-Kennzeichnung zugrunde liegende Zweckbestimmung hinausgeht, oder

3. der Gewinnung und Auswertung von Erfahrungen des Herstellers bezüglich der klinischen Sicherheit und Leistung eines Medizinproduktes, das die CE-Kennzeichnung tragen darf, sofern zusätzlich invasive oder andere belastende Untersuchungen durchgeführt werden.

(2) Auf Leistungsbewertungsprüfungen nach § 24 Satz 1 Nummer 1 des Medizinproduktegesetzes, bei denen eine nicht chirurgisch-invasive Probenahme aus der Mundhöhle erfolgt, ist diese Verordnung nicht anzuwenden.

§ 2 Kennzeichnung

(1) Medizinprodukte, die für klinische Prüfungen bestimmt sind, müssen, mit Ausnahme von Medizinprodukten gemäß § 1 Absatz 1 Nummer 3, den Hinweis „nur für

---

1) nichtamtliche Kurzbezeichnung

klinische Prüfungen" tragen, Produkte für Leistungsbewertungszwecke den Hinweis „nur für Leistungsbewertungszwecke".

(2) Die Kennzeichnung muss den Schutz der Probanden, Anwender oder Dritter und die Rückverfolgbarkeit sicherstellen, die Identifizierung des einzelnen Medizinproduktes ermöglichen und eine ordnungsgemäße Anwendung des Medizinproduktes gewährleisten. Die einschlägigen Bestimmungen zur Bereitstellung von Informationen durch den Hersteller in Anhang 1 der Richtlinie 90/385/EWG des Rates vom 20. Juni 1990 zur Angleichung der Rechtsvorschriften der Mitgliedstaaten über aktive implantierbare medizinische Geräte (ABl. L 189 vom 20.7.1990, S. 17), die zuletzt durch Artikel 1 der Richtlinie 2007/47/EG (ABl. L 247 vom 21.9.2007, S. 21) geändert worden ist, Anhang I der Richtlinie 93/42/ EWG des Rates vom 14. Juni 1993 über Medizinprodukte (ABl. L 169 vom 12.7.1993, S. 1), die zuletzt durch Artikel 2 der Richtlinie 2007/47/EG (ABl. L 247 vom 21.9.2007, S. 21) geändert worden ist, und Anhang I der Richtlinie 98/79/EG des Europäischen Parlaments und des Rates vom 27. Oktober 1998 über In-vitro-Diagnostika (ABl. L 331 vom 7.12.1998, S. 1), die zuletzt durch die Verordnung (EG) Nr. 596/2009 (ABl. L 188 vom 18.7.2009, S. 14) geändert worden ist, sind entsprechend anzuwenden.

§ 3 Antragstellung

(1) Der Antrag nach § 22 Absatz 1 Satz 1 und § 22a Absatz 1 Satz 1 des Medizinproduktegesetzes ist im Wege der Datenübertragung über das zentrale Erfassungssystem des Deutschen Instituts für Medizinische Dokumentation und Information einzureichen. Der Antrag muss die in der maßgeblichen Anlage zu der Rechtsverordnung nach § 37 Absatz 8 des Medizinproduktegesetzes aufgeführten Angaben enthalten. Das Deutsche Institut für Medizinische Dokumentation und Information teilt über ein automatisiertes elektronisches Verfahren dem Sponsor, der zuständigen Bundesoberbehörde und der nach § 22 Absatz 1 des Medizinproduktegesetzes zuständigen Ethik-Kommission (zuständige Ethik-Kommission) mit, dass der Antrag eingereicht wurde. Bei multizentrischen klinischen Prüfungen oder Leistungsbewertungsprüfungen, die im Geltungsbereich des Medizinproduktegesetzes in mehr als einer Prüfstelle durchgeführt werden, benachrichtigt das Deutsche Institut für Medizinische Dokumentation und Information jede weitere nach Landesrecht gebildete und nach § 5 zu beteiligende Ethik-Kommission (beteiligte Ethik-Kommission) darüber, dass der Antrag eingereicht wurde.

(2) Dem Antrag nach Absatz 1 sind der vom Prüfer oder Hauptprüfer oder vom Leiter der klinischen Prüfung oder vom Leiter der Leistungsbewertungsprüfung sowie vom Sponsor oder seinem Vertreter unterzeichnete Prüfplan oder bei Leistungsbewertungsprüfungen der Evaluierungsplan sowie das Handbuch des klinischen Prüfers beizufügen. Soweit nicht bereits in den Anlagen nach Satz 1 enthalten, sind dem Antrag nach Absatz 1 folgende in deutscher oder, sofern nichts anderes bestimmt ist, in englischer Sprache abgefasste Anlagen beizufügen:

1. eine Zusammenfassung der wesentlichen Inhalte des Prüfplans oder bei Leistungsbewertungsprüfungen des Evaluierungsplans in deutscher Sprache, wenn der Plan nach Satz 1 in englischer Sprache vorgelegt wird,

2. die Beschreibung der vorgesehenen medizinischen Prozedur und Untersuchungsmethoden sowie eventueller Abweichungen von medizinischen Standards,

3. die präklinische Bewertung,

4. Informationen zur sicheren Anwendung des Medizinproduktes in deutscher Sprache,

5. eine Bewertung und Abwägung der vorhersehbaren Risiken, Nachteile und Belastungen gegenüber der voraussichtlichen Bedeutung des Medizinproduktes für die Heilkunde und gegen den erwarteten Nutzen für die Probanden,

6. eine Versicherung, dass das betreffende Medizinprodukt mit Ausnahme der Punkte, die Gegenstand der Prüfungen sind, den Grundlegenden Anforderungen gemäß § 7 des Medizinproduktegesetzes entspricht und dass hinsichtlich dieser Punkte alle Vorsichtsmaßnahmen zum Schutz der Gesundheit und der Sicherheit der Probanden, der Anwender sowie Dritter getroffen wurden,

7. einen Plan für die Weiterbehandlung und medizinische Betreuung der Probanden,

8. mit Gründen versehene ablehnende Bewertungen der zuständigen Ethik-Kommissionen anderer Mitgliedstaaten der Europäischen Union oder anderer Vertragsstaaten des Abkommens über den Europäischen Wirtschaftsraum sowie Versagungen durch die zuständigen Behörden anderer Mitgliedstaaten der Europäischen Union oder anderer Vertragsstaaten des Abkommens über den Europäischen Wirtschaftsraum,

9. eine Vollmacht für den vom Sponsor bestellten Vertreter nach § 20 Absatz 1 Satz 4 Nummer 1a des Medizinproduktegesetzes.

(3) Soweit nicht bereits in den Anlagen nach Absatz 2 Satz 1 enthalten, sind dem Antrag an die Ethik-Kommission zusätzlich beizufügen:

1. Angaben zur Eignung der Prüfstelle, bezogen auf die beantragte Prüfung, insbesondere zu der vorhandenen personellen, räumlichen, apparativen und notfallmedizinischen Ausstattung sowie gegebenenfalls zur räumlichen Anbindung an ein Krankenhaus mit Notfallversorgung, ferner Angaben zu den in der Prüfstelle bereits durchgeführten, laufenden und geplanten klinischen Studien unter Angabe des Anwendungsbereiches,

2. die Nachweise der Qualifikation der Prüfer gemäß § 9,

3. die Angaben zur notwendigen Qualifikation von sonstigen Personen, die die zu prüfenden Medizinprodukte im Rahmen der klinischen Prüfung anwenden,

4. die Probandeninformation und die vorgesehene Einverständniserklärung sowie Informationen, die die Personen gemäß § 20 Absatz 4 Nummer 4 und § 21 Nummer 3 des Medizinproduktegesetzes erhalten, in deutscher Sprache und, soweit erforderlich, in der Sprache der Probanden und ihrer gesetzlichen Vertreter, sowie eine Beschreibung des Verfahrens zur Einholung der Einwilligung,

5. eine Rechtfertigung für die Einbeziehung von Personen nach § 20 Absatz 4 und 5 sowie § 21 Nummer 2 des Medizinproduktegesetzes in die klinische Prüfung oder Leistungsbewertungsprüfung,

6. der Nachweis einer Versicherung nach § 20 Absatz 1 Satz 4 Nummer 9 des Medizinproduktegesetzes sowie Angaben zur finanziellen und sonstigen Entschädigung der Probanden,

7. eine Erklärung zur Einbeziehung möglicherweise vom Sponsor oder Prüfer abhängiger Personen in die klinische Prüfung oder Leistungsbewertungsprüfung,

8. eine Erklärung und Verfahrensbeschreibung zur Einhaltung des Datenschutzes,

9. alle wesentlichen Elemente der zwischen dem Sponsor und der Prüfstelle vorgesehenen Verträge einschließlich Angaben zur Vergütung und Finanzierung,

10. Kriterien für das Unterbrechen oder den vorzeitigen Abbruch der klinischen Prüfung oder Leistungsbewertungsprüfung.

(4) Soweit nicht bereits in den Anlagen nach Absatz 2 Satz 1 enthalten, sind dem Antrag an die zuständige Bundesoberbehörde zusätzlich beizufügen:

1. die Ergebnisse einer biologischen Sicherheitsprüfung oder sonstiger für die vorgesehene Zweckbestimmung des Medizinproduktes erforderlichen Prüfungen gemäß § 20 Absatz 1 Satz 4 Nummer 5 des Medizinproduktegesetzes,

2. der Nachweis der sicherheitstechnischen Unbedenklichkeit gemäß § 20 Absatz 1 Satz 4 Nummer 6 des Medizinproduktegesetzes,

3. die zum Verständnis der Funktionsweise des Medizinproduktes erforderlichen Beschreibungen und Erläuterungen,

4. die Risikoanalyse und -bewertung einschließlich Beschreibung der bekannten Restrisiken,

5. eine Liste über die Einhaltung der Grundlegenden Anforderungen der gemäß § 7 des Medizinproduktegesetzes einschlägigen Richtlinien einschließlich der Angabe der ganz oder teilweise angewandten Normen und Gemeinsamen Technischen Spezifikationen sowie eine Beschreibung der Lösungen zur Einhaltung der Grundlegenden Anforderungen, sofern diese Normen nicht eingehalten wurden oder fehlen,

6. bei wiederzuverwendenden Produkten sowie bei Produkten, die vor der Anwendung zu sterilisieren sind, Angaben zu geeigneten Aufbereitungs- oder Sterilisationsverfahren,

7. die Beschreibung der Verfahren zur Dokumentation, Bewertung und Meldung von schwerwiegenden unerwünschten Ereignissen an die zuständige Bundesoberbehörde.

§ 4 Ergänzende Informationen der Genehmigungsbehörden

Die zuständigen Bundesoberbehörden veröffentlichen auf ihren Internetseiten weitere Informationen, insbesondere zu den Anträgen, Anzeigen und Verfahren nach § 20 Absatz 1 sowie zu den §§ 22a bis 24 des Medizinproduktegesetzes und zu den §§ 1, 3, 6, 7 und 8 dieser Verordnung.

§ 5 Bewertungsverfahren

(1) Die zuständige Ethik-Kommission bestätigt dem Sponsor und den beteiligten Ethik-Kommissionen innerhalb von zehn Tagen den Eingang des ordnungsgemäßen Antrags unter Angabe des Eingangsdatums. Wenn Unterlagen zum Antrag ohne Begründung hierfür fehlen oder der Antrag aus sonstigen Gründen nicht ordnungsgemäß ist, fordert die zuständige Ethik-Kommission den Sponsor auf, die von ihr benannten Formmängel zu beheben. Die Mitteilung enthält den Hinweis, dass der Lauf der Frist nach § 22 Absatz 4 Satz 1 des Medizinproduktegesetzes erst nach Eingang des ordnungsgemäßen Antrags beginnt.

(2) Die zuständige Ethik-Kommission führt das Bewertungsverfahren durch. Multizentrische klinische Prüfungen oder Leistungsbewertungsprüfungen, die im Geltungsbereich des Medizinproduktegesetzes von mehr als einer Prüfstelle durchgeführt werden, bewertet die zuständige Ethik-Kommission im Benehmen mit den beteiligten Ethik-Kommissionen. Die beteiligten Ethik-Kommissionen prüfen die Qualifikation der Prüfer und die Geeignetheit der Prüfstellen in ihrem Zuständigkeitsbereich. Die Stellungnahmen müssen der zuständigen Ethik-Kommission innerhalb von 30 Tagen nach Eingang des ordnungsgemäßen Antrags vorliegen. Darüber hinausgehende Anmerkungen einer beteiligten Ethik-Kommission müssen von der zuständigen Ethik-Kommission dokumentiert werden und können in deren abschließende Bewertung aufgenommen werden.

(3) Während der Prüfung des Antrags auf zustimmende Bewertung kann die zuständige Ethik-Kommission einmalig zusätzliche Informationen vom Sponsor anfordern. Der Ablauf der Frist nach § 22 Absatz 4 Satz 1 des Medizinproduktegesetzes ist von der Anforderung bis zum Eingang der zusätzlichen Informationen gehemmt.

(4) Die zuständige Ethik-Kommission überprüft, ob die ethischen und rechtlichen Anforderungen an eine klinische Prüfung oder Leistungsbewertungsprüfung eingehalten werden und ob die Qualität der Prüfung dem Stand der wissenschaftlichen Er-

kenntnisse entspricht. Sie vergewissert sich, ob der Schutz der Probanden gewährleistet ist. Dabei prüft sie insbesondere

1. die Relevanz der klinischen Prüfung oder Leistungsbewertungsprüfung und ob ihre Planung geeignet ist, die Fragestellung zu beantworten,

2. ob der zu erwartende Nutzen die voraussichtlichen Risiken überwiegt und ob diese Risiken für die Probanden vertretbar sind,

3. die Vertretbarkeit der Risiken der durch die klinische Prüfung oder Leistungsbewertungsprüfung bedingten zusätzlichen Untersuchungs- und Behandlungsmethoden,

4. die Qualifikation der Prüfer sowie die Qualifikationsanforderungen an die Mitarbeiter und Mitarbeiterinnen, die die zu prüfenden Produkte anwenden,

5. die Nachweise über Kenntnisse des Prüfers im Zusammenhang mit bestehenden Normen und Prinzipien zu klinischen Prüfungen oder Leistungsbewertungsprüfungen,

6. bei klinischen Prüfungen den Prüfplan oder bei Leistungsbewertungsprüfungen den Evaluierungsplan,

7. das Handbuch des klinischen Prüfers auf Vollständigkeit und Verständlichkeit,

8. die Geeignetheit der Prüfeinrichtungen,

9. die Eignung des Verfahrens zur Auswahl der Probanden,

10. ob die Probandeninformationen, insbesondere über den Ablauf der klinischen Prüfung oder Leistungsbewertungsprüfung, den zu erwartenden Nutzen, die existierenden und möglichen Risiken des zu prüfenden Medizinproduktes, die mit der Prüfung verbundenen absehbaren Belastungen, die gegebenenfalls vorhandenen Alternativen, die Rechte der Probanden sowie die Verfahren zur Geltendmachung dieser Rechte allgemein verständlich und vollständig sind,

11. ob das Einbeziehen von Schwangeren, Stillenden, Minderjährigen oder nicht einwilligungsfähigen Personen gerechtfertigt ist,

12. wie die Einwilligung bei Personen eingeholt wird, die nicht in der Lage sind, selbst einzuwilligen,

13. ob die notwendige Nachsorge der Probanden gewährleistet ist,

14. wie Schäden, die die Probanden im Rahmen der klinischen Prüfung oder Leistungsbewertungsprüfung erleiden, ersetzt werden und ob für den Fall, dass bei der Durchführung der klinischen Prüfung ein Mensch getötet oder der Körper oder die Gesundheit eines Menschen verletzt oder beeinträchtigt wird, eine Versicherung besteht, die auch Leistungen gewährt, wenn kein anderer für den Schaden haftet,

15. wie Prüfer und Probanden entschädigt werden sollen sowie

16. die vom Sponsor vorgesehenen Kriterien für das Unterbrechen und den Abbruch der klinischen Prüfung oder Leistungsbewertungsprüfung.

(5) Die zuständige Ethik-Kommission teilt dem Sponsor ihre Bewertung in Schriftform mit und übermittelt diese zeitgleich der zuständigen Bundesoberbehörde im Wege der Datenübertragung über das zentrale Erfassungssystem des Deutschen Instituts für Medizinische Dokumentation und Information.

§ 6 Genehmigungsverfahren

(1) Die zuständige Bundesoberbehörde bestätigt dem Sponsor innerhalb von zehn Tagen den Eingang des ordnungsgemäßen Antrags unter Angabe des Eingangsdatums. In der Eingangsbestätigung ist auf die Frist nach § 22a Absatz 4 Satz 1 des Medizinproduktegesetzes, die Voraussetzungen für den Beginn des Fristablaufs und auf die Rechtsfolge hinzuweisen, die an den Fristablauf geknüpft ist. Wenn Unterlagen zum Antrag ohne Begründung hierfür fehlen oder der Antrag aus sonstigen Gründen nicht ordnungsgemäß ist, fordert die zuständige Bundesoberbehörde den Sponsor auf, die von ihr benannten Formmängel zu beheben. Die Mitteilung enthält den Hinweis, dass der Lauf der Frist nach § 22a Absatz 4 Satz 1 des Medizinproduktegesetzes erst nach Eingang des ordnungsgemäßen Antrags beginnt.

(2) Während der Prüfung des Antrags auf Genehmigung kann die zuständige Bundesoberbehörde einmalig zusätzliche Informationen vom Sponsor anfordern. Der Ablauf der Frist nach § 22a Absatz 4 Satz 1 des Medizinproduktegesetzes ist von der Anforderung bis zum Eingang der zusätzlichen Informationen gehemmt.

(3) Übermittelt die zuständige Bundesoberbehörde dem Sponsor in Schriftform mit Gründen versehene Einwände, ist hierbei auch auf die Frist nach § 22a Absatz 4 Satz 2 des Medizinproduktegesetzes, auf die an den Fristablauf geknüpfte Rechtsfolge sowie auf die verfügbaren Rechtsbehelfe hinzuweisen. Der Sponsor kann den Antrag innerhalb der Frist nach Satz 1 ändern, um die vorgebrachten Einwände zu berücksichtigen. In diesem Fall entscheidet die zuständige Bundesoberbehörde innerhalb von 15 Tagen nach Eingang der Änderungen. Sie teilt dem Sponsor ihre Entscheidung in Schriftform mit und übermittelt diese zeitgleich der zuständigen Ethik-Kommission im Wege der Datenübertragung über das zentrale Erfassungssystem des Deutschen Instituts für Medizinische Dokumentation und Information.

(4) Die zuständige Bundesoberbehörde überprüft, ob die zu prüfenden Medizinprodukte ausreichend sicher sind und die klinische Prüfung so gestaltet ist, dass die etwaigen Restrisiken vertretbar sind. Dabei prüft sie bei klinischen Prüfungen von Medizinprodukten insbesondere

1. den Nachweis der sicherheitstechnischen Unbedenklichkeit der zu prüfenden Medizinprodukte,

2. die Wissenschaftlichkeit und Angemessenheit der durchgeführten biologischen Sicherheitsprüfungen oder sonstiger erforderlicher Prüfungen,

3. ob die vom Hersteller verwendeten Lösungen zur Risikominimierung in harmonisierten Normen beschrieben sind und dort, wo der Hersteller keine harmonisierten Normen verwendet, die Gleichwertigkeit des Schutzniveaus im Vergleich zu harmonisierten Normen,

4. die Plausibilität der geplanten Maßnahmen zur sicheren Installation, Inbetriebnahme und Instandhaltung,

5. die Angemessenheit und Wissenschaftlichkeit der der klinischen Prüfung zugrunde liegenden statistischen Modelle,

6. ob das Design der klinischen Prüfung geeignet ist, die vom Sponsor mit der Prüfung beabsichtigten Ziele zu erreichen, sowie

7. für Produkte, die steril angewendet werden, die Nachweise zur Validierung der herstellerseitigen Sterilisationsverfahren oder Angaben zu den Aufbereitungs- und Sterilisationsverfahren, die von der Prüfstelle durchgeführt werden müssen.

(5) Bei Leistungsbewertungsprüfungen von In-vitro-Diagnostika prüft die zuständige Bundesoberbehörde insbesondere

1. die Sicherheit der Probeentnahmesysteme,

2. soweit im Einzelfall zutreffend, die Einhaltung der Gemeinsamen Technischen Spezifikationen mit Ausnahme der zu prüfenden Aspekte,

3. die in Absatz 4 Satz 2 Nummer 3 und 6 genannten Aspekte sowie

4. die angemessene präklinische Validierung der analytischen und diagnostischen Genauigkeit und des prädiktiven und prognostischen Nutzens.

§ 7 Verfahren bei klinischen Prüfungen und Leistungsbewertungsprüfungen von Medizinprodukten mit geringem Sicherheitsrisiko

(1) Für die folgenden Medizinprodukte kann der Sponsor bei der zuständigen Bundesoberbehörde eine Befreiung von der Genehmigungspflicht gemäß § 20 Absatz 1 Satz 2 des Medizinproduktegesetzes über das zentrale Erfassungssystem beim Deutschen Institut für Medizinische Dokumentation und Information beantragen:

1. Medizinprodukte der Klasse I,

2. nicht invasive Medizinprodukte der Klasse IIa,

3. Medizinprodukte, die nach den §§ 6 und 10 des Medizinproduktegesetzes die CE-Kennzeichnung tragen dürfen und deren klinische Prüfung zusätzliche invasive oder andere belastende Untersuchungen beinhaltet, es sei denn, diese Prüfung hat eine andere Zweckbestimmung des Medizinproduktes zum Inhalt,

4. In-vitro-Diagnostika, die für eine Leistungsbewertungsprüfung gemäß § 24 Satz 1 Nummer 1 und 2 des Medizinproduktegesetzes bestimmt sind.

(2) Für die Prüfung durch die zuständige Bundesoberbehörde sind dem Antrag abweichend von § 3 Absatz 2 und 4 die folgenden Anlagen beizufügen:

1. eine zusammenfassende Risikobeurteilung,
2. der Nachweis, dass eines der in Absatz 1 genannten Kriterien erfüllt ist, und
3. für Medizinprodukte, die steril angewendet werden, die Nachweise zur Validierung der herstellerseitigen Sterilisationsverfahren oder Angaben zu den Aufbereitungs- oder Sterilisationsverfahren, die von der Prüfstelle durchgeführt werden müssen.

(3) Die zuständige Bundesoberbehörde bestätigt dem Sponsor unverzüglich den Eingang des Antrags unter Angabe des Eingangsdatums. § 6 Absatz 1 Satz 2 und 3 gilt entsprechend. Die Befreiung von der Genehmigungspflicht nach § 20 Absatz 1 Satz 2 des Medizinproduktegesetzes gilt als erteilt, wenn die zuständige Bundesoberbehörde dem Antrag nicht innerhalb von zehn Tagen nach Eingang widersprochen hat. Dem Antrag darf nur widersprochen werden, wenn die vorgelegten Unterlagen nach Absatz 2 unvollständig sind oder den dort genannten Anforderungen nicht entsprechen.

(4) Unbeschadet der Absätze 1 bis 3 hat der Sponsor die nach § 20 Absatz 1 Satz 1 des Medizinproduktegesetzes erforderliche zustimmende Bewertung bei der zuständigen Ethik-Kommission nach Maßgabe des § 3 Absatz 1 bis 3 zu beantragen.

§ 8 Änderungen

(1) Änderungen nach § 22c Absatz 1 des Medizinproduktegesetzes sind vom Sponsor über das zentrale Erfassungssystem beim Deutschen Institut für Medizinische Dokumentation und Information anzuzeigen. Änderungen gegenüber den gemäß § 3 eingereichten Unterlagen sind kenntlich zu machen, die geänderten Unterlagen sind der Änderungsanzeige beizufügen. Stellt die zuständige Bundesoberbehörde fest, dass eine angezeigte Änderung die Voraussetzungen einer wesentlichen Änderung erfüllt, teilt sie dies dem Sponsor unverzüglich mit und informiert die zuständigen Behörden über das zentrale Erfassungssystem beim Deutschen Institut für Medizinische Dokumentation und Information. Für Anträge nach § 22c Absatz 2 des Medizinproduktegesetzes gilt Satz 1 entsprechend. Das Deutsche Institut für Medizinische Dokumentation und Information teilt über ein automatisiertes elektronisches Verfahren dem Sponsor mit, dass der Antrag oder die Änderungsanzeige eingereicht wurde.

(2) Änderungen von klinischen Prüfungen oder Leistungsbewertungsprüfungen, für die gemäß § 7 Absatz 1 eine Befreiung von der Genehmigungspflicht erteilt wurde, sind über das zentrale Erfassungssystem beim Deutschen Institut für Medizinische Dokumentation und Information anzuzeigen. Änderungen gegenüber den gemäß § 3 oder § 7 Absatz 2 eingereichten Unterlagen sind kenntlich zu machen, die geänderten Unterlagen sind der Änderungsanzeige beizufügen. § 22c Absatz 2 Nummer 2 und Absatz 3 bis 5 des Medizinproduktegesetzes gilt für wesentliche Änderungen

entsprechend. Für die Antragstellung nach Satz 3 gelten die Sätze 1 und 2 entsprechend.

(3) Für die Bewertung wesentlicher Änderungen von multizentrischen klinischen Prüfungen und Leistungsbewertungsprüfungen gilt § 5 Absatz 2 Satz 2 und 3 entsprechend, sofern nach Auffassung der zuständigen Ethik-Kommission dies angesichts der Auswirkungen der beantragten wesentlichen Änderung auf die Qualifikation der Prüfer und Eignung der Prüfeinrichtungen erforderlich ist. Die zuständige Ethik-Kommission unterrichtet die beteiligten Ethik-Kommissionen und den Sponsor unverzüglich nach Eingang des Antrags über ihre Auffassung.

(4) Änderungen der Anträge und der Antragsunterlagen während der Verfahren nach den §§ 5 bis 7 sind mit Ausnahme von Änderungen gemäß § 6 Absatz 3 Satz 2 nicht zulässig.

§ 9 Anforderungen an Prüfer

(1) Prüfer und Hauptprüfer müssen entsprechend qualifizierte Ärzte oder Ärztinnen, bei für die Zahnheilkunde bestimmten Medizinprodukten entsprechend qualifizierte Zahnärzte oder Zahnärztinnen sein. Personen ohne ärztliche oder zahnärztliche Qualifikation dürfen als Prüfer oder Hauptprüfer tätig werden, sofern sie zur Ausübung eines Berufs berechtigt sind, der zu einer klinischen Prüfung oder Leistungsbewertungsprüfung qualifiziert. Der Nachweis der Qualifikation ist durch einen aktuellen Lebenslauf oder durch andere aussagefähige Dokumente zu erbringen.

(2) Die unter Absatz 1 genannten Personen müssen:

1. Erfahrungen im Anwendungsbereich des zu prüfenden Produktes besitzen sowie in dessen Gebrauch ausgebildet und eingewiesen sein,
2. mit den Grundzügen des Medizinprodukterechts, den rechtlichen und wissenschaftlichen Grundlagen von klinischen Prüfungen oder Leistungsbewertungsprüfungen sowie mit dem Prüfplan oder dem Evaluierungsplan und dem Handbuch des klinischen Prüfers vertraut sein und in die sich daraus ergebenden Pflichten eingewiesen worden sein.

§ 10 Durchführung der klinischen Prüfung und Leistungsbewertungsprüfung

(1) Der Sponsor und der Prüfer stellen sicher, dass die klinische Prüfung oder Leistungsbewertungsprüfung in Übereinstimmung mit einem dem Stand der Wissenschaft und Technik entsprechenden, von der zuständigen Ethik-Kommission zustimmend bewerteten und, sofern keine Befreiung von der Genehmigungspflicht besteht, von der zuständigen Behörde genehmigten Prüf- oder Evaluierungsplan durchgeführt wird.

(2) Der Sponsor und der Prüfer haben im Hinblick auf die Planung, Durchführung und Auswertung einer klinischen Prüfung oder Leistungsbewertungsprüfung sicherzustellen, dass die vollständige Nachvollziehbarkeit aller Beobachtungen und Befun-

de, die korrekte Erhebung und Verarbeitung der Daten und die korrekte Ableitung von Schlussfolgerungen gewährleistet sind.

(3) Der Sponsor hat durch geeignete Maßnahmen sicherzustellen, dass die Einhaltung des klinischen Prüf- oder Evaluierungsplans durch alle an der Prüfung Beteiligten regelmäßig und systematisch überprüft wird. Er kann dafür eine von der klinischen Prüfung oder Leistungsbewertungsprüfung unabhängige Person, Stelle oder Organisationseinheit beauftragen, die die entsprechenden Überprüfungen und Bewertungen vornimmt. Über Bewertungen und Überprüfungen sind Aufzeichnungen anzufertigen.

(4) Prüfstellen, Einrichtungen einschließlich Laboratorien sowie jede Art von Daten im Zusammenhang mit der klinischen Prüfung oder Leistungsbewertungsprüfung sind für die Beauftragten nach Absatz 3 zugänglich zu machen.

(5) Während des gesamten Verlaufes der klinischen Prüfung oder Leistungsbewertungsprüfung sind von allen beteiligten Personen probandenbezogene Daten streng vertraulich zu behandeln. Alle probandenbezogenen Daten müssen gegen unautorisierten Zugang geschützt werden. Hierfür sowie für eine sorgfältige und vertrauliche Handhabung aller im Rahmen einer klinischen Prüfung oder Leistungsbewertungsprüfung anfallenden Daten treffen Sponsor und Prüfer alle erforderlichen Maßnahmen.

(6) Der Sponsor muss für Notfallsituationen ein Verfahren etablieren, das eine sofortige Identifizierung und, sofern erforderlich, eine unverzügliche Rücknahme der in der Prüfung eingesetzten Produkte ermöglicht.

(7) Der Sponsor hat dafür Sorge zu tragen, dass die Prüfbögen für die zuständigen Behörden zehn Jahre nach Beendigung oder Abbruch der Prüfung bereitgehalten werden. Andere Vorschriften zur Aufbewahrung von medizinischen Unterlagen bleiben unberührt.

§ 11 Überwachung

(1) Die zuständige Behörde überwacht in angemessenem Umfang unter besonderer Berücksichtigung möglicher Risiken bei Sponsoren, Prüfern, Prüfstellen, Herstellern oder Produzenten und anderen Beteiligten, ob die klinische Prüfung oder Leistungsbewertungsprüfung in Übereinstimmung mit dem Prüf- oder Evaluierungsplan sowie den medizinprodukterechtlichen Vorschriften durchgeführt wird.

(2) Bei festgestellten Mängeln trifft die zuständige Behörde alle erforderlichen Maßnahmen zum Schutz der Gesundheit und der Sicherheit von Probanden, Anwendern und Dritten vor Gefahren im Zusammenhang mit der klinischen Prüfung oder Leistungsbewertungsprüfung.

(3) Näheres regelt die Allgemeine Verwaltungsvorschrift gemäß § 37a des Medizinproduktegesetzes.

Artikel 5
Inkrafttreten

Diese Verordnung tritt am Tag nach der Verkündung in Kraft.[2]

---

2) Die Verordnung ist am 13. Mai 2010 in Kraft getreten.

Verordnung über die Erfassung, Bewertung und Abwehr von Risiken bei Medizinprodukten (Medizinprodukte-Sicherheitsplanverordnung – MPSV)[1]

Vom 24. Juni 2002 (BGBl. I S. 2131),
zuletzt geändert durch Artikel 3 der Verordnung vom 5. Mai 2010 (BGBl. I S. 555)[2].

Abschnitt 1
Anwendungsbereich, Begriffsbestimmungen

§ 1 Anwendungsbereich

Diese Verordnung regelt die Verfahren zur Erfassung, Bewertung und Abwehr von Risiken im Verkehr oder in Betrieb befindlicher Medizinprodukte.

§ 2 Begriffsbestimmungen

Im Sinne dieser Verordnung ist

1. „Vorkommnis" eine Funktionsstörung, ein Ausfall oder eine Änderung der Merkmale oder der Leistung oder eine Unsachgemäßheit der Kennzeichnung oder der Gebrauchsanweisung eines Medizinproduktes, die unmittelbar oder mittelbar zum Tod oder zu einer schwerwiegenden Verschlechterung des Gesundheitszustands eines Patienten, eines Anwenders oder einer anderen Person geführt hat, geführt haben könnte oder führen könnte,

2. „korrektive Maßnahme" eine Maßnahme zur Beseitigung, Verringerung oder Verhinderung des erneuten Auftretens eines von einem Medizinprodukt ausgehenden Risikos,

---

1) Redaktionelle Anmerkung:
Artikel 1 der Verordnung über die Erfassung, Bewertung und Abwehr von Risiken bei Medizinprodukten vom 24. Juni 2002 (BGBl. I S. 2131).
2) Redaktionelle Anmerkung: Verordnung über klinische Prüfungen von Medizinprodukten und zur Änderung medizinprodukterechtlicher Vorschriften vom 5. Mai 2010 – die Änderungen sind im Text durch Unterstreichung und entsprechendem Hinweis in der Fußnote zu erkennen. Artikel 3 dieser Verordnung ist am 13. Mai 2010 in Kraft getreten.
Zuvor geändert durch:
- Artikel 3 des Gesetzes zur Änderung medizinprodukterechtlicher Vorschriften vom 29. Juli 2009 (BGBl. I S. 2326) – diese Änderungen sind im Text durch Unterstreichung zu erkennen,
- Artikel 279 der Achten Zuständigkeitsanpassungsverordnung vom 25. November 2003 (BGBl. I S. 2304, 2339),
- Artikel 384 der Neunten Zuständigkeitsanpassungsverordnung vom 31. Oktober 2006 (BGBl. I S. 2407, 2458),
- Artikel 3 des Gesetzes vom 14. Juni 2007 (BGBl. I S. 1066).

3. „Rückruf" eine korrektive Maßnahme, mit der die Rücksendung, der Austausch, die Um- oder Nachrüstung, die Aussonderung oder Vernichtung eines Medizinprodukts veranlasst wird <u>oder Anwendern, Betreibern oder Patienten Hinweise für die weitere sichere Anwendung oder den Betrieb von Medizinprodukten gegeben werden,</u>

4. „Maßnahmenempfehlung" eine Mitteilung des Verantwortlichen nach § 5 des Medizinproduktegesetzes, mit der eine korrektive Maßnahme veranlasst wird,

5. <u>„Schwerwiegendes unerwünschtes Ereignis" jedes in einer genehmigungspflichtigen klinischen Prüfung oder einer genehmigungspflichtigen Leistungsbewertungsprüfung auftretende ungewollte Ereignis, das unmittelbar oder mittelbar zum Tod oder zu einer schwerwiegenden Verschlechterung des Gesundheitszustands eines Probanden, eines Anwenders oder einer anderen Person geführt hat, geführt haben könnte oder führen könnte ohne zu berücksichtigen, ob das Ereignis vom Medizinprodukt verursacht wurde; das Vorgesagte gilt entsprechend für schwerwiegende unerwünschte Ereignisse, die in einer klinischen Prüfung oder Leistungsbewertungsprüfung, für die eine Befreiung von der Genehmigungspflicht nach § 20 Absatz 1 Satz 2 des Medizinproduktegesetzes erteilt wurde, aufgetreten sind.</u>[3]

Abschnitt 2
Meldung von Vorkommnissen und Rückrufen

§ 3 Meldepflichten

(1) Der Verantwortliche nach § 5 des Medizinproduktegesetzes hat Vorkommnisse, die in Deutschland aufgetreten sind, sowie in Deutschland durchgeführte Rückrufe der zuständigen Bundesoberbehörde zu melden. In anderen Vertragsstaaten des Abkommens über den Europäischen Wirtschaftsraum aufgetretene Vorkommnisse und durchgeführte Rückrufe hat er den dort zuständigen Behörden zu melden. <u>Rückrufe, die auf Grund von Vorkommnissen, die außerhalb des Europäischen Wirtschaftsraums aufgetreten sind, auch im Europäischen Wirtschaftsraum durchgeführt werden, sind meldepflichtig. Die Meldung derartiger korrektiver Maßnahmen, einschließlich des zugrunde liegenden Vorkommnisses, hat an die zuständige Bundesoberbehörde zu erfolgen, wenn der Verantwortliche nach § 5 des Medizinproduktegesetzes seinen Sitz in Deutschland hat.</u>

(2) Wer Medizinprodukte beruflich oder gewerblich betreibt oder anwendet, hat dabei aufgetretene Vorkommnisse der zuständigen Bundesoberbehörde zu melden. <u>Satz 1 gilt entsprechend für Ärzte und Zahnärzte, denen im Rahmen der Diagnostik oder Behandlung von mit Medizinprodukten versorgten Patienten Vorkommnisse bekannt werden.</u>

(3) Wer, ohne Verantwortlicher nach § 5 des Medizinproduktegesetzes zu sein, beruflich oder gewerblich oder in Erfüllung gesetzlicher Aufgaben oder Verpflichtungen

---
3) letzter Halbsatz: Artikel 3 Nr. 1 der Verordnung vom 10. Mai 2010.

Medizinprodukte-Sicherheitsplanverordnung **MPSV**

Medizinprodukte zur Eigenanwendung durch Patienten oder andere Laien an den Endanwender abgibt, hat ihm mitgeteilte Vorkommnisse der zuständigen Bundesoberbehörde zu melden. In allen anderen Fällen informieren Vertreiber und Händler den Verantwortlichen nach § 5 des Medizinproduktegesetzes über ihnen mitgeteilte Vorkommnisse.

(4) Die Verpflichtungen nach den Absätzen 2 und 3 gelten für Angehörige der Heilberufe als erfüllt, soweit Meldungen an Kommissionen oder andere Einrichtungen der Heilberufe, die im Rahmen ihrer Aufgaben Risiken von Medizinprodukten erfassen, erfolgen und dort eine unverzügliche Weiterleitung an die zuständige Bundesoberbehörde sichergestellt ist.

(5) Schwerwiegende unerwünschte Ereignisse sind vom Sponsor und vom Prüfer oder Hauptprüfer der zuständigen Bundesoberbehörde zu melden. Wird die klinische Prüfung auch in anderen Vertragsstaaten des Abkommens über den Europäischen Wirtschaftsraum durchgeführt, hat der Sponsor den dort zuständigen Behörden ebenfalls Meldung zu erstatten. Wird eine klinische Prüfung oder eine Leistungsbewertungsprüfung auch in Deutschland durchgeführt, hat der Sponsor der zuständigen Bundesoberbehörde auch schwerwiegende unerwünschte Ereignisse außerhalb von Deutschland zu melden.

(6) Die zuständige Bundesoberbehörde bestätigt der nach den Absätzen 1 bis 5 meldenden Personen oder Stellen den Eingang der Meldung. Sie informiert unverzüglich den Verantwortlichen nach § 5 den Medizinproduktegesetzes über Meldungen nach den Absätzen 2 bis 4, der daraufhin eine Meldung nach Absatz 1 mit allen erforderlichen Angaben oder eine Begründung übermittelt, warum kein Vorkommnis im Sinne des § 2 Abs. 1 vorliegt oder die Voraussetzungen nach § 4 erfüllt sind. Schließt sich die zuständige Bundesoberbehörde dieser Begründung nicht an, kann sie eine Meldung nach Absatz 1 verlangen.

§ 4 Ausnahmen von der Meldepflicht und besondere Verfahren

(1) Die zuständige Behörde des Bundes kann für bereits ausreichend untersuchte Vorkommnisse Ausnahmen von der Meldepflicht oder eine zusammenfassende Meldung in regelmäßigen Zeitabständen anordnen. Liegen die Voraussetzungen nach Satz 1 vor, kann eine Ausnahme von der Meldepflicht auch auf Antrag des Verantwortlichen nach § 5 des Medizinproduktegesetzes zugelassen werden.

(2) Vorkommnisse, die bereits Gegenstand einer Maßnahmenempfehlung des Verantwortlichen nach § 5 des Medizinproduktegesetzes oder einer Anordnung der zuständigen Behörde waren und danach weiterhin auftreten können, sind von diesem in regelmäßigen, mit der zuständigen Bundesoberbehörde im Einzelfall abgestimmten Zeitabständen zusammenfassend zu melden. Der Inhalt der Meldung nach Satz 1 wird zwischen der zuständigen Behörde des Bundes und dem Verantwortlichen nach § 5 des Medizinproduktegesetzes abgesprochen.

§ 5 Fristen

(1) Der Verantwortliche nach § 5 des Medizinproduktegesetzes hat Vorkommnisse entsprechend der Eilbedürftigkeit der durchzuführenden Risikobewertung zu melden, spätestens jedoch innerhalb von 30 Tagen, nachdem er Kenntnis hiervon erhalten hat. Bei Gefahr im Verzug hat die Meldung unverzüglich zu erfolgen. Rückrufe sowie Vorkommnisse im Sinne des § 3 Abs. 1 Satz 3 sind spätestens mit Beginn der Umsetzung der Maßnahmen zu melden.

(2) Die Meldungen und Mitteilungen nach § 3 Absatz 2 bis 5 haben unverzüglich zu erfolgen.

§ 6 Meldung durch Vertreiber

Soweit im Auftrag des Verantwortlichen nach § 5 des Medizinproduktegesetzes von einem in Deutschland ansässigen Vertreibers Meldungen erstattet werden, gelten die den Verantwortlichen nach § 5 des Medizinproduktegesetzes betreffenden Vorschriften der §§ 3 bis 5 entsprechend.

§ 7 Modalitäten der Meldung

(1) Das Bundesministerium für Gesundheit macht die zuständigen Bundesoberbehörden unter Angabe ihrer Zuständigkeitsbereiche, ihrer Postanschriften und der Telekommunikationsnummern der für die Risikoerfassung und -bewertung zuständigen Organisationseinheiten sowie Hinweise zur Erreichbarkeit außerhalb der üblichen Dienstzeiten auf seiner Internetseite bekannt und sorgt für eine fortlaufende Aktualisierung dieser Bekanntmachung.

(2) Die Meldungen nach § 3 Absatz 1 und 5 erfolgen elektronisch als Datei in der Originalformatierung. Die zuständigen Bundesoberbehörden machen die Informationen zur elektronischen Übermittlung der sonstigen Meldungen sowie die zur Verwendung empfohlenen Formblätter und deren Bezugsquellen auch auf ihren Internetseiten bekannt.

Abschnitt 3
Risikobewertung durch die zuständige Bundesoberbehörde

§ 8 Aufgaben der Behörde

Die zuständige Bundesoberbehörde hat für alle ihr nach § 3 zu meldenden Vorkommnisse, Rückrufe und schwerwiegenden unerwünschten Ereignissen, die ihr bekannt werden, eine Risikobewertung vorzunehmen. Sie hat wissenschaftliche Untersuchungen durchzuführen oder durchführen zu lassen, um mögliche Risiken zu ermitteln.

§ 9 Ziel und Inhalt der Risikobewertung

Ziel und Inhalt der Risikobewertung durch die zuständige Bundesoberbehörde ist es, festzustellen, ob ein unvertretbares Risiko vorliegt und welche korrektiven Maßnah-

Medizinprodukte-Sicherheitsplanverordnung MPSV

men geboten sind. Sofern der Verantwortliche nach § 5 des Medizinproduktegesetzes eigenverantwortliche korrektive Maßnahmen trifft, schließt die Risikobewertung durch die zuständige Bundesoberbehörde die Prüfung ein, ob diese Maßnahmen angemessen sind. Satz 2 gilt für eigenverantwortliche korrektive Maßnahmen des Sponsors oder der die klinische Prüfung oder Leistungsbewertungsprüfung durchführenden Personen entsprechend.

§ 10 Verfahren der Risikobewertung

Die Risikobewertung erfolgt in Zusammenarbeit mit dem Verantwortlichen nach § 5 des Medizinproduktegesetzes und, soweit erforderlich, mit den jeweils betroffenen Betreibern und Anwendern. Die Risikobewertung im Falle von klinischen Prüfungen oder Leistungsbewertungsprüfungen schließt die Zusammenarbeit mit dem Sponsor oder dem Leiter der klinischen Prüfung oder der Leistungsbewertungsprüfung ein. Soweit erforderlich, können die für das Medizinproduktewesen, das Eich- und Messwesen sowie den Arbeits- oder Strahlenschutz zuständigen Behörden des Bundes und der Länder, die Strafverfolgungsbehörden, Behörden anderer Staaten, die einschlägigen wissenschaftlichen Fachgesellschaften, der Medizinische Dienst des Spitzenverbandes Bund der Krankenkassen, Benannte Stellen sowie sonstige Einrichtungen, Stellen, Ethik-Kommissionen und Personen beteiligt werden, die auf Grund ihrer Kenntnisse und Erfahrungen zur Beantwortung spezifischer Fragestellungen beitragen können. Die zuständige Bundesoberbehörde hat durch geeignete organisatorische Maßnahmen sicherzustellen, dass eilbedürftige Fälle unverzüglich bearbeitet werden.

§ 11 Befugnisse der Behörde

(1) Die zuständige Bundesoberbehörde kann vom Verantwortlichen nach § 5 Satz 1 und 2 des Medizinproduktegesetzes sowie dem in § 3 Absatz 2, 3 und 5 genannten Personenkreis alle für die Sachverhaltsaufklärung oder die Risikobewertung erforderlichen Auskünfte und Unterlagen sowie die Überlassung des betroffenen Produkts oder von Mustern der betroffenen Produktcharge, bei In-vitro-Diagnostika auch des von einem Vorkommnis betroffenen Probenmaterials, zu Untersuchungszwecken verlangen. Patientendaten sind vor der Übermittlung an die zuständige Bundesoberbehörde so zu anonymisieren, dass ein Personenbezug nicht mehr hergestellt werden kann. Andere personenbezogenen Daten dürfen nur erhoben, gespeichert, genutzt und übermittelt werden, soweit die zur Durchführung der Aufgaben nach dieser Verordnung erforderlich ist. Die zuständige Bundesoberbehörde kann in begründeten Fällen und in Abstimmung mit der zuständigen Behörde Produktprüfungen und Überprüfungen der Produktionsverfahren im Betrieb des Verantwortlichen nach § 5 des Medizinproduktegesetzes oder bei dessen Unterauftragnehmer vornehmen.

(2) Wenn eine ordnungsgemäße Risikobewertung wegen unzureichender Mitwirkung des Verantwortlichen nach § 5 des Medizinproduktegesetzes, der keinen Sitz

in Deutschland hat, nicht möglich ist, informiert die zuständige Bundesoberbehörde, soweit erforderlich, Betreiber und Anwender hierüber und kann vorsorgliche Maßnahmen empfehlen.

§ 12 Mitwirkungspflichten

(1) Die in § 11 Abs. 1 Satz 1 genannten Personen haben die zuständige Bundesoberbehörde bei der Erfüllung ihrer Aufgaben nach § 8 Satz 1 zu unterstützen und die verlangten Auskünfte zu erteilen. Der Auskunftspflichtige kann die Auskunft auf solche Fragen verweigern, deren Beantwortung ihn selbst oder einen seiner in § 383 Abs. 1 Nr. 1 und 3 der Zivilprozessordnung bezeichneten Angehörigen der Gefahr strafrechtlicher Verfolgung oder eines Verfahrens nach dem Gesetz über Ordnungswidrigkeiten aussetzen würde; er ist darauf hinzuweisen. Im Übrigen bleiben Bestimmungen zum Schutz personenbezogener Daten, gesetzliche Geheimhaltungspflichten und die ärztliche Schweigepflicht unberührt.

(2) Der Verantwortliche nach § 5 des Medizinproduktegesetzes hat die für die Risikobewertung erforderlichen Untersuchungen <u>unverzüglich</u> durchzuführen und der zuständigen Bundesoberbehörde die Ergebnisse mitzuteilen. Er hat zu jeder Meldung einen Abschlussbericht sowie auf Verlangen alle zweckdienlichen Unterlagen, insbesondere relevante Auszüge aus der Risikoanalyse und der klinischen Bewertung, vorzulegen. Vor einer zerstörenden Prüfung des betroffenen Produkts oder der vorhandenen Muster der betroffenen Produktcharge hat sich der Verantwortliche nach § 5 des Medizinproduktegesetzes mit der zuständigen Bundesoberbehörde ins Benehmen zu setzen.

<u>(3) Im Falle von klinischen Prüfungen oder Leistungsbewertungsprüfungen gelten die in Absatz 1 und 2 genannten Mitwirkungspflichten entsprechend für den Sponsor sowie die die klinische Prüfung oder die Leistungsbewertungsprüfung durchführenden Personen.</u>

<u>(4) Anwender und Betreiber haben dafür Sorge zu tragen, dass Medizinprodukte und Probematerialien, die im Verdacht stehen, an einem Vorkommnis beteiligt zu sein, nicht verworfen werden, bis die Untersuchungen abgeschlossen sind.</u>

<u>(5) Der Verantwortliche nach § 5 des Medizinproduktegesetzes hat auf Verlangen der zuständigen Bundesoberbehörde Unterlagen, die für die Sachverhaltsaufklärung und Risikobewertung notwendig sind, elektronisch zur Verfügung zu stellen, sofern ihm dies möglich und zumutbar ist.</u>

§ 13 Abschluss der Risikobewertung

Die zuständige Bundesoberbehörde teilt das Ergebnis ihrer Risikobewertung dem Verantwortlichen nach § 5 des Medizinproduktegesetzes und der Person, die ihr das Vorkommnis <u>oder das schwerwiegende unerwünschte Ereignis</u> gemeldet hat, sowie nach Maßgabe des § 20 den zuständigen Behörden mit. Die Risikobewertung durch die zuständige Bundesoberbehörde ist damit abgeschlossen. Auf der Grundlage neuer Erkenntnisse kann eine erneute Risikobewertung erforderlich werden.

Abschnitt 4
Korrektive Maßnahmen

§ 14 Eigenverantwortliche korrektive Maßnahmen des Verantwortlichen nach § 5 des Medizinproduktegesetzes

(1) Der Verantwortliche nach § 5 des Medizinproduktegesetzes hat die gebotenen korrektiven Maßnahmen durchzuführen. Bei der Auswahl der Maßnahmen hat er die in den Grundlegenden Anforderungen der einschlägigen Richtlinien formulierten Grundsätze der integrierten Sicherheit anzuwenden. Er hat Vorkehrungen zu treffen, damit erforderlichenfalls der Rückruf von Medizinprodukten, von denen unvertretbare Risiken ausgehen, schnell und zuverlässig durchgeführt werden kann.

(2) Der Verantwortliche nach § 5 des Medizinproduktegesetzes hat über korrektive Maßnahmen die sonstigen Inverkehrbringer, die betroffenen Betreiber und die Anwender durch eine Maßnahmenempfehlung schriftlich in deutscher Sprache zu informieren. Diese Maßnahmenempfehlungen haben für mögliche Rückfragen eine Kontaktperson oder eine Kontaktstelle mit Hinweisen zur Erreichbarkeit anzugeben, die betroffenen Produkte und Produktchargen klar und eindeutig zu bezeichnen, den festgestellten Mangel oder die festgestellte Fehlfunktion und, soweit bekannt, deren Ursache zu beschreiben, das von den Produkten ausgehende Risiko und die der Bewertung zugrunde liegenden Tatsachen und Überlegungen hinreichend ausführlich darzustellen und die erforderlichen korrektiven Maßnahmen unmissverständlich vorzugeben. Weitere Angaben können gemacht werden, soweit sie zweckdienlich sind. Aufmachungen und Ausführungen, die geeignet sind, das Risiko zu verharmlosen, sowie Werbeaussagen sind unzulässig.

(3) Der Verantwortliche nach § 5 des Medizinproduktegesetzes hat die ordnungsgemäße Durchführung der Maßnahmen nach Absatz 1 sicherzustellen und deren Wirksamkeit zu überprüfen. Die Durchführung und die Überprüfung sind zu dokumentieren.

(4) Die zuständige Behörde überwacht die vom Verantwortlichen nach § 5 des Medizinproduktegesetzes durchgeführten Maßnahmen.

(5) Soweit korrektive Maßnahmen im Auftrag des Verantwortlichen nach § 5 des Medizinproduktegesetzes von einem in Deutschland ansässigen Vertreiber durchgeführt werden, gelten die Vorschriften der Absätze 2 bis 4 entsprechend.

§ 14a Eigenverantwortliche korrektive Maßnahmen des Sponsors von klinischen Prüfungen oder Leistungsbewertungsprüfungen

(1) Treten während der klinischen Prüfung oder der genehmigungspflichtigen Leistungsbewertungsprüfung Umstände auf, die die Sicherheit der Probanden, Anwender oder Dritter beeinträchtigen können, so ergreifen der Sponsor sowie die die klini-

sche Prüfung oder die Leistungsbewertungsprüfung durchführenden Personen unverzüglich alle erforderlichen Sicherheitsmaßnahmen, um die Probanden, Anwender oder Dritte vor unmittelbarer oder mittelbarer Gefahr zu schützen.

(2) Der Sponsor unterrichtet unverzüglich die zuständige Bundesoberbehörde und veranlasst die Information der zuständigen Ethik-Kommission über diese neuen Umstände.

(3)[4] Die zuständige Behörde überwacht die vom Sponsor durchgeführten Maßnahmen.

§ 15 Maßnahmen der zuständigen Behörde

Soweit ein Verantwortlicher nach § 5 des Medizinproduktegesetzes die erforderlichen Maßnahmen nicht eigenverantwortlich trifft oder die getroffenen Maßnahmen nicht ausreichen, trifft die zuständige Behörde die notwendigen Maßnahmen gegen den Verantwortlichen nach § 5 des Medizinproduktegesetzes oder den in Deutschland ansässigen Vertreiber. Dies gilt für den Sponsor oder die die klinische Prüfung oder die Leistungsbewertungsprüfung durchführenden Personen entsprechend.

§ 16 Verpflichtung zur Mitwirkung an den korrektiven Maßnahmen

(1) Der in § 3 Absatz 2, 3 und 5 genannte Personenkreis hat an den korrektiven Maßnahmen entsprechend den eigenverantwortlich oder auf Anordnung der zuständigen Behörde herausgegebenen Maßnahmenempfehlungen des Verantwortlichen nach § 5 des Medizinproduktegesetzes mitzuwirken. Dies gilt für Maßnahmenempfehlungen des Sponsors der klinischen Prüfung oder Leistungsbewertungsprüfung entsprechend.

(2) Damit Patienten, die mit den in der Anlage aufgeführten implantierbaren Medizinprodukten versorgt worden sind, zum Zwecke der Durchführung korrektiver Maßnahmen schnell identifiziert und erreicht werden können, haben die Betreiber und Anwender Aufzeichnungen zu führen über

1. den Namen, das Geburtsdatum und die Anschrift des Patienten,
2. das Datum der Implantation,
3. den Typ und die Chargen- oder Seriennummer des Implantats sowie
4. den Verantwortlichen nach § 5 des Medizinproduktegesetzes.

Die Aufzeichnungen sind für die Dauer von 20 Jahren nach der Implantation aufzubewahren; danach sind sie unverzüglich zu vernichten.

§ 17 Maßnahmen der zuständigen Behörden gegen Betreiber und Anwender

Soweit durch Maßnahmen nach den §§ 14 und 15 eine ausreichende Risikominimierung nicht oder nicht hinreichend schnell erreicht wird oder erreicht werden kann,

4) Artikel 3 Nr. 2 der Verordnung vom 10. Mai 2010.

treffen die zuständigen Behörden die notwendigen Maßnahmen, um das Betreiben oder Anwenden der betroffenen Medizinprodukte zu untersagen oder einzuschränken.

§ 18 Notfallplanung der zuständigen Behörden

Die zuständigen Behörden teilen die Angaben zur Erreichbarkeit außerhalb der üblichen Dienstzeiten dem Bundesministerium für Gesundheit und den zuständigen Bundesoberbehörden mit. Das Bundesministerium für Gesundheit macht die Erreichbarkeit im Bundesanzeiger bekannt und sorgt für eine fortlaufende Aktualisierung dieser Bekanntmachung.

Abschnitt 5
Unterrichtungspflichten und Informationsaustausch

§ 19 Unterrichtung des Bundesministeriums für Gesundheit durch die zuständige Bundesoberbehörde

Die zuständige Bundesoberbehörde informiert das Bundesministerium für Gesundheit unverzüglich über alle eingehenden Meldungen, die Vorkommnisse mit Todesfolge oder sonstige besonders bedeutsame Vorkommnisse betreffen. Darüber hinaus unterrichtet sie das Bundesministerium für Gesundheit über alle korrektiven Maßnahmen, die in Deutschland im Verkehr oder in Betrieb befindliche Produkte betreffen.

§ 20 Informationsaustausch zwischen der zuständigen Bundesoberbehörde und den zuständigen Landesbehörden

(1) Die zuständige Bundesoberbehörde informiert

1. die für den Sitz des Verantwortlichen nach § 5 des Medizinproduktegesetzes oder, sofern der Verantwortliche seinen Sitz nicht in Deutschland hat und ein in Deutschland ansässiger Vertreiber bekannt ist, des Vertreibers sowie die für den Ort des Vorkommnisses zuständige oberste Landesbehörde oder die von dieser benannte zuständige Behörde über eingehende Meldungen von Vorkommnissen und Rückrufen sowie über den Abschluss und das Ergebnis der durchgeführten Risikobewertung,

2. die für den Sitz des Sponsors oder, sofern dieser seinen Sitz nicht in Deutschland hat, die für die Prüfstellen in Deutschland, sowie die für den Ort des schwerwiegenden unerwünschten Ereignisses zuständige oberste Landesbehörde oder die von dieser benannte zuständige Behörde über eingehende Meldungen von schwerwiegenden unerwünschten Ereignissen, über den Abschluss und das Ergebnis der durchgeführten Risikobewertung.

Die Information kann auch in der Weise erfolgen, dass das Deutsche Institut für Medizinische Dokumentation und Information der zuständigen Behörde mitteilt, dass für sie neue Daten nach § 29 Absatz 1 Satz 4 des Medizinproduktegesetzes zum Abruf bereit gehalten werden. Sofern der Verantwortliche nach § 5 des Medizinproduktegesetzes oder der Sponsor nicht bereit ist, erforderliche korrektive Maßnahmen eigenverantwortlich durchzuführen, teilt die zuständige Bundesoberbehörde die auf Grund der Risikobewertung für erforderlich erachteten Maßnahmen mit.

(2) Die zuständige Behörde teilt der zuständigen Bundesoberbehörde alle getroffenen Anordnungen mit und informiert sie über Fortgang und Abschluss der Maßnahmen. Sie informiert ferner die zuständige Bundesoberbehörde, wenn sie deren Bewertung des Risikos nicht teilt.

(3) Das Bundesinstitut für Arzneimittel und Medizinprodukte führt in Abstimmung mit dem Paul-Ehrlich-Institut regelmäßige Besprechungen (Routinesitzungen) mit den für Medizinprodukte zuständigen obersten Bundes- und Landesbehörden sowie der zuständigen Behörde nach § 15 des Medizinproduktegesetzes über die Grundlagen und das Verfahren der Risikoerfassung und -bewertung sowie Fälle von allgemeinem Interesse durch. Bei Abstimmungsbedarf zu speziellen Fragen kann die zuständige Bundesoberbehörde zu einer Sondersitzung einladen. Soweit sinnvoll, sollen der Medizinische Dienst der Spitzenverbände der Krankenkassen, Vertreter der Heilberufe und der Krankenhäuser, die Verbände der Medizinprodukte-Industrie sowie sonstige betroffene Behörden und Organisationen beteiligt werden.

§ 21 Europäischer und internationaler Informationsaustausch

(1) Die zuständige Bundesoberbehörde unterrichtet die zuständigen Behörden der anderen Vertragsstaaten des Abkommens über den Europäischen Wirtschaftsraum und die Europäische Kommission sowie auf der Grundlage von Vereinbarungen oder Verwaltungsabsprachen oder auf Anfrage auch die zuständigen Behörden anderer Staaten über als Folge eines Vorkommnisses durchgeführte oder für erforderlich erachtete korrektive Maßnahmen; dies schließt Informationen über die zugrunde liegenden Vorkommnisse ein. Auf Anfrage übermittelt sie auch Informationen und Auskünfte zu vorliegenden Meldungen und durchgeführte Risikobewertungen. Bei korrektiven Maßnahmen nach § 14 kann, soweit keine Anfrage vorliegt, eine Unterrichtung unterbleiben, wenn diese für den Empfänger im Hinblick auf die ordnungsgemäße Aufgabenwahrnehmung keinen relevanten Erkenntnisgewinn darstellt. § 11 Abs. 1 Satz 2 findet entsprechend Anwendung.

(2) die zuständige Bundesoberbehörde leitet von den zuständigen Behörden der anderen Vertragsstaaten des Abkommens über den Europäischen Wirtschaftsraum sowie anderer Staaten sowie von internationalen Organisationen erhaltene Mitteilungen über durchgeführte oder von diesen für erforderlich erachtete korrektive Maßnahmen nach Prüfung auf Plausibilität an die für den Sitz des Verantwortlichen nach § 5 des Medizinproduktegesetzes oder, sofern der Verantwortliche seinen Sitz nicht in Deutschland hat und ein in Deutschland ansässiger Vertreiber bekannt ist, des Vertreibers zuständige oberste Landesbehörde oder die von dieser benannte zuständige Behörde weiter. Sofern der Verantwortliche nach § 5 des Medizinprodukte-

gesetzes seinen Sitz nicht in Deutschland hat und ein in Deutschland ansässiger Vertreiber nicht bekannt ist, entscheidet die zuständige Bundesoberbehörde nach den Umständen des jeweiligen Einzelfalls, welche zuständigen obersten Landesbehörden oder von diesen benannte Behörden eine Mitteilung nach Satz 1 erhalten.

(3) Die zuständige Bundesoberbehörde unterrichtet die zuständigen Behörden der anderen Vertragsstaaten des Abkommens über den Europäischen Wirtschaftsraum und die Europäische Kommission über aus Gründen der Sicherheit abgelehnte, ausgesetzte oder beendete klinische Prüfungen sowie über angeordnete wesentliche Änderungen oder vorübergehende Unterbrechungen von klinischen Prüfungen. § 22a Absatz 6 Satz 2 und 3 des Medizinproduktegesetzes gilt entsprechend.

§ 22 Unterrichtung sonstiger Behörden, Organisationen und Stellen

(1) Die zuständige Bundesoberbehörde unterrichtet das Bundesministerium für Umwelt, Naturschutz und Reaktorsicherheit über eingehende Meldungen von Vorkommnissen und Rückrufen sowie über den Abschluss und das Ergebnis der durchgeführten Risikobewertungen, soweit der Strahlenschutz betroffen ist, und das Robert-Koch-Institut, soweit Medizinprodukte betroffen sind, die zu Desinfektionszwecken bestimmt sind.

(2) Die zuständige Bundesoberbehörde unterrichtet das Bundesministerium für Verteidigung sowie die zuständige Behörde nach § 15 des Medizinproduktegesetzes über eingehende Meldungen von Vorkommnissen und Rückrufen sowie über den Abschluss und das Ergebnis der durchgeführten Risikobewertungen. Die Unterrichtung kann auch erfolgen durch Gewährung des Zugriffs auf die dem Deutschen Institut für Medizinische Dokumentation und Information gemäß § 29 Abs. 1 Satz 4 des Medizinproduktegesetzes zur zentralen Verarbeitung und Nutzung übermittelten Daten. Die zuständigen Behörden nach § 15 des Medizinproduktegesetzes unterrichten, soweit erforderlich, die Benannten Stellen.

(3) Informationen und Auskünfte zu vorliegenden Meldungen, durchgeführten Risikobewertungen und korrektiven Maßnahmen dürfen auch an den Medizinischen Dienst des Spitzenverbandes Bund der Krankenkassen, die Deutsche Krankenhausgesellschaft und andere Organisationen, Stellen und Personen übermittelt werden, soweit von diesen ein Beitrag zur Risikoverringerung geleistet werden kann oder ein berechtigtes Interesse besteht.

(4) § 11 Abs. 1 Satz 2 findet entsprechende Anwendung.

(5) Ist das Bundesinstitut für Arzneimittel und Medizinprodukte im Rahmen eines Konsultationsverfahrens nach Anhang II (Absatz 4.3) und III (Absatz 5) der Richtlinie 93/42/EWG des Rates vom 14. Juni 1993 über Medizinprodukte (ABl. L 169 vom 12. 7. 1993, S. 1), die zuletzt durch Artikel 2 der Richtlinie 2007/47/EG (ABl. L 247 vom 21.9.2007, S. 21) geändert worden ist oder nach Anhang 2 (Absatz 4.3) und Anhang 3 (Absatz 5) der Richtlinie 90/385/EWG des Rates vom 20. Juni 1990 zur Angleichung der Rechtsvorschriften der Mitgliedstaaten über aktive implantierbare me-

dizinische Geräte (ABl. L 189 vom 20.7.1990, S. 17), die zuletzt durch Artikel 1 der Richtlinie 2007/47/ EG (ABl. L 247 vom 21. 9. 2007, S. 21) geändert worden ist, in den jeweils geltenden Fassungen, tätig geworden und erhält später Informationen über den verwendeten ergänzenden Stoff, die Auswirkungen auf das Nutzen-/Risiko-Profil der Verwendung dieses Stoffes im Medizinprodukt haben könnten, so informiert es darüber die beteiligten Benannten Stellen. Die Benannte Stelle prüft, ob diese Information Auswirkungen auf das Nutzen-/Risiko-Profil der Verwendung des Stoffes in dem Medizinprodukt hat und veranlasst gegebenenfalls eine Neubewertung des Konformitätsbewertungsverfahrens.

§ 23 Wissenschaftliche Aufarbeitung der durchgeführten Risikobewertungen

Die zuständige Bundesoberbehörde führt eine regelmäßige wissenschaftliche Aufarbeitung der durchgeführten Risikobewertungen durch und gibt die Ergebnisse bekannt. Personenbezogene Daten sind dabei zu anonymisieren.

§ 24 Veröffentlichung von Informationen über das Internet

Die zuständige Behörde des Bundes kann über durchgeführte korrektive Maßnahmen, Empfehlungen und Ergebnisse der wissenschaftlichen Aufarbeitung nach § 23 über die Internetseite der Behörde informieren. Die Information über korrektive Maßnahmen darf außer den Angaben nach § 14 Abs . 2 Satz 2 sowie der im Handelsregister als vertretungsberechtigt ausgewiesenen Personen keine personenbezogenen Daten enthalten.

Medizinprodukte-Sicherheitsplanverordnung MPSV

Anlage
(zu § 16 Abs. 2 Satz 1)

1. Aktive implantierbare Medizinprodukte
1.1 Herzschrittmacher
1.2 Defibrillatoren
1.3 Infusionssysteme

2. Sonstige implantierbare Medizinprodukte
2.1 Herzklappen
2.2 Gefäßprothesen und Gefäßstützen
2.3 Brustimplantate
2.4 Hüftendoprothesen

Verordnung über das datenbankgestützte Informationssystem über Medizinprodukte des Deutschen Instituts für Medizinische Dokumentation und Information (DIMDI-Verordnung – DIMDIV)[1,2]

vom 4. Dezember 2002 (BGBl. I S. 4456),
zuletzt geändert durch Verordnung vom 10. Mai 2010 (BGBl. I S. 542)[3].

§ 1 Anwendungsbereich[4]

Diese Verordnung regelt die Erhebung der Daten, die für das datenbankgestützte Informationssystem über Medizinprodukte benötigt werden, ihre Übermittlung an das Deutsche Institut für Medizinische Dokumentation und Information sowie die Verarbeitung und Nutzung der in diesem Informationssystem gespeicherten Daten.

§ 2 Elektronische Anzeigen und Anträge[4]

(1) Anzeigen nach den §§ 25 und 30 Absatz 2 des Medizinproduktegesetzes sind im Wege der Datenübertragung über das zentrale Erfassungssystem bei dem Deutschen Institut für Medizinische Dokumentation und Information nach den Anlagen zu dieser Verordnung vorzunehmen.

---

1) Diese Verordnung dient der Umsetzung der Richtlinie 93/42/EWG des Rates vom 14. Juni 1993 über Medizinprodukte (ABl. EG Nr. L 169 S. 1, 1999 Nr. L 61 S. 55, 1999 Nr. L 125 S. 42, 2001 Nr. L 72 S. 8), zuletzt geändert durch die Richtlinie 2001/104/EG des Europäischen Parlaments und des Rates vom 7. Dezember 2001 (ABl. EG 2002 Nr. L 6 S. 50), und der Umsetzung der Richtlinie 98/79/EG des Europäischen Parlaments und des Rates vom 27. Oktober 1998 über In-vitro-Diagnostika (ABl. EG L 331 S. 1, 1999 Nr. L 74 S. 32, 2000 Nr. L 124 S. 66). Die Verpflichtungen aus der Richtlinie 98/34/EG des Europäischen Parlaments und des Rates vom 22. Juni 1998 über ein Informationsverfahren auf dem Gebiet der Normen und technischen Vorschriften und der Vorschriften für die Dienste der Informationsgesellschaft (ABl. EG Nr. L 204 S. 37), geändert durch die Richtlinie 98/48/EG des Europäischen Parlaments und des Rates vom 20. Juli 1998 (ABl. EG Nr. L 217 S. 18), sind beachtet worden.
2) Redaktionelle Anmerkung: Artikel 1 der Verordnung über das datenbankgestützte Informationssystem über Medizinprodukte des Deutschen Instituts für Medizinische Dokumentation und Information und zur Änderung anderer Verordnungen (BGBl. I S. 4456).
3) Erste Verordnung zur Änderung der DIMDI-Verordnung vom 10. Mai 2010 – die Änderungen sind durch Unterstreichung und entsprechendem Hinweis in der Fußnote zu erkennen. Diese Verordnung ist am 13. Mai 2010 in Kraft getreten.
   Zuvor geändert durch:
   – Gesetz zur Änderung medizinprodukterechtlicher und anderer Vorschriften vom 14. Juni 2007 (BGBl. I S. 1066) – diese Änderungen sind durch Unterstreichung zu erkennen,
   – Artikel 385 der Neunten Zuständigkeitsanpassungsverordnung vom 31. Oktober 2006 (BGBl. I S. 2407, 2458).
4) Verordnung vom 10. Mai 2010.

(2) Absatz 1 gilt entsprechend für

1. Anzeigen nach § 18 Absatz 3 Nummer 1, § 22c Absatz 1 sowie § 23a des Medizinproduktegesetzes sowie nach § 8 Absatz 2 Satz 1 der Verordnung über klinische Prüfungen von Medizinprodukten,

2. Anträge nach § 22 Absatz 1 Satz 1, § 22a Absatz 1 Satz 1, § 22c Absatz 2 und § 24 des Medizinproduktegesetzes sowie nach § 7 Absatz 1 und § 8 Absatz 2 Satz 4 der Verordnung über klinische Prüfungen von Medizinprodukten.

(3) Für die Bezeichnung von Medizinprodukten ist eine vom Deutschen Institut für Medizinische Dokumentation und Information mittels des zentralen Erfassungssystems vorgegebene Nomenklatur zu verwenden. Die technischen Modalitäten der Datenerfassung und -übermittlung veröffentlicht das Deutsche Institut für Medizinische Dokumentation und Information auf seiner Internetseite.

§ 3 Zentrales Erfassungssystem zur Entgegennahme von Anzeigen nach dem Medizinproduktegesetz

(1) Beim Deutschen Institut für Medizinische Dokumentation und Information werden die Voraussetzungen dafür geschaffen, Anzeigen nach § 18 Abs. 3 Nr. 1, §§ 25 und 30 Abs. 2 des Medizinproduktegesetzes zentral über ein internetbasiertes Erfassungssystem für die zuständigen Behörden entgegenzunehmen. Die Anzeigen werden durch ein automatisiertes Verfahren den zuständigen Behörden zugeordnet und diese werden unverzüglich[5] über den Eingang der Anzeige informiert.

(2) Die zuständigen Behörden prüfen die nach § 2 Absatz 1 und 2 Nummer 1[5] eingestellten Daten auf Plausibilität und sorgen für die notwendige Vervollständigung.

(3) Nach Abschluss der Prüfung nach Absatz 2 gibt die zuständige Behörde die Daten gegenüber dem Deutschen Institut für Medizinische Dokumentation und Information zur Einstellung in eine der in § 4 Abs. 1 benannten Datenbanken frei. Mit der Freigabe gilt die Übermittlungspflicht der Behörde an das Deutsche Institut für Medizinische Dokumentation und Information nach dem Medizinproduktegesetz als erfüllt. Die zuständige Behörde soll den Anzeigepflichtigen nach Absatz 1[5] über die Datenfreigabe informieren.

§ 3a Zentrales Erfassungssystem für Anzeigen und Anträge bei klinischen Prüfungen und Leistungsbewertungsprüfungen[5]

(1) § 3 Absatz 1 gilt entsprechend für Anzeigen und Anträge nach § 22 Absatz 1 Satz 1, § 22a Absatz 1 Satz 1, § 22c Absatz 1 und 2 sowie der §§ 23a und 24 des Medizinproduktegesetzes sowie nach § 7 Absatz 1 und § 8 Absatz 2 der Verordnung über klinische Prüfungen von Medizinprodukten, die bei der zuständigen Bundesoberbehörde und der zuständigen Ethik-Kommission vorzunehmen und zu stellen sind.

---

5) Verordnung vom 10. Mai 2010.

DIMDI-Verordnung *DIMDIV*

(2) Die zuständige Bundesoberbehörde und die zuständige Ethik-Kommission geben ihre Entscheidungen zu Anträgen nach Absatz 1 unverzüglich in die Datenbank nach § 4 Absatz 1 Nummer 3 ein. Mit der Eingabe ihrer Entscheidung in die Datenbank hat die zuständige Ethik-Kommission die Unterrichtungspflicht nach § 22 Absatz 4 Satz 2 des Medizinproduktegesetzes erfüllt.

(3) In einem automatisierten Verfahren werden die Behörden, die für die Überwachung zuständig sind, über Entscheidungen nach Absatz 2 Satz 1 informiert.

§ 4 Medizinprodukte-Datenbanken

(1) Das Deutsche Institut für Medizinische Dokumentation und Information betreibt folgende Datenbanken:

1. Datenbank mit den Inhalten der Anlagen 1 und 2 zu dieser Verordnung über

    a) Anzeigen nach § 25 des Medizinproduktegesetzes und

    b) Anzeigen nach § 30 Abs. 2 des Medizinproduktegesetzes,

2. Datenbank mit dem Inhalt der Anlage 3 zu dieser Verordnung über Bescheinigungen der Benannten Stellen nach § 18 Abs. 3 Nr. 1 des Medizinproduktegesetzes,

3.[6] Datenbank mit dem Inhalt der Anlage 4 zu dieser Verordnung über klinische Prüfungen und Leistungsbewertungsprüfungen nach den §§ 20 bis 24 des Medizinproduktegesetzes,

4. Datenbank mit dem Inhalt der Anlage 5 zu dieser Verordnung über Mitteilungen zur Klassifizierung eines Medizinproduktes bzw. Abgrenzung zu anderen Produkten nach § 33 Abs. 2 Nr. 2 in Verbindung mit § 13 des Medizinproduktegesetzes,

5. Datenbank zum Medizinprodukte-Beobachtungs- und -Meldesystem mit den Daten nach § 29 Abs. 1 Satz 5[6] des Medizinproduktegesetzes; sie enthält die Informationen über Meldungen und den Abschluss und das Ergebnis der durchgeführten Risikobewertungen zur Erfüllung der Verpflichtungen nach § 20 Abs. 1 Satz 1 und § 22 Abs. 2 Satz 1 der Medizinprodukte-Sicherheitsplanverordnung vom 24. Juni 2002 (BGBl. I S. 2131), die durch Artikel 3 des Gesetzes vom 29. Juli 2009 (BGBl. I S. 2326) geändert worden ist,[6] sowie die Mitteilungen, die die zuständigen Bundesoberbehörden nach § 21 Abs. 1 Satz 1 der Medizinprodukte-Sicherheitsplanverordnung übermitteln oder nach § 21 Abs. 2 Satz 1 der Medizinprodukte-Sicherheitsplanverordnung erhalten.

(2) Das Deutsche Institut für Medizinische Dokumentation und Information kann national und international zugängliche Datenbanken, die Informationen über Medizinprodukte enthalten, zur Nutzung aufbereiten und bereitstellen.

---

6) Verordnung vom 10. Mai 2010.

§ 5 Nutzung der Datenbanken

(1) Neben den Bundesministerien der Verteidigung und für Gesundheit sind die für das Medizinprodukterecht, das Atomrecht und das Eich- und Messwesen zuständigen Behörden des Bundes und der Länder berechtigt, Daten aus den Datenbanken nach § 4 Abs. 1 entgeltfrei abzurufen, soweit dies zur Wahrnehmung ihrer Aufgaben beim Vollzug des Medizinproduktegesetzes erforderlich ist.

(2) Die Benannten Stellen sind berechtigt, die Datenbank nach § 4 Abs. 1 Nr. 2 in Bezug auf <u>eingeschränkte, verweigerte, ausgesetzte, wieder eingesetzte, zurückgezogene oder durch den Hersteller gekündigte</u>[7] Bescheinigungen entgeltfrei zu nutzen.

<u>(2a)[7] Die nach § 22 Absatz 1 des Medizinproduktegesetzes zuständigen Ethik-Kommissionen und die nach § 3 Absatz 1 Satz 4 der Verordnung über klinische Prüfungen von Medizinprodukten beteiligten Ethik-Kommissionen sind berechtigt, die Datenbank nach § 4 Absatz 1 Nummer 3 entgeltfrei zu nutzen, soweit dies zur Wahrnehmung ihrer Aufgaben beim Vollzug des Medizinproduktegesetzes erforderlich ist.</u>

(3) Die Datenbanken nach § 4 Abs. 1 Nr. 1 Buchstabe a und Abs. 2 sind öffentlich. Benannte Stellen können die Datenbank nach § 4 Abs. 1 Nr. 1 Buchstabe a entgeltfrei nutzen.

§ 6 Datenschutz und Datensicherheit

Bei der Datenübermittlung sind dem jeweiligen Stand der Technik entsprechende Maßnahmen zur Gewährleistung von Datenschutz und Datensicherheit zu treffen, die insbesondere die Vertraulichkeit und Unversehrtheit der Daten gewährleisten; im Falle der Nutzung allgemein zugänglicher Netze sind Verschlüsselungsverfahren anzuwenden.

§ 7 Speicherungsfrist

Daten in den Datenbanken nach § 4 Abs. 1 stehen nach der letzten Änderung des jeweiligen Datensatzes noch 20 Jahre in der Datenbank zur Verfügung. Nach Ablauf dieser Frist werden die Daten gelöscht.

§ 8 Auskunftsrecht[7]

<u>§ 19 des Bundesdatenschutzgesetzes ist für juristische Personen entsprechend anzuwenden.</u>

---

7) Verordnung vom 10. Mai 2010.

DIMDI-Verordnung *DIMDIV*

Anlage 1 (zu § 4 Abs. 1 Nr. 1 DIMDIV)

Allgemeine Anzeigepflicht nach §§ 25 und 30 Abs. 2 MPG
General Obligation to Notify pursuant to §§ 25 and 30 (2) Medical Devices Act, MPG

Formblatt für Medizinprodukte, außer In-vitro-Diagnostika
Form for Medical Devices except In Vitro Diagnostic Medical Devices

Zuständige Behörde / Competent authority	
Code[1]	
Bezeichnung / Name	
Staat / State[2]	Land / Federal state[3]
Ort / City	Postleitzahl / Postal code
Straße, Haus-Nr. / Street, house no.	
Telefon / Phone	Telefax / Fax
E-Mail	

Anzeige / Notification	
Registrierdatum bei der zuständigen Behörde[4] Registration date at competent authority	Registriernummer / Registration number[5]
Typ der Anzeige / Notification type ❏ Erstanzeige / Initial notification ❏ Änderungsanzeige / Notification of change ❏ Widerruf der Anzeige / Notification of withdrawal	

DIMDIV *DIMDI-Verordnung*

Frühere Registriernummer bei Änderungs- und Widerrufsanzeige Previous registration number if notification has been changed or withdrawn
Anzeigender nach § 25 MPG / Reporter pursuant to § 25 Medical Devices Act, MPG ❑ Hersteller / Manufacturer[6)] ❑ Bevollmächtigter / Authorized representative ❑ Einführer / Importer ❑ Verantwortlicher für das Zusammensetzen von Systemen oder Behandlungseinheiten nach § 10 Abs. 1 und 2 MPG Assembler of systems or procedure packs pursuant to § 10 (1) and (2) Medical Devices Act, MPG ❑ Betrieb oder Einrichtung (sterilisieren) nach § 25 Abs. 2 i. V. m. § 10 Abs. 3 MPG Institution (sterilizing) pursuant to § 25 (2) in connection with § 10 (3) Medical Devices Act, MPG ❑ Betrieb oder Einrichtung (aufbereiten) nach § 25 Abs. 1 MPG in Verbindung mit § 4 Abs. 2 MPBetreibV Institution (processing) pursuant to § 25 (1) Medical Devices Act, MPG in connection with § 4 (2) MPBetreibV

Anzeigender / Reporting organisation (person)	
Code[7)]	
Bezeichnung / Name	
Staat / State[2)]	Land / Federal state[3)]
Ort / City	Postleitzahl / Postal code
Straße, Haus-Nr. / Street, house no.	
Telefon / Phone	Telefax / Fax

E-Mail

Hersteller / Manufacturer[9]

Bezeichnung / Name

Staat / State[2]

| Ort / City | Postleitzahl / Postal code |

Straße, Haus-Nr. / Street, house no.

| Telefon / Phone | Telefax / Fax |

E-Mail

Sicherheitsbeauftragter für Medizinprodukte nach § 30 Abs. 2 MPG[9]
Safety officer for medical devices pursuant to § 30 (2) Medical Devices Act, MPG

Name

| Staat / State[2] | Land / Federal state[3] |

| Ort / City | Postleitzahl / Postal code |

Straße, Haus-Nr. / Street, house no.

| Telefon / Phone | Telefax / Fax |

E-Mail

DIMDIV *DIMDI-Verordnung*

Vertreter / Deputy (optional)
Name

Telefon / Phone	Telefax / Fax

E-Mail

- ❏ Erstanzeige / Initial notification
- ❏ Änderungsanzeige / Notification of change

Medizinprodukt / Medical device

Klasse / Class [10)]

- ❏ I
- ❏ I – steril / sterile
- ❏ I – mit Messfunktion / with measuring function
- ❏ IIa
- ❏ IIb
- ❏ III
- ❏ III – hergestellt unter Verwendung von Gewebe tierischen Ursprungs im Sinne der Richtlinie 2003/32/EG
  manufactured utilising tissue of animal origin in terms of Directive 2003/32/EC
- ❏ Aktives implantierbares Medizinprodukt / Active implantable medical device

Nummer(n) der Bescheinigung(en) / Certificate number(s) [11)]

Nomenklaturcode / Nomenclature code [12)]

Nomenklaturbezeichnung / Nomenclature term [12)]

Kategoriecode / Categorie code [13)]

Kategorie / Category [13)]

DIMDI-Verordnung *DIMDIV*

Kurzbeschreibung / Short description [14]

Medizinprodukt (Aufbereiten) / Medical devices (Reprocessing)

❏ Semikritische Medizinprodukte / Semicritical medical devices [15]
Gruppe A / Group A
Gruppe B / Group B

❏ Kritische Medizinprodukte / Critical medical devices [15]
Gruppe A / Group A
Gruppe B / Group B
Gruppe C / Gruppe C
Nummer der Bescheinigung / Certificate number [11]

Sterilsationsverfahren / Sterilisation procedures
❏ Dampfsterilisation / Steam sterilisation
❏ Gassterilisation / Gas sterilisation
❏ Strahlensterilisation / Radiation sterilisation
❏ andere / others
Angewandtes Verfahren (Apllied procedure

Ich versichere, dass die Angaben nach bestem Wissen und Gewissen gemacht wurden.
I affirm that the information given above is correct to the best of my knowledge.

Ort _____ Datum _____
City   Date

_____
Name   Unterschrift
                           Signature

DIMDIV *DIMDI-Verordnung*

> **Bearbeitungsvermerk / Processing notes**
>
> Nur von der zuständigen Behörde auszufüllen /
> To be filled in only by the competent authority
>
> Bearbeiter / Person responsible   Telefon / Phone

Hinweise zum Ausfüllen / Notes on completing

1) Der Code der zuständigen Behörde setzt sich zusammen aus dem Zwei-Buchstaben-Länder-Code aus ISO 3166, gefolgt von einem Schrägstrich, CA und der Nummer der zuständigen Behörde im Land, z. B. DE/CA01.
Composed of the two-letter country code according to ISO 3166 followed by a slash, CA and the number of the competent authority in the state, e. g.: DE/CA01.

2) Benutzen Sie bitte für die Staaten die Codes nach ISO 3166, z. B.:
Please use for the different states the codes according to ISO 3166, e.g.:

AT .. Österreich / Austria

BE .. Belgien / Belgium

CY .. Zypern / Cyprus

CZ .. Tschechische Republik / Czech Republic

DE .. Deutschland / Germany

3) Benutzen Sie bitte folgende Codes für die Länder / Bundeswehr:
Please use the following codes for the different federal states / Federal Armed Forces:

01	.. Schleswig-Holstein		10	.. Saarland
02	.. Hamburg		11	.. Berlin
03	.. Niedersachsen / Lower Saxony		12	.. Brandenburg
04	.. Bremen		13	.. Mecklenburg-Vorpommern / Mecklenburg-Western Pomerania

05	..	Nordrhein-Westfalen / North-Rhine/Westphalia	14	..	Sachsen / Saxony
06	..	Hessen / Hesse	15	..	Sachsen-Anhalt / Saxony-Anhalt
07	..	Rheinland-Pfalz / Rhineland-Palatinate	16	..	Thüringen / Thuringia
08	..	Baden-Württemberg	17	..	Bundeswehr / Federal Armed Forces
09	..	Bayern / Bavaria			

4) JJJJ-MM-TT / YYYY-MM-DD

5) Wird von der zuständigen Behörde vergeben. Die Registriernummer setzt sich zusammen aus dem Zwei-Buchstaben-Länder-Code aus ISO 3166, gefolgt von einem Schrägstrich, dem Code der zuständigen Behörde, einem Schrägstrich und einer internen Registriernummer, z. B. DE/CA01/nnn...
To be assigned by the competent authority. Composed of the two-letter country code of ISO 3166 followed by a slash, the code of the competent authority, a slash and an internal registration number, e. g.: DE/CA01/nnn...

6) Hersteller nach § 3 Nr. 15 MPG
Manufacturer pursuant to § 3 no. 15 Medical Devices Act, MPG

7) Dieser Code wird durch DIMDI erstellt.
This will be generated by DIMDI.

8) Nur ausfüllen vom Bevollmächtigten oder Einführer.
To be filled in only by the authorized representative or importer.

9) Nur der Verantwortliche nach § 5 Satz 1 und 2 MPG hat einen Sicherheitsbeauftragten anzuzeigen.
Only Only the person responsible pursuant to § 5 sentence 1 and 2 Medical Devices Act, MPG, has to notify one safety officer.

10) Bei Systemen oder Behandlungseinheiten soll die Klasse der Komponente mit dem höchsten Risiko angegeben werden. Bei Betrieb oder Einrichtung (sterilisieren) nach § 25 Abs. 2 i.V.m. § 10 Abs. 3 MPG ist die Angabe der Klasse nicht erforderlich.
The class of the components with the highest risk is to be indicated on systems or procedure packs. The indication of the class is not necessary with institutions (sterilizing) pursuant to § 25 (2) in connection with 10 (3) Medical Device Act, MPG.Bitte den zutreffenden Code mit dem dazugehörigen Schlagwort aus der jeweils vorgeschriebenen Nomenklatur angeben.

DIMDIV *DIMDI-Verordnung*

11) Der (den) Nummer(n) der Bescheinigung(en) ist die Kennnummer der Benannten Stelle, gefolgt von einem Schrägstrich, voranzustellen, z.B.: 0123/nnn...
Each certificate number is to precede with the Notified Body identification number followed by a slash, e.g.: 0123/nnn...

12) Bitte den zutreffenden Code mit dem dazugehörigen Schlagwort aus der jeweils vorgeschriebenen Nomenklatur angeben. Wenn nicht vorhanden, bitte Kurzbeschreibung geben.
Please enter the relevant code and its designation from the prescribed nomenclature. If not available, please give a short description.

13) Kategoriecode und Kategorie basieren auf der EN ISO 15225. In der Reihenfolge der Kategoriebegriffe(a) bis (k) soll der erste zutreffende Begriff für das Medizinprodukt vergeben werden.
Device category code and term are based on EN ISO 15225. The device should be assigned to the first category in which it fits, moving from the top downwards i. e. from (a) to (k).

Code:			Code:		
01	Aktive implantierbare Produkte Active implantable devices	(a)	04	Elektrische und mechanische Medizinprodukte Electrical and mechanical medical devices	(g)
07	Nichtaktive implantierbare Produkte Non-active implantable devices	(b)	09	Wiederverwendbare Instrumente Reusable instruments	(h)
03	Zahnärztliche Produkte Dental devices	(c)	10	Produkte zum Einmalgebrauch Single use devices	(i)
08	Ophthalmische und optische Produkte Ophthalmic and optical devices	(d)	11	Technische Hilfen für behinderte Menschen Technical aids for disabled persons	(j)
12	Röntgen- und andere bildgebende Geräte Diagnostic and therapeutic radiation devices	(e)	05	Krankenhausinventar Hospital hardware	(k)

| 02 | Anästhesie- und Beatmungsgeräte
Anaesthetic and respiratory devices | (f) |

[14)] Nur obligatorisch, wenn kein Code mit dem dazugehörigen Schlagwort angegeben wurde. Bitte selbstgewählte Schlagworte verwenden. Es können hier grundlegende Eigenschaften des Produktes angegeben werden, wie z. B. die beabsichtigte Verwendung, maßgebliche Aspekte seiner Klassifizierung, die Hauptwirkungsweise ...

Only compulsory, if no relevant code / designation has been given. Please use appropriate terms or a short phrase. It can include basic features of the product such as, for example, the intended use, the aspects governing its classification, the principal mode of action ...

[15)] Empfehlung der Kommission für Krankenhaushygiene und Infektionsprävention beim Robert-Koch-Institut (RKI) und des Bundesinstitutes für Arzneimittel und Medizinprodukte (BfArM) zu den „Anforderungen an die Hygiene bei der Aufbereitung von Medizinprodukten". Die Empfehlung ist zu finden unter: (http://www.rki.de/cln_006/nn_226620/DE/Content/Infekt/Krankenhaushygiene /Kommission/kommission__node.html__nnn=true).

DIMDIV *DIMDI-Verordnung*

Anlage 2 (zu § 4 Abs. 1 Nr. 1 DIMDIV)
Allgemeine Anzeigepflicht nach §§ 25 und 30 Abs. 2 MPG
General Obligation to Notify pursuant to §§ 25 and 30 (2) Medical Devices Act, MPG
Formblatt für In-vitro-Diagnostika
Form for In Vitro Diagnostic Medical Devices

Zuständige Behörde / Competent authority	
Code[1)	
Bezeichnung / Name	
Staat / State[2)	Land / Federal state[3)
Ort / City	Postleitzahl / Postal code
Straße, Haus-Nr. / Street, house no.	
Telefon / Phone	Telefax / Fax
E-Mail	

Anzeige / Notification	
Registrierdatum bei der zuständigen Behörde[4) Registration date at competent authority	Registriernummer / Registration number[5)
Typ der Anzeige / Notification type ❑ Erstanzeige / Initial notification ❑ Änderungsanzeige / Notification of change ❑ Widerruf der Anzeige / Notification of withdrawal	

DIMDI-Verordnung *DIMDIV*

Frühere Registriernummer bei Änderungs- und Widerrufsanzeige
Previous registration number if notification has been changed or withdrawn

Anzeigender nach § 25 MPG / Reporter pursuant to § 25 Medical Devices Act, MPG

- ❏ Hersteller / Manufacturer[6)]
- ❏ Bevollmächtigter / Authorized representative
- ❏ Einführer / Importer
- ❏ Verantwortlicher für das Zusammensetzen von Systemen oder Behandlungseinheiten nach § 10 Abs. 1 und 2 MPG
  Assembler of systems or procedure packs pursuant to § 10 (1) und (2) Medical Devices Act, MPG.
- ❏ Betrieb oder Einrichtung (sterilisieren) nach § 25 Abs. 2 i.V.m. § 10 Abs. 3 MPG
  Institution (sterilizing) pursuant to § 25 (2) in connection with § 10 (3) Medical Devices Act, MPG
- ❏ Betrieb oder Einrichtung (aufbereiten) nach § 25 Abs. 1 MPG in Verbindung mit § 4 Abs. 2 MPBetreibV
  Institution (processing) pursuant to § 25 (1) Medical Devices Act, MPG in connection with § 4 (2) MPBetreibV

Anzeigender / Reporting organisation (person)

Code[7)]

Bezeichnung / Name

Staat / State[2)]	Land / Federal state[3)]
Ort / City	Postleitzahl / Postal code

Straße, Haus-Nr. / Street, house no.

Telefon / Phone	Telefax, Fax

E-Mail

DIMDIV *DIMDI-Verordnung*

Hersteller / Manufacturer [8]	
Bezeichnung / Name	
Staat / State [2]	
Ort / City	Postleitzahl / Postal code
Straße, Haus-Nr. / Street, house no.	
Telefon / Phone	Telefax / Fax
E-Mail	

Sicherheitsbeauftragter für Medizinprodukte nach § 30 Abs. 2 MPG [9] **Safety officer for medical devices pursuant to § 30 (2) Medical Devices Act, MPG**	
Name	
Staat / State [2]	Land / Federal state [3]
Ort / City	Postleitzahl / Postal code
Straße, Haus-Nr. / Street, house no.	
Telefon / Phone	Telefax / Fax
E-Mail	
Vertreter / Deputy (optional)	
Name	

DIMDI-Verordnung DIMDIV

| Telefon / Phone | Telefax / Fax |

E-Mail

- ❏ Erstanzeige / Initial notification
- ❏ Änderungsanzeige / Notification of change

In-vitro-Diagnostikum / In vitro diagnostic medical device

Klassifizierung / Classification [10]

- ❏ Produkt der Liste A, Anhang II / Device of List A, Annex II
- ❏ Produkt der Liste B, Anhang II / Device of List B, Annex II
- ❏ Produkt zur Eigenanwendung, das nicht in Anhang II genannt ist Device for self-testing not listed in Annex II
- ❏ Sonstiges Produkt / Other device (all devices except Annex II and self-testing devices)

Anzeige nach § 25 Abs. 3 Nr. 3 MPG
Notification pursuant to § 25 (3) number 3 Medical Devices Act, MPG

- ❏ „Neues In-vitro-Diagnostikum" / „New in vitro diagnostic medical device"[11]

Angabe der benutzten Nomenklatur / Nomenclature used [12]

- ❏ EDMS-Klassifikation / EDMS Classification
- ❏ GMDN

Nomenklaturcode / Nomenclature code [13]

Nomenklaturbezeichnung / Nomenclature term [13]

Kurzbeschreibung / Short description [14]
In Deutsch / In German

In Englisch / In English [14]

DIMDIV *DIMDI-Verordnung*

Zusätzliche Angaben im Falle der In-vitro-Diagnostika gemäß Anhang II und der In-vitro-Diagnostika zur Eigenanwendung   **Additional information for Annex II and self-testing in vitro diagnostic medical devices**
Produkttyp / Device type [15)]
Nummer(n) der Bescheinigung(en) / certificate number(s) [16)]
❏ In Übereinstimmung mit den Gemeinsamen Technischen Spezifikationen (für Produkte gem. Anhang II, Liste A)   In conformity with Common Technical Specifications (for Annex II List A devices)
Ergebnis der Leistungsbewertung   Outcome of performance evaluation

Ich versichere, dass die Angaben nach bestem Wissen und Gewissen gemacht wurden.
I affirm that the information given above is correct to the best of my knowledge.

Ort _____ Datum _____
City   Date

_____
Name   Unterschrift
                                  Signature

DIMDI-Verordnung *DIMDIV*

> **Bearbeitungsvermerk / Processing notes**
>
> Nur von der zuständigen Behörde auszufüllen
> To be filled in only by the competent authority
>
> Bearbeiter / Person responsible   Telefon / Phone

Hinweise zum Ausfüllen / Notes on completing

1) Der Code der zuständigen Behörde setzt sich zusammen aus dem Zwei-Buchstaben-Länder-Code aus ISO 3166, gefolgt von einem Schrägstrich, CA und der Nummer der zuständigen Behörde im Land, z. B. DE/CA01.
   Composed of the two-letter country code according to ISO 3166 followed by a slash, CA and the number of the competent authority in the state, e. g.: DE/CA01.

2) Benutzen Sie bitte für die Staaten die Codes nach ISO 3166, z. B.:
   Please use for the different states the codes according to ISO 3166, e.g.:

AT .. Österreich / Austria

BE .. Belgien / Belgium

CY .. Zypern / Cyprus

CZ .. Tschechische Replublik / Czech Republic

DE .. Deutschland / Germany

3) Benutzen Sie bitte folgende Codes für die Länder / Bundeswehr:
   Please use the following codes for the different federal states / Federal Armed Forces:

01	..	Schleswig-Holstein	10 ..	Saarland
02	..	Hamburg	11 ..	Berlin
03	..	Niedersachsen / Lower Saxony	12 ..	Brandenburg
04	..	Bremen	13 ..	Mecklenburg-Vorpommern / Mecklenburg-Western Pomerania

05	..	Nordrhein-Westfalen / North-Rhine/Westphalia	14	..	Sachsen / Saxony
06	..	Hessen / Hesse	15	..	Sachsen-Anhalt / Saxony-Anhalt
07	..	Rheinland-Pfalz / Rhineland-Palatinate	16	..	Thüringen / Thuringia
08	..	Baden-Württemberg	17	..	Bundeswehr / Federal Armed Forces
09	..	Bayern / Bavaria			

4) JJJJ-MM-TT / YYYY-MM-DD

5) Wird von der zuständigen Behörde vergeben. Die Registriernummer setzt sich zusammen aus dem Zwei-Buchstaben-Länder-Code aus ISO 3166, gefolgt von einem Schrägstrich, dem Code der zuständigen Behörde, einem Schrägstrich und einer internen Registriernummer, z. B. DE/CA01/nnn...
To be assigned by the competent authority. Composed of the two-letter country code of ISO 3166 followed by a slash, the code of the competent authority, a slash and an internal registration number, e. g.: DE/CA01/nnn...

6) Hersteller nach § 3 Nr. 15 MPG
Manufacturer pursuant to § 3 number 15 Medical Devices Act, MPG

7) Dieser Code wird durch DIMDI erstellt.
This will be generated by DIMDI.

8) Nur auszufüllen vom Bevollmächtigten oder Einführer.
To be filled in only by the authorized representative or importer.

9) Nur der Verantwortliche nach § 5 Satz 1 und 2 MPG hat einen Sicherheitsbeauftragten anzuzeigen.
Only the person responsible pursuant to § 5, 1 and 2 sentence Medical Devices Act, MPG, has to notify one safety officer.

10) Bei Systemen oder Behandlungseinheiten soll die Klassifizierung der Komponente mit dem höchsten Risiko angegeben werden. Bei Betrieb oder Einrichtung (sterilisieren) nach § 25 Abs. 2 i.V.m. § 10 Abs. 3 MPG ist die Angabe der Klassifizierung nicht erforderlich.
The classification of the components with the highest risk is to be indicated on systems or procedure packs. The indication of the classification is not necessary with institutions (sterilizing) pursuant to § 25 (2) in connection with 10 (3) Medical Device Act, MPG.

11) Nach § 3 Nr. 6 MPG handelt es sich um ein „Neues In-vitro-Diagnostikum", wenn:

- ein derartiges Medizinprodukt für den entsprechenden Analyten oder anderen Parameter während der vorangegangenen drei Jahre innerhalb des Europäischen Wirtschaftsraums nicht fortwährend verfügbar war oder
- das Verfahren mit einer Analysentechnik arbeitet, die innerhalb des Europäischen Wirtschaftsraums während der vorangegangenen drei Jahre nicht fortwährend in Verbindung mit einem bestimmten Analyten oder anderen Parametern verwendet worden ist.

Pursuant to § 3 number 6 Medical Devices Act (MPG) an in vitro diagnostic medical device is „new" if:
- there has been no such device continuously available on the European Economic Area during the previous three years for the relevant analyte or other parameter
- the procedure involves analytical technology not continuously used in connection with a given analyte or other parameter on the European Economic Area during the previous three years.

12) Bitte den zutreffenden Code mit dem dazugehörigen Schlagwort aus der jeweils vorgeschriebenen Nomenklatur angeben. Wenn nicht vorhanden, bitte Kurzbeschreibung geben.
Relevant nomenclature code and term have to be taken from the prescribed nomenclature. If not available, please give short description.

13) Wenn der Nomenklaturcode aus der EDMS-Klassifikation stammt:
IVD-Reagenzien: Stufe 5 (Methode) oder, wenn nicht vorhanden, Stufe 4 (Parameter) zur Vergabe des Codes benutzen.
IVD-Instrumente: Stufe 3 (Untergruppe) der Instrumentengruppierung zur Vergabe des Codes benutzen.
Wenn die Global Medical Device Nomenclature (GMDN) zur Codierung benutzt wird, bitte den relevanten Vorzugsbegriff eintragen.
If nomenclature code and term are taken from the EDMS Classification:
IVD Reagents: Level 5 („Method") or if not available Level 4 („Parameter") has to be used.
IVD Instruments: Level 3 („Subgroup") of the instrument grouping has to be used.
If nomenclature code and term are taken from the Global Medical Device Nomenclature (GMDN): Preferred term has to be used.

14) Nur obligatorisch, wenn kein Code mit dem dazugehörigen Schlagwort angegeben wurde. Bitte selbstgewählte Schlagworte verwenden. Es können hier grundlegende Eigenschaften des Produktes angegeben werden, wie z. B. die beabsichtigte Verwendung, maßgebliche Aspekte seiner Klassifizierung, die Hauptwirkungsweise ...
Only compulsory, if no relevant nomenclature code / designation has been given. Please use appropriate terms or a short phrase. The phrase can include basic features of the product such as, for example, the intended use, the aspects go-

verning its classification, the analytical qualification, the principal mode of action ...

15) Vom Hersteller vergebener Name des Produktes / Manufacturer's product name.
16) Der (den) Nummer(n) der Bescheinigung(en) ist die Kennnummer der Benannten Stelle, gefolgt von einem Schrägstrich, voranzustellen, z. B.: 0123/nnn ...
Each certificate number is to precede with the Notified Body identification number followed by a slash, e. g.: 0123/nnn ...

DIMDI-Verordnung *DIMDIV*

Anlage 3 (zu § 4 Abs. 1 Nr. 2 DIMDIV)
Informationen über Bescheinigungen nach § 18 MPG
Information relating to Certificates pursuant to § 18 Medical Devices Act, MPG

Benannte Stelle / Notified Body	
Kennnummer / Identification number	
Bezeichnung / Name	
Staat / State[1]	Land / Federal state[2]
Ort / City	Postleitzahl / Postal code
Straße, Haus-Nr. / Street, house no.	
Telefon / Phone	Telefax / Fax
E-Mail	

Registrierung (nicht Bestandteil der Bescheinigung) / Registration (not part of the certificate)
Typ der Meldung / Notification type
❑ Erstmeldung / Initial notification ❑ Änderungs- oder Ersatzmeldung / Notification of change or replacement ❑ Meldung über verweigerte Bescheinigung / Notification of refused certificat
Bei Änderungs- oder Ersatzmeldung frühere Nummer der Bescheinigung[3] In case of notification of change or replacement previous certificate number

Ausstellungsdatum zur früheren Nummer der Bescheinigung [3) 4)]
Date of issue relating to previous certificate number

Status der Bescheinigung bei Änderungs- oder Ersatzmeldung [5)]
Certificate status at notification of change or replacement

- ❏ geändert / changed
- ❏ ergänzt / complemented
- ❏ eingeschränkt / restricted
- ❏ ersetzt / replaced
- ❏ ausgesetzt / suspended
- ❏ wiedereingesetzt / termination of suspension
- ❏ zurückgezogen / withdrawn
- ❏ gekündigt durch den Hersteller / terminated by the manufacturer

Bescheinigung / Certificate

Nummer der Bescheinigung / Certificate number [7)]

Bescheinigung nach / Certificate according to

❏ Richtlinie 90/385/EWG / Directive 89/385/ECG

Anhang 2 ohne Nummer 4 / Annex 2 without section 4
Anhang 2, Nummer 4 / Annex 2, section 4
Anhang 3 / Annex 3
Anhang 4 / Annex 4 [7)]
Anhang 5 / Annex 5

❏ Richtlinie 93/42/EWG / Directive 93/42/ECG

Anhang II ohne Nummer 4 / Annex II without section 4
Anhang II, Nummer 4 / Annex II section 4
Anhang III / Annex III
Anhang IV / Annex IV [7)]
Anhang V / Annex V
Anhang VI / Annex VI

DIMDI-Verordnung DIMDIV

❏ Richtlinie 98/79/EG / Directive 98/79/EC Anhang III, Nummer 6 / Anhang III, section 6 Anhang IV, Nummer 3 / Annex IV, section 3 Anhang IV, Nummer 4 / Annex IV, section 4 Anhang IV, Nummer 6 / Annex IV, section 6 [7] Anhang V / Annex V Anhang VI / Annex VI [7] Anhang VII, Nummer 3 / Annex VII, section 3 [7] Anhang VII, Nummer 5 / Annex VII, section 5 [7]
Datum der Ausstellung / Aussetzung / Zurückziehung / Verweigerung usw.[4] Date of issue / suspension / withdrawal / refusal etc.
Datum des Ablaufes der Bescheinigung[4] Date of expiry of the certificate

Hersteller / Manufacturer	
Code[8]	
Bezeichnung / Name	
Staat / State [1]	
Ort / City	Postleitzahl / Postal code
Straße, Haus-Nr. / Street, house no.	
Telefon / Phone	Telefax / Fax
E-Mail	

DIMDIV *DIMDI-Verordnung*

Bevollmächtigter / Authorized representative [10)]

Code [8)]

Bezeichnung / Name

Staat / State [1)]

| Ort / City | Postleitzahl / Postal code |

Straße, Haus-Nr. / Street, house no.

| Telefon / Phone | Telefax / Fax |

E-Mail

Zuständige Behörde des Verantwortlichen für das erstmalige Inverkehrbringen [10)]
Competent authority of the person responsible for the first placing on the market

Code [8)]

Bezeichnung / Name

Staat / State [1)]

| Ort / City | Postleitzahl / Postal code |

Straße, Haus-Nr. / Street, house no.

DIMDI-Verordnung   *DIMDIV*

Telefon / Phone	Telefax / Fax
E-Mail	

Von der Bescheinigung erfasste(s) Produkt(e) / Device(s) covered by the certificate

Klassifizierung / Classification

❑ Aktive(s) implantierbare(s) Medizinprodukt(e) / Active implantable medical device(s)
❑ Medizinprodukt(e) der Klasse(n) / Classification of the concerned device(s)

I – steril / sterile

I – mit Messfunktion / with measuring function

IIa

IIb

III

III – hergestellt unter Verwendung von Gewebe tierischen Ursprungs im Sinne der Richtlinie 2003/32/EG
manufactured utilising tissues of animal origin in terms of Directive 2003/32/EC

❑ In-vitro-Diagnostikum(a) / In vitro diagnostic medical device(s)
Produkt(e) der Liste A, Anhang II / Device(s) of List A, Annex II
Produkt(e) der Liste B, Annex II / Device(s) of List B, Annex II
Produkt(e) zur Eigenanwendung, das (die) nicht im Anhang II genannt ist (sind)
Device(s) for self-testing not listed in Annex II

Geltungsbereich des genehmigten Qualitätssicherungssystems
Scope of quality assurance system

Bitte geben Sie die Betriebsstätten ein, auf die sich die Bescheinigung erstreckt
Please identify the facilities covered by the certificate:

Name, Adresse / Name, address

Geltungsbereich der EG-Auslegungs-, EG-Baumusterprüfbescheinigung bzw. EG-Konformitätserklärung Scope of the certificate with EC verification, EC typ-examination or EC declaration of conformity Nomenklaturcode / Nomenclature code [11]
Nomenklaturbezeichnung / Nomenclature term [11]
Kurzbeschreibung / Short description [12]
Ergänzende Angaben im Falle von eingeschränkten, ausgesetzten, zurückgezogenen oder verweigerten Bescheinigungen **Additional information in the event of restricted, suspended, withdrawn or refused certificates** Begründung für die Statusänderung / Reason for change of certificate [13]
Auferlegte Beschränkungen / Imposed restrictions
Einschätzung des Risikos / Estimation of risk ❏ Produktunabhängige Gründe / Reasons not related to the medical device ❏ Produktabhängig, gering / Device related, low ❏ Produktabhängig, hoch / Device related, high [14] Darlegung der Gründe / Explanation of estimated risk
Sonstige zweckdienliche Hinweise (insbesondere Empfehlungen zur Risikoabwehr) Additional information (espicially recommendations for risk management)
Ggf. Fall-Nr. des Vorkommnisberichtes, die im Zusammenhang mit dieser Meldung steht Case no. of the vigilance report associated with this notification

DIMDI-Verordnung   *DIMDIV*

Ort _____   Datum _____
City   Date

                               _____
                               Name   Unterschrift
                                                   Signature

Hinweise zum Ausfüllen / Notes on completing

Die Meldung kann in Deutsch oder Englisch ausgefüllt werden.
The notification may be completed in German or English.

1) Benutzen Sie bitte für die Länder die Codes nach ISO 3166, z. B.:
   Please use for the different states the codes according to ISO 3166, e.g.:

AT .. Österreich / Austria

BE .. Belgien / Belgium

CY .. Zypern / Cyprus

CZ .. Tschechische Republik / Czech Republic

DE .. Deutschland / Germany

2) Benutzen Sie bitte folgende Codes für die Länder / Bundeswehr:
   Please use the following codes for the different federal states / Federal Armed Forces:

01	..	Schleswig-Holstein	10 .. Saarland
02	..	Hamburg	11 .. Berlin
03	..	Niedersachsen / Lower Saxony	12 .. Brandenburg
04	..	Bremen	13 .. Mecklenburg-Vorpommern / Mecklenburg-Western Pomerania
05	..	Nordrhein-Westfalen / North-Rhine/Westphalia	14 .. Sachsen / Saxony

06	.. Hessen / Hesse	15	..	Sachsen-Anhalt / Saxony-Anhalt
07	.. Rheinland-Pfalz / Rhineland-Palatinate	16	..	Thüringen / Thuringia
08	.. Baden-Württemberg	17	..	Bundeswehr / Federal Armed Forces
09	.. Bayern / Bavaria			

3) Zu jeder früheren Nummer der Bescheinigung muss das entsprechende Ausstellungsdatum angegeben werden. Der Nummer der Bescheinigung ist die Kennnummer der Benannten Stelle, gefolgt von einem Schrägstrich, voranzustellen, z. B.: 0123/nnn …
The date of issue has to be provided for each previous certificate number. The certificate number is to be preceded with the identification number of the corresponding Notified Body followed by a slash, e. g.: 0123/nnn …

4) JJJJ-MM-TT / YYYY-MM-DD

5) Geändert bezieht sich nicht auf den Geltungsbereich der Bescheinigung, sondern betrifft z. B. die Änderung der Adresse oder des Namens der juristischen Person des Herstellers. Eingeschränkt und ergänzt beziehen sich auf den Geltungsbereich der Bescheinigung. Ersetzt, ausgesetzt, wiedereingesetzt, zurückgezogen und gekündigt beziehen sich auf die gesamte Bescheinigung.
Changed is not to be seen in relation to scope of certificate, but it concerns e. g. the change of the address or the name of the entity of the manufacturer. Restricted and complemented relate to scope of certificate. Replaced, suspended, termination of suspension, withdrawn and terminated apply to the whole certificate.

6) Diese Nummer wird von der Benannten Stelle vergeben. Ihr ist die Kennnummer der Benannten Stelle voranzustellen, z. B.: 0123/nnn …
This number is assigned by the Notified Body reporting. It has to be preceded with the identification number of the corresponding Notified Body, e. g.: 0123/nnn …

7) Für die EG-Prüfung verlangen die Richtlinien von den Benannten Stellen, für jede zu genehmigende Charge (oder jedes einzelne Produkt) eine Bescheinigung auszustellen. Für die Informationen, welche im Zusammenhang mit dem Datenaustausch von den Benannten Stellen zur Verfügung gestellt werden, ist es ausreichend, in der Datenbank die Art der Bescheinigung, welche dem Hersteller für ein bestimmtes Produkt erteilt wurde, und die Kennnummer der Benannten Stelle, die sie ausgestellt hat, zu finden. Gleiches gilt für die Überprüfung der hergestellten Produkte im Sinne der Anhänge IV Abs. 6 und VII Abs. 5 der Richtlinie 98/79/EG.
For EC verification, the directives require the Notified Bodies to issue a certificate for each batch (or for each individual device) to be approved. For the information

DIMDI-Verordnung *DIMDIV*

provided in connection with the regulatory data exchange by a given Notified Body, it is sufficient to find the kind of certificate which has been granted to the manufacturer of a given device and the identification number of the Notified Body which issued it in the data base. The same applies to the examination of the manufactured devices within the meaning of Annexes IV point 6 and VII point 5 of the Directive 98/79/EC.

8) Dieser Code wird durch DIMDI erstellt.
This will be generated by DIMDI.

9) Fakultativ auszufüllen, wenn der Hersteller seinen Sitz nicht im Bereich des EWR hat. Dabei sind mindestens die Bezeichnung, das Land und der Ort anzugeben. Im Falle mehrerer Bevollmächtigter sollte – soweit vorhanden – der deutsche Bevollmächtigte eingetragen werden.
To be filled in optionally if the manufacturer is not located in the EEA. Please state at least name, country and city. In case of several authorized representatives, the German authorized representative should be registered, if available.

10) Auszufüllen bei eingeschränkten, ausgesetzten, zurückgezogenen oder verweigerten Bescheinigungen. Bei nicht im EWR ansässigen Herstellern sollte – soweit vorhanden – die zuständige Behörde für den deutschen Bevollmächtigten angegeben werden.
To billed out in the case of a certificate that is restricted, suspended, withdrawn or refused. When the manufacturer are not located in the EEA, the competent authority for the German authorized representative should be specified, if available.

11) Bitte den zutreffenden Code mit dem zugehörigen Schlagwort aus der jeweils vorgeschriebenen Nomenklatur angeben. Wenn nicht vorhanden, bitte Kurzbeschreibung geben. Nur bei Produkten, für die eine EG-Auslegungs-, EG-Baumusterprüfbescheinigung bzw. EG-Konformitätserklärung ausgestellt wurde.
Please enter the relevant code and its designation from the prescribed nomenclature. If not available, please give a short description. Only with products, for which an EC verification, EC type-examination or EC declaration of conformity has been issued.

12) Nur obligatorisch, wenn kein Code mit dem dazugehörigen Schlagwort angegeben wurde. Bitte selbst gewählte Schlagworte verwenden. Es können hier grundlegende Eigenschaften des Produktes angegeben werden, wie z. B. die beabsichtigte Verwendung, maßgebliche Aspekte seiner Klassifikation, die Hauptwirkungsweise …
Only compulsory, if no relevant code / designation has been given. Please use appropriate terms or a short phrase. The phrase can include basic features of the product such as, for example, the intended use, the aspects governing its classification, the principal means of action ...

13) Bitte Begründung nach § 18 Abs. 1 MPG angeben. Sofern die für den Hersteller oder Bevollmächtigten zuständige Behörde ihren Sitz nicht im deutschsprachigen Raum hat, sollten die Angaben in Englisch erfolgen.

Please give reasons for change of the certificate pursuant to § 18 (1) Medical Devices Law, MPG. If the competent authority is located outside of German-speaking contries, details should be given in English.

14) Risiken, die zum Tode oder zu einer schwerwiegenden Verschlechterung des Gesundheitszustandes eines Patienten oder eines Anwenders führen können.
Risks which may lead to death or to a serious deterioration in the state of health of a patient, user or other person.

DIMDI-Verordnung *DIMDIV*

Anlage 4[8] (zu § 4 Absatz 1 Nummer 3)

Klinische Prüfung / Leistungsbewertungsprüfung nach den §§ 20 bis 24 MPG

Clinical Investigation / Performance Evaluation according to §§ 20 - 24 Medical Devices Act, MPG

Identifikationsnummer EUDAMED
Unique identification number EUDAMED [1)]

Antrags- bzw. Anzeigentyp / Application or notification type
- ☐ Antrag auf Genehmigung / Bewertung
  Application for approval / evaluation
- ☐ Antrag auf Befreiung von der Genehmigungspflicht für Medizinprodukte mit geringem Sicherheitsrisiko
  Application for exemption from approval obligation for medical devices with low safety risk
- ☐ Antrag auf Genehmigung einer wesentlichen Änderung nach § 22c Abs. 2 und 3 MPG
  Application for approval of a significant amendment according to § 22c (2) and (3) MPG
- ☐ Anzeige einer sonstigen Änderung / Notification of any other amendment
- ☐ Nachlieferung / Subsequent delivery
- ☐ Anzeige des Abbruchs der klinischen Prüfung / Leistungsbewertungsprüfung durch den Sponsor
  Notification of early termination of the clinical investigation / performance evaluation by the sponsor
- ☐ Anzeige der Beendigung der klinischen Prüfung / Leistungsbewertungsprüfung
  Notification of completion of the clinical investigation / performance evaluation

---

Zuständige Bundesoberbehörde / Competent authority [2)]

Bezeichnung / Name   ☐ BfArM [2)]
                                                             ☐ PEI [2)]

---

8) Verordnung vom 10. Mai 2010.

Zuständige Ethik-Kommission / Competent Ethics Committee [3)]

Bezeichnung / Name

Angaben zum Sponsor / Sponsor identification details

❏ Produzent / Manufacturer ❏ Bevollmächtigter / Authorised Representative
❏ Anderer / Other

Bezeichnung / Name

Staat / State [4)]   Land / Federal state [5)]

Ort / City   Postleitzahl / Postal code

Straße, Haus-Nr. / Street, house no.

Name der Kontaktperson des Sponsors / Name of the sponsor's contact person [6)]

Telefon / Phone   Telefax / Fax

E-Mail / E-mail

Produzent / Manufacturer 7)

Bezeichnung / Name

Staat / State [4)]   Land / Federal state [5)]

Ort / City   Postleitzahl / Postal code

DIMDI-Verordnung *DIMDIV*

Straße, Haus-Nr. / Street, house no.

Name der Kontaktperson des Produzenten Name of the manufacturer's contact person [6)]

Telefon / Phone	Telefax / Fax

E-Mail / E-mail

Leiter der klinischen Prüfung / **Leiter der Leistungsbewertungsprüfung** **Principal coordinating investigator** **Principal coordinator of performance evaluation** Name / Name

Staat / State [4)]	Land / Federal state [5)]

Ort / City	Postleitzahl / Postal code

Straße, Haus-Nr. / Street, house no.

Telefon / Phone	Telefax / Fax

E-Mail / E-mail

Prüfstelle(n) und Prüfer **Study site(s) and investigator(s)** Bezeichnung der Prüfstelle / Name

Staat / State [4)]	Land / Federal state [5)]

DIMDIV *DIMDI-Verordnung*

Ort / City   Postleitzahl / Postal code
Straße, Haus-Nr. / Street, house no.
Telefon / Phone   Telefax / Fax
E-Mail / E-mail
Name der Prüfer unter Angabe des Hauptprüfers Name of investigator(s), indicating the main investigator

Zuständige Behörde für diese Prüfstelle
Competent authority (Study site) [8]

Code / Code

Beteiligte Ethik-Kommission für diese Prüfstelle
Ethics Committee involved (Study site) (Study site) [9]

Code / Code

Angaben zum Medizinprodukt / Information on the Medical Device (MD)

- ❏ Aktives Medizinprodukt (inkl. AIMP, sonstiges aktives MP
  Active medical device (incl. AIMD, other active MD)
- ❏ Nichtaktives Medizinprodukt
  Non-active medical device
- ❏ In-vitro-Diagnostikum (IVD)
  In vitro diagnostic agent
- ❏ Steriles Medizinprodukt (ggf. Angabe der externen Sterilisationseinrichtung)
  Sterile medical device (indication of external sterilisation facility if applicable)

DIMDI-Verordnung *DIMDIV*

Angaben zur Identifikation des Produkts / Identification Details

Bezeichnung und ggf. Handelsname des Produkts
Name and trade name (if applicable) of the device

Allgemeine Produktbezeichnung / ggf. Kurzbeschreibung
General device description / short description (if applicable)

Modell / Model name

Andere Namen und Modelle, falls in anderen Mitgliedstaaten abweichend
Other names and models if different in other Member States (MS)

Nomenclatur / Nomenclature [11]

❏ UMDNS

❏ EDMS-Klassifikation / EDMS classification

❏ GMDN

Wurde das Medizinprodukt unter Verwendung von Gewebe tierischen Ursprungs hergestellt? [12]
Has the medical device been produced using animal-derived tissue?   ❏ ja / yes   ❏ nein / no

Falls ja, welches / If yes, which

Gehört zu den Bestandteilen des Medizinprodukts ein Stoff oder ein Derivat aus menschlichem Blut? [13]
Are any of the constituents of the medical device substances or derivatives of human blood?   ❏ ja / yes   ❏ nein / no

Falls ja, welcher / If yes, which

Trägt das Medizinprodukt eine CE-Kennzeichnung? [14] Does the medical device bear CE labelling?	☐ ja / yes	☐ nein / no

Falls IVD: Angaben zum Vergleichsprodukt (sofern vorhanden)
if IVD: Information on the product used as comparator (if any)

☐ Andere Medizinprodukte / Other MD   ☐ Andere / Other

☐ Andere In-vitro-Diagnostika (IVD)
Other in vitro diagnostic agents

☐ Arzneimittel / Medicinal product

Angaben zur Identifikation des Vergleichsprodukts / Identification details

Handelsname des Produkts / Trade name of the device

Modell / Model name

Angaben zur klinischen Prüfung / Leistungsbewertungsprüfung
General information concerning the clinical investigation / performance evaluation

☐ Klinische Prüfung / Clinical investigation

☐ Leistungsbewertungsprüfung / Performance evaluation

Produkt zur Eigenanwendung Device for self-testing [15]	☐ ja / yes	☐ nein / no

Vollständiger Titel der klinischen Prüfung / Leistungsbewertungsprüfung
Full title of the clinical investigation / performance evaluation

DIMDI-Verordnung DIMDIV

Name oder abgekürzter Titel der klinischen Prüfung / Leistungsbewertungsprüfung
(falls vorhanden)
Name or abbreviated title of the clinical investigation / performance evaluation (if applicable)

Multizentrische klinische Prüfung / Leistungsbewertungsprüfung ☐ ja / yes ☐ nein / no
Multicentric clinical investigation / performance evaluation

Andere Mitgliedsstaaten, in deren Zuständigkeitsbereich die klinische Prüfung / Leistungsbewertungsprüfung ebenfalls durchgeführt wird
Other Member States participating in clinical investigation / performance evaluation as part of a multicentre / multinational study at the time of filling

Protokollbezeichnung des Prüf- / Evaluierungsplanes
Protocol name of the investigation / evaluation plan

Prüfplancode des Sponsors / Sponsor's Protocol Code number

Versionsnummer des Prüfplanes / Sponsor's Protocol version number

Datum des Prüfplanes / Sponsor's Protocol date

Geplanter Beginn / Planned starting date [16]

Geplantes Ende / Planned finishing date [16]

Geplante Patienten- / Probandenzahl der gesamten klinischen Prüfung / Leistungsbewertungsprüfung
Planned number of patients / subjects involved in the entire clinical investigation / performance evaluation

Geplante Patienten- / Probandenzahl in Deutschland Planned number of patients / subjects in Germany
Geplante Anzahl der eingesetzten Produkte Planned number of devices used
Geplante Anzahl der Anwendungen je Proband Planned number of applications per subject
Primärziel der klinischen Prüfung / Leistungbewertungsprüfung Primary objective of the clinical investigation / performance evaluation

Probandenpopulation / Selected population **Population / Population** [17)
Alter / Age [18)
Geschlecht / Sex
Einschlusskriterien (vollständig) Inclusion criteria (full list)
Ausschlusskriterien (vollständig) Exclusion criteria (full list)

Anlagen nach § 3 Abs. 2, 3 und 4 der „Verordnung über klinische Prüfungen von Medizinprodukten" Enclosures according to § 3 (2), (3) and (4) of the „Verordnung über klinische Prüfungen von Medizinprodukten"

DIMDI-Verordnung *DIMDIV*

**Antrag auf Genehmigung einer wesentlichen Änderung /
Anzeige einer nicht wesentlichen Änderung
Application for approval of a significant amendment /
Notification of a non significant amendment**

Inhalt der Änderung / Content of change

Grund der Änderung / Justification of change

Nachlieferung / Subsequent delivery

Angefordert durch / Requested by

Bemerkungen / Notes

**Anzeige des Abbruchs der klinischen Prüfung /
Leistungsbewertungsprüfung durch den Sponsor
Notification of early termination of the clinical investigation /
performance evaluation by the sponsor**

☐ Sicherheitsgründe /safety reasons   ☐ Andere Gründe /
Other reasons

Angefordert durch / Requested by

Grund des Abbruchs / Wenn sicherheitsrelevant, welche
Vorsichtsmaßnahmen wurden getroffen oder empfohlen, etc.
Reason for early termination / If relevant to safety, which precautionary
measures were taken or recommended, etc.

DIMDIV *DIMDI-Verordnung*

Anzeige der Beendigung der klinischen Prüfung / Leistungsbewertungsprüfung
Notification of completion of the clinical investigation / performance evaluation

Datum der Beendigung / Date of completion

Kommentare zur Beendigung / Comments on this completion

Ich versichere, dass die Angaben nach bestem Wissen und Gewissen gemacht wurden.
I affirm that the information given above is correct to the best of my knowledge.

Ort _____ Datum _____
City Date

_____
Name [19)]

DIMDI-Verordnung

Hinweise zum Ausfüllen / Notes on completing

1) Wird vom DIMDI eingetragen, sobald vorhanden.
   Will be filled out by DIMDI, as soon as available.

2) Das Bundesinstitut für Arzneimittel und Medizinprodukte (BfArM) ist zuständig für klinische Prüfungen von Medizinprodukten und für Leistungsbewertungsprüfungen von In-vitro-Diagnostika, ausgenommen derer, für die das Paul-Ehrlich-Institut zuständig ist.
   Das Paul-Ehrlich-Institut (PEI) ist zuständig für Leistungsbewertungsprüfungen von den nachfolgend genannten Reagenzien und Reagenzprodukten (einschließlich Kalibrier- und Kontrollmaterialien) des Anhangs II der Richtlinie 98/79/EG über In-vitro-Diagnostika: HIV 1 und 2, HTLV I und II, Hepatitis B, C und D, Röteln, Toxoplasmose, Cytomegalovirus, Chlamydien, AB0-System, Rhesus (C, c, D, E, e), Kell-System, Duffy-System, Kidd-System, irreguläre Anti-Erythrozyten-Antikörper, HLA Antigen-Gewebetypen DR, A und B.
   The Federal Institute for Drugs and Medical Devices (BfArM) is responsible for clinical investigations of medical devices and for performance evaluations of in vitro diagnostic agents, with the exception of those for which the Paul Ehrlich Institute is responsible.
   The Paul-Ehrlich-Institute (PEI) is responsible for performance evaluations of the following reagents and reagent products including materials for calibration and control according to Annex II of Directive 98/79/EC: HIV 1 and 2, HTLV I and II, hepatitis B, C and D, rubella, toxoplasmosis, cytomegalovirus, chlamydia, AB0 system, rhesus (C, c, D, E, e), Kell system, Duffy system, Kidd system, irregular anti-erythrocyte antibody, HLA tissue types DR, A and B.

3) Geben Sie hier bitte die nach § 22 Abs. 1 MPG zuständige Ethik-Kommission an.
   Please indicate here the Ethics Committee responsible according to § 22 (1) Medical Devices Act (MPG).

4) Benutzen Sie bitte für die Staaten die Codes nach ISO 3166 (1993), z. B.:
   Please use for the different states the codes according to ISO 3166 (1993), e.g.:

AT .. Österreich / Austria

BE .. Belgien / Belgium

CY .. Zypern / Cyprus

CZ .. Tschechische Republik / Czech Republic

DE .. Deutschland / Germany

5) Benutzen Sie bitte folgende Codes für die Länder / Bundeswehr:
Please use the following codes for the different federal states / Federal Armed Forces:

Code	Land	Code	Land
01	Schleswig-Holstein	10	Saarland
02	Hamburg	11	Berlin
03	Niedersachsen / Lower Saxony	12	Brandenburg
04	Bremen	13	Mecklenburg-Vorpommern / Mecklenburg-Western Pomerania
05	Nordrhein-Westfalen / North-Rhine/Westphalia	14	Sachsen / Saxony
06	Hessen / Hesse	15	Sachsen-Anhalt / Saxony-Anhalt
07	Rheinland-Pfalz / Rhineland-Palatinate	16	Thüringen / Thuringia
08	Baden-Württemberg	17	Bundeswehr / Federal Armed Forces
09	Bayern / Bavaria		

6) In der Folge geben Sie bitte Telefon, Telefax und E-Mail der Kontaktperson an.
Please indicate phone number, fax number and e-mail address of the contact person.

7) Der Produzent ist nur dann extra anzugeben, wenn er nicht der Sponsor ist.
The manufacturer is only to be indicated separately if the latter is not the sponsor.

8) Der Code der zuständigen Behörde der Prüfstelle setzt sich zusammen aus dem Zwei-Buchstaben-Länder-Code nach ISO 3166, gefolgt von einem Schrägstrich, den Buchstaben CA und der Nummer der zuständigen Behörde im Land, z. B.: DE/CA01. Für weitere Prüfeinrichtungen ist die jeweils zuständige Behörde anzugeben. Bei Eintrag ausländischer Prüfeinrichtungen im EWR muss hier auch die zuständige ausländische Behörde eingetragen werden. Die zuständigen Behörden für die deutschen Prüfeinrichtungen werden benachrichtigt, die ausländischen Behörden werden nicht benachrichtigt, außer in den Fällen, die in dem Gesetz zur Änderung medizinprodukterechtlicher Vorschriften vom 29. Juli 2009 (BGBl. I S. 2326) vorgesehen sind.

DIMDI-Verordnung   DIMDIV

    Composed of the two-letter country code according to ISO 3166 followed by a slash, the letters CA and the number of the competent authority in the federal state, e.g.: DE/CA01. For further study sites, specify the respective competent authority. In case of entry of foreign study sites in the EEA, the respective competent foreign authority must also be entered here. The competent authorities for the German study sites are notified and the foreign authorities are not notified, except for in thoses cases for which provision is made in the „Gesetz zur Änderung medizinprodukterechtlicher Vorschriften" of 29th July 2009 (BGBl. I S. 2326).

9) Der Code der zuständigen Ethik-Kommission der Prüfstelle setzt sich zusammen aus dem Zwei-Buchstaben-Länder-Code nach ISO 3166, gefolgt von einem Schrägstrich, den Buchstaben EK, dem Zwei-Buchstaben-Kürzel des Deutschen Bundeslandes und der Nummer der zuständigen Ethik-Kommission im Land, z. B.: DE/EKBY01. Für weitere Prüfstellen ist die jeweils zuständige Ethik-Kommission anzugeben. Bei Eintrag ausländischer Prüfstellen im EWR muss keine ausländische Ethik-Kommission eingetragen werden. Die zuständigen Ethik-Kommissionen für die deutschen Prüfstellen werden benachrichtigt.
Composed of the two-letter country code according to ISO 3166 followed by a slash, the letters EK, the two-letter code of the federal state of Germany and the number of the competent Ethics Committee in the federal state, e.g.: DE/EKBY01. For further study sites specify the respective Ethics Committees. In case of entry of foreign study sites in the EEA, it is not necessary to enter any foreign Ethics Committee. The competent Ethics Committees for the German study sites are notified.

10) Nur obligatorisch, wenn kein Code mit dem dazugehörigen Schlagwort angegeben wurde. Bitte selbst gewählte Schlagworte zur Identifizierung des Produktes verwenden.
Only compulsory, if no relevant code/designation has been given. Please use appropriate terms or a short phrase for the identification of the product.

11) Bitte den zutreffenden Code mit dem dazugehörigen Schlagwort aus der jeweils vorgeschriebenen Nomenklatur angeben. Wenn nicht vorhanden, bitte eine Kurzbeschreibung geben.
Please enter the relevant code and its designation from the prescribed nomenclature. If not available, please give a short description.

12) Gemäß der Richtlinie 93/42/EWG, Anhang VIII, Nr. 2.2, 7. Spiegelstrich, ist eine Erklärung abzugeben, ob das Medizinprodukt unter Verwendung von Gewebe tierischen Ursprungs im Sinne der Richtlinie 2003/32/EG hergestellt wurde; der ja/nein-Eintrag entspricht dieser Erklärung.
According to Directive 93/42/EEC, attachment VIII, No. 2.2, 7th indent, a statement must be made as to whether or not the medical device has been produced using animal-derived tissue as specified in Directive 2003/32/EC; yes/no entry corresponds to this declaration.

13) Gemäß der Richtlinie 90/385/EWG, Anhang 6, Nr. 2.2, 6. Spiegelstrich, und der Richtlinie 93/42/EWG, Anhang VIII, Nr. 2.2, 6. Spiegelstrich, ist eine Erklärung

abzugeben, ob zu den festen Bestandteilen des Medizinprodukts ein Stoff oder ein Derivat aus menschlichem Blut im Sinne der Richtlinie 90/385/ EWG, Anhang 1 Abschnitt 10 oder Anhang I Abschnitt 7.4 der Richtlinie 93/42/ EWG gehört; der ja/nein-Eintrag entspricht dieser Erklärung.
According to Directive 90/385/EEC, attachment 6, No. 2.2, 6th indent, and Directive 93/42/EEC, attachment VIII, No. 2.2, 6th indent, a statement must be made as to whether or not one of the stable constituents of the medical device is a substance or derivative of human blood as specified in Directive 90/385/EEC, attachment 1, paragraph 10 or Directive 93/42/EEC, attachment I, paragraph 7.4; yes/no entry corresponds to this declaration.

14) Wenn das Medizinprodukt eine CE-Kennzeichnung trägt, sind weiterführende Angaben zu machen über die neue Zweckbestimmung (mit Ausnahme der klinischen Prüfungen / Leistungsbewertungsprüfungen nach § 1 Absatz 1 Nr. 3 der Verordnung über klinische Prüfungen von Medizinprodukten – Post Market Clinical Follow-Up), die Kennnummer der Benannten Stelle und die Klassifizierung des Medizinprodukts.
If the medical device has a CE mark of conformity, further information must be provided about the new purpose (with the exception of clinical investigation / performance evaluation of medical devices according to § 1 paragraph 1 No. 3 of the regulation on clinical investigation of medical devices – Post Market Clinical Follow-Up), the reference number of the notified body and the classification of the medical device.

15) Nur bei Leistungsbewertungsprüfung. Auch die maximale Anzahl der Laien insgesamt / in Deutschland ist anzugeben.
Only indicate for performance evaluation. The maximum number of laypersons overall / in Germany is also to be indicated.

16) JJJJ-MM/YYYY-MM

17) Verschiedene Gruppen werden zur Auswahl angeboten.
Different groups are provided for selection.

18) Altersgruppen werden zur Auswahl angeboten.
Age groups are provided for selection.

19) Bitte geben Sie hier den Namen des Verantwortlichen für die Firma an, die als Sponsor eingetragen wurde.
Please enter here the name of the responsible person for the firm entered as the sponsor.

DIMDI-Verordnung DIMDIV

Anlage 5[9] (zu § 4 Absatz 1 Nummer 4)

Mitteilungen zur Klassifizierung eines Medizinproduktes bzw. Abgrenzung zu Nicht-Medizinprodukten

Notice on the Classification of a Medical Device or Demarcation from other Products

Zuständige Behörde / Competent authority	
Code [1)	
Bezeichnung / Name	
Staat / State [2)	Land / Federal state [3)
Ort / City	Postleitzahl / Postal code
Straße, Haus-Nr. / Street , house no.	
Telefon / Phone	Telefax / Fax
E-Mail	

Angaben zur Einstufung oder Entscheidung Information on the adjudication or classification	
Aktenzeichen / Reference number	Datum der Mitteilung / Date of notice
Bearbeiter / Person responsible	E-Mail

---

9) Verordnung vom 10. Mai 2010.

DIMDIV *DIMDI-Verordnung*

Art der Mitteilung / Kind of notice

☐ Klassifizierung eines Medizinproduktes / Classification of a medical device
☐ Abgrenzung eines Medizinproduktes zu Nicht-Medizinprodukten Demarcation of a medical device from other products

Kennnummer der benannten Stelle nach § 13 Abs. 2 MPG
Notified body identification number pursuant to § 13 (2) Medical Device Act, MPG

Angaben zum Produkt / Information on the product

Produktbezeichnung / Name of device [4]

Hersteller / Manufacturer

Zweckbestimmung und bestimmungsgemäße Hauptwirkung des Produktes
Purpose of the product and main effect

Ergangene Entscheidung / Adjudication

☐ Kein Medizinprodukt / No medical device

☐ Medizinprodukt / Medical device

☐ Arzneimittel / Medicinal product

☐ Kosmetikum / Cosmetic

☐ Persönliche Schutzausrüstung / Personal protective equipment

☐ Sonstiges Produkt / Pther product [6]

DIMDI-Verordnung *DIMDIV*

Arzneimittelhaltiges Medizinprodukt / Device incorporating medicinal substances

☐ ja / yes ☐ nein / no

☐ Nichtaktives Medizinprodukt / Non-active medical device

☐ Aktives Medizinprodukt / Aktive medical device

☐ Aktives implantierbares Medizinprodukt / Aktive implantable medical device

☐ In-vitro-Diagnostikum / In vitro diagnostic medical device

Angewendete rechtliche Grundlage / Used legal regulation [6]

Medizinproduktegesetz (MPG) / Medical Devices Act, MPG

☐ MPG § 2 Abs.___

☐ MPG § 3 Nr.___

Europäische Richtlinie / European Directive

☐ Richtlinie 90/385/EWG   Fundstelle / Reference
  Directive 90/385/ECG

☐ Richtlinie 93/42/EWG
  Directive 93/42/ECG

☐ Richtlinie 98/79/EG
  Directive 98/79/EC

Andere Rechtsgrundlage / Other legal regulation [7]

Staat / State [2]

Bezeichnung / Title of regulation

Festgelegte Klassifizierung des Medizinproduktes nach Anhang IX der Richtlinie 93/42/EWG
Stated classification of the medical device according to annex IX of Directive 93/42/EEC

Klasse / Class
- ❏ I
- ❏ I - steril / sterile
- ❏ I - mit Messfunktion / with measuring function
- ❏ IIa
- ❏ IIb
- ❏ III
- ❏ III hergestellt unter Verwendung von Gewebe tierischen Ursprungs im Sinne der Richtlinie 2003/32/EG
manufactured utilising tissues of animal origin in terms of Directive 2003/32/EC

Angewendete Regelnummer / Used rule number

Aktuelle MEDDEV Revisions- und Regel-Nummer
Valid MEDDEV revision and rule number [8]

Begründung, Anmerkung, Kurzbeschreibung, falls erforderlich
Arguments, comments, short description if necessary

Festgelegte Zuordnung des In-vitro-Diagnostikums
Stated classification of the in vitro diagnostic medical device

- ❏ Produkt der Liste A, Anhang II / Device of List A, Annex II
- ❏ Produkt der Liste B, Anhang II / Device of List B, Annex II
- ❏ Produkt zur Eigenanwendung, das nicht in Anhang II genannt ist
Device for self-testing not listed in Annex II
- ❏ Sonstiges Produkt / Other product (all devices execpt Annex II and self-testing devices)

DIMDI-Verordnung *DIMDIV*

Begründung, Anmerkung, Kurzbeschreibung, falls erforderlich   Arguments, comments, short description if necessary
Codierung des Medizinproduktes / Coding of the medical device   ❏ Nomenklaturcode vorhanden / Nomenclaturecode available   ❏ Nomenklaturcode nicht vorhanden / Nomenclaturecode not available
Nomenklaturcode / Nomenclature code [9)]
Nomenklaturbezeichnung / Nomenclature term [9)]
Kategoriecode / Category code [10)]
Kategorie / Category [10)]

DIMDIV *DIMDI-Verordnung*

Hinweise zum Ausfüllen / Notes on completing

1) Bitte geben Sie den Code der entscheidenden zuständigen Bundesoberbehörde (Bundesinstitut für Arzneimittel und Medizinprodukte – BfArM – oder Paul-Ehrlich-Institut – PEI –) oder der Landesbehörde ein. Der Code der zuständigen Behörde setzt sich zusammen aus dem Zwei-Buchstaben-Länder-Code nach ISO 3166, gefolgt von einem Schrägstrich, den Buchstaben CA und der Nummer der zuständigen Behörde im Staat, z. B.: DE/CA01.
Please enter the code of the decision-making competent authority (Federal Institute for Drugs and Medical Devices – BfArM – or Paul-Ehrlich-Institut – PEI – or Federal State authority). Composed of the two-letter country code according to ISO 3166 followed by a slash, the letters CA and the number of the competent authority in the state, e.g.: DE/CA01.

2) Benutzen Sie bitte für die Staaten die Codes nach ISO 3166 (1993), z. B.:
Please use for the different states the codes according to ISO 3166 (1993), e.g.:

AT .. Österreich / Austria

BE .. Belgien / Belgium

CY .. Zypern / Cyprus

CZ .. Tschechische Republik / Czech Republic

DE .. Deutschland / Germany

3) Benutzen Sie bitte folgende Codes für die Länder / Bundeswehr:
Please use the following codes for the different federal states / Federal Armed Forces:

01	.. Schleswig-Holstein	10	..	Saarland
02	.. Hamburg	11	..	Berlin
03	.. Niedersachsen / Lower Saxony	12	..	Brandenburg
04	.. Bremen	13	..	Mecklenburg-Vorpommern / Mecklenburg-Western Pomerania
05	.. Nordrhein-Westfalen / North-Rhine/Westphalia	14	..	Sachsen / Saxony

DIMDI-Verordnung   DIMDIV

06	..	Hessen / Hesse	15	.. Sachsen-Anhalt / Saxony-Anhalt
07	..	Rheinland-Pfalz / Rhineland-Palatinate	16	.. Thüringen / Thuringia
08	..	Baden-Württemberg	17	.. Bundeswehr / Federal Armed Forces
09	..	Bayern / Bavaria		

4) Es werden allgemeine Produktbezeichnungen angegeben, nicht jedoch Handelsnamen. Beispiel: Gleitmittel.
General product names are used but not trade names. Example: Lubricant.

5) Bitte sonstige Gruppenbezeichnung eintragen und ggf. im Feld „Begründung, Anmerkung, Kurzbeschreibung" zutreffende EU-Richtlinie angeben.
Please enter other group designation and cite in field „Arguments, comments, short description" relevant European Directive, if available.

6) Ggf. Absatz oder Nummer angeben.
Please specify paragraph or number.

7) Bezieht sich auf eine andere Rechtsgrundlage. Bitte Staat und genaue Bezeichnung der Rechtsvorschrift angeben.
Refers to other legal regulation. The state and the title of the regulation have to be stated.

8) Wenn in MEDDEV-Dokumenten Beispiele vorhanden sind, bitte Angabe der MEDDEV-Nummer sowie der Revisions- und Regelnummer, die zum Zeitpunkt der Mitteilung gültig sind. Beispiel: MEDDEV 2.4/1, Rev. 4, Regel 2.
If there are examples in MEDDEV documents please indicate the numbers of MEDDEV, of revision and rule, which are valid at the time of notice. Example: MEDDEV 2.4/1, rev. 4, rule 2.

9) Bitte den zutreffenden Code mit dem dazugehörigen Schlagwort aus der jeweils vorgeschriebenen Nomenklatur angeben.
Please enter the relevant code and its designation from the prescribed nomenclature.

10) Kategoriecode und Kategorie basieren auf der EN ISO 15225. In der Reihenfolge der Kategoriebegriffe (a) bis (l) soll der erste zutreffende Begriff für das Medizinprodukt vergeben werden.
Device category code and term are based on EN ISO 15225. The device should be assigned to the first cate-gory in which it fits, moving from the top downwards i.e. from (a) to (l).

Code:			Code:		
06	Produkte zur In-vitro-Diagnostik In vitro diagnostic devices	(a)	02	Anästhesie- und Beatmungsgeräte Anaesthetic and respiratory devices	(g)
01	Aktive implantierbare Produkte Active implantable devices	(b)	04	Elektrische und mechanische Medizinprodukte Electrical and mechanical medical devices	(h)
07	Nichtaktive implantierbare Produkte Non-active implantable devices	(c)	09	Wiederverwendbare Instrumente Reusable instruments	(i)
03	Zahnärztliche Produkte Dental devices	(d)	10	Produkte zum Einmalgebrauch Single use devices	(j)
08	Ophthalmische und optische Produkte Ophthalmic and optical devices	(e)	11	Technische Hilfen für behinderte Menschen Technical aids for disabled persons	(k)
12	Röntgen- und andere bildgebende Geräte Diagnostic and therapeutic radiation devices	(f)	05	Krankenhausinventar Hospital hardware	(l)

Verordnung über Vertriebswege für Medizinprodukte (MPVertrV)[1]

Vom 17. Dezember 1997 (BGBl. I S. 3148),
zuletzt geändert durch Artikel 382 der Verordnung vom 31. Oktober 2006 (BGBl. I S. 2407, 2458)[2].

§ 1 Apothekenpflicht

(1) Medizinprodukte, die nach den Vorschriften des Medizinproduktegesetzes in den Verkehr gebracht werden und

1. nach der Verordnung über die Verschreibungspflicht von Medizinprodukten vom 17. Dezember 1997 (BGBl. I S. 3146) in der jeweils geltenden Fassung verschreibungspflichtig sind oder

2. in der Anlage aufgeführt sind,

dürfen berufs- oder gewerbsmäßig nur in Apotheken in den Verkehr gebracht werden (apothekenpflichtige Medizinprodukte).

(2) Apothekenpflichtige Medizinprodukte dürfen von juristischen Personen des Privatrechts, rechtsfähigen Personengesellschaften, nicht rechtsfähigen Vereinen und Gesellschaften des bürgerlichen Rechts an ihre Mitglieder nicht abgegeben werden. Abweichend von Satz 1 gilt dies nicht, wenn es sich bei den Mitgliedern um Apotheken oder um die in § 2 genannten Personen und Einrichtungen handelt und die Abgabe unter den dort bezeichneten Voraussetzungen erfolgt.

§ 2 Ausnahme von der Apothekenpflicht

Hersteller von Medizinprodukten, deren Bevollmächtigte, Einführer und Händler von Medizinprodukten dürfen apothekenpflichtige Medizinprodukte außer an Apotheken nur abgeben an

1. andere Hersteller von Medizinprodukten, deren Bevollmächtigte, Einführer oder Händler von Medizinprodukten, soweit diese die Medizinprodukte nicht an Be-

---

1) Die Verpflichtungen aus der Richtlinie 83/189/EWG des Rates vom 28. März 1983 über ein Informationsverfahren auf dem Gebiet der Normen und technischen Vorschriften (ABl. EG Nr. L 109 S. 8), zuletzt geändert durch die Richtlinie 94/10/EG des Europäischen Parlaments und des Rates vom 23. März 1994 (ABl. EG Nr. L 100 S. 30), sind beachtet worden.
2) Redaktionelle Anmerkung: Neunte Zuständigkeitsanpassungsverordnung vom 31. Oktober 2006.
   Zuvor geändert durch:
   – Artikel 10 des Zweiten Gesetzes zur Änderung des Medizinproduktegesetzes vom 13. Dezember 2001 (BGBl. I S. 3586),
   – Artikel 278 der Achten Zuständigkeitsanpassungsverordnung vom 25. November 2003 (BGBl. I S. 2304, 2339).

treiber oder Anwender, außer an Apotheken und die in den Nummern 2 bis 4 genannten Personen oder Einrichtungen, abgeben,

2. Krankenhäuser und Ärzte, soweit es sich handelt um

   a) Hämodialysekonzentrate,

   b) radioaktive Medizinprodukte oder

   c) Medizinprodukte, die mit der Angabe „Nur für klinische Prüfungen" gekennzeichnet zur Verfügung gestellt werden,

3. zur Ausübung der Zahnheilkunde berechtigte Personen, soweit die Medizinprodukte ihrer vom Hersteller angegebenen Zweckbestimmung nach nur von diesen Personen betrieben oder angewendet werden können, oder

4. auf gesetzlicher Grundlage eingerichtete oder im Benehmen mit dem Bundesministerium für Gesundheit von der zuständigen Behörde anerkannte zentrale Beschaffungsstellen für Arzneimittel.

§ 3 Ordnungswidrigkeiten

Ordnungswidrig im Sinne des § 42 Abs. 2 Nr. 16 des Medizinproduktegesetzes handelt, wer vorsätzlich oder fahrlässig entgegen § 1 Abs. 2 Satz 1 oder § 2 ein apothekenpflichtiges Medizinprodukt abgibt.

§ 4 (Inkrafttreten)

Anlage
(zu § 1 Abs. 1 Nr. 2)

1. Hämodialysekonzentrate
2. Medizinprodukte im Sinne des § 3 Nr. 2 des Medizinproduktegesetzes, soweit der Stoff nach der Verordnung über apothekenpflichtige und freiverkäufliche Arzneimittel in der Fassung der Bekanntmachung vom 24. November 1988 (BGBl. I S. 2150; 1989 S. 254), geändert durch die Verordnung vom 28. September 1993 (BGBL. I S. 1671), in der jeweils geltenden Fassung apothekenpflichtig ist. Ausgenommen sind Pflaster und Brandbinden, soweit sie nicht der Verordnung über die Verschreibungspflicht von Medizinprodukten unterliegen.

Verordnung über die Verschreibungspflicht von Medizinprodukten (MPVerschrV)[1]

Vom 17. Dezember 1997 (BGBl. I S. 3146),
in der Fassung der Bekanntmachung vom 21. August 2002 (BGBl. I S. 3393),
geändert durch Artikel 1a der Verordnung vom 23. Juni 2005 (BGBl. I S. 1798)[2]

§ 1

(1) Medizinprodukte,

1. die in der Anlage dieser Verordnung aufgeführt sind oder
2. die Stoffe oder Zubereitungen aus Stoffen enthalten, die der Verschreibungspflicht nach der Verordnung über verschreibungspflichtige Arzneimittel in der Fassung der Bekanntmachung vom 30. August 1990 (BGBl. I S. 1866), zuletzt geändert durch die Verordnung vom 4. Dezember 1996 (BGBl. I S. 1846), und nach der Verordnung über die automatische Verschreibungspflicht vom 26. Juni 1978 (BGBl. I S. 917), zuletzt geändert durch die Verordnung vom 13. Dezember 1996 (BGBl. I S. 1955), in den jeweils geltenden Fassungen unterliegen, oder auf die solche Stoffe aufgetragen sind,

dürfen nur nach Vorliegen einer ärztlichen oder zahnärztlichen Verschreibung an andere Personen als Ärzte oder Zahnärzte abgegeben werden (verschreibungspflichtige Medizinprodukte). Äußerer Gebrauch im Sinne der Anlagen zu den in Satz 1 Nr. 2 genannten Verordnungen ist die Anwendung auf Haut, Haaren oder Nägeln. Satz 1 gilt nicht, soweit ein verschreibungspflichtiges Medizinprodukt an andere Hersteller von Medizinprodukten, deren Bevollmächtigte, Einführer oder Händler von Medizinprodukten abgegeben wird.

(2) Die Verschreibung muss den Anforderungen des § 2 entsprechen.

§ 2

(1) Die Verschreibung muss

1. Name, Berufsbezeichnung und Anschrift des verschreibenden Arztes, Zahnarztes oder Dentisten,
2. Datum der Ausfertigung,

---

1) Die Verpflichtungen aus der Richtlinie 98/34/EG des Europäischen Parlaments und des Rates vom 22. Juni 1998 über ein Informationsverfahren auf dem Gebiet der Normen und technischen Vorschriften und der Vorschriften für die Dienste der Informationsgesellschaft (ABl. EG Nr. L 204 S. 37), geändert durch die Richtlinie 98/48/EG des Europäischen Parlaments und des Rates vom 20. Juli 1998 (ABl. EG Nr. L 217 S. 18), sind beachtet worden.
2) Redaktionelle Anmerkung: Verordnung zur Änderung der Verordnung über verschreibungspflichtige Arzneimittel und zur Änderung der Verordnung über die Verschreibungspflicht von Medizinprodukten vom 23. Juni 2005 (BGBl. I, 1798).

3. Name der Person, für die das Medizinprodukt bestimmt ist,
4. bei Sonderanfertigungen die spezifischen Auslegungsmerkmale, nach denen dieses Produkt eigens angefertigt werden soll,
5. abzugebende Menge oder gegebenenfalls Maße des verschriebenen Medizinproduktes,
6. bei Medizinprodukten, die in der Apotheke hergestellt werden sollen, eine Gebrauchsanweisung, soweit diese nach § 7 des Medizinproduktegesetzes vorgeschrieben ist,
7. die eigenhändige Unterschrift der ärztlichen Person oder, bei Verschreibungen in elektronischer Form, deren qualifizierte elektronische Signatur nach dem Signaturgesetz

enthalten.

(2) Ist die Verschreibung für den Praxisbedarf eines Arztes, Zahnarztes, für ein Krankenhaus oder für Einrichtungen oder Teileinheiten von Einrichtungen des Rettungsdienstes bestimmt, so genügt anstelle der Angabe nach Absatz 1 Nr. 3 ein entsprechender Vermerk.

(3) Fehlt bei Medizinprodukten in abgabefertigen Packungen die Angabe der Menge oder gegebenenfalls der Maße des verschriebenen Medizinproduktes, so gilt die kleinste Packung als verschrieben.

(4) Fehlen Angaben nach Absatz 1 Nr. 2 oder 5 oder sind sie unvollständig, so kann der Apotheker, wenn ein dringender Fall vorliegt und eine Rücksprache mit dem Arzt nicht möglich ist, die Verschreibung insoweit sachgerecht ergänzen.

(5) Ist die Anforderung eines Medizinproduktes für ein Krankenhaus bestimmt, in dem zur Übermittlung dieser Anforderung ein System zur Datenübertragung vorhanden ist, das die Anforderung durch einen befugten Arzt sicherstellt, so genügt statt der eigenhändigen Unterschrift nach Absatz 1 Nr. 7 die Namenswiedergabe des Arztes oder, bei Anforderung in elektronischer Form, ein geeignetes elektronisches Identifikationsverfahren.

§ 3

Die wiederholte Abgabe eines verschreibungspflichtigen Medizinproduktes auf dieselbe Verschreibung über die verschriebene Menge hinaus ist unzulässig.

§ 4

Verschreibungspflichtige Medizinprodukte dürfen ohne Vorliegen einer Verschreibung an Ärzte oder Zahnärzte oder in dringenden Fällen nach fernmündlicher Unterrichtung durch einen Arzt oder Zahnarzt auch an andere Personen abgegeben werden, wenn sich der Apotheker Gewissheit über die Person des Arztes oder Zahnarztes verschafft hat.

§ 5

Verschreibungspflichtige Medizinprodukte dürfen auf Verschreibung eines Dentisten abgegeben werden, soweit die Abgabe nach den Anlagen zu den in § 1 Abs. 1 Nr. 2 genannten Verordnungen zulässig ist. Die §§ 2 bis 4 finden Anwendung.

§ 6

Von der Verschreibungspflicht sind Medizinprodukte ausgenommen, soweit sie der Zweckbestimmung nach nur von einem Arzt oder Zahnarzt angewendet werden können.

§ 7

(1) Nach § 41 Nr. 6 des Medizinproduktegesetzes wird bestraft, wer entgegen § 1 Abs. 1 Satz 1 oder § 3 ein Medizinprodukt abgibt.

(2) Wer eine in Absatz 1 bezeichnete Handlung fahrlässig begeht, handelt nach § 42 Abs. 1 des Medizinproduktegesetzes ordnungswidrig.

§ 8 (Inkrafttreten)

Anlage
(zu § 1 Abs. 1 Nr. 1)

1. Intrauterinpessare – zur Empfängnisverhütung –

2. Epidermisschicht der Haut vom Schwein – zur Anwendung als biologischer Verband –

3. oral zu applizierende Sättigungspräparate auf Cellulosebasis mit definiert vorgegebener Geometrie – zur Behandlung des Übergewichts und zur Gewichtskontrolle –

Gebührenverordnung zum Medizinproduktegesetz und den zu seiner Ausführung ergangenen Rechtsverordnungen
(Medizinprodukte-Gebührenverordnung)

Vom 27. März 2002 (BGBl. I S. 1228)

zuletzt geändert durch Artikel 4 der Verordnung vom 10. Mai 2010 (BGBl. I S. 555)[1]

§ 1 Anwendungsbereich

Die zuständige Bundesoberbehörde erhebt für ihre Amtshandlungen nach dem Medizinproduktegesetz und den zur Durchführung dieses Gesetzes erlassenen Rechtsverordnungen Gebühren und Auslagen nach Maßgabe folgender Vorschriften.

§ 2 Zulassung, Verlängerung und Änderung der Zulassung

(1) Die Gebühr beträgt für die Entscheidung

1. nach § 11 Abs. 1 Satz 1 des Medizinproduktegesetzes über die Zulassung eines Medizinproduktes   2.500 bis 10.300 Euro,

2. über die Änderung der Zulassung eines nach § 11 Abs. 1 Satz 1 des Medizinproduktegesetzes zugelassenen Medizinproduktes   100 bis 1.100 Euro,

3. über die Verlängerung der Zulassung eines nach § 11 Abs. 1 Satz 2 des Medizinproduktegesetzes befristet zugelassenen Medizinproduktes   100 bis 1.100 Euro.

(2) Wird die Zulassung nach § 11 Abs. 1 Satz 1 des Medizinproduktegesetzes gleichzeitig für mehrere gleichartige Medizinprodukte beantragt, gilt für die Entscheidung über die Zulassung für das erste geprüfte Medizinprodukt Absatz 1 Nr. 1. Für die Entscheidung über die Zulassung jedes weiteren Medizinproduktes kann die Gebühr ermäßigt werden, wenn die Gleichartigkeit der Medizinprodukte zu einem geringeren Prüfaufwand geführt hat, der die Ermäßigung rechtfertigt. Mindestens ist jedoch eine

---

[1] Redaktionelle Anmerkung: Verordnung über klinische Prüfungen von Medizinprodukten und zur Änderung medizinprodukterechtlicher Vorschriften vom 5. Mai 2010 – die Änderungen sind durch <u>Unterstreichung</u> zu erkennen.
Zuvor geändert durch:
– Artikel 5 des Gesetzes zur Änderung medizinprodukterechtlicher Vorschriften vom 29. Juli 2009 (BGBl. I S. 2326) – auch diese Änderungen sind durch <u>Unterstreichung</u> zu erkennen,
– Artikel 2 der Verordnung zur Änderung medizinprodukterechtlicher Vorschriften vom 16. Februar 2007 (BGBl. I S. 155).

Gebühr von 1.100 Euro für jede weitere Entscheidung über die Zulassung zu erheben.

§ 3 Klassifizierung und Abgrenzung von Produkten

Die Gebühr für eine Entscheidung nach § 13 Absatz 2 und 3 des Medizinproduktegesetzes zur Klassifizierung eines Medizinproduktes und zur Abgrenzung von Medizinprodukten zu anderen Produkten beträgt 200 bis 1 000 Euro.

§ 4 Konsultationsverfahren

(1) Die Gebühr für die Stellungnahme im Rahmen der Konsultation nach Anhang II Ziffer 4.3 oder Anhang III Ziffer 5 jeweils in Verbindung mit Anhang I Ziffer 7.4 der Richtlinie 93/42/EWG des Rates vom 14. Juni 1993 über Medizinprodukte (ABl. EG Nr. L 169 S. 1), die zuletzt durch die Richtlinie 2000/70/EG des Europäischen Parlaments und des Rates vom 16. November 2000 (ABl. EG Nr. L 313 S. 22) geändert worden ist, in Verbindung mit § 4 oder § 6 der Verordnung über Medizinprodukte beträgt

1. bei einem neuen Arzneistoff oder einem bekannten Arzneistoff mit neuer Zweckbestimmung   5.000 bis 50.000 Euro,
2. bei einem bekannten Arzneistoff, der im herkömmlichen Sinn eingesetzt wird   5.000 bis 20.000 Euro,

(2) Werden mehrere Konsultationsverfahren innerhalb des gleichen Zertifizierungsverfahrens durchgeführt, können die Gebühren für die folgenden Konsultationen jeweils auf 25 Prozent der vorgesehenen Gebühr ermäßigt werden. Wird die Durchführung von mehreren Konsultationsverfahren, die gleichartige Medizinprodukte betreffen, gleichzeitig beantragt, gilt für die Stellungnahme für das erste Medizinprodukt Absatz 1. Die Gebühren für die folgenden Konsultationen können ermäßigt werden, wenn die Gleichartigkeit der Medizinprodukte zu einem geringerem Prüfaufwand geführt hat, der die Ermäßigung rechtfertigt. Mindestens ist jedoch eine Gebühr von 1.250 Euro für jede weitere Konsultation zu erheben.

§ 5 Amtshandlungen im Rahmen klinischer Prüfungen

(1) Die Gebühr für die Genehmigung einer klinischen Prüfung nach § 20 Absatz 1 in Verbindung mit § 22a Absatz 1 des Medizinproduktegesetzes beträgt 3 000 bis 6 130 Euro.

(2) Die Gebühr für die beantragte Begutachtung einer wesentlichen Änderung am Prüfplan nach § 22c Absatz 2 des Medizinproduktegesetzes beträgt 600 bis 1 630 Euro.

(3)[2] Die Gebühr für die Prüfung einer beantragten Befreiung von der Genehmigungspflicht bei Medizinprodukten mit geringem Sicherheitsrisiko nach § 20 Absatz 1 Satz 2 des Medizinproduktegesetzes in Verbindung mit § 7 Absatz 1 und 2 der Verordnung über die klinische Prüfungen von Medizinprodukten 10. Mai 2010 (BGBl. I S. 555) beträgt 400 bis 700 Euro.

§ 6 Beratungen

Die Gebühr für die Beratung des Verantwortlichen nach § 5 des Medizinproduktegesetzes, von Benannten Stellen und von Sponsoren nach § 32 des Medizinproduktegesetzes beträgt 500 bis 2 800 Euro.

§ 7 Gebühren in besonderen Fällen

(1) Wird

1. ein Antrag auf Vornahme einer gebührenpflichtigen Amtshandlung nach Beginn der sachlichen Bearbeitung und vor Beendigung der Amtshandlung zurückgenommen oder

2. ein Antrag aus anderen Gründen als wegen Unzuständigkeit abgelehnt oder

3. eine Amtshandlung zurückgenommen oder widerrufen,

so werden Gebühren nach Maßgabe des § 15 Abs. 2 des Verwaltungskostengesetzes erhoben.

(2) Sofern der Antragsteller dazu Anlass gegeben hat, beträgt abweichend von Absatz 1 Nr. 3 die Gebühr für den Widerruf oder die Rücknahme einer Amtshandlung mindestens 50 Euro, höchstens die für die widerrufene oder zurückgenommene Amtshandlung festgesetzte Gebühr.

(3) Für die teilweise oder vollständige Zurückweisung eines Widerspruchs gegen eine Sachentscheidung beträgt die Gebühr mindestens 100 Euro, höchstens jedoch die für die angefochtene Amtshandlung festgesetzte Gebühr. Dies gilt nicht, wenn der Widerspruch nur deshalb keinen Erfolg hat, weil die Verletzung einer Verfahrens- oder Formvorschrift nach § 45 des Verwaltungsverfahrensgesetzes unbeachtlich ist.

(4) Wird ein Widerspruch nach Beginn der sachlichen Bearbeitung, jedoch vor deren Beendigung zurückgenommen, beträgt die Gebühr mindestens 50 Euro, höchstens jedoch 75 Prozent der Gebühr nach Absatz 3.

(5) Für die teilweise oder vollständige Zurückweisung und bei Rücknahme eines ausschließlich gegen den Gebühren- oder Auslagenbescheid gerichteten Widerspruchs beträgt die Gebühr mindestens 50 Euro, höchstens jedoch 10 Prozent des streitigen Betrages.

(6) Wird ein Widerspruch vollständig als unzulässig zurückgewiesen, so beträgt die Gebühr nach den Absätzen 3 und 5 mindestens 50 Euro, höchstens 100 Euro.

2) Geändert durch Artikel 4 der Verordnung über klinische Prüfungen von Medizinprodukten und zur Änderung medizinprodukterechtlicher Vorschriften vom 10. Mai 2010 (BGBl. I S. 555).

(7) Wird ein Widerspruch teilweise zurückgewiesen, ist die Gebühr nach den Absätzen 3 und 5 entsprechend dem Anteil der Stattgabe zu ermäßigen; die Mindestgebühr nach den Absätzen 3 und 5 darf nicht unterschritten werden.

§ 8 Sonstige Gebühren

Bei folgenden Amtshandlungen, die auf Antrag vorgenommen werden, sind an Gebühren zu erheben für

1. wissenschaftliche Stellungnahmen und Gutachten 200 bis 1.000 Euro,
2. nicht einfache schriftliche Auskünfte 100 bis 500 Euro,
3. Bescheinigungen 25 Euro,
4. die Herstellung von Kopien und Abschriften

    a) eine Grundgebühr von 20 Euro,
    sofern dies nicht im Rahmen der Amtshandlungen nach den Nummern 1 und 2 erfolgt, sowie

    b) jede angefertigte Kopie 0,50 Euro,

5. die Einsichtnahme in Akten, es sei denn, es ist ein Widerspruchsverfahren anhängig 25 bis 250 Euro.

Der Antragsteller ist auf die Gebührenpflichtigkeit der Amtshandlung nach Satz 1 hinzuweisen.

§ 9 Gebührenbemessung

Soweit diese Verordnung Gebührenrahmensätze vorsieht, richtet sich die Bemessung der konkreten Gebühr nach § 9 Abs. 1 des Verwaltungskostengesetzes.

§ 10 Gebührenermäßigung und -befreiung auf Antrag

Die nach § 2 zu erhebenden Gebühren können auf Antrag des Kostenträgers bis auf ein Viertel der vorgesehenen Gebühr ermäßigt werden, wenn der Antragsteller einen diesen Gebühren angemessenen wirtschaftlichen Nutzen nicht erwarten kann oder die Anwendungsfälle selten sind oder die Zielgruppe, für die das Medizinprodukt bestimmt ist, klein ist. Von der Erhebung der Gebühren kann ganz abgesehen werden, wenn der zu erwartende wirtschaftliche Nutzen im Verhältnis zu den Gebühren besonders gering ist.

§ 11 Gebührenerhöhung und -ermäßigung

Erfordert eine nach den §§ 2 bis 6 und 8 Nummer 1 und 2 gebührenpflichtige Amtshandlung im Einzelfall einen außergewöhnlich hohen Aufwand, so kann die vorgesehene Gebühr bis auf das Doppelte erhöht werden, bei einem Gebührenrahmensatz bis auf das Doppelte des entsprechenden Höchstsatzes. Der Kostenschuldner ist zu hören, wenn mit einer solchen Erhöhung zu rechnen ist. Erfordert eine gebührenpflichtige Amtshandlung nach Satz 1 im Einzelfall einen außergewöhnlich niedrigen Aufwand, so kann die Gebühr bis auf 50 Euro reduziert werden.

§ 12 Auslagen

Auslagen sind nach den Vorschriften des Verwaltungskostengesetzes zu erstatten.

§ 13 Übergangsregelung

Für Amtshandlungen, die vor Inkrafttreten dieser Verordnung vorgenommen worden sind, können Kosten nach Maßgabe der vorstehenden Vorschriften erhoben werden, soweit bei den Amtshandlungen unter Hinweis auf den bevorstehenden Erlass dieser Verordnung eine Kostenentscheidung ausdrücklich vorbehalten worden ist.

§ 14 (Inkrafttreten)

Richtlinie des Rates vom 20. Juni 1990
zur Angleichung der Rechtsvorschriften der Mitgliedstaaten über aktive implantierbare medizinische Geräte (90/385/EWG)

(veröffentlicht im Amtsblatt der Europäischen Gemeinschaften ABl. Nr. L 189 vom 20. 7. 1990, S. 17)[1]

Der Rat der europäischen Gemeinschaften —

gestützt auf den Vertrag zur Gründung der Europäischen Wirtschaftsgemeinschaft, insbesondere auf Artikel 100 a,

auf Vorschlag der Kommission[2],

in Zusammenarbeit mit dem Europäischen Parlament[3],

nach Stellungnahme des Wirtschafts- und Sozialausschusses[4],

in Erwägung nachstehender Gründe:

Die aktiven implantierbaren medizinischen Geräte müssen in jedem Mitgliedstaat den Patienten, den Anwendern und Dritten ein hohes Sicherheitsniveau bieten und das vorgegebene Leistungsniveau erreichen, wenn sie in den menschlichen Körper implantiert werden.

Mehrere Mitgliedstaaten haben versucht, dieses Sicherheitsniveau durch verbindliche Festlegungen der technischen Sicherheitsmerkmale und der Prüfverfahren für diese Geräte sicherzustellen. Diese Festlegungen unterscheiden sich von einem Mitgliedstaat zum anderen.

---

1) Zuletzt geändert durch Artikel 1 der Richtlinie 2007/47/EG des Europäischen Parlaments und des Rates vom 5. September 2007 zur Änderung der Richtlinien 90/385/EWG des Rates zur Angleichung der Rechtsvorschriften der Mitgliedstaaten über aktive implantierbare medizinische Geräte und 93/42/EWG des Rates über Medizinprodukte sowie der Richtlinie 98/8/EG über das Inverkehrbringen von Biozid-Produkten (ABl. Nr. L 247 vom 21. 9. 2007, S. 21) – die Änderungen sind im Text durch Unterstreichung zu erkennen.
   Zuvor geändert durch
   – Verordnung (EG) Nr. 1882/2003 des Europäischen Parlaments und des Rates vom 29. September 2003 zur Anpassung der Bestimmungen über die Ausschüsse zur Unterstützung der Kommission bei der Ausübung von deren Durchführungsbefugnissen, die in Rechtsakten vorgesehen sind, für die das Verfahren des Artikels 251des EG-Vertrags gilt, an den Beschluss 1999/468/EG des Rates (ABl. Nr. L 284 vom 30. 10. 2003, S. 1);
   – Artikel 21 Absatz 3 der Richtlinie 93/42/EWG des Rates vom 14. Juni 1993 über Medizinprodukte (ABl. Nr. L 169 vom 12. 7. 1993, S. 1);
   – Artikel 9 der Richtlinie 93/68/EWG des Rates vom 22. Juli 1993 (ABl. Nr. L 220 vom 30. 8. 1993, S. 1).
2) ABl. Nr. C 14 vom 18. 1. 1989, S. 4.
3) ABl. Nr. C 120 vom 16. 5. 1989, S. 75 und ABl. Nr. C 149 vom 18. 6. 1990.
4) ABl. Nr. C 159 vom 26. 6. 1989, S. 47.

Die nationalen Vorschriften zur Gewährleistung dieses Sicherheitsniveaus müssen harmonisiert werden, um den freien Verkehr für aktive implantierbare medizinische Geräte zu gewährleisten, ohne das in den Mitgliedstaaten bestehende und gerechtfertigte Sicherheitsniveau zu verringern.

Die harmonisierten Vorschriften sind von den Maßnahmen zu unterscheiden, die von den Mitgliedstaaten zur Regelung der Finanzierung des öffentlichen Gesundheitssystems und des Krankenversicherungssystems ergriffen werden und solche Geräte unmittelbar oder mittelbar betreffen. Diese harmonisierten Vorschriften berühren daher nicht die Möglichkeit der Mitgliedstaaten, die oben genannten Maßnahmen unter Wahrung des Gemeinschaftsrechts durchzuführen.

Die Beibehaltung oder die Verbesserung des in den Mitgliedstaaten erreichten Schutzniveaus ist eines der in den grundlegenden Anforderungen festgelegten Hauptziele dieser Richtlinie.

Die Regelungen über aktive implantierbare medizinische Geräte können auf die Bestimmungen beschränkt werden, die zur Erfüllung der grundlegenden Anforderungen notwendig sind. Da sie grundlegend sind, müssen diese Anforderungen entsprechende nationale Bestimmungen ersetzen.

Um den Nachweis der Übereinstimmung mit diesen grundlegenden Anforderungen zu erleichtern und um die Übereinstimmung überprüfen zu können, sind auf europäischer Ebene harmonisierte Normen über die Verhütung von Gefahren, die mit der Auslegung, Herstellung und Verpackung von aktiven implantierbaren medizinischen Geräten verbunden sind, wünschenswert. Diese auf europäischer Ebene harmonisierten Normen werden von privatrechtlichen Institutionen entwickelt und müssen unverbindliche Bestimmungen bleiben. Zu diesem Zweck sind das Europäische Komitee für Normung (CEN) und das Europäische Komitee für elektrotechnische Normung (CENELEC) als zuständige Gremien anerkannt, um die harmonisierten Normen im Einklang mit den am 13. November 1984 unterzeichneten allgemeinen Leitlinien für die Zusammenarbeit zwischen der Kommission und diesen beiden Institutionen zu erlassen. Im Sinne dieser Richtlinie ist eine harmonisierte Norm eine technische Spezifikation (europäische Norm oder Harmonisierungsdokument), die von einer oder beiden Institutionen im Auftrag der Kommission entsprechend der Richtlinie 83/189/EWG des Rates vom 28. März 1983 über ein Informationsverfahren auf dem Gebiet der Normen und technischen Vorschriften[5], zuletzt geändert durch die Richtlinie 88/182/EWG[6], sowie im Einklang mit den oben genannten allgemeinen Leitlinien erarbeitet worden ist.

Es müssen Prüfverfahren geschaffen werden, die auf der Grundlage einer gemeinsamen Zustimmung durch die Mitgliedstaaten in Übereinstimmung mit den Gemeinschaftskriterien festzulegen sind.

---

5) ABl. Nr. L 109 vom 26. 4. 1983, S. 8.
6) ABl. Nr. L 81 vom 26. 3. 1988, S. 75.

Wegen der Besonderheiten des medizinischen Bereichs sollte bestimmt werden, dass die benannte Stelle und der Hersteller oder sein in der Gemeinschaft niedergelassener Bevollmächtigter einvernehmlich die Fristen für den Abschluss der Verfahren zur Bewertung und Überprüfung der Übereinstimmung der Geräte festlegen —

hat folgende Richtlinie erlassen:

Artikel 1

(1) Diese Richtlinie gilt für aktive implantierbare medizinische Geräte.

(2) Für diese Richtlinie gelten folgende Begriffsbestimmungen:

a) *medizinisches Gerät:* alle einzeln oder miteinander verbunden verwendete/n Instrumente, Apparate, Vorrichtungen, Software, Stoffe oder anderen Gegenstände samt der Zubehörteile, einschließlich der vom Hersteller speziell zur Anwendung für diagnostische und/oder therapeutische Zwecke bestimmten und für ein einwandfreies Funktionieren des medizinischen Geräts eingesetzten Software, die vom Hersteller zur Anwendung für Menschen für folgende Zwecke bestimmt sind:
   - Erkennung, Verhütung, Überwachung, Behandlung oder Linderung von Krankheiten,
   - Erkennung, Überwachung, Behandlung, Linderung oder Kompensierung von Verletzungen oder Behinderungen,
   - Untersuchung, Ersatz oder Veränderung des anatomischen Aufbaus oder eines physiologischen Vorgangs,
   - Empfängnisregelung,

   und deren bestimmungsgemäße Hauptwirkung im oder am menschlichen Körper weder durch pharmakologische oder immunologische Mittel noch metabolisch erreicht wird, deren Wirkungsweise aber durch solche Mittel unterstützt werden kann.

b) *Aktives medizinisches Gerät:* jedes medizinische Gerät, dessen Betrieb auf eine elektrische Energiequelle oder eine andere Energiequelle als die unmittelbar durch den menschlichen Körper oder die Schwerkraft erzeugte Energie angewiesen ist.

c) *Aktives implantierbares medizinisches Gerät:* jedes aktive medizinische Gerät, das dafür ausgelegt ist, ganz oder teilweise durch einen chirurgischen oder medizinischen Eingriff in den menschlichen Körper oder durch einen medizinischen Eingriff in eine natürliche Körperöffnung eingeführt zu werden und dazu bestimmt ist, nach dem Eingriff dort zu verbleiben.

d) *Sonderanfertigung:* jedes Gerät, das nach schriftlicher Verordnung eines entsprechend qualifizierten Arztes unter dessen Verantwortung nach spezifischen Auslegungsmerkmalen eigens angefertigt wird und zur ausschließlichen Anwendung bei einem namentlich genannten Patienten bestimmt ist. Serienmäßig hergestellte Geräte, die angepasst werden müssen, um den spezifischen Anforderungen des Arztes oder eines anderen berufsmäßigen Anwenders zu entsprechen, gelten nicht als Sonderanfertigungen.

e) *Für klinische Prüfungen bestimmtes Gerät:* jedes Gerät, das dazu bestimmt ist, einem entsprechend qualifizierten Arzt zur Durchführung von klinischen Prüfungen am Menschen gemäß Anhang 7 Abschnitt 2.1 in einer angemessenen medizinischen Umgebung zur Verfügung gestellt zu werden. Im Hinblick auf die

EG-Richtlinie „Aktive implantierbare medizinische Geräte" 90/385/EWG AIMDD

Durchführung der klinischen Prüfungen ist einem entsprechend qualifizierten Arzt jede sonstige Person gleichgestellt, die aufgrund ihrer beruflichen Qualifikation befugt ist, diese Prüfungen durchzuführen.

f) *Zweckbestimmung:* die Verwendung, für die das Gerät nach den Angaben des Herstellers in der Kennzeichnung, der Gebrauchsanweisung und/oder dem Werbematerial bestimmt ist.

g) *Inbetriebnahme*: die Zurverfügungstellung an das medizinische Personal zur Implantation.

h) *Inverkehrbringen*: erste entgeltliche oder unentgeltliche Überlassung eines Gerätes, das nicht für klinische Prüfung bestimmt ist, im Hinblick auf seinen Vertrieb und/oder seine Verwendung innerhalb der Gemeinschaft, ungeachtet dessen, ob es sich um ein neues oder ein als neu aufbereitetes Gerät handelt.

i) *Hersteller*: die natürliche oder juristische Person, die für die Auslegung, Herstellung, Verpackung und Etikettierung eines Gerätes im Hinblick auf das Inverkehrbringen im eigenen Namen verantwortlich ist, unabhängig davon, ob diese Tätigkeiten von dieser Person oder stellvertretend für diese von einer dritten Person ausgeführt werden.

Die dem Hersteller nach dieser Richtlinie obliegenden Verpflichtungen gelten auch für die natürliche oder juristische Person, die ein oder mehrere vorgefertigte Geräte montiert, abpackt, behandelt, aufbereitet und/oder kennzeichnet und/oder für die Festlegung der Zweckbestimmung als Gerät im Hinblick auf das Inverkehrbringen im eigenen Namen verantwortlich ist. Dies gilt nicht für Personen, die - ohne Hersteller im Sinne des Unterabsatzes 1 zu sein - bereits in Verkehr gebrachte Geräte für einen namentlich genannten Patienten entsprechend ihrer Zweckbestimmung montieren oder anpassen.

j) *Bevollmächtigter:* die in der Gemeinschaft niedergelassene natürliche oder juristische Person, die vom Hersteller ausdrücklich dazu bestimmt wurde, im Hinblick auf seine Verpflichtungen nach dieser Richtlinie in seinem Namen zu handeln und von den Behörden und Stellen in der Gemeinschaft in diesem Sinne kontaktiert zu werden.

k) *Klinische Daten:* Sicherheits- und/oder Leistungsangaben, die aus der Verwendung eines Geräts hervorgehen. Klinische Daten stammen aus folgenden Quellen:
   – klinischer/-en Prüfung(en) des betreffenden Geräts; oder
   – klinischer/-en Prüfung(en) oder sonstigen in der wissenschaftlichen Fachliteratur wiedergegebenen Studien über ein ähnliches Gerät, dessen Gleichartigkeit mit dem betreffenden Gerät nachgewiesen werden kann; oder
   – veröffentlichten und/oder unveröffentlichten Berichten über sonstige klinische Erfahrungen entweder mit dem betreffenden Gerät oder einem ähnlichen Gerät, dessen Gleichartigkeit mit dem betreffenden Gerät nachgewiesen werden kann.

(3) Aktive implantierbare medizinische Geräte, die dazu bestimmt sind, einen als Arzneimittel im Sinne des Artikels 1 der Richtlinie 2001/83/EG[7] definierten Stoff abzugeben, unterliegen der vorliegenden Richtlinie unbeschadet der das Arzneimittel betreffenden Bestimmungen der Richtlinie 2001/83/EG.

(4) Enthält ein aktives implantierbares medizinisches Gerät als festen Bestandteil einen Stoff, der – gesondert verwendet – als Arzneimittel im Sinne des Artikels 1 der Richtlinie 2001/83/EG betrachtet werden und in Ergänzung zu dem Gerät eine Wirkung auf den menschlichen Körper entfalten kann, so ist dieses Gerät gemäß der vorliegenden Richtlinie zu bewerten und zuzulassen.

(4a) Enthält ein Gerät als festen Bestandteil einen Stoff, der – gesondert verwendet – als Arzneimittelbestandteil oder Arzneimittel aus menschlichem Blut oder Blutplasma im Sinne des Artikels 1 der Richtlinie 2001/83/EG betrachtet werden und in Ergänzung zu dem Gerät eine Wirkung auf den menschlichen Körper entfalten kann (nachstehend „Derivat aus menschlichem Blut" genannt), so ist dieses Gerät gemäß der vorliegenden Richtlinie zu bewerten und zuzulassen.

(5) Diese Richtlinie ist eine Einzelrichtlinie im Sinne von Artikel 1 Absatz 4 der Richtlinie 2004/108/EG[8].

(6 Diese Richtlinie gilt nicht für:

a) Arzneimittel im Sinne der Richtlinie 2001/83/EG. Die Entscheidung darüber, ob ein Produkt unter die vorgenannte oder die vorliegende Richtlinie fällt, erfolgt insbesondere unter Berücksichtigung der hauptsächlichen Wirkungsweise des Produkts;

b) menschliches Blut, Blutprodukte, Blutplasma oder Blutzellen menschlichen Ursprungs oder Geräte, die zum Zeitpunkt des Inverkehrbringens Blutprodukte, Blutplasma oder Blutzellen dieser Art enthalten, mit Ausnahme der in Absatz 4a genannten Geräte;

c) Transplantate oder Gewebe oder Zellen menschlichen Ursprungs noch für Geräte, die Gewebe oder Zellen menschlichen Ursprungs enthalten oder aus solchen Geweben oder Zellen gewonnen wurden, mit Ausnahme der in Absatz 4a genannten Geräte;

d) Transplantate oder Gewebe oder Zellen tierischen Ursprungs, es sei denn, ein Gerät wird unter Verwendung von abgetötetem tierischen Gewebe oder von abgetöteten Erzeugnissen, die aus tierischem Gewebe gewonnen wurden, hergestellt.

---

7) ABl. L 311 vom 28.11.2001, S. 67. Zuletzt geändert durch die Verordnung (EG) Nr. 1901/2006 (ABl. L 378 vom 27. 12. 2006, S. 1).
8) Richtlinie 2004/108/EG des Europäischen Parlaments und des Rates vom 15. Dezember 2004 zur Angleichung der Rechtsvorschriften der Mitgliedstaaten über die elektromagnetische Verträglichkeit (ABl. L 390 vom 31.12.2004, S. 24).

Artikel 2

Die Mitgliedstaaten treffen alle erforderlichen Maßnahmen, damit die Geräte nur in Verkehr gebracht und/oder in Betrieb genommen werden dürfen, wenn sie bei sachgemäßer Lieferung, Implantation und/oder Installation, Instandhaltung und ihrer Zweckbestimmung entsprechender Verwendung die Anforderungen dieser Richtlinie erfüllen.

Artikel 3

Die in Artikel 1 Absatz 2 Buchstaben c, d und e genannten aktiven implantierbaren medizinischen Geräte (im folgenden als „Geräte" bezeichnet) müssen die grundlegenden Anforderungen gemäß Anhang 1 erfüllen, die auf sie unter Berücksichtigung ihrer Zweckbestimmung anwendbar sind.

Besteht ein einschlägiges Risiko, so müssen Geräte, die auch Maschinen im Sinne des Artikels 2 Buchstabe a der Richtlinie 2006/42/EG des Europäischen Parlaments und des Rates vom 17. Mai 2006 über Maschinen[9] sind, den grundlegenden Gesundheits- und Sicherheitsanforderungen gemäß Anhang I jener Richtlinie entsprechen, sofern diese grundlegenden Gesundheits- und Sicherheitsanforderungen spezifischer sind als die grundlegenden Anforderungen gemäß Anhang 1 der vorliegenden Richtlinie.

Artikel 4

(1) Die Mitgliedstaaten behindern in ihrem Hoheitsgebiet nicht das Inverkehrbringen und die Inbetriebnahme von Geräten, die dieser Richtlinie entsprechen und mit der in Artikel 12 vorgesehenen CE-Kennzeichnung versehen sind, mit der angezeigt wird, dass sie einer Konformitätsbewertung nach Artikel 9 unterzogen worden sind.

(2) Die Mitgliedstaaten behindern nicht, dass

– für klinische Prüfungen bestimmte Geräte den entsprechend qualifizierten Ärzten oder den dazu befugten Personen zur Verfügung gestellt werden, wenn sie den Bedingungen gemäß Artikel 10 und Anhang 6 entsprechen;
– Sonderanfertigungen in Verkehr gebracht und in Betrieb genommen werden, wenn sie die in Anhang 6 vorgesehenen Bedingungen erfüllen und wenn ihnen die in diesem Anhang genannte Erklärung beigefügt ist, die für den in diesem Anhang genannten Patienten verfügbar sein muss.

Diese Geräte tragen nicht die CE-Kennzeichnung.

(3) Die Mitgliedstaaten behindern nicht, dass insbesondere bei Messen, Ausstellungen und Vorführungen den Bestimmungen dieser Richtlinie nicht entsprechende Geräte ausgestellt werden, sofern ein sichtbares Schild deutlich darauf hinweist, dass sie dieser Richtlinie nicht entsprechen und erst in Verkehr gebracht oder in Betrieb genommen werden können, wenn der Hersteller oder sein Bevollmächtigter ihre Übereinstimmung mit dieser Richtlinie hergestellt hat.

---

9) ABl. L 157 vom 9.6.2006, S. 24.

(4) Die Mitgliedstaaten können verlangen, dass die Angaben gemäß Anhang 1 Abschnitte 13, 14 und 15 zum Zeitpunkt der Inbetriebnahme eines Gerätes in ihrer (ihren) jeweiligen Amtssprache(n) vorliegen.

(5) a) Falls die Geräte auch von anderen Richtlinien erfasst werden, die andere Aspekte behandeln und in denen die CE-Kennzeichnung vorgesehen ist, wird mit dieser Kennzeichnung angegeben, dass auch von der Konformität dieser Geräte mit den Bestimmungen dieser anderen Richtlinien auszugehen ist.

b) Steht jedoch laut einer oder mehrerer dieser Richtlinien dem Hersteller während einer Übergangszeit die Wahl der anzuwendenden Regelung frei, so wird durch die CE-Kennzeichnung lediglich die Konformität mit den Bestimmungen der vom Hersteller angewandten Richtlinien angezeigt. In diesem Fall müssen die den Geräten beiliegenden Unterlagen, Hinweise oder Anleitungen die Nummern der jeweils angewandten Richtlinien entsprechend ihrer Veröffentlichung im Amtsblatt der Europäischen Gemeinschaften tragen; diese Unterlagen, Hinweise oder Anleitungen müssen ohne Zerstörung der Verpackung, durch welche die Sterilität des Gerätes gewährleistet wird, zugänglich sein.

Artikel 5

(1) Die Mitgliedstaaten gehen von der Einhaltung der grundlegenden Anforderungen gemäß Artikel 3 bei Geräten aus, die den einschlägigen nationalen Normen zur Durchführung der harmonisierten Normen, deren Fundstellen im Amtsblatt der Europäischen Union veröffentlicht wurden, entsprechen; die Mitgliedstaaten veröffentlichen die Fundstellen dieser nationalen Normen.

(2) Der Verweis auf harmonisierte Normen im Sinne dieser Richtlinie schließt auch die Monographie des Europäischen Arzneibuchs insbesondere über die Aspekte der Wechselwirkung zwischen Arzneimitteln und Materialien von Geräten, die diese Arzneimittel aufnehmen, ein; die Fundstellen dieser Monographie müssen im Amtsblatt der Europäischen Union veröffentlicht sein.

Artikel 6

(1) Ist ein Mitgliedstaat oder die Kommission der Auffassung, dass die in Artikel 5 genannten harmonisierten Normen den in Artikel 3 genannten grundlegenden Anforderungen nicht voll entsprechen, so bringt die Kommission oder der betreffende Mitgliedstaat die Angelegenheit vor den durch die Richtlinie 98/34/EG[10] eingesetzten Ständigen Ausschuss unter Darlegung der Gründe. Der Ausschuss nimmt hierzu umgehend Stellung.

---

10) Richtlinie 98/34/EG des Europäischen Parlaments und des Rates vom 22. Juni 1998 über ein Informationsverfahren auf dem Gebiet der Normen und technischen Vorschriften und der Vorschriften für die Dienste der Informationsgesellschaft (ABl. L 204 vom 21.7.1998, S. 37). Zuletzt geändert durch die Beitrittsakte von 2003.

EG-Richtlinie „Aktive implantierbare medizinische Geräte" 90/385/EWG   AIMDD

Aufgrund der Stellungnahme des genannten Ausschusses teilt die Kommission den Mitgliedstaaten die Maßnahmen mit, die in Bezug auf die in Artikel 5 genannten Normen und ihre Veröffentlichung zu ergreifen sind.

(2) Die Kommission wird von einem Ständigen Ausschuss (im Folgenden „Ausschuss" genannt) unterstützt.

(3) Wird auf diesen Absatz Bezug genommen, so gelten die Artikel 5 und 7 des Beschlusses 1999/468/EG unter Beachtung von dessen Artikel 8.

Der Zeitraum nach Artikel 5 Absatz 6 des Beschlusses 1999/468/EG wird auf drei Monate festgesetzt.

(4) Wird auf diesen Absatz Bezug genommen, so gelten Artikel 5a Absätze 1 bis 4 und Artikel 7 des Beschlusses 1999/468/EG unter Beachtung von dessen Artikel 8.

(5) Wird auf diesen Absatz Bezug genommen, so gelten Artikel 5a Absätze 1, 2, 4 und 6 sowie Artikel 7 des Beschlusses 1999/468/EG unter Beachtung von dessen Artikel 8.

Artikel 7

1) Stellt ein Mitgliedstaat fest, dass die in Artikel 1 Absatz 2 Buchstaben c) und d) genannten Geräte die Gesundheit und/oder die Sicherheit der Patienten, der Anwender oder gegebenenfalls Dritter gefährden können, auch wenn sie sachgemäß in Betrieb genommen und ihrer Zweckbestimmung entsprechend verwendet werden, so ergreift er alle zweckdienlichen Maßnahmen, um diese Geräte vom Markt zurückzuziehen oder ihr Inverkehrbringen oder ihre Inbetriebnahme zu verbieten oder einzuschränken.

Der Mitgliedstaat unterrichtet die Kommission unverzüglich von dieser Maßnahme, begründet seine Entscheidung und gibt insbesondere an, ob die Abweichung von den Anforderungen dieser Richtlinie zurückzuführen ist auf

a) die Nichteinhaltung der in Artikel 3 genannten grundlegenden Anforderungen, wenn das Gerät ganz oder teilweise den in Artikel 5 genannten Normen nicht entspricht,

b) die mangelhafte Anwendung dieser Normen,

c) einen Mangel dieser Normen selbst.

(2) Die Kommission konsultiert unverzüglich die Betroffenen. Stellt die Kommission nach dieser Anhörung fest,

– dass die Maßnahme gerechtfertigt ist, so unterrichtet sie hiervon unverzüglich den Mitgliedstaat, der die Maßnahme getroffen hat, sowie die anderen Mitgliedstaaten. Ist die in Absatz 1 genannte Entscheidung in einem Mangel der Normen begründet, so befasst die Kommission nach Anhörung der Betroffenen den in Artikel 6 Absatz 1 genannten Ausschuss innerhalb von zwei Monaten, sofern der Mitgliedstaat, der die Entscheidung getroffen hat, diese aufrechterhalten will, und leitet das in Artikel 6 Absatz 1 genannte Verfahren ein;

– dass die Maßnahme nicht gerechtfertigt ist, so unterrichtet sie davon unverzüglich den Mitgliedstaat, der die Maßnahme getroffen hat, sowie den Hersteller oder seinen in der Gemeinschaft niedergelassenen Bevollmächtigten.

(3) Ist ein den Anforderungen dieser Richtlinie nicht entsprechendes Gerät mit der CE-Kennzeichnung versehen, so ergreift der zuständige Mitgliedstaat gegenüber demjenigen, der das Zeichen angebracht hat, die geeigneten Maßnahmen und unterrichtet hiervon die Kommission und die anderen Mitgliedstaaten.

(4) Die Kommission vergewissert sich, dass die Mitgliedstaaten über den Verlauf und die Ergebnisse dieses Verfahrens unterrichtet werden.

Artikel 8

(1) Die Mitgliedstaaten ergreifen die erforderlichen Maßnahmen, damit die ihnen zur Kenntnis gebrachten Angaben zu den nachstehend beschriebenen Vorkommnissen im Zusammenhang mit einem Gerät zentral erfasst und bewertet werden:

a) jede Funktionsstörung und jede Änderung der Merkmale oder der Leistung sowie jede Unsachgemäßheit der Kennzeichnung oder der Gebrauchsanweisung eines Gerätes, die zum Tode oder zu einer schwerwiegenden Verschlechterung des Gesundheitszustandes eines Patienten oder eines Anwenders führen kann oder dazu geführt hat;

b) jeder Grund technischer oder medizinischer Art, der aufgrund der unter Buchstabe a genannten Ursachen durch die Merkmale oder Leistungen des Geräts bedingt ist und zum systematischen Rückruf von Geräten desselben Typs durch den Hersteller führt.

(2) Wenn ein Mitgliedstaat die Ärzteschaft oder medizinische Einrichtungen auffordert, den zuständigen Behörden die Vorkommnisse gemäß Absatz 1 mitzuteilen, trifft er die erforderlichen Maßnahmen, damit der Hersteller des betreffenden Geräts oder sein Bevollmächtigter ebenfalls von dem Vorkommnis unterrichtet wird.

(3) Nachdem die Mitgliedstaaten ein Vorkommnis – nach Möglichkeit gemeinsam mit dem Hersteller oder seinem Bevollmächtigten – bewertet haben, unterrichten sie unbeschadet des Artikels 7 die Kommission und die anderen Mitgliedstaaten unverzüglich über die Maßnahmen, die getroffen oder ins Auge gefasst wurden, um ein erneutes Auftreten der in Absatz 1 genannten Vorkommnisse auf ein Minimum zu reduzieren. Dies schließt Informationen über die zugrunde liegenden Vorkommnisse ein.

(4) Die zur Umsetzung dieses Artikels erforderlichen Maßnahmen werden nach dem in Artikel 6 Absatz 3 genannten Regelungsverfahren erlassen.

Artikel 9

(1) Für alle Geräte mit Ausnahme der Sonderanfertigungen und der für klinische Prüfungen bestimmten Geräte muss der Hersteller, damit die CE-Kennzeichnung angebracht werden kann, nach seiner Wahl

a) das Verfahren der EG-Konformitätserklärung gemäß Anhang 2 einhalten

oder
b) das Verfahren der EG-Baumusterprüfung gemäß Anhang 3 einhalten, und zwar in Verbindung mit
   i) dem Verfahren der EG-Prüfung gemäß Anhang 4
   oder
   ii) dem Verfahren der EG-Erklärung zur Übereinstimmung mit dem Baumuster gemäß Anhang 5.

(2) Bei Sonderanfertigungen hat der Hersteller vor dem Inverkehrbringen jedes Gerätes die Erklärung gemäß Anhang 6 auszustellen.

(3) Die in den Anhängen 3, 4 und 6 vorgesehenen Verfahren können gegebenenfalls von dem in der Gemeinschaft niedergelassenen Bevollmächtigten des Herstellers geführt werden.

(4) Die Unterlagen und der Schriftwechsel über die Verfahren gemäß den Absätzen 1, 2 und 3 werden in einer Amtssprache desjenigen Mitgliedstaats erstellt, in dem diese Verfahren durchgeführt werden, und/oder in einer Sprache, die von der nach Artikel 11 benannten Stelle anerkannt wird.

(5) Bei dem Verfahren der Konformitätsbewertung für ein Gerät berücksichtigen der Hersteller und/oder die benannte Stelle die Ergebnisse von Bewertungen und Prüfungen, die gegebenenfalls in einem Zwischenstadium der Herstellung gemäß dieser Richtlinie vorgenommen wurden.

(6) Setzt das Verfahren der Konformitätsbewertung die Beteiligung einer benannten Stelle voraus, so kann sich der Hersteller oder sein in der Gemeinschaft niedergelassener Bevollmächtigter im Rahmen der Aufgaben, für die diese Stelle benannt worden ist, an eine Stelle seiner Wahl wenden.

(7) Die benannte Stelle kann mit ordnungsgemäßer Begründung alle Informationen oder Angaben verlangen, die zur Ausstellung und Aufrechterhaltung der Konformitätsbescheinigung im Hinblick auf das gewählte Verfahren erforderlich sind.

(8) Die von den benannten Stellen gemäß den Anhängen 2, 3 und 5 getroffenen Entscheidungen haben eine Gültigkeitsdauer von höchstens fünf Jahren, die auf Antrag jeweils um höchstens fünf Jahre verlängert werden kann; der Antrag ist zu dem im Vertrag zwischen beiden Parteien vereinbarten Zeitpunkt einzureichen.

(9) Abweichend von den Absätzen 1 und 2 können die zuständigen Behörden auf ordnungsgemäß begründeten Antrag im Hoheitsgebiet des betreffenden Mitgliedstaats das Inverkehrbringen und die Inbetriebnahme einzelner Geräte zulassen, bei denen die Verfahren gemäß den Absätzen 1 und 2 nicht durchgeführt wurden, wenn deren Verwendung im Interesse des Gesundheitsschutzes liegt.

(10) Die Maßnahmen zur Änderung nicht wesentlicher Bestimmungen dieser Richtlinie durch Ergänzung, die die Art und Weise betreffen, mit denen die Informationen gemäß Anhang 1 Kapitel 15 angesichts des technischen Fortschritts und unter Berücksichtigung der vorgesehenen Anwender der betreffenden Geräte darge-

stellt werden können, werden nach dem in Artikel 6 Absatz 4 genannten Regelungsverfahren mit Kontrolle erlassen.

Artikel 9a

(1) Ein Mitgliedstaat legt der Kommission in folgenden Fällen einen ausreichend begründeten Antrag vor und fordert diese auf, die erforderlichen Maßnahmen zu treffen:

- Der Mitgliedstaat ist der Auffassung, dass die Konformität eines Geräts oder einer Gerätebaureihe abweichend von Artikel 9 in ausschließlicher Anwendung eines bestimmten Verfahrens festgestellt werden soll, das aus den in Artikel 9 vorgesehenen Verfahren auszuwählen ist.
- Der Mitgliedstaat ist der Auffassung, dass eine Entscheidung darüber erforderlich ist, ob ein bestimmtes Gerät oder eine Gruppe von Geräten unter eine der Begriffsbestimmungen in Artikel 1 Absatz 2 Buchstabe a, c, d oder e fällt.

Werden in Unterabsatz 1 genannte Maßnahmen als erforderlich erachtet, so werden sie gemäß dem in Artikel 6 Absatz 3 genannten Regelungsverfahren erlassen.

(2) Die Kommission unterrichtet die Mitgliedstaaten über die getroffenen Maßnahmen.

Artikel 10

(1) Bei für klinische Prüfungen bestimmten Geräten übermittelt der Hersteller oder der in der Gemeinschaft niedergelassene Bevollmächtigte die Erklärung gemäß Anhang 6 den zuständigen Behörden des Mitgliedstaats, in dem die Prüfungen durchgeführt werden sollen, mindestens sechzig Tage vor Beginn der Prüfungen.

(2) Der Hersteller kann mit den betreffenden klinischen Prüfungen nach Ablauf einer Frist von sechzig Tagen nach Anmeldung beginnen, es sei denn, die zuständigen Behörden haben ihm innerhalb dieser Frist eine auf Gründe der öffentlichen Gesundheit oder der öffentlichen Ordnung gestützte gegenteilige Entscheidung mitgeteilt.

Die Mitgliedstaaten können die Hersteller jedoch ermächtigen, vor Ablauf der Frist von 60 Tagen mit den klinischen Prüfungen zu beginnen, sofern die betreffende Ethik-Kommission eine befürwortende Stellungnahme zu dem entsprechenden Prüfungsprogramm einschließlich ihrer Überprüfung des klinischen Prüfplans abgegeben hat.

(2a) Die Ermächtigung nach Absatz 2 Unterabsatz 2 kann von einer Genehmigung durch die zuständige Behörde abhängig gemacht werden.

(3) Die Mitgliedstaaten ergreifen, falls erforderlich, die geeigneten Maßnahmen zur Sicherung der öffentlichen Gesundheit und öffentlichen Ordnung. Wird eine klinische Prüfung von einem Mitgliedstaat abgelehnt oder ausgesetzt, so unterrichtet dieser Mitgliedstaat alle anderen Mitgliedstaaten und die Kommission von seiner Entscheidung und deren Gründen. Hat ein Mitgliedstaat eine wesentliche Änderung oder vorübergehende Unterbrechung einer klinischen Prüfung angeordnet, so unter-

richtet dieser Mitgliedstaat die betroffenen anderen Mitgliedstaaten von seinen Maßnahmen und deren Gründen.

(4) Der Hersteller oder sein Bevollmächtigter unterrichtet die zuständigen Behörden des betroffenen Mitgliedstaats über den Abschluss der klinischen Prüfungen mit einer entsprechenden Begründung im Fall einer vorzeitigen Beendigung. Im Fall der vorzeitigen Beendigung der klinischen Prüfungen aus Sicherheitsgründen ist diese Mitteilung allen Mitgliedstaaten und der Kommission zu übermitteln. Der Hersteller oder sein Bevollmächtigter hält den in Anhang 7 Abschnitt 2.3.7 genannten Bericht den zuständigen Behörden zur Verfügung.

(5) Die klinischen Prüfungen sind gemäß Anhang 7 durchzuführen. Die Maßnahmen, die eine Änderung nicht wesentlicher Bestimmungen dieser Richtlinie bewirken und die Bestimmungen für klinische Prüfungen in Anhang 7 betreffen, werden nach dem in Artikel 6 Absatz 4 genannten Regelungsverfahren mit Kontrolle erlassen.

Artikel 10a

(1) Jeder Hersteller, der im eigenen Namen Geräte nach dem Verfahren gemäß Artikel 9 Absatz 2 in Verkehr bringt, muss den zuständigen Behörden des Mitgliedstaats, in dem er seinen Firmensitz hat, die Anschrift des Firmensitzes und die Beschreibung der betreffenden Geräte mitteilen.

Die Mitgliedstaaten können verlangen, dass ihnen die Kennzeichnung und die Gebrauchsanweisung sowie alle Angaben, die die Identifizierung der Geräte ermöglichen, mitgeteilt werden, wenn die Geräte in ihrem Hoheitsgebiet in Betrieb genommen werden.

(2) Hat ein Hersteller, der im eigenen Namen ein Gerät in Verkehr bringt, keinen Firmensitz in einem Mitgliedstaat, so muss er einen einzigen Bevollmächtigten in der Europäischen Union benennen.

Für in Absatz 1 Unterabsatz 1 genannte Geräte teilt der Bevollmächtigte der zuständigen Behörde des Mitgliedstaats, in dem er seinen Sitz hat, sämtliche Einzelheiten nach Absatz 1 mit.

(3) Die Mitgliedstaaten unterrichten auf Anfrage die übrigen Mitgliedstaaten und die Kommission über die vom Hersteller oder Bevollmächtigten vorgelegten, in Absatz 1 Unterabsatz 1 genannten Angaben.

Artikel 10b

(1) Regulierungsdaten gemäß dieser Richtlinie werden in einer europäischen Datenbank erfasst, zu der die zuständigen Behörden Zugang erhalten, damit sie ihre Aufgaben im Zusammenhang mit dieser Richtlinie in voller Sachkenntnis wahrnehmen können.

Die Datenbank enthält:

a) Angaben im Zusammenhang mit Bescheinigungen, die gemäß den Verfahren der Anhänge 2 bis 5 ausgestellt, geändert, ergänzt, ausgesetzt, zurückgezogen oder verweigert wurden;
b) Angaben, die gemäß dem in Artikel 8 festgelegten Beobachtungs- und Meldeverfahren erhalten werden;
c) Angaben zu den klinischen Prüfungen gemäß Artikel 10.

(2) Die Angaben werden in einem vereinheitlichten Format übermittelt.

(3) Die zur Durchführung der Absätze 1 und 2 dieses Artikels, insbesondere zur Durchführung von Artikel 1 Buchstabe c, notwendigen Maßnahmen werden nach dem in Artikel 6 Absatz 3 genannten Regelungsverfahren erlassen.

Artikel 10c

Ist ein Mitgliedstaat der Auffassung, dass ein bestimmtes Gerät oder eine Gruppe von Geräten aus Gründen des Gesundheitsschutzes und der Sicherheit und/oder im Interesse der öffentlichen Gesundheit vom Markt genommen oder das Inverkehrbringen und die Inbetriebnahme verboten, beschränkt oder bestimmten Auflagen unterworfen werden sollte, so kann er alle erforderlichen und begründeten vorläufigen Maßnahmen treffen.

Der Mitgliedstaat unterrichtet hiervon die Kommission und die übrigen Mitgliedstaaten von den vorläufigen Maßnahmen unter Angabe der Gründe für seine Entscheidung.

Die Kommission konsultiert, soweit dies möglich ist, die betroffenen Parteien und die Mitgliedstaaten. Die Kommission gibt eine Stellungnahme ab, in der sie darlegt, ob die einzelstaatlichen Maßnahmen gerechtfertigt sind oder nicht. Die Kommission informiert sämtliche Mitgliedstaaten und die konsultierten betroffenen Parteien.

Erforderlichenfalls werden die notwendigen Maßnahmen, mit denen nicht wesentliche Bestimmungen dieser Richtlinie durch Ergänzungen abgeändert werden sollen und die sich darauf beziehen, dass ein bestimmtes Gerät oder eine Gruppe von Geräten vom Markt genommen, ihr Inverkehrbringen und/oder ihre Inbetriebnahme verboten oder eingeschränkt oder bestimmten Auflagen unterworfen werden soll, nach dem in Artikel 6 Absatz 4 genannten Regelungsverfahren mit Kontrolle erlassen. Aus Gründen äußerster Dringlichkeit kann die Kommission auf das in Artikel 6 Absatz 5 genannte Dringlichkeitsverfahren zurückgreifen.

Artikel 11

(1) Die Mitgliedstaaten teilen der Kommission und den anderen Mitgliedstaaten mit, welche Stellen sie für die Durchführung der Verfahren nach Artikel 9 bezeichnet haben, welche spezifischen Aufgaben diesen Stellen übertragen wurden und welche Kennnummern ihnen zuvor von der Kommission zugeteilt wurden.

EG-Richtlinie „Aktive implantierbare medizinische Geräte" 90/385/EWG AIMDD

Die Kommission veröffentlicht im Amtsblatt der Europäischen Gemeinschaften eine Liste der benannten Stellen unter Angabe ihrer Kennnummer und der ihnen übertragenen Aufgaben. Sie trägt für die Aktualisierung dieser Liste Sorge.

(2) Die Mitgliedstaaten wenden für die Beauftragung der Stellen die in Anhang 8 aufgeführten Mindestkriterien an. Von den Stellen, die den in den einschlägigen harmonisierten Normen festgelegten Kriterien entsprechen, wird angenommen, dass sie den einschlägigen Mindestkriterien entsprechen.

Sofern es im Hinblick auf den technischen Fortschritt angemessen ist, werden die detaillierten Maßnahmen, die notwendig sind, damit eine kohärente Anwendung der in Anhang 8 der vorliegenden Richtlinie festgelegten Kriterien für die Benennung der Stellen durch die Mitgliedstaaten gewährleistet ist, nach dem in Artikel 6 Absatz 3 genannten Regelungsverfahren erlassen.

(3) Ein Mitgliedstaat, der eine Stelle benannt hat, zieht diese Benennung zurück, wenn er feststellt, dass diese Stelle den Kriterien gemäß Absatz 2 nicht mehr entspricht. Er setzt unverzüglich die anderen Mitgliedstaaten und die Kommission davon in Kenntnis.

(4) Die benannte Stelle und der Hersteller oder sein Bevollmächtigter legen einvernehmlich die Fristen für den Abschluss der in den Anhängen 2 bis 5 vorgesehenen Bewertungs- und Überprüfungsverfahren fest.

(5) Die benannte Stelle unterrichtet die zuständige Behörde über alle ausgestellten, geänderten, ergänzten, ausgesetzten, widerrufenen oder verweigerten Bescheinigungen sowie die anderen im Rahmen dieser Richtlinie benannten Stellen über alle ausgesetzten, widerrufenen oder verweigerten Bescheinigungen sowie auf Anfrage über ausgestellte Bescheinigungen. Die benannte Stelle stellt ferner auf Anfrage alle einschlägigen zusätzlichen Informationen zur Verfügung.

(6) Stellt eine benannte Stelle fest, dass einschlägige Anforderungen dieser Richtlinie vom Hersteller nicht erfüllt wurden oder nicht länger erfüllt werden, oder hätte eine Bescheinigung nicht ausgestellt werden dürfen, so setzt sie – unter Berücksichtigung des Grundsatzes der Verhältnismäßigkeit – die ausgestellte Bescheinigung aus oder widerruft sie oder erlegt Beschränkungen auf, es sei denn, dass der Hersteller durch geeignete Abhilfemaßnahmen die Übereinstimmung mit diesen Kriterien gewährleistet.

Die benannte Stelle unterrichtet die zuständige Behörde, falls die Bescheinigung ausgesetzt oder widerrufen wird oder Beschränkungen auferlegt werden oder sich ein Eingreifen der zuständigen Behörde als erforderlich erweisen könnte.

Der Mitgliedstaat unterrichtet die übrigen Mitgliedstaaten und die Kommission.

(7) Die benannte Stelle stellt auf Anfrage alle einschlägigen Informationen und Unterlagen einschließlich der haushaltstechnischen Unterlagen zur Verfügung, damit der Mitgliedstaat überprüfen kann, ob die Anforderungen des Anhangs 8 erfüllt sind.

Artikel 12

(1) Geräte – mit Ausnahme der Sonderanfertigungen und der für klinische Prüfungen bestimmten Geräte – die als den grundlegenden Anforderungen gemäß Artikel 3 entsprechende Geräte gelten, müssen als EG-konform gekennzeichnet sein.

(2) Das EG-Konformitätszeichen gemäß Anhang 9 muss in deutlich sichtbarer, leicht lesbarer und unauslöschbarer Form auf der Sterilverpackung und, falls vorhanden, auf der Handelsverpackung sowie auf der Gebrauchsanweisung angebracht sein.

Es muss die Kennnummer der benannten Stelle hinzugefügt sein, die für die Durchführung der Verfahren gemäß den Anhängen 2, 4 und 5 verantwortlich ist.

(3) Es ist verboten, Kennzeichnungen anzubringen, durch die Dritte hinsichtlich der Bedeutung und des Schriftbildes der CE-Kennzeichnung irregeführt werden könnten. Jede andere Kennzeichnung darf auf der Verpackung oder der Gebrauchsanweisung des Gerätes angebracht werden, wenn sie Sichtbarkeit und Lesbarkeit der CE-Kennzeichnung nicht beeinträchtigen.

Artikel 13

Unbeschadet des Artikels 7

a) ist bei der Feststellung durch einen Mitgliedstaat, dass die CE-Kennzeichnung unberechtigterweise angebracht wurde oder unter Verletzung dieser Richtlinie fehlt, der Hersteller oder sein in der Gemeinschaft ansässiger Bevollmächtigter verpflichtet, den weiteren Verstoß unter den von diesem Mitgliedstaat festgelegten Bedingungen zu verhindern.

b) muss – falls die Nichtübereinstimmung weiterbesteht – der Mitgliedstaat alle geeigneten Maßnahmen ergreifen, um das Inverkehrbringen des Produkts zu beschränken oder zu verbieten oder sicherzustellen, dass es nach den Verfahren des Artikels 7 vom Markt zurückgezogen wird.

Diese Bestimmungen gelten auch in den Fällen, in denen die CE-Kennzeichnung nach den Verfahren dieser Richtlinie unzulässigerweise an Erzeugnissen angebracht wurde, die nicht unter diese Richtlinie fallen.

Artikel 14

Jede in Anwendung dieser Richtlinie getroffene Entscheidung, die

a) ein Verbot oder eine Beschränkung des Inverkehrbringens, der Inbetriebnahme eines Gerätes oder der Durchführung einer klinischen Prüfung oder

b) die Aufforderung zur Zurückziehung der Geräte vom Markt

zur Folge hat, ist genau zu begründen. Sie wird dem Betreffenden unverzüglich unter Angabe der Rechtsmittel, die nach dem Recht des betreffenden Mitgliedstaats eingelegt werden können, und der Fristen für die Einlegung dieser Rechtsmittel mitgeteilt.

Bei der im vorstehenden Absatz genannten Entscheidung muss der Hersteller oder sein Bevollmächtigter die Möglichkeit haben, seinen Standpunkt zuvor darzulegen, es sei denn, dass eine solche Anhörung angesichts der Dringlichkeit der zu treffenden Maßnahme nicht möglich ist.

Artikel 15

(1) Die Mitgliedstaaten gewährleisten unbeschadet der bestehenden einzelstaatlichen Bestimmungen und Praktiken in Bezug auf die ärztliche Schweigepflicht, dass alle an der Anwendung dieser Richtlinie Beteiligten verpflichtet sind, alle bei der Durchführung ihrer Aufgaben erhaltenen Informationen vertraulich zu behandeln.

Die Verpflichtung der Mitgliedstaaten und der benannten Stellen zur gegenseitigen Unterrichtung und Verbreitung von Warnungen sowie die strafrechtlichen Auskunftspflichten der betreffenden Personen werden davon nicht berührt.

(2) Die nachstehenden Informationen werden nicht als vertraulich behandelt:

a) Informationen über die Meldung der für das Inverkehrbringen verantwortlichen Personen gemäß Artikel 10a;

b) an den Anwender gerichtete Informationen des Herstellers, des Bevollmächtigten oder des Vertreibers in Bezug auf eine Maßnahme nach Artikel 8;

c) Angaben in Bescheinigungen, die ausgestellt, geändert, ergänzt, ausgesetzt oder widerrufen wurden.

(3) Maßnahmen, mit denen nicht wesentliche Bestimmungen dieser Verordnung u. a. durch Ergänzungen geändert werden sollen und die sich auf die Festlegung der Bedingungen beziehen, unter denen andere Informationen als die in Absatz 2 genannten öffentlich zugänglich gemacht werden dürfen, insbesondere die Verpflichtung der Hersteller, eine Zusammenfassung der Informationen und Angaben über das Gerät zu erstellen und verfügbar zu machen, werden nach dem in Artikel 6 Absatz 4 genannten Regelungsverfahren mit Kontrolle erlassen.

Artikel 15a

Die Mitgliedstaaten treffen geeignete Maßnahmen, damit die zuständigen Behörden der Mitgliedstaaten untereinander und mit der Kommission zusammenarbeiten und einander die notwendigen Informationen übermitteln, um eine einheitliche Anwendung dieser Richtlinie zu ermöglichen.

Die Kommission sorgt für einen Austausch der Erfahrungen zwischen den für Marktaufsicht zuständigen Behörden, um die einheitliche Anwendung dieser Richtlinie zu koordinieren. Unbeschadet dieser Richtlinie kann die Zusammenarbeit im Rahmen von Initiativen auf internationaler Ebene erfolgen.

Artikel 16[11]

---

11) Redaktionelle Anmerkung: Das Inkrafttreten der geänderten Richtlinie wird durch Artikel 4 und 5 der Richtlinie 2007/47/EG des Europäischen Paralments und des Rates zur Änderung der Richtlinien 90/385/EWG des Rates zur Angleichung der Rechtsvorschriften der Mitgliedstaaten über aktive implantierbare medizinische Geräte und 93/42/EWG des Rates über Medizinprodukte sowie der Richtlinie 98/8/EG über das Inverkehrbringen von Biozid-Produkten wie folgt festgelegt:
  – Die Richtlinie 2007/47/EG tritt am 20. Tag nach ihrer Veröffentlichung im Amtsblatt der Europäischen Union (21. September 2007) in Kraft.
  – Die Mitgliedstaaten erlassen und veröffentlichen bis zum 21. Dezember 2008 die erforderlichen Rechtsvorschriften.
  – Es ist eine Übergangsfrist bis zum 21. März 2010 vorgesehen.

EG-Richtlinie „Aktive implantierbare medizinische Geräte" 90/385/EWG   AIMDD

Anhang 1
Grundlegende Anforderungen

I. Allgemeine Anforderungen

1. Die Geräte sind so auszulegen und herzustellen, dass ihre Verwendung weder den klinischen Zustand noch die Sicherheit der Patienten gefährdet, wenn sie unter den vorgesehenen Bedingungen und zu den vorgesehenen Zwecken implantiert sind. Sie dürfen weder für die Personen, die die Implantation vornehmen, noch gegebenenfalls für Dritte eine Gefahr darstellen.

2. Die Geräte müssen die vom Hersteller vorgegebenen Leistungen erbringen, d. h. sie müssen so ausgelegt und hergestellt sein, dass sie geeignet sind, eine oder mehrere der in Artikel 1 Absatz 2 Buchstabe a) genannten Funktionen zu erfüllen, und zwar entsprechend den Angaben des Herstellers.

3. Die Merkmale und die Leistungen gemäß den Abschnitten 1 und 2 dürfen sich nicht derart ändern, dass der klinische Zustand und die Sicherheit der Patienten und gegebenenfalls von Dritten während der vom Hersteller vorgesehenen Lebensdauer der Geräte gefährdet werden, wenn diese Geräte Belastungen ausgesetzt sind, die unter normalen Einsatzbedingungen auftreten können.

4. Die Geräte sind so auszulegen, herzustellen und zu verpacken, dass sich ihre Merkmale und ihre Leistungen unter den vom Hersteller vorgesehenen Lagerungs- und Transportbedingungen (Temperatur, Feuchtigkeit usw.) nicht ändern.

5. Etwaige unerwünschte Nebenwirkungen dürfen unter Berücksichtigung der vorgegebenen Leistungen keine unvertretbaren Risiken darstellen.

5a. <u>Der Nachweis der Übereinstimmung mit den grundlegenden Anforderungen muss eine klinische Bewertung gemäß Anhang 7 umfassen.</u>

II. Anforderungen für die Auslegung und die Konstruktion

6. Die vom Hersteller bei der Auslegung und der Konstruktion der Geräte gewählten Lösungen müssen sich nach den Grundsätzen der integrierten Sicherheit richten, und zwar unter Berücksichtigung des allgemein anerkannten Standes der Technik.

7. Die implantierbaren Geräte müssen in geeigneter Weise ausgelegt, hergestellt und in nicht wiederverwendbaren Verpackungen abgepackt sein, so dass sie beim Inverkehrbringen steril sind und diese Eigenschaft unter den vom Hersteller vorgesehenen Lagerungs- und Transportbedingungen bis zum Öffnen der Verpackung für die Implantation beibehalten.

8. Die Geräte müssen so ausgelegt und hergestellt sein, dass folgende Risiken ausgeschlossen oder so weit wie möglich verringert werden:
   – Verletzungsgefahren im Zusammenhang mit ihren physikalischen Eigenschaften, einschließlich der Abmessungen;

- Gefahren im Zusammenhang mit der Verwendung der Energiequellen, wobei bei der Verwendung von elektrischer Energie besonders auf Isolierung, Ableitströme und Erwärmung der Geräte zu achten ist;
- Gefahren im Zusammenhang mit vernünftigerweise vorhersehbaren Umgebungsbedingungen, insbesondere im Zusammenhang mit Magnetfeldern, elektrischen Fremdeinflüssen, elektrostatischen Entladungen, Druck und Druckschwankungen, Beschleunigung;
- Gefahren im Zusammenhang mit medizinischen Eingriffen, insbesondere bei der Anwendung von Defibrillatoren oder Hochfrequenz-Chirurgiegeräten;
- <u>Gefahren im Zusammenhang mit ionisierenden Strahlungen, die von radioaktiven Stoffen freigesetzt werden, die unter Einhaltung der Schutzanforderungen der Richtlinie 96/29/Euratom des Rates vom 13. Mai 1996 zur Festlegung der grundlegenden Sicherheitsnormen für den Schutz der Gesundheit der Arbeitskräfte und der Bevölkerung gegen die Gefahren durch ionisierende Strahlungen[12] sowie der Richtlinie 97/ 43/Euratom des Rates vom 30. Juni 1997 über den Gesundheitsschutz von Personen gegen die Gefahren ionisierender Strahlung bei medizinischer Exposition[13] in dem Gerät enthalten sind;</u>
- Gefahren, die sich dadurch ergeben können, dass keine Wartung oder Kalibrierung vorgenommen werden kann, insbesondere Gefahren im Zusammenhang mit
  - einer übermäßigen Zunahme der Ableitströme;
  - einer Alterung der verwendeten Werkstoffe;
  - einer übermäßigen Wärmeentwicklung des Gerätes;
  - nachlassender Genauigkeit einer Mess- oder Kontrollvorrichtung.

9. Die Geräte müssen so ausgelegt und hergestellt sein, dass die Merkmale und die Leistungen gemäß den unter Ziffer I genannten allgemeinen Anforderungen gewährleistet sind, wobei besonders auf folgende Punkte zu achten ist:
   - Auswahl der eingesetzten Werkstoffe, insbesondere hinsichtlich der Toxizität;
   - wechselseitige Verträglichkeit zwischen den eingesetzten Werkstoffen und den Geweben, biologischen Zellen sowie Körperflüssigkeiten, und zwar unter Berücksichtigung der vorgesehenen Verwendung des Gerätes;
   - Verträglichkeit der Geräte mit den Stoffen, die sie abgeben sollen;
   - Qualität der Verbindungsstellen, insbesondere in sicherheitstechnischer Hinsicht;
   - Zuverlässigkeit der Energiequelle;

---

12) ABl. L 159 vom 29.6.1996, S. 1.
13) ABl. L 180 vom 9.7.1997, S. 22.

- gegebenenfalls angemessene Dichtigkeit;
- einwandfreies Funktionieren der Steuerungs-, Programmierungs- und Kontrollsysteme, einschließlich der Software. Bei Geräten, die Software enthalten oder bei denen es sich um medizinische Software an sich handelt, muss die Software entsprechend dem Stand der Technik validiert werden, wobei die Grundsätze des Software-Lebenszyklus, des Risikomanagements, der Validierung und Verifizierung zu berücksichtigen sind.

10. Enthält ein Gerät als festen Bestandteil einen Stoff, der bei gesonderter Verwendung als Arzneimittel im Sinne des Artikels 1 der Richtlinie 2001/83/EG angesehen werden und der in Ergänzung zu dem Gerät eine Wirkung auf den menschlichen Körper entfalten kann, sind die Qualität, die Sicherheit und der Nutzen dieses Stoffes analog zu den in Anhang I der Richtlinie 2001/83/EG genannten Verfahren zu überprüfen.

Für die in Absatz 1 genannten Stoffe ersucht die benannte Stelle nach Überprüfung des Nutzens des Stoffes als Bestandteil des medizinischen Geräts und unter Berücksichtigung der Zweckbestimmung des Geräts eine der von den Mitgliedstaaten benannten zuständigen Behörden oder die Europäische Arzneimittel-Agentur (EMEA), vertreten insbesondere durch den gemäß der Verordnung (EG) Nr. 726/2004[14] tätigen Ausschuss, um ein wissenschaftliches Gutachten zu Qualität und Sicherheit des Stoffes, einschließlich des klinischen Nutzen-/Risiko-Profils der Verwendung des Stoffes in dem Gerät. Bei der Erstellung des Gutachtens berücksichtigt die zuständige Behörde oder die EMEA den Herstellungsprozess und die Angaben über den Nutzen der Verwendung des Stoffes in dem Gerät, wie von der benannten Stelle ermittelt.

Enthält ein Gerät als festen Bestandteil ein Derivat aus menschlichem Blut, ersucht die benannte Stelle nach Überprüfung des Nutzens des Stoffes als Bestandteil des medizinischen Geräts und unter Berücksichtigung der Zweckbestimmung des Geräts die EMEA, vertreten insbesondere durch ihren Ausschuss, um ein wissenschaftliches Gutachten zu Qualität und Sicherheit des Stoffes, einschließlich des klinischen Nutzen-/Risiko-Profils der Verwendung des Derivats aus menschlichem Blut in dem Gerät. Bei der Erstellung des Gutachtens berücksichtigt die EMEA den Herstellungsprozess und die Angaben über den Nutzen der Verwendung des Stoffes in dem Gerät, wie von der benannten Stelle ermittelt.

Werden Änderungen an einem in dem Gerät verwendeten ergänzenden Stoff vorgenommen, insbesondere im Zusammenhang mit dem Herstellungspro-

---

14) Verordnung (EG) Nr. 726/2004 des Europäischen Parlaments und des Rates vom 31. März 2004 zur Festlegung von Gemeinschaftsverfahren für die Genehmigung und Überwachung von Human- und Tierarzneimitteln und zur Errichtung einer Europäischen Arzneimittel-Agentur (ABl. L 136 vom 30.4.2004, S. 1). Zuletzt geändert durch die Verordnung (EG) Nr. 1901/2006.

zess, wird die benannte Stelle von den Änderungen in Kenntnis gesetzt und konsultiert die für das entsprechende Arzneimittel zuständige Behörde (d. h. die an der ursprünglichen Konsultation beteiligte Behörde), um zu bestätigen, dass Qualität und Sicherheit des verwendeten ergänzenden Stoffes erhalten bleiben. Die zuständige Behörde berücksichtigt die Angaben über den Nutzen der Verwendung des Stoffes in dem Gerät, wie von der benannten Stelle ermittelt, um sicherzustellen, dass sich die Änderungen nicht negativ auf das Nutzen-/Risiko-Profil auswirken, das hinsichtlich der Aufnahme des Stoffes in das Gerät erstellt wurde.

Erhält die zuständige Arzneimittelbehörde (d. h. die an der ursprünglichen Konsultation beteiligte Behörde) Informationen über den verwendeten ergänzenden Stoff, die Auswirkungen auf das Nutzen-/ Risiko-Profil der Verwendung des Stoffes in dem Gerät haben könnten, so teilt sie der benannten Stelle mit, ob diese Information Auswirkungen auf das Nutzen-/Risiko-Profil der Verwendung des Stoffes in dem Gerät hat oder nicht. Die benannte Stelle berücksichtigt das aktualisierte wissenschaftliche Gutachten bei ihren Überlegungen zu einer erneuten Bewertung des Konformitätsbewertungsverfahrens.

11. Die Geräte und gegebenenfalls ihre Bauteile müssen so kenntlich gemacht sein, dass jede geeignete Maßnahme ergriffen werden kann, die aufgrund der Feststellung einer möglichen Gefährdung in Zusammenhang mit den Geräten und den Bauteilen geboten erscheint.

12. Die Geräte müssen einen Code zur eindeutigen Identifizierung des Gerätes (insbesondere in Bezug auf Typ und Herstellungsjahr) und des Herstellers aufweisen; dieser Code muss sich gegebenenfalls ohne operativen Eingriff ermitteln lassen.

13. Werden auf einem Gerät oder seinen Zubehörteilen für den Betrieb des Gerätes erforderliche Anleitungen gegeben oder werden auf ihnen Betriebs- oder Regelparameter mit Hilfe von Anzeigesystemen angegeben, müssen diese Informationen für den Anwender und gegebenenfalls für den Patienten verständlich sein.

14. Jedes Gerät muss mit folgenden leicht lesbaren und unauslöschlichen Angaben, gegebenenfalls in Form allgemein anerkannter Symbole, versehen sein:

14.1. Auf der Steril-Verpackung:
    – Sterilisationsverfahren;
    – Kenntlichmachung dieser Verpackung als Steril-Verpackung;
    – der Name und die Anschrift des Herstellers;
    – die Bezeichnung des Gerätes;
    – bei einem für klinische Prüfungen bestimmten Gerät der Hinweis „*ausschließlich für klinische Prüfungen*";
    – bei einer Sonderanfertigung der Hinweis „*Sonderanfertigung*";

- Hinweis, dass sich das implantierbare Gerät in sterilem Zustand befindet;
- die Angabe des Monats und des Jahres der Herstellung;
- die Angabe des Verfalldatums für die gefahrlose Implantation des Gerätes.

14.2. Auf der Handelsverpackung:
- <u>der Name und die Anschrift des Herstellers und der Name und die Anschrift des Bevollmächtigten, wenn der Hersteller keinen Firmensitz in der Gemeinschaft hat;</u>
- die Bezeichnung des Gerätes;
- die Zweckbestimmung des Gerätes;
- die einschlägigen Verwendungsmerkmale;
- bei einem für klinische Prüfungen bestimmten Gerät der Hinweis „*ausschließlich für klinische Prüfungen*";
- bei einer Sonderanfertigung der Hinweis „*Sonderanfertigung*";
- Hinweis, dass sich das implantierbare Gerät in sterilem Zustand befindet;
- die Angabe des Monats und des Jahres der Herstellung;
- die Angabe des Verfalldatums für die gefahrlose Implantation des Gerätes;
- die Bedingungen für Transport und Lagerung des Gerätes;
- <u>im Falle eines unter Artikel 1 Absatz 4a fallenden Geräts ein Hinweis darauf, dass das Gerät als Bestandteil ein Derivat aus menschlichem Blut enthält.</u>

15. Jedem Gerät muss, wenn es in den Verkehr gebracht wird, eine Gebrauchsanweisung beigefügt sein, die folgende Angaben enthält:
    - das Jahr der Genehmigung zum Anbringen der CE-Kennzeichnung;
    - die Angaben gemäß den Abschnitten 14.1 und 14.2 mit Ausnahme jeweils des achten und neunten Gedankenstrichs;
    - die Leistungsdaten gemäß Abschnitt 2 sowie etwaige unerwünschte Nebenwirkungen;
    - die erforderlichen Angaben, anhand derer der Arzt das geeignete Gerät sowie die entsprechende Software und die entsprechenden Zubehörteile auswählen kann;
    - die Angaben zur Anwendung, die es dem Arzt sowie gegebenenfalls dem Patienten ermöglichen, das Gerät, seine Zubehörteile und seine Software ordnungsgemäß zu verwenden, sowie die Angaben über Art, Umfang und Fristen der Kontrollen und Funktionsüberprüfungen und gegebenenfalls die Wartungsmaßnahmen;
    - die zweckdienlichen Informationen, die zur Vermeidung bestimmter Risiken im Zusammenhang mit der Implantation des Gerätes gegebenenfalls zu beachten sind;

- die Informationen zu den Gefahren wechselseitiger Beeinflussung, die sich durch das Gerät bei speziellen Untersuchungen oder Behandlungen ergeben;
- die Anweisungen für den Fall, dass die Steril-Verpackung beschädigt wird, und gegebenenfalls die Angabe geeigneter Resterilisationsmethoden;
- gegebenenfalls der Hinweis, dass das Gerät nur wiederverwendet werden kann, nachdem es zur Erfüllung der grundlegenden Anforderungen unter der Verantwortung des Herstellers aufbereitet worden ist.

Die Gebrauchsanweisung muss ferner Angaben enthalten, anhand derer der Arzt den Patienten über Gegenanzeigen und Vorsichtsmaßnahmen unterrichten kann. Diese Angaben betreffen insbesondere folgendes:

- die Informationen zur Bestimmung der Lebensdauer der Energiequelle;
- die Vorsichtsmaßnahmen im Falle von Leistungsänderungen des Gerätes;
- die Vorsichtsmaßnahmen für den Fall, dass das Gerät unter vernünftigerweise vorhersehbaren Umgebungsbedingungen Magnetfeldern, elektrischen Fremdeinflüssen, elektrostatischen Entladungen, Druck oder Druckschwankungen, Beschleunigung usw. ausgesetzt ist;
- die geeigneten Informationen über das von dem betreffenden Gerät abzugebende Arzneimittel;
- <u>das Datum der Ausgabe oder die Angabe des jeweiligen Überarbeitungszustandes der Gebrauchsanleitung.</u>

16. Die Bestätigung, dass die Anforderungen an Merkmalen und Leistungen gemäß den unter Ziffer I genannten allgemeinen Anforderungen an das Gerät unter normalen Verwendungsbedingungen erfüllt werden, sowie die Beurteilung von Nebenwirkungen oder unerwünschten Wirkungen müssen sich auf klinische Daten stützen, die gemäß Anhang 7 gewonnen worden sind.

EG-Richtlinie „Aktive implantierbare medizinische Geräte" 90/385/EWG AIMDD

Anhang 2
EG-Konformitätserklärung
(vollständiges Qualitätssicherungssystem)

1. Der Hersteller wendet das genehmigte Qualitätssicherungssystem für die Auslegung, die Fertigung und die Endkontrolle der betreffenden Produkte nach Maßgabe der Abschnitte 3 und 4 an. Er unterliegt der EG-Überwachung gemäß Abschnitt 5.

2. Als EG-Konformitätserklärung wird das Verfahren bezeichnet, mit dem der Hersteller, der den Verpflichtungen nach Abschnitt 1 nachkommt, sicherstellt und erklärt, dass die betreffenden Produkte den einschlägigen Bestimmungen dieser Richtlinie entsprechen.

   Der Hersteller oder sein in der Gemeinschaft ansässiger Bevollmächtigter bringt die CE-Kennzeichnung gemäß Artikel 12 an und stellt eine schriftliche Konformitätserklärung aus.

   <u>Diese Erklärung bezieht sich auf ein oder mehrere klar durch Produktname, Produktcode oder sonstige unmissverständliche Angaben deutlich bezeichnete Geräte und wird vom Hersteller aufbewahrt.</u>

   Der CE-Kennzeichnung ist die Kennnummer der zuständigen benannten Stelle beizufügen.

3. **Qualitätssicherungssystem**

3.1. Der Hersteller reicht einen Antrag auf Bewertung seines Qualitätssicherungssystems bei einer benannten Stelle ein.

   Der Antrag muss folgendes enthalten:
   - alle zweckdienlichen Informationen über die Produktkategorie, deren Fertigung vorgesehen ist;
   - die Dokumentation zum Qualitätssicherungssystem;
   - eine Zusicherung, die Verpflichtungen, die sich aus dem genehmigten Qualitätssicherungssystem ergeben, zu erfüllen;
   - eine Zusicherung, das genehmigte Qualitätssicherungssystem zu unterhalten, um dessen Eignung und Wirksamkeit zu gewährleisten;
   - <u>eine Zusicherung des Herstellers, ein Überwachungssystem nach dem Verkauf einzuführen und auf dem neuesten Stand zu halten, unter Berücksichtigung der in Anhang 7 enthaltenen Bestimmungen;</u>
   - i) jede Änderung der Merkmale und Leistungen sowie jede Unsachgemäßheit der Gebrauchsanweisung eines Gerätes, die geeignet ist, zum Tod oder zu einer Verschlechterung des Gesundheitszustandes eines Patienten zu führen, oder die dazu geführt hat;
   - ii) jeden technischen oder medizinischen Grund, der zur Rücknahme eines Gerätes vom Markt durch den Hersteller geführt hat.

3.2. Mit Hilfe des Qualitätssicherungssystems muss die Übereinstimmung der Produkte mit den einschlägigen Bestimmungen dieser Richtlinie auf allen Stufen von der Auslegung bis zur Endkontrolle sichergestellt werden.

Alle Einzelheiten, Anforderungen und Vorkehrungen, die der Hersteller für sein Qualitätssicherungssystem zugrunde legt, müssen in Form von Strategien und schriftlichen Verfahrensanweisungen systematisch und geordnet in eine Dokumentation aufgenommen werden. Diese Dokumentation zum Qualitätssicherungssystem muss eine einheitliche Interpretation der Qualitätssicherungsstrategie und -verfahren, beispielsweise in Form von Programmen, Plänen, Handbüchern und Aufzeichnungen zur Qualitätssicherung ermöglichen. <u>Sie umfasst insbesondere die Dokumentation, Angaben und Aufzeichnungen, die aus den in Buchstabe c genannten Verfahren hervorgehen.</u>

Sie umfasst insbesondere eine angemessene Beschreibung folgender Punkte:

a) Qualitätsziele des Herstellers.
b) Organisation des Unternehmens, insbesondere
   - Organisationsstrukturen, Verantwortungsbereiche der mit Führungsaufgaben betrauten Personen und deren organisatorische Befugnisse in Bezug auf die Qualität bei der Auslegung und der Fertigung der Produkte.
   - Mittel zur Überprüfung der Wirksamkeit des Qualitätssicherungssystems, insbesondere von dessen Eignung zur Sicherstellung der angestrebten Auslegungs- und Produktqualität, einschließlich der Kontrolle über nichtkonforme Produkte;
   - <u>falls Auslegung, Herstellung und/oder Endkontrolle und Prüfung des Produkts oder von Produktbestandteilen durch einen Dritten erfolgt: Methoden zur Überwachung der wirksamen Anwendung des Qualitätssicherungssystems und insbesondere Art und Umfang der Kontrollen, denen dieser Dritte unterzogen wird.</u>
c) Verfahren zur Steuerung und Kontrolle der Produktauslegung, insbesondere
   - Spezifikationen für die Auslegung, einschließlich der Normen, die angewandt werden, sowie eine Beschreibung der Lösungen zur Einhaltung der auf die Produkte anwendbaren grundlegenden Anforderungen, falls die in Artikel 5 genannten Normen nicht oder nicht vollständig angewandt werden;
   - Techniken zur Kontrolle und Überwachung der Auslegung, Verfahren und Maßnahmen, die bei der Produktauslegung systematisch zum Einsatz kommen;
   - <u>die Angabe, ob zu den festen Bestandteilen des Geräts ein Stoff oder ein Derivat aus menschlichem Blut im Sinne des Anhangs 1 Abschnitt 10 gehört, sowie die für die Bewertung der Sicherheit, der</u>

Qualität und des Nutzens dieses Stoffes oder Derivats aus menschlichem Blut unter Berücksichtigung der Zweckbestimmung des Geräts erforderlichen Daten über die in diesem Zusammenhang durchgeführten Prüfungen,
- die präklinische Bewertung;
- die klinische Bewertung gemäß Anhang 7.

d) Qualitätssicherungs- und Kontrolltechniken auf der Ebene der Fertigung, insbesondere

- Verfahren und Methoden insbesondere bei der Sterilisation, bei der Beschaffung und bei der Ausarbeitung der relevanten Unterlagen;
- Verfahren zur Produktidentifizierung, die anhand von Zeichnungen, Spezifikationen oder sonstigen einschlägigen Unterlagen im Verlauf aller Fertigungsstufen erstellt und auf dem neuesten Stand gehalten werden.

e) Geeignete Prüfungen und Tests, die vor, während und nach der Herstellung durchgeführt werden, sowie Angabe ihrer Häufigkeit und der verwendeten Prüfgeräte.

3.3. Unbeschadet der Bestimmungen des Artikels 13 führt die benannte Stelle eine förmliche Überprüfung (Audit) des Qualitätssicherungssystems durch, um festzustellen, ob es den Anforderungen nach Abschnitt 3.2 entspricht. Bei Qualitätssicherungssystemen, die auf der Umsetzung der entsprechenden harmonisierten Normen beruhen, geht sie von der Übereinstimmung mit diesen Anforderungen aus.

Mindestens ein Mitglied der überprüfenden Gruppe muss Erfahrungen in der Bewertung der betreffenden Technologie haben. Das Bewertungsverfahren schließt eine Besichtigung der Betriebsstätten des Herstellers und, falls dazu hinreichend Anlass besteht, der Betriebsstätten der Zulieferer des Herstellers und/oder seiner Subunternehmer ein, um die Herstellungsverfahren zu überprüfen.

Die Entscheidung wird dem Hersteller nach der abschließenden Besichtigung zugestellt. Sie umfasst die Ergebnisse der Überprüfung sowie den begründeten Bewertungsbefund.

3.4. Der Hersteller informiert die benannte Stelle, die das Qualitätssicherungssystem genehmigt hat, über alle geplanten Änderungen des Qualitätssicherungssystems.

Die benannte Stelle bewertet die vorgeschlagenen Änderungen und überprüft, ob das geänderte Qualitätssicherungssystem den Anforderungen nach Abschnitt 3.2 entspricht; sie stellt ihre Entscheidung dem Hersteller zu. Diese Entscheidung enthält die Ergebnisse der Überprüfung sowie den begründeten Bewertungsbefund.

4. Prüfung der Produktauslegung

4.1. Der Hersteller stellt, abgesehen von den ihm gemäß Abschnitt 3 obliegenden Verpflichtungen, einen Antrag auf Prüfung der Auslegungsdokumentation zu dem Produkt, dessen Fertigung bevorsteht und das zu der in Abschnitt 3.1 genannten Kategorie zählt.

4.2. <u>Aus dem Antrag müssen die Auslegung, die Herstellung und die Leistungsdaten des betreffenden Geräts hervorgehen und er muss die Dokumente enthalten, die dafür nötig sind zu beurteilen, ob das Gerät den Anforderungen dieser Richtlinie, und zwar insbesondere Anhang 2 Abschnitt 3.2 Absatz 3 Buchstaben c und d, entspricht.</u>

Der Antrag umfasst insbesondere

- die Spezifikationen für die Auslegung, einschließlich der angewandten Normen;
- den erforderlichen Nachweis ihrer Angemessenheit, insbesondere falls die in Artikel 5 genannten Normen nicht oder nicht vollständig angewandt worden sind. Hierzu zählen die Ergebnisse entsprechender Tests, die vom Hersteller selbst oder in seinem Namen durchgeführt wurden;
- die Angabe, ob zu den Bestandteilen des Gerätes ein Stoff im Sinne des Anhangs 1 Abschnitt 10 gehört, dessen Wirkung in Verbindung mit dem Gerät seine Bioverfügbarkeit herbeiführen kann, sowie die Daten über die in diesem Zusammenhang durchgeführten Tests;
- die <u>klinische Bewertung</u> gemäß Anhang 7;
- einen Entwurf der Gebrauchsanweisung.

4.3. Die benannte Stelle prüft den Antrag und stellt, falls die Auslegung den einschlägigen Bestimmungen dieser Richtlinie entspricht, dem Antragsteller eine EG-Auslegungsprüfbescheinigung aus. Die benannte Stelle kann verlangen, dass für die Antragstellung zusätzliche Tests oder Prüfungen durchgeführt werden, damit die Übereinstimmung mit den Anforderungen dieser Richtlinie beurteilt werden kann. Die Bescheinigung enthält die Ergebnisse der Prüfung, die Bedingungen für ihre Gültigkeit sowie die zur Identifizierung der genehmigten Auslegung erforderlichen Angaben und gegebenenfalls eine Beschreibung der Zweckbestimmung des Produkts.

<u>Im Falle von in Anhang 1 Abschnitt 10 Absatz 2 genannten Geräten konsultiert die benannte Stelle im Hinblick auf die dort genannten Gesichtspunkte eine der von den Mitgliedstaaten gemäß der Richtlinie 2001/83/EG benannten zuständigen Behörden oder die EMEA, bevor sie eine Entscheidung trifft. Das Gutachten der zuständigen nationalen Behörde oder der EMEA ist innerhalb von 210 Tagen nach Eingang der vollständigen Unterlagen zu erstellen. Das wissenschaftliche Gutachten der zuständigen nationalen Behörde oder der EMEA ist der Dokumentation über das Gerät beizufügen. Bei ihrer Entscheidung berücksichtigt die benannte Stelle gebührend die bei dieser Kon-</u>

sultation geäußerten Standpunkte. Sie teilt der betreffenden zuständigen Stelle ihre endgültige Entscheidung mit.

Im Falle von in Anhang 1 Abschnitt 10 Absatz 3 genannten Geräten ist das wissenschaftliche Gutachten der EMEA der Dokumentation über das Gerät beizufügen. Bei ihrer Entscheidung berücksichtigt die benannte Stelle gebührend das Gutachten der EMEA. Das Gutachten wird innerhalb von 210 Tagen nach Eingang der vollständigen Unterlagen erstellt. Die benannte Stelle darf die Bescheinigung nicht ausstellen, wenn das wissenschaftliche Gutachten der EMEA negativ ist. Sie teilt der EMEA ihre endgültige Entscheidung mit.

4.4. Der Hersteller informiert die benannte Stelle, die die EG-Auslegungsprüfbescheinigung ausgestellt hat, über alle Änderungen an der genehmigten Auslegung. Diese Änderungen müssen von der benannten Stelle, die die EG-Auslegungsprüfbescheinigung ausgestellt hat, zusätzlich genehmigt werden, wenn sie die Übereinstimmung des Produkts mit den grundlegenden Anforderungen dieser Richtlinie oder mit den vorgeschriebenen Verwendungsbedingungen berühren können. Diese Zusatzgenehmigung wird in Form eines Nachtrags zur EG-Auslegungsprüfbescheinigung erteilt.

5. **Überwachung**

5.1. Mit der Überwachung soll sichergestellt werden, dass der Hersteller die Verpflichtungen, die sich aus dem genehmigten Qualitätssicherungssystem ergeben, ordnungsgemäß einhält.

5.2. Der Hersteller gestattet der benannten Stelle die Durchführung aller erforderlichen Inspektionen und stellt alle erforderlichen Unterlagen zur Verfügung, insbesondere
   – die Dokumentation zum Qualitätssicherungssystem;
   – die Daten, die in dem die Produktauslegung betreffenden Teil des Qualitätssicherungssystems vorgesehen sind, wie z. B. Ergebnisse von Analysen, Berechnungen, Tests, präklinische und klinische Bewertung, ein Plan für die klinische Überwachung nach dem Inverkehrbringen und gegebenenfalls die Ergebnisse dieser Überwachung usw.;
   – die Daten, die in dem die Fertigung betreffenden Teil des Qualitätssicherungssystems vorgesehen sind, wie z. B. Kontrollberichte, Test- und Kalibrierdaten, Befähigungsnachweise des betreffenden Personals usw.

5.3. Die benannte Stelle führt regelmäßig die erforderlichen Inspektionen und Bewertungen durch, um sich davon zu überzeugen, dass der Hersteller das genehmigte Qualitätssicherungssystem anwendet, und übermittelt dem Hersteller einen Bewertungsbericht.

5.4. Darüber hinaus kann die benannte Stelle unangemeldete Besichtigungen beim Hersteller durchführen. Hierüber erhält der Hersteller einen Bericht.

6. **Verwaltungsvorschriften**
6.1. Der Hersteller oder sein Bevollmächtigter halten für die nationalen Behörden während mindestens 15 Jahren nach der Herstellung des letzten Produkts folgende Unterlagen bereit:
- die Konformitätserklärung,
- die in Abschnitt 3.1 zweiter Gedankenstrich genannte Dokumentation und insbesondere die in Abschnitt 3.2 Absatz 2 genannte Dokumentation, Angaben und Aufzeichnungen,
- die in Abschnitt 3.4 genannten Änderungen,
- die in Abschnitt 4.2 genannten Unterlagen,
- die in den Abschnitten 3.4, 4.3, 5.3 und 5.4 genannten Entscheidungen und Berichte der benannten Stelle.
6.2. Die benannte Stelle stellt den anderen benannten Stellen sowie der zuständigen Behörde auf Antrag alle einschlägigen Informationen über die ausgestellten, versagten bzw. zurückgezogenen Genehmigungen für Qualitätssicherungssysteme zur Verfügung.
6.3 (gestrichen)
7. **Anwendung auf Geräte gemäß Artikel 1 Absatz 4a**
Nach Beendigung der Herstellung jeder Charge der Geräte gemäß Artikel 1 Absatz 4a unterrichtet der Hersteller die benannte Stelle über die Freigabe dieser Charge von Geräten und übermittelt ihr die von einem staatlichen oder einem zu diesem Zweck von einem Mitgliedstaat benannten Laboratorium gemäß Artikel 114 Absatz 2 der Richtlinie 2001/83/EG ausgestellte amtliche Bescheinigung über die Freigabe der Charge des in diesem Gerät verwendeten Derivats aus menschlichem Blut.

EG-Richtlinie „Aktive implantierbare medizinische Geräte" 90/385/EWG   AIMDD

Anhang 3
EG-Baumusterprüfung

1. Als EG-Baumusterprüfung wird das Verfahren bezeichnet, mit dem eine benannte Stelle feststellt und bescheinigt, dass ein für die vorgesehene Produktion repräsentatives Exemplar den einschlägigen Bestimmungen dieser Richtlinie entspricht.

2. Der Antrag auf EG-Baumusterprüfung ist vom Hersteller oder seinem in der Gemeinschaft niedergelassenen Bevollmächtigten bei einer benannten Stelle zu stellen.

    Der Antrag muss folgende Angaben enthalten:
    - Name und Anschrift des Herstellers sowie Name und Anschrift des Bevollmächtigten, wenn der Antrag durch diesen gestellt wird;
    - eine schriftliche Erklärung, dass der Antrag nicht bei einer anderen benannten Stelle eingereicht worden ist;
    - die Dokumentation gemäß Abschnitt 3, die zur Beurteilung der Übereinstimmung des für die vorgesehene Produktion repräsentativen Exemplars (nachstehend "Baumuster" genannt) mit den Anforderungen dieser Richtlinie erforderlich ist.

    Der Antragsteller stellt der benannten Stelle ein Baumuster zur Verfügung. Die benannte Stelle kann erforderlichenfalls weitere Exemplare des Baumusters verlangen.

3. Aus der Dokumentation müssen die Auslegung, die Herstellung und die Leistungsdaten des Produkts hervorgehen. Die Dokumentation muss insbesondere folgende Angaben und Einzelunterlagen enthalten:
    - eine allgemeine Beschreibung des Baumusters, einschließlich der geplanten Varianten, und seiner/seinen Zweckbestimmung(en);
    - Konstruktionszeichnungen, geplante Fertigungsverfahren insbesondere hinsichtlich der Sterilisation sowie Pläne von Bauteilen, Baugruppen, Schaltungen usw.;
    - die zum Verständnis der Zeichnungen und Pläne sowie der Funktionsweise des Produkts erforderlichen Beschreibungen und Erläuterungen;
    - eine Liste der ganz oder teilweise angewandten Normen gemäß Artikel 5 sowie eine Beschreibung der Lösungen zur Einhaltung der grundlegenden Anforderungen, falls die in Artikel 5 genannten Normen nicht oder nicht vollständig angewandt worden sind;
    - die Ergebnisse der Konstruktionsberechnungen, der Risikoanalyse, der Prüfungen, technischen Tests usw.;
    - die Angabe, ob zu den festen Bestandteilen des Geräts ein Stoff oder ein Derivat aus menschlichem Blut im Sinne von Anhang 1 Abschnitt 10 gehört, sowie die für die Bewertung der Sicherheit, der Qualität und des Nutzens dieses Stoffes oder Derivats aus menschlichem Blut unter Berück-

AIMDD EG-Richtlinie „Aktive implantierbare medizinische Geräte" 90/385/EWG

sichtigung der Zweckbestimmung des Geräts erforderlichen Daten über die in diesem Zusammenhang durchgeführten Prüfungen;
- die präklinische Bewertung;
- die klinische Bewertung gemäß Anhang 7;
- der Entwurf der Gebrauchsanweisung.

4. Die benannte Stelle geht bei der Baumusterprüfung wie folgt vor:

4.1. Sie prüft und bewertet die Dokumentation und überprüft, ob das Baumuster in Übereinstimmung mit dieser hergestellt wurde; sie stellt fest, welche Bauteile entsprechend den einschlägigen Bestimmungen der Normen gemäß Artikel 5 ausgelegt sind und bei welchen Bauteilen sich die Auslegung nicht auf diese Normen stützt.

4.2. Sie führt die geeigneten Prüfungen und erforderlichen Tests durch oder lässt diese durchführen, um zu überprüfen, ob die vom Hersteller gewählten Lösungen die grundlegenden Anforderungen dieser Richtlinie einhalten, falls die in Artikel 5 genannten Normen nicht oder nicht vollständig angewandt worden sind.

4.3. Sie führt die geeigneten Prüfungen und erforderlichen Tests durch oder lässt diese durchführen, um zu überprüfen, ob die einschlägigen Normen, falls sich der Hersteller für ihre Anwendung entschieden hat, tatsächlich berücksichtigt worden sind.

4.4. Sie vereinbart mit dem Antragsteller den Ort, an dem die Prüfungen und erforderlichen Tests durchgeführt werden.

5. Entspricht das Baumuster den Bestimmungen dieser Richtlinie, so stellt die benannte Stelle dem Antragsteller eine EG-Baumusterprüfbescheinigung aus. Diese Bescheinigung enthält den Namen und die Anschrift des Herstellers, die Ergebnisse der Prüfung, die Bedingungen für die Gültigkeit der Bescheinigung sowie die zur Identifizierung des genehmigten Baumusters erforderlichen Angaben.

Die wesentlichen Teile der Dokumentation werden der Bescheinigung beigefügt; eine Abschrift verbleibt bei der benannten Stelle.

Im Falle von in Anhang 1 Abschnitt 10 Absatz 2 genannten Geräten konsultiert die benannte Stelle im Hinblick auf die dort genannten Gesichtspunkte eine der von den Mitgliedstaaten gemäß der Richtlinie 2001/83/EG benannten zuständigen Behörden oder die EMEA, bevor sie eine Entscheidung trifft. Das Gutachten der zuständigen nationalen Behörde oder der EMEA ist innerhalb von 210 Tagen nach Eingang der vollständigen Unterlagen zu erstellen. Das wissenschaftliche Gutachten der zuständigen nationalen Behörde oder der EMEA ist der Dokumentation über das Gerät beizufügen. Bei ihrer Entscheidung berücksichtigt die benannte Stelle gebührend die bei dieser Konsultation geäußerten Standpunkte. Sie teilt der betreffenden zuständigen Stelle ihre endgültige Entscheidung mit.

EG-Richtlinie „Aktive implantierbare medizinische Geräte" 90/385/EWG AIMDD

> Im Falle von in Anhang 1 Abschnitt 10 Absatz 3 genannten Geräten ist das wissenschaftliche Gutachten der EMEA der Dokumentation über das Gerät beizufügen. Das Gutachten wird innerhalb von 210 Tagen nach Eingang der vollständigen Unterlagen erstellt. Bei ihrer Entscheidung berücksichtigt die benannte Stelle gebührend das Gutachten der EMEA. Die benannte Stelle darf die Bescheinigung nicht ausstellen, wenn das wissenschaftliche Gutachten der EMEA negativ ist. Sie teilt der EMEA ihre endgültige Entscheidung mit.

6. Der Antragsteller informiert die benannte Stelle, die die EG-Baumusterprüfbescheinigung ausgestellt hat, über alle am genehmigten Produkt vorgenommenen Änderungen.

    Diese Änderungen müssen von der benannten Stelle, die die EG-Baumusterprüfbescheinigung ausgestellt hat, zusätzlich genehmigt werden, wenn sie die Übereinstimmung des Produkts mit den grundlegenden Anforderungen oder mit den vorgesehenen Verwendungsbedingungen berühren können. Diese Zusatzgenehmigung wird gegebenenfalls in Form eines Nachtrags zur ursprünglichen EG-Baumusterprüfbescheinigung erteilt.

7. Administrative Bestimmungen

7.1. Jede benannte Stelle stellt den anderen benannten Stellen sowie der zuständigen Behörde auf Antrag alle einschlägigen Informationen über die erteilten, versagten und zurückgezogenen EG-Baumusterprüfbescheinigungen und über deren Nachträgen zur Verfügung.

7.2. Die anderen benannten Stellen können eine Abschrift der EG-Baumusterprüfbescheinigungen und/oder von deren Nachträgen erhalten. Die Anlagen zu den Bescheinigungen werden ihnen auf begründeten Antrag und nach vorheriger Unterrichtung des Herstellers zur Verfügung gestellt.

7.3. Der Hersteller oder sein Bevollmächtigter bewahrt zusammen mit den technischen Unterlagen eine Kopie der EG-Baumusterprüfbescheinigung und ihrer Ergänzungen mindestens fünfzehn Jahre ab dem Zeitpunkt der Herstellung des letzten Produkts auf.

7.4 (gestrichen)

Anhang 4
EG-Prüfung

1. Die EG-Prüfung ist das Verfahren, bei dem der Hersteller oder sein in der Gemeinschaft ansässiger Bevollmächtigter gewährleistet und erklärt, dass die nach Abschnitt 3 geprüften Produkte der in der EG-Baumusterprüfbescheinigung beschriebenen Bauart entsprechen und die für sie geltenden Anforderungen dieser Richtlinie erfüllen.

2. Der Hersteller trifft alle erforderlichen Maßnahmen, damit der Fertigungsprozess die Übereinstimmung der Produkte mit der in der EG-Baumusterprüfbescheinigung beschriebenen Bauart und mit den jeweiligen Anforderungen dieser Richtlinie gewährleistet. Der Hersteller oder sein in der Gemeinschaft ansässiger Bevollmächtigter bringt an jedem Produkt die CE-Kennzeichnung an und stellt eine schriftliche Konformitätserklärung aus.

3. Der Hersteller hat vor Beginn der Herstellung eine Dokumentation zu erstellen, in der die Fertigungsverfahren, insbesondere im Bereich der Sterilisation, sowie sämtliche bereits zuvor aufgestellten, systematischen Vorschriften festgelegt sind, die angewandt werden, um die Einheitlichkeit der Herstellung und die Übereinstimmung mit der in der EG-Baumusterprüfbescheinigung beschriebenen Bauart sowie mit den einschlägigen Anforderungen dieser Richtlinie zu gewährleisten.

4. Der Hersteller sichert zu, ein Überwachungssystem nach dem Verkauf unter Berücksichtigung der in Anhang 7 enthaltenen Bestimmungen einzuführen und auf dem neuesten Stand zu halten. Die Zusicherung schließt die Verpflichtung des Herstellers ein, die zuständigen Behörden über folgende Vorkommnisse unverzüglich zu unterrichten, sobald er davon Kenntnis erlangt hat:

    i) jede Änderung der Merkmale und Leistungen sowie jede Unsachgemäßheit der Gebrauchsanweisung eines Gerätes, die geeignet ist, zum Tod oder zu einer Verschlechterung des Gesundheitszustands eines Patienten zu führen, oder die dazu geführt hat;

    ii) jeden technischen oder medizinischen Grund, der zur Rücknahme eines Gerätes vom Markt durch den Hersteller geführt hat.

5. Die benannte Stelle nimmt die entsprechenden Prüfungen und Versuche durch Kontrolle und Erprobung der Produkte auf statistischer Grundlage nach Abschnitt 6 vor, um die Übereinstimmung des Produkts mit den Anforderungen dieser Richtlinie zu überprüfen. Der Hersteller muss die benannte Stelle ermächtigen, die Wirksamkeit der gemäß Abschnitt 3 getroffenen Maßnahmen gegebenfalls durch förmliche Produktüberprüfung (Produktaudit) zu bewerten.

6. Statistische Kontrolle

6.1. Der Hersteller legt seine Produkte in einheitlichen Losen vor und trifft alle erforderlichen Maßnahmen, damit der Fertigungsprozess die Einheitlichkeit jedes produzierten Loses gewährleistet.

6.2. Jedem Los wird ein beliebiges Probestück entnommen. Die Probestücke werden einzeln geprüft und dabei den erforderlichen Prüfungen, wie sie in den in Artikel 5 genannten Normen vorgesehen sind, oder gleichwertigen Prüfungen unterzogen, um ihre Übereinstimmung mit der in der EG-Baumusterprüfbescheinigung beschriebenen Bauart zu überprüfen und zu entscheiden, ob das Los akzeptiert oder abgelehnt werden soll.

6.3. Die statistische Kontrolle der Produkte erfolgt durch Attribute und/oder Variablen und beinhaltet Stichprobenpläne mit operationellen Merkmalen zur Gewährleistung eines hohen Sicherheits- und Leistungsniveaus entsprechend dem Stand der Technik. Die Stichprobenpläne werden auf der Grundlage der in Artikel 5 genannten harmonisierten Normen unter Berücksichtigung der Eigenarten der jeweiligen Produktkategorien festgelegt.

6.3. Die statistische Kontrolle der Produkte erfolgt durch Attribute und/oder Variablen und beinhaltet Stichprobenpläne mit operationellen Merkmalen zur Gewährleistung eines hohen Sicherheits- und Leistungsniveaus entsprechend dem Stand der Technik. Die Stichprobenpläne werden auf der Grundlage der in Artikel 5 genannten harmonisierten Normen unter Berücksichtigung der Eigenarten der jeweiligen Produktkategorien festgelegt.

6.4. Wird ein Los akzeptiert, so bringt die benannte Stelle ihre Kennnummer an jedem Produkt an oder lässt sie anbringen und stellt eine schriftliche Konformitätsbescheinigung über die vorgenommenen Prüfungen aus. Alle Produkte aus dem Los mit Ausnahme derjenigen, bei denen keine Übereinstimmung festgestellt wurde, können in Verkehr gebracht werden.

Wird ein Los abgelehnt, so trifft die benannte Stelle geeignete Maßnahmen, um zu verhindern, dass das Los in Verkehr gebracht wird. Bei gehäufter Ablehnung von Losen kann die statistische Prüfung ausgesetzt werden.

Der Hersteller kann unter der Verantwortlichkeit der benannten Stelle deren Kennnummer während des Fertigungsprozesses anbringen.

6.5. Der Hersteller oder sein Bevollmächtigter muss auf Verlangen die Konformitätsbescheinigung der benannten Stelle vorlegen können.

7. Anwendung auf Geräte gemäß Artikel 1 Absatz 4a

Nach Beendigung der Herstellung jeder Charge der Geräte gemäß Artikel 1 Absatz 4a unterrichtet der Hersteller die benannte Stelle über die Freigabe dieser Charge von Geräten und übermittelt ihr die von einem staatlichen oder einem zu diesem Zweck von einem Mitgliedstaat benannten Laboratorium gemäß Artikel 114 Absatz 2 der Richtlinie 2001/83/EG ausgestellte amtliche

Bescheinigung über die Freigabe der Charge des in diesem Gerät verwendeten Derivats aus menschlichem Blut.

EG-Richtlinie „Aktive implantierbare medizinische Geräte" 90/385/EWG   AIMDD

Anhang 5
EG-Erklärung zur Übereinstimmung mit dem Baumuster (Qualitätssicherung der Produktion)

1. Der Hersteller wendet das genehmigte Qualitätssicherungssystem für die Fertigung und Endkontrolle der betreffenden Produkte nach Maßgabe des Abschnitts 3 an. Er unterliegt der EG-Überwachung gemäß Abschnitt 4.

2. Bei dieser Konformitätserklärung handelt es sich um den Teil des Verfahrens, mit dem der Hersteller, der den Verpflichtungen nach Abschnitt 1 nachkommt, sicherstellt und erklärt, dass die betreffenden Produkte dem in der EG-Baumusterprüfbescheinigung beschriebenen Baumuster entsprechen und den einschlägigen Bestimmungen dieser Richtlinie entsprechen.

   Der Hersteller oder sein in der Gemeinschaft ansässiger Bevollmächtigter bringt die CE-Kennzeichnung gemäß Artikel 12 an und stellt eine schriftliche Konformitätserklärung aus. <u>Diese Erklärung bezieht sich auf ein oder mehrere klar durch Produktname, Produktcode oder sonstige unmissverständliche Angaben deutlich bezeichnete Geräte und muss vom Hersteller aufbewahrt werden.</u> Der CE-Kennzeichnung ist die Kennnummer der verantwortlichen benannten Stelle hinzuzufügen.

3. **Qualitätssicherungssystem**

3.1. Der Hersteller reicht einen Antrag auf Bewertung seines Qualitätssicherungssystems bei einer benannten Stelle ein.

   Der Antrag muss folgendes enthalten:
   - alle zweckdienlichen Informationen über die Produkte, deren Fertigung vorgesehen ist;
   - die Dokumentation zum Qualitätssicherungssystem;
   - eine Zusicherung, die Verpflichtungen, die sich aus dem genehmigten Qualitätssicherungssystem ergeben, zu erfüllen;
   - eine Zusicherung, das genehmigte Qualitätssicherungssystem zu unterhalten, um dessen Eignung und Wirksamkeit zu gewährleisten;
   - gegebenenfalls die technische Dokumentation zum genehmigten Baumuster und eine Abschrift der EG-Baumusterprüfbescheinigung;
   - die Zusicherung des Herstellers, ein <u>Überwachungssystem nach dem Verkauf unter Berücksichtigung der in Anhang 7 enthaltenen Bestimmungen</u> einzuführen und auf dem neuesten Stand zu halten. Die Zusicherung schließt die Verpflichtung des Herstellers ein, die zuständigen Behörden über folgende Vorkommnisse unverzüglich zu unterrichten, sobald er davon Kenntnis erlangt hat:

   i) jede Änderung der Merkmale und Leistungen sowie jede Unsachgemäßheit der Gebrauchsanweisung eines Gerätes, die geeignet ist, zum Tod oder zu einer Verschlechterung des Gesundheitszustandes eines Patienten zu führen, oder die dazu geführt hat;

ii) jeden technischen oder medizinischen Grund, der zur Rücknahme eines Gerätes vom Markt durch den Hersteller geführt hat.

3.2. Mit Hilfe des Qualitätssicherungssystems muss die Übereinstimmung der Produkte mit dem in der EG-Baumusterprüfbescheinigung beschriebenen Baumuster sichergestellt werden.

Alle Einzelheiten, Anforderungen und Vorkehrungen, die der Hersteller für sein Qualitätssicherungssystem zugrunde legt, müssen in Form von Strategien und schriftlichen Verfahrensanweisungen systematisch und geordnet in eine Dokumentation aufgenommen werden. Diese Dokumentation zum Qualitätssicherungssystem muss eine einheitliche Interpretation der Qualitätssicherungsstrategie und -verfahren, beispielsweise in Form von Programmen, Plänen, Handbüchern und Aufzeichnungen zur Qualitätssicherung ermöglichen.

Sie umfasst insbesondere eine angemessene Beschreibung folgender Punkte:

a) Qualitätsziele des Herstellers.
b) Organisation des Unternehmens, insbesondere
   - Organisationsstrukturen, Verantwortungsbereiche der mit Führungsaufgaben betrauten Personen und deren organisatorische Befugnisse in Bezug auf die Fertigung der Produkte;
   - Mittel zur Überprüfung der Wirksamkeit des Qualitätssicherungssystems, insbesondere von dessen Eignung zur Sicherstellung der angestrebten Produktqualität, einschließlich der Kontrolle über nichtkonforme Produkte;
   - <u>falls Herstellung und/oder Endkontrolle und Prüfung des Produkts oder von Produktbestandteilen durch einen Dritten erfolgt: Methoden zur Überwachung der wirksamen Anwendung des Qualitätssicherungssystems und insbesondere Art und Umfang der Kontrollen, denen dieser Dritte unterzogen wird.</u>
c) Qualitätssicherungs- und Kontrolltechniken auf der Ebene der Fertigung, insbesondere
   - Verfahren und Methoden insbesondere bei der Sterilisation, bei der Beschaffung und bei der Ausarbeitung der relevanten Unterlagen;
   - Verfahren zur Produktidentifizierung, die anhand von Zeichnungen, Spezifikationen oder sonstigen einschlägigen Unterlagen im Verlauf aller Fertigungsstufen erstellt und auf dem neuesten Stand gehalten werden.
d) Geeignete Prüfungen und Tests, die vor, während und nach der Herstellung durchgeführt werden, sowie Angabe ihrer Häufigkeit und der verwendeten Prüfgeräte.

3.3. Unbeschadet des Artikels 13 führt die benannte Stelle eine förmliche Überprüfung (Audit) des Qualitätssicherungssystems durch, um festzustellen, ob es den Anforderungen nach Abschnitt 3.2 entspricht. Bei Qualitätssicherungssystemen, die auf der Umsetzung der entsprechenden harmonisierten Normen beruhen, geht sie von der Übereinstimmung mit diesen Anforderungen aus.

Mindestens ein Mitglied der überprüfenden Gruppe muss Erfahrungen in der Bewertung der betreffenden Technologie haben. Das Bewertungsverfahren schließt eine Besichtigung der Betriebsstätten des Herstellers ein.

Die Entscheidung wird dem Hersteller nach der abschließenden Besichtigung zugestellt. Sie umfasst die Ergebnisse der Überprüfung sowie den begründeten Bewertungsbefund.

3.4. Der Hersteller informiert die benannte Stelle, die das Qualitätssicherungssystem genehmigt hat, über alle geplanten Änderungen des Qualitätssicherungssystems.

Die benannte Stelle bewertet die vorgeschlagenen Änderungen und überprüft, ob das geänderte Qualitätssicherungssystem den Anforderungen nach Abschnitt 3.2 entspricht; sie stellt ihre Entscheidung dem Hersteller zu. Diese Entscheidung enthält die Ergebnisse der Überprüfung sowie den begründeten Bewertungsbefund.

4. Überwachung

4.1. Mit der Überwachung soll sichergestellt werden, dass der Hersteller die Verpflichtungen, die sich aus dem genehmigten Qualitätssicherungssystem ergeben, ordnungsgemäß einhält.

4.2. Der Hersteller gestattet der benannten Stelle die Durchführung aller erforderlichen Inspektionen und stellt alle erforderlichen Unterlagen zur Verfügung, insbesondere

- die Dokumentation zum Qualitätssicherungssystem;
- die technische Dokumentation;
- die Daten, die in dem die Herstellung betreffenden Teil des Qualitätssicherungssystems vorgesehen sind, wie z. B. Kontrollberichte, Test- und Kalibrierdaten, Befähigungsnachweise des betreffenden Personals usw.

4.3. Die benannte Stelle führt regelmäßig die erforderlichen Inspektionen und Bewertungen durch, um sich davon zu überzeugen, dass der Hersteller das genehmigte Qualitätssicherungssystem anwendet, und übermittelt dem Hersteller einen Bewertungsbericht.

4.4. Darüber hinaus kann die benannte Stelle unangemeldete Besichtigungen beim Hersteller durchführen. Hierüber erhält der Hersteller einen Bericht.

5. Die benannte Stelle teilt den anderen benannten Stellen die einschlägigen Informationen über die erteilten, versagten und zurückgezogenen Genehmigungen von Qualitätssicherungssystemen mit.

6. **Anwendung auf Geräte gemäß Artikel 1 Absatz 4a**
   Nach Beendigung der Herstellung jeder Charge der Geräte gemäß Artikel 1 Absatz 4a unterrichtet der Hersteller die benannte Stelle über die Freigabe dieser Charge von Geräten und übermittelt ihr die von einem staatlichen oder einem zu diesem Zweck von einem Mitgliedstaat benannten Laboratorium gemäß Artikel 114 Absatz 2 der Richtlinie 2001/83/EG ausgestellte amtliche Bescheinigung über die Freigabe der Charge des in diesem Gerät verwendeten Derivats aus menschlichem Blut.

Anhang 6
Erklärung zu Geräten für besondere Zwecke

1. Der Hersteller oder sein in der Gemeinschaft niedergelassener Bevollmächtigter stellt bei Sonderanfertigungen oder bei für klinische Prüfungen bestimmten Geräten eine Erklärung aus, die die in Abschnitt 2 aufgeführten Angaben enthält.
2. Die Erklärung enthält folgende Angaben:
2.1. Bei Sonderanfertigungen:
   - den Namen und die Anschrift des Herstellers;
   - die zur Identifizierung des betreffenden Gerätes notwendigen Daten;
   - die Versicherung, dass das Gerät ausschließlich für einen bestimmten Patienten bestimmt ist, und den Namen dieses Patienten;
   - den Namen des entsprechend qualifizierten Arztes, der das betreffende Gerät verordnet hat, und gegebenenfalls den Namen des betreffenden Krankenhauses;
   - die spezifischen Merkmale des Produkts, wie sie in der Verschreibung angegeben sind;
   - die Versicherung, dass das betreffende Gerät den in Anhang 1 genannten grundlegenden Anforderungen entspricht, und gegebenenfalls die Angabe der grundlegenden Anforderungen, die nicht vollständig eingehalten worden sind, mit Angabe der Gründe.
2.2. Bei Geräten, die für klinische Prüfungen im Sinne von Anhang 7 bestimmt sind:
   - die zur Identifizierung des betreffenden Gerätes notwendigen Daten;
   - den klinischen Prüfplan;
   - die Prüferinformation;
   - die Bestätigung über den Versicherungsschutz für die Versuchspersonen;
   - die Unterlagen zur Einholung der Einwilligung nach Aufklärung;
   - eine Erklärung, aus der hervorgeht, ob zu den festen Bestandteilen des Geräts ein Stoff oder ein Derivat aus menschlichem Blut im Sinne von Anhang 1 Abschnitt 10 gehört;
   - die Stellungnahme der betreffenden Ethik-Kommission und Einzelheiten der in dieser Stellungnahme enthaltenen Aspekte;
   - den Namen des entsprechend qualifizierten Arztes oder der anderen befugten Person sowie der für die Prüfungen zuständigen Einrichtung;
   - den Ort, den geplanten Beginn und die geplante Dauer der Prüfungen;
   - die Versicherung, dass das betreffende Gerät mit Ausnahme der Punkte, die Gegenstand der Prüfungen sind, den grundlegenden Anforderungen entspricht und das hinsichtlich dieser Punkte alle Vorsichtsmaßnahmen

AIMDD EG-Richtlinie „Aktive implantierbare medizinische Geräte" 90/385/EWG

zum Schutz der Gesundheit und der Sicherheit des Patienten getroffen wurden.

3. Der Hersteller sichert zu, folgende Unterlagen für die zuständigen nationalen Behörden bereitzuhalten:

3.1. Bei Sonderanfertigungen die Dokumentation, aus der die Fertigungsstätte(n) ersichtlich sind und aus der die Auslegung, die Herstellung und die Leistungsdaten des Produktes einschließlich der vorgesehenen Leistungsdaten hervorgehen, so dass sich hiermit beurteilen lässt, ob es den Anforderungen dieser Richtlinie entspricht.

Der Hersteller trifft alle erforderlichen Maßnahmen, damit im Herstellungsverfahren die Übereinstimmung der hergestellten Produkte mit der im vorstehenden Absatz genannten Dokumentation sichergestellt wird.

3.2. Bei für klinische Prüfungen bestimmten Geräten muss die Dokumentation außerdem folgende Angaben enthalten:
   - eine allgemeine Beschreibung des Produkts und seiner Zweckbestimmung;
   - Konstruktionszeichnungen, Fertigungsverfahren, insbesondere hinsichtlich der Sterilisation, sowie Pläne von Bauteilen, Baugruppen, Schaltungen usw.;
   - die zum Verständnis der genannten Zeichnungen und Pläne sowie der Funktionsweise des Produkts erforderlichen Beschreibungen und Erläuterungen;
   - die Ergebnisse der Gefahrenanalyse und eine Liste der ganz oder teilweise angewandten Normen gemäß Artikel 5 sowie eine Beschreibung der Lösungen zur Einhaltung der grundlegenden Anforderungen dieser Richtlinie, falls die in Artikel 5 genannten Normen nicht oder nicht vollständig angewandt worden sind;
   - wenn zu den festen Bestandteilen des Geräts ein Stoff oder ein Derivat aus menschlichem Blut im Sinne von Anhang 1 Abschnitt 10 gehört, die Daten über die in diesem Zusammenhang durchgeführten Tests, die für die Bewertung der Sicherheit, der Qualität und des Nutzens dieses Stoffes oder Derivats aus menschlichem Blut unter Berücksichtigung der Zweckbestimmung des Geräts erforderlich sind;
   - Ergebnisse der Konstruktionsberechnungen, Prüfungen, technischen Tests usw..

Der Hersteller trifft alle erforderlichen Maßnahmen, damit im Herstellungsverfahren die Übereinstimmung der hergestellten Produkte mit der in Abschnitt 3.1 und im vorstehenden Absatz des vorliegenden Abschnitts genannten Dokumentation sichergestellt wird.

Der Hersteller kann eine Bewertung der Wirksamkeit dieser Maßnahmen, falls erforderlich durch eine förmliche Produktüberprüfung (Produktaudit), veranlassen.

4. Die in den Erklärungen im Sinne dieses Anhangs aufgeführten Angaben sind über einen Zeitraum von mindestens 15 Jahren ab dem Zeitpunkt der Herstellung des letzten Produkts aufzubewahren.
5. Bei Sonceranfertigungen sichert der Hersteller zu, unter Berücksichtigung der in Anhang 7 enthaltenen Bestimmungen die in der der Herstellung nachgelagerten Phase gesammelten Erfahrungen auszuwerten und zu dokumentieren und Vorkehrungen zu treffen, um erforderliche Korrekturen durchzuführen. Diese Zusicherung muss die Verpflichtung des Herstellers einschließen, die zuständigen Behörden unverzüglich über folgende Vorkommnisse zu unterrichten, sobald er selbst davon Kenntnis hat, und die einschlägigen Korrekturen vorzunehmen:
    i) jede Funktionsstörung und jede Änderung der Merkmale oder der Leistung sowie jede Unsachgemäßheit der Kennzeichnung oder der Gebrauchsanweisung eines Gerätes, die zum Tode oder zu einer schwerwiegenden Verschlechterung des Gesundheitszustandes eines Patienten oder eines Anwenders führen könnte oder dazu geführt haben könnte;
    ii) jeden Grund technischer oder medizinischer Art, der aufgrund der unter Ziffer i genannten Ursachen durch die Merkmale und Leistungen des Geräts bedingt ist und zum systematischen Rückruf von Geräten desselben Typs durch den Hersteller führt.

AIMDD EG-Richtlinie „Aktive implantierbare medizinische Geräte" 90/385/EWG

Anhang 7
Klinische Bewertung

1. **Allgemeine Bestimmungen**

1.1. Der Nachweis, dass die in Anhang 1 Abschnitte 1 und 2 genannten merkmal- und leistungsrelevanten Anforderungen von dem Gerät bei normalen Einsatzbedingungen erfüllt werden, sowie die Bewertung von unerwünschten Nebenwirkungen und der Annehmbarkeit des Nutzen-/Risiko-Verhältnisses, auf das in Anhang 1 Abschnitt 5 Bezug genommen wird, müssen generell auf der Grundlage klinischer Daten erfolgen. Die Bewertung dieser Daten, die im Folgenden als „klinische Bewertung" bezeichnet wird und bei der gegebenenfalls einschlägige harmonisierte Normen berücksichtigt werden, muss gemäß einem definierten und methodisch einwandfreien Verfahren erfolgen, und zwar auf der Grundlage:

1.1.1. entweder einer kritischen Bewertung der einschlägigen, derzeit verfügbaren wissenschaftlichen Literatur über Sicherheit, Leistung, Auslegungsmerkmale und Zweckbestimmung des Geräts, soweit

– die Gleichartigkeit des Geräts mit dem Gerät, auf das sich die Daten beziehen, nachgewiesen wird, und

– die Daten in angemessener Weise die Übereinstimmung mit den einschlägigen grundlegenden Anforderungen belegen,

1.1.2. oder einer kritischen Bewertung der Ergebnisse sämtlicher durchgeführten klinischen Prüfungen,

1.1.3. oder einer kritischen Bewertung der kombinierten klinischen Daten gemäß den Abschnitten 1.1.1 und 1.1.2.

1.2. Klinische Prüfungen müssen durchgeführt werden, es sei denn, die Verwendung bereits bestehender klinischer Daten ist ausreichend gerechtfertigt.

1.3. Die klinische Bewertung und ihr Ergebnis müssen dokumentiert werden. Diese Dokumentation und/oder ein ausführlicher Verweis darauf sind in die technische Dokumentation über das Gerät aufzunehmen.

1.4. Die klinische Bewertung und ihre Dokumentation müssen aktiv anhand der aus der Überwachung nach dem Inverkehrbringen erhaltenen Daten auf dem neuesten Stand gehalten werden. Wird eine klinische Überwachung nach dem Inverkehrbringen als Bestandteil des Überwachungsplans nach dem Inverkehrbringen nicht für erforderlich gehalten, muss dies ordnungsgemäß begründet und dokumentiert werden.

1.5. Wird der Nachweis der Übereinstimmung mit den grundlegenden Anforderungen auf der Grundlage klinischer Daten als nicht notwendig erachtet, so ist eine derartige Ausnahme angemessen zu begründen; diese Begründung beruht auf dem Ergebnis des Risikomanagements und berücksichtigt die Besonderheiten der Wechselwirkung zwischen Körper und Gerät, die bezweckte klinische Leistung und die Angaben des Herstellers. Die Eignung des

EG-Richtlinie „Aktive implantierbare medizinische Geräte" 90/385/EWG AIMDD

Nachweises der Übereinstimmung mit den grundlegenden Anforderungen allein durch Leistungsbewertung, Produktprüfungen und präklinische Bewertung ist ordnungsgemäß zu begründen.

1.6. Alle Daten müssen vertraulich behandelt werden, es sei denn eine Verbreitung wird für unerlässlich gehalten.

2. **Klinische Prüfung**

2.1. *Zweck*

Zweck der klinischen Prüfung ist es,

- zu bestätigen, dass die Leistungen des Gerätes bei normalen Einsatzbedingungen den Leistungsdaten von Anhang 1 Abschnitt 2 entsprechen, und
- etwaige bei normalen Einsatzbedingungen auftretende unerwünschte Nebenwirkungen zu ermitteln und zu beurteilen, ob diese unter Berücksichtigung der vorgegebenen Leistungen vertretbare Risiken darstellen.

2.2. *Ethische Gesichtspunkte*

Die klinische Prüfung muss im Einklang mit der vom 18. Weltärztekongress 1964 in Helsinki, Finnland, gebilligten und vom 29. Weltärztekongress 1975 in Tokio, Japan, sowie vom 35. Weltärztekongress 1983 in Venedig, Italien, abgeänderten Erklärung von Helsinki stehen. Alle Vorkehrungen zum Schutz des Menschen müssen zwingend im Geiste der Erklärung von Helsinki getroffen werden. Dies umfasst jeden einzelnen Schritt der klinischen Prüfung, angefangen von den ersten Überlegungen über die Notwendigkeit und Berechtigung der Studie bis hin zur Veröffentlichung der Ergebnisse.

2.3. *Methoden*

2.3.1. Die klinischen Prüfungen sind nach einem angemessenen Prüfplan durchzuführen, der dem Stand von Wissenschaft und Technik entspricht und der so angelegt ist, dass sich die Angaben des Herstellers zu dem Gerät bestätigen oder widerlegen lassen. Diese Prüfungen müssen eine angemessene Zahl von Beobachtungen umfassen, damit wissenschaftlich gültige Schlussfolgerungen gezogen werden können.

2.3.2. Die Vorgehensweise bei der Durchführung der Prüfungen muss an das zu prüfende Gerät angepasst sein.

2.3.3. Die klinischen Prüfungen müssen unter gleichartigen Bedingungen durchgeführt werden, wie sie für die normalen Einsatzbedingungen des Gerätes gelten.

2.3.4. Alle einschlägigen Merkmale des Gerätes, einschließlich der sicherheitstechnischen und leistungsbezogenen Eigenschaften und der Auswirkungen auf den Patienten, müssen geprüft werden.

2.3.5. Alle schwerwiegenden unerwünschten Ereignisse müssen vollständig registriert und unmittelbar allen zuständigen Behörden der Mitgliedstaaten, in denen die klinische Prüfung durchgeführt wird, mitgeteilt werden.

2.3.6. Die Prüfungen müssen unter der Verantwortung eines <u>entsprechend qualifizierten Arztes oder einer anderen befugten Person</u> in einer angemessenen Umgebung durchgeführt werden.

Der Arzt muss Zugang zu den technischen Daten des Gerätes haben.

2.3.7. Der schriftliche Bericht, der von dem verantwortlichen Arzt zu unterzeichnen ist, muss eine kritische Bewertung aller im Verlauf der klinischen Prüfung erlangten Daten enthalten.

EG-Richtlinie „Aktive implantierbare medizinische Geräte" 90/385/EWG AIMDD

Anhang 8
Einzuhaltende Mindestkriterien für die Beauftragung der zu benennenden Stellen

1. Die Stelle, ihr Leiter und das mit der Durchführung der Bewertungen und Prüfungen beauftragte Personal dürfen weder mit dem Verfasser des Entwurfs, dem Hersteller, dem Lieferanten oder dem Geräteaufsteller der Geräte, die sie prüfen, identisch noch Beauftragte einer dieser Personen sein. Sie dürfen weder unmittelbar noch als Beauftragte an der Planung, an der Herstellung, am Vertrieb oder an der Instandhaltung dieser Geräte beteiligt sein. Die Möglichkeit eines Austauschs technischer Informationen zwischen dem Hersteller und der Stelle wird dadurch nicht ausgeschlossen.

2. Die Stelle und das mit der Prüfung beauftragte Personal müssen die Bewertungen und Prüfungen mit höchster beruflicher Zuverlässigkeit und größter technischer Sachkunde durchführen und unabhängig von jeder Einflussnahme - vor allem finanzieller Art - auf ihre Beurteilung oder die Ergebnisse ihrer Prüfung sein, insbesondere von der Einflussnahme durch Personen oder Personengruppen, die an den Ergebnissen der Prüfungen interessiert sind.

3. Die Stelle muss in der Lage sein, alle in einem der Anhänge 2 bis 5 genannten Aufgaben, die einer solchen Stelle zugewiesen werden und für die sie benannt ist, wahrzunehmen, sei es, dass diese Aufgaben von der Stelle selbst, sei es, dass sie unter ihrer Verantwortung ausgeführt werden. Sie muss insbesondere über das Personal verfügen und die Mittel besitzen, die zur angemessenen Erfüllung der mit der Durchführung der Bewertungen und Prüfungen verbundenen technischen und verwaltungsmäßigen Aufgaben erforderlich sind; ebenso muss sie Zugang zu der für die Prüfungen erforderlichen Ausrüstung haben.

4. Das mit den Prüfungen beauftragte Personal muss folgendes besitzen:
   - eine gute berufliche Ausbildung in Bezug auf alle Bewertungen und Prüfungen, für die die Stelle benannt worden ist;
   - eine ausreichende Kenntnis der Vorschriften für die von ihm durchgeführten Prüfungen und eine ausreichende praktische Erfahrung auf diesem Gebiet;
   - die erforderliche Eignung für die Abfassung der Bescheinigungen, Protokolle und Berichte, in denen die durchgeführten Prüfungen niedergelegt werden.

5. Die Unabhängigkeit des mit der Prüfung beauftragten Personals ist zu gewährleisten. Die Höhe der Bezüge jedes Prüfers darf sich weder nach der Zahl der von ihm durchgeführten Prüfungen noch nach den Ergebnissen dieser Prüfungen richten.

6. Die Stelle muss eine Haftpflichtversicherung abschließen, es sei denn, diese Haftpflicht wird aufgrund nationalen Rechts vom Staat gedeckt oder die Prüfungen werden unmittelbar von dem Mitgliedstaat durchgeführt.

7. Das Personal der Stelle ist (außer gegenüber den zuständigen Verwaltungsbehörden des Staates, in dem es seine Tätigkeit ausübt) durch das Berufsgeheimnis in Bezug auf alles gebunden, wovon es bei der Durchführung seiner Aufgaben im Rahmen dieser Richtlinie oder jeder innerstaatlichen Rechtsvorschrift, die dieser Richtlinie Wirkung verleiht, Kenntnis erhält.

Anhang 9
CE-Konformitätskennzeichnung

– Die CE-Konformitätskennzeichnung besteht aus den Buchstaben "CE" mit folgendem Schriftbild:

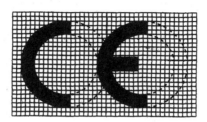

– Bei Verkleinerung oder Vergrößerung der CE-Kennzeichnung müssen die sich aus dem oben abgebildeten Raster ergebenden Proportionen eingehalten werden.
– Die verschiedenen Bestandteile der CE-Kennzeichnung müssen etwa gleich hoch sein; die Mindesthöhe beträgt 5 mm.

Bei kleinen Geräten kann von dieser Mindesthöhe abgewichen werden.

Richtlinie 93/42/EWG des Rates vom 14. Juni 1993 über Medizinprodukte

(veröffentlicht im Amtsblatt der Europäischen Gemeinschaften ABl. Nr. L 169 vom 12. Juli 1993, S. 1)[1]

Der Rat der Europäischen Gemeinschaften —

gestützt auf den Vertrag zur Gründung der Europäischen Wirtschaftsgemeinschaft, insbesondere auf Artikel 100 a,

auf Vorschlag der Kommission[2],

in Zusammenarbeit mit dem Europäischen Parlament[3],

nach Stellungnahme des Wirtschafts- und Sozialausschusses[4],

in Erwägung nachstehender Gründe:

---

1) Zuletzt geändert durch Artikel 2 der Richtlinie 2007/47/EG des Europäischen Parlaments und des Rates vom 5. September 2007 zur Änderung der Richtlinien 90/385/EWG des Rates zur Angleichung der Rechtsvorschriften der Mitgliedstaaten über aktive implantierbare medizinische Geräte und 93/42/EWG des Rates über Medizinprodukte sowie der Richtlinie 98/8/EG über das Inverkehrbringen von Biozid-Produkten (ABl. Nr. L 247 vom 21. 9. 2007, S. 21) – die Änderungen sind im Text durch <u>Unterstreichung</u> zu erkennen.
Zuvor geändert durch
– Verordnung (EG) Nr. 1882/2003 des Europäischen Parlaments und des Rates vom 29. September 2003 zur Anpassung der Bestimmungen über die Ausschüsse zur Unterstützung der Kommission bei der Ausübung von deren Durchführungsbefugnissen, die in Rechtsakten vorgesehen sind, für die das Verfahren des Artikels 251 des EG-Vertrags gilt, an den Beschluss 1999/468/EG des Rates (ABl. Nr. L 284 vom 30. 10. 2003, S. 1);
– Richtlinie 2001/104/EG des Europäischen Parlaments und des Rates vom 7. Dezember 2001 zur Änderung der Richtlinie 93/94/EWG des Rates über Medizinprodukte (ABl. Nr. L 6 vom 10. Januar 2002, S. 50);
– Richtlinie 2000/70/EG des Europäischen Parlaments und des Rates vom 16. November 2000 zur Änderung der Richtlinie 93/42/EWG des Rates hinsichtlich Medizinprodukte, die stabile Derivate aus menschlichem Blut oder Blutplasma enthalten (ABl. Nr. L 313 vom 13. Dezember 2000, S. 22;
– Artikel 21 Abs. 2 der Richtlinie 98/79/EG des Europäischen Parlaments und Rates vom 27. Oktober 1998 über In-vitro-Diagnostika (ABl. Nr. L 331 vom 7. Dezember 1998; berichtigt durch ABl. Nr. L 61 vom 10. März 1999, S. 55;
– Berichtigung vom 10. März 1999 (ABl. Nr. L 61 vom 10.3.1999, S. 55);
– Berichtigung vom 19. Mai 1999 (ABl. Nr. L 125 vom 19.5.1999, S. 42);
– Berichtigung vom 14. März 2001 (ABl. Nr. L 72 vom 14.3.2001, S. 8);
– Berichtigung vom 19. März 1999 (ABl. Nr. L 74 vom 19.3.1999, S. 32).
2) ABl. Nr. C 237 vom 12. 9. 1991, S. 3, und ABl. Nr. C 251 vom 28. 9. 1992, S. 40.
3) ABl. Nr. C 150 vom 31. 5. 1993 und ABl. Nr. C 176 vom 28. 6. 1993.
4) ABl. Nr. C 79 vom 30. 3. 1992, S. 1.

Im Sinne des Binnenmarktes müssen entsprechende Maßnahmen getroffen werden. Der Binnenmarkt umfasst einen Raum ohne Binnengrenzen, in dem der freie Waren-, Personen-, Dienstleistungs- und Kapitalverkehr gewährleistet ist.

Die in den Mitgliedstaaten geltenden Rechts- und Verwaltungsvorschriften bezüglich der Sicherheit, des Gesundheitsschutzes und der Leistungen der Medizinprodukte unterscheiden sich jeweils nach Inhalt und Geltungsbereich. Auch die Zertifizierungs- und Kontrollverfahren für diese Produkte sind von Mitgliedstaat zu Mitgliedstaat verschieden; solche Unterschiede stellen Hemmnisse im innergemeinschaftlichen Handel dar.

Die einzelstaatlichen Bestimmungen, die der Sicherheit und dem Gesundheitsschutz der Patienten, der Anwender und gegebenenfalls Dritter im Hinblick auf die Anwendung der Medizinprodukte dienen, bedürfen der Harmonisierung, um den freien Verkehr dieser Erzeugnisse auf dem Binnenmarkt zu gewährleisten.

Die harmonisierten Bestimmungen müssen von den Maßnahmen unterschieden werden, die die Mitgliedstaaten im Hinblick auf die Finanzierung des öffentlichen Gesundheitssystems und des Krankenversicherungssystems getroffen haben und die derartige Produkte direkt oder indirekt betreffen. Sie lassen daher das Recht der Mitgliedstaaten auf Durchführung der genannten Maßnahmen unter Einhaltung des Gemeinschaftsrechts unberührt.

Medizinprodukte müssen für Patienten, Anwender und Dritte einen hochgradigen Schutz bieten und die vom Hersteller angegebenen Leistungen erreichen. Die Aufrechterhaltung bzw. Verbesserung des in den Mitgliedstaaten erreichten Schutzniveaus ist eines der wesentlichen Ziele dieser Richtlinie.

Bestimmte Medizinprodukte sind dafür ausgelegt, Arzneimittel im Sinne der Richtlinie 65/65/EWG des Rates vom 26. Januar 1965 zur Angleichung der Rechts- und Verwaltungsvorschriften über Arzneimittel[5] abzugeben. In diesen Fällen wird das Inverkehrbringen des Medizinprodukts in der Regel durch die vorliegende Richtlinie geregelt und das Inverkehrbringen des Arzneimittels durch die Richtlinie 65/65/EWG. Wird ein solches Produkt jedoch derart in Verkehr gebracht, dass Produkt und Arzneimittel eine feste Einheit bilden, die ausschließlich zur Verwendung in der vorgegebenen Kombination bestimmt und nicht wiederverwendbar ist, unterliegt dieses eine feste Einheit bildende Produkt der Richtlinie 65/65/EWG. Davon zu unterscheiden sind Medizinprodukte, die unter anderem als Bestandteile Stoffe enthalten, welche bei gesonderter Anwendung als Arzneimittel im Sinne der Richtlinie 65/65/EWG betrachtet werden können. In solchen Fällen, d. h., wenn die in das Medizinprodukt integrierten Stoffe in Ergänzung zu dem Produkt eine Wirkung auf den menschlichen Körper entfalten können, wird das Inverkehrbringen der Produkte durch die vorliegende Richtlinie geregelt. In diesem Zusammenhang müssen die Prüfungen auf Sicherheit, Qualität und Eignung der Stoffe analog durch Anwendung der geeigneten Verfahren gemäß der Richtlinie 75/318/EWG des Rates vom 20. Mai

---

5) ABl. Nr. 22 vom 9. 6. 1965, S. 369/65. Zuletzt geändert durch Richtlinie 92/27/EWG (ABl. Nr. L 113 vom 30. 4. 1992, S. 8).

EG-Richtlinie „Medizinprodukte" 93/42/EWG

1975 zur Angleichung der Rechts- und Verwaltungsvorschriften der Mitgliedstaaten über die analytischen, toxikologisch-pharmakologischen und ärztlichen oder klinischen Vorschriften und Nachweise über Versuche mit Arzneimitteln erfolgen[6].

Die in den Anhängen festgelegten grundlegenden Anforderungen und sonstigen Anforderungen, einschließlich der Hinweise auf Minimierung oder Verringerung der Gefahren, sind so zu interpretieren und anzuwenden, dass dem Stand der Technik und der Praxis zum Zeitpunkt der Konzeption sowie den technischen und wirtschaftlichen Erwägungen Rechnung getragen wird, die mit einem hohen Maß des Schutzes von Gesundheit und Sicherheit zu vereinbaren sind.

Entsprechend den in der Entschließung des Rates vom 7. Mai 1985 über eine neue Konzeption auf dem Gebiet der technischen Harmonisierung und der Normung[7] festgelegten Grundsätzen müssen sich die Regelungen bezüglich der Auslegung und Herstellung von Medizinprodukten auf die Bestimmungen beschränken, die erforderlich sind, um den grundlegenden Anforderungen zu genügen. Da es sich hier um Anforderungen grundlegender Art handelt, müssen diese an die Stelle der entsprechenden einzelstaatlichen Bestimmungen treten. Die grundlegenden Anforderungen müssen mit der nötigen Sorgfalt angewandt werden, um dem Stand der Technik zum Zeitpunkt der Konzeption sowie den technischen und wirtschaftlichen Erwägungen Rechnung zu tragen, die mit einem hohen Maß des Schutzes von Gesundheit und Sicherheit zu vereinbaren sind.

Mit der Richtlinie 90/385/EWG des Rates vom 20. Juni 1990 zur Angleichung der Rechtsvorschriften der Mitgliedstaaten über aktive implantierbare medizinische Geräte[8] wird die neue Konzeption erstmalig auf dem Gebiet der Medizinprodukte angewandt. Im Interesse gleichartiger gemeinschaftlicher Regelungen für sämtliche Medizinprodukte lehnt sich die vorliegende Richtlinie weitgehend an die Bestimmungen der Richtlinie 90/385/ EWG an. Aus denselben Gründen muss die letztgenannte Richtlinie um die allgemeinen Bestimmungen der vorliegenden Richtlinie ergänzt werden.

Die Gesichtspunkte der elektromagnetischen Verträglichkeit sind wesentlicher Bestandteil der Unbedenklichkeit der Medizinprodukte. Die vorliegende Richtlinie enthält gegenüber der Richtlinie 89/336/EWG des Rates vom 3. Mai 1989 zur Angleichung der Rechtsvorschriften der Mitgliedstaaten über die elektromagnetische Verträglichkeit[9] entsprechende spezifische Bestimmungen.

Die vorliegende Richtlinie regelt die Anforderungen an die Auslegung und Herstellung von Produkten, die ionisierende Strahlungen abgeben. Diese Richtlinie berührt nicht die erforderliche Genehmigung gemäß der Richtlinie 80/836/Euratom des Ra-

---

6) ABl. Nr. L 147 vom 9. 6. 1975, S. 1. Zuletzt geändert durch die Richtlinie 91/507/EWG (ABl. Nr. L 270 vom 26. 9. 1991, S. 32).
7) ABl. Nr. C 136 vom 4. 6. 1985, S. 1 – redaktioneller Hinweis: vgl. Kapitel 2.4.1
8) ABl. Nr. L 189 vom 20. 7. 1990, S. 17.
9) ABl. Nr. L 139 vom 23. 5. 1989, S. 19. Zuletzt geändert durch Richtlinie 92/31/EWG (ABl. Nr. L 126 vom 12. 5. 1992, S. 11).

tes vom 15. Juli 1980 zur Änderung der Richtlinien, mit denen die Grundnormen für den Gesundheitsschutz der Bevölkerung und der Arbeitskräfte gegen die Gefahren ionisierender Strahlungen festgelegt wurden[10] noch die Anwendung der Richtlinie 84/466/Euratom des Rates vom 3. September 1984 zur Festlegung der grundlegenden Maßnahmen im Strahlenschutz der medizinischen Untersuchungen und Behandlungen ausgesetzten Personen[11]. Die Richtlinie 89/391/EWG des Rates vom 12. Juni 1989 über die Durchführung von Maßnahmen zur Förderung einer besseren Sicherheit und Gesundheit am Arbeitsplatz[12] sowie die einschlägigen Einzelrichtlinien bleiben anwendbar.

Zum Nachweis der Übereinstimmung mit den grundlegenden Anforderungen und zur Ermöglichung der Kontrolle dieser Übereinstimmung sind auf europäischer Ebene harmonisierte Normen zur Verhütung von Risiken im Zusammenhang mit der Auslegung, Herstellung und Verpackung medizintechnischer Produkte wünschenswert. Diese auf europäischer Ebene harmonisierten Normen werden von privatrechtlichen Einrichtungen entwickelt und müssen ihren unverbindlichen Charakter behalten. Das Europäische Komitee für Normung (CEN) und das Europäische Komitee für elektrotechnische Normung (CENELEC) sind als zuständige Gremien für die Ausarbeitung harmonisierter Normen im Einklang mit den am 13. November 1984 unterzeichneten allgemeinen Leitlinien für die Zusammenarbeit zwischen der Kommission und diesen beiden Einrichtungen anerkannt.

Eine harmonisierte Norm im Sinne dieser Richtlinie ist eine technische Spezifikation (europäische Norm oder Harmonisierungsdokument), die im Auftrag der Kommission von einer dieser beiden Einrichtungen bzw. von beiden im Einklang mit der Richtlinie 83/189/EWG des Rates vom 28. März 1983 zur Festlegung eines Informationsverfahrens auf dem Gebiet der Normen und technischen Vorschriften[13] sowie gemäß den oben genannten allgemeinen Leitlinien ausgearbeitet worden ist. In bezug auf eine eventuelle Änderung der harmonisierten Normen ist es zweckmäßig, dass die Kommission von dem durch die Richtlinie 83/189/EWG eingesetzten Ausschuss unterstützt wird und dass die erforderlichen Maßnahmen im Einklang mit dem Verfahren I gemäß dem Beschluss 87/373/ EWG des Rates vom 13. Juli 1987 zur Festlegung der Modalitäten für die Ausübung der der Kommission übertragenen Durchführungsbefugnisse[14] festgelegt werden. Für spezifische Bereiche empfiehlt es sich, den bereits erreichten Harmonisierungsstand in Form von Monographien des Europäischen Arzneibuchs im Rahmen dieser Richtlinie zu übernehmen. Daher können mehrere Monographien des Europäischen Arzneibuchs den oben genannten harmonisierten Normen gleichgestellt werden.

---

10) ABl. Nr. L 246 vom 17. 9. 1980, S. 1. Geändert durch Richtlinie 84/467/Euratom (ABl. Nr. L 265 vom 5. 10. 1984, S. 4).
11) ABl. Nr. L 265 vom 5. 10. 1984, S. 1.
12) ABl. Nr. L 183 vom 29. 6. 1989, S. 1.
13) ABl. Nr. L 109 vom 26. 4. 1983, S. 8. Zuletzt geändert durch die Entscheidung 92/400/EWG der Kommission (ABl. Nr. L 221 vom 6. 8. 1992, S. 55).
14) ABl. Nr. L 197 vom 18. 7. 1987, S. 33.

EG-Richtlinie „Medizinprodukte" 93/42/EWG

Der Rat hat durch seinen Beschluss 90/683/EWG vom 13. Dezember 1990 über die in den technischen Harmonisierungsrichtlinien zu verwendenden Module für die verschiedenen Phasen der Konformitätsbewertungsverfahren[15] harmonisierte Konformitätsbewertungsverfahren festgelegt. Durch die Anwendung dieser Module auf die Medizinprodukte kann die Verantwortung der Hersteller und der benannten Stellen bei den Konformitätsbewertungsverfahren unter Berücksichtigung der Art der betreffenden Produkte festgelegt werden. Die Präzisierungen dieser Module sind durch die Art der für die Medizinprodukte geforderten Prüfungen gerechtfertigt.

Vor allem für die Konformitätsbewertungsverfahren erscheint es zweckmäßig, die Produkte in vier Klassen zu unterteilen. Die Klassifizierungsregeln basieren auf der Verletzbarkeit des menschlichen Körpers und berücksichtigen die potentiellen Risiken im Zusammenhang mit der technischen Auslegung der Produkte und mit ihrer Herstellung. Die Konformitätsbewertungsverfahren für Produkte der Klasse I können generell unter der alleinigen Verantwortung des Herstellers erfolgen, da der Grad der Verletzbarkeit durch diese Produkte gering ist. Für die Produkte der Klasse IIa ist die Beteiligung einer benannten Stelle für das Herstellungsstadium verbindlich. Für die Produkte der Klassen IIb und III, die ein hohes Gefahrenpotential darstellen, ist eine Kontrolle durch eine benannte Stelle in bezug auf die Auslegung der Produkte sowie ihre Herstellung erforderlich. Die Klasse III ist den kritischsten Produkten vorbehalten, deren Inverkehrbringen eine ausdrückliche vorherige Zulassung im Hinblick auf die Konformität erfordert.

Sofern die Konformität der Produkte unter der Verantwortung des Herstellers bewertet werden kann, müssen sich die zuständigen Behörden, insbesondere in dringenden Situationen, an eine in der Gemeinschaft niedergelassene für das Inverkehrbringen zuständige Person wenden können; dies kann der Hersteller oder eine vom Hersteller dazu benannte in der Gemeinschaft niedergelassene Person sein.

Die Medizinprodukte müssen im Regelfall mit der CE-Kennzeichnung versehen sein, aus dem ihre Übereinstimmung mit den Vorschriften dieser Richtlinie hervorgeht und das Voraussetzung für den freien Verkehr der Medizinprodukte in der Gemeinschaft und ihre bestimmungsgemäße Inbetriebnahme ist.

Im Rahmen der Bekämpfung von Aids und unter Berücksichtigung der vom Rat am 16. Mai 1989 verabschiedeten Schlussfolgerungen über die künftigen Tätigkeiten zur Verhütung und Kontrolle von Aids in der Gemeinschaft[16] müssen die zum Schutz vor einer Infizierung mit dem HIV-Virus angewandten Medizinprodukte einen hochgradigen Schutz bieten. Auslegung und Herstellung dieser Produkte müssen durch eine benannte Stelle geprüft werden.

Die Klassifizierungsregeln gestatten im allgemeinen eine angemessene Einstufung der Medizinprodukte. Angesichts der Vielfalt der Produkte und der technologischen Entwicklung auf diesem Gebiet sind zu den Durchführungsbefugnissen der Kommission die erforderlichen Entscheidungen über die angemessene Einstufung der Pro-

---

15) ABl. Nr. L 380 vom 31. 12. 1990, S. 13 – redaktioneller Hinweis: vgl. Kapitel 2.4.2.3
16) ABl. Nr. C 185 vom 22. 7. 1989, S. 8.

dukte, eine Neueinstufung oder gegebenenfalls eine Anpassung der Entscheidungsregeln zu rechnen. Da diese Fragen eng mit dem Gesundheitsschutz zusammenhängen, ist es angemessen, dass diese Entscheidungen unter das Verfahren IIIa gemäß dem Beschluss 87/373/EWG fallen.

Die Bestätigung der Einhaltung der grundlegenden Anforderungen kann beinhalten, dass die klinischen Prüfungen unter der Verantwortung des Herstellers durchzuführen sind. Im Hinblick auf die Durchführung dieser Prüfungen müssen geeignete Maßnahmen zum Schutz der öffentlichen Gesundheit und der öffentlichen Ordnung festgelegt werden.

Der Gesundheitsschutz und die diesbezüglichen Kontrollen können durch ein System der technischen Sicherheitsüberwachung wirksamer gestaltet werden, das auf Gemeinschaftsebene eingerichtet wird.

Diese Richtlinie erfasst alle Medizinprodukte gemäß der Richtlinie 76/764/EWG des Rates vom 27. Juli 1976 über die Angleichung der Rechtsvorschriften der Mitgliedstaaten über medizinische Quecksilberglasthermometer mit Maximumvorrichtung[17]. Die vorgenannte Richtlinie muss daher aufgehoben werden. Aus denselben Gründen muss die Richtlinie 84/539/EWG des Rates vom 17. September 1984 zur Angleichung der Rechtsvorschriften der Mitgliedstaaten über die in der Humanmedizin und der Veterinärmedizin eingesetzten elektrischen Geräte[18] geändert werden —

hat folgende Richtlinie erlassen:

---

[17] ABl. Nr. L 262 vom 27. 9. 1976, S. 139. Zuletzt geändert durch die Richtlinie 84/414/EWG (ABl. Nr. L 228 vom 25. 8. 1984, S. 25).

[18] ABl. Nr. L 300 vom 19. 11. 1984, S. 179. Geändert durch die Akte über den Beitritt Spaniens und Portugals.

EG-Richtlinie „Medizinprodukte" 93/42/EWG MDD

Artikel 1
Begriffsbestimmungen, Anwendungsbereich

(1) Diese Richtlinie gilt für Medizinprodukte und ihr Zubehör. Im Sinne dieser Richtlinie wird Zubehör als eigenständiges Medizinprodukt behandelt. Medizinprodukte und Zubehör werden nachstehend „Produkte" genannt.

(2) Es gelten folgende Begriffsbestimmungen:

a) <u>*Medizinprodukt*: alle einzeln oder miteinander verbunden verwendeten Instrumente, Apparate, Vorrichtungen, Software, Stoffe oder anderen Gegenstände, einschließlich der vom Hersteller speziell zur Anwendung für diagnostische und/oder therapeutische Zwecke bestimmten und für ein einwandfreies Funktionieren des Medizinprodukts eingesetzten Software, die vom Hersteller zur Anwendung für Menschen für folgende Zwecke bestimmt sind:</u>

- Erkennung, Verhütung, Überwachung, Behandlung oder Linderung von Krankheiten;
- Erkennung, Überwachung, Behandlung, Linderung oder Kompensierung von Verletzungen oder Behinderungen;
- Untersuchung, Ersatz oder Veränderung des anatomischen Aufbaus oder eines physiologischen Vorgangs;
- Empfängnisregelung,

und deren bestimmungsgemäße Hauptwirkung im oder am menschlichen Körper weder durch pharmakologische oder immunologische Mittel noch metabolisch erreicht wird, deren Wirkungsweise aber durch solche Mittel unterstützt werden kann.

b) *Zubehör:* Gegenstand, der selbst kein Produkt ist, sondern nach seiner vom Hersteller speziell festgelegten Zweckbestimmung zusammen mit einem Produkt zu verwenden ist, damit dieses entsprechend der vom Hersteller des Produkts festgelegten Zweckbestimmung des Produkts angewendet werden kann.

c) *In-vitro-Diagnostikum:* jedes Medizinprodukt, das als Reagenz, Reagenzprodukt, Kalibriermaterial, Kontrollmaterial, Kit, Instrument, Apparat, Gerät oder System – einzeln oder in Verbindung miteinander – nach der vom Hersteller festgelegten Zweckbestimmung zur In-vitro-Untersuchung von aus dem menschlichen Körper stammenden Proben, einschließlich Blut- und Gewebespenden, verwendet wird und ausschließlich oder hauptsächlich dazu dient, Informationen zu liefern

- über physiologische oder pathologische Zustände oder
- über angeborene Anomalien oder
- zur Prüfung auf Unbedenklichkeit und Verträglichkeit bei den potentiellen Empfängern oder
- zur Überwachung therapeutischer Maßnahmen.

Probenbehältnisse gelten als In-vitro-Diagnostika. Probenbehältnisse sind luftleere wie auch sonstige Medizinprodukte, die von ihrem Hersteller speziell dafür gefertigt werden, aus dem menschlichen Körper stammende Proben unmittelbar nach ihrer Entnahme aufzunehmen und im Hinblick auf eine In-vitro-Diagnose aufzubewahren.

Erzeugnisse für den allgemeinen Laborbedarf gelten nicht als In-vitro-Diagnostika, es sei denn, sie sind aufgrund ihrer Merkmale nach ihrer vom Hersteller festgelegten Zweckbestimmung speziell für In-vitro-Untersuchungen zu verwenden.

d) *Sonderanfertigung:* jedes Produkt, das nach schriftlicher Verordnung eines entsprechend qualifizierten Arztes unter dessen Verantwortung nach spezifischen Auslegungsmerkmalen eigens angefertigt wird und zur ausschließlichen Anwendung bei einem namentlich genannten Patienten bestimmt ist.

Die oben genannte Verordnung kann auch von jeder anderen Person ausgestellt werden, die aufgrund ihrer beruflichen Qualifikation dazu befugt ist.

Serienmäßig hergestellte Produkte, die angepasst werden müssen, um den spezifischen Anforderungen des Arztes oder eines anderen berufsmäßigen Anwenders zu entsprechen, gelten nicht als Sonderanfertigungen.

e) *Für klinische Prüfungen bestimmtes Produkt:* jedes Produkt, das dazu bestimmt ist, einem entsprechend qualifizierten Arzt zur Durchführung von Prüfungen am Menschen gemäß Anhang X Abschnitt 2.1 in einer angemessenen medizinischen Umgebung zur Verfügung gestellt zu werden.

Im Hinblick auf die Durchführung der klinischen Prüfungen ist einem entsprechend qualifizierten Arzt jede sonstige Person gleichgestellt, die aufgrund ihrer beruflichen Qualifikation befugt ist, diese Prüfungen durchzuführen.

f) *Hersteller:* die natürliche oder juristische Person, die für die Auslegung, Herstellung, Verpackung und Etikettierung eines Produkts im Hinblick auf das Inverkehrbringen im eigenen Namen verantwortlich ist, unabhängig davon, ob diese Tätigkeiten von dieser Person oder stellvertretend für diese von einer dritten Person ausgeführt werden.

Die dem Hersteller nach dieser Richtlinie obliegenden Verpflichtungen gelten auch für die natürliche oder juristische Person, die ein oder mehrere vorgefertigte Produkte montiert, abpackt, behandelt, aufbereitet und/oder kennzeichnet und/oder für die Festlegung der Zweckbestimmung als Produkt im Hinblick auf das Inverkehrbringen im eigenen Namen verantwortlich ist. Dies gilt nicht für Personen, die – ohne Hersteller im Sinne des Unterabsatzes 1 zu sein – bereits in Verkehr gebrachte Produkte für einen namentlich genannten Patienten entsprechend ihrer Zweckbestimmung montieren oder anpassen.

g) *Zweckbestimmung:* Verwendung, für die das Produkt entsprechend den Angaben des Herstellers in der Etikettierung, der Gebrauchsanweisung und/ oder dem Werbematerial bestimmt ist.

h) *Inverkehrbringen:* erste entgeltliche oder unentgeltliche Überlassung eines Produkts, das nicht für klinische Prüfungen bestimmt ist, im Hinblick auf seinen Vertrieb und/oder seine Verwendung innerhalb der Gemeinschaft, ungeachtet dessen, ob es sich um ein neues oder ein als neu aufbereitetes Produkt handelt.

i) *Inbetriebnahme:*[19] den Zeitpunkt, zu dem ein Produkt dem Endanwender als ein Erzeugnis zur Verfügung gestellt worden ist, das erstmals entsprechend seiner Zweckbestimmung auf dem gemeinschaftlichen Markt verwendet werden kann;

j) *Bevollmächtigter:* die in der Gemeinschaft niedergelassene natürliche oder juristische Person, die vom Hersteller ausdrücklich dazu bestimmt wurde, im Hinblick auf seine Verpflichtungen nach dieser Richtlinie in seinem Namen zu handeln und von den Behörden und Stellen in der Gemeinschaft in diesem Sinne kontaktiert zu werden.

k) <u>*Klinische Daten*: Sicherheits- und/oder Leistungsangaben, die aus der Verwendung eines Produkts hervorgehen. Klinische Daten stammen aus folgenden Quellen:</u>
- <u>klinischen Prüfung/en des betreffenden Produkts oder</u>
- <u>klinischen Prüfung/en oder sonstigen in der wissenschaftlichen Fachliteratur wiedergegebene Studien über ein ähnliches Produkt, dessen Gleichartigkeit mit dem betreffenden Produkt nachgewiesen werden kann, oder</u>
- <u>veröffentlichten und/oder unveröffentlichten Berichten über sonstige klinische Erfahrungen entweder mit dem betreffenden Produkt oder einem ähnlichen Produkt, dessen Gleichartigkeit mit dem betreffenden Produkt nachgewiesen werden kann;</u>

l) <u>*Subkategorie von Medizinprodukten*: eine Gruppe von Produkten, die in den gleichen Bereichen verwendet werden sollen oder mit den gleichen Technologien ausgestattet sind;</u>

m) <u>*generische Produktgruppe*: eine Gruppe von Produkten mit gleichen oder ähnlichen Verwendungsbestimmungen oder mit technologischen Gemeinsamkeiten, so dass sie allgemein, also ohne Berücksichtigung spezifischer Merkmale klassifiziert werden können;</u>

n) <u>*Einmal-Produkt*: ein Produkt, das zum einmaligen Gebrauch an einem einzigen Patienten bestimmt ist.</u>

(3) Produkte, die dazu bestimmt sind, ein Arzneimittel im Sinne des Artikels 1 der Richtlinie 2001/83/EG abzugeben, unterliegen dieser Richtlinie unbeschadet der das Arzneimittel betreffenden Bestimmungen der Richtlinie 2001/83/EG.

Werden diese Produkte jedoch so in Verkehr gebracht, dass Produkt und Arzneimittel ein einheitliches, miteinander verbundenes Produkt bilden, das ausschließlich zur Verwendung in dieser Verbindung bestimmt und nicht wieder verwendbar ist, so unterliegt dieses Produkt der Richtlinie 2001/83/EG. Die einschlägigen grundlegenden Anforderungen gemäß Anhang I dieser Richtlinie kommen insofern zur Anwendung, als sicherheits- und leistungsbezogene Produktfunktionen betroffen sind.

---

19) Geändert entsprechend der Berichtigung der Richtlinie 98/79/EG über In-vitro-Diagnostika (ABl. Nr. L 74 vom 19. März 1999, S. 32)

(4) Enthält ein Produkt als festen Bestandteil einen Stoff, der – gesondert verwendet – als Arzneimittel im Sinne des Artikels 1 der Richtlinie 2001/83/EG betrachtet werden und in Ergänzung zu dem Produkt eine Wirkung auf den menschlichen Körper entfalten kann, so ist dieses Produkt gemäß der vorliegenden Richtlinie zu bewerten und zuzulassen.

(4a) Enthält ein Produkt als Bestandteil einen Stoff, der – gesondert verwendet – als Arzneimittelbestandteil oder Arzneimittel aus menschlichem Blut oder Blutplasma im Sinne des Artikels 1 der Richtlinie 2001/83/EG betrachtet werden und in Ergänzung zu dem Produkt eine Wirkung auf den menschlichen Körper entfalten kann (nachstehend „Derivat aus menschlichem Blut" genannt), so ist dieses Produkt gemäß der vorliegenden Richtlinie zu bewerten und zuzulassen.

(5) Diese Richtlinie gilt nicht für

a) Produkte für die In-vitro-Diagnose;

b) aktive implantierbare medizinische Geräte gemäß der Richtlinie 90/385/ EWG;

c) Arzneimittel im Sinne der Richtlinie 2001/83/EG; die Entscheidung darüber, ob ein Produkt unter die vorgenannte oder die vorliegende Richtlinie fällt, erfolgt insbesondere unter Berücksichtigung der hauptsächlichen Wirkungsweise des Produkts;

d) kosmetische Mittel im Sinne der Richtlinie 76/768/EWG[20];

e) menschliches Blut, Blutprodukte, Blutplasma oder Blutzellen menschlichen Ursprungs bzw. Produkte, die zum Zeitpunkt des Inverkehrbringens Blutprodukte, Blutplasma oder Blutzellen dieser Art enthalten, mit Ausnahme der Produkte im Sinne von Absatz 4a;

f) Transplantate oder Gewebe oder Zellen menschlichen Ursprungs noch für Produkte, die Gewebe oder Zellen menschlichen Ursprungs enthalten oder aus solchen Geweben oder Zellen gewonnen wurden, mit Ausnahme der in Absatz 4a genannten Produkte;

g) Transplantate oder Gewebe oder Zellen tierischen Ursprungs, es sei denn, ein Produkt wird unter Verwendung von abgetötetem tierischen Gewebe oder von abgetöteten Erzeugnissen hergestellt, die aus tierischem Gewebe gewonnen wurden.

(6) Bei Produkten, die vom Hersteller sowohl zur Verwendung entsprechend den Vorschriften über persönliche Schutzausrüstungen der Richtlinie 89/686/EWG des Rates[21] als auch der vorliegenden Richtlinie bestimmt sind, müssen auch die ein-

---

20) ABl. Nr. L 262 vom 27. 9. 1976, S. 169. Zuletzt geändert durch die Richtlinie 92/86/EWG der Kommission (ABl. Nr. L 325 vom 11. 11. 1992, S. 18).
21) Richtlinie 89/686/EWG des Rates vom 21. Dezember 1989 zur Angleichung der Rechtsvorschriften der Mitgliedstaaten für persönliche Schutzausrüstungen (ABl. L 399 vom 30.12. 1989, S. 18). Zuletzt geändert durch die Verordnung (EG) Nr. 1882/2003 des Europäischen Parlaments und des Rates (ABl. L 284 vom 31.10.2003, S. 1).

EG-Richtlinie „Medizinprodukte" 93/42/EWG MDD

schlägigen grundlegenden Gesundheits- und Sicherheitsanforderungen der Richtlinie 89/686/EWG erfüllt werden.

(7) Diese Richtlinie ist eine Einzelrichtlinie im Sinne von Artikel 1 Absatz 4 der Richtlinie 2004/108/EG des Europäischen Parlaments und des Rates[22].

(8) Diese Richtlinie berührt weder die Anwendung der Richtlinie 96/29/Euratom des Rates vom 13. Mai 1996 zur Festlegung der grundlegenden Sicherheitsnormen für den Schutz der Gesundheit der Arbeitskräfte und der Bevölkerung gegen die Gefahren durch ionisierende Strahlungen[23] noch die Anwendung der Richtlinie 97/43/Euratom des Rates vom 30. Juni 1997 über den Gesundheitsschutz von Personen gegen die Gefahren ionisierender Strahlung bei medizinischer Exposition[24].

Artikel 2
Inverkehrbringen und Inbetriebnahme

Die Mitgliedstaaten treffen alle erforderlichen Maßnahmen, damit die Produkte nur in Verkehr gebracht und/oder in Betrieb genommen werden dürfen, wenn sie bei sachgemäßer Lieferung, Installation, Instandhaltung und ihrer Zweckbestimmung entsprechender Verwendung die Anforderungen dieser Richtlinie erfüllen.

Artikel 3
Grundlegende Anforderungen

Die Produkte müssen die grundlegenden Anforderungen gemäß Anhang I erfüllen, die auf sie unter Berücksichtigung ihrer Zweckbestimmung anwendbar sind.

Besteht ein einschlägiges Risiko, so müssen Produkte, die auch Maschinen im Sinne des Artikels 2 Buchstabe a der Richtlinie 2006/42/EG des Europäischen Parlaments und des Rates vom 17. Mai 2006 über Maschinen[25] sind, den grundlegenden Gesundheits- und Sicherheitsanforderungen gemäß Anhang I der genannten Richtlinie entsprechen, sofern diese grundlegenden Gesundheits- und Sicherheitsanforderungen spezifischer sind als die grundlegenden Anforderungen gemäß Anhang I der vorliegenden Richtlinie.

Artikel 4
Freier Verkehr, Produkte für besondere Zwecke

(1) Die Mitgliedstaaten behindern in ihrem Hoheitsgebiet nicht das Inverkehrbringen und die Inbetriebnahme von Produkten, die die CE-Kennzeichnung nach Artikel 17 tragen, aus der hervorgeht, dass sie einer Konformitätsbewertung nach Artikel 11 unterzogen worden sind.

(2) Die Mitgliedstaaten behindern nicht, dass

---

22) Richtlinie 2004/108/EG des Europäischen Parlaments und des Rates vom 15. Dezember 2004 zur Angleichung der Rechtsvorschriften der Mitgliedstaaten über die elektromagnetische Verträglichkeit (ABl. L 390 vom 31.12.2004, S. 24).
23) ABl. L 159 vom 29.6.1996, S. 1.
24) ABl. L 180 vom 9.7.1997, S. 22.
25) ABl. L 157 vom 9.6.2006, S. 24.

- für klinische Prüfungen bestimmte Produkte den entsprechend qualifizierten Ärzten oder den dazu befugten Personen zur Verfügung gestellt werden, wenn sie den Bedingungen gemäß Artikel 15 und Anhang VIII entsprechen;
- <u>Sonderanfertigungen in Verkehr gebracht und in Betrieb genommen werden, wenn sie den Bedingungen gemäß Artikel 11 in Verbindung mit Anhang VIII entsprechen; den Produkten der Klassen IIa, IIb und III muss die Erklärung gemäß Anhang VIII beigefügt sein, die für den durch seinen Namen, ein Akronym oder einen numerischen Code identifizierbaren Patienten verfügbar sein muss.</u>

Diese Produkte tragen nicht die CE-Zeichnung.

(3) Die Mitgliedstaaten behindern nicht, dass insbesondere bei Messen, Ausstellungen und Vorführungen den Bestimmungen dieser Richtlinie nicht entsprechende Produkte ausgestellt werden, sofern ein sichtbares Schild deutlich darauf hinweist, dass diese Produkte erst in Verkehr gebracht oder in Betrieb genommen werden können, wenn ihre Übereinstimmung mit dieser Richtlinie hergestellt ist.

(4) Die Mitgliedstaaten können verlangen, dass die dem Anwender und dem Patienten gemäß Anhang I Abschnitt 13 bereitzustellenden Angaben bei der Übergabe an den Endanwender in der bzw. den jeweiligen Landessprachen oder in einer anderen Gemeinschaftssprache vorliegen, unabhängig davon, ob das Produkt zu beruflichen oder sonstigen Zwecken eingesetzt werden soll.

(5) Falls die Produkte auch unter andere Richtlinien fallen, die andere Aspekte behandeln und in denen die CE-Kennzeichnung vorgesehen ist, wird mit der CE-Kennzeichnung angegeben, dass die Produkte auch diesen anderen Richtlinien entsprechen.

Steht dem Hersteller aufgrund einer oder mehrerer dieser Richtlinien während einer Übergangszeit jedoch die Wahl der anzuwendenden Regelung frei, so wird mit der CE-Kennzeichnung angegeben, dass die Produkte nur den vom Hersteller angewandten Richtlinien entsprechen. In diesem Fall müssen die Nummern dieser Richtlinien, die im *Amtsblatt der Europäischen Gemeinschaften* veröffentlicht sind, in den von den Richtlinien vorgeschriebenen und den Produkten beiliegenden Unterlagen, Hinweisen oder Anleitungen angegeben werden.

Artikel 5
Verweis auf Normen

(1) Die Mitgliedstaaten gehen von der Einhaltung der grundlegenden Anforderungen gemäß Artikel 3 bei Produkten aus, die den einschlägigen nationalen Normen zur Durchführung der harmonisierten Normen, deren Fundstellen im *Amtsblatt der Europäischen Gemeinschaften* veröffentlicht wurden, entsprechen; die Mitgliedstaaten veröffentlichen die Fundstellen dieser nationalen Normen.

(2) Der Verweis auf harmonisierte Normen im Sinne dieser Richtlinie schließt auch die Monographie des Europäischen Arzneibuchs insbesondere über chirurgisches Nahtmaterial sowie die Aspekte der Wechselwirkung zwischen Arzneimitteln und Materialien von Produkten, die diese Arzneimittel aufnehmen, ein; die Fundstellen

dieser Monographie müssen im *Amtsblatt der Europäischen Gemeinschaften* veröffentlicht sein.

(3) Ist ein Mitgliedstaat oder die Kommission der Auffassung, dass die harmonisierten Normen den grundlegenden Anforderungen gemäß Artikel 3 nicht voll entsprechen, so werden die von den Mitgliedstaaten zu treffenden Maßnahmen in bezug auf diese Normen und die Veröffentlichung gemäß Absatz 1 nach dem in Artikel 6 Absatz 2 genannten Verfahren erlassen.

Artikel 6
Ausschuss „Normen und technische Vorschriften"

(1) Die Kommission wird von dem durch Artikel 5 der Richtlinie 98/34/EG[26] eingesetzten Ausschuss, im Folgenden „Ausschuss" genannt, unterstützt.

(2) Wird auf diesen Artikel Bezug genommen, so gelten die Artikel 3 und 7 des Beschlusses 1999/468/EG[27].

(3) Der Ausschuss gibt sich eine Geschäftsordnung.

Artikel 7
Ausschuss „Medizinprodukte"

(1) Die Kommission wird von dem gemäß Artikel 6 Absatz 2 der Richtlinie 90/385/EWG eingesetzten Ausschuss, (nachstehend „Ausschuss" genannt) unterstützt.

(2) Wird auf diesen Absatz Bezug genommen, so gelten die Artikel 5 und 7 des Beschlusses 1999/468/EG unter Beachtung von dessen Artikel 8.

Der Zeitraum nach Artikel 5 Absatz 6 des Beschlusses 1999/468/EG wird auf drei Monate festgesetzt.

(3) Wird auf diesen Absatz Bezug genommen, so gelten Artikel 5a Absätze 1 bis 4 und Artikel 7 des Beschlusses 1999/468/EG unter Beachtung von dessen Artikel 8.

(4) Wird auf diesen Absatz Bezug genommen, so gelten Artikel 5a Absätze 1, 2, 4 und 6 sowie Artikel 7 des Beschlusses 1999/468/EG unter Beachtung von dessen Artikel 8.

Artikel 8
Schutzklausel

(1) Stellt ein Mitglied fest, dass in Artikel 4 Absatz 1 bzw. Artikel 4 Absatz 2 zweiter Gedankenstrich genannte Produkte die Gesundheit und/oder die Sicherheit der Patienten, der Anwender oder gegebenenfalls Dritter gefährden können, auch wenn sie

---

[26] Richtlinie 98/34/EG des Europäischen Parlaments und des Rates vom 22. Juni 1998 über ein Informationsverfahren auf dem Gebiet der Normen und technischen Vorschriften und der Vorschriften für die Dienste der Informationsgesellschaft (ABl. L 204 vom 21.7.1998, S. 37). Zuletzt geändert durch die Beitrittsakte von 2003.

[27] Beschluss 1999/468/EG des Rates vom 28. Juni 1999 zur Festlegung der Modalitäten für die Ausübung der der Kommission übertragenen Durchführungsbefugnisse (ABl. L 184 vom 17.7.1999, S. 23).

sachgemäß installiert, instand gehalten und ihrer Zweckbestimmung entsprechend verwendet werden, so trifft er alle geeigneten vorläufigen Maßnahmen, um diese Produkte vom Markt zurückzuziehen oder ihr Inverkehrbringen oder ihre Inbetriebnahme zu verbieten oder einzuschränken. Der Mitgliedstaat teilt der Kommission unverzüglich diese Maßnahmen mit, nennt die Gründe für seine Entscheidung und gibt insbesondere an, ob die Nichtübereinstimmung mit dieser Richtlinie zurückzuführen ist auf

a) die Nichteinhaltung der in Artikel 3 genannten grundlegenden Anforderungen,

b) eine unzulängliche Anwendung der Normen gemäß Artikel 5, sofern die Anwendung dieser Normen behauptet wird,

c) einen Mangel in diesen Normen selbst.

(2) Die Kommission konsultiert so bald wie möglich die Betroffenen. Stellt die Kommission nach dieser Anhörung fest,

a) dass die Maßnahmen gerechtfertigt sind,

   i) so unterrichtet sie hiervon unverzüglich den Mitgliedstaat, der die Maßnahmen getroffen hat, sowie die anderen Mitgliedstaaten; ist die in Absatz 1 genannte Entscheidung in einem Mangel der Normen begründet, so befasst die Kommission nach Anhörung der Betroffenen den in Artikel 6 Absatz 1 genannten Ausschuss innerhalb von zwei Monaten, sofern der Mitgliedstaat, der die Entscheidung getroffen hat, diese aufrechterhalten will, und leitet das in Artikel 6 Absatz 2 genannte Verfahren ein;

   ii) werden die im Interesse der öffentlichen Gesundheit erforderlichen Maßnahmen, mit denen nicht wesentliche Bestimmungen dieser Richtlinie abgeändert werden sollen und die sich darauf beziehen, dass die in Absatz 1 genannten Produkte vom Markt genommen, ihr Inverkehrbringen verboten oder ihre Inbetriebnahme eingeschränkt oder bestimmte Auflagen für die Inbetriebnahme dieser Produkte erlassen werden, werden nach dem in Artikel 7 Absatz 3 genannten Regelungsverfahren mit Kontrolle erlassen; aus Gründen äußerster Dringlichkeit kann die Kommission auf das in Artikel 7 Absatz 4 genannte Dringlichkeitsverfahren zurückgreifen;

b) dass die Maßnahmen nicht gerechtfertigt sind, so unterrichtet sie davon unverzüglich den Mitgliedstaat, der die Maßnahmen getroffen hat, sowie den Hersteller oder seinen Bevollmächtigten.

(3) Ist ein mit dieser Richtlinie nicht übereinstimmendes Produkt mit der CE-Kennzeichnung versehen, so ergreift der zuständige Mitgliedstaat gegenüber demjenigen, der diese Kennzeichnung angebracht hat, die geeigneten Maßnahmen und unterrichtet davon die Kommission und die übrigen Mitgliedstaaten.

(4) Die Kommission sorgt dafür, dass die Mitgliedstaaten über den Verlauf und die Ergebnisse dieses Verfahrens unterrichtet werden.

Artikel 9
Klassifizierung

(1) Die Produkte werden in die Klassen I, IIa, IIb und III eingestuft. Die Klassifizierung erfolgt nach den Regeln gemäß Anhang IX.

(2) Ergibt sich aus der Anwendung der Klassifizierungsregeln ein Streitfall zwischen dem Hersteller und der betreffenden benannten Stelle, so werden die für diese Stelle zuständigen Behörden zwecks Entscheidung befasst.

(3) Ist ein Mitgliedstaat der Auffassung, dass entsprechend dem technischen Fortschritt und den aufgrund des Informationssystems gemäß Artikel 10 verfügbaren Informationen eine Anpassung der Klassifizierungsregeln gemäß Anhang IX erforderlich ist, so kann er der Kommission einen ausreichend begründeten Antrag vorlegen und sie auffordern, die erforderlichen Maßnahmen zur Anpassung der Klassifizierungsregeln zu erlassen. Die Maßnahmen, mit denen nicht wesentliche Bestimmungen dieser Richtlinie abgeändert werden sollen und die sich auf die Anpassung der Klassifizierungsregeln beziehen, werden nach dem in Artikel 7 Absatz 3 genannten Regelungsverfahren mit Kontrolle erlassen.

Artikel 10
Informationen über Vorkommnisse nach dem Inverkehrbringen

(1) Die Mitgliedstaaten treffen die erforderlichen Maßnahmen, damit die Angaben, die ihnen gemäß dieser Richtlinie zu den nachstehend beschriebenen Vorkommnissen im Zusammenhang mit einem Produkt der Klassen I, IIa, IIb oder III zur Kenntnis gebracht werden, zentral erfasst und bewertet werden:

a) jede Funktionsstörung oder jede Änderung der Merkmale und/oder der Leistung sowie jede Unsachgemäßheit der Kennzeichnung oder der Gebrauchsanweisung eines Produkts, die zum Tode oder zu einer schwerwiegenden Verschlechterung des Gesundheitszustands eines Patienten oder eines Anwenders führen kann oder geführt hat;

b) jeder Grund technischer oder medizinischer Art, der aufgrund der unter Buchstabe a) genannten Ursachen durch die Merkmale und Leistungen des Produkts bedingt ist und zum systematischen Rückruf von Produkten desselben Typs durch den Hersteller geführt hat.

(2) Wenn ein Mitgliedstaat die Ärzteschaft oder medizinische Einrichtungen auffordert, den zuständigen Behörden die Vorkommnisse gemäß Absatz 1 mitzuteilen, trifft er die erforderlichen Maßnahmen, damit der Hersteller des betreffenden Produkts oder sein Bevollmächtigter ebenfalls von dem Vorkommnis unterrichtet wird.

(3) Nachdem die Mitgliedstaaten ein Vorkommnis – nach Möglichkeit gemeinsam mit dem Hersteller oder seinem Bevollmächtigten – bewertet haben, unterrichten sie unbeschadet des Artikels 8 die Kommission und die anderen Mitgliedstaaten unverzüglich über die Maßnahmen, die sie getroffen oder ins Auge gefasst haben, um ein erneutes Auftreten der in Absatz 1 genannten Vorkommnisse auf ein Minimum zu re-

duzieren. Dies schließt Informationen über die zugrunde liegenden Vorkommnisse ein.

(4) Jede zur Umsetzung dieses Artikels geeignete Maßnahme zur Festlegung von Verfahrensregeln wird nach dem in Artikel 7 Absatz 2 genannten Regelungsverfahren erlassen.

Artikel 11
Konformitätsbewertung

(1) Für Produkte der Klasse III mit Ausnahme der Sonderanfertigungen und der für klinische Prüfungen bestimmten Produkte muss der Hersteller, damit die CE-Kennzeichnung angebracht werden kann, nach seiner Wahl eines der beiden folgenden Verfahren einhalten:

a) das Verfahren der EG-Konformitätserklärung (vollständiges Qualitätssicherungssystem) gemäß Anhang II

b) oder das Verfahren der EG-Baumusterprüfung gemäß Anhang III in Verbindung mit
   i) dem Verfahren der EG-Prüfung gemäß Anhang IV
      oder
   ii) dem Verfahren der EG-Konformitätserklärung (Qualitätssicherung Produktion) gemäß Anhang V.

(2) Für Produkte der Klasse IIa mit Ausnahme der Sonderanfertigungen und der für klinische Prüfungen bestimmten Produkte muss der Hersteller, damit die CE-Zeichnung angebracht werden kann, das Verfahren der EG-Konformitätserklärung gemäß Anhang VII eingehalten, und zwar nach seiner Wahl in Verbindung mit

a) dem Verfahren der EG-Prüfung gemäß Anhang IV[28] oder
b) dem Verfahren der EG-Konformitätserklärung (Qualitätssicherung Produktion) gemäß Anhang V oder
c) dem Verfahren der EG-Konformitätserklärung (Qualitätssicherung Produkt) gemäß Anhang VI.

Anstelle der oben genannten Verfahren kann der Hersteller auch das Verfahren gemäß Absatz 3 Buchstabe a) anwenden.

(3) Für Produkte der Klasse IIb mit Ausnahme der Sonderanfertigungen und der für klinische Prüfungen bestimmten Produkte muss der Hersteller, damit die CE-Kennzeichnung angebracht werden kann, nach seiner Wahl eines der beiden folgenden Verfahren einhalten:

a) das Verfahren der EG-Konformitätserklärung (vollständiges Qualitätssicherungssystem) gemäß Anhang II; in diesem Fall findet Abschnitt 4 des Anhangs II keine Anwendung;

---

28) Berichtigung ABl. Nr. L 125 vom 19. Mai 1999, S. 42

b) das Verfahren der EG-Baumusterprüfung gemäß Anhang III in Verbindung mit
   i) dem Verfahren der EG-Prüfung gemäß Anhang IV
   oder
   ii) dem Verfahren der EG-Konformitätserklärung (Qualitätssicherung Produktion) gemäß Anhang V
   oder
   iii) dem Verfahren der EG-Konformitätserklärung (Qualitätssicherung Produkt) gemäß Anhang VI.

(4) Die Kommission unterbreitet dem Rat spätestens fünf Jahre nach Inkrafttreten dieser Richtlinie einen Bericht über die Durchführung der Bestimmungen gemäß Artikel 10 Absatz 1, Artikel 15 Absatz 1, insbesondere im Hinblick auf Produkte der Klassen I und IIa, und über die Durchführung der Bestimmungen gemäß Anhang II Abschnitt 4.3 Absätze 2 und 3 und Anhang III Abschnitt 5 Absätze 2 und 3 sowie gegebenenfalls geeignete Vorschläge.

(5) Für Produkte der Klasse I mit Ausnahme der Sonderanfertigungen und der für klinische Prüfungen bestimmten Produkte muss der Hersteller, damit die CE-Kennzeichnung angebracht werden kann, das Verfahren gemäß Anhang VII einhalten und vor dem Inverkehrbringen die erforderliche EG-Konformitätserklärung ausstellen.

(6) Für Sonderanfertigungen muss der Hersteller das Verfahren gemäß Anhang VIII einhalten und vor dem Inverkehrbringen jedes Produkts die Erklärung gemäß dem genannten Anhang ausstellen.

Die Mitgliedstaaten können vorschreiben, dass der Hersteller der zuständigen Behörde eine Liste derartiger Produkte, die in ihrem Hoheitsgebiet in Betrieb genommen wurden, übermitteln muss.

(7) Bei dem Verfahren der Konformitätsbewertung für ein Produkt berücksichtigen der Hersteller und/oder die benannte Stelle die Ergebnisse von Bewertungen und Prüfungen, die gegebenenfalls in einem Zwischenstadium der Herstellung gemäß dieser Richtlinie vorgenommen wurden.

(8) Der Hersteller kann seinen Bevollmächtigten beauftragen, die Verfahren gemäß den Anhängen III, IV, VII und VIII einzuleiten.

(9) Setzt das Verfahren der Konformitätsbewertung die Beteiligung einer benannten Stelle voraus, so kann sich der Hersteller oder sein Bevollmächtigter im Rahmen der Aufgaben, für die diese Stelle benannt worden ist, an eine Stelle seiner Wahl wenden.

(10) Die benannte Stelle kann mit ordnungsgemäßer Begründung alle Informationen oder Angaben verlangen, die zur Ausstellung und Aufrechterhaltung der Konformitätsbescheinigung im Hinblick auf das gewählte Verfahren erforderlich sind.

(11) Die von den benannten Stellen gemäß den Anhängen II, III, V und VI getroffenen Entscheidungen haben eine Gültigkeitsdauer von höchstens fünf Jahren, die auf

Antrag jeweils um höchstens fünf Jahre verlängert werden kann; der Antrag ist zu dem im Vertrag zwischen beiden Parteien vereinbarten Zeitpunkt einzureichen.

(12) Die Unterlagen und der Schriftwechsel über die Verfahren gemäß den Absätzen 1 bis 6 werden in der Amtssprache des Mitgliedstaats abgefasst, in dem diese Verfahren durchgeführt werden, und/oder in einer anderen Gemeinschaftssprache, die von der benannten Stelle anerkannt wird.

(13) Abweichend von den Absätzen 1 bis 6 können die zuständigen Behörden auf ordnungsgemäß begründeten Antrag im Hoheitsgebiet des betreffenden Mitgliedstaats das Inverkehrbringen und die Inbetriebnahme einzelner Produkte zulassen, bei denen die Verfahren gemäß den Absätzen 1 bis 6 nicht durchgeführt wurden, wenn deren Verwendung im Interesse des Gesundheitsschutzes liegt.

(14) Die Maßnahmen zur Änderung nicht wesentlicher Bestimmungen dieser Richtlinie durch Ergänzung, die die Art und Weise betreffen, mit der die Informationen gemäß Anhang I Abschnitt 13.1 angesichts des technischen Fortschritts und unter Berücksichtigung der vorgesehenen Anwender der betreffenden Produkte dargestellt werden können, werden nach dem Regelungsverfahren mit Kontrolle gemäß Artikel 7 Absatz 3 erlassen.

Artikel 12
Sonderverfahren für Systeme und Behandlungseinheiten und Verfahren für Sterilisation

(1) Abweichend von Artikel 11 gilt dieser Artikel für Systeme und Behandlungseinheiten.

(2) Jede natürliche oder juristische Person, die Produkte, die die CE-Kennzeichnung tragen, entsprechend ihrer Zweckbestimmung und innerhalb der vom Hersteller vorgesehenen Anwendungsbeschränkungen zusammensetzt, um sie in Form eines Systems oder einer Behandlungseinheit in Verkehr zu bringen, muss eine Erklärung des Inhalts abgeben, dass

a) sie die gegenseitige Vereinbarkeit der Produkte entsprechend den Hinweisen der Hersteller geprüft und die Arbeitsschritte entsprechend den Hinweisen durchgeführt hat;
b) sie das System oder die Behandlungseinheit verpackt und sachdienliche Benutzerhinweise, einschließlich der einschlägigen Hinweise der Hersteller, gegeben hat;
c) die gesamte Tätigkeit in geeigneter Weise intern überwacht und kontrolliert wurde.

Werden die Bedingungen nach Absatz 2 nicht erfüllt, wie es der Fall ist, wenn das System oder die Behandlungseinheit Produkte enthält, die keine CE-Kennzeichnung tragen, oder wenn die gewählte Kombination von Produkten nicht mit deren ursprünglicher Zweckbestimmung vereinbar ist, so wird das System oder die Behandlungseinheit als eigenständiges Produkt behandelt und als solches dem einschlägigen Verfahren des Artikels 11 unterzogen.

(3) Jede natürliche oder juristische Person, die Systeme oder Behandlungseinheiten gemäß Absatz 2 oder andere Medizinprodukte mit CE-Kennzeichnung, für die der Hersteller eine Sterilisation vor ihrer Verwendung vorgesehen hat, für das Inverkehrbringen sterilisiert, verfährt nach einem der in den Anhängen II oder V genannten Verfahren. Die Anwendung dieser Anhänge und die Beteiligung der benannten Stelle sind auf die Aspekte des Sterilisationsverfahrens zur Erreichung der Sterilität des Produktes bis zur Öffnung oder Beschädigung der Verpackung beschränkt. Die Person gibt eine Erklärung ab, wonach die Sterilisation gemäß den Anweisungen des Herstellers erfolgt ist.

(4) Die Produkte im Sinne der Absätze 2 und 3 selbst sind nicht mit einer zusätzlichen CE-Kennzeichnung zu versehen. Ihnen müssen Informationen gemäß Anhang I Abschnitt 13 beigefügt sein, die gegebenenfalls auch die von den Herstellern der zusammengesetzten Produkte mitgelieferten Hinweise enthalten. Die Erklärungen gemäß den Absätzen 2 und 3 sind für die zuständigen Behörden über einen Zeitraum von fünf Jahren zur Verfügung zu halten.

Artikel 12a
Wiederaufbereitung von Medizinprodukten

Die Kommission legt dem Europäischen Parlament und dem Rat spätestens zum 5. September 2010 einen Bericht über die Wiederaufbereitung von Medizinprodukten in der Gemeinschaft vor.

Angesichts der Schlussfolgerungen diesen Berichts unterbreitet die Kommission dem Europäischen Parlament und dem Rat zusätzliche Vorschläge, die sie für sinnvoll erachtet, um eine hohes Maß an Gesundheitsschutz sicherzustellen.

Artikel 13
Entscheidungen über die Klassifizierung und die Abweichklausel

(1) Ein Mitgliedstaat legt der Kommission in folgenden Fällen einen ausreichend begründeten Antrag vor und fordert diese auf, die erforderlichen Maßnahmen zu treffen:

a) der Mitgliedstaat ist der Auffassung, dass die Anwendung der Klassifizierungsregeln gemäß Anhang IX eine Entscheidung über die Klassifizierung eines bestimmten Produkts oder einer bestimmten Produktkategorie erfordert;

b) der Mitgliedstaat ist der Auffassung, dass ein bestimmtes Produkt oder eine bestimmte Baureihe abweichend von den Bestimmungen in Anhang IX in eine andere Klasse einzustufen ist;

c) der Mitgliedstaat ist der Auffassung, dass die Konformität eines Produkts oder einer Baureihe abweichend von Artikel 11 in ausschließlicher Anwendung eines bestimmten Verfahrens festgestellt werden soll, das aus den in Artikel 11 vorgesehenen Verfahren auszuwählen ist;

d) der Mitgliedstaat ist der Auffassung, dass eine Entscheidung darüber erforderlich ist, ob ein bestimmtes Produkt oder eine bestimmte Produktgruppe unter eine der Begriffsbestimmungen in Artikel 1 Absatz 2 Buchstaben a bis e fällt.

Die in Absatz 1 Unterabsatz 1 genannten Maßnahmen werden soweit anwendbar nach dem in Artikel 7 Absatz 2 genannten Regelungsverfahren erlassen.

(2) Die Kommission unterrichtet die Mitgliedstaaten über die getroffenen Maßnahmen.

Artikel 14
Meldung der für das Inverkehrbringen verantwortlichen Personen

(1) Jeder Hersteller, der im eigenen Namen Produkte nach den Verfahren gemäß Artikel 11 Absätze 5 und 6 in Verkehr bringt, oder jede andere natürliche oder juristische Person, die die in Artikel 12 genannten Tätigkeiten ausführt, muss den zuständigen Behörden des Mitgliedstaats, in dem sie ihren Firmensitz haben, die Anschrift des Firmensitzes und die Beschreibung der betreffenden Produkte mitteilen.

Bei allen Medizinprodukten der Klassen IIa, IIb und III können die Mitgliedstaaten die Mitteilung aller Angaben, die eine Identifizierung des Produkts ermöglichen, sowie der Kennzeichnung und der Gebrauchsanweisung verlangen, wenn diese Produkte in ihrem Hoheitsgebiet in Betrieb genommen werden.

(2) Hat ein Hersteller, der im eigenen Namen ein Produkt in Verkehr bringt, keinen Firmensitz in einem Mitgliedstaat, so benennt er einen einzigen Bevollmächtigten in der Europäischen Union. Für die in Absatz 1 Unterabsatz 1 genannten Produkte teilt der Bevollmächtigte der zuständigen Behörde des Mitgliedstaats, in dem er seinen Firmensitz hat, die Einzelheiten nach Absatz 1 mit.

(3) Die Mitgliedstaaten unterrichten auf Anfrage die übrigen Mitgliedstaaten und die Kommission über die vom Hersteller oder Bevollmächtigten vorgelegten in Absatz 1 Unterabsatz 1 genannten Angaben.

Artikel 14a
Europäische Datenbank

(1) Regulierungsdaten gemäß dieser Richtlinie werden in einer europäischen Datenbank erfasst, zu der die zuständigen Behörden Zugang erhalten, damit sie ihre Aufgaben im Zusammenhang mit dieser Richtlinie in voller Sachkenntnis wahrnehmen können.

Die Datenbank enthält:

a) Angaben zur Meldung der Hersteller sowie der Bevollmächtigten und der Produkte gemäß Artikel 14, ausgenommen Angaben zu Sonderanfertigungen;

b) Angaben im Zusammenhang mit Bescheinigungen, die gemäß den Verfahren der Anhänge II bis VII ausgestellt, geändert, ergänzt, ausgesetzt, zurückgezogen oder verweigert wurden;

c) Angaben, die gemäß dem in Artikel 10 festgelegten Beobachtungs- und Meldeverfahren erhalten werden;

d) Angaben zu den klinischen Prüfungen gemäß Artikel 15.

(2) Die Angaben werden in einem vereinheitlichten Format übermittelt.

(3) Die zur Durchführung der Absätze 1 und 2, insbesondere zur Durchführung von Absatz 1 Buchstabe d, notwendigen Maßnahmen werden nach dem in Artikel 7 Absatz 2 genannten Regelungsverfahren erlassen.

(4) Die Bestimmungen dieses Artikels werden bis zum 5. September 2012 umgesetzt. Die Kommission bewertet bis zum 11. Oktober 2012 das Funktionieren und den zusätzlichen Nutzen der Datenbank.

Auf der Grundlage der Ergebnisse dieser Bewertung unterbreitet die Kommission dem Europäischen Parlament und dem Rat gegebenenfalls Vorschläge oder legt Entwürfe für Maßnahmen gemäß Absatz 3 vor.

Artikel 14b
Besondere Gesundheitsüberwachungsmaßnahmen

Ist ein Mitgliedstaat der Auffassung, dass ein bestimmtes Produkt oder eine Gruppe von Produkten aus Gründen des Gesundheitsschutzes und der Sicherheit und/oder im Interesse der öffentlichen Gesundheit vom Markt genommen oder das Inverkehrbringen und die Inbetriebnahme verboten, beschränkt oder bestimmten Auflagen unterworfen werden sollte, so kann er alle erforderlichen und begründeten vorläufigen Maßnahmen treffen.

Der Mitgliedstaat unterrichtet hiervon die Kommission und die übrigen Mitgliedstaaten unter Angabe der Gründe für seine Entscheidung.

Die Kommission konsultiert, soweit dies möglich ist, die betroffenen Parteien und die Mitgliedstaaten. Die Kommission gibt eine Stellungnahme ab, in der sie darlegt, ob die einzelstaatlichen Maßnahmen gerechtfertigt sind oder nicht. Die Kommission informiert hierüber sämtliche Mitgliedstaaten und die konsultierten betroffenen Parteien.

Erforderlichenfalls werden die notwendigen Maßnahmen, mit denen nicht wesentliche Bestimmungen dieser Richtlinie abgeändert werden sollen und die sich darauf beziehen, dass ein bestimmtes Produkt oder eine Produktgruppe vom Markt genommen, ihr Inverkehrbringen und ihre Inbetriebnahme verboten oder ihre Inbetriebnahme eingeschränkt oder bestimmten Auflagen unterworfen werden soll, nach dem in Artikel 7 Absatz 3 genannten Regelungsverfahren mit Kontrolle erlassen. Aus Gründen äußerster Dringlichkeit kann die Kommission auf das Dringlichkeitsverfahren nach Artikel 7 Absatz 4 zurückgreifen.

Artikel 15
Klinische Prüfungen

(1) Bei Produkten, die für klinische Prüfungen bestimmt sind, wendet der Hersteller oder der in der Gemeinschaft niedergelassene Bevollmächtigte das in Anhang VIII genannte Verfahren an und meldet dies anhand der in Anhang VIII Abschnitt 2.2 genannten Erklärung den zuständigen Behörden der Mitgliedstaaten, in denen die Prüfungen durchgeführt werden sollen.

(2) Bei Produkten der Klasse III sowie bei implantierbaren und zur langzeitigen Anwendung bestimmten invasiven Produkten der Klasse IIa oder IIb kann der Hersteller

mit den betreffenden klinischen Prüfungen nach Ablauf einer Frist von 60 Tagen nach dieser Mitteilung beginnen, es sei denn, die zuständigen Behörden haben ihm innerhalb dieser Frist eine auf Gründe der öffentlichen Gesundheit oder der öffentlichen Ordnung gestützte gegenteilige Entscheidung mitgeteilt.

Die Mitgliedstaaten können die Hersteller jedoch ermächtigen, vor Ablauf der Frist von 60 Tagen mit den klinischen Prüfungen zu beginnen, sofern die betreffende Ethik-Kommission eine befürwortende Stellungnahme zu dem entsprechenden Prüfungsprogramm einschließlich ihrer Überprüfung des klinischen Prüfplans abgegeben hat.

(3) Bei anderen als den in Absatz 2 genannten Produkten können die Mitgliedstaaten die Hersteller ermächtigen, sofort nach der Mitteilung mit der klinischen Prüfung zu beginnen, sofern die zuständige Ethik-Kommission eine befürwortende Stellungnahme zu dem entsprechenden Prüfungsprogramm, einschließlich ihrer Überprüfung des klinischen Prüfplans abgegeben hat.

(4) Die Ermächtigung nach Absatz 2 Unterabsatz 2 bzw. nach Absatz 3 kann von einer Genehmigung durch die zuständige Behörde abhängig gemacht werden.

(5) Die klinischen Prüfungen müssen gemäß Anhang X durchgeführt werden. Die Maßnahmen zur Änderung nicht wesentlicher Bestimmungen dieser Richtlinie durch Ergänzung, die die Bestimmungen für klinische Prüfungen in Anhang X betreffen, werden nach dem in Artikel 7 Absatz 3 genannten Regelungsverfahren mit Kontrolle erlassen.

(6) Die Mitgliedstaaten ergreifen, falls erforderlich, die geeigneten Maßnahmen zur Sicherung der öffentlichen Gesundheit und öffentlichen Ordnung. Wird eine klinische Prüfung von einem Mitgliedstaat abgelehnt oder ausgesetzt, so unterrichtet dieser Mitgliedstaat alle anderen Mitgliedstaaten und die Kommission von seiner Entscheidung und deren Gründen. Hat ein Mitgliedstaat eine wesentliche Änderung oder vorübergehende Unterbrechung einer klinischen Prüfung angeordnet, so unterrichtet dieser Mitgliedstaat die betroffenen anderen Mitgliedstaaten von seinen Maßnahmen und deren Gründen.

(7) Der Hersteller oder sein Bevollmächtigter unterrichtet die zuständigen Behörden des betroffenen Mitgliedstaats über den Abschluss der klinischen Prüfungen mit einer entsprechenden Begründung im Fall einer vorzeitigen Beendigung. Im Fall der vorzeitigen Beendigung der klinischen Prüfungen aus Sicherheitsgründen ist diese Mitteilung allen Mitgliedstaaten und der Kommission zu übermitteln. Der Hersteller oder sein Bevollmächtigter hält den in Anhang X Abschnitt 2.3.7 genannten Bericht den zuständigen Behörden zur Verfügung.

(8) Die Bestimmungen der Absätze 1 und 2 gelten nicht, wenn die klinischen Prüfungen mit Produkten durchgeführt werden, die gemäß Artikel 11 die CE-Kennzeichnung tragen dürfen, es sei denn, dass diese Prüfungen eine andere Zweckbestimmung der Produkte zum Gegenstand haben als die in dem Verfahren zur Bewertung der Konformität vorgesehenen. Die einschlägigen Bestimmungen des Anhangs X bleiben anwendbar.

Artikel 16
Benannte Stellen

(1) Die Mitgliedstaaten teilen der Kommission und den anderen Mitgliedstaaten die Stellen mit, die sie für die Durchführung der Aufgaben im Zusammenhang mit den Verfahren gemäß Artikel 11 benannt haben; sie teilen außerdem die spezifischen Aufgaben mit, mit denen die Stellen betraut wurden. Die Kommission weist diesen Stellen, im folgenden als „benannte Stellen" bezeichnet, Kennummern zu.

Die Kommission veröffentlicht im *Amtsblatt der Europäischen Gemeinschaften* ein Verzeichnis der benannten Stellen einschließlich ihrer Kennummer sowie der Aufgaben, für die sie benannt wurden. Die Kommission sorgt für die Fortschreibung dieses Verzeichnisses.

(2) Die Mitgliedstaaten wenden für die Benennung der Stellen die Kriterien gemäß Anhang XI an. Von den Stellen, die den Kriterien entsprechen, welche in den zur Umsetzung der einschlägigen harmonisierten Normen erlassenen einzelstaatlichen Normen festgelegt sind, wird angenommen, dass sie den einschlägigen Kriterien genügen.

Sofern es im Hinblick auf den technischen Fortschritt angemessen ist, werden die detaillierten Maßnahmen, die notwendig sind, damit eine kohärente Anwendung der in Anhang XI festgelegten Kriterien für die Benennung der Stellen durch die Mitgliedstaaten gewährleistet ist, nach dem in Artikel 7 Absatz 2 genannten Regelungsverfahren erlassen.

(3) Ein Mitgliedstaat, der eine Stelle benannt hat, muss diese Benennung widerrufen, wenn er feststellt, dass die Stelle den Kriterien gemäß Absatz 2 nicht mehr genügt. Er setzt die anderen Mitgliedstaaten und die Kommission unverzüglich davon in Kenntnis.

(4) Die benannte Stelle und der Hersteller oder sein Bevollmächtigter legen im gemeinsamen Einvernehmen die Fristen für die Durchführung der Bewertungen und Prüfungen gemäß den Anhängen II bis VI fest.

(5) Die benannte Stelle unterrichtet die zuständige Behörde über alle ausgestellten, geänderten, ergänzten, ausgesetzten, widerrufenen oder verweigerten Bescheinigungen sowie die anderen im Rahmen dieser Richtlinie benannten Stellen über alle ausgesetzten, widerrufenen oder verweigerten Bescheinigungen sowie auf Anfrage über ausgestellte Bescheinigungen. Die benannte Stelle stellt ferner auf Anfrage alle einschlägigen zusätzlichen Informationen zur Verfügung.

(6) Stellt eine benannte Stelle fest, dass einschlägige Anforderungen dieser Richtlinie vom Hersteller nicht erfüllt wurden oder nicht länger erfüllt werden, oder hätte eine Bescheinigung nicht ausgestellt werden dürfen, so setzt sie – unter Berücksichtigung des Grundsatzes der Verhältnismäßigkeit – die ausgestellte Bescheinigung aus oder widerruft sie oder erlegt Beschränkungen auf, es sei denn, dass der Hersteller durch geeignete Abhilfemaßnahmen die Übereinstimmung mit diesen Anforderungen gewährleistet. Die benannte Stelle unterrichtet die zuständige Behörde, falls die Bescheinigung ausgesetzt oder widerrufen wird oder Beschränkungen auf-

erlegt werden oder sich ein Eingreifen der zuständigen Behörde als erforderlich erweisen könnte. Der Mitgliedstaat unterrichtet die übrigen Mitgliedstaaten und die Kommission.

(7) Die benannte Stelle stellt auf Anfrage alle einschlägigen Informationen und Unterlagen einschließlich haushaltstechnischen Unterlagen zur Verfügung, damit der Mitgliedstaat überprüfen kann, ob die Anforderungen nach Anhang XI erfüllt sind.

Artikel 17
CE-Kennzeichnung

(1) Mit Ausnahme von Sonderanfertigungen und Produkten, die für klinische Prüfungen bestimmt sind, müssen alle Produkte, von deren Übereinstimmung mit den grundlegenden Anforderungen gemäß Artikel 3 auszugehen ist, bei ihrem Inverkehrbringen mit einer CE-Kennzeichnung versehen sein.

(2) Die CE-Kennzeichnung gemäß Anhang XII muss, sofern dies durchführbar und zweckmäßig ist, in deutlich sichtbarer, leicht lesbarer und unauslöschbarer Form auf dem Produkt oder auf dem sterilen Verpackungsmaterial sowie auf der Gebrauchsanweisung angebracht sein.

Wenn möglich, muss die CE-Kennzeichnung auch auf der Handelsverpackung angebracht sein.

Außer der CE-Kennzeichnung muss die Kennummer der benannten Stelle aufgeführt sein, die für die Durchführung der Verfahren gemäß den Anhängen II, IV, V und VI verantwortlich ist.

(3) Zeichen oder Aufschriften, die geeignet sind, Dritte bezüglich der Bedeutung oder der graphischen Gestaltung der CE-Kennzeichnung in die Irre zu leiten, dürfen nicht angebracht werden. Alle sonstigen Zeichen dürfen auf dem Produkt, der Verpackung oder der Gebrauchsanweisung für das Produkt angebracht werden, sofern sie die Sichtbarkeit und Lesbarkeit der CE-Kennzeichnung nicht beeinträchtigen.

Artikel 18
Unrechtmäßige Anbringung der CE-Kennzeichnung

Unbeschadet des Artikels 8 gilt folgendes:

a) Stellt ein Mitgliedstaat fest, dass die CE-Kennzeichnung unberechtigterweise angebracht wurde oder unter Verletzung dieser Richtlinie fehlt, so ist der Hersteller oder sein Bevollmächtigter verpflichtet, den weiteren Verstoß unter den vom Mitgliedstaat festgelegten Bedingungen zu verhindern.

b) Falls die Nichtübereinstimmung weiterbesteht, muss der Mitgliedstaat nach dem Verfahren des Artikels 8 alle geeigneten Maßnahmen ergreifen, um das Inverkehrbringen des betreffenden Produkts einzuschränken oder zu untersagen oder um zu gewährleisten, dass es vom Markt genommen wird.

Diese Bestimmungen gelten auch in den Fällen, in denen die CE-Kennzeichnung nach den Verfahren dieser Richtlinie unzulässigerweise an Erzeugnissen angebracht wurde, die nicht unter diese Richtlinie fallen.

EG-Richtlinie „Medizinprodukte" 93/42/EWG

Artikel 19
Verbote und Beschränkungen

(1) Jede in Anwendung dieser Richtlinie getroffene Entscheidung, die

a) ein Verbot oder eine Beschränkung des Inverkehrbringens, der Inbetriebnahme eines Produkts oder der Durchführung der klinischen Prüfungen oder

b) die Aufforderung zur Zurückziehung der Produkte vom Markt zur Folge hat,

ist genau zu begründen. Sie wird dem Betreffenden unverzüglich unter Angabe der Rechtsmittel, die nach dem Recht des betreffenden Mitgliedstaats eingelegt werden können, und der Fristen für die Einlegung dieser Rechtsmittel mitgeteilt.

(2) Bei der in Absatz 1 genannten Entscheidung muss der Hersteller oder sein Bevollmächtigter die Möglichkeit haben, seinen Standpunkt zuvor darzulegen, es sei denn, dass eine solche Anhörung angesichts der Dringlichkeit der zu treffenden Maßnahmen nicht möglich ist.

Artikel 20
Vertraulichkeit

(1) Die Mitgliedstaaten gewährleisten unbeschadet der bestehenden einzelstaatlichen Bestimmungen und Praktiken in Bezug auf die ärztliche Schweigepflicht, dass alle an der Anwendung dieser Richtlinie Beteiligten verpflichtet sind, alle bei der Durchführung ihrer Aufgaben erhaltenen Informationen vertraulich zu behandeln.

Die Verpflichtung der Mitgliedstaaten und der benannten Stellen zur gegenseitigen Unterrichtung und Verbreitung von Warnungen sowie die strafrechtlichen Auskunftspflichten der betreffenden Personen werden davon nicht berührt.

(2) Die nachstehende Informationen werden nicht als vertraulich behandelt:

a) Informationen über die Meldung der für das Inverkehrbringen verantwortlichen Personen gemäß Artikel 14;

b) an den Anwender gerichtete Informationen des Herstellers, des Bevollmächtigten oder des Vertreibers in Bezug auf eine Maßnahme nach Artikel 10 Absatz 3;

c) Angaben in Bescheinigungen, die ausgestellt, geändert, ergänzt, ausgesetzt oder widerrufen wurden.

(3) Maßnahmen zur Änderung nicht wesentlicher Bestimmungen dieser Verordnung durch Ergänzung, die die Festlegung der Bedingungen betreffen, unter denen andere Informationen der Öffentlichkeit zugänglich gemacht werden können, insbesondere die Verpflichtung der Hersteller von Produkten der Klasse IIb und der Klasse III, eine Zusammenfassung der Informationen und Angaben über das Produkt der Öffentlichkeit bereitzustellen, werden nach dem in Artikel 7 Absatz 3 genannten Regelungsverfahren mit Kontrolle erlassen.

Artikel 20a
Zusammenarbeit

Die Mitgliedstaaten treffen geeignete Maßnahmen, damit die zuständigen Behörden der Mitgliedstaaten untereinander und mit der Kommission zusammenarbeiten und einander die notwendigen Informationen übermitteln, um zur einheitlichen Anwendung dieser Richtlinie beizutragen.

Die Kommission sorgt für einen Austausch der Erfahrungen zwischen den für Marktaufsicht zuständigen Behörden, um die einheitliche Anwendung dieser Richtlinie zu koordinieren.

Unbeschadet dieser Richtlinie kann die Zusammenarbeit im Rahmen von Initiativen auf internationaler Ebene erfolgen.

Artikel 21
Aufhebung und Änderung von Richtlinien

(1) Die Richtlinie 76/764/EWG wird zum 1. Januar 1995 aufgehoben.

(2) Im Titel sowie in Artikel 1 der Richtlinie 84/539/EWG werden die Worte „Humanmedizin und" gestrichen.

Dem Artikel 2 Absatz 1 der Richtlinie 84/539/EWG wird folgender Unterabsatz angefügt:

„Ist das Gerät gleichzeitig ein Medizinprodukt im Sinne der Richtlinie 93/42/EWG (*), und erfüllt es die darin für dieses Produkt festgelegten grundlegenden Anforderungen, so gilt es als Gerät, das den Vorschriften dieser Richtlinie entspricht.

(*) ABl. Nr. L 169 vom 12. 7. 1993, S. 1."

(3) Die Richtlinie 90/385/EWG wird wie folgt geändert:

1. An Artikel 1 Absatz 2 werden die folgenden beiden Buchstaben angefügt:

„h) *Inverkehrbringen:* erste entgeltliche oder unentgeltliche Überlassung eines Geräts, das nicht für klinische Prüfungen bestimmt ist, im Hinblick auf seinen Vertrieb und/oder seine Verwendung innerhalb der Gemeinschaft, ungeachtet dessen, ob es sich um ein neues oder ein als neu aufbereitetes Gerät handelt.

i) *Hersteller:* die natürliche oder juristische Person, die für die Auslegung, Herstellung, Verpackung und Etikettierung eines Geräts im Hinblick auf das Inverkehrbringen im eigenen Namen verantwortlich ist, unabhängig davon, ob diese Tätigkeiten von dieser Person oder stellvertretend für diese von einer dritten Person ausgeführt werden.

Die dem Hersteller nach dieser Richtlinie obliegenden Verpflichtungen gelten auch für die natürliche oder juristische Person, die ein oder mehrere vorgefertigte Geräte montiert, abpackt, behandelt, aufbereitet und/oder kennzeichnet und/oder für die Festlegung der Zweckbestimmung als Gerät im Hinblick auf das Inverkehrbringen im eigenen Namen verantwortlich ist. Dies gilt nicht für Personen, die – ohne Hersteller im Sinne des Unterabsatzes 1 zu sein – bereits in Verkehr gebrachte Geräte für einen namentlich genannten Patienten entsprechend ihrer Zweckbestimmung montieren oder anpassen."

2. An Artikel 9 werden die folgenden Absätze angefügt:

„(5) Bei dem Verfahren der Konformitätsbewertung für ein Gerät berücksichtigen der Hersteller und/oder die benannte Stelle die Ergebnisse von Bewertungen und Prüfungen, die gegebenenfalls in einem Zwischenstadium der Herstellung gemäß dieser Richtlinie vorgenommen wurden.

(6) Setzt das Verfahren der Konformitätsbewertung die Beteiligung einer benannten Stelle voraus, so kann sich der Hersteller oder sein in der Gemeinschaft niedergelassener Bevollmächtigter im Rahmen der Aufgaben, für die diese Stelle benannt worden ist, an eine Stelle seiner Wahl wenden.

(7) Die benannte Stelle kann mit ordnungsgemäßer Begründung alle Informationen oder Angaben verlangen, die zur Ausstellung und Aufrechterhaltung der Konformitätsbescheinigung im Hinblick auf das gewählte Verfahren erforderlich sind.

(8) Die von den benannten Stellen gemäß den Anhängen II und III getroffenen Entscheidungen haben eine Gültigkeitsdauer von höchstens fünf Jahren, die auf Antrag jeweils um fünf Jahre verlängert werden kann; der Antrag ist zu dem im Vertrag zwischen beiden Parteien vereinbarten Zeitpunkt einzureichen.

(9) Abweichend von den Absätzen 1 und 2 können die zuständigen Behörden auf ordnungsgemäß begründeten Antrag im Hoheitsgebiet des betreffenden Mitgliedstaats das Inverkehrbringen und die Inbetriebnahme einzelner Geräte zulassen, bei denen die Verfahren gemäß den Absätzen 1 und 2 nicht durchgeführt wurden, wenn deren Verwendung im Interesse des Gesundheitsschutzes liegt."

3. Folgender Artikel wird eingefügt:

„Artikel 9 a

(1) Ist ein Mitgliedstaat der Auffassung, dass die Konformität eines Geräts oder einer Gerätebaureihe abweichend von Artikel 9 in ausschließlicher Anwendung eines bestimmten Verfahrens festgestellt werden soll, das aus den in Artikel 9 vorgesehenen Verfahren auszuwählen ist, so legt er der Kommission einen entsprechenden begründeten Antrag vor und fordert diese auf, die erforderlichen Maßnahmen zu treffen. Diese Maßnahmen werden nach dem Verfahren gemäß Artikel 7 Absatz 2 der Richtlinie 93/42/EWG (*) über Medizinprodukte erlassen.

(2) Die Kommission unterrichtet die Mitgliedstaaten über die getroffenen Maßnahmen und veröffentlicht gegebenenfalls die einschlägigen Teile dieser Maß-

nahmen im *Amtsblatt der Europäischen Gemeinschaften*.

(*) ABl. Nr. L 169 vom 12. 7. 1993, S. 1."

4. Artikel 10 wird wie folgt geändert:
- An Absatz 2 wird folgender Unterabsatz angefügt:
  „Die Mitgliedstaaten können die Hersteller jedoch ermächtigen, mit den betreffenden klinischen Prüfungen vor Ablauf der Frist von sechzig Tagen zu beginnen, sofern die zuständige Ethik-Kommission eine befürwortende Stellungnahme zu dem Prüfplan abgegeben hat."
- Folgender Absatz wird eingefügt:
  „(2a) Die Ermächtigung nach Absatz 2 Unterabsatz 2 kann von einer Genehmigung durch die zuständige Behörde abhängig gemacht werden."

5. Artikel 14 wird wie folgt ergänzt:
  „Bei der im vorstehenden Absatz genannten Entscheidung muss der Hersteller oder sein in der Gemeinschaft niedergelassener Bevollmächtigter die Möglichkeit haben, seinen Standpunkt zuvor darzulegen, es sei denn, dass eine solche Anhörung angesichts der Dringlichkeit der zu treffenden Maßnahme nicht möglich ist."

Artikel 22[29]

---

29) (redaktionelle Anmerkung: Das Inkrafttreten der geänderten Richtlinie wird durch Artikel 4 und 5 der Richtlinie 2007/47/EG des Europäischen Paralments und des Rates zur Änderung der Richtlinien 90/385/EWG des Rates zur Angleichung der Rechtsvorschriften der Mitgliedstaaten über aktive implantierbare medizinische Geräte und 93/42/EWG des Rates über Medizinprodukte sowie der Richtlinie 98/8/EG über das Inverkehrbringen von Biozid-Produkten (siehe Kapitel 2.2.9 „EG-Richtlinie «Änderung der Richtlinien 90/385/EWG und 93/42/EWG»") wie folgt festgelegt:
- Die Richtlinie 2007/47/EG tritt am 20. Tag nach ihrer Veröffentlichung im Amtsblatt der Europäischen Union (21. September 2007) in Kraft.
- Die Mitgliedstaaten erlassen und veröffentlichen bis zum 21. Dezember 2008 die erforderlichen Rechtsvorschriften.
- Es ist eine Übergangsfrist bis zum 21. März 2010 vorgesehen.)

Anhang I
Grundlegende Anforderungen
I. Allgemeine Anforderungen

1. Die Produkte müssen so ausgelegt und hergestellt sein, dass ihre Anwendung unter den vorgesehenen Bedingungen und zu den vorgesehenen Zwecken weder den klinischen Zustand und die Sicherheit der Patienten noch die Sicherheit und die Gesundheit der Anwender oder gegebenenfalls Dritter gefährdet, wobei etwaige Risiken im Zusammenhang mit der vorgesehenen Anwendung gemessen am Nutzen für den Patienten vertretbar und mit einem hohen Maß an Gesundheitsschutz und Sicherheit vereinbar sein müssen.

    Dazu gehört
    - eine weitestgehende Verringerung der durch Anwendungsfehler bedingten Risiken aufgrund der ergonomischen Merkmale des Produkts und der Umgebungsbedingungen, in denen das Produkt eingesetzt werden soll (Produktauslegung im Hinblick auf die Sicherheit des Patienten), sowie
    - die Berücksichtigung der technischen Kenntnisse, der Erfahrung, Aus- und Weiterbildung sowie gegebenenfalls der medizinischen und physischen Voraussetzungen der vorgesehenen Anwender (Produktauslegung für Laien, Fachleute, Behinderte oder sonstige Anwender).

2. Die vom Hersteller bei der Auslegung und der Konstruktion der Produkte gewählten Lösungen müssen sich nach den Grundsätzen der integrierten Sicherheit richten, und zwar unter Berücksichtigung des allgemein anerkannten Standes der Technik.

    Bei der Wahl der angemessensten Lösungen muss der Hersteller folgende Grundsätze anwenden, und zwar in der angegebenen Reihenfolge:
    - Beseitigung oder Minimierung der Risiken (Integration des Sicherheitskonzepts in die Entwicklung und den Bau des Produkts);
    - gegebenenfalls Ergreifen angemessener Schutzmaßnahmen, einschließlich Alarmvorrichtungen, gegen nicht zu beseitigende Risiken;
    - Unterrichtung der Benutzer über die Restrisiken für die keine angemessenen Schutzmaßnahmen getroffen werden können.

3. Die Produkte müssen die vom Hersteller vorgegebenen Leistungen erbringen, d. h., sie müssen so ausgelegt, hergestellt und verpackt sein, dass sie geeignet sind, eine oder mehrere der in Artikel 1 Absatz 2 Buchstabe a) genannten Funktionen entsprechend den Angaben des Herstellers zu erfüllen.

4. Die Merkmale und Leistungen gemäß den Abschnitten 1, 2 und 3 dürfen sich nicht derart ändern, dass der klinische Zustand und die Sicherheit der Patienten und gegebenenfalls Dritter während der Lebensdauer der Produkte nach Maßgabe der vom Hersteller gemachten Angaben gefährdet werden, wenn diese Produkte Belastungen ausgesetzt sind, die unter normalen Einsatzbedingungen auftreten können.

5. Die Produkte sind so auszulegen, herzustellen und zu verpacken, dass sich ihre Einsatzmerkmale und -leistungen während der Lagerung und des Transports unter Berücksichtigung der Anweisungen und Informationen des Herstellers nicht ändern.

6. Unerwünschte Nebenwirkungen dürfen unter Berücksichtigung der vorgegebenen Leistungen keine unvertretbaren Risiken darstellen.

6a. Der Nachweis der Übereinstimmung mit den grundlegenden Anforderungen muss eine klinische Bewertung gemäß Anhang X umfassen.

II. Anforderungen an die Auslegung und die Konstruktion

7. **Chemische, physikalische und biologische Eigenschaften**

7.1. Die Produkte müssen so ausgelegt und hergestellt sein, dass die Merkmale und Leistungen gemäß Abschnitt 1 „Allgemeine Anforderungen" gewährleistet sind. Dabei ist besonders auf folgende Punkte zu achten:
   – Auswahl der eingesetzten Werkstoffe, insbesondere hinsichtlich der Toxizität und gegebenenfalls der Entflammbarkeit;
   – wechselseitige Verträglichkeit zwischen den eingesetzten Werkstoffen und den Geweben, biologischen Zellen sowie Körperflüssigkeiten, und zwar unter Berücksichtigung der Zweckbestimmung des Produkts.
   – gegebenenfalls die Ergebnisse von Untersuchungen an biophysikalischen oder anderen Modellen, deren Gültigkeit bereits erwiesen wurde.

7.2. Die Produkte müssen so ausgelegt, hergestellt und verpackt sein, dass die Risiken für das Transport-, Lager- und Bedienpersonal sowie die Patienten durch Schadstoffe und Rückstände bei bestimmungsgemäßer Anwendung soweit wie möglich verringert werden. Dabei ist den exponierten Geweben sowie der Dauer und Häufigkeit der Exposition besondere Aufmerksamkeit zu widmen.

7.3. Die Produkte müssen so ausgelegt und hergestellt sein, dass eine sichere Anwendung in Verbindung mit Materialien, Stoffen und Gasen, mit denen sie bei normaler Anwendung oder bei Routineverfahren in Kontakt kommen, gewährleistet ist; sind die Produkte zur Verabreichung von Arzneimitteln bestimmt, müssen sie so ausgelegt und hergestellt sein, dass sie entsprechend den für diese Arzneimittel geltenden Bestimmungen und Beschränkungen mit den Arzneimitteln verträglich sind und dass ihre Leistung entsprechend ihrer Zweckbestimmung aufrechterhalten bleibt.

7.4. Gehört zu den festen Bestandteilen eines Produkts ein Stoff, der bei gesonderter Anwendung als Arzneimittel im Sinne des Artikels 1 der Richtlinie 2001/83/EG gelten kann und der in Ergänzung zu dem Produkt eine Wirkung auf den menschlichen Körper entfalten kann, sind die Qualität, die Sicherheit und der Nutzen dieses Stoffes analog zu den in der Richtlinie 2001/83/EG Anhang I genannten Verfahren zu überprüfen.

Für die in Absatz 1 genannten Stoffe ersucht die benannte Stelle nach Überprüfung des Nutzens des Stoffes als Bestandteil des Medizinprodukts und unter Berücksichtigung der Zweckbestimmung des Produkts eine der zuständigen von den Mitgliedstaaten benannten Behörden oder die Europäische Arzneimittel-Agentur (EMEA), vertreten insbesondere durch ihren gemäß Verordnung (EG) Nr. 726/2004[30] tätigen Ausschuss, um ein wissenschaftliches Gutachten zu Qualität und Sicherheit des Stoffes, einschließlich des klinischen Nutzen-/Risiko-Profils der Verwendung des Stoffes in dem Produkt. Bei der Erstellung des Gutachtens berücksichtigt die zuständige Behörde oder die EMEA den Herstellungsprozess und die Angaben im Zusammenhang mit dem Nutzen der Verwendung des Stoffes in dem Produkt, wie von der benannten Stelle ermittelt.

Enthält ein Produkt als festen Bestandteil einen Stoff oder ein Derivat aus menschlichen Blut, ersucht die benannte Stelle nach Überprüfung des Nutzens des Stoffes als Bestandteil des Medizinprodukts und unter Berücksichtigung der Zweckbestimmung des Produkts die EMEA, vertreten insbesondere durch ihren Ausschuss, um ein wissenschaftliches Gutachten zu Qualität und Sicherheit des Stoffes, einschließlich des klinischen Nutzen-/Risiko-Profils der Verwendung des Derivates aus menschlichem Blut in dem Produkt. Bei der Erstellung des Gutachtens berücksichtigt die EMEA den Herstellungsprozess und die Angaben über den Nutzen der Verwendung des Stoffes in dem Produkt, wie von der benannten Stelle ermittelt.

Werden Änderungen an einem im Medizinprodukt verwendeten ergänzenden Stoff vorgenommen, insbesondere im Zusammenhang mit dem Herstellungsprozess, wird die benannte Stelle von den Änderungen in Kenntnis gesetzt und konsultiert die für die jeweiligen Arzneimittel zuständige Behörde (d. h. die an der ursprünglichen Konsultation beteiligte Behörde), um zu bestätigen, dass Qualität und Sicherheit des zusätzlich verwendeten Stoffs erhalten bleiben. Die zuständige Behörde berück-

---

30) Richtlinie (EG) Nr. 726/2004 des Europäischen Parlaments und des Rates vom 31. März 2004 zur Festlegung von Gemeinschaftsverfahren für die Genehmigung und Überwachung von Human- und Tierarzneimitteln und zur Errichtung einer Europäischen Arzneimittel-Agentur (ABl. L 136 vom 30.4.2004, S. 1). Zuletzt geändert durch die Verordnung (EG) Nr. 1901/2006.

sichtigt die Angaben über den Nutzen der Verwendung des Stoffes in dem Produkt, wie von der benannten Stelle ermittelt, um sicherzustellen, dass sich die Änderungen nicht negativ auf das Nutzen-/Risiko-Profil auswirken, das für die Aufnahme des Stoffes in das Medizinprodukt erstellt wurde.

Erhält die zuständige Arzneimittelbehörde (d. h. die an der ursprünglichen Konsultation beteiligte Behörde) Informationen über den verwendeten ergänzenden Stoff, die Auswirkungen auf das Nutzen-/Risiko-Profil der Verwendung des Stoffes in dem Produkt haben können, so teilt sie der benannten Stelle mit, ob diese Informationen Auswirkungen auf das vorhandene Nutzen-/Risiko-Profil der Verwendung des Stoffes in dem Gerät hat oder nicht. Die benannte Stelle berücksichtigt die aktualisierte wissenschaftliche Gutachten bei ihren Überlegungen zu einer erneuten Bewertung des Konformitätsbewertungsverfahrens.

7.5. Die Produkte müssen so ausgelegt und hergestellt sein, dass die Risiken durch Stoffe, die dem Produkt entweichen, soweit wie möglich verringert werden. Besondere Aufmerksamkeit ist Stoffen zu widmen, die krebserregend, erbgutverändernd oder fortpflanzungsgefährdend entsprechend Anhang I der Richtlinie 67/548/ EWG des Rates vom 27. Juni 1967 zur Angleichung der Rechts- und Verwaltungsvorschriften für die Einstufung, Verpackung und Kennzeichnung gefährlicher Stoffe[31] sind.

Enthalten Teile eines Produkts (oder ein Produkt selbst), das dazu bestimmt ist, Arzneimittel, Körperflüssigkeiten oder sonstige Stoffe dem Körper zu verabreichen oder zu entziehen, oder enthalten Produkte, die zum Transport oder zur Lagerung solcher Körperflüssigkeiten oder Substanzen bestimmt sind, Phthalate, die als krebserregend, erbgutverändernd oder fortpflanzungsgefährdend der Kategorie 1 oder 2 gemäß Anhang I der Richtlinie 67/ 548/EWG eingestuft sind, so muss auf den Produkten selbst oder auf der Stückpackung oder gegebenenfalls auf der Handelspackung angegeben werden, dass es sich um phthalathaltige Produkte handelt. Umfasst die Zweckbestimmung dieser Produkte die Behandlung von Kindern oder von schwangeren oder stillenden Frauen, so muss der Hersteller eine spezielle Begründung für die Verwendung dieser Stoffe im Hinblick auf die Einhaltung der grundlegenden Anforderungen, insbesondere dieses Absatzes, in die technische Dokumentation aufnehmen und in die Gebrauchsanweisung Informationen über Restrisiken für diese Patientengruppen und gegebenenfalls über angemessene Vorsichtsmaßnahmen aufnehmen.

7.6. Die Produkte müssen so ausgelegt und hergestellt sein, dass die Risiken durch unbeabsichtigtes Eindringen von Stoffen in das Produkt unter Be-

---

31) ABl. 196 vom 16.8.1967, S. 1. Zuletzt geändert durch die Richtlinie 2006/121/EG des Europäischen Parlaments und des Rates (ABl. L 396 vom 30.12.2006, S. 852).

8. Infektion und mikrobielle Kontamination

8.1. Die Produkte und ihre Herstellungsverfahren müssen so ausgelegt sein, dass das Infektionsrisiko für Patienten, Anwender und Dritte ausgeschlossen oder soweit wie möglich verringert wird. Die Auslegung muss ein leichte Handhabung erlauben und die Kontamination des Produkts durch den Patienten oder umgekehrt während der Anwendung so gering wie möglich halten.

8.2. Gewebe tierischen Ursprungs müssen von Tieren stammen, die tierärztlichen Kontroll- und Überwachungsmaßnahmen unterzogen wurden, die der bestimmungsgemäßen Verwendung der Gewebe angemessen sind.

Die benannten Stellen bewahren Angaben über den Herkunftsort der Tiere auf.

Die Verarbeitung, Konservierung, Prüfung und Behandlung von Geweben, Zellen und Stoffen tierischen Ursprungs muss so erfolgen, dass optimale Sicherheit gewährleistet ist. Insbesondere ist durch anerkannte Verfahren zur Ausmerzung oder Inaktivierung von Viren im Verlauf des Herstellungsprozesses für den Schutz vor Viren und anderen übertragbaren Erregern zu sorgen.

8.3. In sterilem Zustand gelieferte Produkte müssen so ausgelegt, hergestellt und in einer nicht wiederverwendbaren Verpackung und/oder unter Verwendung geeigneter Verfahren so verpackt sein, dass ihre Sterilität beim Inverkehrbringen unter den vom Hersteller vorgesehenen Lager- und Transportbedingungen erhalten bleibt, bis die Steril-Verpackung beschädigt oder geöffnet wird.

8.4. In sterilem Zustand gelieferte Produkte müssen nach einem geeigneten, validierten Verfahren hergestellt und sterilisiert worden sein.

8.5. Produkte, die sterilisiert werden sollen, müssen unter angemessenen überwachten Bedingungen (z. B. Umgebungsbedingungen) hergestellt sein.

8.6. Verpackungssysteme für nicht sterile Produkte müssen so beschaffen sein, dass die vorgesehene Reinheit des Produkts unbeschadet erhalten bleibt und, wenn das Produkt vor einer Anwendung sterilisiert werden soll, das Risiko einer mikrobiellen Kontamination soweit wie möglich verringert wird; das Verpackungssystem muss sich für das vom Hersteller angegebene Sterilisationsverfahren eignen.

8.7. Verpackung und/oder Kennzeichnung des Produkts müssen eine Unterscheidung von gleichen oder ähnlichen Produkten erlauben, die sowohl in steriler als auch in nicht steriler Form in Verkehr gebracht werden.

9. Eigenschaften im Hinblick auf die Konstruktion und die Umgebungsbedingungen

9.1. Wenn ein Produkt zur Verwendung in Kombination mit anderen Produkten oder Ausrüstungen bestimmt ist, muss die Kombination einschließlich der Anschlüsse sicher sein, und sie darf die vorgesehene Leistung der Produkte nicht beeinträchtigen. Jede Einschränkung der Anwendung muss auf der Kennzeichnung oder in der Gebrauchsanweisung angegeben werden.

9.2. Die Produkte müssen so ausgelegt und hergestellt sein, dass folgende Risiken ausgeschlossen oder soweit wie möglich verringert werden:
- Verletzungsrisiken im Zusammenhang mit ihren physikalischen Eigenschaften, einschließlich des Verhältnisses Volumen/Druck, der Abmessungen und gegebenenfalls der ergonomischen Merkmale;
- Risiken im Zusammenhang mit vernünftigerweise vorhersehbaren Umgebungsbedingungen, wie z. B. Magnetfelder, elektrische Fremdeinflüsse, elektrostatische Entladungen, Druck, Temperatur oder Schwankungen des Drucks oder der Beschleunigung;
- Risiken im Zusammenhang mit wechselseitigen Störungen durch andere Produkte, die normalerweise für bestimmte Untersuchungen oder Behandlungen eingesetzt werden;
- Risiken aufgrund der Alterung der verwendeten Werkstoffe oder der nachlassenden Genauigkeit einer Mess- oder Kontrolleinrichtung, die sich dadurch ergeben, dass keine Wartung oder Kalibrierung vorgenommen werden kann (z. B. bei Implantaten).

9.3. Die Produkte müssen so ausgelegt und hergestellt sein, dass bei normaler Anwendung und beim Erstauftreten eines Defektes das Brand- oder Explosionsrisiko soweit wie möglich verringert wird. Dies gilt insbesondere für solche Produkte, die bestimmungsgemäß entflammbaren oder brandfördernden Stoffen ausgesetzt werden.

10. Produkte mit Messfunktion

10.1. Produkte mit Messfunktion müssen so ausgelegt und hergestellt sein, dass unter Berücksichtigung angemessener Genauigkeitsgrenzen entsprechend der Zweckbestimmung des Produkts eine ausreichende Konstanz und Genauigkeit der Messwerte gewährleistet sind. Die vom Hersteller gewählten Genauigkeitsgrenzen sind von ihm anzugeben.

10.2. Messskalen, Bedienungs- und Anzeigeeinrichtungen müssen so ausgelegt sein, dass sie unter Berücksichtigung der Zweckbestimmung des Produkts ergonomischen Grundsätzen entsprechen.

10.3. Bei Produkten mit Messfunktionen sind die gesetzlichen Einheiten im Messwesen gemäß den Vorschriften der Richtlinie 80/181/EWG des Rates[32] zu verwenden.

11. Schutz vor Strahlungen

11.1. Allgemeine Bestimmungen

11.1.1. Die Produkte müssen so ausgelegt und hergestellt sein, dass die Strahlenexposition von Patienten, Anwendern und sonstigen Personen so weit verringert wird, wie dies mit der Zweckbestimmung der jeweiligen für therapeutische oder diagnostische Zwecke angezeigten Dosiswerte nicht beschränkt wird.

11.2. Beabsichtigte Strahlung

11.2.1. Bei Produkten, die zum Aussenden von Strahlung in einer gefährlichen Dosierung ausgelegt sind, die zur Erreichung eines speziellen medizinischen Zwecks erforderlich ist, dessen Nutzen als vorrangig gegenüber den von der Emission ausgelösten Risiken angesehen werden kann, muss es dem Anwender möglich sein, die Emission zu kontrollieren. Diese Produkte müssen so ausgelegt und hergestellt sein, dass die Reproduzierbarkeit und Toleranz relevanter variabler Parameter gewährleistet ist.

11.2.2. Produkte, die zum Aussenden von potentiell gefährlichen sichtbaren und/oder unsichtbaren Strahlungen bestimmt sind, müssen, soweit durchführbar, mit visuellen und/oder akustischen Einrichtungen zur Anzeige dieser Strahlungen ausgestattet sein.

11.3. Unbeabsichtigte Strahlung

11.3.1. Die Produkte müssen so ausgelegt und hergestellt sein, dass die Exposition von Patienten, Anwendern und sonstigen Personen gegenüber unbeabsichtigter Strahlung bzw. Streustrahlung so weit wie möglich verringert wird.

11.4. Gebrauchsanweisung

11.4.1. Die Gebrauchsanweisung von Produkten, die Strahlungen aussenden, muss genaue Angaben zur Art der Strahlenemissionen, zu den Möglichkeiten des Strahlenschutzes für Patienten und Anwender und zur Vermeidung von Missbrauch und installationsbedingten Risiken beinhalten.

11.5. Ionisierende Strahlungen

11.5.1. Produkte, die zum Aussenden ionisierender Strahlungen bestimmt sind, müssen so ausgelegt und hergestellt sein, dass – soweit durchführbar – die Quantität, die Geometrie und die Qualität der ausgesandten Strah-

---

32) ABl. Nr. L 39 vom 15. 2. 1980, S. 40. Zuletzt geändert durch die Richtlinie 89/617/EWG (ABl. Nr. L 357 vom 7. 12. 1989, S. 28).

lung unter Berücksichtigung des beabsichtigten Zwecks verändert und kontrolliert werden können.

11.5.2. Produkte, die ionisierende Strahlungen aussenden und für die radiologische Diagnostik bestimmt sind, müssen so ausgelegt und hergestellt sein, dass sie im Hinblick auf den vorgesehenen Anwendungszweck eine angemessene Bild- und/oder Ausgabequalität bei möglichst geringer Strahlenexposition von Patient und Anwender gewährleisten.

11.5.3. Produkte, die ionisierende Strahlungen aussenden und für die radiologische Therapie bestimmt sind, müssen so ausgelegt und hergestellt sein, dass sie eine zuverlässige Überwachung und Kontrolle der abgegebenen Strahlungsdosis, des Strahlentyps und der Strahlenenergie sowie gegebenenfalls der Qualität der Strahlung ermöglichen.

12. **Anforderungen an Produkte mit externer oder interner Energiequelle**

12.1. Produkte, die programmierbare Elektroniksysteme umfassen, müssen so ausgelegt sein, dass die Wiederholbarkeit, die Zuverlässigkeit und die Leistung dieser Systeme entsprechend der Zweckbestimmung gewährleistet sind. Für den Fall des Erstauftretens eines Defekts im System sollten geeignete Vorkehrungen getroffen werden, um sich daraus ergebende Risiken auszuschließen oder soweit wie möglich zu verringern.

<u>12.1a.</u> <u>Bei Produkten, die Software enthalten oder bei denen es sich um medizinische Software an sich handelt, muss die Software entsprechend dem Stand der Technik validiert werden, wobei die Grundsätze des Software-Lebenszyklus, des Risikomanagements, der Validierung und Verifizierung zu berücksichtigen sind.</u>

12.2. Produkte mit interner Energiequelle, von der die Sicherheit des Patienten abhängt, müssen mit einer Einrichtung versehen sein, die eine Überprüfung des Ladezustands der Energiequelle gestattet.

12.3. Produkte mit externer Energiequelle, von der die Sicherheit des Patienten abhängt, müssen mit einem Alarmsystem ausgestattet sein, das jeden Ausfall der Energiequelle signalisiert.

12.4. Produkte, die zur Überwachung eines oder mehrerer klinischer Parameter eines Patienten dienen, müssen mit geeigneten Alarmsystemen ausgestattet sein, durch die der Anwender vor Situationen gewarnt wird, die den Tod oder eine erhebliche Verschlechterung des Gesundheitszustands des Patienten bewirken können.

12.5. Die Produkte müssen so ausgelegt und hergestellt sein, dass die Risiken im Zusammenhang mit der Erzeugung elektromagnetischer Felder, die in ihrer üblichen Umgebung befindliche weitere Einrichtungen oder Ausrüstungen in deren Funktion beeinträchtigen können, soweit wie möglich verringert werden.

EG-Richtlinie „Medizinprodukte" 93/42/EWG   *MDD*

12.6. *Schutz vor Risiken durch elektrischen Strom*

Die Produkte müssen so ausgelegt und hergestellt sein, dass das Risiko von unbeabsichtigten Stromstößen bei sachgemäßer Installation und normaler Anwendung sowie beim Erstauftreten eines Defekts soweit wie möglich ausgeschaltet wird.

12.7. *Schutz vor mechanischen und thermischen Risiken*

12.7.1. Die Produkte müssen so ausgelegt und hergestellt sein, dass Patient und Anwender vor mechanischen Risiken, beispielsweise im Zusammenhang mit mangelnder Festigkeit oder Stabilität oder infolge des Vorhandenseins von beweglichen Teilen, geschützt sind.

12.7.2. Die Produkte müssen so ausgelegt und hergestellt sein, dass die Risiken, die durch von den Produkten erzeugte mechanische Schwingungen bedingt sind, unter Berücksichtigung des technischen Fortschritts soweit wie möglich verringert werden, soweit diese Schwingungen nicht im Rahmen der vorgesehenen Anwendung beabsichtigt sind; dabei sind die vorhandenen Möglichkeiten zur Minderung der Schwingungen, insbesondere an deren Ursprung, zu nutzen.

12.7.3. Die Produkte müssen so ausgelegt und hergestellt sein, dass die Risiken, die durch von den Produkten erzeugten Lärm bedingt sind, unter Berücksichtigung des technischen Fortschritts soweit wie möglich verringert werden, soweit die akustischen Signale nicht im Rahmen der vorgesehenen Anwendung beabsichtigt sind; dabei sind die vorhandenen Möglichkeiten zur Minderung des Lärms, insbesondere an dessen Ursprung, zu nutzen.

12.7.4. Vom Anwender zu bedienende Endeinrichtungen und Anschlüsse an Energiequellen für den Betrieb mit elektrischer, hydraulischer oder pneumatischer Energie oder mit Gas, müssen so ausgelegt und hergestellt sein, dass alle möglichen Risiken soweit wie möglich verringert werden.

12.7.5. Zugängliche Teile von Produkten – mit Ausnahme von Teilen oder Bereichen, die Wärme abgeben oder bestimmte Temperaturen erreichen sollen – sowie deren Umgebung dürfen keine Temperaturen erreichen, die bei normaler Anwendung eine Gefährdung darstellen können.

12.8 *Schutz vor Risiken infolge der Abgabe von Energie oder Stoffen an den Patienten*

12.8.1. Produkte, die zur Abgabe von Energie oder Stoffen an den Patienten bestimmt sind, müssen so ausgelegt und hergestellt sein, dass die abgegebene Menge zur Gewährleistung der Sicherheit von Patient und Anwender mit ausreichender Genauigkeit eingestellt und diese Einstellung beibehalten werden kann.

12.8.2. Die Produkte müssen mit Einrichtungen ausgestattet sein, die jegliche Störung der Mengenregelung, die eine Gefahr darstellen kann, verhindern und/oder signalisieren.

Die Produkte müssen mit geeigneten Vorrichtungen ausgestattet sein, welche die unbeabsichtigte gefährlich überhöhte Abgabe von Energie durch die Energiequelle bzw. von Stoffen verhindern.

12.9. Die Funktion von Bedienungs- und Anzeigeeinrichtungen muss auf den Produkten deutlich angegeben sein.

Sind die Anweisungen für die Anwendung des Produkts auf diesem selbst angebracht oder werden die Betriebs- oder Regelungsparameter visuell angezeigt, so müssen diese Angaben für den Anwender und gegebenenfalls den Patienten verständlich sein.

13. **Bereitstellung von Informationen durch den Hersteller**

13.1. Jedem Produkt sind Informationen beizufügen, die – unter Berücksichtigung des Ausbildungs- und Kenntnisstandes des vorgesehenen Anwenderkreises – die sichere und ordnungsgemäße Anwendung des Produkts und die Ermittlung des Herstellers möglich machen.

Diese Informationen bestehen aus Angaben auf der Kennzeichnung und solchen in der Gebrauchsanweisung.

Die für die sichere Anwendung erforderlichen Informationen müssen, soweit dies praktikabel und angemessen ist, auf dem Produkt selbst und/oder auf der Stückpackung oder gegebenenfalls auf der Handelspackung angegeben sein. Falls eine Einzelverpackung nicht möglich ist, müssen die Angaben auf einer Begleitinformation für ein oder mehrere Produkte erscheinen.

Jedem Produkt muss in seiner Verpackung eine Gebrauchsanweisung beigegeben sein. Eine Gebrauchsanweisung ist für Produkte der Klasse I und der Klasse IIa dann entbehrlich, wenn die vollständig sichere Anwendung des Produkts ohne Gebrauchsanweisung gewährleistet ist.

13.2. Die Angaben sollten nach Möglichkeit in Form von Symbolen gemacht werden. Wenn Symbole und gegebenenfalls Identifizierungsfarben verwendet werden, müssen diese den harmonisierten Normen entsprechen. Falls solche Normen für den betreffenden Bereich nicht existieren, müssen die Symbole und Identifizierungsfarben in der beigegebenen Produktdokumentation erläutert werden.

13.3. Die Kennzeichnung muss folgende Angaben enthalten:

a) Name oder Firma und Anschrift des Herstellers; bei Produkten, die in die Gemeinschaft eingeführt werden, um dort vermarktet zu werden, muss die Kennzeichnung oder die äußere Verpackung oder die Gebrauchsanweisung ferner den Namen und die Anschrift des Bevoll-

mächtigten enthalten, wenn der Hersteller keinen Firmensitz in der Gemeinschaft hat;
- b) alle unbedingt erforderlichen Angaben, aus denen, insbesondere für die Anwender, ersichtlich ist, worum es sich bei dem Produkt und dem Packungsinhalt handelt;
- c) gegebenenfalls den Hinweis „STERIL";
- d) gegebenenfalls den Loscode – nach dem Wort „LOS" – oder die Seriennummer;
- e) gegebenenfalls das Datum, angegeben nach Jahr und Monat, bis zu dem eine gefahrlose Anwendung des Produkts möglich ist;
- f) gegebenenfalls den Hinweis, dass das Produkt für den einmaligen Gebrauch bestimmt ist. Der Hinweis des Herstellers auf den einmaligen Gebrauch muss in der gesamten Gemeinschaft einheitlich sein;
- g) bei Sonderanfertigungen den Hinweis „Sonderanfertigung";
- h) bei für klinische Prüfungen bestimmten Produkten den Hinweis „nur für klinische Prüfungen";
- i) gegebenenfalls besondere Hinweise zu Lagerung und/oder Handhabung;
- j) gegebenenfalls besondere Anwendungshinweise;
- k) gegebenenfalls Warnungen und/oder Hinweise auf zu treffende Vorsichtsmaßnahmen;
- l) bei aktiven Produkten mit Ausnahme der Produkte gemäß Buchstabe e) Angabe des Herstellungsjahres; diese Angabe kann in der Los- bzw. Seriennummer erscheinen;
- m) gegebenenfalls das Sterilisationsverfahren;
- n) im Falle eines Produkts im Sinne von Artikel 1 Absatz 4a einen Hinweis darauf, dass das Produkt als Bestandteil ein Derivat aus menschlichem Blut enthält.

13.4. Wenn die Zweckbestimmung eines Produkts für den Anwender nicht offensichtlich ist, muss der Hersteller diese deutlich auf der Kennzeichnung und in der Gebrauchsanweisung angeben.

13.5. Die Produkte und ihre abnehmbaren Bauteile müssen – gegebenenfalls auf der Ebene der Produktlose und soweit vernünftigerweise praktikabel – identifizierbar sein, damit jede geeignete Maßnahme getroffen werden kann, um mögliche Risiken im Zusammenhang mit den Produkten und ihren abnehmbaren Bauteilen festzustellen.

13.6. Die Gebrauchsanweisung muss nach Maßgabe des konkreten Falles folgende Angaben enthalten:
- a) die Angaben gemäß Abschnitt 13.3 mit Ausnahme der Angaben in dessen Buchstaben d) und e);

b) die Leistungsdaten gemäß Abschnitt 3 sowie etwaige unerwünschte Nebenwirkungen;

c) bei Produkten, die zur Erfüllung ihrer Zweckbestimmung mit anderen medizinischen Einrichtungen oder Ausrüstungen kombiniert oder an diese angeschlossen werden müssen: alle Merkmale, soweit sie zur Wahl der für eine sichere Kombination erforderlichen Einrichtungen oder Ausrüstungen erforderlich sind;

d) alle Angaben, mit denen überprüft werden kann, ob ein Produkt ordnungsgemäß installiert worden ist und sich in sicherem und betriebsbereitem Zustand befindet, sowie Angaben zu Art und Häufigkeit der Instandhaltungsmaßnahmen und der Kalibrierungen, die erforderlich sind, um den sicheren und ordnungsgemäßen Betrieb der Produkte fortwährend zu gewährleisten;

e) gegebenenfalls zweckdienliche Angaben, die zur Vermeidung bestimmter Risiken im Zusammenhang mit der Implantation des Produkts zu beachten sind;

f) Angaben zu den Risiken wechselseitiger Störung, die sich im Zusammenhang mit dem Produkt bei speziellen Untersuchungen oder Behandlungen ergibt;

g) Anweisungen für den Fall, dass die Steril-Verpackung beschädigt wird; dazu gegebenenfalls die Angabe geeigneter Verfahren zur erneuten Sterilisation;

h) bei wiederzuverwendenden Produkten Angaben über geeignete Aufbereitungsverfahren, z. B. Reinigung, Desinfektion, Verpackung und gegebenenfalls Sterilisationsverfahren, wenn eine erneute Sterilisation erforderlich ist, sowie Angaben zu einer eventuellen zahlenmäßigen Beschränkung der Wiederverwendungen;

bei der Lieferung von Produkten, die vor der Anwendung zu sterilisieren sind, müssen die Angaben zur Reinigung und Sterilisation sicherstellen, dass das Produkt bei ihrer ordnungsgemäßen Befolgung die Anforderungen des Abschnitts 1 nach wie vor erfüllt;

<u>sofern das Produkt einen Hinweis trägt, dass es für den einmaligen Gebrauch bestimmt ist, Informationen über bekannte Merkmale und technische Faktoren, von denen der Hersteller weiß, dass sie eine Gefahr darstellen könnten, wenn das Produkt wiederverwendet würde. Sind gemäß Abschnitt 13.1 keine Gebrauchsanweisungen erforderlich, so müssen die Informationen dem Benutzer auf Anfrage zugänglich gemacht werden;</u>

i) Hinweise auf eine möglicherweise vor der Anwendung eines Produkts erforderliche besondere Behandlung oder zusätzliche Aufbereitung (z. B. Sterilisation, Montage usw.);

j) bei Produkten, die Strahlungen zu medizinischen Zwecken aussenden, Angaben zu Beschaffenheit, Art, Intensität und Verteilung dieser Strahlungen.

Gegebenenfalls muss die Gebrauchsanweisung außerdem Angaben enthalten, die es dem medizinischen Personal erlauben, den Patienten auf Gegenanzeigen und zu treffende Vorsichtsmaßnahmen hinzuweisen. Dabei handelt es sich insbesondere um folgende Punkte:

k) Vorsichtsmaßnahmen, die im Falle von Änderungen in der Leistung des Produkts zu treffen sind;

l) Vorsichtsmaßnahmen für den Fall, dass es unter vernünftigerweise vorhersehbaren Umgebungsbedingungen zu einer Exposition gegenüber Magnetfeldern, elektrischen Fremdeinflüssen, elektrostatischen Entladungen, Druck oder Druckschwankungen, Beschleunigung, Wärmequellen mit der Gefahr einer Selbstentzündung usw. kommt;

m) ausreichende Angaben zu Arzneimitteln, für deren Verabreichung das betreffende Produkt bestimmt ist; hierzu zählen auch Angaben zu Beschränkungen in der Wahl der zu verabreichenden Stoffe;

n) Vorsichtsmaßnahmen für den Fall, dass ein Produkt im Hinblick auf seine Entsorgung eine besondere oder ungewöhnliche Gefahr darstellt;

o) <u>Stoffe oder Derivate aus menschlichem Blut, die gemäß Abschnitt 7.4 einen festen Bestandteil des Produkts bilden;</u>

p) bei Produkten mit Messfunktion der vom Hersteller vorgegebene Genauigkeitsgrad;

q) <u>Datum der Ausgabe oder der letzten Überarbeitung der Gebrauchsanweisung.</u>

14. (gestrichen)

Anhang II

EG-Konformitätserklärung

(Vollständiges Qualitätssicherungssystem)

1. Der Hersteller stellt sicher, dass das genehmigte Qualitätssicherungssystem für die Auslegung, die Fertigung und die Endkontrolle der betreffenden Produkte nach Maßgabe des Abschnitts 3 angewandt wird; er unterliegt der förmlichen Überprüfung (Audit) gemäß Abschnitt 3.3 und Abschnitt 4 und der EG-Überwachung gemäß Abschnitt 5.

2. Bei der EG-Konformitätserklärung handelt es sich um das Verfahren, mit dem der Hersteller, der den Verpflichtungen nach Abschnitt 1 nachkommt, gewährleistet und erklärt, dass die betreffenden Produkte den einschlägigen Bestimmungen dieser Richtlinie entsprechen.

   Der Hersteller bringt die CE-Kennzeichnung gemäß Artikel 17 an und stellt eine schriftliche Konformitätserklärung aus. Diese Erklärung bezieht sich auf ein oder mehrere hergestellte Medizinprodukte, die deutlich durch Produktnamen, Produktcode oder sonstige unmissverständliche Angaben bezeichnet sind, und wird vom Hersteller aufbewahrt.

3. **Qualitätssicherungssystem**

3.1. Der Hersteller reicht einen Antrag auf Bewertung seines Qualitätssicherungssystems bei einer benannten Stelle ein.

   Der Antrag muss folgendes enthalten:
   - Name und Anschrift des Herstellers sowie die Anschrift etwaiger weiterer Fertigungsstätten, in denen das Qualitätssicherungssystem angewandt wird;
   - alle einschlägigen Angaben über die Produkte oder die Produktkategorie, die Gegenstand des Verfahrens sind/ist;
   - eine schriftliche Erklärung dahingehend, dass bei keiner anderen benannten Stelle ein Parallelantrag zu demselben Qualitätssicherungssystem – bezogen auf dieses Produkt – eingereicht worden ist;
   - die Dokumentation über das Qualitätssicherungssystem;
   - eine Zusicherung, die Verpflichtungen, die sich aus dem genehmigten Qualitätssicherungssystem ergeben, zu erfüllen;
   - eine Zusicherung, das genehmigte Qualitätssicherungssystem so zu unterhalten, dass dessen Eignung und Wirksamkeit gewährleistet bleiben;
   - eine Zusicherung des Herstellers, unter Berücksichtigung der in Anhang X enthaltenen Bestimmungen ein systematisches Verfahren einzurichten und auf dem neuesten Stand zu halten, mit dem Erfahrungen mit Produkten in den der Herstellung nachgelagerten Phasen ausgewertet werden, und Vorkehrungen zu treffen, um erforderliche

Korrekturen durchzuführen. Dies schließt die Verpflichtung des Herstellers ein, die zuständigen Behörden unverzüglich über folgende Vorkommnisse zu unterrichten, sobald er selbst davon Kenntnis erlangt hat:
i) jede Funktionsstörung oder jede Änderung der Merkmale und/oder der Leistung sowie jede Unsachgemäßheit der Kennzeichnung oder der Gebrauchsanweisung eines Produkts, die zum Tode oder zu einer schwerwiegenden Verschlechterung des Gesundheitszustands eines Patienten oder eines Anwenders führen kann oder geführt hat;
ii) jeder Grund technischer oder medizinischer Art, der aufgrund der unter Ziffer i) genannten Ursachen bedingt durch die Merkmale und Leistungen des Produkts bedingt ist und zum systematischen Rückruf von Produkten desselben Typs durch den Hersteller geführt hat.

3.2. Mit Hilfe des Qualitätssicherungssystems muss die Übereinstimmung der Produkte mit den einschlägigen Bestimmungen dieser Richtlinie auf allen Stufen von der Auslegung bis zur Endkontrolle sichergestellt werden. Alle Einzelheiten, Anforderungen und Vorkehrungen, die der Hersteller für sein Qualitätssicherungssystem zugrunde legt, müssen in eine systematisch geführte und nach Strategien und schriftlichen Verfahrensanweisungen geordnete Dokumentation, beispielsweise in Form von Programmen, Plänen, Handbüchern und Aufzeichnungen zur Qualitätssicherung, aufgenommen werden.

Sie umfasst insbesondere die Dokumentation, Angaben und Aufzeichnungen, die aus den in Buchstabe c genannten Verfahren hervorgehen.

Sie umfasst insbesondere eine angemessene Beschreibung folgender Punkte:

a) Qualitätsziele des Herstellers;
b) Organisation des Unternehmens, insbesondere:
   – organisatorischer Aufbau, Zuständigkeiten und organisatorische Befugnisse des Managements in bezug auf die Qualität bei der Auslegung und der Herstellung der Produkte;
   – Mittel zur Überprüfung der Wirksamkeit des Qualitätssicherungssystems, insbesondere von dessen Eignung zur Sicherstellung der angestrebten Auslegungs- und Produktqualität, einschließlich der Kontrolle über nichtkonforme Produkte;
   – falls Auslegung, Herstellung und/oder Endkontrolle und Prüfung des Produkts oder von Produktbestandteilen durch einen Dritten erfolgt: Methoden zur Überwachung der wirksamen Anwendung des Qualitätssicherungssystems und insbesondere Art und Umfang der Kontrollen, denen dieser Dritte unterzogen wird;

c) Verfahren zur Steuerung und Kontrolle der Produktauslegung, einschließlich der entsprechenden Dokumentation, insbesondere:
- eine allgemeine Beschreibung des Produkts, einschließlich der geplanten Varianten, und seiner Zweckbestimmung;
- Konstruktionsunterlagen, einschließlich der anzuwendenden Normen und der Ergebnisse der Risikoanalyse sowie einer Beschreibung der Lösungen zur Einhaltung der für die Produkte geltenden grundlegenden Anforderungen, falls die in Artikel 5 genannten Normen nicht vollständig angewendet werden;
- Techniken zur Kontrolle und Prüfung der Auslegung, der Verfahren und der systematischen Maßnahmen, die bei der Produktauslegung angewendet werden;
- bei einem Produkt, das seiner Zweckbestimmung gemäß an ein anderes Produkt angeschlossen werden muss, der Nachweis, dass das erstere Produkt bei Anschluss an ein anderes Produkt, das die vom Hersteller angegebenen Merkmale aufweist, die grundlegenden Anforderungen erfüllt;
- die Angabe, ob zu den festen Bestandteilen des Produkts ein Stoff oder ein Derivat aus menschlichem Blut im Sinne des Anhangs I Abschnitt 7.4 gehört, sowie die für die Bewertung der Sicherheit, der Qualität und des Nutzens dieses Stoffes oder Derivats aus menschlichem Blut unter Berücksichtigung der Zweckbestimmung des Produkts erforderlichen Daten über die in diesem Zusammenhang durchgeführten Prüfungen;
- die Angabe, ob das Produkt unter Verwendung von Geweben tierischen Ursprungs im Sinne der Richtlinie 2003/32/EG der Kommission[33] hergestellt wurde;
- die gewählten Lösungen gemäß Anhang I Kapitel I Abschnitt 2;
- die präklinische Bewertung;
- die klinische Bewertung gemäß Anhang X;
- der Entwurf der Kennzeichnung und gegebenenfalls der Gebrauchsanweisung.
d) Qualitätssicherungs- und -kontrolltechniken auf der Ebene der Herstellung, insbesondere

---

[33] Richtlinie 2003/32/EG der Kommission vom 23. April 2003 mit genauen Spezifikationen bezüglich der in der Richtlinie 93/42/EWG des Rates festgelegten Anforderungen an unter Verwendung von Gewebe tierischen Ursprungs hergestellte Medizinprodukte (ABl. L 105 vom 26.4.2003, S. 18).

> - Verfahren und Methoden vor allem bei der Sterilisation, bei der Materialbeschaffung und bei der Ausarbeitung der relevanten Unterlagen;
> - Verfahren zur Produktidentifizierung, die anhand von Zeichnungen, Spezifikationen oder sonstigen einschlägigen Unterlagen im Verlauf aller Herstellungsstufen erstellt und auf dem neuesten Stand gehalten werden;
>
> e) geeignete Untersuchungen und Prüfungen, die vor, während und nach der Herstellung vorgenommen werden, sowie Angabe ihrer Häufigkeit und der verwendeten Prüfgeräte; die Kalibrierung der Prüfgeräte ist so vorzunehmen, dass sie hinreichend nachvollziehbar ist.

3.3. Die benannte Stelle führt eine förmliche Überprüfung (Audit) des Qualitätssicherungssystems durch, um festzustellen, ob es den Anforderungen nach Abschnitt 3.2 entspricht. Bei Qualitätssicherungssystemen, die auf der Umsetzung der entsprechenden harmonisierten Normen beruhen, geht sie von der Übereinstimmung mit diesen Anforderungen aus.

<u>Mindestens ein Mitglied des Prüfteams muss Erfahrungen mit der Bewertung der betreffenden Technologie haben. Das Bewertungsverfahren schließt eine Besichtigung der Betriebsstätten des Herstellers und, falls dazu hinreichend Anlass besteht, der Betriebsstätten der Zulieferer des Herstellers und/oder seiner Subunternehmer ein, um die Herstellungsverfahren zu überprüfen.</u>

Die Entscheidung wird dem Hersteller mitgeteilt. Die Mitteilung enthält die Ergebnisse der Überprüfung und eine Begründung der Entscheidung.

3.4. Der Hersteller informiert die benannte Stelle, die das Qualitätssicherungssystem genehmigt hat, über geplante wesentliche Änderungen des Qualitätssicherungssystems oder der hiervon erfassten Produktpalette. Die benannte Stelle prüft die vorgeschlagenen Änderungen und entscheidet, ob das geänderte Qualitätssicherungssystem den Anforderungen nach Abschnitt 3.2 noch entspricht. Sie teilt ihre Entscheidung dem Hersteller mit. Die Mitteilung enthält die Ergebnisse der Prüfung und eine Begründung der Entscheidung.

4. Prüfung der Produktauslegung

4.1. Zusätzlich zu den ihm gemäß Abschnitt 3 obliegenden Verpflichtungen stellt der Hersteller bei der benannten Stelle einen Antrag auf Prüfung der Auslegungsdokumentation zu dem Produkt, dessen Herstellung bevorsteht und das zu der in Abschnitt 3.1 genannten Kategorie gehört.

4.2. Aus dem Antrag müssen die Auslegung, die Herstellung und die Leistungsdaten des betreffenden Produkts hervorgehen. Der Antrag enthält die nach Abschnitt 3.2 Buchstabe c) beizubringenden Dokumente, anhand deren die Beurteilung, ob das Produkt den Anforderungen dieser Richtlinie entspricht, möglich sein muss.

4.3. Die benannte Stelle prüft den Antrag und stellt, falls die Auslegung den einschlägigen Bestimmungen dieser Richtlinie entspricht, dem Antragsteller eine EG-Auslegungsprüfbescheinigung aus. Die benannte Stelle kann verlangen, dass für die Antragstellung zusätzliche Tests oder Prüfungen durchgeführt werden, damit die Übereinstimmung mit den Anforderungen dieser Richtlinie beurteilt werden kann. Die Bescheinigung enthält die Ergebnisse der Prüfung, die Bedingungen für ihre Gültigkeit sowie die zur Identifizierung der genehmigten Auslegung erforderlichen Angaben und gegebenenfalls eine Beschreibung der Zweckbestimmung des Produkts.

Im Falle von Produkten gemäß Anhang I Abschnitt 7.4 Absatz 2 konsultiert die benannte Stelle im Hinblick auf die dort genannten Gesichtspunkte eine der von den Mitgliedstaaten gemäß der Richtlinie 2001/83/EG benannten zuständigen Behörden oder die EMEA, bevor sie eine Entscheidung trifft. Das Gutachten der zuständigen nationalen Behörde oder der EMEA muss innerhalb von 210 Tagen nach Eingang der vollständigen Unterlagen erstellt sein. Das wissenschaftliche Gutachten der zuständigen nationalen Behörde oder der EMEA ist der Dokumentation über das Produkt beizufügen. Bei ihrer Entscheidung berücksichtigt die benannte Stelle gebührend die bei dieser Konsultation geäußerten Standpunkte. Sie teilt der betreffenden zuständigen Stelle ihre endgültige Entscheidung mit.

Im Falle von Produkten gemäß Anhang I Abschnitt 7.4 Absatz 3 ist das wissenschaftliche Gutachten der EMEA der Dokumentation über das Produkt beizufügen. Das Gutachten der EMEA muss innerhalb von 210 Tagen nach Eingang der vollständigen Unterlagen erstellt sein. Die benannte Stelle wird das Gutachten der EMEA bei ihrer Entscheidung berücksichtigen. Die benannte Stelle darf die Bescheinigung nicht ausstellen, wenn das wissenschaftliche Gutachten der EMEA negativ ist. Sie teilt ihre endgültige Entscheidung der EMEA mit.

Im Falle von Produkten, die unter Verwendung von Geweben tierischen Ursprungs im Sinne der Richtlinie 2003/32/EG hergestellt sind, muss die benannte Stelle die in der genannten Richtlinie vorgesehenen Verfahren einhalten.

4.4. Änderungen an der genehmigten Auslegung müssen von der benannten Stelle, die die EG-Auslegungsprüfbescheinigung ausgestellt hat, zusätzlich genehmigt werden, wenn sie die Übereinstimmung des Produkts mit den grundlegenden Anforderungen dieser Richtlinie oder mit den vorgeschriebenen Anwendungsbedingungen berühren können. Der Hersteller informiert die benannte Stelle, die die EG-Auslegungsprüfbescheinigung ausgestellt hat, über diese Änderungen. Diese Zusatzgenehmigung wird in Form eines Nachtrags zur EG-Auslegungsprüfbescheinigung erteilt.

5. Überwachung

5.1. Mit der Überwachung soll sichergestellt werden, dass der Hersteller die Verpflichtungen, die sich aus dem genehmigten Qualitätssicherungssystem ergeben, ordnungsgemäß einhält.

5.2. Der Hersteller gestattet der benannten Stelle die Durchführung aller erforderlichen Inspektionen und stellt ihr alle erforderlichen Unterlagen zur Verfügung, insbesondere:
- die Dokumentation über das Qualitätssicherungssystem;
- die Daten, die in dem die Auslegung betreffenden Teil des Qualitätssicherungssystems vorgesehen sind, wie z. B. Ergebnisse von Analysen, Berechnungen, Tests, die gewählten Lösungen gemäß Anhang I Kapitel I Abschnitt 2, präklinische und klinische Bewertung, Plan für die klinische Überwachung nach dem Inverkehrbringen und gegebenenfalls die Ergebnisse dieser Überwachung usw.;
- die Daten, die in dem die Herstellung betreffenden Teil des Qualitätssicherungssystems vorgesehen sind, wie z. B. Kontroll-, Test- und Kalibrierungsberichte, Berichte über die Qualifikation des betreffenden Personals usw.

5.3. Die benannte Stelle führt regelmäßig die erforderlichen Inspektionen und Bewertungen durch, um sich davon zu überzeugen, dass der Hersteller das genehmigte Qualitätssicherungssystem anwendet, und übermittelt dem Hersteller einen Bewertungsbericht.

5.4. Darüber hinaus kann die benannte Stelle unangemeldete Besichtigungen beim Hersteller durchführen. Dabei kann die benannte Stelle erforderlichenfalls Prüfungen zur Kontrolle des ordnungsgemäßen Funktionierens des Qualitätssicherungssystems durchführen oder durchführen lassen. Die benannte Stelle stellt dem Hersteller einen Bericht über die Besichtigung und gegebenenfalls über die vorgenommenen Prüfungen zur Verfügung.

6. Administrative Bestimmungen

6.1. Der Hersteller oder sein Bevollmächtigter hält für mindestens fünf Jahre, im Falle von implantierbaren Produkten für mindestens 15 Jahre, ab der Herstellung des letzten Produkts für die nationalen Behörden folgende Unterlagen bereit:
- die Konformitätserklärung;
- die Dokumentation gemäß Abschnitt 3.1[34] vierter Gedankenstrich und insbesondere die Dokumentation, Angaben und Aufzeichnungen gemäß Abschnitt 3.2 Absatz 2;
- die Änderungen gemäß Abschnitt 3.4;

---

34) Berichtigung durch: ABl. L 72 vom 14. März 2001, S. 8

- die Dokumentation gemäß Abschnitt 4.2;
- die Entscheidungen und Berichte der benannten Stelle gemäß den Abschnitten 3.3, 4.3, 4.4, 5.3 und 5.4.

6.2 (gestrichen)

6.3 (gestrichen)

7. **Anwendung auf Produkte der Klassen IIa und IIb**

7.1. Gemäß Artikel 11 Absätze 2 und 3 kann dieser Anhang auf Produkte der Klassen IIa und IIb angewandt werden. Auf Produkte der Klassen IIa und IIb findet Abschnitt 4 jedoch keine Anwendung.

7.2. Für Produkte der Klasse IIa prüft die benannte Stelle im Rahmen der Überprüfung nach Abschnitt 3.3 die in Abschnitt 3.2 Buchstabe c beschriebene technische Dokumentation für zumindest eine repräsentative Probe einer jeden Produktunterkategorie auf Einhaltung der Anforderungen dieser Richtlinie.

7.3. Für Produkte der Klasse IIb prüft die benannte Stelle im Rahmen der Überprüfung nach Abschnitt 3.3 die in Abschnitt 3.2 Buchstabe c beschriebenen Unterlagen für zumindest eine repräsentative Probe für jede generische Produktgruppe auf Einhaltung der Anforderungen dieser Richtlinie.

7.4. Bei der Auswahl repräsentativer Proben berücksichtigt die benannte Stelle die technologische Neuartigkeit, Ähnlichkeiten in der Produktauslegung, Technologie, Herstellungs- und Sterilisierungsverfahren, die bezweckte Verwendung und die Ergebnisse aller relevanten früheren Bewertungen (z. B. im Hinblick auf die physikalischen, chemischen oder biologischen Eigenschaften), die gemäß dieser Richtlinie durchgeführt wurden. Die benannte Stelle dokumentiert ihre Gründe für die Wahl der Probe(n) und hält sie für die zuständige Behörde zur Verfügung.

7.5. Weitere Proben werden von der benannten Stelle im Rahmen der in Abschnitt 5 genannten Überwachung bewertet.

8. **Anwendung auf Produkte gemäß Artikel 1 Absatz 4a**

Nach Beendigung der Herstellung jeder Charge des Produkts gemäß Artikel 1 Absatz 4a unterrichtet der Hersteller die benannte Stelle über die Freigabe der Charge des Produkts und übermittelt ihr die von einem staatlichen oder einem zu diesem Zweck von einem Mitgliedstaat benannten Laboratorium gemäß Artikel 114 Absatz 2 der Richtlinie 2001/83/EG ausgestellte amtliche Bescheinigung über die Freigabe der Charge des in diesem Produkt verwendeten Derivats aus menschlichem Blut.

Anhang III
EG-Baumusterprüfung

1. Als EG-Baumusterprüfung wird das Verfahren bezeichnet, mit dem eine benannte Stelle feststellt und bescheinigt, dass ein für die betreffende Produktion repräsentatives Exemplar den einschlägigen Bestimmungen dieser Richtlinie entspricht.

2. Der Antrag muss folgendes enthalten:
   - Name und Anschrift des Herstellers sowie Name und Anschrift des Bevollmächtigten, wenn der Antrag durch diesen gestellt wird;
   - die Dokumentation gemäß Abschnitt 3, die zur Beurteilung der Übereinstimmung des für die betreffende Produktion repräsentativen Exemplars, nachstehend „Baumuster" genannt, mit den Anforderungen dieser Richtlinie erforderlich ist. Der Antragsteller stellt der benannten Stelle ein Baumuster zur Verfügung. Die benannte Stelle kann erforderlichenfalls weitere Exemplare des Baumusters verlangen;
   - eine schriftliche Erklärung, dass ein Antrag zum selben Baumuster bei keiner anderen benannten Stelle eingereicht worden ist.

3. Aus der Dokumentation müssen die Auslegung, die Herstellung und die Leistungsdaten des Produkts hervorgehen. Die Dokumentation muss insbesondere folgende Bestandteile enthalten:
   - eine allgemeine Beschreibung des Baumusters, einschließlich der geplanten Varianten, und seiner Zweckbestimmung(en);
   - Konstruktionszeichnungen, geplante Fertigungsverfahren, insbesondere hinsichtlich der Sterilisation, sowie Pläne von Bauteilen, Baugruppen, Schaltungen usw.;
   - die zum Verständnis der genannten Zeichnungen und Pläne sowie der Funktionsweise des Produkts erforderlichen Beschreibungen und Erläuterungen;
   - eine Liste der ganz oder teilweise angewandten in Artikel 5 genannten Normen sowie eine Beschreibung der Lösungen zur Einhaltung der grundlegenden Anforderungen, sofern die in Artikel 5 genannten Normen nicht vollständig angewandt worden sind;
   - Ergebnisse der Konstruktionsberechnungen, der Risikoanalyse, der Prüfungen, technischen Tests usw.;
   - eine Erklärung, aus der hervorgeht, ob zu den festen Bestandteilen des Produkts ein Stoff oder ein Derivat aus menschlichem Blut im Sinne von Anhang I Abschnitt 7.4 gehört, sowie die Daten über die in diesem Zusammenhang durchgeführten Tests, die für die Bewertung der Sicherheit, der Qualität und des Nutzens dieses Stoffes oder Deri-

vats aus menschlichem Blut unter Berücksichtigung der Zweckbestimmung des Produkts erforderlich sind;
- die Angabe, ob das Produkt unter Verwendung von Geweben tierischen Ursprungs im Sinne der Richtlinie 2003/32/EG hergestellt wurde;
- die gewählten Lösungen gemäß Anhang I Kapitel I Abschnitt 2;
- die präklinische Bewertung;
- die klinische Bewertung gemäß Anhang X;
- der Entwurf der Kennzeichnung und gegebenenfalls der Gebrauchsanweisung.

4. Die benannte Stelle geht bei der Baumusterprüfung wie folgt vor:

4.1. Sie prüft und bewertet die Dokumentation und überprüft, ob das Baumuster in Übereinstimmung mit dieser hergestellt wurde; sie stellt fest, welche Bauteile entsprechend den einschlägigen Bestimmungen der Normen gemäß Artikel 5 ausgelegt sind und bei welchen Bauteilen sich die Auslegung nicht auf diese Normen stützt.

4.2. Sie führt die geeigneten Prüfungen und erforderlichen Tests durch oder lässt diese durchführen, um festzustellen, ob die vom Hersteller gewählten Lösungen den grundlegenden Anforderungen dieser Richtlinie entsprechen, sofern die in Artikel 5 genannten Normen nicht angewandt worden sind. Wenn ein Produkt zur Erfüllung seiner Zweckbestimmung an ein anderes Produkt angeschlossen werden muss, muss der Nachweis erbracht werden, dass das erstere Produkt bei Anschluss an ein anderes Produkt, das die vom Hersteller angegebenen Merkmale aufweist, die grundlegenden Anforderungen erfüllt.

4.3. Sie führt die geeigneten Prüfungen und erforderlichen Tests durch oder lässt diese durchführen, um festzustellen, ob die einschlägigen Normen tatsächlich angewendet worden sind, sofern sich der Hersteller für deren Anwendung entschieden hat.

4.4. Sie vereinbart mit dem Antragsteller den Ort, an dem die erforderlichen Prüfungen und Tests durchgeführt werden.

5. Entspricht das Baumuster den Bestimmungen dieser Richtlinie, so stellt die benannte Stelle dem Antragsteller eine EG-Baumusterprüfbescheinigung aus. Diese Bescheinigung enthält den Namen und die Anschrift des Herstellers, die Ergebnisse der Prüfung, die Bedingungen für die Gültigkeit der Bescheinigung sowie die zur Identifizierung des genehmigten Baumusters erforderlichen Angaben. Die relevanten Teile der Dokumentation werden der Bescheinigung beigefügt; eine Abschrift verbleibt bei der benannten Stelle.

Im Falle von in Anhang I Abschnitt 7.4 Absatz 2 genannten Produkten konsultiert die benannte Stelle im Hinblick auf die dort genannten Gesichtspunkte eine der von den Mitgliedstaaten gemäß der Richtlinie 2001/83/EG benannten zuständigen Behörden oder die EMEA, bevor sie eine Entscheidung trifft. Das Gutachten der zuständigen nationalen Behörde ist innerhalb von 210 Tagen nach Eingang der vollständigen Unterlagen zu erstellen. Das wissenschaftliche Gutachten der zuständigen nationalen Behörde oder der EMEA ist der Dokumentation über das Produkt beizufügen. Bei ihrer Entscheidung berücksichtigt die benannte Stelle gebührend die bei dieser Konsultation geäußerten Standpunkte. Sie teilt der betreffenden zuständigen Stelle ihre endgültige Entscheidung mit.

Im Falle von in Anhang I Abschnitt 7.4 Absatz 3 genannten Produkten ist das wissenschaftliche Gutachten der EMEA der Dokumentation über das Produkt beizufügen. Das Gutachten der EMEA ist innerhalb von 210 Tagen nach Eingang der vollständigen Unterlagen zu erstellen. Bei ihrer Entscheidung berücksichtigt die benannte Stelle gebührend das Gutachten der EMEA. Die benannte Stelle darf die Bescheinigung nicht ausstellen, wenn das wissenschaftliche Gutachten der EMEA negativ ist. Sie teilt ihre endgültige Entscheidung der EMEA mit.

Im Falle von Produkten, die unter Verwendung von Geweben tierischen Ursprungs im Sinne der Richtlinie 2003/32/EG hergestellt sind, muss die benannte Stelle die in der genannten Richtlinie vorgesehenen Verfahren einhalten.

6. Der Antragsteller informiert die benannte Stelle, die die EG-Baumusterprüfbescheinigung ausgestellt hat, über alle am genehmigten Produkt vorgenommenen wesentlichen Änderungen.

Diese Änderungen müssen von der benannten Stelle, die die EG-Baumusterprüfbescheinigung ausgestellt hat, zusätzlich genehmigt werden, wenn sie die Übereinstimmung des Produkts mit den grundlegenden Anforderungen oder mit den vorgesehenen Anwendungsbedingungen des Produkts berühren können. Diese Zusatzgenehmigung wird in Form eines Nachtrags zur ursprünglichen EG-Baumusterprüfbescheinigung erteilt.

7. **Administrative Bestimmungen**

7.1. (gestrichen)

7.2. Die anderen benannten Stellen können eine Abschrift der EG-Baumusterprüfbescheinigungen und/oder von deren Nachträgen erhalten. Die Anlagen zu den Bescheinigungen werden ihnen auf begründeten Antrag und nach vorheriger Unterrichtung des Herstellers zur Verfügung gestellt.

7.3. Der Hersteller oder sein Bevollmächtigter bewahrt zusammen mit den technischen Unterlagen eine Kopie der EG-Baumusterprüfbescheinigung und ihrer Ergänzungen für mindestens fünf Jahre ab dem Zeitpunkt der Herstellung des letzten Produkts auf. Bei implantierten Produkten beträgt dieser Zeitraum mindestens 15 Jahre ab der Herstellung des letzten Produkts.

7.4. (gestrichen)

EG-Richtlinie „Medizinprodukte" 93/42/EWG

Anhang IV
EG-Prüfung

1. Die EG-Prüfung ist das Verfahren, mit dem der Hersteller oder <u>sein Bevollmächtigter</u> gewährleistet und erklärt, dass die Produkte, auf die die Bestimmungen nach Abschnitt 4 angewendet wurden, mit dem in der EG-Baumusterprüfbescheinigung beschriebenen Baumuster übereinstimmen und den einschlägigen Anforderungen dieser Richtlinie entsprechen.

2. Der Hersteller trifft alle erforderlichen Maßnahmen, damit im Herstellungsverfahren die Übereinstimmung der Produkte mit dem in der EG-Baumusterprüfbescheinigung beschriebenen Baumuster und mit den einschlägigen Anforderungen der Richtlinie sichergestellt wird. Er erstellt vor Beginn der Herstellung eine Dokumentation, in der die Herstellungsverfahren, insbesondere – soweit zutreffend – im Bereich der Sterilisation, sowie sämtliche bereits zuvor aufgestellten systematischen Vorschriften festgelegt sind, die angewandt werden, um die Homogenität der Herstellung und gegebenenfalls die Übereinstimmung der Produkte mit dem in der EG-Baumusterprüfbescheinigung beschriebenen Baumuster sowie mit den einschlägigen Anforderungen dieser Richtlinie zu gewährleisten. Er bringt die CE-Kennzeichnung gemäß Artikel 17 an und stellt eine Konformitätserklärung aus.

    Bei Produkten, die in sterilem Zustand in Verkehr gebracht werden, wendet der Hersteller ferner die Bestimmungen des Anhangs V Abschnitte 3 und 4 an; diese Vorschrift bezieht sich jedoch nur auf die Herstellungsschritte, die der Sterilisation und der Aufrechterhaltung der Sterilität dienen.

3. <u>Der Hersteller muss zusichern, unter Berücksichtigung der in Anhang X enthaltenen Bestimmungen ein systematisches Verfahren einzurichten und auf dem neuesten Stand zu halten, mit dem Erfahrungen mit Produkten in den der Herstellung nachgelagerten Phasen ausgewertet werden, und angemessene Vorkehrungen zu treffen, um erforderliche Korrekturen durchzuführen. Dies schließt die Verpflichtung des Herstellers ein, die zuständigen Behörden unverzüglich über folgende Vorkommnisse zu unterrichten, sobald er selbst davon Kenntnis erlangt hat:</u>

    i) jede Funktionsstörung oder jede Änderung der Merkmale und/oder der Leistung sowie jede Unsachgemäßheit der Kennzeichnung oder der Gebrauchsanweisung eines Produkts, die zum Tode oder zu einer schwerwiegenden Verschlechterung des Gesundheitszustands eines Patienten oder eines Anwenders führen kann oder geführt hat;

    ii) jeder Grund technischer oder medizinischer Art, der aufgrund der unter Ziffer i) genannten Ursachen durch die Merkmale und Leistungen des Produkts bedingt ist und zum systematischen Rückruf von Produkten desselben Typs durch den Hersteller geführt hat.

4. Die benannte Stelle nimmt die entsprechenden Prüfungen und Tests zur Überprüfung der Konformität des Produkts mit den Anforderungen der Richtlinie je nach Wahl des Herstellers entweder durch Kontrolle und Erprobung jedes einzelnen Produkts gemäß Abschnitt 5 oder durch Kontrolle und Erprobung der Produkte auf statistischer Grundlage gemäß Abschnitt 6 vor.

Die obigen Prüfungen gelten nicht für diejenigen Herstellungsschritte, die der Sterilisation dienen.

5. **Kontrolle und Erprobung jedes einzelnen Produkts**

5.1. Alle Produkte werden einzeln geprüft und dabei entsprechenden Prüfungen, wie sie in der/den in Artikel 5 genannten geltenden Norm(en) vorgesehen sind, oder gleichwertigen Prüfungen unterzogen, um gegebenenfalls ihre Übereinstimmung mit dem in der EG-Baumusterprüfbescheinigung beschriebenen Baumuster und mit den einschlägigen Anforderungen der Richtlinie zu überprüfen.

5.2. Die benannte Stelle bringt an jedem genehmigten Produkt ihre Kennummer an bzw. lässt diese anbringen und stellt eine Konformitätserklärung über die vorgenommenen Prüfungen aus.

6. **Statistische Überprüfung**

6.1. Der Hersteller legt seine Produkte in Form homogener Partien vor.

6.2. Von jeder Partie wird nach dem Zufallsprinzip eine Probe genommen. Die Produkte, die eine Probe bilden, werden einzeln geprüft und dabei entsprechenden Prüfungen, wie sie in der/den in Artikel 5 genannten geltenden Norm(en) vorgesehen sind, oder gleichwertigen Prüfungen unterzogen, um gegebenenfalls ihre Übereinstimmung mit dem in der EG-Baumusterprüfbescheinigung beschriebenen Baumuster und mit den einschlägigen Anforderungen der Richtlinie zu überprüfen und zu entscheiden, ob die Partie anzunehmen oder zurückzuweisen ist.

6.3. <u>Die statistische Kontrolle der Produkte wird anhand von Attributen und/oder Variablen vorgenommen und beinhaltet Stichprobenpläne mit operationellen Merkmalen zur Gewährleistung eines hohen Sicherheits- und Leistungsniveaus entsprechend dem Stand der Technik. Die Stichprobenpläne werden auf der Grundlage der in Artikel 5 genannten harmonisierten Normen unter Berücksichtigung der Eigenarten der jeweiligen Produktkategorien festgelegt.</u>

6.4. Wird eine Partie angenommen, bringt die benannte Stelle ihre Kennummer an jedem Produkt an oder lässt diese anbringen und stellt eine Konformitätserklärung über die vorgenommenen Prüfungen aus. Alle Produkte der Partie mit Ausnahme der Produkte der Probe, bei denen Nichtübereinstimmung festgestellt worden ist, können in Verkehr gebracht werden.

Wird eine Partie zurückgewiesen, ergreift die zuständige benannte Stelle geeignete Maßnahmen, um das Inverkehrbringen dieser Partie zu verhindern. Bei gehäufter Zurückweisung von Partien kann die benannte Stelle die statistische Kontrolle aussetzen.

Der Hersteller kann unter der Verantwortung der benannten Stelle während des Herstellungsprozesses die Kennummer dieser Stelle anbringen.

7. **Administrative Bestimmungen**

Der Hersteller oder sein Bevollmächtigter hält für mindestens fünf Jahre, im Falle von Implantaten für mindestens 15 Jahre, nach der Herstellung des letzten Produkts für die nationalen Behörden folgende Unterlagen bereit:

- die Konformitätserklärung;
- die Dokumentation gemäß Abschnitt 2;
- die Erklärungen gemäß den Abschnitten 5.2 und 6.4;
- gegebenenfalls die Baumusterprüfbescheinigung gemäß Anhang III.

8. **Anwendung auf Produkte der Klasse IIa**

Gemäß Artikel 11 Absatz 2 kann der vorliegende Anhang unter folgenden Voraussetzungen auf Produkte der Klasse IIa angewendet werden:

8.1. Abweichend von den Abschnitten 1 und 2 gewährleistet und erklärt der Hersteller durch die Konformitätserklärung, dass die Produkte der Klasse IIa in Einklang mit der technischen Dokumentation gemäß Anhang VII Abschnitt 3 hergestellt werden und den einschlägigen Anforderungen dieser Richtlinie entsprechen.

8.2. Abweichend von den Abschnitten 1, 2, 5 und 6 haben die von der benannten Stelle durchgeführten Prüfungen das Ziel, die Konformität der Produkte der Klasse IIa mit der technischen Dokumentation gemäß Anhang VII Abschnitt 3 zu überprüfen.

9. **Anwendung auf Produkte gemäß Artikel 1 Absatz 4a**

Im Falle des Abschnitts 5 unterrichtet der Hersteller nach Beendigung der Herstellung jeder Charge des Produkts gemäß Artikel 1 Absatz 4a und im Falle der Überprüfung nach Abschnitt 6 die benannte Stelle über die Freigabe der Charge des Produkts und übermittelt ihr die von einem staatlichen oder einem zu diesem Zweck von einem Mitgliedstaat benannten Laboratorium gemäß Artikel 114 Absatz 2 der Richtlinie 2001/83/EG ausgestellte amtliche Bescheinigung über die Freigabe der Charge des in diesem Produkt verwendeten Derivats aus menschlichem Blut."

Anhang V
EG-Konformitätserklärung
(Qualitätssicherung Produktion)

1. Der Hersteller stellt sicher, dass das genehmigte Qualitätssicherungssystem für die Herstellung angewandt wird und dass die betreffenden Produkte nach Maßgabe des Abschnitts 3 einer Endkontrolle unterzogen werden; er unterliegt der Überwachung gemäß Abschnitt 4.

2. Bei der EG-Konformitätserklärung handelt es sich um das Verfahren, mit dem der Hersteller, der den Verpflichtungen nach Abschnitt 1 nachkommt, gewährleistet und erklärt, dass die betreffenden Produkte dem in der EG-Baumusterprüfbescheinigung beschriebenen Baumuster und den einschlägigen Bestimmungen dieser Richtlinie entsprechen.

   Der Hersteller bringt die CE-Kennzeichnung gemäß Artikel 17 an und stellt eine schriftliche Konformitätserklärung aus. Diese Erklärung bezieht sich auf ein oder mehrere hergestellte Medizinprodukte, die deutlich durch Produktnamen, Produktcode oder sonstige unmissverständlichen Angaben bezeichnet sind, und wird vom Hersteller aufbewahrt.

3. **Qualitätssicherungssystem**

3.1. Der Hersteller reicht einen Antrag auf Bewertung seines Qualitätssicherungssystems bei einer benannten Stelle ein.

   Der Antrag muss folgendes enthalten:
   - Name und Anschrift des Herstellers;
   - alle einschlägigen Angaben über die Produkte oder die Produktkategorie, die Gegenstand des Verfahrens sind/ist;
   - eine schriftliche Erklärung dahingehend, dass bei keiner anderen benannten Stelle ein Antrag zu denselben Produkten eingereicht worden ist;
   - die Dokumentation über das Qualitätssicherungssystem;
   - eine Zusicherung, die Verpflichtungen, die sich aus dem genehmigten Qualitätssicherungssystem ergeben, zu erfüllen;
   - eine Zusicherung, das genehmigte Qualitätssicherungssystem so zu unterhalten, dass dessen Eignung und Wirksamkeit gewährleistet bleiben;
   - gegebenenfalls die technische Dokumentation über die genehmigten Baumuster und eine Kopie der EG-Baumusterprüfbescheinigungen;
   - eine Zusicherung des Herstellers, unter Berücksichtigung der in Anhang X enthaltenen Bestimmungen ein systematisches Verfahren einzurichten und auf dem neuesten Stand zu halten, mit dem Erfahrungen mit Produkten in den der Herstellung nachgelagerten Phasen ausgewertet werden, und angemessene Vorkehrungen zu treffen,

um erforderliche Korrekturen durchzuführen. Dies schließt die Verpflichtung des Herstellers ein, die zuständigen Behörden unverzüglich über folgende Vorkommnisse zu unterrichten, sobald er selbst davon Kenntnis erlangt hat:

i) jede Funktionsstörung oder jede Änderung der Merkmale und/ oder der Leistung sowie jede Unsachgemäßheit der Kennzeichnung oder der Gebrauchsanweisung eines Produkts, die zum Tode oder zu einer schwerwiegenden Verschlechterung des Gesundheitszustands eines Patienten oder eines Anwenders führen kann oder geführt hat;

ii) jeder Grund technischer oder medizinischer Art, der aufgrund der unter Ziffer i) genannten Ursachen durch die Merkmale und Leistungen des Produkts bedingt ist und zum systematischen Rückruf von Produkten desselben Typs durch den Hersteller geführt hat.

3.2. Mit Hilfe des Qualitätssicherungssystems muss die Übereinstimmung der Produkte mit dem in der EG-Baumusterprüfbescheinigung beschriebenen Baumuster sichergestellt werden.

Alle Einzelheiten, Anforderungen und Vorkehrungen, die der Hersteller für sein Qualitätssicherungssystem zugrunde legt, müssen in eine systematisch geführte und nach Strategien und schriftlichen Verfahrensanweisungen geordnete Dokumentation aufgenommen werden. Diese Dokumentation über das Qualitätssicherungssystem muss eine einheitliche Interpretation der Qualitätssicherungsstrategie und -verfahren, beispielsweise in Form von Programmen, Plänen, Handbüchern und Aufzeichnungen zur Qualitätssicherung, ermöglichen.

Sie umfasst insbesondere eine angemessene Beschreibung folgender Punkte:

a) Qualitätsziele des Herstellers;
b) Organisation des Unternehmens, insbesondere
 - organisatorischer Aufbau, Zuständigkeiten und organisatorische Befugnisse des Managements in bezug auf die Herstellung der Produkte;
 - Mittel zur Überprüfung der Wirksamkeit des Qualitätssicherungssystems, insbesondere von dessen Eignung zur Sicherstellung der angestrebten Produktqualität, einschließlich der Kontrolle über nichtkonforme Produkte;
 - falls Herstellung und/oder Endkontrolle und Prüfung des Produkts oder von Produktbestandteilen durch einen Dritten erfolgt: Methoden zur Überwachung der wirksamen Anwendung des Qualitätssicherungssystems und insbesondere Art und Umfang der Kontrollen, denen dieser Dritte unterzogen wird;

c) Qualitätssicherungs- und Kontrolltechniken auf der Ebene der Herstellung, insbesondere
   - Verfahren und Methoden vor allem bei der Sterilisation, bei der Materialbeschaffung und bei der Ausarbeitung der relevanten Unterlagen;
   - Verfahren zur Produktidentifizierung, die anhand von Zeichnungen, Spezifikationen oder sonstigen einschlägigen Unterlagen im Verlauf aller Herstellungsstufen erstellt und auf dem neuesten Stand gehalten werden;
d) geeignete Untersuchungen und Prüfungen, die vor, während und nach der Herstellung durchgeführt werden, sowie Angabe ihrer Häufigkeit und der verwendeten Prüfgeräte; die Kalibrierung der Prüfgeräte ist so vorzunehmen, dass sie hinreichend nachvollziehbar ist.

3.3. Die benannte Stelle führt eine förmliche Überprüfung (Audit) des Qualitätssicherungssystems durch, um festzustellen, ob es den Anforderungen nach Abschnitt 3.2 entspricht. Bei Qualitätssicherungssystemen, die auf der Umsetzung der entsprechenden harmonisierten Normen beruhen, geht sie von der Übereinstimmung mit diesen Anforderungen aus. Mindestens ein Mitglied des Prüfteams muss Erfahrungen mit der Bewertung der betreffenden Technologie haben. Das Bewertungsverfahren schließt eine Besichtigung der Betriebsstätten des Herstellers und, falls dazu hinreichend Anlass besteht, der Betriebsstätten der Zulieferer des Herstellers ein, um die Herstellungsverfahren zu überprüfen.

Die Entscheidung wird dem Hersteller nach der letzten Besichtigung mitgeteilt. Die Mitteilung enthält die Ergebnisse der Überprüfung und eine Begründung der Entscheidung.

3.4. Der Hersteller informiert die benannte Stelle, die das Qualitätssicherungssystem genehmigt hat, über alle geplanten wesentlichen Änderungen des Qualitätssicherungssystems.

Die benannte Stelle prüft die vorgeschlagenen Änderungen und entscheidet, ob das geänderte Qualitätssicherungssystem den Anforderungen nach Abschnitt 3.2 noch entspricht.

Sie teilt ihre Entscheidung dem Hersteller nach Erhalt der genannten Informationen mit. Die Mitteilung enthält die Ergebnisse der Prüfung und eine Begründung der Entscheidung.

4. **Überwachung**

4.1. Mit der Überwachung soll sichergestellt werden, dass der Hersteller die Verpflichtungen, die sich aus dem genehmigten Qualitätssicherungssystem ergeben, ordnungsgemäß einhält.

4.2. Der Hersteller gestattet der benannten Stelle die Durchführung aller erforderlichen Inspektionen und stellt ihr alle erforderlichen Unterlagen zur Verfügung, insbesondere:
- die Dokumentation über das Qualitätssicherungssystem;
- <u>die technische Dokumentation;</u>
- die Daten, die in dem die Herstellung betreffenden Teil des Qualitätssicherungssystems vorgesehen sind, wie z. B. Kontroll-, Test- und Kalibrierungsberichte, Berichte über die Qualifikation des betreffenden Personals usw.

4.3. Die benannte Stelle führt regelmäßig die erforderlichen Inspektionen und Bewertungen durch, um sich davon zu überzeugen, dass der Hersteller das genehmigte Qualitätssicherungssystem anwendet, und übermittelt dem Hersteller einen Bewertungsbericht.

4.4. Darüber hinaus kann die benannte Stelle unangemeldete Besichtigungen beim Hersteller durchführen. Dabei kann die benannte Stelle erforderlichenfalls Prüfungen zur Kontrolle des ordnungsgemäßen Funktionierens des Qualitätssicherungssystems durchführen oder durchführen lassen. Die benannte Stelle stellt dem Hersteller einen Bericht über die Besichtigung und gegebenenfalls über die vorgenommenen Prüfungen zur Verfügung.

5. Administrative Bestimmungen

5.1. <u>Der Hersteller oder sein Bevollmächtigter hält für mindestens fünf Jahre, im Falle von implantierbaren Produkten für mindestens 15 Jahre, ab der Herstellung des letzten Produkts für die nationalen Behörden folgende Unterlagen bereit:</u>
- die Konformitätserklärung;
- die Dokumentation gemäß Abschnitt 3.1 vierter Gedankenstrich;
- die Änderungen gemäß Abschnitt 3.4;
- die Dokumentation gemäß Abschnitt 3.1 siebter Gedankenstrich;
- die Entscheidungen und Berichte der benannten Stelle gemäß den Abschnitten 4.3 und 4.4;
- gegebenenfalls die Baumusterprüfbescheinigung gemäß Anhang III.

6. Anwendung auf Produkte der Klasse IIa

<u>Gemäß Artikel 11 Absatz 2 kann dieser Anhang nach Maßgabe der nachstehenden Bestimmungen auf Produkte der Klasse IIa angewandt werden:</u>

6.1. <u>Abweichend von den Abschnitten 2, 3.1 und 3.2 gewährleistet und erklärt der Hersteller durch die Konformitätserklärung, dass die Produkte der Klasse IIa im Einklang mit der technischen Dokumentation gemäß An-</u>

hang VII Abschnitt 3 hergestellt werden und den einschlägigen Anforderungen dieser Richtlinie entsprechen.

6.2. Für Produkte der Klasse IIa prüft die benannte Stelle im Rahmen der Überprüfung gemäß Abschnitt 3.3 die in Anhang VII Abschnitt 3 beschriebenen Unterlagen für zumindest eine repräsentative Probe für jede Unterkategorie von Produkten auf Einhaltung der Anforderungen dieser Richtlinie.

6.3. Bei der Auswahl repräsentativer Proben berücksichtigt die benannte Stelle die technologische Neuartigkeit, Ähnlichkeiten in der Auslegung, Technologie, Herstellungs- und Sterilisierungsverfahren, die Zweckbestimmung und die Ergebnisse aller relevanten früheren Bewertungen (z. B. im Hinblick auf die physikalischen, chemischen oder biologischen Eigenschaften), die gemäß dieser Richtlinie durchgeführt wurden. Die benannte Stelle dokumentiert ihre Gründe für die Wahl der Probe(n) und hält sie für die zuständige Behörde zur Verfügung.

6.4. Weitere Proben werden von der benannten Stelle im Rahmen der in Abschnitt 4.3 genannten Überwachung bewertet.

7. **Anwendung auf Produkte gemäß Artikel 1 Absatz 4a**

Nach Beendigung der Herstellung jeder Charge des Produkts gemäß Artikel 1 Absatz 4a unterrichtet der Hersteller die benannte Stelle über die Freigabe der Charge des Produkts und übermittelt ihr die von einem staatlichen oder einem zu diesem Zweck von einem Mitgliedstaat benannten Laboratorium gemäß Artikel 114 Absatz 2 der Richtlinie 2001/83/EG ausgestellte amtliche Bescheinigung über die Freigabe der Charge des in diesem Produkt verwendeten Derivats aus menschlichem Blut.

EG-Richtlinie „Medizinprodukte" 93/42/EWG MDD

Anhang VI
EG-Konformitätserklärung
(Qualitätssicherung Produkt)

1. Der Hersteller stellt sicher, dass das genehmigte Qualitätssicherungssystem für die Endkontrolle des Produkts und die Prüfungen nach Maßgabe des Abschnitts 3 angewandt wird; er unterliegt der Überwachung gemäß Abschnitt 4.

   Bei Produkten, die in sterilem Zustand in Verkehr gebracht werden, wendet der Hersteller ferner die Bestimmungen des Anhangs V Abschnitte 3 und 4 an; diese Vorschrift bezieht sich jedoch nur auf die Herstellungsschritte, die der Sterilisation und der Aufrechterhaltung der Sterilität dienen.

2. <u>Bei der Konformitätserklärung handelt es sich um den Teil des Verfahrens, mit dem der Hersteller, der den Verpflichtungen nach Abschnitt 1 nachkommt, gewährleistet und erklärt, dass die betreffenden Produkte dem in der EG-Baumusterprüfbescheinigung beschriebenen Baumuster und den einschlägigen Bestimmungen dieser Richtlinie entsprechen.</u>

   <u>Der Hersteller bringt die CE-Kennzeichnung gemäß Artikel 17 an und stellt eine schriftliche Konformitätserklärung aus. Diese Erklärung bezieht sich auf ein oder mehrere Medizinprodukte, die deutlich durch Produktnamen, Produktcode oder sonstige unmissverständliche Angaben bezeichnet sind, und wird vom Hersteller aufbewahrt. Der CE-Kennzeichnung wird die Kennnummer der benannten Stelle hinzugefügt, die für die Ausführung der in diesem Anhang vorgesehenen Aufgaben verantwortlich ist.</u>

3. **Qualitätssicherungssystem**

3.1. Der Hersteller reicht einen Antrag auf Bewertung seines Qualitätssicherungssystems bei einer benannten Stelle ein.

   Der Antrag muss folgendes enthalten:
   – Name und Anschrift des Herstellers;
   – alle einschlägigen Angaben über die Produkte oder die Produktkategorie, die Gegenstand des Verfahrens sind/ist;
   – eine schriftliche Erklärung dahingehend, dass bei keiner anderen benannten Stelle ein Antrag zu denselben Produkten eingereicht worden ist;
   – die Dokumentation über das Qualitätssicherungssystem;
   – eine Zusicherung, die Verpflichtungen, die sich aus dem genehmigten Qualitätssicherungssystem ergeben, zu erfüllen;

- eine Zusicherung, das genehmigte Qualitätssicherungssystem so zu unterhalten, dass dessen Eignung und Wirksamkeit gewährleistet bleiben;
- gegebenenfalls die technische Dokumentation über die genehmigten Baumuster und eine Kopie der EG-Baumusterprüfbescheinigungen;
- <u>eine Zusicherung des Herstellers, unter Berücksichtigung des in Anhang X enthaltenen Bestimmungen ein systematisches Verfahren einzurichten und auf dem neuesten Stand zu halten, mit dem Erfahrungen mit Produkten in den der Herstellung nachgelagerten Phasen ausgewertet werden, und angemessene Vorkehrungen zu treffen, um erforderliche Korrekturen durchzuführen. Dies schließt die Verpflichtung des Herstellers ein, die zuständigen Behörden unverzüglich über folgende Vorkommnisse zu unterrichten, sobald er selbst davon Kenntnis erlangt hat:</u>
    i) jede Funktionsstörung oder jede Änderung der Merkmale und/oder der Leistung sowie jede Unsachgemäßheit der Kennzeichnung oder der Gebrauchsanweisung eines Produkts, die zum Tode oder zu einer schwerwiegenden Verschlechterung des Gesundheitszustands eines Patienten oder eines Anwenders führen kann oder geführt hat;
    ii) jeder Grund technischer oder medizinischer Art, der aufgrund der unter Ziffer i) genannten Ursachen durch die Merkmale und Leistungen des Produkts bedingt ist und zum systematischen Rückruf von Produkten desselben Typs durch den Hersteller geführt hat.

3.2. Im Rahmen des Qualitätssicherungssystems wird jedes Produkt oder eine repräsentative Stichprobe jedes Loses geprüft. Es werden geeignete Prüfungen gemäß den in Artikel 5 genannten Normen oder gleichwertige Prüfungen durchgeführt, um die Übereinstimmung mit dem in der EG-Baumusterprüfbescheinigung beschriebenen Baumuster und mit den einschlägigen Anforderungen der Richtlinie zu gewährleisten. Alle Einzelheiten, Anforderungen und Vorkehrungen, die der Hersteller für sein Qualitätssicherungssystem zugrunde legt, müssen in eine systematisch geführte und nach Strategien und schriftlichen Verfahrensanweisungen geordnete Dokumentation aufgenommen werden. Diese Dokumentation über das Qualitätssicherungssystem muss eine einheitliche Interpretation der Programme, Pläne, Handbücher und Aufzeichnungen zur Qualitätssicherung ermöglichen.

Sie umfasst insbesondere eine angemessene Beschreibung folgender Punkte:

- Qualitätsziele sowie organisatorischer Aufbau, Zuständigkeiten und Befugnisse des Managements in bezug auf die Produktqualität;

- nach der Herstellung durchgeführte Untersuchungen und Prüfungen; die Kalibrierung der Prüfgeräte muss hinreichend nachvollziehbar sein;
- Mittel zur Überprüfung der Wirksamkeit des Qualitätssicherungssystems;
- Unterlagen zur Qualitätskontrolle, z. B. Kontroll-, Test- und Kalibrierungsberichte, Berichte über die Qualifikation des betreffenden Personals usw.;
- <u>falls Endkontrolle und Prüfung des Produkts oder von Produktbestandteilen durch einen Dritten erfolgt: Methoden zur Überwachung der wirksamen Anwendung des Qualitätssicherungssystems und insbesondere Art und Umfang der Kontrollen, denen dieser Dritte unterzogen wird.</u>

Die obigen Prüfungen gelten nicht für diejenigen Herstellungsschritte, die der Sterilisation dienen.;

3.3. Die benannte Stelle führt eine förmliche Überprüfung (Audit) des Qualitätssicherungssystems durch, um festzustellen, ob es den Anforderungen nach Abschnitt 3.2 entspricht. Bei Qualitätssicherungssystemen, die auf der Umsetzung der entsprechenden harmonisierten Normen beruhen, geht sie von der Übereinstimmung mit diesen Anforderungen aus.

Mindestens ein Mitglied des Prüfteams muss Erfahrungen mit der Bewertung der betreffenden Technologie haben. Das Bewertungsverfahren schließt eine Besichtigung der Betriebsstätten des Herstellers und, falls dazu hinreichend Anlass besteht, der Betriebsstätten der Zulieferer des Herstellers ein, um die Herstellungsverfahren zu überprüfen.

Die Entscheidung wird dem Hersteller mitgeteilt. Die Mitteilung enthält die Ergebnisse der Überprüfung und eine Begründung der Entscheidung.

3.4. Der Hersteller informiert die benannte Stelle, die das Qualitätssicherungssystem genehmigt hat, über alle geplanten wesentlichen Änderungen des Qualitätssicherungssystems.

Die benannte Stelle prüft die vorgeschlagenen Änderungen und entscheidet, ob das geänderte Qualitätssicherungssystem den Anforderungen nach Abschnitt 3.2 noch entspricht.

Sie teilt ihre Entscheidung dem Hersteller nach Erhalt der genannten Informationen mit. Die Mitteilung enthält die Ergebnisse der Prüfung und eine Begründung der Entscheidung.

4. Überwachung

4.1. Mit der Überwachung soll sichergestellt werden, dass der Hersteller die Verpflichtungen, die sich aus dem genehmigten Qualitätssicherungssystem ergeben, ordnungsgemäß einhält.

4.2. Der Hersteller gewährt der benannten Stelle zu Inspektionszwecken Zugang zu den Inspektions-, Prüf- und Lagereinrichtungen und stellt ihr alle erforderlichen Unterlagen zur Verfügung. Hierzu gehören insbesondere:
- die Dokumentation über das Qualitätssicherungssystem;
- die technische Dokumentation;
- Unterlagen zur Qualitätskontrolle, z. B. Kontroll-, Test- und Kalibrierungsberichte, Berichte über die Qualifikation des betreffenden Personals usw.

4.3. Die benannte Stelle führt regelmäßig die erforderlichen Inspektionen und Bewertungen durch, um sich davon zu überzeugen, dass der Hersteller das genehmigte Qualitätssicherungssystem anwendet, und übermittelt dem Hersteller einen Bewertungsbericht.

4.4. Darüber hinaus kann die benannte Stelle unangemeldete Besichtigungen beim Hersteller durchführen. Dabei kann die benannte Stelle Prüfungen zur Kontrolle des ordnungsgemäßen Funktionierens des Qualitätssicherungssystems und der Übereinstimmung der Produktion mit den entsprechenden Anforderungen dieser Richtlinie durchführen oder durchführen lassen. Zu diesem Zweck wird eine von der benannten Stelle vor Ort aus den Fertigprodukten entnommene geeignete Stichprobe untersucht und geeigneten Prüfungen nach den in Artikel 5 genannten einschlägigen Normen oder gleichwertigen Prüfungen unterzogen. Stimmen eines oder mehrere der geprüften Produkte nicht mit den einschlägigen Anforderungen überein, so trifft die benannte Stelle geeignete Maßnahmen.

Die benannte Stelle stellt dem Hersteller einen Bericht über die Besichtigung und gegebenenfalls über die vorgenommenen Prüfungen zur Verfügung.

5. Administrative Bestimmungen

5.1. <u>Der Hersteller oder sein Bevollmächtigter hält für mindestens fünf Jahre, im Falle von implantierbaren Produkten für mindestens 15 Jahre, ab der Herstellung des letzten Produkts für die nationalen Behörden folgende Unterlagen bereit:</u>
- die Konformitätserklärung;
- die Dokumentation gemäß Abschnitt 3.1 siebter Gedankenstrich;
- die Änderungen gemäß Abschnitt 3.4;
- die Entscheidungen und Berichte der benannten Stelle gemäß den Abschnitten 3.4 letzter Absatz, 4.3 und 4.4;
- gegebenenfalls die Konformitätsbescheinigung gemäß Anhang III.

6. Anwendung auf Produkte der Klasse IIa

Gemäß Artikel 11 Absatz 2 kann der vorliegende Anhang nach Maßgabe der nachstehenden Bestimmungen auf Produkte der Klasse IIa angewandt werden:

6.1. Abweichend von den Abschnitten 2, 3.1 und 3.2 gewährleistet und erklärt der Hersteller durch die Konformitätserklärung, dass die Produkte der Klasse IIa im Einklang mit der technischen Dokumentation gemäß Anhang VII Abschnitt 3 hergestellt werden und den einschlägigen Anforderungen dieser Richtlinie entsprechen.

6.2. Für Produkte der Klasse IIa bewertet die benannte Stelle im Rahmen der Überprüfung gemäß Abschnitt 3.3 die in Anhang VII Abschnitt 3 beschriebenen Unterlagen für zumindest eine repräsentative Probe aus jeder Unterkategorie von Produkten auf Einhaltung der Anforderungen dieser Richtlinie.

6.3. Bei der Auswahl repräsentativer Proben berücksichtigt die benannte Stelle die technologische Neuartigkeit, Ähnlichkeiten in der Auslegung, Technologie, Herstellungs- und Sterilisierungsverfahren, die bezweckte Verwendung und die Ergebnisse aller relevanten früheren Bewertungen (z. B. im Hinblick auf die physikalischen, chemischen oder biologischen Eigenschaften), die gemäß dieser Richtlinie durchgeführt wurden. Die benannte Stelle dokumentiert ihre Gründe für die gewählten Probe(n) und hält sie für die zuständige Behörde zur Verfügung.

6.4. Weitere Proben werden von der benannten Stelle im Rahmen der in Abschnitt 4.3 genannten Überwachung bewertet.

Anhang VII
EG-Konformitätserklärung

1. Bei der EG-Konformitätserklärung handelt es sich um das Verfahren, mit dem der Hersteller oder sein Bevollmächtigter, der den Verpflichtungen nach Abschnitt 2 sowie – bei Produkten, die in sterilem Zustand in den Verkehr gebracht werden, und bei Produkten mit Messfunktion – den Verpflichtungen nach Abschnitt 5 nachkommt, gewährleistet und erklärt, dass die betreffenden Produkte den einschlägigen Bestimmungen dieser Richtlinie entsprechen.

2. Der Hersteller stellt die in Abschnitt 3 beschriebene technische Dokumentation zusammen. Der Hersteller oder sein Bevollmächtigter hält diese Dokumentation zusammen mit der Konformitätserklärung für mindestens fünf Jahre ab der Herstellung des letzten Produkts zur Einsichtnahme durch die nationalen Behörden bereit. Bei implantierten Produkten beträgt dieser Zeitraum mindestens 15 Jahre ab der Herstellung des letzten Produkts.

3. Die technische Dokumentation muss die Bewertung der Konformität des Produkts mit den Anforderungen der Richtlinie ermöglichen. Sie enthält insbesondere:
   – eine allgemeine Beschreibung des Produkts, einschließlich der geplanten Varianten, und seiner Zweckbestimmung(en);
   – Konstruktions- und Fertigungszeichnungen sowie Pläne von Bauteilen, Baugruppen, Schaltungen usw.;
   – die zum Verständnis der genannten Zeichnungen und Pläne sowie der Funktionsweise des Produkts erforderlichen Beschreibungen und Erläuterungen;
   – die Ergebnisse der Risikoanalyse sowie eine Liste der ganz oder teilweise angewandten Normen gemäß Artikel 5 sowie eine Beschreibung der Lösungen zur Einhaltung der grundlegenden Anforderungen dieser Richtlinie, sofern die in Artikel 5 genannten Normen nicht vollständig angewandt worden sind;
   – sofern die Produkte in sterilem Zustand in den Verkehr gebracht werden, eine Beschreibung der angewandten Verfahren und den Validierungsbericht;
   – die Ergebnisse der Konstruktionsberechnungen und der vorgenommenen Prüfungen usw. Wenn ein Produkt zur Erfüllung seiner Zweckbestimmung an ein oder mehrere andere Produkte angeschlossen werden muss, der Nachweis, dass das erstere Produkt bei Anschluss an ein anderes Produkt, das die vom Hersteller angegebenen Merkmale aufweist, die grundlegenden Anforderungen erfüllt;
   – die in Anhang I Kapitel I Abschnitt 2 getroffenen Lösungen;

EG-Richtlinie „Medizinprodukte" 93/42/EWG MDD

- die präklinische Bewertung;
- die klinische Bewertung gemäß Anhang X;
- Kennzeichnung und Gebrauchsanweisung.

4. Der Hersteller muss unter Berücksichtigung der in Anhang X enthaltenen Bestimmungen ein systematisches Verfahren einrichten und auf dem neuesten Stand halten, das es ermöglicht, Erfahrungen mit Produkten in den der Herstellung nachgelagerten Phasen auszuwerten und in geeigneter Weise erforderliche Korrekturen zu veranlassen, wobei die Art des Produkts und die von ihm ausgehenden Risiken zu berücksichtigen sind. Der Hersteller muss die zuständigen Behörden unverzüglich über folgende Vorkommnisse unterrichten, sobald er selbst davon Kenntnis erlangt hat:
   i) jede Funktionsstörung oder jede Änderung der Merkmale und/oder der Leistung sowie jede Unsachgemäßheit der Kennzeichnung oder der Gebrauchsanweisung eines Produkts, die zum Tode oder zu einer schwerwiegenden Verschlechterung des Gesundheitszustands eines Patienten oder eines Anwenders führen kann oder geführt hat;
   ii) jeder Grund technischer oder medizinischer Art, der aufgrund der unter Ziffer i) genannten Ursachen durch die Merkmale und Leistungen des Produkts bedingt ist und zum systematischen Rückruf von Produkten desselben Typs durch den Hersteller geführt hat.

5. Bei Produkten der Klasse I, die in sterilem Zustand in Verkehr gebracht werden, und bei Produkten mit Messfunktion hat der Hersteller zusätzlich zu den Bestimmungen dieses Anhangs ein Verfahren nach Anhang II, IV, V oder VI anzuwenden. Die Anwendung der vorgenannten Anhänge und das Tätigwerden der benannten Stelle beschränken sich
   - bei Produkten, die in sterilem Zustand in Verkehr gebracht werden, ausschließlich auf die Herstellungsschritte im Zusammenhang mit der Sterilisation und der Aufrechterhaltung der Sterilität;
   - bei Produkten mit Messfunktion ausschließlich auf die Herstellungsschritte im Zusammenhang mit der Konformität der Produkte mit den messtechnischen Anforderungen.

   Abschnitt 6.1 des vorliegenden Anhangs findet Anwendung.

6. **Anwendung auf Produkte der Klasse IIa**
   Gemäß Artikel 11 Absatz 2 kann der vorliegende Anhang nach Maßgabe der nachstehenden Abweichungen auf Produkte der Klasse IIa angewandt werden:

6.1. Wird dieser Anhang in Verbindung mit einem Verfahren nach Anhang IV, V oder VI angewandt, so sind die in den vorgenannten Anhängen erwähnten Konformitätserklärungen in einem einzigen Dokument abzugeben. Soweit diese Erklärung auf diesem Anhang basiert, gewährleistet und erklärt der Hersteller, dass die Auslegung der Produkte den einschlägigen Anforderungen dieser Richtlinie entspricht.

Anhang VIII

Erklärung zu Produkten für besondere Zwecke

1. Der Hersteller oder sein Bevollmächtigter stellt bei Sonderanfertigungen oder bei für klinische Prüfungen bestimmten Produkten eine Erklärung aus, die die in Abschnitt 2 aufgeführten Angaben enthält.
2. Die Erklärung muss folgende Angaben enthalten:
2.1. bei Sonderanfertigungen:
    - Name und Anschrift des Herstellers;
    - die zur Identifizierung des betreffenden Produkts notwendigen Daten;
    - die Versicherung, dass das Produkt ausschließlich für einen bestimmten Patienten bestimmt ist, und den Namen dieses Patienten;
    - den Namen des Arztes oder der hierzu befugten Person, der/die das betreffende Produkt verordnet hat, und gegebenenfalls den Namen der betreffenden medizinischen Einrichtung;
    - die spezifischen Merkmale des Produkts, wie sie in der Verschreibung angegeben sind;
    - die Versicherung, dass das betreffende Produkt den in Anhang I genannten grundlegenden Anforderungen entspricht, und gegebenenfalls die Angabe der grundlegenden Anforderungen, die nicht vollständig eingehalten worden sind, mit Angabe der Gründe;
2.2. bei Produkten, die für klinische Prüfungen im Sinne von Anhang X bestimmt sind:
    - die zur Identifizierung des betreffenden Produkts notwendigen Daten;
    - den klinischen Prüfplan;
    - das Handbuch des klinischen Prüfers;
    - die Bestätigung über den Versicherungsschutz für die Versuchspersonen;
    - die Unterlagen zur Einholung der Einwilligung nach Aufklärung;
    - eine Erklärung, aus der hervorgeht, ob zu den festen Bestandteilen des Produkts ein Stoff oder ein Derivat aus menschlichem Blut im Sinne von Anhang I Abschnitt 7.4 gehört;
    - eine Erklärung, aus der hervorgeht, ob das Produkt unter Verwendung von Gewebe tierischen Ursprungs im Sinne der Richtlinie 2003/32/EG hergestellt wurde;
    - die von der betreffenden Ethik-Kommission abgegebene Stellungnahme sowie die Angabe der Gesichtspunkte, die Gegenstand dieser Stellungnahme waren;
    - den Namen des Arztes oder der hierzu befugten Person sowie der Einrichtung, die mit den Prüfungen beauftragt sind;

MDD   *EG-Richtlinie „Medizinprodukte" 93/42/EWG*

- den Ort, den geplanten Beginn und die geplante Dauer der Prüfungen;
- die Versicherung, dass das betreffende Produkt mit Ausnahme der Punkte, die Gegenstand der Prüfungen sind, den grundlegenden Anforderungen entspricht und dass hinsichtlich dieser Punkte alle Vorsichtsmaßnahmen zum Schutz der Gesundheit und der Sicherheit des Patienten getroffen wurden.

3. Der Hersteller verpflichtet sich ferner, folgende Unterlagen für die zuständigen nationalen Behörden bereitzuhalten:

3.1. bei Sonderanfertigungen die Dokumentation, aus der die Fertigungsstätte(n) sowie Auslegung, Herstellung und Leistungsdaten des Produkts, einschließlich der vorgesehenen Leistung, hervorgehen, so dass sich beurteilen lässt, ob es den Anforderungen dieser Richtlinie entspricht.

Der Hersteller trifft alle erforderlichen Maßnahmen, damit im Herstellungsverfahren die Übereinstimmung der hergestellten Produkte mit der im vorstehenden Absatz genannten Dokumentation sichergestellt wird.

3.2. Bei für klinische Prüfungen bestimmten Produkten muss die Dokumentation folgende Angaben enthalten:
- eine allgemeine Beschreibung des Produkts und seiner Zweckbestimmung;
- Konstruktionszeichnungen, geplante Fertigungsverfahren, insbesondere hinsichtlich der Sterilisation, sowie Pläne von Bauteilen, Baugruppen, Schaltungen usw.;
- die zum Verständnis der genannten Zeichnungen und Pläne sowie der Funktionsweise des Produkts erforderlichen Beschreibungen und Erläuterungen;
- die Ergebnisse der Gefahrenanalyse sowie eine Liste der ganz oder teilweise angewandten in Artikel 5 genannten Normen sowie eine Beschreibung der Lösungen zur Einhaltung der grundlegenden Anforderungen dieser Richtlinie, sofern die in Artikel 5 genannten Normen nicht angewandt worden sind;
- wenn zu den festen Bestandteilen des Produkts ein Stoff oder ein Derivat aus menschlichem Blut im Sinne des Anhangs I Abschnitt 7.4 gehört, die Daten über die in diesem Zusammenhang durchgeführten Tests, die für die Bewertung der Sicherheit, der Qualität und des Nutzens dieses Stoffes oder Derivats aus menschlichem Blut unter Berücksichtigung der Zweckbestimmung des Produkts erforderlich sind;
- wenn das Produkt unter Verwendung von Geweben tierischen Ursprungs im Sinne der Richtlinie 2003/32/EG hergestellt wurde, die Risikomanagementmaßnahmen, die in diesem Zusammenhang zur Verringerung des Infektionsrisikos angewendet wurden;

- die Ergebnisse der Konstruktionsberechnungen, Prüfungen, technischen Tests usw..

Der Hersteller trifft alle erforderlichen Maßnahmen, damit im Herstellungsverfahren die Übereinstimmung der hergestellten Produkte mit der in Absatz 1 genannten Dokumentation gewährleistet wird.

Der Hersteller gestattet eine Bewertung der Wirksamkeit dieser Maßnahmen oder gegebenenfalls eine förmliche Überprüfung (Audit).

4. Die in den Erklärungen im Sinne dieses Anhangs aufgeführten Angaben sind über einen Zeitraum von mindestens fünf Jahren aufzubewahren. Bei implantierbaren Produkten beträgt dieser Zeitraum mindestens 15 Jahre.

5. Bei Sonderanfertigungen sichert der Hersteller zu, unter Berücksichtigung der in Anhang X enthaltenen Bestimmungen die Erfahrungen mit Produkten in der der Herstellung nachgelagerten Phase auszuwerten und zu dokumentieren, und angemessene Vorkehrungen zu treffen, um erforderliche Korrekturen durchzuführen. Dies schließt die Verpflichtung des Herstellers ein, die zuständigen Behörden unverzüglich über folgende Vorkommnisse zu unterrichten, sobald er selbst davon Kenntnis erlangt hat, und die einschlägigen Korrekturen vorzunehmen:

   i) jede Funktionsstörung und jede Änderung der Merkmale und/oder der Leistung sowie jede Unsachgemäßheit der Kennzeichnung oder der Gebrauchsanweisung eines Produkts, die zum Tode oder zu einer schwerwiegenden Verschlechterung des Gesundheitszustandes eines Patienten oder eines Anwenders führen kann oder dazu geführt hat;

   ii) jeden Grund technischer oder medizinischer Art, der aufgrund der unter Ziffer i genannten Ursachen durch die Merkmale und Leistungen des Produkts bedingt ist und zum systematischen Rückruf von Produkten desselben Typs durch den Hersteller geführt hat.

Anhang IX

Klassifizierungskriterien

I. Definitionen

1. **Definitionen zu den Klassifizierungsregeln**

1.1. **Dauer**

Vorübergehend
Unter normalen Bedingungen für eine ununterbrochene Anwendung über einen Zeitraum von weniger als 60 Minuten bestimmt.

Kurzzeitig
Unter normalen Bedingungen für eine ununterbrochene Anwendung über einen Zeitraum von bis zu 30 Tagen bestimmt.

Langzeitig
Unter normalen Bedingungen für eine ununterbrochene Anwendung über einen Zeitraum von mehr als 30 Tagen bestimmt.

1.2. **Invasive Produkte**

Invasives Produkt
Produkt, das durch die Körperoberfläche oder über eine Körperöffnung ganz oder teilweise in den Körper eindringt.

Körperöffnung
Eine natürliche Öffnung in der Haut, sowie die Außenfläche des Augapfels oder eine operativ hergestellte ständige Öffnung, wie z. B. ein Stoma.

Chirurgisch-invasives Produkt
Invasives Produkt, das mittels eines chirurgischen Eingriffs oder im Zusammenhang damit durch die Körperoberfläche in den Körper eindringt.

Produkte, die vom vorstehenden Unterabsatz nicht erfasst werden und die anders als durch eine hergestellte Körperöffnung in den Körper eindringen, werden im Sinne dieser Richtlinie als chirurgisch-invasive Produkte behandelt.

Implantierbares Produkt
Jedes Produkt, das dazu bestimmt ist, durch einen chirurgischen Eingriff

– ganz in den menschlichen Körper eingeführt zu werden oder

– eine Epitheloberfläche oder die Oberfläche des Auges zu ersetzen und nach dem Eingriff dort zu verbleiben.

Als implantierbares Produkt gilt auch jedes Produkt, das dazu bestimmt ist, durch einen chirurgischen Eingriff teilweise in den menschlichen Körper eingeführt zu werden und nach dem Eingriff mindestens 30 Tage dort zu verbleiben.

1.3. *Wiederverwendbares chirurgisches Instrument*

Ein nicht in Verbindung mit einem aktiven Medizinprodukt eingesetztes, für einen chirurgischen Eingriff bestimmtes Instrument, dessen Funktion im Schneiden, Bohren, Sägen, Kratzen, Schaben, Klammern, Spreizen, Heften oder ähnlichem besteht und das nach Durchführung geeigneter Verfahren wiederverwendet werden kann.

1.4. *Aktives Medizinprodukt*

Medizinprodukt, dessen Betrieb von einer Stromquelle oder einer anderen Energiequelle (mit Ausnahme der direkt vom menschlichen Körper oder durch die Schwerkraft erzeugten Energie) abhängig ist und das auf Grund der Umwandlung dieser Energie wirkt.[35] Ein Produkt, das zur Übertragung von Energie, Stoffen oder Parametern zwischen einem aktiven Medizinprodukt und dem Patienten eingesetzt wird, ohne dass dabei eine wesentliche Veränderung von Energie, Stoffen oder Parametern eintritt, wird nicht als aktives Medizinprodukt angesehen. <u>Eigenständige Software gilt als aktives Medizinprodukt.</u>

1.5. *Aktives therapeutisches Medizinprodukt*

Aktives Medizinprodukt, das entweder getrennt oder in Verbindung mit anderen Medizinprodukten eingesetzt wird und dazu bestimmt ist, biologische Funktionen oder Strukturen im Zusammenhang mit der Behandlung oder Linderung einer Krankheit, Verwundung oder Behinderung zu erhalten, zu verändern, zu ersetzen oder wiederherzustellen.

1.6. *Aktives diagnostisches Medizinprodukt*

Aktives Medizinprodukt, das entweder getrennt oder in Verbindung mit anderen Medizinprodukten eingesetzt wird und dazu bestimmt ist, Informationen für die Erkennung, Diagnose, Überwachung oder Behandlung von physiologischen Zuständen, Gesundheitszuständen, Krankheitszuständen oder angeborenen Missbildungen zu liefern.

1.7. <u>*Zentrales Kreislaufsystem*</u>

<u>Im Sinne dieser Richtlinie sind unter dem „zentralen Kreislaufsystem" folgende Gefäße zu verstehen:</u>

<u>Arteriae pulmonales, Aorta ascendens, arcus Aortae, Aorta descendens bis zur Bifurcatio aortae, Arteriae coronariae, Arteria carotis communis, Arteria carotis externa, Arteria carotis interna, Arteriae cerebrales, Truncus brachiocephalicus, Venae cordis, Venae pulmonales, Vena cava superior, Vena cava inferior.</u>

---

35) Nach *G. Schorn*: Korrektur eines offensichtlichen Übersetzungsfehlers (vgl. Medizinprodukte Journal 6 (1999), Nr. 2, S. 50).

1.8. *Zentrales Nervensystem*

Im Sinne dieser Richtlinie ist unter dem „zentralen Nervensystem" folgendes zu verstehen: Gehirn, Hirnhaut und Rückenmark.

II. Anwendungsregeln

2. **Anwendung der Regeln**

2.1. Die Anwendung der Klassifizierungsregeln richtet sich nach der Zweckbestimmung der Produkte.

2.2. Wenn ein Produkt dazu bestimmt ist, in Verbindung mit einem anderen Produkt angewandt zu werden, werden die Klassifizierungsregeln auf jedes Produkt gesondert angewendet. Zubehör wird unabhängig von dem Produkt, mit dem es verwendet wird, gesondert klassifiziert.

2.3. Software, die ein Produkt steuert oder dessen Anwendung beeinflusst, wird automatisch derselben Klasse zugerechnet wie das Produkt.

2.4. Wenn ein Produkt nicht dazu bestimmt ist, ausschließlich oder hauptsächlich an einem bestimmten Teil des Körpers angewandt zu werden, muss es nach der spezifizierten Anwendung eingeordnet werden, die das höchste Gefährdungspotential beinhaltet.

2.5. Wenn unter Berücksichtigung der vom Hersteller angegebenen Leistungen auf ein und dasselbe Produkt mehrere Regeln anwendbar sind, so gilt die strengste Regel, so dass das Produkt in die jeweils höchste Klasse eingestuft wird.

2.6. <u>Bei der Berechnung der Dauer nach Kapitel I Abschnitt 1.1 bedeutet ununterbrochene Anwendung eine tatsächliche ununterbrochene Anwendung des Produkts gemäß seiner Zweckbestimmung. Wird die Anwendung eines Produkts unterbrochen, um das Produkt unverzüglich durch dasselbe oder ein identisches Produkt zu ersetzen, gilt dies als Fortführung der ununterbrochenen Anwendung des Produkts.</u>

III. Klassifizierung

1. **Nicht invasive Produkte**

1.1. *Regel 1*

Alle nicht invasiven Produkte gehören zur Klasse I, es sei denn, es findet eine der folgenden Regeln Anwendung.

1.2. *Regel 2*

Alle nicht invasiven Produkte für die Durchleitung oder Aufbewahrung von Blut, anderen Körperflüssigkeiten oder -geweben, Flüssigkeiten oder Gasen zum Zwecke einer Perfusion, Verabreichung oder Einleitung in den Körper gehören zur Klasse IIa,

– wenn sie mit einem aktiven medizintechnischen Produkt der Klasse IIa oder einer höheren Klasse verbunden werden können;

EG-Richtlinie „Medizinprodukte" 93/42/EWG

– wenn sie für die Aufbewahrung oder Durchleitung von Blut oder anderen Körperflüssigkeiten oder für die Aufbewahrung von Organen, Organteilen oder Körpergeweben eingesetzt werden;

in allen anderen Fällen werden sie der Klasse I zugeordnet.

1.3. *Regel 3*

Alle nicht invasiven Produkte zur Veränderung der biologischen oder chemischen Zusammensetzung des Blutes, anderer Körperflüssigkeiten oder Flüssigkeiten, die in den Körper perfundiert werden sollen, gehören zur Klasse IIb, es sei denn, die Behandlung besteht aus einer Filtration, Zentrifugierung oder dem Austausch von Gasen oder Wärme. In diesen Fällen werden sie der Klasse IIa zugeordnet.

1.4. *Regel 4*

Alle nicht invasiven Produkte, die mit verletzter Haut in Berührung kommen,

– werden der Klasse I zugeordnet, wenn sie als mechanische Barriere oder zur Kompression oder zur Absorption von Exsudaten eingesetzt werden;
– werden der Klasse IIb zugeordnet, wenn sie vorwiegend bei Wunden eingesetzt werden, bei denen die Dermis durchtrennt wurde und die nur durch sekundäre Wundheilung geheilt werden können;
– werden in allen anderen Fällen der Klasse IIa zugeordnet; hierzu zählen auch Produkte, die vorwiegend zur Beeinflussung der Mikroumgebung einer Wunde bestimmt sind.

2. **Invasive Produkte**

2.1. *Regel 5*

Alle invasiven Produkte im Zusammenhang mit Körperöffnungen – außer chirurgisch-invasive Produkte –, die nicht zum Anschluss an ein aktives Medizinprodukt bestimmt sind oder die zum Anschluss an ein aktives Medizinprodukt der Klasse I bestimmt sind, gehören

– zur Klasse I, wenn sie zur vorübergehenden Anwendung bestimmt sind;
– zur Klasse IIa, wenn sie zur kurzzeitigen Anwendung bestimmt sind, es sei denn, sie werden in der Mundhöhle bis zum Rachen, im Gehörgang bis zum Trommelfell oder in der Nasenhöhle eingesetzt; in diesen Fällen werden sie der Klasse I zugeordnet;
– zur Klasse IIb, wenn sie zur langzeitigen Anwendung bestimmt sind, es sei denn, sie werden in der Mundhöhle bis zum Rachen, im Gehörgang bis zum Trommelfell oder in der Nasenhöhle eingesetzt und sie können nicht von der Schleimhaut resorbiert werden; in diesen Fällen werden sie der Klasse IIa zugeordnet.

Alle invasiven Produkte im Zusammenhang mit Körperöffnungen – außer chirurgisch-invasive Produkte –, die zum Anschluss an ein aktives Produkt der Klasse IIa oder einer höheren Klasse bestimmt sind, gehören zur Klasse IIa.

2.2. *Regel 6*

Alle zur vorübergehenden Anwendung bestimmten chirurgisch-invasiven Produkte werden der Klasse IIa zugeordnet, es sei denn,
- sie sind speziell zur Überwachung, Diagnose, Kontrolle oder Korrektur eines Defekts am Herzen oder am zentralen Kreislaufsystem in direktem Kontakt mit diesen Körperteilen bestimmt; in diesem Fall werden sie der Klasse III zugeordnet;
- es handelt sich um wiederverwendbare chirurgische Instrumente; in diesem Fall werden sie der Klasse I zugeordnet;
- die sind speziell zur Verwendung in direktem Kontakt mit dem zentralen Nervensystem bestimmt; in diesem Fall werden sie der Klasse III zugeordnet;
- sie sind zur Abgabe von Energie in Form ionisierender Strahlung bestimmt; in diesem Fall werden sie der Klasse IIb zugeordnet;
- sie sind dazu bestimmt, eine biologische Wirkung zu entfalten oder vollständig oder in bedeutendem Umfang resorbiert zu werden; in diesem Fall werden sie der Klasse IIb zugeordnet;
- sie sind zur Verabreichung von Arzneimitteln über ein Dosiersystem bestimmt, wenn das hierbei verwendete Verfahren unter Berücksichtigung der Art der Anwendung eine potentielle Gefährdung darstellt; in diesem Fall werden sie der Klasse IIb zugeordnet.

2.3. *Regel 7*

Alle zur kurzzeitigen Anwendung bestimmten chirurgisch-invasiven Produkte gehören zur Klasse IIa, es sei denn,
- sie sind speziell zur Überwachung, Diagnose, Kontrolle oder Korrektur eines Defekts am Herzen oder am zentralen Kreislaufsystem in direktem Kontakt mit diesen Körperteilen bestimmt; in diesem Fall werden sie der Klasse III zugeordnet;
- oder sie sollen speziell in direktem Kontakt mit dem zentralen Nervensystem eingesetzt werden; in diesem Fall gehören sie zur Klasse III;
- sie sind zur Abgabe von Energie in Form ionisierender Strahlung bestimmt; in diesem Fall werden sie der Klasse IIb zugeordnet;
- sie sind dazu bestimmt, eine biologische Wirkung zu entfalten oder vollständig oder in bedeutendem Umfang resorbiert zu werden; in diesem Fall werden sie der Klasse III zugeordnet;
- sie sollen im Körper eine chemische Veränderung erfahren – mit Ausnahme solcher Produkte, die in die Zähne implantiert werden sollen –,

oder sie sollen Arzneimittel abgeben; in diesen Fällen werden sie der Klasse IIb zugeordnet.

2.4. *Regel 8*

Alle implantierbaren Produkte sowie zur langzeitigen Anwendung bestimmten chirurgisch-invasiven Produkte gehören zur Klasse IIb, es sei denn,

– sie sollen in die Zähne implantiert werden; in diesem Fall werden sie der Klasse IIa zugeordnet;

– sie sollen in direktem Kontakt mit dem Herz, dem zentralen Kreislaufsystem oder dem zentralen Nervensystem eingesetzt werden; in diesen Fällen werden sie der Klasse III zugeordnet;

– sie sind dazu bestimmt, eine biologische Wirkung zu entfalten oder vollständig oder in bedeutendem Umfang resorbiert zu werden; in diesem Fall werden sie der Klasse III zugeordnet;

– sie sollen im Körper eine chemische Veränderung erfahren – mit Ausnahme solcher Produkte, die in die Zähne implantiert werden sollen –, oder sie sollen Arzneimittel abgeben; in diesen Fällen werden sie der Klasse III zugeordnet.

3. **Zusätzliche Regeln für aktive Produkte**

3.1. *Regel 9*

Alle aktiven therapeutischen Produkte, die zur Abgabe oder zum Austausch von Energie bestimmt sind, gehören zur Klasse IIa, es sei denn, die Abgabe oder der Austausch von Energie an den bzw. mit dem menschlichen Körper kann unter Berücksichtigung der Art, der Dichte und des Körperteils, an dem die Energie angewandt wird, aufgrund der Merkmale des Produkts eine potentielle Gefährdung darstellen; in diesem Fall werden sie der Klasse IIb zugeordnet.

Alle aktiven Produkte, die dazu bestimmt sind, die Leistung von aktiven therapeutischen Produkten der Klasse IIb zu steuern oder zu kontrollieren oder die Leistung dieser Produkte direkt zu beeinflussen, werden der Klasse IIb zugeordnet.

3.2. *Regel 10*

Alle aktiven diagnostischen Produkte gehören zur Klasse IIa,

– wenn sie dazu bestimmt sind, Energie abzugeben, die vom menschlichen Körper absorbiert wird – mit Ausnahme von Produkten, deren Funktion es ist, den Körper des Patienten im sichtbaren Spektralbereich auszuleuchten;

– wenn sie zur In-vivo-Darstellung der Verteilung von Radiopharmaka bestimmt sind;

- wenn sie dazu bestimmt sind, eine direkte Diagnose oder Kontrolle von vitalen Körperfunktionen zu ermöglichen, es sei denn, sie sind speziell für die Kontrolle von vitalen physiologischen Parametern bestimmt, bei denen die Art der Änderung zu einer unmittelbaren Gefahr für den Patienten führen könnte, z. B. Änderung der Herzfunktion, der Atmung oder der Aktivität des zentralen Nervensystems; in diesem Fall werden sie der Klasse IIb zugeordnet.

Aktive Produkte, die zum Aussenden ionisierender Strahlung sowie für die radiologische Diagnostik oder die radiologische Therapie bestimmt sind, einschließlich Produkte, die solche Produkte steuern oder kontrollieren oder die deren Leistung unmittelbar beeinflussen, werden der Klasse IIb zugeordnet.

Regel 11

Alle aktiven Produkte, die dazu bestimmt sind, Arzneimittel, Körperflüssigkeiten oder andere Stoffe an den Körper abzugeben und/oder aus dem Körper zu entfernen, werden der Klasse IIa zugeordnet, es sei denn, dass die Vorgehensweise

- unter Berücksichtigung der Art der betreffenden Stoffe, des betreffenden Körperteils und der Art der Anwendung eine potentielle Gefährdung darstellt; in diesem Fall werden sie der Klasse IIb zugeordnet.

3.3. *Regel 12*

Alle anderen aktiven Produkte werden der Klasse I zugeordnet.

4. **Besondere Regeln**

4.1. *Regel 13*

Alle Produkte, zu deren Bestandteilen ein Stoff gehört, der bei gesonderter Verwendung als Arzneimittel im Sinne des Artikels 1 der Richtlinie 2001/83/EG angesehen werden kann und der ergänzend zur Wirkung der Produkte auf den menschlichen Körper einwirken kann, werden der Klasse III zugeordnet.

<u>Alle Produkte, die als festen Bestandteil ein Derivat aus menschlichem Blut enthalten, werden der Klasse III zugeordnet.</u>

4.2. *Regel 14*

Alle Produkte, die zur Empfängnisverhütung oder zum Schutz vor der Übertragung von sexuell übertragbaren Krankheiten eingesetzt werden sollen, werden der Klasse IIb zugeordnet, es sei denn, es handelt sich um implantierbare Produkte oder um invasive Produkte zur langzeitigen Anwendung; in diesem Fall werden sie der Klasse III zugeordnet.

4.3. *Regel 15*

Alle Produkte, die speziell zum Desinfizieren, Reinigen, Abspülen oder gegebenenfalls Hydratisieren von Kontaktlinsen bestimmt sind, werden der Klasse IIb zugeordnet.

Alle Produkte, die speziell zum Desinfizieren von Produkten bestimmt sind, werden der Klasse IIa zugeordnet. <u>Es sei denn, sie sind speziell dazu bestimmt, invasive Produkte zu desinfizieren; in diesem Fall werden sie der Klasse IIb zugeordnet.</u>

Diese Regel gilt nicht für Produkte, die zur Reinigung von anderen Produkten als Kontaktlinsen durch physikalische Einwirkung bestimmt sind.

4.4. *Regel 16*

<u>Produkte</u>, die speziell für die Aufzeichnung von Röntgendiagnosebildern bestimmt sind, werden der Klasse IIa zugeordnet.

4.5. *Regel 17*

Alle Produkte, die unter Verwendung von abgetöteten tierischen Geweben oder Folgeerzeugnissen hergestellt wurden, werden der Klasse III zugeordnet, es sei denn, diese Produkte sind dazu bestimmt, nur mit unversehrter Haut in Berührung zu kommen.

5. *Regel 18*

Abweichend von anderen Regeln werden Blutbeutel der Klasse IIb zugeordnet.

Anhang X
Klinische Bewertung

1. **Allgemeine Bestimmungen**

1.1. Der Nachweis, dass die in Anhang I Abschnitte 1 und 3 genannten merkmal- und leistungsrelevanten Anforderungen von dem Produkt bei normalen Einsatzbedingungen erfüllt werden, sowie die Beurteilung von unerwünschten Nebenwirkungen und der Annehmbarkeit des Nutzen-/Risiko-Verhältnisses, auf das in Anhang I Abschnitt 6 Bezug genommen wird, müssen generell auf der Grundlage klinischer Daten erfolgen. Die Bewertung dieser Daten, die im Folgenden als „klinische Bewertung" bezeichnet wird und bei der gegebenenfalls einschlägige harmonisierte Normen berücksichtigt werden, erfolgt gemäß einem definierten und methodisch einwandfreien Verfahren auf der Grundlage:

1.1.1. entweder einer kritischen Bewertung der einschlägigen, derzeit verfügbaren wissenschaftlichen Literatur über Sicherheit, Leistung, Auslegungsmerkmale und Zweckbestimmung des Produkts; dabei

 – wird die Gleichartigkeit des Produkts mit dem Produkt nachgewiesen, auf das sich die Daten beziehen, und

 – belegen die Daten in angemessener Weise die Übereinstimmung mit den einschlägigen grundlegenden Anforderungen;

1.1.2. oder einer kritischen Bewertung der Ergebnisse sämtlicher durchgeführten klinischen Prüfungen;

1.1.3. oder einer kritischen Bewertung der kombinierten klinischen Daten gemäß 1.1.1 und 1.1.2.

1.1a. Bei implantierbaren Produkten und bei Produkten der Klasse III sind klinische Prüfungen durchzuführen, es sei denn die Verwendung bereits bestehender klinischer Daten ist ausreichend gerechtfertigt.

1.1b. Die klinische Bewertung und ihr Ergebnis sind zu dokumentieren. Diese Dokumentation und/oder ein ausführlicher Verweis darauf sind in die technische Dokumentation über das Produkt aufzunehmen.

1.1c. Die klinische Bewertung und ihre Dokumentation müssen aktiv anhand der aus der Überwachung nach dem Inverkehrbringen erhaltenen Daten auf dem neuesten Stand gehalten werden. Wird eine klinische Überwachung nach dem Inverkehrbringen als Bestandteil des Überwachungsplans nach dem Inverkehrbringen nicht für erforderlich gehalten, muss dies ordnungsgemäß begründet und dokumentiert werden.

1.1d. Wird der Nachweis der Übereinstimmung mit den grundlegenden Anforderungen auf der Grundlage klinischer Daten als nicht notwendig erachtet, ist eine derartige Ausnahme angemessen zu begründen; diese Begründung beruht auf dem Ergebnis des Risikomanagements und berücksichtigt die Besonderheiten der Wechselwirkung zwischen Körper und Produkt, die bezweckte klinische Leistung und die Angaben des Herstellers. Die Eignung des Nachweises der Übereinstimmung mit den grundlegenden Anforderungen allein durch Leistungsbewertung, Produktprüfungen und präklinische Bewertung ist ordnungsgemäß zu begründen.

1.2. Alle Daten müssen entsprechend den Bestimmungen von Artikel 20 vertraulich behandelt werden.

2. Klinische Prüfung

2.1. *Zweck*

Zweck der klinischen Prüfung ist es,

- den Nachweis zu erbringen, dass die Leistungen des Produkts bei normalen Einsatzbedingungen den Leistungsdaten von Anhang I Abschnitt 3 entsprechen, und
- etwaige bei normalen Einsatzbedingungen auftretende unerwünschte Nebenwirkungen zu ermitteln und zu beurteilen, ob diese unter Berücksichtigung der vorgegebenen Leistungen irgendwelche Risiken darstellen.

2.2. *Ethische Gesichtspunkte*

Die klinische Prüfung muss im Einklang mit der vom 18. Weltärztekongress 1964 in Helsinki, Finnland, gebilligten Erklärung von Helsinki in der letzten vom Weltärztekongress geänderten Fassung stehen. Alle Vorkehrungen zum Schutz des Menschen müssen zwingend im Geiste der Erklärung von Helsinki getroffen werden. Dies gilt für jeden einzelnen Schritt der klinischen Prüfung, angefangen von den ersten Überlegungen über die Notwendigkeit und Berechtigung der Studie bis hin zur Veröffentlichung der Ergebnisse.

2.3. *Methoden*

2.3.1. Die klinischen Prüfungen sind nach einem angemessenen Prüfplan durchzuführen, der dem Stand von Wissenschaft und Technik entspricht und der so angelegt ist, dass sich die Angaben des Herstellers zu dem Produkt bestätigen oder widerlegen lassen. Diese Prüfungen müssen eine angemessene Zahl von Beobachtungen umfassen, damit wissenschaftlich gültige Schlussfolgerungen gezogen werden können.

2.3.2. Die Vorgehensweise bei der Durchführung der Prüfungen muss an das zu prüfende Produkt angepasst sein.

2.3.3. Die klinischen Prüfungen müssen unter ähnlichen Bedingungen durchgeführt werden, wie sie für die normalen Einsatzbedingungen des Produkts gelten.

2.3.4. Alle einschlägigen Merkmale des Produkts, einschließlich der sicherheitstechnischen und leistungsbezogenen Eigenschaften und der Auswirkungen auf den Patienten, müssen geprüft werden.

2.3.5. Alle schwerwiegenden unerwünschten Ereignisse müssen vollständig registriert und unmittelbar allen zuständigen Behörden der Mitgliedstaaten, in denen die klinische Prüfung durchgeführt wird, mitgeteilt werden.

2.3.6. Die Prüfungen müssen unter der Verantwortung eines entsprechend qualifizierten, spezialisierten Arztes oder einer sonstigen entsprechend qualifizierten und befugten Person in einem angemessenen Umfeld durchgeführt werden.

Der verantwortliche Arzt oder die befugte Person muss Zugang zu den technischen und klinischen Daten des Produkts haben.

2.3.7. Der schriftliche Bericht, der von dem verantwortlichen Arzt oder der befugten Person zu unterzeichnen ist, muss eine kritische Bewertung aller im Verlauf der klinischen Prüfung erlangten Daten enthalten.

EG-Richtlinie „Medizinprodukte" 93/42/EWG MDD

Anhang XI

Mindestkriterien für die Beauftragung der zu benennenden Stellen

1. Die benannte Stelle, ihr Leiter und das mit der Durchführung der Bewertungen und Prüfungen beauftragte Personal dürfen weder mit dem Autor des Entwurfs (Auslegung), dem Hersteller, dem Lieferer, dem Monteur oder dem Anwender der Produkte, die sie prüfen, identisch noch Beauftragte einer dieser Personen sein. Sie dürfen weder unmittelbar noch als Beauftragte an der Auslegung, an der Herstellung, am Vertrieb oder an der Instandhaltung dieser Produkte beteiligt sein. Die Möglichkeit eines Austauschs technischer Informationen zwischen dem Hersteller und der Stelle wird dadurch nicht ausgeschlossen.

2. Die benannte Stelle und das mit der Prüfung beauftragte Personal müssen die Bewertungen und Prüfungen mit höchster beruflicher Zuverlässigkeit und größter erforderlicher Sachkenntnis auf dem Gebiet der Medizinprodukte durchführen und unabhängig von jeder möglichen Einflussnahme – vor allem finanzieller Art – auf ihre Beurteilung oder die Ergebnisse ihrer Prüfung sein, insbesondere von der Einflussnahme durch Personen oder Personengruppen, die an den Ergebnissen der Prüfungen interessiert sind.

   Wenn eine benannte Stelle spezielle Arbeiten im Zusammenhang mit der Feststellung und Verifizierung von Sachverhalten einem Unterauftragnehmer überträgt, muss sie zuvor sicherstellen, dass die Bestimmungen der Richtlinie, insbesondere dieses Anhangs, von dem Unterauftragnehmer eingehalten werden. Die benannte Stelle hält die einschlägigen Dokumente zur Bewertung der Sachkompetenz des Unterauftragnehmers und zu den von diesem im Rahmen dieser Richtlinie ausgeführten Arbeiten zur Einsichtnahme durch die nationalen Behörden bereit.

3. Die benannte Stelle muss in der Lage sein, alle in einem der Anhänge II bis VI genannten Aufgaben, die einer solchen Stelle zugewiesen werden und für die sie benannt ist, wahrzunehmen, sei es, dass diese Aufgaben von der Stelle selbst, sei es, dass sie unter ihrer Verantwortung ausgeführt werden. Sie muss insbesondere über das Personal verfügen und die Mittel besitzen, die zur angemessenen Erfüllung der mit der Durchführung der Bewertungen und Prüfungen verbundenen technischen und verwaltungsmäßigen Aufgaben erforderlich sind; ebenso muss sie Zugang zu der für die Prüfungen erforderlichen Ausrüstung haben. Dies schließt ein, dass in der Organisation ausreichend wissenschaftliches Personal vorhanden ist, das die entsprechenden Erfahrungen und Kenntnisse besitzt, um die medizinische Funktion und Leistung der Produkte, für die die Stelle benannt worden ist, in bezug auf die Anforderungen dieser Richtlinie und insbesondere die Anforderungen des Anhangs I zu beurteilen.

4. Das mit den Prüfungen beauftragte Personal muss folgendes besitzen:

- eine gute berufliche Ausbildung in bezug auf alle Bewertungen und Prüfungen, für die die Stelle benannt worden ist;
- eine ausreichende Kenntnis der Vorschriften für die von ihm durchgeführten Prüfungen und eine ausreichende praktische Erfahrung auf diesem Gebiet;
- die erforderliche Eignung für die Abfassung der Bescheinigungen, Protokolle und Berichte, in denen die durchgeführten Prüfungen niedergelegt werden.

5. Die Unabhängigkeit des mit der Prüfung beauftragten Personals ist zu gewährleisten. Die Höhe der Bezüge jedes Prüfers darf sich weder nach der Zahl der von ihm durchgeführten Prüfungen noch nach den Ergebnissen dieser Prüfungen richten.

6. Die Stelle muss eine Haftpflichtversicherung abschließen, es sei denn, diese Haftpflicht wird vom Staat aufgrund nationalen Rechts gedeckt oder die Prüfungen werden unmittelbar von dem Mitgliedstaat durchgeführt.

7. Das Personal der Stelle ist – außer gegenüber den zuständigen Verwaltungsbehörden des Staates, in dem es seine Tätigkeit ausübt –, durch das Berufsgeheimnis in bezug auf alles gebunden, wovon es bei der Durchführung seiner Aufgaben im Rahmen dieser Richtlinie oder jeder anderen innerstaatlichen Rechtsvorschrift, die dieser Richtlinie Wirkung verleiht, Kenntnis erhält.

Anhang XII
CE-Kennzeichnung

Die CE-Kennzeichnung besteht aus den Buchstaben „CE" mit folgendem Schriftbild:

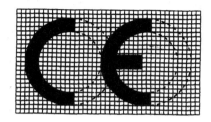

- Bei Verkleinerung oder Vergrößerung der Kennzeichnung müssen die sich aus dem oben abgebildeten Raster ergebenden Proportionen eingehalten werden.
- Die verschiedenen Bestandteile der CE-Kennzeichnung müssen etwa gleich hoch sein: die Mindesthöhe beträgt 5 mm.

Von der Mindesthöhe kann bei kleinen Produkten abgewichen werden.

Richtlinie 98/79/EG des Europäischen Parlaments und des Rates vom 27. Oktober 1998 über In-vitro-Diagnostika

(veröffentlicht im Amtsblatt der Europäischen Gemeinschaften ABl. Nr. L 331 vom 7. Dezember 1998, S. 1)[1]

Das Europäische Parlament und der Rat der Europäischen Union –

gestützt auf den Vertrag zur Gründung der Europäischen Gemeinschaft, insbesondere auf Artikel 100 a,

auf Vorschlag der Kommission[2],

nach Stellungnahme des Wirtschafts- und Sozialausschusses[3],

gemäß dem Verfahren des Artikels 189b des Vertrags[4],

in Erwägung nachstehender Gründe:

(1) Das reibungslose Funktionieren des Binnenmarktes macht den Erlass entsprechender Maßnahmen erforderlich. Der Binnenmarkt umfasst einen Raum ohne Binnengrenzen, in dem der freie Waren-, Personen-, Dienstleistungs- und Kapitalverkehr gewährleistet ist.

(2) Die in den Mitgliedstaaten geltenden Rechts- und Verwaltungsvorschriften betreffend die Sicherheit, den Gesundheitsschutz und die Leistungsmerkmale sowie die Zulassungsverfahren für In-vitro-Diagnostika sind nach Inhalt und Geltungsbereich verschieden. Diese Unterschiede stellen Hemmnisse im innergemeinschaftlichen Handel dar. Eine im Auftrag der Kommission durchgeführte vergleichende Untersuchung der einzelstaatlichen Rechtsvor-

---

1) Zuletzt geändert durch Verordnung (EG) Nr. 596/2009 des Europäischen Parlaments und des Rates vom 18. Juni 2009 zur Anpassung einiger Rechtsakte, für die das Verfahren des Artikels 251 des Vertrags gilt, an den Beschluss 1999/468/EG des Rates in Bezug auf das Regelungsverfahren mit Kontrolle; Anpassung an das Regelungsverfahren mit Kontrolle – Vierter Teil (ABl. Nr. L 88 vom 18. Juli 2009, S. 14) – die Änderungen sind im Text durch Unterstreichung zu erkennen.
Zuvor geändert durch
– Verordnung (EG) Nr. 1882/2003 des Europäischen Parlaments und des Rates vom 29. September 2003 zur Anpassung der Bestimmungen über die Ausschüsse zur Unterstützung der Kommission bei der Ausübung von deren Durchführungsbefugnissen, die in Rechtsakten vorgesehen sind, für die das Verfahren des Artikels 251 des EG-Vertrags gilt, an den Beschluss 1999/468/EG des Rates (ABl. Nr. L 284 vom 30. 10. 2003, S. 1);
– Berichtigung vom 25. Mai 2000, ABl. 124 vom 25.5.2000, S. 66;
– Berichtigung vom 19. März 1999, ABl. L 74 vom 19.3.1999, S. 32.
2) ABl. C 172 vom 7. 7. 1995, S. 21 und ABl. C 87 vom 18. 3. 1997, S. 9.
3) ABl. C 18 vom 22. 1. 1996, S. 12.
4) Stellungnahme des Europäischen Parlaments vom 12. März 1996 (ABl. C 96 vom 1. 4. 1996, S. 31), gemeinsamer Standpunkt des Rates vom 23. März 1998 (ABl. C 178 vom 10. 6. 1998, S. 7), Beschluss des Europäischen Parlaments vom 18. Juni 1998 (ABl. C 210 vom 6. 7. 1998) und Beschluss des Rates vom 5. Oktober 1998.

(3) Die Angleichung einzelstaatlicher Rechtsvorschriften ist der einzige Weg zur Beseitigung der bestehenden und zur Verhütung neuer Handelshemmnisse. Dieses Ziel lässt sich durch andere Mittel auf der Ebene der einzelnen Mitgliedstaaten nicht erreichen. Diese Richtlinie beschränkt sich auf die Festlegung notwendiger Mindestanforderungen, um den freien Verkehr der in ihren Geltungsbereich fallenden In-vitro-Diagnostika unter optimalen Sicherheitsbedingungen zu gewährleisten.

(4) Die harmonisierten Bestimmungen sind von den von den Mitgliedstaaten im Hinblick auf die Finanzierung des öffentlichen Gesundheitssystems und des Krankenversicherungssystems getroffenen Maßnahmen zu unterscheiden, die derartige Produkte direkt oder indirekt betreffen. Das Recht der Mitgliedstaaten auf Durchführung der oben genannten Maßnahmen unter Einhaltung des Gemeinschaftsrechts bleibt von diesen harmonisierten Bestimmungen daher unberührt.

(5) In-vitro-Diagnostika müssen Patienten, Anwendern und Dritten einen hochgradigen Gesundheitsschutz bieten und die vom Hersteller ursprünglich angegebenen Leistungen erreichen. Die Aufrechterhaltung bzw. Verbesserung des in den Mitgliedstaaten erreichten Gesundheitsschutzniveaus ist daher eines der wesentlichen Ziele dieser Richtlinie.

(6) Im Einklang mit den in der Entschließung des Rates vom 7. Mai 1985 über eine neue Konzeption auf dem Gebiet der technischen Harmonisierung und Normung[5] festgelegten Grundsätzen müssen sich die Regelungen bezüglich der Auslegung und Herstellung sowie Verpackung einschlägiger Erzeugnisse auf die Bestimmungen beschränken, die erforderlich sind, um den grundlegenden Anforderungen zu genügen. Da es sich um Anforderungen grundlegender Art handelt, müssen diese an die Stelle der entsprechenden einzelstaatlichen Bestimmungen treten. Die grundlegenden Anforderungen, einschließlich der Anforderung, dass die Risiken möglichst gering gehalten bzw. verringert werden müssen, sind mit der nötigen Sorgfalt anzuwenden und müssen der Technologie und Praxis zum Zeitpunkt der Konzeption sowie den technischen und wirtschaftlichen Erwägungen Rechnung tragen, die mit einem hochgradigen Gesundheitsschutz und hohen Maß an Sicherheit zu vereinbaren sind.

---

5) ABl. C 136 vom 4. 6. 1985, S. 1.

EG-Richtlinie „In-vitro-Diagnostika" 98/79/EG

(7) Die meisten Medizinprodukte mit Ausnahme der In-vitro-Diagnostika werden durch die Richtlinie 90/385/EWG des Rates vom 20. Juni 1990 zur Angleichung der Rechtsvorschriften der Mitgliedstaaten über aktive implantierbare medizinische Geräte[6] und die Richtlinie 93/42/EWG des Rates vom 14. Juni 1993 über Medizinprodukte[7] erfasst. Durch die vorliegende Richtlinie werden In-vitro-Diagnostika in den Harmonisierungsprozess einbezogen. Im Interesse einheitlicher gemeinschaftlicher Regelungen stützt sie sich weitgehend auf die Bestimmungen jener beiden Richtlinien.

(8) Instrumente, Apparate, Vorrichtungen, Materialien oder andere Gegenstände, einschließlich Software, die zu Forschungszwecken eingesetzt werden sollen, ohne medizinische Zwecke zu verfolgen, sind nicht als Produkte für Leistungsbewertungszwecke anzusehen.

(9) Zertifizierte internationale Referenzmaterialien und Materialien, die für externe Qualitätsbewertungsprogramme verwendet werden, fallen nicht unter diese Richtlinie. Kalibriersubstanzen oder -vorrichtungen sowie Kontrollmaterialien, die vom Anwender benötigt werden, um die Leistung von Produkten zu ermitteln bzw. zu prüfen, sind In-vitro-Diagnostika.

(10) Reagenzien, die in Laboratorien von Gesundheitseinrichtungen zur Verwendung im selben Umfeld hergestellt und nicht in den Verkehr gebracht werden, werden unter Berücksichtigung des Subsidiaritätsprinzips nicht in diese Richtlinie aufgenommen.

(11) Dagegen fallen Produkte, die in professionellem und kommerziellem Rahmen zum Zwecke der medizinischen Analyse hergestellt werden und verwendet werden sollen, ohne in den Verkehr gebracht zu werden, unter diese Richtlinie.

(12) Laborapparate mit mechanischen Merkmalen, die eigens für In-vitro-Untersuchungen bestimmt sind, fallen in den Anwendungsbereich dieser Richtlinie. Die Richtlinie 98/37/EG des Europäischen Parlaments und des Rates vom 22. Juni 1998 zur Angleichung der Rechtsvorschriften der Mitgliedstaaten über Maschinen[8] muss deshalb zur Anpassung an diese Richtlinie geändert werden.

(13) Diese Richtlinie sollte Vorschriften in bezug auf die Auslegung und Herstellung von Geräten mit ionisierenden Strahlungen enthalten. Sie berührt nicht die Anwendung der Richtlinie 96/29/Euratom des Rates vom 13. Mai 1996 zur Festlegung der grundlegenden Sicherheitsnormen für den Schutz der Gesundheit der Arbeitskräfte und der Bevölkerung gegen die Gefahren durch ionisierende Strahlungen[9].

---

6) ABl. L 189 vom 20. 7. 1990, S. 17. Richtlinie zuletzt geändert durch die Richtlinie 93/68/EWG (ABl. L 220 vom 30. 8. 1993, S. 1).
7) ABl. L 169 vom, 12.7.1993, S. 1.
8) ABl. L 207 vom 23. 7. 1998, S. 1.
9) ABl. L 159 vom 29. 6. 1996, S. 1.

(14) Die Gesichtspunkte der elektromagnetischen Verträglichkeit sind wesentlicher Bestandteil der grundlegenden Anforderungen dieser Richtlinie; die Richtlinie 89/336/EWG des Rates vom 3. Mai 1989 zur Angleichung der Rechtsvorschriften der Mitgliedstaaten über die elektromagnetische Verträglichkeit[10] findet keine Anwendung.

(15) Zur Erleichterung des Nachweises der Übereinstimmung mit den grundlegenden Anforderungen und zur Ermöglichung einer Prüfung dieser Übereinstimmung sind harmonisierte Normen zur Verhütung von Risiken im Zusammenhang mit der Auslegung, Herstellung und Verpackung von Medizinprodukten wünschenswert. Solche harmonisierten Normen werden von privatrechtlichen Institutionen ausgearbeitet und müssen ihren unverbindlichen Charakter behalten. Das Europäische Komitee für Normung (CEN) und das Europäische Komitee für elektrotechnische Normung (CENELEC) sind als zuständige Gremien für die Ausarbeitung harmonisierter Normen im Einklang mit den am 13. November 1984 unterzeichneten allgemeinen Leitlinien für die Zusammenarbeit zwischen der Kommission und diesen beiden Institutionen anerkannt.

(16) Eine harmonisierte Norm im Sinne dieser Richtlinie ist eine technische Spezifikation (europäische Norm oder Harmonisierungsdokument), die im Auftrag der Kommission vom CEN oder vom CENELEC bzw. von diesen beiden Institutionen im Einklang mit der Richtlinie 98/34/EG des Europäischen Parlaments und des Rates vom 22. Juni 1998 über ein Informationsverfahren auf dem Gebiet der Normen und technischen Vorschriften und der Vorschriften für die Dienste der Informationsgesellschaft[11] und den oben genannten allgemeinen Leitlinien verabschiedet worden ist.

(17) Bei der Ausarbeitung Gemeinsamer Technischer Spezifikationen wird als eine Ausnahme von den allgemeinen Grundsätzen das derzeit in einigen Mitgliedstaaten übliche Vorgehen berücksichtigt, nach dem diese Spezifikationen bei bestimmten Produkten, die hauptsächlich zur Bewertung der Sicherheit der Blutversorgung und der Organspenden verwendet werden, von den Behörden erlassen werden. Diese besonderen Spezifikationen sind durch die Gemeinsamen Technischen Spezifikationen zu ersetzen. Die Gemeinsamen Technischen Spezifikationen können zur Leistungsbewertung – einschließlich der Neubewertung – dienen.

(18) Wissenschaftliche Sachverständige der einzelnen interessierten Parteien können bei der Festlegung von Gemeinsamen Technischen Spezifikationen und der Prüfung von sonstigen spezifischen oder allgemeinen Fragen hinzugezogen werden.

---

10) ABl. L 139 vom 23. 5. 1989, S. 19. Richtlinie zuletzt geändert durch die Richtlinie 93/68/EWG (ABl. L 220 vom 30. 8. 1993, S. 1).

11) ABl. L 204 vom 21. 7. 1998, S. 37. Richtlinie zuletzt geändert durch die Richtlinie 98/48/EG (ABl. L 217 vom 5. 8. 1998, S. 18).

(19) Der von dieser Richtlinie erfasste Herstellungsvorgang umfasst auch die Verpackung der Medizinprodukte, sofern die Verpackung im Zusammenhang mit den Sicherheits- und Leistungsaspekten des Produkts steht.

(20) Bestimmte Produkte haben eine begrenzte Verwendungsdauer, die auf die zeitbezogene Verminderung ihrer Leistungsfähigkeit, beispielsweise aufgrund der Verschlechterung ihrer physikalischen oder chemischen Eigenschaften, insbesondere in Bezug auf die Sterilität oder die Unversehrtheit der Verpackung, zurückgeht. Der Hersteller muss den Zeitraum bestimmen und angeben, innerhalb dessen die vorgesehene Leistungsfähigkeit des Produkts gewährleistet ist. Aus der Kennzeichnung muss der Termin hervorgehen, bis zu dem das Produkt oder einer seiner Bestandteile sicher angewendet werden kann.

(21) Der Rat hat durch seinen Beschluss 93/465/EWG vom 22. Juli 1993 über die in den technischen Harmonisierungsrichtlinien zu verwendenden Module für die verschiedenen Phasen der Konformitätsbewertungsverfahren und die Regeln für die Anbringung und Verwendung der CE-Konformitätskennzeichnung[12] harmonisierte Konformitätsbewertungsverfahren festgelegt. Die Präzisierungen dieser Module sind durch die Art der für In-vitro-Diagnostika geforderten Prüfungen und durch die Notwendigkeit der Übereinstimmung mit den Richtlinien 90/385/EWG und 93/42/EWG gerechtfertigt.

(22) Vor allem für die Konformitätsbewertungsverfahren ist es erforderlich, die In-vitro-Diagnostika in zwei Hauptklassen zu unterteilen. Da die große Mehrzahl dieser Produkte keine unmittelbaren Risiken für Patienten darstellen und von geschultem Personal angewendet werden und da sich ferner die Ergebnisse oft auf anderem Wege bestätigen lassen, können die Konformitätsbewertungsverfahren generell unter der alleinigen Verantwortung des Herstellers erfolgen. Unter Berücksichtigung der geltenden einzelstaatlichen Rechtsvorschriften und der erfolgten Notifizierungen im Rahmen des Verfahrens nach der Richtlinie 98/34/EG ist eine Beteiligung der benannten Stellen nur für bestimmte Produkte erforderlich, deren richtiges Funktionieren für die medizinische Praxis wesentlich ist und deren Versagen ein ernstes Risiko für die Gesundheit darstellen kann.

(23) Unter den In-vitro-Diagnostika, bei denen die Einschaltung einer benannten Stelle notwendig ist, erfordern die im Zusammenhang mit der Übertragung von Blut und der Vorbeugung gegen Aids und bestimmte Hepatitiserkrankungen verwendeten Produktgruppen eine Konformitätsbewertung, die hinsichtlich der Auslegung und der Herstellung dieser Produkte ein Optimum an Sicherheit und Zuverlässigkeit gewährleistet.

(24) Die Liste der In-vitro-Diagnostika, für die eine Konformitätsbewertung durch eine dritte Partei vorgeschrieben ist, bedarf der Fortschreibung unter Berücksichtigung des technischen Fortschritts und der Entwicklungen auf dem Ge-

---

12) ABl. L 220 vom 30. 8. 1993, S. 23.

biet des Gesundheitsschutzes. Eine solche Fortschreibung muss nach dem Verfahren NI Variante a) des Beschlusses 87/373/EWG des Rates vom 13. Juli 1987 zur Festlegung der Modalitäten für die Ausübung der der Kommission übertragenen Durchführungsbefugnisse[13] erfolgen.

(25) Zwischen dem Europäischen Parlament, dem Rat und der Kommission wurde am 20. Dezember 1994 ein „Modus vivendi" betreffend die Maßnahmen zur Durchführung der nach dem Verfahren des Artikels 189 b des Vertrags erlassenen Rechtsakte[14] vereinbart.

(26) Die Medizinprodukte müssen in der Regel mit der CE-Kennzeichnung versehen sein, aus der ihre Übereinstimmung mit den Bestimmungen dieser Richtlinie hervorgeht und die Voraussetzung für den freien Verkehr der Medizinprodukte in der Gemeinschaft und ihre bestimmungsgemäße Inbetriebnahme ist.

(27) Wenn die Beteiligung einer benannten Stelle erforderlich ist, kann der Hersteller zwischen den von der Kommission bekanntgemachten Stellen wählen. Die Mitgliedstaaten sind nicht verpflichtet, solche benannten Stellen zu bezeichnen, doch müssen sie sicherstellen, dass die als benannte Stellen bezeichneten Einrichtungen den Bewertungskriterien gemäß dieser Richtlinie entsprechen.

(28) Der Leiter und das Personal der benannten Stellen dürfen weder unmittelbar noch über eine zwischengeschaltete Person an den Einrichtungen, in Bezug auf die Bewertungen und Prüfungen durchgeführt werden, ein wirtschaftliches Interesse haben, das ihre Unabhängigkeit in Frage stellen könnte.

(29) Die für die Marktüberwachung zuständigen Behörden müssen vor allem in Dringlichkeitsfällen in der Lage sein, sich mit dem Hersteller oder seinem in der Gemeinschaft niedergelassenen Bevollmächtigten in Verbindung zu setzen, um die vorsorglichen Schutzmaßnahmen zu treffen, die sich als notwendig erweisen. Zwischen den Mitgliedstaaten sind Zusammenarbeit und ein Informationsaustausch im Hinblick auf eine einheitliche Anwendung dieser Richtlinie, insbesondere im Sinne der Marktüberwachung, erforderlich. Zu diesem Zweck muss eine Datenbank aufgebaut und betrieben werden, die Angaben über die Hersteller und ihre Bevollmächtigten, die in Verkehr gebrachten Produkte, die ausgestellten und die vorübergehend oder auf Dauer zurückgezogenen Bescheinigungen sowie über das Beobachtungs- und Meldeverfahren enthalten soll. Ein Produktbeobachtungs- und Meldesystem (Beobachtungs- und Meldeverfahren) stellt ein nützliches Instrument für die Überwachung des Marktes, einschließlich der Leistung neuer Produkte, dar. Informationen, die sich aus dem Marktüberwachungsverfahren sowie aus externen Qualitätsbewertungsprogrammen ergeben, sind für Entscheidungen bezüglich der Einstufung von Produkten von Nutzen.

---

13) ABl. L 197 vom 18. 7. 1987, S. 33.
14) ABl. C 102 vom 4. 4. 1996, S. 1.

(30) Die Hersteller müssen den zuständigen Behörden das Inverkehrbringen „neuer Produkte" melden, und zwar sowohl, was die angewandte Technologie, als auch, was die zu analysierenden Substanzen oder sonstigen Parameter angeht. Dies gilt insbesondere für DNS-Sonden höherer Dichte (die als „Mikrochips" bezeichnet werden) zum genetischen Screening.

(31) Ist ein Mitgliedstaat der Auffassung, dass ein bestimmtes Produkt oder eine Gruppe von Produkten aus Gründen des Gesundheitsschutzes und der Sicherheit und/oder im Interesse der öffentlichen Gesundheit gemäß Artikel 36 des Vertrags verboten oder dessen beziehungsweise deren Bereitstellung beschränkt werden oder besonderen Bedingungen unterliegen sollte, so kann er die erforderlichen und begründeten vorläufigen Maßnahmen treffen. In diesem Fall konsultiert die Kommission die betreffenden Parteien und die Mitgliedstaaten und erlässt, sofern die einzelstaatlichen Maßnahmen begründet sind, die erforderlichen gemeinschaftlichen Maßnahmen nach dem Verfahren III Variante a) des Beschlusses 87/373/EWG.

(32) Diese Richtlinie erstreckt sich auf In-vitro-Diagnostika, die aus Geweben, Zellen oder Stoffen menschlichen Ursprungs hergestellt werden. Die Richtlinie betrifft nicht die anderen Medizinprodukte, die unter Verwendung von Stoffen menschlichen Ursprungs hergestellt werden. In dieser Hinsicht müssen die Arbeiten folglich fortgesetzt werden, damit es so bald wie möglich zur Verabschiedung entsprechender gemeinschaftlicher Rechtsvorschriften kommt.

(33) Bei der Probenahme, der Sammlung und der Verwendung von Stoffen, die aus dem menschlichen Körper gewonnen werden, ist die Unversehrtheit des Menschen zu schützen; es gelten die Grundsätze des Übereinkommens des Europarates zum Schutz der Menschenrechte und der Menschenwürde im Hinblick auf die Anwendung der Biologie und der Medizin; ferner gelten weiterhin die einzelstaatlichen Ethikvorschriften.

(34) Im Hinblick auf eine vollständige Übereinstimmung zwischen den Richtlinien über Medizinprodukte müssen einige Bestimmungen dieser Richtlinie in die Richtlinie 93/42/EWG aufgenommen werden, die entsprechend zu ändern ist.

(35) Die fehlenden Rechtsvorschriften über Medizinprodukte, die aus Substanzen menschlichen Ursprungs hergestellt werden, müssen so rasch wie möglich erlassen werden –

haben folgende Richtlinie erlassen:

Artikel 1
Anwendungsbereich, Begriffsbestimmungen

(1) Diese Richtlinie gilt für In-vitro-Diagnostika und ihr Zubehör. Im Sinne dieser Richtlinie wird Zubehör als eigenständiges In-vitro-Diagnostikum behandelt. In-vitro-Diagnostika und Zubehör werden nachstehend „Produkte" genannt.

(2) Im Sinne dieser Richtlinie bezeichnet der Ausdruck

a) „*Medizinprodukt*" alle einzeln oder miteinander verbundenen verwendeten Instrumente, Apparate, Vorrichtungen, Stoffe oder andere Gegenstände, einschließlich der für ein einwandfreies Funktionieren des Medizinprodukts eingesetzten Software, die vom Hersteller zur Anwendung für Menschen für folgende Zwecke bestimmt sind:
 – Erkennung, Verhütung, Überwachung, Behandlung oder Linderung von Krankheiten,
 – Erkennung, Überwachung, Behandlung, Linderung oder Kompensierung von Verletzungen oder Behinderungen,
 – Untersuchung, Ersatz oder Veränderung des anatomischen Aufbaus oder eines physiologischen Vorgangs,
 – Empfängnisregelung,

 und deren bestimmungsgemäße Hauptwirkung im oder am menschlichen Körper weder durch pharmakologische oder immunologische Mittel noch metabolisch erreicht wird, deren Wirkungsweise aber durch solche Mittel unterstützt werden kann;

b) „*In-vitro-Diagnostikum*" jedes Medizinprodukt, das als Reagenz, Reagenzprodukt, Kalibriermaterial, Kontrollmaterial, Kit, Instrument, Apparat, Gerät oder System – einzeln oder in Verbindung miteinander nach der vom Hersteller festgelegten Zweckbestimmung – zur In-vitro-Untersuchung von aus dem menschlichen Körper stammenden Proben, einschließlich Blut- und Gewebespenden, verwendet wird und ausschließlich oder hauptsächlich dazu dient, Informationen zu liefern
 – über physiologische oder pathologische Zustände oder
 – über angeborene Anomalien oder
 – zur Prüfung auf Unbedenklichkeit und Verträglichkeit bei den potenziellen Empfängern oder
 – zur Überwachung therapeutischer Maßnahmen.

 Probenbehältnisse gelten als In-vitro-Diagnostika. Probenbehältnisse sind luftleere wie auch sonstige Medizinprodukte, die von ihrem Hersteller speziell dafür gefertigt werden, aus dem menschlichen Körper stammende Proben unmittelbar nach ihrer Entnahme aufzunehmen und im Hinblick auf eine In-vitro-Diagnose aufzubewahren.

 Erzeugnisse für den allgemeinen Laborbedarf gelten nicht als In-vitro-Diagnostika, es sei denn, sie sind aufgrund ihrer Merkmale nach ihrer vom Hersteller festgelegten Zweckbestimmung speziell für In-vitro-Untersuchungen zu verwenden;

c) „*Zubehör*" jeder Gegenstand, der selbst kein In-vitro-Diagnostikum ist, aber nach der von seinem Hersteller speziell festgelegten Zweckbestimmung zusammen mit einem Produkt zu verwenden ist, damit dieses entsprechend seiner Zweckbestimmung angewendet werden kann.

Im Sinne dieser Definition gelten invasive, zur Entnahme von Proben bestimmte Erzeugnisse sowie Produkte, die zum Zweck der Probenahme in unmittelbaren Kontakt mit dem menschlichen Körper kommen, im Sinne der Richtlinie 93/42/EWG nicht als Zubehör von In-vitro-Diagnostika;

d) „*Produkt zur Eigenanwendung*" jedes Produkt, das nach der vom Hersteller festgelegten Zweckbestimmung von Laien in der häuslichen Umgebung angewendet werden kann;

e) „*Produkt für Leistungsbewertungszwecke*" jedes Produkt, das vom Hersteller dazu bestimmt ist, einer oder mehreren Leistungsbewertungsprüfungen in Labors für medizinische Analysen oder in einer anderen angemessenen Umgebung außerhalb der eigenen Betriebsstätte unterzogen zu werden;

f) „*Hersteller*" die natürliche oder juristische Person, die für die Auslegung, Herstellung, Verpackung und Etikettierung eines Produkts im Hinblick auf das Inverkehrbringen im eigenen Namen verantwortlich ist, unabhängig davon, ob diese Tätigkeiten von dieser Person oder stellvertretend für diese von einer dritten Person ausgeführt werden.

Die dem Hersteller nach dieser Richtlinie obliegenden Verpflichtungen gelten auch für die natürliche oder juristische Person, die ein oder mehrere vorgefertigte Produkte montiert, abpackt, behandelt, aufbereitet und/oder kennzeichnet und/oder für die Festlegung der Zweckbestimmung als Produkt im Hinblick auf das Inverkehrbringen im eigenen Namen verantwortlich ist. Dies gilt nicht für Personen, die – ohne Hersteller im Sinne des Unterabsatzes 1 zu sein – bereits in Verkehr gebrachte Produkte für einen namentlich genannten Patienten entsprechend ihrer Zweckbestimmung montieren oder anpassen;

g) „*Bevollmächtigter*" die in der Gemeinschaft niedergelassene natürliche oder juristische Person, die vom Hersteller ausdrücklich dazu bestimmt wurde, im Hinblick auf seine Verpflichtungen nach dieser Richtlinie in seinem Namen zu handeln und von den Behörden und Stellen in der Gemeinschaft in diesem Sinne kontaktiert zu werden;

h) „*Zweckbestimmung*" die Verwendung, für die das Produkt entsprechend den Angaben des Herstellers in der Kennzeichnung, der Gebrauchsanweisung und/oder dem Werbematerial bestimmt ist;

i) „*Inverkehrbringen*" die erste entgeltliche oder unentgeltliche Überlassung eines Produkts mit Ausnahme eines Produkts für Leistungsbewertungszwecke im Hinblick auf seinen Vertrieb und/oder seine Verwendung auf dem gemeinschaftlichen Markt, ungeachtet dessen, ob es sich um ein neues oder ein als neu aufbereitetes Produkt handelt;

j) „*Inbetriebnahme*"[15] den Zeitpunkt, zu dem ein Produkt dem Endanwender als ein Erzeugnis zur Verfügung gestellt worden ist, das erstmals als entsprechend seiner Zweckbestimmung auf dem gemeinschaftlichen Markt verwendet werden kann.

(3) Im Sinne dieser Richtlinie gilt als Kalibrier- und Kontrollmaterial jede Substanz, jedes Material und jeder Gegenstand, die von ihrem Hersteller vorgesehen sind zum Vergleich von Messdaten oder zur Prüfung der Leistungsmerkmale eines Produkts im Hinblick auf die Anwendung, für die es bestimmt ist.

(4) Im Sinne dieser Richtlinie unterliegt die Entnahme, Sammlung und Verwendung von Gewebe, Zellen und Stoffen menschlichen Ursprungs in ethischer Hinsicht den Grundsätzen des Übereinkommens des Europarates zum Schutz der Menschenrechte und der Menschenwürde im Hinblick auf die Anwendung der Biologie und der Medizin und den einschlägigen Regelungen der Mitgliedstaaten. In Bezug auf die Diagnose sind die Wahrung der Vertraulichkeit persönlicher Daten sowie der Grundsatz der Nichtdiskriminierung auf der Grundlage der genetischen Anlagen von Männern und Frauen von vorrangiger Bedeutung.

(5) Diese Richtlinie gilt nicht für die in einer Gesundheitseinrichtung sowohl hergestellten als auch verwendeten Produkte, bei denen die Verwendung in der Betriebsstätte oder in Räumen in unmittelbarer Nähe der Betriebsstätte erfolgt, in der sie hergestellt wurden, ohne dass sie auf eine andere juristische Person übertragen werden. Das Recht der Mitgliedstaaten, geeignete Schutzanforderungen an solche Tätigkeiten zu stellen, bleibt davon unberührt.

(6) Nationale Rechtsvorschriften, nach denen Produkte auf ärztliches Rezept geliefert werden, werden von dieser Richtlinie nicht berührt.

(7) Diese Richtlinie ist eine Einzelrichtlinie im Sinne von Artikel 2 Absatz 2 der Richtlinie 89/336/EWG; Produkte, deren Übereinstimmung mit der vorliegenden Richtlinie hergestellt wurde, fallen danach nicht mehr unter jene Richtlinie.

Artikel 2
Inverkehrbringen und Inbetriebnahme

Die Mitgliedstaaten treffen alle erforderlichen Maßnahmen, damit die Produkte nur in Verkehr gebracht und/oder in Betrieb genommen werden dürfen, wenn sie bei sachgemäßer Lieferung, Installation, Instandhaltung und ihrer Zweckbestimmung entsprechender Verwendung die Anforderungen dieser Richtlinie erfüllen. Diese umfasst auch die Verpflichtung der Mitgliedstaaten, Sicherheit und Qualität dieser Produkte zu überwachen. Dieser Artikel gilt auch für Produkte, die für Leistungsbewertungszwecke bereitgestellt werden.

---

15) Geändert entsprechend der Berichtigung vom 19. März 1999 (ABl. Nr. L 74 vom 19. März 1999, S. 32)

Artikel 3
Grundlegende Anforderungen

Die Produkte müssen die für sie unter Berücksichtigung ihrer Zweckbestimmung geltenden grundlegenden Anforderungen gemäß Anhang I erfüllen.

Artikel 4
Freier Verkehr

(1) Die Mitgliedstaaten behindern in ihrem Hoheitsgebiet nicht das Inverkehrbringen und die Inbetriebnahme von Produkten, die die CE-Kennzeichnung nach Artikel 16 tragen, wenn diese einer Konformitätsbewertung nach Artikel 9 unterzogen worden sind.

(2) Die Mitgliedstaaten behindern nicht, dass Produkte für Leistungsbewertungszwecke Laboratorien oder sonstigen Einrichtungen im Sinne der Erklärung in Anhang VIII zu diesem Zweck zur Verfügung gestellt werden, sofern sie die in Artikel 9 Absatz 4 und in Anhang VIII festgelegten Bedingungen erfüllen.

(3) Die Mitgliedstaaten lassen es zu, dass insbesondere bei Messen, Ausstellungen, Vorführungen oder wissenschaftlichen bzw. fachlichen Tagungen den Bestimmungen dieser Richtlinie nicht entsprechende Produkte ausgestellt werden, sofern diese Produkte nicht an von Teilnehmern stammenden Proben verwendet werden und ein sichtbares Schild deutlich darauf hinweist, dass diese Produkte erst in Verkehr gebracht oder in Betrieb genommen werden können, wenn ihre Übereinstimmung mit dieser Richtlinie hergestellt ist.

(4) Die Mitgliedstaaten können verlangen, dass die gemäß Anhang I Abschnitt B Nummer 8 bereitzustellenden Angaben bei der Übergabe an den Endanwender in der bzw. den jeweiligen Amtssprache(n) vorliegen.

Soweit die sichere und ordnungsgemäße Anwendung des Produkts gewährleistet ist, können die Mitgliedstaaten gestatten, dass die in Unterabsatz 1 genannten Angaben in einer oder mehreren anderen Amtssprachen der Gemeinschaft vorliegen.

Bei der Anwendung dieser Bestimmung berücksichtigen die Mitgliedstaaten den Grundsatz der Verhältnismäßigkeit und insbesondere

a) die Möglichkeit, die entsprechenden Angaben in Form harmonisierter Symbole, allgemein anerkannter Code-Darstellungen oder in sonstiger Weise zu machen;

b) die für das Produkt vorgesehene Art des Anwenders.

(5) Falls die Produkte auch unter andere Gemeinschaftsrichtlinien fallen, die andere Aspekte behandeln und in denen die CE-Kennzeichnung ebenfalls vorgesehen ist, wird mit der CE-Kennzeichnung angegeben, dass die Produkte auch diesen anderen Richtlinien entsprechen.

Steht dem Hersteller aufgrund einer oder mehrerer dieser Richtlinien während einer Übergangszeit jedoch die Wahl der anzuwendenden Regelung frei, so wird mit der CE-Kennzeichnung angegeben, dass die Produkte nur den vom Hersteller angewandten Richtlinien entsprechen. In diesem Fall müssen die Nummern dieser Richtlinien, unter denen sie im Amtsblatt der Europäischen Gemeinschaften veröffentlicht sind, in den von den Richtlinien vorgeschriebenen und den Produkten beiliegenden Unterlagen, Hinweisen oder Anleitungen angegeben werden.

Artikel 5
Verweis auf Normen

(1) Die Mitgliedstaaten gehen von der Einhaltung der grundlegenden Anforderungen gemäß Artikel 3 bei Produkten aus, die den einschlägigen nationalen Normen zur Durchführung der harmonisierten Normen, deren Fundstellen im Amtsblatt der Europäischen Gemeinschaften veröffentlicht worden sind, entsprechen; die Mitgliedstaaten veröffentlichen die Fundstellen dieser nationalen Normen.

(2) Ist ein Mitgliedstaat oder die Kommission der Auffassung, dass die harmonisierten Normen den grundlegenden Anforderungen gemäß Artikel 3 nicht voll entsprechen, so werden die von den Mitgliedstaaten zu treffenden Maßnahmen in Bezug auf diese Normen und die Veröffentlichung gemäß Absatz 1 nach dem in Artikel 6 Absatz 2 genannten Verfahren erlassen.

(3) Die Mitgliedstaaten gehen von der Einhaltung der grundlegenden Anforderungen gemäß Artikel 3 bei Produkten aus, die in Übereinstimmung mit Gemeinsamen Technischen Spezifikationen ausgelegt und hergestellt wurden, welche für Produkte gemäß Anhang II Liste A und erforderlichenfalls für Produkte gemäß Anhang II Liste B festgelegt sind. In diesen Spezifikationen werden in geeigneter Weise die Kriterien für die Bewertung und die Neubewertung der Leistung, die Chargenfreigabekriterien, die Referenzmethoden und die Referenzmaterialien festgelegt.

Die Gemeinsamen Technischen Spezifikationen werden nach dem in Artikel 7 Absatz 2 genannten Verfahren angenommen und im Amtsblatt der Europäischen Gemeinschaften veröffentlicht.

Die Hersteller haben die Gemeinsamen Technischen Spezifikationen in der Regel einzuhalten; kommen die Hersteller in hinreichend begründeten Fällen diesen Spezifikationen nicht nach, so müssen sie Lösungen wählen, die dem Niveau der Spezifikationen zumindest gleichwertig sind.

Wird in dieser Richtlinie auf die harmonisierten Normen verwiesen, so wird damit gleichzeitig auf die Gemeinsamen Technischen Spezifikationen verwiesen.

Artikel 6
Ausschuss für Normen und technische Vorschriften

(1) Die Kommission wird von dem gemäß Artikel 5 der Richtlinie 98/34/EG eingesetzten Ausschuss, im Folgenden „Ausschuss" genannt, unterstützt.

(2) Wird auf diesen Artikel Bezug genommen, so gelten die Artikel 3 und 7 des Beschlusses 1999/468/EG[16] unter Beachtung von dessen Artikel 8.

(3) Der Ausschuss gibt sich eine Geschäftsordnung.

---

16) Beschluss 1999/468/EG des Rates vom 28. Juni 1999 zur Festlegung der Modalitäten für die Ausübung der der Kommission übertragenen Durchführungsbefugnisse (ABl. L 184 vom 17. 7.1999, S. 23).

Artikel 7
Ausschuss für Medizinprodukte

(1) Die Kommission wird von dem durch Artikel 6 Absatz 2 der Richtlinie 90/385/EWG eingesetzten Ausschuss unterstützt.

(2) Wird auf diesen Absatz Bezug genommen, so gelten die Artikel 5 und 7 des Beschlusses 1999/468/EG[17] unter Beachtung von dessen Artikel 8.

Der Zeitraum nach Artikel 5 Absatz 6 des Beschlusses 1999/468/EG wird auf drei Monate festgesetzt.

(3) Wird auf diesen Absatz Bezug genommen, so gelten Artikel 5a Absätze 1 bis 4 und Artikel 7 des Beschlusses 1999/468/EG unter Beachtung von dessen Artikel 8.

(4) Wird auf diesen Absatz Bezug genommen, so gelten Artikel 5a Absätze 1, 2, 4 und 6 sowie Artikel 7 des Beschlusses 1999/468/EG unter Beachtung von dessen Artikel 8.

Artikel 8
Schutzklausel

(1) Stellt ein Mitgliedstaat fest, dass die in Artikel 4 Absatz 1 genannten Produkte die Gesundheit und/oder Sicherheit der Patienten, der Anwender oder gegebenenfalls Dritter oder die Sicherheit von Eigentum gefährden können, auch wenn sie sachgemäß installiert, instandgehalten und ihrer Zweckbestimmung entsprechend verwendet werden, so trifft er alle geeigneten vorläufigen Maßnahmen, um diese Produkte vom Markt zu nehmen oder ihr Inverkehrbringen oder ihre Inbetriebnahme zu verbieten oder einzuschränken. Der Mitgliedstaat teilt der Kommission unverzüglich diese Maßnahmen mit, nennt die Gründe für seine Entscheidung und gibt insbesondere an, ob die Nichtübereinstimmung mit dieser Richtlinie zurückzuführen ist auf:

a) die Nichteinhaltung der in Artikel 3 genannten grundlegenden Anforderungen,
b) eine unzulängliche Anwendung der Normen gemäß Artikel 5, sofern die Anwendung dieser Normen behauptet wird,
c) einen Mangel in diesen Normen selbst.

(2) Die Kommission konsultiert so bald wie möglich die betreffenden Parteien. Stellt die Kommission nach dieser Anhörung fest,

– dass die Maßnahmen gerechtfertigt sind, so unterrichtet sie hiervon unverzüglich den Mitgliedstaat, der die Maßnahme getroffen hat, sowie die anderen Mitgliedstaaten. Ist die in Absatz 1 genannte Entscheidung in einem Mangel der Normen begründet, so befasst die Kommission nach Anhörung der betreffenden Parteien den in Artikel 6 Absatz 1 genannten Ausschuss innerhalb von zwei Monaten, sofern der Mitgliedstaat, der die Entscheidung getroffen hat, diese aufrechterhalten will, und leitet das in Artikel 6 genannte Verfahren ein; ist die Maßnahme nach Absatz 1 auf Probleme im Zusammenhang mit dem Inhalt oder der Anwendung

---
17) ABl. Nr. L 331 vom 7.12.1998, S. 1

von Gemeinsamen Technischen Spezifikationen zurückzuführen, so legt die Kommission die Angelegenheit nach Anhörung der betreffenden Parteien binnen zwei Monaten dem in Artikel 7 Absatz 1 genannten Ausschuss vor;

- dass die Maßnahmen nicht gerechtfertigt sind, so unterrichtet sie davon unverzüglich den Mitgliedstaat, der die Maßnahme getroffen hat, sowie den Hersteller oder seinen Bevollmächtigten.

(3) Ist ein mit dieser Richtlinie nicht übereinstimmendes Produkt mit der CE-Kennzeichnung versehen, so ergreift der zuständige Mitgliedstaat gegenüber demjenigen, der diese Kennzeichnung angebracht hat, die geeigneten Maßnahmen und unterrichtet davon die Kommission und die übrigen Mitgliedstaaten.

(4) Die Kommission sorgt dafür, dass die Mitgliedstaaten über den Verlauf und die Ergebnisse dieses Verfahrens unterrichtet werden.

Artikel 9
Konformitätsbewertung

(1) Für alle Produkte mit Ausnahme der in Anhang II genannten Produkte und der Produkte für Leistungsbewertungszwecke muss der Hersteller, damit die CE-Kennzeichnung angebracht werden kann, das Verfahren gemäß Anhang III einhalten und vor dem Inverkehrbringen des Produkts die geforderte EG-Konformitätserklärung ausstellen.

Für alle Produkte zur Eigenanwendung mit Ausnahme der in Anhang II genannten Produkte und der Produkte für Leistungsbewertungszwecke muss der Hersteller vor Ausstellung der vorstehend genannten Konformitätserklärung die in Anhang III Nummer 6 genannten zusätzlichen Anforderungen erfüllen. Anstelle dieses Verfahrens kann der Hersteller das Verfahren gemäß Absatz 2 oder Absatz 3 anwenden.

(2) Für die in der Liste A des Anhangs II genannten Produkte mit Ausnahme der Produkte für Leistungsbewertungszwecke muss der Hersteller, damit die CE-Kennzeichnung angebracht werden kann, entweder

a) das Verfahren der EG-Konformitätserklärung gemäß Anhang IV (vollständiges Qualitätssicherungssystem) oder

b) das Verfahren der EG-Baumusterprüfung gemäß Anhang V in Verbindung mit dem Verfahren der EG-Konformitätserklärung gemäß Anhang VII (Qualitätssicherung Produktion) anwenden.

(3) Für die in der Liste B des Anhangs II genannten Produkte mit Ausnahme der Produkte für Leistungsbewertungszwecke muss der Hersteller, damit die CE-Kennzeichnung angebracht werden kann, entweder

a) das Verfahren der EG-Konformitätserklärung gemäß Anhang IV (vollständiges Qualitätssicherungssystem) oder

b) das Verfahren der EG-Baumusterprüfung gemäß Anhang V in Verbindung mit
   i) dem Verfahren der EG-Prüfung gemäß Anhang VI oder
   ii) dem Verfahren der EG-Konformitätserklärung gemäß Anhang VII (Qualitätssicherung Produktion)

anwenden.

(4) Bei Produkten für Leistungsbewertungszwecke muss der Hersteller das Verfahren gemäß Anhang VIII einhalten und vor der Bereitstellung dieser Produkte die in dem genannten Anhang geforderte Erklärung ausstellen.

Diese Bestimmung berührt nicht die nationalen Regelungen bezüglich ethischer Aspekte im Zusammenhang mit der Verwendung von Geweben oder Substanzen menschlichen Ursprungs für die Durchführung von Leistungsbewertungsstudien.

(5) Bei dem Verfahren der Konformitätsbewertung für ein Produkt berücksichtigen der Hersteller und, wenn beteiligt, die benannte Stelle die Ergebnisse von Bewertungen und Prüfungen, die gegebenenfalls in einem Zwischenstadium der Herstellung gemäß dieser Richtlinie vorgenommen wurden.

(6) Der Hersteller kann seinen Bevollmächtigten beauftragen, die Verfahren gemäß den Anhängen III, V, VI und VIII einzuleiten.

(7) Der Hersteller muss die Konformitätserklärung, die technische Dokumentation gemäß den Anhängen III bis VIII sowie die Entscheidungen, Berichte und Bescheinigungen der benannten Stellen aufbewahren und sie den einzelstaatlichen Behörden in einem Zeitraum von fünf Jahren nach Herstellung des letzten Produkts auf Anfrage zur Prüfung vorlegen. Ist der Hersteller nicht in der Gemeinschaft niedergelassen, gilt die Verpflichtung, die oben genannte Dokumentation vorzulegen, für seinen Bevollmächtigten.

(8) Setzt das Verfahren der Konformitätsbewertung die Beteiligung einer benannten Stelle voraus, so kann sich der Hersteller oder sein Bevollmächtigter im Rahmen der Aufgaben, für die diese Stelle benannt worden ist, an eine Stelle seiner Wahl wenden.

(9) Die benannte Stelle kann mit ordnungsgemäßer Begründung alle Informationen oder Angaben verlangen, die zur Ausstellung und Aufrechterhaltung der Konformitätsbescheinigung im Hinblick auf das gewählte Verfahren erforderlich sind.

(10) Die von den benannten Stellen gemäß den Anhängen III, IV und V getroffenen Entscheidungen haben eine Gültigkeitsdauer von höchstens fünf Jahren, die auf Antrag jeweils um höchstens fünf Jahre verlängert werden kann; der Antrag ist zu dem im Vertrag zwischen beiden Parteien vereinbarten Zeitpunkt einzureichen.

(11) Die Unterlagen und der Schriftwechsel über die Verfahren gemäß den Absätzen 1 bis 4 werden in einer Amtssprache des Mitgliedstaats abgefasst, in dem diese Verfahren durchgeführt werden, und/oder in einer anderen Gemeinschaftssprache, die von der benannten Stelle anerkannt wird.

(12) Abweichend von den Absätzen 1 bis 4 können die zuständigen Behörden auf ordnungsgemäß begründeten Antrag im Hoheitsgebiet des betreffenden Mitgliedstaats das Inverkehrbringen und die Inbetriebnahme einzelner Produkte zulassen, bei denen die Verfahren gemäß den Absätzen 1 bis 4 nicht durchgeführt wurden, wenn deren Verwendung im Interesse des Gesundheitsschutzes liegt.

(13) Dieser Artikel gilt entsprechend für jede natürliche oder juristische Person, die Produkte herstellt, die unter diese Richtlinie fallen, und die diese Produkte, ohne sie in den Verkehr zu bringen, in Betrieb nimmt und im Rahmen ihrer beruflichen Tätigkeit verwendet.

Artikel 10
Meldung der Hersteller und der Produkte

(1) Jeder Hersteller, der im eigenen Namen Produkte in Verkehr bringt, teilt den zuständigen Behörden des Mitgliedstaats, in dem er seinen Firmensitz hat, folgendes mit:

– die Anschrift des Firmensitzes,
– die die gemeinsamen technologischen Merkmale und/oder Analysen betreffenden Angaben zu Reagenzien, Reagenzprodukten und Kalibrier- und Kontrollmaterialien sowie eventuelle wesentliche Änderungen dieser Angaben, einschließlich einer Einstellung des Inverkehrbringens, und bei sonstigen Produkten die geeigneten Angaben,
– im Fall der Produkte gemäß Anhang II und der Produkte zur Eigenanwendung alle Angaben, die eine Identifizierung dieser Produkte ermöglichen, die Analyse- und gegebenenfalls Diagnoseparameter gemäß Anhang I Abschnitt A Nummer 3, die Ergebnisse der Leistungsbewertung gemäß Anhang VIII, die Bescheinigungen sowie eventuelle wesentliche Änderungen dieser Angaben, einschließlich einer Einstellung des Inverkehrbringens.

(2) Bei Produkten, die unter Anhang II fallen, sowie bei Produkten zur Eigenanwendung können die Mitgliedstaaten die Mitteilung der Angaben, die eine Identifizierung des Produkts ermöglichen, sowie der Kennzeichnung und der Gebrauchsanweisung verlangen, wenn diese Produkte in ihrem Hoheitsgebiet in Verkehr gebracht und/oder in Betrieb genommen werden.

Diese Maßnahmen können keine Voraussetzung für das Inverkehrbringen und/oder die Inbetriebnahme von Produkten darstellen, die dieser Richtlinie entsprechen.

(3) Hat ein Hersteller, der im eigenen Namen Produkte in Verkehr bringt, keinen Firmensitz in einem Mitgliedstaat, so benennt er einen Bevollmächtigten. Der Bevollmächtigte teilt den zuständigen Behörden des Mitgliedstaats, in dem er seinen Firmensitz hat, alle Angaben gemäß Absatz 1 mit.

(4) Das Meldeverfahren nach Absatz 1 bezieht sich auch auf neue Produkte. Ferner gibt der Hersteller, wenn es sich bei dem im Rahmen dieses Verfahrens angemeldeten Produkt mit einer CE-Kennzeichnung um ein „neues Produkt" handelt, dies in seiner Meldung an.

Im Sinne dieses Artikels handelt es sich um ein „neues Produkt", wenn

a) ein derartiges Produkt für den entsprechenden Analyten oder einen anderen Parameter während der vorangegangenen drei Jahre auf dem gemeinschaftlichen Markt nicht fortwährend verfügbar war oder

b) das Verfahren mit einer Analysetechnik arbeitet, die auf dem gemeinschaftlichen Markt während der vorangegangenen drei Jahre nicht fortwährend in Verbindung mit einem bestimmten Analyten oder einem anderen Parameter verwendet worden ist.

(5) Die Mitgliedstaaten ergreifen alle Maßnahmen, damit die Mitteilungen nach den Absätzen 1 und 3 unverzüglich in der in Artikel 12 beschriebenen Datenbank erfasst werden.

Die Einzelheiten zur Durchführung dieses Artikels, insbesondere für die Mitteilungen und die Definition des Begriffs der wesentlichen Änderung, werden nach dem in Artikel 7 Absatz 2 genannten Regelungsverfahren erlassen.

(6) Diese Mitteilung wird vorübergehend, bis zur Einrichtung einer für die zuständigen Behörden der Mitgliedstaaten zugänglichen europäischen Datenbank mit den Daten zu allen Produkten, die in der Gemeinschaft im Verkehr sind, vom Hersteller den zuständigen Behörden des jeweiligen Mitgliedstaats, der von dem Inverkehrbringen betroffen ist, zugeleitet.

Artikel 11
Beobachtungs- und Meldeverfahren

(1) Die Mitgliedstaaten treffen die erforderlichen Maßnahmen, damit die Angaben, die ihnen gemäß den Bestimmungen dieser Richtlinie zu den im folgenden ausgeführten Vorkommnissen im Zusammenhang mit Produkten mit einer CE-Kennzeichnung zur Kenntnis gebracht werden, zentral erfasst und bewertet werden:

a) jede Funktionsstörung, jeder Ausfall oder jede Änderung der Merkmale und/oder der Leistung eines Produkts sowie jede Unsachgemäßheit der Kennzeichnung oder Gebrauchsanweisung, die direkt oder indirekt zum Tod oder zu einer schwerwiegenden Verschlechterung des Gesundheitszustands eines Patienten oder eines Anwenders oder einer anderen Person führen könnte oder geführt haben könnte;

b) jeder Grund technischer oder medizinischer Art, der aufgrund der in Buchstabe a) genannten Ursachen durch die Merkmale und Leistungen eines Produkts bedingt ist und zum systematischen Rückruf von Produkten desselben Typs durch den Hersteller geführt hat.

(2) Wenn ein Mitgliedstaat die Ärzteschaft, medizinische Einrichtungen oder die Veranstalter externer Qualitätsbewertungsprogramme auffordert, den zuständigen Behörden die Zwischenfälle gemäß Absatz 1 mitzuteilen, trifft er die erforderlichen Maßnahmen, damit der Hersteller des betreffenden Produkts oder sein Bevollmächtigter ebenfalls von dem Zwischenfall unterrichtet wird.

(3) Nachdem die Mitgliedstaaten ein Vorkommnis – nach Möglichkeit gemeinsam mit dem Hersteller – bewertet haben, unterrichten sie unbeschadet des Artikels 8 die Kommission und die übrigen Mitgliedstaaten unverzüglich über die Zwischenfälle gemäß Absatz 1, für die geeignete Maßnahmen, die bis zur Rücknahme vom Markt gehen können, getroffen wurden bzw. ins Auge gefasst werden.

(4) Wenn es sich bei dem im Rahmen des Meldeverfahrens nach Artikel 10 angemeldeten Produkt mit einer CE-Kennzeichnung um ein „neues Produkt" handelt, gibt der Hersteller dies in seiner Meldung an. Die auf diese Weise informierte zuständige Behörde hat das Recht, vom Hersteller zu jedem Zeitpunkt innerhalb der nachfolgenden zwei Jahre und in begründeten Fällen die Vorlage eines Berichts über die Erkenntnisse aus den Erfahrungen mit dem Produkt nach dessen Inverkehrbringen zu verlangen.

(5) Die Mitgliedstaaten unterrichten auf Anfrage die anderen Mitgliedstaaten über die Einzelheiten gemäß den Absätzen 1 bis 4. Die Modalitäten zur Umsetzung dieses Artikels werden nach dem in Artikel 7 Absatz 2 genannten Regelungsverfahren festgelegt.

Artikel 12
Europäische Datenbank

(1) Regulierungsdaten gemäß dieser Richtlinie werden in einer europäischen Datenbank erfasst, zu der die zuständigen Behörden Zugang erhalten, damit sie ihre Aufgaben im Zusammenhang mit dieser Richtlinie in voller Sachkenntnis wahrnehmen können.

Die Datenbank enthält:

a) Angaben zur Meldung der Hersteller und der Produkte gemäß Artikel 10;
b) Angaben im Zusammenhang mit Bescheinigungen, die gemäß den Verfahren der Anhänge III bis VII ausgestellt, geändert, ergänzt, ausgesetzt, zurückgezogen oder verweigert wurden;
c) Angaben, die gemäß dem in Artikel 11 festgelegten Beobachtungs- und Meldeverfahren erhalten werden.

(2) Die Angaben werden in einem vereinheitlichten Format übermittelt.

(3) Die Modalitäten zur Umsetzung dieses Artikels werden nach dem in Artikel 7 Absatz 2 genannten Regelungsverfahren festgelegt.

Artikel 13
Besondere Gesundheitsüberwachungsmaßnahmen

Ist ein Mitgliedstaat der Auffassung, dass ein bestimmtes Produkt oder eine Gruppe von Produkten aus Gründen des Gesundheitsschutzes und der Sicherheit und / oder im Interesse der öffentlichen Gesundheit gemäß Artikel 36 des Vertrags verboten oder dessen beziehungsweise deren Bereitstellung beschränkt werden oder besonderen Bedingungen unterliegen sollte, so kann er die erforderlichen und begründeten vorläufigen Maßnahmen treffen. Er unterrichtet hiervon die Kommission und die übrigen Mitgliedstaaten unter Angabe der Gründe für seine Entscheidung. Die Kommission konsultiert die betreffenden Parteien und die Mitgliedstaaten und erlässt, wenn die einzelstaatlichen Maßnahmen gerechtfertigt sind, die erforderlichen Gemeinschaftsmaßnahmen.

Diese Maßnahmen zur Änderung nicht wesentlicher Bestimmungen dieser Richtlinie durch Ergänzung werden nach dem in Artikel 7 Absatz 3 genannten Regelungsverfahren mit Kontrolle erlassen. Aus Gründen äußerster Dringlichkeit kann die Kommission auf das in Artikel 7 Absatz 4 genannte Dringlichkeitsverfahren zurückgreifen.

Artikel 14
Änderung des Anhangs II und Abweichungsklausel

(1) Ist ein Mitgliedstaat der Auffassung, dass

a) die Liste der in Anhang II genannten Produkte geändert oder erweitert werden sollte oder

b) die Konformität eines Produkts oder einer Produktgruppe abweichend von den Bestimmungen des Artikels 9 in Anwendung eines oder mehrerer alternativer Verfahren festgestellt werden sollte, die aus den in Artikel 9 vorgesehenen Verfahren ausgewählt wurden,

so legt er der Kommission einen ausreichend begründeten Antrag vor und fordert diese auf, die erforderlichen Maßnahmen zu treffen.

Die unter Buchstabe a genannten Maßnahmen zur Änderung nicht wesentlicher Bestimmungen dieser Richtlinie werden nach dem in Artikel 7 Absatz 3 genannten Regelungsverfahren mit Kontrolle erlassen.

Die Kommission erlässt die in diesem Absatz genannten Maßnahmen nach dem in Artikel 7 Absatz 2 genannten Regelungsverfahren.

(2) Ist eine Entscheidung gemäß Absatz 1 zu treffen, so ist dabei folgendes gebührend zu berücksichtigen:

a) alle zweckdienlichen Angaben aus den Produktbeobachtungs- und Meldeverfahren sowie aus externen Qualitätsbewertungsprogrammen im Sinne des Artikels 11;

b) folgende Kriterien:
   i) ob ein Ergebnis, das mit einem bestimmten Produkt erzielt wurde und das einen direkten Einfluss auf das anschließende medizinische Vorgehen hat, absolut zuverlässig sein muss und
   ii) ob eine Maßnahme auf der Grundlage eines falschen Ergebnisses, das durch Anwendung eines bestimmten Produkts erzielt wurde, sich als gefährlich für den Patienten, einen Dritten oder die Öffentlichkeit erweisen könnte, insbesondere wenn die Ursache ein falsch positives oder falsch negatives Ergebnis ist,
   iii) und ob die Beteiligung einer benannten Stelle der Feststellung der Konformität des Produkts förderlich ist.

(3) Die Kommission unterrichtet die Mitgliedstaaten über die getroffenen Maßnahmen und veröffentlicht diese Maßnahmen gegebenenfalls im Amtsblatt der Europäischen Gemeinschaften.

Artikel 15
Benannte Stellen

(1) Die Mitgliedstaaten teilen der Kommission und den anderen Mitgliedstaaten die Stellen mit, die sie für die Durchführung der Aufgaben im Zusammenhang mit den Verfahren des Artikels 9 benannt haben; sie teilen außerdem die spezifischen Aufgaben mit, mit denen die Stellen betraut wurden. Die Kommission weist diesen Stellen, im folgenden als „benannte Stellen" bezeichnet, Kennnummern zu.

Die Kommission veröffentlicht im Amtsblatt der Europäischen Gemeinschaften ein Verzeichnis der benannten Stellen einschließlich ihrer Kennnummern sowie der Aufgaben, für die sie benannt wurden. Die Kommission sorgt für die Fortschreibung dieses Verzeichnisses.

Die Mitgliedstaaten sind nicht verpflichtet, Stellen zu benennen.

(2) Die Mitgliedstaaten wenden für die Benennung der Stellen die Kriterien gemäß Anhang IX an. Von den Stellen, die den Kriterien entsprechen, welche in den zur Umsetzung der einschlägigen harmonisierten Normen erlassenen nationalen Normen festgelegt sind, wird angenommen, dass sie den einschlägigen Kriterien genügen.

(3) Die Mitgliedstaaten führen eine ständige Überwachung der benannten Stellen durch, um sicherzustellen, dass diese den in Anhang IX genannten Kriterien genügen. Ein Mitgliedstaat, der eine Stelle benannt hat, muss diese Benennung widerrufen oder beschränken, wenn er feststellt, dass die Stelle den Kriterien gemäß Anhang IX nicht mehr genügt. Er setzt die anderen Mitgliedstaaten und die Kommission von jedem Widerruf oder jeder Beschränkung der Benennung dieser Stelle unverzüglich in Kenntnis.

(4) Die benannte Stelle und der Hersteller oder sein in der Gemeinschaft niedergelassener Bevollmächtigter legen im gemeinsamen Einvernehmen die Fristen für die Durchführung der Bewertungen und Prüfungen gemäß den Anhängen III bis VII fest.

(5) Die benannte Stelle unterrichtet die anderen benannten Stellen und die zuständigen Behörden über alle ausgesetzten oder widerrufenen Bescheinigungen sowie auf Anfrage über ausgestellte oder verweigerte Bescheinigungen. Sie stellt ferner auf Anfrage alle einschlägigen zusätzlichen Informationen zur Verfügung.

(6) Stellt eine benannte Stelle fest, dass einschlägige Anforderungen dieser Richtlinie vom Hersteller nicht erfüllt wurden oder nicht länger erfüllt werden, oder hätte eine Bescheinigung nicht ausgestellt werden dürfen, so setzt sie – unter Berücksichtigung des Grundsatzes der Verhältnismäßigkeit – die ausgestellte Bescheinigung aus oder widerruft sie oder erlegt Beschränkungen auf, es sei denn, dass der Hersteller durch geeignete Abhilfemaßnahmen die Übereinstimmung mit diesen Anforderungen gewährleistet. Die benannte Stelle unterrichtet die zuständige Behörde, falls die Bescheinigung ausgesetzt oder widerrufen wird oder Beschränkungen auferlegt werden oder sich ein Eingreifen der zuständigen Behörde als erforderlich erweisen könnte. Der Mitgliedstaat unterrichtet die übrigen Mitgliedstaaten und die Kommission.

(7) Die benannte Stelle stellt auf Anfrage alle einschlägigen Informationen und Unterlagen einschließlich der haushaltstechnischen Unterlagen zur Verfügung, damit der Mitgliedstaat überprüfen kann, ob die Anforderungen nach Anhang IX erfüllt sind.

Artikel 16
CE-Kennzeichnung

(1) Mit Ausnahme der Produkte für Leistungsbewertungszwecke müssen alle Produkte, von deren Übereinstimmung mit den grundlegenden Anforderungen gemäß Artikel 3 auszugehen ist, bei ihrem Inverkehrbringen mit einer CE-Kennzeichnung versehen sein.

(2) Die CE-Kennzeichnung gemäß Anhang X muss in deutlich sichtbarer, leicht lesbarer und unauslöschbarer Form auf dem Produkt – sofern dies durchführbar und zweckmäßig ist – sowie auf der Gebrauchsanweisung angebracht sein. Wenn möglich, muss die CE-Kennzeichnung auch auf der Handelsverpackung angebracht sein. Außer der CE-Kennzeichnung muss die Kennnummer der benannten Stelle aufgeführt sein, die für die Durchführung der Verfahren gemäß den Anhängen III, IV, VI und VII verantwortlich ist.

(3) Zeichen oder Aufschriften, die geeignet sind, Dritte bezüglich der Bedeutung oder der graphischen Gestaltung der CE-Kennzeichnung irrezuführen, dürfen nicht angebracht werden. Alle sonstigen Zeichen dürfen auf dem Produkt, der Verpackung oder der Gebrauchsanweisung für das Produkt angebracht werden, sofern sie die Sichtbarkeit und Lesbarkeit der CE-Kennzeichnung nicht beeinträchtigen.

Artikel 17
Unzulässige Anbringung der CE-Kennzeichnung

(1) Unbeschadet des Artikels 8 gilt folgendes:

a) Stellt ein Mitgliedstaat fest, dass die CE-Kennzeichnung unzulässigerweise angebracht wurde, ist der Hersteller oder sein Bevollmächtigter verpflichtet, den weiteren Verstoß unter den vom Mitgliedstaat festgelegten Bedingungen zu verhindern.

b) Falls die unzulässige Anbringung fortbesteht, muss der Mitgliedstaat nach dem Verfahren gemäß Artikel 8 alle geeigneten Maßnahmen ergreifen, um das Inverkehrbringen des betreffenden Produkts einzuschränken oder zu untersagen oder um zu gewährleisten, dass es vom Markt genommen wird.

(2) Absatz 1 gilt auch in den Fällen, in denen die CE-Kennzeichnung nach den Verfahren dieser Richtlinie unzulässigerweise an Erzeugnissen angebracht wurde, die nicht unter diese Richtlinie fallen.

Artikel 18
Verbote und Beschränkungen

(1) Jede in Anwendung dieser Richtlinie getroffene Entscheidung, die

a) ein Verbot oder eine Beschränkung des Inverkehrbringens, der Bereitstellung oder der Inbetriebnahme eines Produkts oder

b) die Rücknahme des Produkts vom Markt zur Folge hat,

ist genau zu begründen. Sie wird dem Betreffenden unverzüglich unter Angabe der Rechtsmittel, die nach dem Recht des betreffenden Mitgliedstaats eingelegt werden können, und der Fristen für die Einlegung dieser Rechtsmittel mitgeteilt.

(2) Bei der in Absatz 1 genannten Entscheidung muss der Hersteller oder sein Bevollmächtigter die Möglichkeit haben, seinen Standpunkt zuvor darzulegen, es sei denn, dass eine solche Anhörung angesichts der insbesondere im Interesse der öffentlichen Gesundheit gebotenen Dringlichkeit der zu treffenden Maßnahme nicht möglich ist.

Artikel 19
Vertraulichkeit

Die Mitgliedstaaten sorgen unbeschadet der bestehenden einzelstaatlichen Bestimmungen und Praktiken in Bezug auf die ärztliche Schweigepflicht dafür, dass alle von der Anwendung dieser Richtlinie betroffenen Parteien verpflichtet werden, sämtliche bei der Durchführung ihrer Aufgaben erhaltenen Informationen vertraulich zu behandeln. Die Verpflichtungen der Mitgliedstaaten und der benannten Stellen zur gegenseitigen Unterrichtung und zur Verbreitung von Warnungen sowie die im Strafrecht verankerten Informationspflichten der betreffenden Personen bleiben davon unberührt.

Artikel 20
Zusammenarbeit zwischen den Mitgliedstaaten

Die Mitgliedstaaten treffen die geeigneten Maßnahmen, um sicherzustellen, dass die für die Durchführung dieser Richtlinie zuständigen Behörden miteinander zusammenarbeiten und einander die Auskünfte erteilen, die erforderlich sind, um eine gleichwertige Anwendung dieser Richtlinie zu ermöglichen.

Artikel 21
Änderung von Richtlinien

(1) In der Richtlinie 98/37/EG wird der Wortlaut von Artikel 1 Absatz 3 zweiter Gedankenstrich: „Maschinen für medizinische Zwecke, die in direktem Kontakt mit den Patienten verwendet werden" durch folgenden Wortlaut ersetzt: „Medizinprodukte".

(2) Die Richtlinie 93/42/EWG wird wie folgt geändert:

a) Artikel 1 Absatz 2 wird wie folgt geändert:
- Buchstabe c) erhält folgende Fassung:

„c) In-vitro-Diagnostikum: jedes Medizinprodukt, das als Reagenz, Reagenzprodukt, Kalibriermaterial, Kontrollmaterial, Kit, Instrument, Apparat, Gerät oder System einzeln oder in Verbindung miteinander nach der vom Hersteller festgelegten Zweckbestimmung zur In-vitro-Untersuchung von aus dem menschlichen Körper stammenden Proben, einschließlich Blut- und Gewebespenden, verwendet wird und

ausschließlich oder hauptsächlich dazu dient, Informationen zu liefern
- über physiologische oder pathologische Zustände oder
- über angeborene Anomalien oder
- zur Prüfung auf Unbedenklichkeit und Verträglichkeit bei den potenziellen Empfängern oder
- zur Überwachung therapeutischer Maßnahmen.

Probenbehältnisse gelten als In-vitro-Diagnostika. Probenbehältnisse sind luftleere wie auch sonstige Medizinprodukte, die von ihrem Hersteller speziell dafür gefertigt werden, aus dem menschlichen Körper stammende Proben unmittelbar nach ihrer Entnahme aufzunehmen und im Hinblick auf eine In-vitro-Diagnose aufzubewahren.

Erzeugnisse für den allgemeinen Laborbedarf gelten nicht als In-vitro-Diagnostika, es sei denn, sie sind aufgrund ihrer Merkmale nach ihrer vom Hersteller festgelegten Zweckbestimmung speziell für In-vitro-Untersuchungen zu verwenden."

- Buchstabe i) erhält folgende Fassung:
  „i) ‚Inbetriebnahme': den Zeitpunkt, zu dem ein Produkt dem Endanwender als ein Erzeugnis zur Verfügung gestellt worden ist, das erstmals entsprechend seiner Zweckbestimmung auf dem gemeinschaftlichen Markt verwendet werden kann;";
- folgender Buchstabe wird hinzugefügt:
  „j) ‚Bevollmächtigter': die in der Gemeinschaft niedergelassene natürliche oder juristische Person, die vom Hersteller ausdrücklich dazu bestimmt wurde, im Hinblick auf seine Verpflichtungen nach dieser Richtlinie in seinem Namen zu handeln und von den Behörden und Stellen in der Gemeinschaft in diesem Sinne kontaktiert zu werden."

b) Artikel 2 erhält folgende Fassung:
   „*Artikel 2*
   Inverkehrbringen und Inbetriebnahme
   Die Mitgliedstaaten treffen alle erforderlichen Maßnahmen, damit die Produkte nur in Verkehr gebracht und/oder in Betrieb genommen werden dürfen, wenn sie bei sachgemäßer Lieferung, Installation, Instandhaltung und ihrer Zweckbestimmung entsprechender Verwendung die Anforderungen dieser Richtlinie erfüllen."

c) In Artikel 14 Absatz 1 wird folgender Absatz hinzugefügt:
   „Bei allen Medizinprodukten der Klassen IIb und III können die Mitgliedstaaten die Mitteilung aller Angaben, die eine Identifizierung des Produkts ermöglichen, sowie der Kennzeichnung und der Gebrauchsanweisung verlangen, wenn diese Produkte in ihrem Hoheitsgebiet in Betrieb genommen werden."

d) Folgende Artikel werden eingefügt:

Artikel 14a
Europäische Datenbank

(1) Regulierungsdaten gemäß dieser Richtlinie werden in einer europäischen Datenbank erfasst, zu der die zuständigen Behörden Zugang erhalten, damit sie ihre Aufgaben im Zusammenhang mit dieser Richtlinie in voller Sachkenntnis wahrnehmen können.

Die Datenbank enthält:

a) Angaben zur Meldung der Hersteller und der Produkte gemäß Artikel 14;
b) Angaben im Zusammenhang mit Bescheinigungen, die gemäß den Verfahren der Anhänge II bis VII ausgestellt, geändert, ergänzt, ausgesetzt, zurückgezogen oder verweigert wurden;
c) Angaben, die gemäß dem in Artikel 10 festgelegten Beobachtungs- und Meldeverfahren erhalten werden.

(2) Die Angaben werden in einem vereinheitlichten Format übermittelt.

(3) Die Modalitäten zur Durchführung dieses Artikels werden nach dem Verfahren des Artikels 7 Absatz 2 festgelegt.

Artikel 14b
Besondere Gesundheitsüberwachungsmaßnahmen

Ist ein Mitgliedstaat der Auffassung, dass ein bestimmtes Produkt oder eine Gruppe von Produkten aus Gründen des Gesundheitsschutzes und der Sicherheit und/oder im Interesse der öffentlichen Gesundheit gemäß Artikel 36 des Vertrags verboten oder dessen beziehungsweise deren Bereitstellung beschränkt werden oder besonderen Bedingungen unterliegen sollte, so kann er die erforderlichen und begründeten vorläufigen Maßnahmen treffen. Er unterrichtet hiervon die Kommission und die übrigen Mitgliedstaaten unter Angabe der Gründe für seine Entscheidung. Die Kommission konsultiert, soweit dies möglich ist, die betreffenden Parteien und die Mitgliedstaaten und erlässt, wenn die einzelstaatlichen Maßnahmen gerechtfertigt sind, die erforderlichen Gemeinschaftsmaßnahmen nach dem Verfahren des Artikels 7 Absatz 2."

e) In Artikel 16 werden folgende Absätze hinzugefügt:

„(5) Die benannte Stelle unterrichtet die anderen benannten Stellen und die zuständigen Behörden über alle ausgesetzten oder widerrufenen Bescheinigungen sowie auf Anfrage über ausgestellte oder verweigerte Bescheinigungen. Sie stellt ferner auf Anfrage alle einschlägigen zusätzlichen Informationen zur Verfügung.

(6) Stellt eine benannte Stelle fest, dass einschlägige Anforderungen dieser Richtlinie vom Hersteller nicht erfüllt wurden oder nicht länger erfüllt werden, oder hätte eine Bescheinigung nicht ausgestellt werden dürfen, so setzt sie – unter Berücksichtigung des Grundsatzes der Verhältnismäßigkeit – die ausgestellte Bescheinigung aus oder widerruft sie oder erlegt Beschränkungen auf, es sei denn, dass der Hersteller durch geeignete Abhilfemaßnahmen die Übereinstim-

mung mit diesen Anforderungen gewährleistet. Die benannte Stelle unterrichtet die zuständige Behörde, falls die Bescheinigung ausgesetzt oder widerrufen wird oder Beschränkungen auferlegt werden oder sich ein Eingreifen der zuständigen Behörde als erforderlich erweisen könnte. Der Mitgliedstaat unterrichtet die übrigen Mitgliedstaaten und die Kommission.

(7) Die benannte Stelle stellt auf Anfrage alle einschlägigen Informationen und Unterlagen einschließlich der haushaltstechnischen Unterlagen zur Verfügung, damit der Mitgliedstaat überprüfen kann, ob die Anforderungen nach Anhang XI erfüllt sind."

f) In Artikel 18 wird folgender Absatz hinzugefügt:

„Diese Bestimmungen gelten auch in den Fällen, in denen die CE-Kennzeichnung nach den Verfahren dieser Richtlinie unzulässigerweise an Erzeugnissen angebracht wurde, die nicht unter diese Richtlinie fallen."

g) Artikel 22 Absatz 4 Unterabsatz 1 erhält folgende Fassung:

„(4) Die Mitgliedstaaten gestatten
- das Inverkehrbringen von Produkten, die den Rechtsvorschriften entsprechen, die in ihrem Hoheitsgebiet am 31. Dezember 1994 galten, für einen Zeitraum von fünf Jahren nach Annahme dieser Richtlinie und
- die Inbetriebnahme dieser Produkte längstens bis zum 30. Juni 2001."

h) Folgende Nummern werden gestrichen: Anhang II Nummer 6.2, Anhang III Nummer 7.1 Anhang V Nummer 5.2 und Anhang VI Nummer 5.2.

i) In Anhang XI Nummer 3 ist nach Satz 2 folgender Satz einzufügen:

„Dies schließt ein, dass in der Organisation ausreichend wissenschaftliches Personal vorhanden ist, das die entsprechenden Erfahrungen und Kenntnisse besitzt, um die medizinische Funktion und Leistung der Produkte, für die die Stelle benannt worden ist, in Bezug auf die Anforderungen dieser Richtlinie und insbesondere die Anforderungen des Anhangs I zu beurteilen."

Artikel 22
Durchführung, Übergangsbestimmungen

(1) Die Mitgliedstaaten erlassen und veröffentlichen die erforderlichen Rechts- und Verwaltungsvorschriften, um dieser Richtlinie bis zum 7. Dezember 1999 nachzukommen. Sie setzen die Kommission unverzüglich davon in Kenntnis.

Die Mitgliedstaaten wenden diese Vorschriften ab dem 7. Juni 2000 an.

Wenn die Mitgliedstaaten diese Vorschriften erlassen, nehmen sie in den Vorschriften selbst oder durch einen Hinweis bei der amtlichen Veröffentlichung auf diese Richtlinie Bezug. Die Mitgliedstaaten regeln die Einzelheiten dieser Bezugnahme.

(2) Die Mitgliedstaaten teilen der Kommission den Wortlaut der wichtigsten einzelstaatlichen Rechtsvorschriften mit, die sie auf dem unter dieser Richtlinie fallenden Gebiet erlassen.

(3) Der in Artikel 7 genannte Ausschuss kann seine Tätigkeit unmittelbar nach dem Inkrafttreten dieser Richtlinie aufnehmen. Die Mitgliedstaaten können die in Artikel 15 genannten Maßnahmen unmittelbar nach Inkrafttreten dieser Richtlinie treffen.

(4) Die Mitgliedstaaten treffen die erforderlichen Maßnahmen, damit die benannten Stellen, die gemäß Artikel 9 mit der Konformitätsbewertung befasst sind, allen einschlägigen Angaben über Merkmale und Leistungen der Produkte, insbesondere den Ergebnissen einschlägiger Prüfungen und Kontrollen, die gemäß den geltenden einzelstaatlichen Rechts- und Verwaltungsvorschriften für diese Produkte bereits durchgeführt wurden, Rechnung tragen.

(5) Die Mitgliedstaaten gestatten für einen Zeitraum von fünf Jahren nach dem Inkrafttreten dieser Richtlinie das Inverkehrbringen von Produkten, die den zum Zeitpunkt des Inkrafttretens dieser Richtlinie in ihrem Hoheitsgebiet geltenden Rechtsvorschriften entsprechen. Ferner gestatten sie für einen Zeitraum von zwei Jahren die Inbetriebnahme dieser Produkte.

Artikel 23
Diese Richtlinie tritt am Tag ihrer Veröffentlichung im Amtsblatt der Europäischen Gemeinschaften in Kraft.

Artikel 24
Diese Richtlinie ist an die Mitgliedstaaten gerichtet.

Geschehen zu Luxemburg am 27. Oktober 1998.

Im Namen des Europäischen Parlaments	Im Namen des Rates
Der Präsident *J. M. Gil-Robles*	Der Präsident *E. Hostasch*

EG-Richtlinie „In-vitro-Diagnostika" 98/79/EG

Anhang I
Grundlegende Anforderungen
A. Allgemeine Anforderungen

1. Die Produkte müssen so ausgelegt und hergestellt sein, dass ihre Anwendung weder den klinischen Zustand und die Sicherheit der Patienten noch die Sicherheit und Gesundheit der Anwender oder gegebenenfalls Dritter oder die Sicherheit von Eigentum direkt oder indirekt gefährdet, wenn sie unter den vorgesehenen Bedingungen und zu den vorgesehenen Zwecken eingesetzt werden. Etwaige Risiken im Zusammenhang mit ihrer Anwendung müssen im Vergleich zu der nützlichen Wirkung für den Patienten vertretbar und mit einem hohen Maß an Schutz voll Gesundheit und Sicherheit vereinbar sein.

2. Die vom Hersteller bei der Auslegung und Konstruktion der Produkte gewählten Lösungen müssen den Grundsätzen der integrierten Sicherheit unter Berücksichtigung des allgemein anerkannten Stands der Technik entsprechen.

   Bei der Wahl der angemessensten Lösungen muss der Hersteller folgende Grundsätze in der angegebenen Reihenfolge anwenden:

   - weitestmögliche Beseitigung oder Minimierung der Risiken (Integration des Sicherheitskonzepts in die Auslegung und Konstruktion des Produkts);
   - gegebenenfalls Ergreifen angemessener Schutzmaßnahmen gegen nicht zu beseitigende Risiken;
   - Unterrichtung der Benutzer über die Restrisiken, für die keine angemessenen Schutzmaßnahmen getroffen werden können.

3. Die Produkte müssen so ausgelegt und hergestellt sein, dass sie nach dem allgemein anerkannten Stand der Technik für die nach Artikel 1 Absatz 2 Buchstabe b) vom Hersteller festgelegte Zweckbestimmung geeignet sind. Sie müssen – soweit zutreffend – die Leistungsparameter insbesondere im Hinblick auf die vom Hersteller angegebene analytische Sensitivität, diagnostische Sensitivität, analytische Spezifität, diagnostische Spezifität, Genauigkeit, Wiederholbarkeit, Reproduzierbarkeit, einschließlich der Beherrschung der bekannten Interferenzen und Nachweisgrenzen, erreichen.

   Die Rückverfolgbarkeit der dem Kalibriermaterial und/oder dem Kontrollmaterial zugeschriebenen Werte muss durch verfügbare Referenzmessverfahren und/oder übergeordnete Referenzmaterialien gewährleistet sein.

4. Die Merkmale und Leistungen gemäß den Nummern 1 und 3 dürfen sich nicht derart ändern, dass der klinische Zustand oder die Sicherheit der Patienten oder Anwender oder gegebenenfalls Dritter während der Le-

bensdauer der Produkte nach Maßgabe der vom Hersteller gemachten Angaben gefährdet werden, wenn diese Produkte Belastungen ausgesetzt werden, wie sie unter normalen Einsatzbedingungen auftreten können. Ist keine Lebensdauer angegeben, gilt die Forderung gleichermaßen für die von einem Produkt dieser Art vernünftigerweise zu erwartende Lebensdauer, wobei die Einsatzbedingungen und die Zweckbestimmung des Produkts zu berücksichtigen sind.

5. Die Produkte müssen so ausgelegt, hergestellt und verpackt sein, dass sich ihre Einsatzmerkmale und -leistungen während ihrer bestimmungsgemäßen Anwendung unter den nach der Gebrauchsanweisung und sonstigen Hinweisen des Herstellers entsprechenden Lagerungs- und Transportbedingungen (Temperatur, Feuchtigkeit usw.) nicht ändern.

B. Anforderungen an Auslegung und Herstellung

1. Chemische und physikalische Eigenschaften

1.1. Die Produkte müssen so ausgelegt und hergestellt sein, dass die Merkmale und Leistungen gemäß Abschnitt A „Allgemeine Anforderungen" gewährleistet sind. Dabei ist bei bestimmungsgemäßer Anwendung besonders auf eine mögliche Beeinträchtigung der Analysenleistung des Produkts durch eine Unverträglichkeit zwischen den eingesetzten Materialien und den mit dem Produkt zu verwendenden Proben (z. B. biologische Gewebe, Zellen, Körperflüssigkeiten und Mikroorganismen) zu achten.

1.2. Die Produkte müssen so ausgelegt, hergestellt und verpackt sein, dass eine Gefährdung des Transport-, Lager- und Bedienungspersonals durch Stoffe, die dem Produkt entweichen, Schadstoffe und Rückstände bei bestimmungsgemäßer Anwendung so gering wie möglich gehalten wird.

2. Infektion und mikrobielle Kontamination

2.1. Die Produkte und ihre Herstellungsverfahren müssen so ausgelegt sein, dass das Infektionsrisiko für den Anwender und für Dritte ausgeschlossen oder minimiert wird. Die Auslegung muss eine leichte Handhabung erlauben und gegebenenfalls das Risiko einer Kontamination oder eines Entweichens von Stoffen aus dem Produkt während der Anwendung und bei Probenbehältnissen das Risiko einer Kontamination der Probe minimieren. Das Herstellungsverfahren muss darauf abgestimmt sein.

2.2. Gehören zu den Bestandteilen eines Produkts biologische Substanzen, so sind die Infektionsrisiken durch Auswahl geeigneter Spender, geeigneter Substanzen und durch Verwendung geeigneter, validierter Inaktivierungs-, Konservierungs-, Prüf- und Kontrollverfahren zu minimieren.

2.3. Produkte, deren Kennzeichnung entweder den Hinweis „STERIL" oder die Angabe eines speziellen mikrobiellen Status enthält, müssen unter Anwendung angemessener Verfahren so ausgelegt, hergestellt und in einer geeigneten Verpackung verpackt sein, dass gewährleistet ist, dass der auf der Kennzeichnung der Produkte angegebene mikrobielle Status nach dem Inverkehrbringen unter den vom Hersteller festgelegten Lager- und Transportbedingungen erhalten bleibt, solange die Steril-Verpackung nicht beschädigt oder geöffnet wird.

2.4. Produkte, deren Kennzeichnung entweder den Hinweis „STERIL" oder die Angabe eines speziellen mikrobiellen Status enthält, müssen nach einem geeigneten, validierten Verfahren hergestellt worden sein.

2.5. Verpackungssysteme für Produkte, die nicht unter Nummer 2.3 fallen, müssen so beschaffen sein, dass die vom Hersteller angegebene Reinheit des Produkts unbeschadet erhalten bleibt und, wenn die Produkte vor ihrer Anwendung sterilisiert werden müssen, das Risiko einer mikrobiellen Kontamination so gering wie möglich gehalten wird.

Es sind Maßnahmen zu treffen, um das Risiko einer mikrobiellen Kontamination während der Auswahl und Handhabung von Rohstoffen sowie der Herstellung, der Lagerung und des Vertriebs soweit wie möglich zu verringern, wenn die Leistung des Produkts durch eine solche Kontamination beeinträchtigt werden kann.

2.6. Produkte, die sterilisiert werden sollen, müssen unter angemessenen überwachten Bedingungen (z. B. Umgebungsbedingungen) hergestellt sein.

2.7. Verpackungssysteme für nicht sterile Produkte müssen so beschaffen sein, dass die vorgesehene Reinheit des Produkts unbeschadet erhalten bleibt und, wenn das Produkt vor einer Anwendung sterilisiert werden soll, das Risiko einer mikrobiellen Kontamination soweit wie möglich verringert wird; das Verpackungssystem muss sich für das vom Hersteller angegebene Sterilisationsverfahren eignen.

3. Konstruktion und Umgebungsbedingungen

3.1. Wenn ein Produkt zur Anwendung in Kombination mit anderen Produkten oder Ausrüstungen bestimmt ist, muss die gesamte Kombination einschließlich der Anschlüsse sicher sein, und sie darf die vorgesehene Leistung der Produkte nicht beeinträchtigen. jede Einschränkung der Anwendung muss auf der Kennzeichnung und/oder in der Gebrauchsanweisung angegeben werden.

3.2. Die Produkte müssen so ausgelegt und hergestellt sein, dass die Risiken im Zusammenhang mit ihrer Verwendung in Verbindung mit den Materialien, Stoffen und Gasen, mit denen sie bei ihrer normalen Verwendung in Kontakt kommen können, minimiert werden.

3.3. Die Produkte müssen so ausgelegt und hergestellt sein, dass folgende Risiken ausgeschlossen oder so gering wie möglich gehalten werden:

- Verletzungsrisiken im Zusammenhang mit ihren physikalischen Eigenschaften (einschließlich der Aspekte von Volumen x Druck, Abmessungen und gegebenenfalls ergonomischen Merkmalen);
- Risiken im Zusammenhang mit vernünftigerweise vorhersehbaren Umgebungsbedingungen, wie z. B. Magnetfeldern, elektrischen Fremdeinflüssen, elektrostatischen Einladungen, Druck, Feuchtigkeit, Temperatur, Druckschwankungen oder Beschleunigung oder die nicht beabsichtigte Penetration von Stoffen in das Produkt.

Die Produkte müssen so ausgelegt und hergestellt sein, dass sie eine angemessene Festigkeit gegenüber elektromagnetischen Störungen aufweisen, so dass ein bestimmungsgemäßer Betrieb möglich ist.

3.4. Die Produkte müssen so ausgelegt und hergestellt sein, dass das Brand- oder Explosionsrisiko bei normaler Anwendung und beim Erstauftreten eines Defekts so gering wie möglich gehalten wird. Dies gilt insbesondere für solche Produkte, die entsprechend ihrer Zweckbestimmung entflammbaren oder brandfördernden Stoffen ausgesetzt oder damit in Verbindung gebracht werden.

3.5. Die Produkte müssen so ausgelegt und hergestellt sein, dass eine sichere Entsorgung möglich ist.

3.6. Mess-, Kontroll- und Anzeigeeinrichtungen (einschließlich Veränderungen bei der Farbanzeige und andere optische Indikatoren) müssen so ausgelegt und hergestellt sein, dass sie bei bestimmungsgemäßer Anwendung des Produkts ergonomischen Grundsätzen entsprechen.

4. Instrumente und Apparate mit Messfunktion

4.1. Produkte, bei denen es sich um Instrumente oder Apparate mit primärer analytischer Messfunktion handelt, müssen so ausgelegt und hergestellt sein, dass unter Berücksichtigung der Zweckbestimmung des Produkts und bestehender geeigneter Referenzmessverfahren und -materialien innerhalb geeigneter Messgenauigkeitsgrenzen angemessene Konstanz und Genauigkeit der Messung gewährleistet sind. Die vom Hersteller gewählten Genauigkeitsgrenzen sind von ihm anzugeben.

4.2. Bei Angabe der Messwerte in numerischer Form sind die gesetzlichen Einheiten gemäß den Vorschriften der Richtlinie 80/181/EWG des Rates vom 20. Dezember 1979 zur Angleichung der Rechtsvorschriften der Mitgliedstaaten über die Einheiten im Messwesen[18] zu verwenden.

5. Schutz vor Strahlungen

5.1. Die Produkte müssen so ausgelegt, hergestellt und verpackt sein, dass die Exposition von Anwendern und sonstigen Personen gegenüber ausgesandten Strahlungen auf das Mindestmaß beschränkt wird.

---

18) ABl. L 39 vom 15. 2. 1980, S. 40. Richtlinie zuletzt geändert durch die Richtlinie 89/617/EWG (ABl. L 357 vom 7. 12. 1989, S. 28).

| 5.2. | Produkte, die bestimmungsgemäß potenziell gefährliche sichtbare und/oder unsichtbare Strahlungen aussenden, müssen soweit möglich
- so ausgelegt und hergestellt sein, dass die Merkmale und Quantität der abgegebenen Strahlung kontrollier- und/oder einstellbar sind;
- mit visuellen und/oder akustischen Einrichtungen zur Anzeige dieser Strahlungen ausgestattet sein. |
|---|---|
| 5.3. | Die Gebrauchsanweisung von Produkten, die Strahlungen aussenden, muss genaue Angaben zu den Merkmalen der Strahlenemission, zu den Möglichkeiten des Strahlenschutzes für den Anwender und zur Vermeidung falscher Handhabung sowie zur Ausschaltung installationsbedingter Risiken enthalten. |
| 6. | **Anforderungen an Medizinprodukte mit externen oder interner Energiequelle** |
| 6.1. | Produkte, die mit programmierbaren Elektroniksystemen, einschließlich Software, ausgestattet sind, müssen so ausgelegt sein, dass Wiederholpräzision, Zuverlässigkeit und Leistung dieser Systeme entsprechend der Zweckbestimmung gewährleistet sind. |
| 6.2. | Die Produkte müssen so ausgelegt und hergestellt sein, dass die Gefahr der Entstehung elektromagnetischer Störungen, die in ihrer üblichen Umgebung befindliche weitere Einrichtungen oder Ausrüstungen in deren Funktion beeinträchtigen können, auf ein Mindestmaß beschränkt wird. |
| 6.3. | Die Produkte müssen so ausgelegt und hergestellt sein, dass das Risiko von unbeabsichtigten Stromstößen bei sachgemäßer Installation und Wartung sowie bei normaler Anwendung und beim Erstauftreten eines Defekts so weit wie möglich ausgeschaltet wird. |
| 6.4. | *Schutz vor mechanischen und thermischen Gefahren,* |
| 6.4.1. | Die Produkte müssen so ausgelegt und hergestellt sein, dass der Anwender vor mechanischen Gefahren geschützt ist. Die Produkte müssen unter den vorgesehenen Betriebsbedingungen ausreichend stabil sein. Sie müssen den ihrem vorgesehenen Arbeitsumfeld eigenen Belastungen standhalten können, und diese Stabilität muss während der erwarteten Lebensdauer der Produkte gegeben sein; dies gilt vorbehaltlich der vom Hersteller angegebenen Inspektions- und Wartungsanforderungen. |

Sofern Risiken infolge des Vorhandenseins von beweglichen Teilen, Risiken aufgrund von Bersten oder Ablösung oder die Gefahr des Entweichens von Substanzen bestehen, müssen geeignete Schutzvorkehrungen in den Produkten vorgesehen sein.

Schutzeinrichtungen oder sonstige an dem Produkt selbst vorgesehene Schutzvorrichtungen, insbesondere gegen Gefahren durch bewegliche Teile, müssen sicher sein und dürfen weder den Zugang im Hinblick auf die normale Bedienung des Produkts behindern, noch die vom Hersteller vorgesehene regelmäßige Wartung des Produkts einschränken.

6.4.2. Die Produkte müssen so ausgelegt und hergestellt sein, dass die Risiken, die durch von den Produkten erzeugte mechanische Schwingungen bedingt sind, unter Berücksichtigung des technischen Fortschritts so gering wie möglich gehalten werden, soweit diese Schwingungen nicht im Rahmen der vorgesehenen Anwendung beabsichtigt sind; dabei sind die vorhandenen Möglichkeiten zur Minderung der Schwingungen, insbesondere an deren Ursprung, zu nutzen.

6.4.3. Die Produkte müssen so ausgelegt und hergestellt sein, dass die Risiken, die durch Geräuschemissionen der Produkte bedingt sind, unter Berücksichtigung des technischen Fortschritts so gering wie möglich gehalten werden, soweit die akustischen Signale nicht im Rahmen der vorgesehenen Anwendung beabsichtigt sind; dabei sind die vorhandenen Möglichkeiten zur Minderung der Geräuschemissionen, insbesondere an deren Ursprung, zu nutzen.

6.4.4. Vom Anwender zu bedienende Endeinrichtungen und Anschlüsse an Energiequellen für den Betrieb mit elektrischer, hydraulischer oder pneumatischer Energie oder mit Gas müssen so ausgelegt und hergestellt sein, dass jede mögliche Gefährdung so gering wie möglich gehalten wird.

6.4.5. Zugängliche Teile von Produkten (mit Ausnahme von Teilen oder Bereichen, die Wärme abgeben oder bestimmte Temperaturen erreichen sollen) sowie deren Umgebung dürfen keine Temperaturen erreichen, die bei normaler Anwendung eine Gefährdung darstellen können.

7. **Anforderungen an Produkte zur Eigenanwendung**

Produkte zur Eigenanwendung müssen so ausgelegt und hergestellt sein, dass sie ihre Funktion unter Berücksichtigung der Fertigkeiten und Möglichkeiten der Anwender sowie der Auswirkungen der normalerweise zu erwartenden Schwankungen in der Verfahrensweise und der Umgebung der Anwender bestimmungsgemäß erfüllen können. Die vom Hersteller beigefügten Angaben und Anweisungen müssen für den Anwender leicht verständlich und anwendbar sein.

7.1. Produkte zur Eigenanwendung müssen so ausgelegt und hergestellt sein, dass

– gewährleistet ist, dass das Produkt für den nicht medizinisch ausgebildeten Anwender in allen Bedienungsphasen einfach anzuwenden ist, und

– die Gefahr einer falschen Handhabung des Produkts oder einer falschen Interpretation der Ergebnisse durch den Anwender so gering wie möglich gehalten wird.

EG-Richtlinie „In-vitro-Diagnostika" 98/79/EG IVDD

7.2. Produkte zur Eigenanwendung müssen, soweit es unter vertretbaren Bedingungen möglich ist, mit einem Verfahren zur Anwenderkontrolle versehen sein, d. h. einem Verfahren, mit dem der Anwender kontrollieren kann, ob das Produkt bei der Anwendung bestimmungsgemäß arbeitet.

8. **Bereitstellung von Informationen durch den Hersteller**

8.1. Jedem Produkt sind Informationen beizugeben, die unter Berücksichtigung des Ausbildungs- und Kenntnisstandes des vorgesehenen Anwenderkreises die ordnungsgemäße und sichere Anwendung des Produkts und die Ermittlung des Herstellers ermöglichen.

Diese Informationen umfassen die Angaben in der Kennzeichnung und in der Gebrauchsanweisung.

Die für die ordnungsgemäße und sichere Anwendung erforderlichen Informationen müssen, soweit dies praktikabel und angemessen ist, auf dem Produkt selbst und/ oder gegebenenfalls auf der Handelspackung angegeben sein. Falls die vollständige Kennzeichnung jeder Einheit nicht möglich ist, müssen die Angaben auf der Verpackung und/oder in der für ein oder mehrere Produkte mitgelieferten Gebrauchsanweisung erscheinen.

Eine Gebrauchsanweisung muss jedem Produkt beigefügt oder in der Verpackung für ein oder mehrere Produkte enthalten sein.

In hinlänglich begründeten Fällen ist eine Gebrauchsanweisung ausnahmsweise entbehrlich, wenn die ordnungsgemäße und sichere Anwendung des Produkts ohne Gebrauchsanweisung gewährleistet ist.

Die Entscheidung über die Übersetzung der Gebrauchsanweisung und der Kennzeichnung in eine oder mehrere Sprachen der Europäischen Union wird den Mitgliedstaaten überlassen mit dem Vorbehalt, dass bei Produkten zur Eigenanwendung die Gebrauchsanweisung und die Kennzeichnung eine Übersetzung in der (den) Amtssprache(n) des Mitgliedstaats enthalten, in dem der Endverbraucher das Produkt zur Eigenanwendung erhält.

8.2. Die Angaben sollten gegebenenfalls in Form von Symbolen gemacht werden. Soweit Symbole und Identifizierungsfarben verwendet werden, müssen sie den harmonisierten Normen entsprechen. Falls solche Normen für den betreffenden Bereich nicht existieren, müssen die verwendeten Symbole und Identifizierungsfarben in der beigegebenen Produktdokumentation erläutert werden.

8.3. Bei Produkten, die eine Substanz oder Zubereitung enthalten, die aufgrund der Merkmale und der Menge ihrer Bestandteile sowie der Form, in der sie vorliegen, als gefährlich betrachtet werden kann, sind die jeweiligen Gefahrensymbole und Kennzeichnungsanforderungen gemäß den Richtlinien 67/548/EWG[19] und 88/379/EWG[20] anzuwenden. Wenn nicht alle Angaben auf dem Produkt oder in seiner Kennzeichnung angebracht werden können, sind die jeweiligen Gefahrensymbole in der Kennzeichnung anzubringen und die sonstigen gemäß diesen Richtlinien erforderlichen Angaben in der Gebrauchsanweisung zu machen.

Die Bestimmungen der vorstehend genannten Richtlinien zum Sicherheitsdatenblatt gelten, wenn nicht alle zweckdienlichen Angaben bereits in der Gebrauchsanweisung enthalten sind.

8.4. Die Kennzeichnung muss folgende Angaben – gegebenenfalls in Form von geeigneten Symbolen – enthalten:

a) Name oder Firma und Anschrift des Herstellers. Bei Produkten, die in die Gemeinschaft eingeführt werden, um dort vertrieben zu werden, müssen die Kennzeichnung, die äußere Verpackung oder die Gebrauchsanweisung ferner den Namen und die Anschrift des Bevollmächtigten des Herstellers aufweisen;

b) alle unbedingt erforderlichen Angaben, aus denen der Anwender eindeutig ersehen kann, worum es sich bei dem Produkt oder Packungsinhalt handelt;

c) gegebenenfalls den Hinweis „STERIL" oder eine Angabe zum speziellen mikrobiellen Status oder Reinheitsgrad;

d) den Loscode – nach dem Wort „LOS" – oder die Seriennummer;

e) erforderlichenfalls das Datum, angegeben in der Reihenfolge von Jahr, Monat und gegebenenfalls Tag, bis zu dem das Produkt oder eines seiner Teile ohne Verminderung der Leistungsfähigkeit sicher angewendet werden kann;

f) bei Produkten für Leistungsbewertungszwecke den Hinweis „nur für Leistungsbewertungszwecke";

g) gegebenenfalls einen Hinweis darauf, dass es sich um ein Produkt zur In-vitro-Anwendung handelt;

h) besondere Hinweise zur Lagerung und/oder Handhabung;

---

[19] Richtlinie 67/548/EWG des Rates vom 27. Juni 1967 zur Angleichung der Rechts- und Verwaltungsvorschriften für die Einstufung, Verpackung und Kennzeichnung gefährlicher Stoffe (ABl. L 196 vom 16. 8. 1967, S. 1). Richtlinie zuletzt geändert durch die Richtlinie 97/69/EG der Kommission (ABl. L 343 vom 13. 12. 1997, S. 19).

[20] Richtlinie 88/379/EWG des Rates vom 7. Juni 1988 zur Angleichung der Rechts- und Verwaltungsvorschriften der Mitgliedstaaten für die Einstufung, Verpackung und Kennzeichnung gefährlicher Zubereitungen (ABl. L 187 vom 16. 7. 1988, S. 14). Richtlinie zuletzt geändert durch die Richtlinie 96/65/EG der Kommission (ABl. L 265 vom 18. 10. 1996, S. 15).

EG-Richtlinie „In-vitro-Diagnostika" 98/79/EG IVDD

i) gegebenenfalls besondere Anwendungshinweise;

j) geeignete Warnhinweise und/oder Hinweise auf zu treffende Vorsichtsmaßnahmen;

k) wenn Produkte zur Eigenanwendung bestimmt sind, ist dies deutlich hervorzuheben.

8.5. Wenn die Zweckbestimmung eines Produkts für den Anwender nicht offensichtlich ist, muss der Hersteller diese in der Gebrauchsanweisung und gegebenenfalls auf der Kennzeichnung deutlich angeben.

8.6. Soweit vernünftigerweise praktikabel, müssen die Produkte und ihre eigenständigen Komponenten gegebenenfalls auf der Ebene der Produktlose identifizierbar sein, damit jede geeignete Maßnahme getroffen werden kann, um eine mögliche Gefährdung im Zusammenhang mit den Produkten und ihren eigenständigen Komponenten festzustellen.

8.7. Die Gebrauchsanweisung muss nach Maßgabe des konkreten Falls folgende Angaben enthalten:

a) Die Angaben gemäß Nummer 8.4 mit Ausnahme der Angaben unter deren Buchstaben d) und e);

b) die Zusammensetzung des Reagenzprodukts nach Art und Menge oder Konzentration des bzw. der wirksamen Bestandteile des Reagenz (der Reagenzien) oder des Kits sowie gegebenenfalls einen Hinweis darauf, dass das Produkt noch weitere die Messung beeinflussende Inhaltsstoffe enthält;

c) die Lagerungsbedingungen und die Verwendungsdauer nach dem erstmaligen Öffnen der Primärverpackung, zusammen mit den Lagerungsbedingungen und der Stabilität der Arbeitsreagenzien;

d) die Leistungsdaten gemäß Abschnitt A Nummer 3;

e) Angaben zu eventuell erforderlichen besonderen Materialien, einschließlich der Informationen, die im Hinblick auf eine ordnungsgemäße Anwendung für die Identifizierung dieser Materialien erforderlich sind;

f) Angaben zur Art des zu verwendenden Spezimens, darunter gegebenenfalls besondere Bedingungen für die Gewinnung, Vorbehandlung und, soweit erforderlich, Lagerung sowie Hinweise zur Vorbereitung des Patienten;

g) eine detaillierte Beschreibung der bei der Anwendung des Produkts zu wählenden Verfahrensweise;

h) Angaben zu dem für das Produkt anzuwendenden Messverfahren, darunter, soweit zutreffend,

– zum Prinzip des Verfahrens;

– zu den speziellen Leistungsmerkmalen der Analyse (z. B. Empfindlichkeit, Spezifität, Genauigkeit, Wiederholbarkeit, Reprodu-

zierbarkeit, Nachweisgrenzen und Messbereich, einschließlich der Angaben, die zur Kontrolle der bekannten relevanten Interferenzen erforderlich sind), den Begrenzungen des Verfahrens und zur Anwendung verfügbarer Referenzmessverfahren und -materialien durch den Anwender;
- nähere Angaben zu weiteren, vor Anwendung des Produkts erforderlichen Verfahren oder Schritten (z. B. Rekonstitution, Inkubation, Verdünnung, Instrumentenprüfung usw.);
- gegebenenfalls der Hinweis, dass eine besondere Ausbildung erforderlich ist;

i) den mathematischen Ansatz, auf dem die Berechnung der Analysenergebnisse beruht;

j) die Maßnahmen, die im Fall von Änderungen in der Analysenleistung des Produkts zu treffen sind;

k) geeignete Angaben für den Anwender:
- zur internen Qualitätskontrolle, einschließlich spezieller Validierungsverfahren,
- zur Rückverfolgbarkeit der Kalibrierung des Produkts;

l) die Referenzbereiche für die Bestimmung der Messgrößen, einschließlich einer Angabe der geeigneten Referenzpopulationen;

m) bei Produkten, die zur Erfüllung ihrer Zweckbestimmung mit anderen Medizinprodukten oder Ausrüstungen kombiniert oder an diese angeschlossen werden müssen: alle Merkmale, die zur Wahl der für eine sichere und ordnungsgemäße Kombination erforderlichen Geräte oder Ausrüstungen erforderlich sind;

n) alle Angaben, mit denen überprüft werden kann, ob ein Produkt ordnungsgemäß installiert worden ist und sich in sicherem und betriebsbereitem Zustand befindet, dazu Angaben zu Art und Häufigkeit der Instandhaltungsmaßnahmen und der Kalibrierungen, die erforderlich sind, um den sicheren und ordnungsgemäßen Betrieb der Produkte auf Dauer zu gewährleisten; Angaben zu einer sicheren Entsorgung;

o) Hinweise auf eine möglicherweise vor der Anwendung eines Produkts erforderliche besondere Behandlung oder zusätzliche Aufbereitung (z. B. Sterilisation, Montage usw.);

p) Anweisungen für den Fall, dass die Schutzverpackung beschädigt wird; dazu gegebenenfalls die Angabe geeigneter Verfahren zur erneuten Sterilisation oder Dekontamination;

q) bei wiederzuverwendenden Produkten Angaben über geeignete Aufbereitungsverfahren, z. B. zur Reinigung, Desinfektion, Verpackung, erneuten Sterilisation oder Dekontamination, dazu Angaben zu einer eventuellen Beschränkung der Anzahl der Wiederverwendungen;

r) Vorsichtsmaßnahmen für den Fall, dass es unter vernünftigerweise vorhersehbaren Umgebungsbedingungen zu einer Exposition gegenüber Magnetfeldern, elektrischen Fremdeinflüssen, elektrostatischen Entladungen, Druck oder Druckschwankungen, Beschleunigung, Wärmequellen mit der Gefahr einer Selbstentzündung usw. kommt;

s) Vorsichtsmaßnahmen gegen besondere oder ungewöhnliche Risiken im Zusammenhang mit der Verwendung oder Entsorgung des Produkts, einschließlich besonderer Schutzmaßnahmen; wenn das Produkt Stoffe menschlichen oder tierischen Ursprungs enthält, Hinweis auf das dadurch gegebene potenzielle Infektionsrisiko;

t) Spezifikationen für Produkte zur Eigenanwendung:
 - die Ergebnisse sind so anzugeben und darzustellen, dass sie von einem Laien ohne Schwierigkeiten verstanden werden; gleichzeitig sind Hinweise und Anweisungen für den Anwender zu den zu treffenden Maßnahmen (bei positivem, negativen oder unklaren Ergebnis) und zur Möglichkeit eines falsch positiven oder falsch negativen Ergebnisses erforderlich;
 - besondere Angaben sind dann nicht erforderlich, wenn die anderen vom Hersteller gemachten Angaben ausreichen, um den Anwender in die Lage zu versetzen, das Produkt einzusetzen und das bzw. die vom Produkt erzeugten Ergebnisse zu verstehen;
 - einen deutlichen Hinweis für den Anwender, dass dieser ohne vorherige Konsultation seines Arztes keine medizinisch wichtige Entscheidung treffen darf;
 - aus den Hinweisen muss auch hervorgehen, dass der Patient, wenn er ein Produkt zur Eigenanwendung zur Kontrolle einer bereits bestehenden Erkrankung einsetzt, die betreffende Behandlung nur anpassen darf, wenn er die dazu erforderliche Schulung erhalten hat;

u) das Datum der Herausgabe oder der jüngsten Überarbeitung der Gebrauchsanweisung.

Anhang II
Liste der in Artikel 9 Absätze 2 und 3 genannten Produkte

Liste A

– Reagenzien und Reagenzprodukte, einschließlich der entsprechenden Kalibrier- und Kontrollmaterialien, zur Bestimmung folgender Blutgruppen: AB-Null-System, Rhesus (C, c, D, E, e), Kell-System.

– Reagenzien und Reagenzprodukte, einschließlich der entsprechenden Kalibrier- und Kontrollmaterialien, zum Nachweis, zur Bestätigung und zur quantitativen Bestimmung von Markern von HIV-Infektionen (HIV 1 und 2), HTLV I und II sowie Hepatitis B, C und D in Proben menschlichen Ursprungs.

Liste B

– Reagenzien und Reagenzprodukte, einschließlich der entsprechenden Kalibrier- und Kontrollmaterialien, zur Bestimmung folgender Blutgruppen: Duffy-System, Kidd-System.

– Reagenzien und Reagenzprodukte, einschließlich der entsprechenden Kalibrier- und Kontrollmaterialien, zur Bestimmung irregulärer Anti-Erythrozyten-Antikörper.

– Reagenzien und Reagenzprodukte, einschließlich der entsprechenden Kalibrier- und Kontrollmaterialien, zum Nachweis und zur quantitativen Bestimmung folgender angeborener Infektionen in Proben menschlichen Ursprungs: Röteln, Toxoplasmose.

– Reagenzien und Reagenzprodukte, einschließlich der entsprechenden Kalibrier- und Kontrollmaterialien, zum Nachweis der folgenden Erbkrankheit: Phenylketonurie.

– Reagenzien und Reagenzprodukte, einschließlich der entsprechenden Kalibrier- und Kontrollmaterialien, zum Nachweis folgender Infektionen beim Menschen: Zytomegalovirus, Chlamydien.

– Reagenzien und Reagenzprodukte, einschließlich der entsprechenden Kalibrier- und Kontrollmaterialien, zur Bestimmung folgender HLA-Gewebetypen: DR, A, B.

– Reagenzien und Reagenzprodukte, einschließlich der entsprechenden Kalibrier- und Kontrollmaterialien, zum Nachweis des folgenden Tumormarkers: PSA.

– Reagenzien und Reagenzprodukte, einschließlich der entsprechenden Kalibrier- und Kontrollmaterialien, und Software, die spezifisch zur Schätzung des Risikos von Trisomie 21 bestimmt sind.

– Folgende Produkte zur Eigenanwendung, einschließlich der entsprechenden Kalibrier- und Kontrollmaterialien: Produkt zur Blutzuckerbestimmung.

Anhang III
EG-Konformitätserklärung

1. Als EG-Konformitätserklärung wird das Verfahren bezeichnet, mit dem der Hersteller oder sein Bevollmächtigter, der den Verpflichtungen nach den Nummern 2 bis 5, bei Produkten zur Eigenanwendung darüber hinaus den Verpflichtungen nach Nummer 6 nachkommt, sicherstellt und erklärt, dass die betreffenden Produkte den einschlägigen Bestimmungen dieser Richtlinie entsprechen. Der Hersteller bringt die CE-Kennzeichnung gemäß Artikel 16 an.

2. Der Hersteller stellt die in Nummer 3 beschriebene technische Dokumentation zusammen und gewährleistet, dass der Herstellungsprozess den Grundsätzen der Qualitätssicherung gemäß Nummer 4 entspricht.

3. Die technische Dokumentation muss die Bewertung der Konformität des Produkts mit den Anforderungen der Richtlinie ermöglichen. Sie enthält insbesondere

   – eine allgemeine Beschreibung des Produkts, einschließlich der geplanten Varianten;
   – die Dokumentation des Qualitätssicherungssystems;
   – Konstruktionsunterlagen, einschließlich Bestimmung der Merkmale von Ausgangsmaterialien, Leistungsmerkmale und -grenzen der Produkte, Herstellungsverfahren sowie – im Fall von Instrumenten – Konstruktionszeichnungen sowie Pläne von Bauteilen, Baugruppen, Schaltungen usw.;
   – Im Fall von Produkten, die Gewebe menschlichen Ursprungs oder aus diesen Geweben gewonnene Stoffe enthalten, Angaben zum Ursprung und zu den Bedingungen der Gewinnung dieser Materialien;
   – die zum Verständnis der genannten Charakteristika, Zeichnungen und Pläne sowie der Funktionsweise des Produkts erforderlichen Beschreibungen und Erläuterungen;
   – die Ergebnisse der Gefahrenanalyse sowie gegebenenfalls eine Liste der ganz oder teilweise angewandten Normen gemäß Artikel 5 sowie eine Beschreibung der Lösungen zur Einhaltung der grundlegenden Anforderungen dieser Richtlinie, sofern die in Artikel 5 genannten Normen nicht vollständig angewandt worden sind;
   – für sterile Produkte oder Produkte mit einem speziellen mikrobiellen Status oder Reinheitsgrad eine Beschreibung der angewandten Verfahren;
   – die Ergebnisse der Konstruktionsberechnungen, der vorgenommenen Prüfungen usw.;
   – wenn ein Produkt zur Erfüllung seiner Zweckbestimmung an ein oder mehrere andere Produkte angeschlossen werden muss, den Nach-

weis, dass das erstgenannte Produkt bei Anschluss an ein oder mehrere andere Produkte, die die vom Hersteller angegebenen Merkmale aufweisen, die grundlegenden Anforderungen erfüllt;
- die Prüfberichte;
- angemessene Angaben aus den Leistungsbewertungsprüfungen, mit denen die vom Hersteller geltend gemachten Leistungsdaten auf der Grundlage eines Referenzmesssystems (soweit vorhanden) bestätigt werden; diese Angaben umfassen Informationen zu den verwendeten Referenzverfahren, Referenzmaterialien, bekannten Referenzwerten, Genauigkeit und Messeinheiten; diese Daten müssen aus in einer klinischen oder sonstigen geeigneten Umgebung vorgenommenen Untersuchungen oder aus der einschlägigen Literatur stammen;
- Kennzeichnung und Bedienungsanleitung;
- Ergebnisse der Stabilitätsprüfungen.

4. Der Hersteller trifft alle notwendigen Maßnahmen, um sicherzustellen, dass der Herstellungsprozess den für die hergestellten Produkte geltenden Grundsätzen der Qualitätssicherung entspricht.

Das System umfasst:
- die Organisationsstruktur und die Zuständigkeiten;
- die Herstellungsverfahren und die systematische Qualitätskontrolle der Produktion;
- die Mittel zur Kontrolle der Leistung des Qualitätssicherungssystems.

5. Der Hersteller muss ein systematisches Verfahren einrichten und auf dem neuesten Stand halten, das es ermöglicht, Erfahrungen mit Produkten in der Herstellung nachgelagerten Phasen auszuwerten und in geeigneter Weise erforderliche Korrekturen zu veranlassen, wobei die Art des Produkts und die von diesem ausgehenden Risiken zu berücksichtigen sind. Der Hersteller muss die zuständigen Behörden unverzüglich über folgende Vorkommnisse unterrichten, sobald er selbst davon Kenntnis erlangt hat:
   i) jede Funktionsstörung, jeden Ausfall oder jede Änderung der Merkmale und/ oder der Leistung sowie jede Unsachgemäßheit der Kennzeichnung oder der Gebrauchsanweisung eines Produkts, die direkt oder indirekt zum Tod oder zu einer schwerwiegenden Verschlechterung des Gesundheitszustands eines Patienten, eines Anwenders oder einer anderen Person führen könnte oder geführt haben könnte;
   ii) jeden Grund technischer oder medizinischer Art, der aufgrund der unter Ziffer i) genannten Ursachen durch die Merkmale und Leistungen des Produkts bedingt ist und zum systematischen Rückruf von Produkten desselben Typs durch den Hersteller geführt hat.

6.	Bei Produkten zur Eigenanwendung muss der Hersteller einen Antrag auf Prüfung der Auslegung bei einer benannten Stelle einreichen.
6.1.	Der Antrag muss eine verständliche Darstellung der Auslegung des Produkts enthalten und eine Bewertung der Konformität mit den auslegungsbezogenen Anforderungen der Richtlinie ermöglichen. Der Antrag muss folgendes enthalten:

- Testberichte, gegebenenfalls mit Ergebnissen von Studien, die mit Laien durchgeführt worden sind;
- Angaben, die die geeignete Handhabung des Produkts im Hinblick auf die vorgesehene Eigenanwendung belegen;
- die Angaben, die auf der Kennzeichnung und in der Gebrauchsanweisung des Produkts anzubringen sind.

6.2.	Die benannte Stelle prüft den Antrag und stellt, falls die Auslegung den einschlägigen Bestimmungen dieser Richtlinie entspricht, dem Antragsteller eine EG-Auslegungsprüfbescheinigung aus. Die benannte Stelle kann verlangen, dass der Antrag durch weitere Tests oder Nachweise ergänzt wird, um die Konformität mit den Anforderungen der Richtlinie zur Auslegung prüfen zu können. Die Bescheinigung enthält die Ergebnisse der Prüfung, die Bedingungen für die Gültigkeit der Bescheinigung sowie die zur Identifizierung der genehmigten Auslegung erforderlichen Angaben und gegebenenfalls eine Beschreibung der Zweckbestimmung des Produkts.
6.3.	Der Antragsteller informiert die benannte Stelle, die die EG-Auslegungsprüfbescheinigung ausgestellt hat, über alle an der genehmigten Auslegung vorgenommenen wesentlichen Änderungen. Änderungen der genehmigten Auslegung müssen von der benannten Stelle, die die EG-Auslegungsprüfbescheinigung ausgestellt hat, zusätzlich genehmigt werden, wenn sie die Konformität mit den grundlegenden Anforderungen dieser Richtlinie oder mit den vorgesehenen Anwendungsbedingungen des Produkts berühren können. Diese Zusatzgenehmigung wird in Form eines Nachtrags zur ursprünglichen EG-Auslegungsprüfbescheinigung erteilt.

Anhang IV

EG-Konformitätserklärung
(Vollständiges Qualitätssicherungssystem)

1. Der Hersteller stellt sicher, dass das genehmigte Qualitätssicherungssystem für die für die Auslegung, die Fertigung und die Endkontrolle der betreffenden Produkte nach Maßgabe der Nummer 3 angewandt wird; er unterliegt der förmlichen Überprüfung (Audit) gemäß Nummer 3.3 und der Überwachung gemäß Nummer 5. Darüber hinaus hat der Hersteller bei den in Anhang II Liste A genannten Produkten die Verfahren nach den Nummern 4 und 6 einzuhalten.

2. Bei der EG-Konformitätserklärung handelt es sich um das Verfahren, mit dem der Hersteller, der den Verpflichtungen nach Nummer 1 nachkommt, sicherstellt und erklärt, dass die betreffenden Produkte den einschlägigen Bestimmungen dieser Richtlinie entsprechen.

   Der Hersteller bringt die CE-Kennzeichnung gemäß Artikel 16 an und stellt eine Konformitätserklärung aus, die sich auf die betreffenden Produkte erstreckt.

3. **Qualitätssicherungssystem**

3.1. Der Hersteller reicht einen Antrag auf Bewertung seines Qualitätssicherungssystems bei einer benannten Stelle ein.

   Der Antrag muss folgendes enthalten:
   - Name und Anschrift des Herstellers sowie die Anschrift etwaiger weiterer Fertigungsstätten denen das Qualitätssicherungssystem angewandt wird;
   - alle einschlägigen Angaben über das Produkt oder die Produktkategorie, das bzw. die Gegenstand des Verfahrens ist;
   - eine schriftliche Erklärung, dass bei keiner anderen benannten Stelle ein Parallelantrag zu demselben Qualitätssicherungssystem bezogen auf dieses Produkt eingereicht worden ist;
   - die Dokumentation über das Qualitätssicherungssystem;
   - eine Zusicherung seitens des Herstellers, die Verpflichtungen, die sich aus dem genehmigten Qualitätssicherungssystem ergeben, zu erfüllen;
   - eine Zusicherung seitens des Herstellers, das genehmigte Qualitätssicherungssystem so zu unterhalten, dass dessen Eignung und Wirksamkeit gewährleistet bleiben;
   - eine Zusicherung des Herstellers, ein systematisches Verfahren einzurichten und auf dem neuesten Stand zu halten, mit dem Erfahrungen mit Produkten in den der Herstellung nachgelagerten Phasen ausgewertet werden, und alle Vorkehrungen zu treffen, um erforderli-

che Korrekturen und die Unterrichtung gemäß Anhang III Nummer 5 vorzunehmen.

3.2. Mit Hilfe des Qualitätssicherungssystems muss die Konformität der Produkte mit den einschlägigen Bestimmungen dieser Richtlinie auf allen Stufen von der Auslegung bis zur Endkontrolle sichergestellt werden. Alle Einzelheiten, Anforderungen und Vorkehrungen, die der Hersteller seinem Qualitätssicherungssystem zugrunde legt, müssen in eine systematisch geführte und nach Strategien und schriftlichen Verfahrensanweisungen geordnete Dokumentation, beispielsweise in Form von Programmen, Plänen, Handbüchern und Aufzeichnungen zur Qualitätssicherung, aufgenommen werden.

Diese Dokumentation umfasst insbesondere eine angemessene Beschreibung folgender Punkte:

a) Qualitätsziele des Herstellers;
b) Organisation des Unternehmens insbesondere:
   – organisatorischer Aufbau, Zuständigkeiten und organisatorische Befugnisse des Managements in Bezug auf die Qualität bei der Auslegung und der Herstellung der betreffenden Produkte;
   – Mittel zur Überprüfung der Wirksamkeit des Qualitätssicherungssystems, insbesondere von dessen Eignung zur Sicherstellung der angestrebten Auslegungs- und Produktqualität, einschließlich der Kontrolle über nichtkonforme Produkte;
c) Verfahren zur Steuerung und Kontrolle der Produktauslegung, insbesondere:
   – eine allgemeine Beschreibung des Produkts, einschließlich der geplanten Varianten;
   – die gesamte Dokumentation gemäß Anhang III Nummer 3 dritter bis dreizehnter Gedankenstrich;
   – bei Produkten zur Eigenanwendung die Angaben gemäß Anhang III Nummer 6.1;
   – Techniken zur Kontrolle und Prüfung der Auslegung, der Verfahren und der systematischen Maßnahmen, die bei der Produktauslegung angewendet werden;
d) Qualitätssicherungs- und Kontrolltechniken auf der Ebene der Hersteller, insbesondere:
   – Verfahren und Methoden, insbesondere bei der Sterilisation;
   – Verfahren bei der Materialbeschaffung;
   – Verfahren zur Produktidentifizierung, die anhand von Zeichnungen, Spezifikationen oder sonstigen einschlägigen Unterlagen im Verlauf aller Herstellungsstufen erstellt und auf dem neuesten Stand gehalten werden;

e) geeignete Untersuchungen und Prüfungen, die vor, während und nach der Herstellung vorgenommen werden, sowie Angaben zu ihrer Häufigkeit und zu den verwendeten Prüfgeräten; die Nachvollziehbarkeit der Kalibrierung muss sichergestellt sein.

Der Hersteller führt die erforderlichen Prüfungen und Tests entsprechend dem neuesten Stand der Technik durch. Die Prüfungen und Tests beziehen sich auf den Herstellungsprozess, einschließlich der Bestimmung der Eigenschaften der Ausgangsstoffe, sowie die jeweils hergestellten einzelnen Produkte oder Produktchargen.

Bei der Prüfung der in Anhang II Liste A genannten Produkte berücksichtigt der Hersteller die neuesten Erkenntnisse, insbesondere im Hinblick auf die biologische Komplexität und Variabilität der mit dem In-vitro-Diagnostikum zu prüfenden Proben.

3.3. Die benannte Stelle führt eine förmliche Überprüfung (Audit) des Qualitätssicherungssystems durch, um festzustellen, ob es den Anforderungen nach Nummer 3.2 entspricht. Bei Qualitätssicherungssystemen, die auf der Umsetzung der entsprechenden harmonisierten Normen beruhen, geht sie von der Übereinstimmung mit diesen Anforderungen aus.

Das Prüfteam muss Erfahrungen mit der Bewertung der betreffenden Technologie haben. Das Bewertungsverfahren schließt eine Besichtigung der Betriebsstätten des Herstellers und, falls dazu hinreichend Anlass besteht, der Betriebsstätten der Zulieferer des Herstellers und/oder seiner Subunternehmer ein, um die Herstellungsverfahren zu überprüfen.

Die Entscheidung wird dem Hersteller mitgeteilt. Die Mitteilung enthält die Ergebnisse der Prüfung und eine Begründung der Entscheidung.

3.4. Der Hersteller informiert die benannte Stelle, die das Qualitätssicherungssystem genehmigt hat, über geplante wesentliche Änderungen des Qualitätssicherungssystems oder der hiervon erfassten Produktreihe.

Die benannte Stelle prüft die vorgeschlagenen Änderungen und entscheidet, ob das geänderte Qualitätssicherungssystem den Anforderungen nach Nummer 3.2 noch entspricht. Sie teilt ihre Entscheidung dem Hersteller mit. Die Mitteilung enthält die Ergebnisse der Prüfung und eine Begründung der Entscheidung.

4. Prüfung der Produktauslegung

4.1. Bei den in Anhang II Liste A genannten Produkten stellt der Hersteller, zusätzlich zu den ihm gemäß Nummer 3 obliegenden Verpflichtungen, bei der benannten Stelle einen Antrag auf Prüfung der Auslegungsdokumentation zu dem Produkt, dessen Herstellung bevorsteht und das zu der in Nummer 3.1 genannten Kategorie gehört.

4.2. Aus dem Antrag müssen die Auslegung, die Herstellung und die Leistungsdaten des betreffenden Produkts hervorgehen. Der Antrag enthält die nach Nummer 3.2 Buchstabe c) beizubringenden Dokumente, anhand deren die Beurteilung, ob das Produkt den Anforderungen dieser Richtlinie entspricht, möglich sein muss.

4.3. Die benannte Stelle prüft den Antrag und stellt, falls die Auslegung den einschlägigen Bestimmungen dieser Richtlinie entspricht, dem Antragsteller eine EG-Auslegungsprüfbescheinigung aus. Die benannte Stelle kann verlangen, dass für die Antragstellung zusätzliche Tests oder Prüfungen durchgeführt werden, damit die Übereinstimmung mit den Anforderungen dieser Richtlinie beurteilt werden kann. Die Bescheinigung enthält die Ergebnisse der Prüfung, die Bedingungen für ihre Gültigkeit sowie die zur Identifizierung der genehmigten Auslegung erforderlichen Angaben und gegebenenfalls eine Beschreibung der Zweckbestimmung des Produkts.

4.4. Änderungen an der genehmigten Auslegung müssen von der benannten Stelle, die die EG-Auslegungsprüfbescheinigung ausgestellt hat, zusätzlich genehmigt werden, wenn sie die Übereinstimmung des Produkts mit den grundlegenden Anforderungen dieser Richtlinie oder mit den vorgeschriebenen Anwendungsbedingungen berühren können. Der Hersteller informiert die benannte Stelle, die die EG-Auslegungsprüfbescheinigung ausgestellt hat, über diese Änderungen. Diese Zusatzgenehmigung wird in Form eines Nachtrags zur EG-Auslegungsprüfbescheinigung erteilt.

4.5. Der Hersteller informiert die benannte Stelle umgehend davon, wenn er Erkenntnisse über Änderungen der zu testenden Krankheitserreger und Infektionsmarker, insbesondere infolge biologischer Komplexität und Variabilität, erhalten hat. Der Hersteller teilt in diesem Zusammenhang der benannten Stelle mit, ob diese Änderung Auswirkungen auf die Leistung des In-vitro-Diagnostikums haben könnte.

5. Überwachung

5.1. Mit der Überwachung soll sichergestellt werden, dass der Hersteller die Verpflichtungen, die sich aus dem genehmigten Qualitätssicherungssystem ergeben, ordnungsgemäß einhält.

5.2. Der Hersteller gestattet der benannten Stelle die Durchführung aller erforderlichen Inspektionen und stellt ihr alle erforderlichen Unterlagen zur Verfügung, insbesondere:

- die Dokumentation über das Qualitätssicherungssystem;
- die Daten, die in dem die Auslegung betreffenden Teil des Qualitätssicherungssystems vorgesehen sind, wie z. B. Ergebnisse von Analysen, Berechnungen, Tests usw.;
- die Daten, die in dem die Herstellung betreffenden Teil des Qualitätssicherungssystems vorgesehen sind, wie z. B. Kontroll-, Test- und Kalibrierungsberichte, Berichte über die Qualifikation des betreffenden Personals usw.

5.3.	Die benannte Stelle führt regelmäßig die erforderlichen Inspektionen und Bewertungen durch, um sich davon zu überzeugen, dass der Hersteller das genehmigte Qualitätssicherungssystem anwendet, und übermittelt dem Hersteller einen Bewertungsbericht.
5.4.	Darüber hinaus kann die benannte Stelle unangemeldete Besichtigungen beim Hersteller durchführen. Dabei kann die benannte Stelle erforderlichenfalls Prüfungen zur Kontrolle des ordnungsgemäßen Funktionierens des Qualitätssicherungssystems durchführen oder durchführen lassen. Die benannte Stelle stellt dem Hersteller einen Bericht über die Besichtigung und gegebenenfalls über die vorgenommenen Prüfungen zur Verfügung.
6.	**Überprüfung der hergestellten Produkte nach Anhang II Liste A**
6.1.	Im Fall von Produkten nach Anhang II Liste A übermittelt der Hersteller der benannten Stelle umgehend nach Beendigung der Prüfungen und Tests die einschlägigen Prüfprotokolle über die Prüfung der hergestellten Produkte oder der einzelnen Produktchargen. Darüber hinaus stellt der Hersteller der benannten Stelle die Proben der hergestellten Produkte oder Produktchargen gemäß vorher vereinbarten Bedingungen und Modalitäten zur Verfügung.
6.2.	Der Hersteller kann die Produkte in Verkehr bringen, es sei denn, dass die benannte Stelle ihm innerhalb der vereinbarten Frist, spätestens jedoch 30 Tage nach Eingang der Proben, eine andere Entscheidung – insbesondere in Bezug auf die Bedingungen für die Gültigkeit der ausgestellten Bescheinigung – mitteilt.

Anhang V
EG-Baumusterprüfung

1. Als EG-Baumusterprüfung wird der Teil des Verfahrens bezeichnet, mit dem eine benannte Stelle feststellt und bescheinigt, dass ein für die geplante Produktion repräsentatives Exemplar den einschlägigen Bestimmungen dieser Richtlinie entspricht.

2. Der Antrag auf eine EG-Baumusterprüfung ist vom Hersteller oder seinem Bevollmächtigten bei einer benannten Stelle einzureichen.

   Der Antrag muss folgendes enthalten:
   - Name und Anschrift des Herstellers sowie Name und Anschrift des Bevollmächtigten, wenn der Antrag durch diesen gestellt wird;
   - die Dokumentation gemäß Nummer 3, die zur Bewertung der Konformität des für die betreffende Produktion repräsentativen Exemplars, nachstehend „Baumuster" genannt, mit den Anforderungen dieser Richtlinie erforderlich ist. Der Antragsteller stellt der benannten Stelle ein Baumuster zur Verfügung. Die benannte Stelle kann erforderlichenfalls weitere Exemplare des Baumusters verlangen.
   - eine schriftliche Erklärung, dass bei keiner anderen benannten Stelle ein Antrag zum selben Baumuster eingereicht worden ist.

3. Aus der Dokumentation müssen die Auslegung, die Herstellung und die Leistungsdaten des Produkts hervorgehen. Die Dokumentation muss insbesondere folgende Angaben und Einzelunterlagen enthalten:
   - eine allgemeine Beschreibung des Baumusters, einschließlich der geplanten Varianten;
   - die gesamte Dokumentation gemäß Anhang III Nummer 3 dritter bis dreizehnter Gedankenstrich;
   - bei Produkten zur Eigenanwendung die im Anhang III Nummer 6.1 genannten Informationen.

4. Die benannte Stelle geht wie folgt vor:

4.1. Sie prüft und bewertet die Dokumentation und überprüft, ob das Baumuster in Übereinstimmung mit dieser hergestellt wurde; sie stellt fest, welche Bauteile entsprechend den einschlägigen Bestimmungen der Normen gemäß Artikel 5 ausgelegt sind und bei welchen Bauteilen sich die Auslegung nicht auf die einschlägigen Bestimmungen dieser Normen stützt.

4.2. Sie führt die geeigneten Prüfungen und erforderlichen Tests durch oder lässt diese durchführen, um festzustellen, ob die vom Hersteller gewählten Lösungen den grundlegenden Anforderungen dieser Richtlinie entsprechen, sofern die in Artikel 5 genannten Normen nicht angewandt worden sind. Wenn ein Produkt zur Erfüllung seiner Zweckbestimmung an ein oder mehrere andere Produkte angeschlossen werden muss, ist der Nachweis zu erbringen, dass das erstgenannte Produkt bei Anschluss an ein oder mehrere andere Produkte, die die vom Hersteller angegebenen Merkmale aufweisen, die grundlegenden Anforderungen erfüllt.

4.3. Sie führt die geeigneten Prüfungen und erforderlichen Tests durch oder lässt diese durchführen, um festzustellen, ob die einschlägigen Normen tatsächlich angewendet worden sind, sofern sich der Hersteller für deren Anwendung entschieden hat.

4.4. Sie vereinbart mit dem Antragsteller den Ort, an dem die erforderlichen Prüfungen und Tests durchgeführt werden.

5. Entspricht das Baumuster den Bestimmungen dieser Richtlinie, so stellt die benannte Stelle dem Antragsteller eine EG-Baumusterprüfbescheinigung aus. Diese Bescheinigung enthält den Namen und die Anschrift des Herstellers, die Ergebnisse der Prüfung, die Bedingungen für die Gültigkeit der Bescheinigung sowie die zur Identifizierung des genehmigten Baumusters erforderlichen Angaben. Die relevanten Teile der Dokumentation werden der Bescheinigung beigefügt; eine Abschrift verbleibt bei der benannten Stelle.

6. Der Hersteller informiert die benannte Stelle umgehend davon, wenn er Erkenntnisse über Änderungen der zu testenden Krankheitserreger und Infektionsmarker, insbesondere infolge biologischer Komplexität und Variabilität, erhalten. Der Hersteller teilt in diesem Zusammenhang der benannten Stelle mit, ob diese Änderung Auswirkungen auf die Leistung des In-vitro-Diagnostikums haben könnte.

6.1. Änderungen an dem genehmigten Produkt müssen von der benannten Stelle, die die EG-Baumusterprüfbescheinigung ausgestellt hat, zusätzlich genehmigt werden, wenn sie die Übereinstimmung des Produkts mit den grundlegenden Anforderungen dieser Richtlinie oder mit den vorgeschriebenen Anwendungsbedingungen berühren können. Der Hersteller informiert die benannte Stelle, die die EG-Baumusterprüfbescheinigung ausgestellt hat, über alle derartigen Änderungen des genehmigten Produkts. Diese Zusatzgenehmigung wird in Form eines Nachtrags zur EG-Baumusterprüfbescheinigung erteilt.

7. **Administrative Bestimmungen**
Die anderen benannten Stellen können eine Abschrift der EG-Baumusterprüfbescheinigungen und/oder von deren Nachträgen erhalten. Die Anlagen zu den Bescheinigungen werden ihnen auf begründeten Antrag und nach vorheriger Unterrichtung des Herstellers zur Verfügung gestellt.

Anhang VI
EG-Prüfung

1. Die EG-Prüfung ist das Verfahren, mit dem der Hersteller oder sein Bevollmächtigter sicherstellt und erklärt, dass die Produkte, auf die das Verfahren nach Nummer 4 angewendet wurde, mit dem in der EG-Baumusterprüfbescheinigung beschriebenen Baumuster übereinstimmen und den einschlägigen Anforderungen dieser Richtlinie entsprechen.

2.1. Der Hersteller trifft alle erforderlichen Maßnahmen, damit im Herstellungsverfahren die Konformität der Produkte mit dem in der EG-Baumusterprüfbescheinigung beschriebenen Baumuster und mit den einschlägigen Anforderungen der Richtlinie sichergestellt wird. Er erstellt vor Beginn der Herstellung eine Dokumentation, in der das Herstellungsverfahren, insbesondere im Bereich der Sterilisation, sowie gegebenenfalls die Eignung der Ausgangsstoffe festgelegt sind, und definiert die notwendigen Prüfverfahren entsprechend dem Stand der Technik. Sämtliche zuvor aufgestellten Routinevorschriften sind anzuwenden, um die Homogenität der Herstellung und die Konformität der Produkte mit dem in der EG-Baumusterprüfbescheinigung beschriebenen Baumuster sowie mit den einschlägigen Anforderungen dieser Richtlinie zu gewährleisten.

2.2. Sofern in Bezug auf bestimmte Aspekte eine Endkontrolle gemäß Nummer 6.3 nicht zweckmäßig ist, sind vom Hersteller mit Genehmigung der benannten Stelle prozessinterne Prüf-, Überwachungs- und Kontrollverfahren zu entwickeln. Die Bestimmungen gemäß Anhang IV Nummer 5 gelten entsprechend für die oben genannten genehmigten Verfahren.

3. Der Hersteller verpflichtet sich, ein systematisches Verfahren einzurichten und auf dem neuesten Stand zu halten, mit dem Erfahrungen mit Produkten in den der Herstellung nachgelagerten Phasen ausgewertet werden, und geeignete Vorkehrungen zu treffen, um die erforderlichen Korrekturen und die Unterrichtung gemäß Anhang III Nummer 5 vorzunehmen.

4. Die benannte Stelle nimmt unter Berücksichtigung von Nummer 2.2 die entsprechenden Prüfungen und Tests zur Überprüfung der Konformität des Produkts mit den Anforderungen der Richtlinie je nach Wahl des Herstellers entweder durch Kontrolle und Erprobung jedes einzelnen Produkts gemäß Nummer 5 oder durch Kontrolle und Erprobung der Produkte auf statistischer Grundlage gemäß Nummer 6 vor. Bei der statistischen Überprüfung gemäß Nummer 6 hat die benannte Stelle zu entscheiden, ob die statistischen Verfahren für die Prüfung sämtlicher Chargen oder für die Prüfung einzelner Chargen anzuwenden sind. Bei dieser Entscheidung ist der Hersteller zu hören.

Ist eine Kontrolle und Erprobung auf statistischer Grundlage unzweckmäßig, können Prüfungen und Tests nach dem Zufallsprinzip durchgeführt werden, wenn ein solches Vorgehen in Verbindung mit den Maßnahmen, die gemäß Nummer 2.2 getroffen werden, einen gleichwertigen Grad an Konformität gewährleistet.

5. Kontrolle und Erprobung jedes einzelnen Produkts

5.1. Alle Produkte werden einzeln geprüft und dabei entsprechenden Prüfungen, wie sie in der (den) in Artikel 5 genannten geltenden Norm(en) vorgesehen sind, oder gleichwertigen Prüfungen unterzogen, und ihre Konformität mit dem in der EG-Baumusterprüfbescheinigung beschriebenen Baumuster und mit den einschlägigen Anforderungen der Richtlinie zu überprüfen.

5.2. Die benannte Stelle bringt an jedem genehmigten Produkt ihre Kennnummer an bzw. lässt diese anbringen und stellt eine Konformitätserklärung über die vorgenommenen Prüfungen aus.

6. Statistische Überprüfung

6.1. Der Hersteller legt seine Produkte in Form homogener Chargen vor.

6.2. Von jeder Charge werden je nach Bedarf eine oder mehrere Zufallsproben genommen. Die Produkte, die die Probe(n) bilden, werden geprüft und dabei entsprechenden Prüfungen, wie sie in der (den) in Artikel 5 genannten geltenden Norm(en) vorgesehen sind, oder gleichwertigen Prüfungen unterzogen, um gegebenenfalls ihre Konformität mit dem in der EG-Baumusterprüfbescheinigung beschriebenen Baumuster und mit den einschlägigen Anforderungen der Richtlinie zu überprüfen und zu entscheiden, ob die Charge anzunehmen oder zurückzuweisen ist.

6.3. Die statistische Kontrolle der Produkte beruht auf Attributen und/oder Variablen und beinhaltet Stichprobenpläne mit funktionsspezifischen Besonderheiten, die ein hohes Sicherheits- und Leistungsniveau gemäß dem neuesten Stand der Technik gewährleisten. Die Stichprobenpläne werden auf der Grundlage der harmonisierten Normen gemäß Artikel 5 unter Berücksichtigung der Eigenarten der jeweiligen Produktkategorien festgelegt.

6.4. Wird eine Charge angenommen, so bringt die benannte Stelle ihre Kennnummer an jedem Produkt an oder lässt diese anbringen und stellt eine Konformitätserklärung über die vorgenommenen Prüfungen aus. Alle Produkte der Charge mit Ausnahme der Produkte der Probe, bei denen Nichtübereinstimmung festgestellt worden ist, können in Verkehr gebracht werden.

Wird eine Charge zurückgewiesen, so ergreift die zuständige benannte Stelle geeignete Maßnahmen, um das Inverkehrbringen dieser Charge zu verhindern. Bei gehäufter Zurückweisung von Chargen kann die benannte Stelle die statistische Kontrolle aussetzen.

Der Hersteller kann unter der Verantwortung der benannten Stelle während des Herstellungsverfahrens die Kennnummer dieser Stelle anbringen.

Anhang VII
EG-Konformitätserklärung
(Qualitätssicherung Produktion)

1. Der Hersteller stellt sicher, dass das genehmigte Qualitätssicherungssystem für die Herstellung der betreffenden Produkte angewandt wird und dass diese Produkte nach Maßgabe der Nummer 3 einer Endkontrolle unterzogen werden; er unterliegt der Überwachung gemäß Nummer 4.

2. Bei der Konformitätserklärung handelt es sich um den Teil des Verfahrens, mit dem der Hersteller, der den Verpflichtungen nach Nummer 1 nachkommt, sicherstellt und erklärt, dass die betreffenden Produkte dem in der EG-Baumusterprüfbescheinigung beschriebenen Baumuster und den einschlägigen Bestimmungen dieser Richtlinie entsprechen.

    Der Hersteller bringt die CE-Kennzeichnung gemäß Artikel 16 an und stellt für die betreffenden Produkte eine Konformitätserklärung aus.

3. **Qualitätssicherungssystem**

3.1. Der Hersteller reicht einen Antrag auf Bewertung seines Qualitätssicherungssystems bei einer benannten Stelle ein.

    Der Antrag muss folgendes enthalten:
    - die gesamte Dokumentation sowie alle Verpflichtungen gemäß Anhang IV Nummer 3.1 und
    - die technische Dokumentation über die genehmigten Baumuster und eine Kopie der EG-Baumusterprüfbescheinigungen.

3.2. Mit Hilfe des Qualitätssicherungssystems muss die Konformität der Produkte mit dem in der EG-Baumusterprüfbescheinigung beschriebenen Baumuster sichergestellt werden.

    Alle Einzelheiten, Anforderungen und Vorkehrungen, die der Hersteller seinem Qualitätssicherungssystem zugrunde legt, müssen in eine systematisch geführte und nach Strategien und schriftlichen Verfahrensanweisungen geordnete Dokumentation aufgenommen werden. Diese Dokumentation über das Qualitätssicherungssystem muss eine einheitliche Interpretation der Qualitätssicherungsstrategie und -verfahren, beispielsweise in Form von Programmen, Plänen, Handbüchern und Aufzeichnungen zur Qualitätssicherung, ermöglichen.

    Sie umfasst insbesondere eine angemessene Beschreibung folgender Punkte:

    a) Qualitätsziele des Herstellers;
    b) Organisation des Unternehmens, insbesondere
        - Organisatorischer Aufbau, Zuständigkeiten und organisatorische Befugnisse des Managements in Bezug auf die Qualität der Herstellung der Produkte;

- Mittel zur Überprüfung der Wirksamkeit des Qualitätssicherungssystems, insbesondere von dessen Eignung zur Sicherstellung der angestrebten Produktqualität, einschließlich der Kontrolle über nichtkonforme Produkte;

c) Qualitätssicherungs- und Kontrolltechniken auf der Ebene der Herstellung, insbesondere
   - Verfahren und Methoden, insbesondere bei der Sterilisation;
   - Verfahren bei der Materialbeschaffung;
   - Verfahren zur Produktidentifizierung, die anhand von Zeichnungen, Spezifikationen oder sonstigen einschlägigen Unterlagen im Verlauf aller Herstellungsstufen erstellt und auf dem neuesten Stand gehalten werden;

d) geeignete Untersuchungen und Prüfungen, die vor, während und nach der Herstellung durchgeführt werden, sowie Angabe ihrer Häufigkeit und der verwendeten Prüfgeräte; die Nachvollziehbarkeit der Kalibrierung muss sichergestellt sein.

3.3. Die benannte Stelle führt eine förmliche Überprüfung (Audit) des Qualitätssicherungssystems durch, um festzustellen, ob es den Anforderungen nach Nummer 3.2 entspricht. Bei Qualitätssicherungssystemen, die auf der Umsetzung der entsprechenden harmonisierten Normen beruhen, geht sie von der Übereinstimmung mit diesen Anforderungen aus.

Das Prüfteam muss Erfahrungen mit der Bewertung der betreffenden Technologie haben. Das Bewertungsverfahren schließt eine Besichtigung der Betriebsstätten des Herstellers und, falls dazu hinreichend Anlass besteht, der Betriebsstätten der Zulieferer des Herstellers und/oder seiner Subunternehmer ein, um die Herstellungsverfahren zu überprüfen.

Die Entscheidung wird dem Hersteller mitgeteilt. Die Mitteilung enthält die Ergebnisse der Prüfung und eine Begründung der Entscheidung.

3.4. Der Hersteller informiert die benannte Stelle, die das Qualitätssicherungssystem genehmigt über alle geplanten wesentlichen Änderungen des Qualitätssicherungssystems.

Die benannte Stelle prüft die vorgeschlagenen Änderungen und entscheidet, ob das geänderte Qualitätssicherungssystem den Anforderungen nach Nummer 3.2 noch entspricht. Sie teilt ihre Entscheidung dem Hersteller mit. Die Mitteilung enthält die Ergebnisse der Prüfung und eine Begründung der Entscheidung.

4. **Überwachung**

Es gelten die Bestimmungen gemäß Anhang IV Nummer 5.

5. Überprüfung der hergestellten Produkte nach Anhang II Liste A

5.1. Im Falle von Produkten nach Anhang II Liste A übermittelt der Hersteller der benannten Stelle umgehend nach Beendigung der Prüfungen und Tests die einschlägigen Prüfprotokolle über die Prüfung der hergestellten Produkte oder der einzelnen Produktchargen. Darüber hinaus stellt der Hersteller der benannten Stelle die Proben der hergestellten Produkte oder Produktchargen gemäß vorher vereinbarten Bedingungen und Modalitäten zur Verfügung.

5.2. Der Hersteller kann die Produkte in Verkehr bringen, es sei denn, dass die benannte Stelle ihm innerhalb der vereinbarten Frist, spätestens jedoch 30 Tage nach Eingang der Proben, eine andere Entscheidung – insbesondere in Bezug auf die Bedingungen für die Gültigkeit der ausgestellten Bescheinigung – mitteilt.

Anhang VIII
Erklärung und Verfahren bei Produkten für Leistungsbewertungszwecke

1. Für Produkte für Leistungsbewertungszwecke stellt der Hersteller oder sein Bevollmächtigter eine Erklärung aus, die die in Nummer 2 aufgeführten Angaben enthält, und stellt sicher, dass den einschlägigen Bestimmungen dieser Richtlinie entsprochen wird.

2. Die Erklärung muss folgende Angaben enthalten:
   - die Daten zur Identifizierung des Produkts;
   - einen Evaluierungsplan mit Angabe insbesondere des Ziels, der wissenschaftlichen, technischen oder medizinischen Begründung und des Umfangs der Evaluierung sowie der Anzahl der betroffenen Produkte;
   - die Liste der Laboratorien oder sonstigen Einrichtungen, die an den Leistungsbewertungsprüfungen beteiligt sind;
   - Beginn und geplante Dauer der Evaluierungsarbeiten und – bei Produkten zur Eigenanwendung – den Ort sowie die Anzahl der beteiligten Laien;
   - eine Erklärung, dass das betreffende Produkt – mit Ausnahme der Gesichtspunkte, die Gegenstand der Evaluierung sind, und den in der Erklärung ausdrücklich genannten Punkten – den Anforderungen der Richtlinie entspricht und dass alle Vorsichtsmaßnahmen zum Schutz der Gesundheit und der Sicherheit des Patienten, des Anwenders und anderer Personen getroffen wurden.

3. Der Hersteller verpflichtet sich ferner, für die zuständigen nationalen Behörden die Dokumentation bereitzuhalten, aus der die Auslegung, die Herstellung und die Leistungsdaten des Produkts einschließlich der vorgesehenen Leistung hervorgehen, so dass sich beurteilen lässt, ob es den Anforderungen dieser Richtlinie entspricht. Diese Dokumentation ist für einen Zeitraum von mindestens fünf Jahren nach Abschluss der Leistungsbewertungsprüfung aufzubewahren.

   Der Hersteller trifft alle erforderlichen Maßnahmen, damit im Herstellungsverfahren die Konformität der hergestellten Produkte mit der im ersten Absatz genannten Dokumentation sichergestellt wird.

4. Für Produkte für Leistungsbewertungszwecke gilt Artikel 10 Absätze 1, 3 und 5.

Anhang IX
Kriterien für die Beauftragung der benannten Stellen

1. Die benannte Stelle, ihr Leiter und das mit der Durchführung der Bewertungen und Prüfungen beauftragte Personal dürfen weder mit dem Autor des Entwurfs (der Auslegung), dem Hersteller, dem Lieferer, dem Monteur oder dem Anwender der Produkte, die sie prüfen, identisch noch Bevollmächtigte einer dieser Personen sein. Sie dürfen weder unmittelbar noch als Bevollmächtigte an der Auslegung, an der Herstellung, am Vertrieb oder an der Instandhaltung dieser Produkte beteiligt sen. Die Möglichkeit eines Austauschs technischer Informationen zwischen dem Hersteller und der Stelle wird dadurch in keiner Weise ausgeschlossen.

2. Die benannte Stelle und deren Mitarbeiter müssen die Bewertungen und Prüfungen mit höchster beruflicher Zuverlässigkeit und größter erforderlicher Sachkenntnis auf dem Gebiet der Medizinprodukte durchführen und unabhängig sein von jeder möglichen Einflussnahme – vor allem finanzieller Art – auf ihre Beurteilung oder die Ergebnisse ihrer Prüfung, insbesondere von der Einflussnahme durch Personen oder Personengruppen, die an den Ergebnissen der Prüfung interessiert sind.

   Wenn eine benannte Stelle spezielle Arbeiten im Zusammenhang mit der Feststellung und Verifizierung von Sachverhalten einem Unterauftragnehmer überträgt, muss sie zuvor sicherstellen, dass die Bestimmungen der Richtlinie von dem Unterauftragnehmer eingehalten werden. Die benannte Stelle hält die einschlägigen Dokumente zur Bewertung der Sachkompetenz des Unterauftragnehmers und zu den von diesem im Rahmen dieser Richtlinie ausgeführten Arbeiten zur Einsichtnahme durch die nationalen Behörden bereit.

3. Die benannte Stelle muss in der Lage sein, alle in einem der Anhänge III bis VII genannten Aufgaben, die einer solchen Stelle zugewiesen werden und für die sie benannt ist, wahrzunehmen, sei es, dass diese Aufgabe von der Stelle selbst, sei es, dass sie unter ihrer Verantwortung ausgeführt werden. Sie muss insbesondere über das Personal verfügen und die Mittel besitzen, die zur angemessenen Erfüllung der mit der Durchführung der Bewertungen und Prüfungen verbundenen technischen und verwaltungsmäßigen Aufgaben erforderlich sind. Dies schließt ein, dass in der Organisation ausreichend wissenschaftliches Personal vorhanden ist, das die entsprechenden Erfahrungen und Kenntnisse besitzt, um die biologische und medizinische Funktion und Leistung der Produkte, für die die Stelle benannt worden ist, in Bezug auf die Anforderungen dieser Richtlinie und insbesondere die Anforderungen des Anhangs I zu bewerten. Ebenso muss die benannte Stelle Zugang zu den für die Prüfungen erforderlichen Ausrüstungen haben.

4. Das mit den Prüfungen beauftragte Personal muss folgendes besitzen:
   - eine gute berufliche Ausbildung in Bezug auf alle Bewertungen und Prüfungen, für die die Stelle benannt worden ist;
   - eine ausreichende Kenntnis der Vorschriften für die von ihm durchgeführten Prüfungen und eine ausreichende praktische Erfahrung auf diesem Gebiet;
   - die erforderliche Eignung für die Abfassung der Bescheinigungen, Protokolle und Berichte, in denen die durchgeführten Prüfungen niedergelegt werden.
5. Die Unabhängigkeit des mit der Prüfung beauftragten Personals ist zu gewährleisten. Die Höhe der Bezüge jedes Prüfers darf sich weder nach der Zahl der von ihm durchgeführten Prüfungen noch nach den Ergebnissen dieser Prüfungen richten.
6. Die Stelle muss eine Haftpflichtversicherung abschließen, es sei denn, diese Haftpflicht wird vom Staat aufgrund einzelstaatlichen Rechts gedeckt oder die Prüfungen werden unmittelbar von dem Mitgliedstaat durchgeführt.
7. Das Personal der Prüfstelle ist (außer gegenüber den zuständigen Verwaltungsbehörden des Staates, in dem es seine Tätigkeit ausübt) durch das Berufsgeheimnis in Bezug auf alle Informationen gebunden, von denen es bei der Durchführung seiner Aufgaben im Rahmen dieser Richtlinie oder einer einzelstaatlichen Rechtsvorschrift, die dieser Richtlinie Wirkung verleiht, Kenntnis erhält.

Anhang X

CE-Konformitätskennzeichnung

Die CE-Konformitätskennzeichnung besteht aus den Buchstaben „CE" mit folgendem Schriftbild:

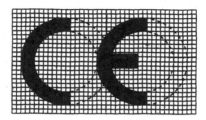

- Bei Verkleinerung oder Vergrößerung der Kennzeichnung müssen die sich aus dem oben abgebildeten Raster ergebenden Proportionen eingehalten werden.
- Die verschiedenen Bestandteile der CE-Kennzeichnung müssen etwa gleich hoch sein: die Mindesthöhe beträgt 5 mm. Von der Mindesthöhe kann bei kleinen Produkten abgewichen werden.

Richtlinie 2003/32/EG der Kommission vom 23. April 2003 mit genauen Spezifikationen bezüglich der in der Richtlinie 93/42/EWG des Rates festgelegten Anforderungen an unter Verwendung von Gewebe tierischen Ursprungs hergestellte Medizinprodukte

(veröffentlicht im Amtsblatt der Europäischen Gemeinschaften ABL. Nr. L 105 vom 26. April 2003, S. 18)[1]

Die Kommission der Europäischen Gemeinschaften —

gestützt auf den Vertrag zur Gründung der Europäischen Gemeinschaft,

gestützt auf die Richtlinie 93/42/EWG des Rates vom 14. Juni 1993 über Medizinprodukte[2], zuletzt geändert durch die Richtlinie 2001/104/EG des Europäischen Parlaments und des Rates[3], insbesondere Artikel 14b,

in Erwägung nachstehender Gründe:

(1) Frankreich hat am 5. März 2001 eine einzelstaatliche Maßnahme erlassen, die die Herstellung, das Inverkehrbringen, den Vertrieb, die Einfuhr, die Ausfuhr und die Verwendung von Medizinprodukten verbietet, zu deren Herstellung tierische Erzeugnisse verwendet wurden, sofern diese als Dura-mater-Substitutionserzeugnisse verwendet werden.

(2) Frankreich begründete die Maßnahme mit dem möglicherweise bestehenden Risiko der Übertragung von Erregern der spongiformen Enzephalopathien tierischen Ursprungs durch solche Medizinprodukte auf den Menschen und der Existenz von Alternativen in Form von synthetischen Materialien bzw. dem Patienten entnommenen autologen Materialien.

(3) Andere Mitgliedstaaten haben einseitige nationale Maßnahmen auf anderen Rechtsgrundlagen im Hinblick auf die Verwendung bestimmter Rohstoffe aus tierischem Gewebe getroffen, die spezielle Risiken der Übertragung von Erregern der spongiformen Enzephalopathien tierischen Ursprungs mit sich bringen.

(4) Alle nationalen Maßnahmen beziehen sich auf den allgemeinen Schutz der öffentlichen Gesundheit vor den Risiken der Übertragung von Erregern der spongiformen Enzephalopathien tierischen Ursprungs durch Medizinprodukte.

---

1) Berichtigung vom 8. Januar 2005 (ABl. Nr. L 6 vom 8.1.2005, S. 10)
2) ABl. L 169 vom 12. Juli 1993, S. 1.
3) ABl. L 6 vom 10. Januar 2002, S. 50.

(5) Im Hinblick auf die Herkunft von Material, das für Medizinprodukte verwendet wird, gelten die Vorschriften der Verordnung (EG) Nr. 1774/2002 des Europäischen Parlaments und des Rates vom 3. Oktober 2002 mit Hygienevorschriften für nicht für den menschlichen Verzehr bestimmte tierische Nebenprodukte[4].

(6) Zur Verbesserung der Sicherheit und des Gesundheitsschutzes ist es notwendig, die Maßnahmen zum Schutz vor dem allgemeinen Risiko der Übertragung von Erregern der spongiformen Enzephalopathien tierischen Ursprungs durch Medizinprodukte weiter zu verstärken.

(7) Der Wissenschaftliche Lenkungsausschuss für Arzneimittel und Medizinprodukte hat eine Stellungnahme zur Verwendung von TSE-Risikomaterial (TSE – transmissible spongiforme Enzephalopathien) für die Herstellung implantierbarer Medizinprodukte abgegeben, in welcher empfohlen wird, die Hersteller von Medizinprodukten, für die Gewebe oder Folgeerzeugnisse tierischen Ursprungs verwendet werden, dazu zu verpflichten, als wesentlichen Bestandteil des Risikomanagements die Verwendung dieses Gewebes in Bezug auf den Nutzen für die Patienten und den Vergleich zu anderen Materialien ausführlich zu begründen.

(8) Der Wissenschaftliche Lenkungsausschuss hat verschiedene Stellungnahmen zu spezifiziertem Risikomaterial und zu aus Gewebe von Wiederkäuern gewonnenen Produkten, wie Gelatine und Collagene, abgegeben, die für die Sicherheit von Medizinprodukten unmittelbar relevant sind.

(9) Medizinprodukte, die unter Verwendung von abgetöteten tierischen Geweben oder Folgeerzeugnissen hergestellt wurden, werden gemäß den Klassifizierungsregeln in Anhang IX der Richtlinie 93/42/EWG der Klasse III zugeordnet, es sei denn, diese Produkte sind dazu bestimmt, nur mit unversehrter Haut in Berührung zu kommen.

(10) Vor dem Inverkehrbringen unterliegen Medizinprodukte unabhängig davon, ob sie aus der Gemeinschaft stammen oder aus Drittländern eingeführt werden, dem Konformitätsbewertungsverfahren gemäß Richtlinie 93/42/EWG.

(11) Anhang I der Richtlinie 93/42/EWG enthält die grundlegenden Anforderungen, denen Medizinprodukte gemäß der Richtlinie entsprechen müssen. In Ziffer 8.1 und 8.2 des genannten Anhangs werden die besonderen Anforderungen aufgeführt, durch die das Infektionsrisiko für Patienten, Anwender und Dritte durch Gewebe tierischen Ursprungs ausgeschlossen oder so weit wie möglich verringert werden und es wird festgelegt, dass die vom Hersteller bei der Auslegung und Herstellung der Produkte gewählten Lösungen sich nach den Grundsätzen der Sicherheit richten müssen, und zwar unter Berücksichtigung des allgemein anerkannten Stands der Technik.

(12) In Bezug auf Medizinprodukte, die unter Verwendung tierischen Gewebes hergestellt wurden, ist es notwendig, genauere Spezifikationen im Hinblick

---

4) ABl. L 273 vom 10. Oktober 2002, S. 1.

auf die in Ziffer 8.2 von Anhang I der Richtlinie 93/42/EWG genannten Anforderungen zu erlassen und bestimmte Aspekte bezüglich der Risikoanalyse und des Risikomanagements im Rahmen der Konformitätsbewertungsverfahren und Artikel 11 der genannten Richtlinie festzulegen.

(13) Einige der in der Richtlinie 93/42/EWG verwendeten Begriffe sollten eingehender geklärt werden, damit eine einheitliche Umsetzung der Richtlinie gewährleistet ist.

(14) Es ist notwendig, einen angemessenen Übergangszeitraum für Medizinprodukte vorzusehen, für die bereits eine EG-Entwurfsprüfbescheinigung oder eine EG-Baumusterprüfbescheinigung vorliegt.

(15) Die in dieser Richtlinie vorgesehenen Maßnahmen entsprechen der Stellungnahme des durch Artikel 6 Absatz 2 der Richtlinie 90/385/EWG des Rates[5] eingesetzten Ausschusses für Medizinprodukte —

hat folgende Richtlinie erlassen:

---

[5] ABl. L 189 vom 20. Juli 1990, S. 17.

Artikel 1

(1) Diese Richtlinie enthält genaue Spezifikationen im Hinblick auf die Risiken der Übertragung von transmissiblen spongiformen Enzephalopathien (TSE) auf Patienten oder andere Personen unter normalen Verwendungsbedingungen durch Medizinprodukte, die unter Verwendung von abgetötetem tierischen Gewebe oder von abgetöteten Erzeugnissen, die aus tierischem Gewebe gewonnen wurden, hergestellt werden.

(2) Diese Richtlinie gilt für tierisches Gewebe der Tierarten Rinder, Schafe und Ziegen sowie von Hirschen, Elchen, Nerzen und Katzen.

(3) Werden bei der Herstellung von Medizinprodukten Collagene, Gelatine oder Talg verwendet, so müssen diese zumindest die Anforderungen für die Eignung zum menschlichen Verzehr erfüllen.

(4) Diese Richtlinie gilt nicht für Medizinprodukte im Sinne von Absatz 1, die nicht dazu bestimmt sind, mit dem menschlichen Körper in Berührung zu kommen oder die dazu bestimmt sind, nur mit unversehrter Haut in Berührung zu kommen.

Artikel 2

Im Sinne dieser Richtlinie gelten folgende Begriffsbestimmungen zusätzlich zu den Begriffsbestimmungen der Richtlinie 93/42/EWG:

a) *„Zelle"*: die kleinste organisierte Einheit eines Lebewesens, die in einem geeigneten Medium im Stande ist, eigenständig zu leben und ihre Körpersubstanz zu erneuern;

b) *„Gewebe"*: ein organisierter Zellverband und / oder organisierte extrazelluläre Stoffe;

c) *„Folgeerzeugnisse"*: ein aus tierischem Gewebe in einem Herstellungsverfahren gewonnener Stoff wie Collagene, Gelatine oder monoklonale Antikörper;

d) *„abgetötet"*: ohne die Fähigkeit, einen Stoffwechsel aufrechtzuerhalten oder sich fortzupflanzen;

e) *„übertragbare Agenzien"*: nicht klassifizierte pathogene Körper, Prionen oder Körper wie BSE- und Scrapie-Agenzien;

f) *„Verringerung, Elimination oder Beseitigung"*: ein Verfahren, das die übertragbaren Agenzien verringert, eliminiert oder beseitigt, um einer Infektion oder pathogenen Reaktion vorzubeugen;

g) *„Inaktivierung"*: ein Verfahren, das die Fähigkeit der übertragbaren Agenzien, Infektionen oder pathogene Reaktionen auszulösen, verringert;

h) *„Ursprungsland"*: das Land, in dem das Tier geboren, aufgezogen und / oder geschlachtet wurde;

i) *„Ausgangsmaterialien"*: Rohstoffe oder andere Erzeugnisse tierischen Ursprungs, aus denen bzw. mit Hilfe der die in Artikel 1 Absatz 1 genannten Medizinprodukte hergestellt werden.

Artikel 3

Bevor ein Antrag auf Konformitätsbewertung nach Artikel 11 Absatz 1 der Richtlinie 93/42/EWG gestellt wird, führen die Hersteller der in Artikel 1 Absatz 1 genannten Medizinprodukte das Verfahren zur Risikoanalyse und zum Risikomanagement gemäß dem Anhang dieser Richtlinie durch.

Artikel 4

Die Mitgliedstaaten überprüfen, dass die benannten Stellen gemäß Artikel 16 der Richtlinie 93/42/EWG zur Bewertung der Konformität der in Artikel 1 Absatz 1 genannten Medizinprodukte mit der Richtlinie 93/42/EWG und den in der vorliegenden Richtlinie festgelegten Spezifikationen über aktuelles Fachwissen mit Blick auf diese Produkte verfügen.

Muss ein Mitgliedstaat aufgrund dieser Überprüfung den Tätigkeitsbereich dieser Stellen ändern, so teilt er dies der Kommission und den anderen Mitgliedstaaten mit.

Artikel 5

(1) Die Konformitätsbewertungsverfahren für die in Artikel 1 Absatz 1 genannten Medizinprodukte umfassen die Bewertung ihrer Übereinstimmung mit den grundlegenden Anforderungen der Richtlinie 93/42/EWG und den Spezifikationen im Anhang der vorliegenden Richtlinie.

(2) Die benannten Stellen beurteilen die Strategie des Herstellers zur Risikoanalyse und zum Risikomanagement, und insbesondere

a) die vom Hersteller beigebrachten Informationen;

b) die Begründung für die Verwendung von tierischem Gewebe oder Folgeerzeugnissen;

c) die Ergebnisse von Studien zur Eliminierung und / oder Inaktivierung und / oder entsprechende Literaturrecherche;

d) die Kontrolle von Rohmaterial, Endprodukten und Subunternehmern durch den Hersteller;

e) die Notwendigkeit, die Herkunft, einschließlich der Lieferungen durch Dritte, zu kontrollieren.

(3) Die benannten Stellen berücksichtigen bei der Beurteilung der Risikoanalyse und des Risikomanagements im Rahmen des Konformitätsbewertungsverfahrens ein gegebenenfalls für Ausgangsmaterial vorliegendes TSE-Eignungszertifikat der Europäischen Direktion für Arzneimittelqualität (TSE-Zertifikat).

(4) Die benannten Stellen ersuchen über die Behörde, von der sie abhängen, die zuständigen nationalen Behörden der anderen Mitgliedstaaten um Stellungnahme zu ihrer Beurteilung und zu ihren Schlussfolgerungen betreffend die Risikoanalyse und das Risikomanagement des Herstellers in Bezug auf Gewebe oder Folgeerzeugnisse, unter deren Verwendung das Medizinprodukt hergestellt wurde[6]; Medi-

---

6) Berichtigung in ABl. Nr. L 6 vom 8. Januar 2005, S. 10

zinprodukte mit Ausgangsmaterialien, für die ein TSE-Zertifikat im Sinne von Absatz 3 erteilt wurde, sind hiervon ausgenommen.

Vor der Ausstellung einer EG-Entwurfsprüfbescheinigung oder einer EG-Baumusterprüfbescheinigung berücksichtigt die benannte Stelle gebührend etwaige Anmerkungen, die ihr innerhalb von 12 Wochen ab dem Zeitpunkt, zu dem die nationalen Behörden um Stellungnahme gebeten wurden, übermittelt werden.

Artikel 6

Die Mitgliedstaaten treffen alle notwendigen Maßnahmen, um sicherzustellen, dass die Inverkehrbringung und Inbetriebnahme der in Artikel 1 Absatz 1 genannten Medizinprodukte nur erfolgt, wenn diese den Bestimmungen der Richtlinie 93/42/EWG und den im Anhang der vorliegenden Richtlinie festgelegten Spezifikationen entsprechen.

Artikel 7

(1) Inhaber einer vor dem 1. April 2004 für die in Artikel 1 Absatz 1 genannten Medizinprodukte ausgestellten EG-Entwurfsprüfbescheinigung oder EG-Baumusterprüfbescheinigung müssen eine zusätzliche EG-Entwurfsprüfbescheinigung oder EG-Baumusterprüfbescheinigung beantragen, in der die Übereinstimmung mit den im Anhang der vorliegenden Richtlinie festgelegten Spezifikationen bescheinigt wird.

(2) Die Mitgliedstaaten lassen bis zum 30. September 2004 das Inverkehrbringen und die Inbetriebnahme von in Artikel 1 Absatz 1 genannten Medizinprodukten zu, für die eine vor dem 1. April 2004 ausgestellte EG-Entwurfsprüfbescheinigung oder EG-Baumusterprüfbescheinigung vorliegt.

Artikel 8

(1) Die Mitgliedstaaten erlassen und veröffentlichen vor dem 1. Januar 2004 die notwendigen Rechts- und Verwaltungsvorschriften, um dieser Richtlinie nachzukommen. Sie setzen die Kommission hiervon unverzüglich in Kenntnis.

Sie wenden diese Vorschriften ab dem 1. April 2004 an.

Bei dem Erlass dieser Vorschriften nehmen die Mitgliedstaaten in den Vorschriften selbst oder durch einen Hinweis bei der amtlichen Veröffentlichung auf diese Richtlinie Bezug. Die Mitgliedstaaten entscheiden, wie die Bezugnahme erfolgt.

(2) Die Mitgliedstaaten teilen der Kommission den Wortlaut der innerstaatlichen Vorschriften mit, die sie auf dem unter diese Richtlinie fallenden Gebiet erlassen.

Artikel 9

Diese Richtlinie tritt am zwanzigsten Tag nach ihrer Veröffentlichung im *Amtsblatt der Europäischen Union* in Kraft.

Artikel 10

Diese Richtlinie ist an alle Mitgliedstaaten gerichtet.
Brüssel, den 23. April 2003
Für die Kommission
Erkki Liikanen
Mitglied der Kommission

Anhang

1. Risikoanalyse und Risikomanagement

1.1. **Begründung der Verwendung von tierischen Geweben oder Folgeerzeugnissen**

Der Hersteller muss anhand seiner Gesamtstrategie der Risikoanalyse und des Risikomanagements begründen, warum er für ein bestimmtes Medizinprodukt entschieden hat, Gewebe oder Folgeerzeugnisse tierischen Ursprungs im Sinne von Artikel 1 (unter Angabe der Tier- und der Gewebearten) zu verwenden, und berücksichtigt dabei den zu erwartenden klinischen Nutzen, das etwaige Restrisiko und geeignete Alternativen.

1.2. **Bewertungsverfahren**

Zur Gewährleistung eines hohen Schutzniveaus für Patienten oder Nutzer muss der Hersteller von Produkten, für die Gewebe oder Folgeerzeugnisse tierischen Ursprungs nach Ziffer 1.1 verwendet werden, eine geeignete und gut dokumentierte Strategie der Risikoanalyse und des Risikomanagements anwenden und alle wichtigen Aspekte im Zusammenhang mit TSE-Agenzien behandeln. Er muss die Gefährdung, die mit diesen Geweben oder Folgeerzeugnissen verbunden ist, ermitteln und eine Dokumentation über Maßnahmen zur Minimierung des Übertragungsrisikos und zum Nachweis der Annehmbarkeit des Restrisikos von Produkten, für die derartige Gewebe oder Folgeerzeugnisse verwendet werden, erstellen; dabei berücksichtigt er den Verwendungszweck und den Nutzen des Produkts.

Die Sicherheit eines Produkts bezogen auf sein Potenzial zur Übertragung eines transmissiblen Agens hängt von den unter den Ziffern 1.2.1 bis 1.2.7 beschriebenen Faktoren ab, die zu analysieren, zu bewerten und zu behandeln sind. Die Kombination dieser Maßnahmen bestimmt die Sicherheit des Produkts.

Hier sind zwei Hauptschritte zu berücksichtigen.

Dabei handelt es sich um:

– die Auswahl von Ausgangsmaterial (Gewebe oder Folgeerzeugnisse), das im Hinblick auf eine mögliche Kontamination mit übertragbaren Agenzien (siehe 1.2.1, 1.2.2 und 1.2.3) als geeignet betrachtet wird, wobei der Weiterverarbeitung Rechnung zu tragen ist;

– die Anwendung von Herstellungsverfahren, die übertragbare Agenzien aus überwachtem Ausgangsgewebe beseitigen oder inaktivieren (siehe 1.2.4).

Außerdem sind die Merkmale des Produkts und sein Verwendungszweck zu berücksichtigen (siehe 1.2.5, 1.2.6 und 1.2.7).

Bei der Durchführung der Strategie der Risikoanalyse und des Risikomanagements ist den Stellungnahmen gebührend Rechnung zu tragen, die die zuständigen wissenschaftlichen Ausschüsse und gegebenenfalls der Ausschuss für Arzneispezialitäten (CPMP) abgegeben haben und deren Fundstellen im *Amtsblatt der Europäischen Union* veröffentlicht worden sind.

1.2.1. *Tiere, von denen das Material stammt*

Das TSE-Risiko steht im Zusammenhang mit der Spezies und der Rasse des Tieres sowie der Art des Ausgangsgewebes. Da sich die TSE-Infektiosität über eine Inkubationszeit von mehreren Jahren akkumuliert, wird die Verwendung von Material jüngerer Tiere als Faktor zur Risikoreduzierung betrachtet. Risikotiere wie Falltiere, notgeschlachtete Tiere und Tiere unter TSE-Verdacht sind auszuschließen.

1.2.2. *Geografische Herkunft*

Bis die Einstufung der Länder nach ihrem BSE-Status gemäß der Verordnung (EG) Nr. 999/2001 des Europäischen Parlaments und des Rates[7] vom 22. Mai 2001 mit Vorschriften zur Verhütung, Kontrolle und Tilgung bestimmter transmissibler spongiformer Enzephalopathien erfolgt ist, wird bei der Bewertung des Risikos des Ursprungslandes das geografische BSE-Risiko (GBR) herangezogen. Bei dem GBR handelt es sich um einen qualitativen Indikator für die Wahrscheinlichkeit, dass in einem Land zu einem gegebenen Zeitpunkt eine präklinische oder klinische BSE-Infektion bei einem oder mehreren Rindern auftritt. Bei bestätigtem Auftreten bietet das GBR einen Hinweis auf die Infektionsstufe entsprechend der nachstehenden Tabelle:

GBR-Stufe	Auftreten einer klinischen oder präklinischen Infektion mit dem BSE-Erreger bei einem oder mehreren Rindern in einer geografischen Region / einem Land
I	Höchst unwahrscheinlich
II	Unwahrscheinlich, aber nicht ausgeschlossen
III	Wahrscheinlich, aber nicht bestätigt bzw. bestätigt bei niedriger Inzidenz
IV	Bestätigt bei hoher Inzidenz

Verschiedene Faktoren beeinflussen das geografische BSE-Infektionsrisiko, das mit der Verwendung von Rohgewebe oder Folgeerzeugnissen aus einzelnen Ländern verbunden ist. Diese werden in Artikel 2.3.13.1 Ziffer 1 des Internationalen Tiergesundheitskodexes des OIE (Internatio-

---

7) ABl. L 147 vom 31. Mai 2001, S. 1.

nales Tierseuchenamt) definiert, der über die Website[8] http://www.oie.int/eng/normes/MCode/A_00067.htm zugänglich ist. Der Wissenschaftliche Lenkungsausschuss hat das geografische BSE-Risiko (GBR) verschiedener Drittländer und Mitgliedstaaten bewertet und wird dies unter Berücksichtigung der wichtigsten OIE-Faktoren auch noch für alle Länder tun, die eine Kategorisierung ihres BSE-Status beantragt haben.

1.2.3. *Art des verwendeten Ausgangsgewebes*

Der Hersteller muss die Klassifizierung der Gefährdung berücksichtigen, die mit den unterschiedlichen Arten von Ausgangsgewebe einhergeht. Die Auswahl von Tiergewebe unterliegt der Kontrolle und Einzelüberprüfung durch einen Tiermediziner, und die Freigabe des Schlachtkörpers für den menschlichen Verzehr ist zu bescheinigen.

Der Hersteller hat sicherzustellen, dass beim Schlachtvorgang das Risiko einer Kreuzkontaminierung ausgeschlossen ist.

Der Hersteller darf keine Gewebe oder Folgeerzeugnisse tierischen Ursprungs verwenden, die als potenziell hoch TSE-infektiös eingestuft sind, es sei denn die Verwendung derartigen Materials wäre unter außergewöhnlichen Umständen erforderlich; hierbei sind ein erheblicher Nutzen für den Patienten und das Fehlen eines alternativen Ausgangsgewebes zu berücksichtigen.

Außerdem sind die Bestimmungen der Verordnung (EG) Nr. 1774/2002 des Europäischen Parlaments und des Rates vom 3. Oktober 2002 mit Hygienevorschriften für nicht für den menschlichen Verzehr bestimmte tierische Nebenprodukte anzuwenden.

1.2.3.1. *Schafe und Ziegen*

Basierend auf dem derzeitigen Kenntnisstand und auf der Grundlage der Titer von übertragbaren Agenzien in Geweben und Körperflüssigkeiten natürlich infizierter Schafe und Ziegen mit klinischer Scrapie wurde eine Klassifizierung der Infektiosität erstellt. Im Anhang zur Stellungnahme des Wissenschaftlichen Lenkungsausschusses vom 22. und 23. Juli 1999 (The policy of breeding and genotyping of sheep)[9] ist eine Tabelle enthalten, die in der Stellungnahme dieses Lenkungsausschusses vom 10. und 11. Januar 2002 (TSE infectivity distributed in ruminant tissues — state of knowledge December 2001)[10] weiter aktualisiert wurde.

---

8) Redaktioneller Hinweis:
World Organisation for Animal Health, 12 rue de Prony 75017 Paris (France),
Tel : +33 (0)1 44 15 18 88, Fax : +33 (0)1 42 67 09 87,
E-mail : oie@oie.int, Internet: http://www.oie.int

9) Über die Website der Europäischen Kommission unter folgender Adresse verfügbar:
http://europa.eu.int/comm/food/fs/sc/ssc/outcome_en.html

10) Über die Website der Europäischen Kommission unter folgender Adresse verfügbar:
http://europa.eu.int/comm/food/fs/sc/ssc/outcome_en.html

Die Klassifizierung wird gegebenenfalls vor dem Hintergrund neuer wissenschaftlicher Erkenntnisse überarbeitet werden (beispielsweise auf der Grundlage einschlägiger Stellungnahmen der wissenschaftlichen Ausschüsse und des Ausschusses für Arzneispezialitäten (CPMP) sowie von Kommissionsmaßnahmen zur Regelung der Verwendung von Material mit TSE-Risiken). Ein Überblick über die Fundstellen der einschlägigen Dokumente/Stellungnahmen wird im *Amtsblatt der Europäischen Union* veröffentlicht und nach einem entsprechenden Beschluss der Kommission in ein Verzeichnis aufgenommen.

1.2.3.2. Rinder

Das im Verzeichnis der Verordnung (EG) Nr. 999/2001 aufgeführte spezifizierte Risikomaterial (SRM) gilt als potenziell hoch TSE-infektiös.

1.2.4. *Inaktivierung oder Beseitigung von übertragbaren Agenzien*

1.2.4.1. Für Produkte, die Inaktivierungs- oder Beseitigungsverfahren nicht ohne unannehmbare Beschädigung standhalten können, verlässt sich der Hersteller vornehmlich auf die Kontrolle des Ausgangsmaterials.

1.2.4.2. Macht der Hersteller in Bezug auf andere Produkte geltend, dass Herstellungsprozesse zur Beseitigung oder Inaktivierung übertragbarer Agenzien zur Verfügung stehen, so sind diese auf geeignete Weise zu dokumentieren.

Entsprechende aus sachdienlichen Literaturrecherchen und Analysen gewonnene Informationen können zur Begründung der Berufung auf Inaktivierungs-/Beseitigungsfaktoren verwendet werden, sofern die in der Literatur beschriebenen spezifischen Verfahren mit denen vergleichbar sind, die für das jeweilige Medizinprodukt verwendet werden. Diese Recherchen und Analysen decken ebenfalls die verfügbaren wissenschaftlichen Stellungnahmen ab, die gegebenenfalls von wissenschaftlichen Ausschüssen der Europäischen Union abgegeben wurden. Diese Stellungnahmen dienen bei divergierenden Meinungen als Referenz.

Ergibt die Literaturrecherche keine Belege, muss der Hersteller eine spezifische wissenschaftliche Inaktivierungs- und / oder Beseitigungsstudie durchführen, bei der Folgendes zu berücksichtigen ist:

– die ermittelte Gefährdung, die mit dem Gewebe einhergeht;
– die Bezeichnung der relevanten Agenzien, die als Modelle dienen;
– die Begründung für die Wahl bestimmter Kombinationen von Agenzien, die als Modelle dienen;
– die Bezeichnung der Verfahrensstufe, in der die übertragbaren Agenzien beseitigt oder inaktiviert werden;
– die Berechnung der Reduktionsfaktoren.

In einem Abschlussbericht sind die Parameter für die Herstellung sowie die für die Effektivität des Inaktivierungs- oder Eliminierungsverfahrens kritischen Grenzen festzulegen.

Auf geeignete Weise dokumentierte Verfahren sind anzuwenden, um sicherzustellen, dass die validierten Verfahrensparameter bei der Routineherstellung auch angewendet werden.

1.2.5. *Zur Herstellung einer Einheit eines Medizinprodukts erforderliche Mengen von Ausgangsgewebe oder Folgeerzeugnissen tierischen Ursprungs*

Der Hersteller muss bewerten, wie viel Rohgewebe oder Folgeerzeugnisse tierischen Ursprungs für die Herstellung einer Einheit eines Medizinproduktes erforderlich ist. Ist ein Reinigungsverfahren vorgesehen, muss der Hersteller beurteilen, ob dieses möglicherweise zu einer Konzentration der übertragbaren Agenzien im tierischen Ausgangsgewebe oder in den Folgeerzeugnissen führt.

1.2.6. *Gewebe oder Folgeerzeugnisse tierischen Ursprungs, die mit Patienten und Benutzern in Kontakt kommen*

Der Hersteller muss prüfen:

i) die Menge der Gewebe oder Folgeerzeugnisse tierischen Ursprungs;

ii) das Ausmaß des Kontakts: die Fläche, die Art (z. B. Haut, Schleimhaut, Gehirn usw.) und den Zustand (z. B. gesund oder geschädigt);

iii) die Art der Gewebe oder Folgeerzeugnisse, die mit Patienten und/ oder Benutzern in Kontakt kommen, und

iv) die Dauer des vorgesehenen Körperkontakts (einschließlich Bioresorptionswirkung).

Dabei wird die Zahl der Medizinprodukte, die in einem bestimmten Verfahren verwendet werden könnten, berücksichtigt.

1.2.7. *Art der Verabreichung*

Der Hersteller muss die in der Produktinformation empfohlene Art der Verabreichung berücksichtigen, ausgehend vom höchsten Risiko bis zum niedrigsten.

1.3. **Prüfung der Bewertung**

Der Hersteller muss ein systematisches Verfahren zur Überprüfung der Informationen erstellen und unterhalten, die sich im Anschluss an die Herstellung über sein Medizinprodukt oder über ähnliche Produkte ergeben. Die Informationen werden in Bezug auf ihre etwaige Bedeutung für die Sicherheit bewertet, insbesondere daraufhin:

a) ob eine bislang unbekannte Gefährdung gegeben ist;
b) ob das von einer Gefährdung ausgehende geschätzte Risiko nicht mehr annehmbar ist;
c) ob die ursprüngliche Bewertung aus anderen Gründen ungültig wird.

Trifft einer der genannten Punkte zu, werden die Ergebnisse der Bewertung als Rückmeldung in das Risikomanagementverfahren aufgenommen.

Vor dem Hintergrund dieser neuen Informationen ist eine Überprüfung der entsprechenden Risikomanagementmaßnahmen für das Medizinprodukt zu erwägen (einschließlich der Begründung für die Auswahl eines Gewebes oder Folgeerzeugnisses tierischen Ursprungs). Besteht die Möglichkeit, dass sich das Restrisiko oder seine Annehmbarkeit verändert hat, so sind die Auswirkungen auf bestehende Risikokontrollmaßnahmen neu zu bewerten und zu begründen.

Die Ergebnisse dieser Bewertung sind zu dokumentieren.

2. Bewertung von Medizinprodukten der Klasse III durch benannte Stellen

Für Produkte, die gemäß Regel 17[11] des Anhangs IX der Richtlinie 93/42/EG der Klasse III zugeordnet sind, müssen die Hersteller den in Artikel 4 dieser Richtlinie genannten Stellen alle sachdienlichen Informationen vorlegen, damit diese eine Bewertung der aktuellen Strategie der Risikoanalyse und des Risikomanagements vornehmen können. Neue Informationen zum TSE-Risiko, die der Hersteller zusammenträgt und die für seine Produkte von Bedeutung sind, sind der benannten Stelle zur Kenntnisnahme vorzulegen.

Zum Zwecke einer Zusatzgenehmigung vor der Durchführung sind der benannten Stelle alle Veränderungen der Verfahren zur Auswahl, Entnahme, Behandlung und Inaktivierung / Eliminierung zu melden, die das Ergebnis des Risikomanagementdossiers des Herstellers beeinflussen könnten.

---

11) Alle Produkte, die unter Verwendung von abgetöteten tierischen Geweben oder Folgeerzeugnissen hergestellt wurden, es sei denn, diese Produkte sind dazu bestimmt, nur mit unversehrter Haut in Berührung zu kommen.

Richtlinie 2003/12/EG der Kommission vom 3. Februar 2003 zur Neuklassifizierung von Brustimplantaten im Rahmen der Richtlinie 93/42/EWG über Medizinprodukte

(veröffentlicht im Amtsblatt der Europäischen Gemeinschaften ABL. Nr. L 28 vom 4. Februar 2003, S. 43)

Die Kommission der Europäischen Gemeinschaften —

gestützt auf den Vertrag zur Gründung der Europäischen Gemeinschaft,

gestützt auf die Richtlinie 93/42/EWG des Rates vom 14. Juni 1993 über Medizinprodukte, zuletzt geändert durch die Richtlinie 2001/104/EG des Europäischen Parlaments und des Rates, insbesondere auf Artikel 13 Absatz 1 Buchstabe b),

gestützt auf den von Frankreich und dem Vereinigten Königreich gestellten Antrag,

in Erwägung nachstehender Gründe:

(1) Nach den Klassifizierungsregeln in Anhang IX der Richtlinie 93/42/EWG werden Brustimplantate im Prinzip als Medizinprodukte der Klasse IIb eingestuft.

(2) Frankreich und das Vereinigte Königreich haben beantragt, Brustimplantate abweichend von den Bestimmungen des Anhangs IX der Richtlinie 93/42/EWG als Medizinprodukte der Klasse III einzustufen.

(3) Um bei Brustimplantaten ein höchstmögliches Sicherheitsniveau zu gewährleisten, sollte im Rahmen des vollständigen Qualitätssicherungssystems von den benannten Stellen entsprechend Abschnitt 4 des Anhangs II der Richtlinie 93/42/EWG eine Prüfung der Auslegungsdokumentation vorgenommen und eine EG-Auslegungsprüfbescheinigung ausgestellt werden. Daher ist eine Neueinstufung von Brustimplantaten als Medizinprodukte der Klasse III erforderlich.

(4) Es ist notwendig, eine Regelung für Brustimplantate zu treffen, die vor dem 1. September 2003 gemäß Artikel 11 Absatz 3 Buchstabe a) oder Artikel 11 Absatz 3 Buchstabe b) Ziffer iii) der Richtlinie 93/42/EWG in Verkehr gebracht werden.

(5) Die in dieser Richtlinie vorgesehenen Maßnahmen entsprechen der Stellungnahme des Ausschusses für Medizinprodukte, der durch Artikel 6 Absatz 2 der Richtlinie 90/385/EWG des Rates vom 20. Juni 1990 zur Angleichung der Rechtsvorschriften der Mitgliedstaaten über aktive implantierbare medizinische Geräte, zuletzt geändert durch die Richtlinie 93/68/ EWG, eingesetzt wurde —

hat folgende Richtlinie erlassen:

Artikel 1
Abweichend von den Klassifizierungsregeln in Anhang IX der Richtlinie 93/42/ EWG werden Brustimplantate als Medizinprodukte der Klasse III neu eingestuft.

Artikel 2
(1) Brustimplantate, die vor dem 1. September 2003 gemäß Artikel 11 Absatz 3 Buchstabe a) oder Artikel 11 Absatz 3 Buchstabe b) Ziffer iii) der Richtlinie 93/42/EWG in Verkehr gebracht werden, sind vor dem 1. März 2004 als Medizinprodukte der Klasse III erneut einem Konformitätsbewertungsverfahren zu unterziehen.

(2) Abweichend von Artikel 11 Absatz 11 der Richtlinie 93/42/EWG kann die Gültigkeitsdauer von Entscheidungen betreffend Brustimplantate, die die benannten Stellen gemäß Artikel 11 Absatz 3 Buchstabe a) vor dem 1. September 2003 getroffen haben, nicht verlängert werden.

Artikel 3
(1) Die Mitgliedstaaten erlassen und veröffentlichen die erforderlichen Rechts- und Verwaltungsvorschriften, um dieser Richtlinie bis spätestens 1. August 2003 nachzukommen. Sie setzen die Kommission unverzüglich davon in Kenntnis.

Wenn die Mitgliedstaaten solche Vorschriften erlassen, nehmen sie in diesen Vorschriften selbst oder durch einen Hinweis bei der amtlichen Veröffentlichung auf diese Richtlinie Bezug. Die Mitgliedstaaten regeln die Einzelheiten dieser Bezugnahme.

Die Mitgliedstaaten wenden diese Rechts- und Verwaltungsvorschriften ab dem 1. September 2003 an.

(2) Die Mitgliedstaaten teilen der Kommission den Wortlaut der innerstaatlichen Vorschriften mit, die sie in dem von dieser Richtlinie geregelten Bereich erlassen.

Artikel 4
Diese Richtlinie ist an die Mitgliedstaaten gerichtet.

Brüssel, den 3. Februar 2003

Für die Kommission

Erkki Liikanen
Mitglied der Kommission

Richtlinie 2005/50/EG der Kommission vom 11. August 2005 zur Neuklassifizierung von Gelenkersatz für Hüfte, Knie und Schulter im Rahmen der Richtlinie 93/42/EWG über Medizinprodukte

(veröffentlicht im Amtsblatt der Europäischen Gemeinschaften ABL. Nr. L 210 vom 12. August 2005, S. 41)

Die Kommission der Europäischen Gemeinschaften —

gestützt auf den Vertrag zur Gründung der Europäischen Gemeinschaft,

gestützt auf die Richtlinie 93/42/EWG des Rates vom 14. Juni 1993 über Medizinprodukte, insbesondere auf Artikel 13 Absatz 1 Buchstabe b,

gestützt auf den von Frankreich und dem Vereinigten Königreich gestellten Antrag,

in Erwägung nachstehender Gründe:

(1) Nach den Klassifizierungsregeln in Anhang IX der Richtlinie 93/42/EWG werden vollständige Gelenkersatzteile als Medizinprodukte der Klasse IIb eingestuft.

(2) Frankreich und das Vereinigte Königreich haben beantragt, vollständige Gelenkersatzteile abweichend von den Bestimmungen des Anhangs IX der Richtlinie 93/42/EWG als Medizinprodukte der Klasse III einzustufen, damit sie vor dem Inverkehrbringen einer angemessenen Konformitätsbewertung unterzogen werden.

(3) Damit die Konformität eines Produkts bewertet werden kann, muss es klassifiziert sein, es müssen Stellen benannt sein, die die Konformitätsbewertung durchführen, und die ordnungsgemäße Durchführung der in der Richtlinie 93/42/EWG beschriebenen Konformitätsbewertungsverfahren muss überwacht werden.

(4) Eine Neuklassifizierung abweichend von den Klassifizierungsregeln in Anhang IX der Richtlinie 93/42/EWG ist angezeigt, wenn das Konformitätsbewertungsverfahren einer anderen Produktklasse besser geeignet ist, die für ein bestimmtes Produkt charakteristischen Mängel festzustellen.

(5) Gelenkersatzteile für Hüfte, Knie und Schulter sollten wegen der besonderen Komplexität der wiederherzustellenden Gelenkfunktion und der deswegen erhöhten Gefahr ihres Versagens von anderen vollständigen Gelenkersatzteilen unterschieden werden.

(6) Insbesondere sind Gelenkersatzteile für Hüfte, Knie und Schulter hochkomplexe und Last tragende Implantate, die mit signifikant höherer Wahrscheinlichkeit als bei anderen Gelenkersatzteilen eine Nachoperation erfordern.

(7) Schultergelenkimplantate existieren erst seit relativ kurzer Zeit. Da Schultergelenke ähnlichen dynamischen Beanspruchungen ausgesetzt sind wie

Hüft- und Kniegelenke, ist ihr Ersatz grundsätzlich mit ernsthaften medizinischen Problemen verbunden.

(8) Außerdem erhalten in wachsendem Maße jüngere Menschen mit hoher verbleibender Lebenserwartung künstliche Hüft-, Knie- und Schultergelenke. Deshalb müssen solche Implantate möglichst während der gesamten Lebenszeit dieser Patienten einwandfrei funktionieren, und die Wahrscheinlichkeit von Nachoperationen mit ihren Risiken muss vermindert werden.

(9) Spezifische klinische Daten, u. a. Daten über das Langzeitverhalten, liegen für künstliche Hüft-, Knie- und Schultergelenke nicht immer vor, ehe sie in Verkehr gebracht und in Betrieb genommen werden. Die klinischen Daten, die der Hersteller im Zuge des Konformitätsbewertungsverfahrens erfasst hat und aufgrund deren er festgestellt hat, dass sein Produkt in Auslegung, Herstellung und Leistung den Anforderungen von Anhang I Nummern 1 und 3 der Richtlinie 93/42/EWG entspricht, sollten sorgfältig auf ihre Aussagekraft geprüft werden.

(10) Vollständige Gelenkersatzteile können nach dem Inverkehrbringen und nach dem Beginn ihrer klinischen Verwendung zahlreiche Änderungen erfahren, wie an den auf dem Markt befindlichen künstlichen Hüft- und Kniegelenken ersichtlich ist. Die Erfahrung zeigt jedoch, dass scheinbar unwesentliche Änderungen, die an bisher komplikationslos funktionierenden Gelenkersatzteilen vorgenommen werden, unerwartete ernsthafte Probleme zur Folge haben können, die zu frühzeitigem Versagen des Gelenks führen können und Anlass zu erheblichen Sicherheitsbedenken geben.

(11) Um bestmögliche Sicherheit zu erreichen und das Risiko konstruktionsbedingter Komplikationen zu minimieren, sollten die Auslegungsdokumentation künstlicher Hüft-, Knie- und Schultergelenke, die vom Hersteller zum Nachweis der angegebenen Leistungen vorgelegten klinischen Daten und die nach ihrem Inverkehrbringen vorgenommenen Änderungen ihrer Konstruktion und Herstellung von der benannten Stelle eingehend geprüft werden, ehe sie für die klinische Verwendung zugelassen werden.

(12) Die benannte Stelle sollte deshalb die Auslegungsdokumentation und die Änderungen an der genehmigten Auslegung nach Anhang II Nummer 4 der Richtlinie 93/42/EWG prüfen (Verfahren „Vollständiges Qualitätssicherungssystem").

(13) Aus den genannten Gründen ist eine Neueinstufung vollständiger Gelenkersatzteile für Hüfte, Knie und Schulter als Medizinprodukte der Klasse III erforderlich.

(14) Es ist eine ausreichende Übergangsfrist vorzusehen, während der vollständige Gelenkersatzteile für Hüfte, Knie und Schulter, die bereits nach dem in Anhang II der Richtlinie 93/42/EWG beschriebenen Verfahren „Vollständiges Qualitätssicherungssystem" als Medizinprodukte der Klasse IIb bewertet worden sind, zusätzlich nach Anhang II Nummer 4 bewertet werden können.

(15) Vollständige Gelenkersatzteile für Hüfte, Knie und Schulter, die bereits nach dem in Anhang III der Richtlinie 93/42/EWG beschriebenen Verfahren „EG-Baumusterprüfung" in Verbindung mit dem in Anhang IV beschriebenen Verfahren „EG-Prüfung" oder mit dem in Anhang V beschriebenen Verfahren „Qualitätssicherung Produktion" bewertet worden sind, sind von dieser Richtlinie nicht betroffen, da diese Konformitätsbewertungsverfahren für die Produktklassen IIb und III gleich sind.

(16) Es ist eine ausreichende Übergangsfrist vorzusehen, während der vollständige Gelenkersatzteile für Hüfte, Knie und Schulter, die bereits nach dem in Anhang III der Richtlinie 93/42/EWG beschriebenen Verfahren „EG-Baumusterprüfung" in Verbindung mit dem in Anhang VI beschriebenen Verfahren „Qualitätssicherung Produkt" bewertet worden sind, zusätzlich nach Anhang IV oder V der Richtlinie 93/42/EWG bewertet werden können.

(17) Die in dieser Richtlinie vorgesehenen Maßnahmen entsprechen der Stellungnahme des Ausschusses für Medizinprodukte, der durch Artikel 6 Absatz 2 der Richtlinie 90/385/EWG des Rates vom 20. Juni 1990 zur Angleichung der Rechtsvorschriften der Mitgliedstaaten über aktive implantierbare medizinische Geräte, eingesetzt wurde —

hat folgende Richtlinie erlassen:

Artikel 1

Abweichend von den Klassifizierungsregeln in Anhang IX der Richtlinie 93/42/ EWG werden Gelenkersatzteile für Hüfte, Knie und Schulter als Medizinprodukte der Klasse III neu eingestuft.

Artikel 2

Ein Gelenkersatzteil für Hüfte, Knie oder Schulter im Sinne dieser Richtlinie ist eine implantierbare Gesamtheit von Teilen, die dazu bestimmt sind, zusammen die Funktion des natürlichen Hüft-, Knie- oder Schultergelenks möglichst vollständig zu erfüllen. Zubehörteile wie Schrauben, Keile, Platten und Instrumente fallen nicht unter diese Definition.

Artikel 3

(1) Gelenkersatzteile für Hüfte, Knie und Schulter, die vor dem 1. September 2007 einer Konformitätsbewertung nach Artikel 11 Absatz 3 Buchstabe a der Richtlinie 93/42/EWG unterzogen wurden, sind bis zum 1. September 2009 einer ergänzenden Konformitätsbewertung nach Anhang II Nummer 4 der Richtlinie 93/42/EWG zu unterziehen, nach der eine Auslegungsprüfbescheinigung ausgestellt wird. Einem Hersteller bleibt es jedoch unbenommen, die Konformitätsbewertung nach Artikel 11 Absatz 3 Buchstabe b der Richtlinie 93/42/EWG zu beantragen.

(2) Gelenkersatzteile für Hüfte, Knie und Schulter, die vor dem 1. September 2007 einer Konformitätsbewertung nach Artikel 11 Absatz 3 Buchstabe b Ziffer iii der Richtlinie 93/42/EWG unterzogen wurden, können bis 1. September 2010 zur Einstufung als Medizinprodukte der Klasse III einer Konformitätsbewertung nach Artikel 11 Absatz 1 Buchstabe b Ziffer i oder ii der Richtlinie 93/42/EWG unterzogen werden. Einem Hersteller bleibt es jedoch unbenommen, die Konformitätsbewertung nach Artikel 11 Absatz 1 Buchstabe a der Richtlinie 93/42/EWG zu beantragen.

(3) Die Mitgliedstaaten lassen bis zum 1. September 2009 das Inverkehrbringen und die Inbetriebnahme von Gelenkersatzteilen für Hüfte, Knie und Schulter zu, für die eine Entscheidung nach Artikel 11 Absatz 3 Buchstabe a der Richtlinie 93/42/EWG vor dem 1. September 2007 erlassen wurde.

(4) Die Mitgliedstaaten lassen bis zum 1. September 2010 das Inverkehrbringen von Gelenkersatzteilen für Hüfte, Knie und Schulter zu, für die eine Entscheidung nach Artikel 11 Absatz 3 Buchstabe b Ziffer iii der Richtlinie 93/42/EWG vor dem 1. September 2007 erlassen wurde, und lassen deren Inbetriebnahme auch nach diesem Tag zu.

Artikel 4

(1) Die Mitgliedstaaten erlassen und veröffentlichen die erforderlichen Rechts- und Verwaltungsvorschriften, um dieser Richtlinie bis spätestens 1. März 2007 nachzukommen.

Wenn die Mitgliedstaaten solche Vorschriften erlassen, nehmen sie in diesen Vorschriften selbst oder durch einen Hinweis bei der amtlichen Veröffentlichung auf diese Richtlinie Bezug. Die Mitgliedstaaten regeln die Einzelheiten dieser Bezugnahme.

Die Mitgliedstaaten wenden diese Rechts- und Verwaltungsvorschriften ab dem 1. September 2007 an.

(2) Die Mitgliedstaaten teilen der Kommission den Wortlaut der innerstaatlichen Vorschriften mit, die sie in dem von dieser Richtlinie geregelten Bereich erlassen.

Artikel 5

Diese Richtlinie tritt am zwanzigsten Tag nach ihrer Veröffentlichung im Amtsblatt der Europäischen Union in Kraft.

Artikel 6

Diese Richtlinie ist an die Mitgliedstaaten gerichtet.

Brüssel, den 11. August 2005

Für die Kommission

Günter Verheugen
Vizepräsident

Fachwörterbuch

In dem Fachwörterbuch werden wichtige Fachbegriffe, die im Zusammenhang mit dem Medizinprodukterecht von Bedeutung sind, zusammengefasst und kurz erläutert. Das Fachwörterbuch berücksichtigt u. a. Begriffe

- des Medizinproduktegesetzes und der dazugehörigen Verordnungen in der jeweils aktuellen Fassung,
- der Richtlinie 90/385/EWG über aktive implantierbare medizinische Geräte in der ab 21. März 2010 anzuwendenden Fassung,
- der Richtlinie 93/42/EWG über Medizinprodukte in der ab 21. März 2010 anzuwendenden Fassung,
- der Richtlinie 98/79/EG über In-vitro-Diagnostika in der aktuellen Fassung,
- der Richtlinie 2003/32/EG über Verwendung von Gewebe tierischen Ursprungs,
- der Richtlinie 2003/12/EG zur Neuklassifizierung von Brustimplantaten,
- der Richtlinie 2005/50/EG zur Neuklassifizierung von Gelenkersatz für Hüfte, Knie und Schulter und
- der Verordnung (EG) Nr. 765/2008 über die Vorschriften für die Akkreditierung und Marktüberwachung im Zusammenhang mit der Vermarktung von Produkten.

Dieses Fachwörterbuch ist ein überarbeiteter, aktualisierter Auszug aus dem umfassenderen Fachwörterbuch in:

Böckmann / Frankenberger
Durchführungshilfen zum Medizinproduktegesetz
Schwerpunkt Medizintechnik und In-vitro-Diagnostika
Praxisnahe Hinweise, Erläuterungen, Textsammlung
Loseblattwerk, TÜV Media GmbH, Köln
ISBN 3-8249-0227-3 (Grundwerk inklusive jeweils letzter Ergänzungslieferung).

Fachwörterbuch

In dem Fachwörterbuch werden u. a. folgende Abkürzungen verwendet:

ABl	Amtsblatt der Europäischen Union
AEUV	Vertrag über die Arbeitsweise der Europäischen Union
AGMP	Arbeitsgruppe Medizinprodukte der Bundesländer
AIMDD	Richtlinie 90/385/EWG über aktive implantierbare medizinische Geräte
AkkStelleG	Akkreditierungsstellengesetz
AM-GCP	Arzneimittel – Good Clinical Practice
AMG	Arzneimittelgesetz
BfArM	Bundesinstitut für Arzneimittel und Medizinprodukte
BGV	Berufsgenossenschaftliche Vorschriften
BMG	Bundesministerium für Gesundheit
BMWi	Bundesministerium für Wirtschaft
CFR	Code of Federal Regulations (USA)
DAkkS	Deutsche Akkreditierungsstelle GmbH
EDMS	European Diagnostic Market Statistics
EMA	European Medicines Agency
EMV	Elektromagnetische Verträglichkeit
EWR	Europäischer Wirtschaftsraum
FDA	Food and Drug Administration
GCP	Good Clinical Practice
GCP-V	Verordnung über die Anwendung der Guten Klinischen Praxis bei der Durchführung von klinischen Prüfungen mit Arzneimitteln zur Anwendung am Menschen
GMDN	Global Medical Device Nomenclature
GPSG	Geräte- und Produktsicherheitsgesetz
HIV	Human Immunodeficiency Virus (Humanes Immundefizienz-Virus)
IVDD	Richtlinie 98/79/EG über In-vitro-Diagnostika
i.V.m.	in Verbindung mit
KAN	Kommission für Arbeitsschutz und Normung
LFGB	Lebensmittel- und Futtermittelgesetzbuch
MDD	Richtlinie 93/42/EWG über Medizinprodukte
MDEG	Medical Devices Experts Group
MedGV	Medizingeräteverordnung
MPBetreibV	Medizinprodukte-Betreiberverordnung
MPG	Medizinproduktegesetz
MPKPV	Medizinprodukte-Klinische Prüfungsverordnung
MPSV	Medizinprodukte-Sicherheitsplanverordnung
MPV	Medizinprodukte-Verordnung
MTA	Medizinisch-technischer Assistent, Medizinisch-technische Assistentin
NANDO	New Approach Notified and Designated Organisations
NBOG	Notified Body Operations Group

Fachwörterbuch

OP	Operationssaal
OTC	Over the Counter
PEI	Paul-Ehrlich-Institut
POCT	Point of Care Testing
PSA	Persönliche Schutzausrüstung
PTB	Physikalisch-Technische Bundesanstalt
QM-System	Qualitätsmanagement-System
RiLiBÄK	Richtlinie der Bundesärztekammer zur Qualitätssicherung quantitativer labormedizinischer Untersuchungen
RKI	Robert-Koch-Institut
RL	EU-Richtlinie
UMDNS	Universal Medical Device Nomenclature System
UVV	Unfallverhütungsvorschrift
VDI	Verein Deutscher Ingenieure
VdS	VdS Schadenverhütung GmbH
ZLG	Zentralstelle der Länder für Gesundheitsschutz bei Arzneimitteln und Medizinprodukten
ZLS	Zentralstelle der Länder für Sicherheitstechnik

Äquivalentes Medizinprodukt
⇨ Anhang X MDD

Die klinische Bewertung eines Medizinprodukts ist anhand von klinischen Daten durchzuführen. Diese klinischen Daten müssen nicht notwendigerweise von dem klinisch zu bewertenden Medizinprodukt stammen. Zulässig sind ebenfalls klinische Daten von nachweisbar gleichartigen (äquivalenten) Medizinprodukten, die ordnungsgemäß in den Verkehr gebracht wurden. Zum Nachweis der Gleichartigkeit (Äquivalenz) des Medizinprodukts empfiehlt es sich, folgende Kriterien zu Grunde zu legen und im Hinblick auf ihre Äquivalenz des Medizinprodukts zu bewerten [52]:

- Verwendungszweck (Zweckbestimmung und Anwendungsbeschränkungen einschließlich der klinisch zu behandelnden Patientengruppe);
- Technische Charakteristika wie Funktionsweise, Leistung, Sicherheit, Materialien, Energie und ggf. weitere anwendbare Produkteigenschaften;
- Biologische Charakteristika wie Biokompatibilität von Materialien, die in Kontakt mit dem Patienten sind, mit dessen Körperflüssigkeiten und dessen Gewebe;
- Anwendungsort, Anwendungsdauer.

Hilfreich ist auch der Verweis auf Harmonisierte Normen, die bei dem klinisch zu bewertenden und dem äquivalenten Medizinprodukt zum Einsatz kommen. Die Begründung der Äquivalenz des Medizinprodukts ist zu dokumentieren.

Arbeitsgruppe Medizinprodukte der Bundesländer (AGMP)

«Im Jahre 2001 beschlossen die Gesundheits- und die Arbeitsministerkonferenz, ein Gremium einzurichten, das sich mit Problemen des Vollzugs des Medizinprodukterechts beschäftigt und hier insbesondere eine Koordination der Zusammenarbeit der Länder herbeiführen soll. Auf der Grundlage der gleich lautenden Beschlüsse der beiden Ministerkonferenzen konstituierte sich am 7. Januar 2002 in Bonn die Arbeitsgruppe Medizinprodukte (AGMP). Ihr gehören die mit den einschlägigen Fachaufgaben betrauten Referenten der Länder an. Sie berichtet sowohl an die Arbeitsgruppe der Arbeitsgemeinschaft der Obersten Landesgesundheitsbehörden (AOLG) als auch an die Arbeitsgruppe des Länderausschusses für Sicherheitstechnik (LASI) und ist diesen Gremien rechenschaftspflichtig.» [89]

Akkreditierung

⇨ Artikel 2 Nr. 10 Verordnung (EG) Nr. 765/2008 [77]:
«Akkreditierung: Bestätigung durch eine nationale Akkreditierungsstelle, dass eine Konformitätsbewertungsstelle die in harmonisierten Normen festgelegten Anforderungen und gegebenenfalls zusätzliche Anforderungen, einschließlich solcher in relevanten sektoralen Akkreditierungssystemen, erfüllt, um eine spezielle Konformitätsbewertungstätigkeit durchzuführen.»

⇨ § 1 Abs. 1 AkkStelleG:
«Die Akkreditierung wird als hoheitliche Aufgabe des Bundes durch die Akkreditierungsstelle durchgeführt. Diese ist nationale Akkreditierungsstelle im Sinne der Verordnung (EG) Nr. 765/2008 des Europäischen Parlaments und des Rates vom 9. Juli 2008 über die Anforderungen an Akkreditierung und Marktüberwa-

chung bei der Vermarktung von Produkten und zur Aufhebung der Verordnung (EWG) Nr. 339/93 (ABl. L 218 vom 13.8.2008, S. 30) und für Akkreditierungen nach Artikel 3 der Verordnung (EG) Nr. 765/2008 zuständig.»

Die Verordnung (EG) Nr. 765/2008 «Vorschriften für die Akkreditierung und Marktüberwachung im Zusammenhang mit der Vermarktung von Produkten ...» vom 9. Juli 2008 [77] regelt die Organisation und Durchführung der Akkreditierung von Konformitätsbewertungsstellen, die Konformitätsbewertungstätigkeiten durchführen. Durch das Akkreditierungsstellengesetz wurde ein gesetzlicher Rahmen für die Organisation des bislang zersplitterten Akkreditierungswesens in Deutschland geschaffen.

Die Deutsche Akkreditierungsstelle GmbH (DAkkS) wurde als nationale Akkreditierungsstelle für die deutsche Wirtschaft gegründet, sie hat ihre Tätigkeit zum 1. Januar 2010 aufgenommen. In der AIMDD, der MDD, der IVDD, im MPG und den dazugehörenden nationalen Verordnungen findet der Begriff „Akkreditierung" keine Verwendung

Akkreditierungsstelle
⇨ {siehe Nationale Akkreditierungsstelle, Deutsche Akkreditierungsstelle}

Akkreditierungsstellengesetz
Das AkkStelleG vom 31. Juli 2009 (BGBl. I S. 2625) basiert auf der Verordnung (EG) Nr. 765/2008 und ist am 1. August 2009 in Kraft getreten. Die Aufgaben der nationalen Akkreditierungsstelle ergeben sich aus § 2 AkkStelleG:

«(1) Die Akkreditierungsstelle führt auf schriftlichen Antrag einer Konformitätsbewertungsstelle Akkreditierungsverfahren gemäß Artikel 5 der Verordnung (EG) Nr. 765/2008 durch. Sie wendet bei der Akkreditierung die nach § 5 Absatz 3 bekannt gemachten Regeln an.

(2) Die Akkreditierungsstelle führt ein Verzeichnis der akkreditierten Konformitätsbewertungsstellen mit Angabe des fachlichen Umfangs und hält es auf dem neuesten Stand.

(3) Die Akkreditierungsstelle soll bei Begutachtungstätigkeiten das bei anderen Behörden vorhandene Fachwissen heranziehen. Die Akkreditierungsstelle lässt Begutachtungen für die in § 1 Absatz 2 Satz 2 genannten Bereiche von den die Befugnis erteilenden Behörden ausführen. Die Akkreditierungsstelle kann sich bei der Durchführung der Überwachung der akkreditierten Konformitätsbewertungsstellen der die Befugnis erteilenden Behörden bedienen.»

Aus einer Information der ZLG zum Akkreditierungsstellengesetz ergibt sich u.a.:
„[...] Das AkkStelleG regelt die Errichtung einer Nationalen Akkreditierungsstelle, in der nationalen Akkreditierungstätigkeiten zusammengeführt und hoheitlich ausgeführt werden. Dieses Gesetz basiert auf der europäischen Verordnung VO (EG) Nr. 765/2008, die ab Januar 2010 gilt und unmittelbar geltendes Recht entfaltet.
[...] Das Gesetz regelt ferner die Aufsicht über die Nationale Akkreditierungsstelle, für definierte Bereiche die Ausführung der Begutachtungen durch die Befugnis ertei-

Fachwörterbuch

lenden Behörden und das bei Akkreditierungsentscheidungen mit diesen herzustellende Einvernehmen.
[...] ZLG und ZLS sind im MPG und im Gerätesicherheitsgesetz als anerkennende und benennende Behörden bestimmt und daher im Sinne der VO (EG) Nr. 765/2008 ohnehin «Befugnis erteilend».
[...] Das MPG ist dahin gehend geändert worden, dass eine Akkreditierung als Voraussetzung für die Benennung von Zertifizierungsstellen gestrichen wurde und Laboratorien, die als Unterauftragnehmer Benannter Stellen tätig werden wollen, von der ZLG anerkannt werden müssen. [...]"

AkkStelleG
⇨ {siehe Akkreditierungsstellengesetz}

Aktives diagnostisches Medizinprodukt
⇨ Anhang IX Abschnitt I Nr. 1.6 MDD:
«Aktives Medizinprodukt, das entweder getrennt oder in Verbindung mit anderen Medizinprodukten eingesetzt wird und dazu bestimmt ist, Informationen für die Erkennung, Diagnose, Überwachung oder Behandlung von physiologischen Zuständen, Gesundheitszuständen, Krankheitszuständen oder angeborenen Missbildungen zu liefern.»

Aktives implantierbares Medizinprodukt
⇨ {Aktives medizinisches Gerät, Medizinisches Gerät}
⇨ Artikel 1 Abs. 2 c) AIMDD:
«Aktives implantierbares medizinisches Gerät: jedes aktive medizinische Gerät, das dafür ausgelegt ist, ganz oder teilweise durch einen chirurgischen oder medizinischen Eingriff in den menschlichen Körper oder durch einen medizinischen Eingriff in eine natürliche Körperöffnung eingeführt zu werden und dazu bestimmt ist, nach dem Eingriff dort zu verbleiben.»
Diese Definition ist in Verbindung mit den ebenfalls in der AIMDD gegebenen Definitionen für «aktives medizinisches Gerät» und «medizinisches Gerät» zu sehen.
Für die Zuordnung eines Zubehörteils mit medizinischer Zweckbestimmung zu der AIMDD oder zu der MDD ist die Definition des Begriffs «medizinisches Gerät» der AIMDD von entscheidender Bedeutung.
Diese Definition «medizinisches Gerät» der AIMDD ist im MPG nicht wiedergegeben. Somit wird im MPG nicht gefordert, dass ein Zubehörteil, das zum einwandfreien Funktionieren des aktiven implantierbaren medizinischen Geräts erforderlich ist, der AIMDD zuzuordnen ist. Hier wird jedem Hersteller empfohlen, für seine Entscheidungen die Texte der europäischen Richtlinien zu Grunde zu legen.

Aktives medizinisches Gerät
⇨ Artikel 1 Abs. 2 b) AIMDD:
«Aktives medizinisches Gerät: jedes medizinische Gerät, dessen Betrieb auf eine elektrische Energiequelle oder eine andere Energiequelle als die unmittel-

Fachwörterbuch

bar durch den menschlichen Körper oder die Schwerkraft erzeugte Energie angewiesen ist.»

Aktives Medizinprodukt
⇨ Anhang IX Abschnitt I Nr. 1.4 MDD:
«Medizinprodukt, dessen Betrieb von einer Stromquelle oder einer anderen Energiequelle (mit Ausnahme der direkt vom menschlichen Körper oder durch die Schwerkraft erzeugten Energie) abhängig ist und das aufgrund der Umwandlung dieser Energie wirkt. Ein Produkt, das zur Übertragung von Energie, Stoffen oder Parametern zwischen einem aktiven Medizinprodukt und dem Patienten eingesetzt wird, ohne dass dabei eine wesentliche Veränderung von Energie, Stoffen oder Parametern eintritt, wird nicht als aktives Medizinprodukt angesehen. Eigenständige Software gilt als aktives Medizinprodukt.»

Ein aktives Medizinprodukt ist somit jedes Medizinprodukt, dessen Betrieb auf eine elektrische Energiequelle oder eine andere Energiequelle – mit Ausnahme der direkt vom menschlichen Körper (durch Muskelkraft) oder durch die Schwerkraft erzeugten Energie – abhängig ist.

Diese Definition stellt klar, dass auch eigenständige Software, die vom Hersteller speziell zur Anwendung für diagnostische oder therapeutische Zwecke bestimmt ist, als aktives Medizinprodukt gilt. Software ist ohne Hardware nicht anwendbar.

Ein Produkt, das zur Übertragung von Energie, Stoffen oder Parametern zwischen einem aktiven Medizinprodukt und dem Patienten eingesetzt wird, ohne dass dabei eine wesentliche Veränderung von Energie, Stoffen oder Parametern eintritt, wird nicht als aktives Medizinprodukt angesehen (z. B. Überleitungssystem bei Infusionspumpen, Spritze bei Infusionsspritzenpumpen).

Der in diesem Zusammenhang entscheidende Begriff «wesentliche Veränderung» ist dahingehend zu interpretieren, dass beispielsweise Energieverluste durch Leitungs- oder Strömungswiderstände (EKG-Leitung, Beatmungsschlauch) nicht als wesentliche Änderung anzusehen sind.

Aktives therapeutisches Medizinprodukt
⇨ Anhang IX Abschnitt I Nr. 1.5 MDD:
«Aktives Medizinprodukt, das entweder getrennt oder in Verbindung mit anderen Medizinprodukten eingesetzt wird und dazu bestimmt ist, biologische Funktionen oder Strukturen im Zusammenhang mit der Behandlung oder Linderung einer Krankheit, Verwundung oder Behinderung zu erhalten, zu verändern, zu ersetzen oder wiederherzustellen.»

Amtsblatt der Europäischen Gemeinschaften
⇨ {siehe Amtsblatt der Europäischen Union}
Überholte Bezeichnung

Fachwörterbuch

Amtsblatt der Europäischen Union

Das Amtsblatt der Europäischen Union (ABl.) ist das offizielle Verkündungsorgan der Europäischen Union und erscheint täglich in sämtlichen Amtssprachen der Europäischen Union (22 Sprachen bzw. auch in Irisch als 23. Sprache, wenn eine Veröffentlichung in Irisch vorgeschrieben ist).
Das Amtsblatt der Europäischen Union besteht aus zwei zusammenhängenden Reihen:
- Reihe L: enthält europäische Rechtsvorschriften wie EU-Verordnungen, EU-Richtlinien, Entscheidungen und Beschlüsse, Empfehlungen und Stellungnahmen.
- Reihe C: enthält Mitteilungen und Bekanntmachungen, als wichtigstes sind wohl die Zusammenfassungen der Urteile des Europäischen Gerichtshofes und des Gerichts erster Instanz zu nennen sowie die Sitzungsprotokolle des Europäischen Parlaments.

Vertrieb der Ausgabe in deutscher Sprache: *Bundesanzeiger Verlagsgesellschaft m.b.H*, Amsterdamer Str. 192 50735 Köln Tel.: (0221) 976 68-0

Analytische Sensitivität

⇨ Anhang I, Nr. A 3 IVDD: Leistungsparameter von In-vitro-Diagnostika
Die analytische Sensitivität ist weitgehend gleichbedeutend mit der analytischen Nachweisgrenze und bezeichnet die kleinste noch detektierbare Menge oder Konzentration eines Analyten.

Analytische Spezifität

⇨ Anhang I, Nr. A 3 IVDD: Leistungsparameter von In-vitro-Diagnostika
Unter analytischer Spezifität wird die Fähigkeit eines Tests verstanden, möglichst nur den interessierenden Analyten zu erfassen. Einschränkungen (Kreuzreaktivität, Interferenzen) werden in der Regel qualitativ oder unter Angabe von Grenzwerten in der Packungsbeilage angegeben.

Anlage 1-Medizinprodukt

⇨ Anlage 1 MPBetreibV
In der Anlage 1 MPBetreibV werden folgende nichtimplantierbare aktive Medizinprodukte aufgeführt.

«1 Nichtimplantierbare aktive Medizinprodukte zur
1.1 Erzeugung und Anwendung elektrischer Energie zur unmittelbaren Beeinflussung der Funktion von Nerven und / oder Muskeln beziehungsweise der Herztätigkeit einschließlich Defibrillatoren,
1.2 intrakardialen Messung elektrischer Größen oder Messung anderer Größen unter Verwendung elektrisch betriebener Messsonden in Blutgefäßen beziehungsweise an freigelegten Blutgefäßen,
1.3 Erzeugung und Anwendung jeglicher Energie zur unmittelbaren Koagulation, Gewebezerstörung oder Zertrümmerung von Ablagerungen in Organen,

1.4 unmittelbaren Einbringung von Substanzen und Flüssigkeiten in den Blutkreislauf unter potentiellem Druckaufbau, wobei die Substanzen und Flüssigkeiten auch aufbereitete oder speziell behandelte körpereigene sein können, deren Einbringen mit einer Entnahmefunktion direkt gekoppelt ist,
1.5 maschinellen Beatmung mit oder ohne Anästhesie,
1.6 Diagnose mit bildgebenden Verfahren nach dem Prinzip der Kernspinresonanz,
1.7 Therapie mit Druckkammern,
1.8 Therapie mittels Hypothermie
und
2 Säuglingsinkubatoren sowie
3 externe aktive Komponenten aktiver Implantate.»

- Beispiele zu Anlage 1 Nr. 1.1 MPBetreibV:
  Defibrillator (extern), Geräte zur elektrischen Stimulation von Nerven und Muskeln für Diagnose und Therapie (z. B. TENS-Gerät, Elektromyograf), Blasenstimulator
- Beispiele zu Anlage 1 Nr. 1.2 MPBetreibV:
  Invasiv / intrakardial messendes Blutdruckmessgerät, invasives / intrakardiales EKG-Gerät, Herzkatheter-Messplatz, HZV- / HMV-Messgerät, Gerät zur intraaortalen Ballon-Pulsation
- Beispiele zu Anlage 1 Nr. 1.3 MPBetreibV:
  HF-Chirurgiegerät, Laser-Chirurgiegerät, Ultraschall-Chirurgiegerät, Photo- / Laserkoagulator, ophthalmologischer Laser, Kryochirurgiegerät, Ablationsgerät, Glühkauter, Impulsgerät zur Lithotripsie, Dermatom, Wasserstrahlschneidgerät, elektrische / pneumatische Knochensäge, Hyperthermiegerät, Röntgentherapiegerät
- Beispiele zu Anlage 1 Nr. 1.4 MPBetreibV:
  Infusionspumpe, Infusionsspritzenpumpe, Perfusionspumpe, Blutpumpe, Hämodialysegerät, Hämofiltrationsgerät, Hochdruck-Injektionspumpe, Herz-Lungen-Maschine
- Beispiele zu Anlage 1 Nr. 1.5 MPBetreibV:
  Anästhesie-Beatmungsgerät, Notfall-Beatmungsgerät, Transport-Beatmungsgerät, Beatmungsgerät für die Akutmedizin, Beatmungsgerät für neonatale und pädiatrische Patienten, Gerät zur Heimbeatmung
- Beispiel zu Anlage 1 Nr. 1.6 MPBetreibV:
  Kernspintomograf
- Beispiel zu Anlage 1 Nr. 1.7 MPBetreibV:
  Druckkammer für die hyperbare Sauerstofftherapie
- Beispiel zu Anlage 1 Nr. 1.8 MPBetreibV:
  Hypothermiegerät
- Beispiele zu Anlage 1 Nr. 2 MPBetreibV:
  Inkubator für Früh- und Neugeborene. Transportinkubator für Früh- und Neugeborene

Fachwörterbuch

- Beispiele zu Anlage 1 Nr. 3 MPBetreibV:
  Schrittmacher-Programmiergerät, Geräte zur Aktivierung und Kontrolle von aktiven Implantaten, externe Antriebs- / Leistungskomponenten für aktive Implantate

Auf der DIMDI-Website (http://www.dimdi.de/static/de/mpg/recht/betreibv-an.htm) ist eine Liste zur Orientierung für die Zuordnung von Medizinprodukten zur Anlage 1 MPBetreibV angegeben. Diese Liste erhebt keinen Anspruch auf Vollständigkeit und ist rechtlich nicht verbindlich. Entscheidend für die Zugehörigkeit zur Anlage 1 MPBetreibV ist, ob das Produkt nach seiner vom Hersteller festgelegten Zweckbestimmung unter eine der Gruppen der Anlage 1 MPBetreibV fällt.

Bei diesen Medizinprodukten – mit Ausnahme der Medizinprodukte zur klinischen Prüfung – sind spezielle Vorschriften beim Betreiben und Anwenden zu beachten. Gefordert werden u. a. folgende zu dokumentierende Tätigkeiten:

Vom Hersteller oder der vom Hersteller «Befugten Person»:
- Funktionsprüfung am Betriebsort,
- Einweisung der vom Betreiber «Beauftragten Person» anhand der Gebrauchsanweisung.

Vom Betreiber:
- Benennung der «Beauftragten Person»
- Einweisung der Anwender durch den Hersteller, durch eine vom Hersteller hierzu «Befugten Person» oder durch die «Beauftragte Person» unter Berücksichtigung der Gebrauchsanweisung,
- Durchführen von Sicherheitstechnischen Kontrollen,
- Führen des Medizinproduktebuchs,
- Führen des Bestandsverzeichnisses,
- Aufbewahrung der Gebrauchsanweisungen und der Medizinproduktebücher.

Anlage 2-Medizinprodukt
⇨ Anlage 2 MPBetreibV
In der Anlage 2 MPBetreibV werden folgende Medizinprodukte mit Messfunktion aufgeführt:

«1 Medizinprodukte, die messtechnischen Kontrollen nach § 11 Abs. 1 Satz 1 Nr. 1 unterliegen
1.1 Medizinprodukte zur Bestimmung der Hörfähigkeit (Ton- und Sprachaudiometer)
1.2 Medizinprodukte zur Bestimmung von Körpertemperaturen (mit Ausnahme von Quecksilberglasthermometern mit Maximumvorrichtung)
1.2.1 medizinische Elektrothermometer
1.2.2 mit austauschbaren Temperaturfühlern
1.2.3 Infrarot-Strahlungsthermometer
1.3 Messgeräte zur nichtinvasiven Blutdruckmessung

1.4 Medizinprodukte zur Bestimmung des Augeninnendrucks (Augentonometer)
1.4.1 allgemein
1.4.2 zur Grenzwertprüfung
1.5 Therapiedosimeter bei der Behandlung von Patienten von außen
1.5.1 mit Photonenstrahlung im Energiebereich bis 1,33 MeV
1.5.2 mit Photonenstrahlung im Energiebereich ab 1,33 MeV
1.5.3 mit Photonenstrahlung aus Co-60-Bestrahlungsanlagen
1.6 Diagnostikdosimeter zur Durchführung von Mess- und Prüfaufgaben, sofern sie nicht § 2 Abs. 1 Nr. 3 oder 4 der Eichordnung unterliegen
1.7 Tretkurbelergometer zur definierten physikalischen und reproduzierbaren Belastung von Patienten
2 Ausnahmen von Messtechnischen Kontrollen
Abweichend von 1.5.1 unterliegen keiner Messtechnischen Kontrolle Therapiedosimeter, die nach jeder Einwirkung, die die Richtigkeit der Messung beeinflussen kann, sowie mindestens alle zwei Jahre in den verwendeten Messbereichen kalibriert und die Ergebnisse aufgezeichnet werden. Die Kalibrierung muss von fachkundigen Personen, die vom Betreiber bestimmt sind, mit einem Therapiedosimeter durchgeführt werden, dessen Richtigkeit entsprechend § 11 Abs. 2 sichergestellt worden ist und das bei der die Therapie durchführenden Stelle ständig verfügbar ist.
3 Messtechnische Kontrollen in Form von Vergleichsmessungen»

Bei diesen Medizinprodukten sind spezielle Vorschriften beim Betreiben und Anwenden zu beachten. Gefordert werden vom Betreiber u. a. folgende zu dokumentierende Tätigkeiten:
- Medizinproduktebuch,
- Messtechnische Kontrollen,
- Bestandsverzeichnis bei Vorliegen von aktiven Medizinprodukten mit Messfunktion.

Anwender
⇨ {Bediener}
Eine Legaldefinition ist im Medizinprodukterecht nicht vorhanden.
Ein Anwender ist eine Person, die – im Gegensatz zum Bediener – ein Medizinprodukt eigenverantwortlich handhabt entsprechend der Zweckbestimmung des Herstellers und der vom Hersteller vorgegebenen Anwendungsbeschränkungen. Im MPG, in der MPBetreibV und in der MPSV sind Anforderungen aufgeführt, die ein Anwender von Medizinprodukten zu beachten hat. Diese sind zum Teil mit Straf- und Bußgeldvorschriften belegt.
Anwender können sowohl der Arzt oder Zahnarzt, als auch das medizinische Fachpersonal oder die Hilfskräfte bis hin zum Patienten (Heimdialyse, Blutzuckermessung, Schwangerschaftstests, Fiebermessung, Blutdruckmessung) sein.

Anwender ist aber keinesfalls, wer unter ständiger Aufsicht (z. B. während der Ausbildung oder Einweisung) oder Leitung eines Anderen ein Gerät ausschließlich bedient.
Die Vorschriften der MPBetreibV treffen nur auf professionelle Anwender zu. Die MPBetreibV «gilt nicht für Medizinprodukte, die weder gewerblichen noch wirtschaftlichen Zwecken dienen und in deren Gefahrenbereich keine Arbeitnehmer beschäftigt sind» (vgl. § 1 Abs. 2 MPBetreibV).
Mit anderen Worten: Die private Anwendung unterliegt nicht der MPBetreibV. Die Anforderungen an den Anwender von Medizinprodukten im MPG und MPBetreibV gelten nicht für einen Patienten, wenn dieser das Medizinprodukt an sich selbst anwendet.

Anwenderfehler
Der Anwenderfehler stellt eine Gefahr dar, die mit der Anwendung von Medizinprodukten verbunden ist, beispielsweise durch Anwendung eines Medizinprodukts durch Personen, die die erforderliche Ausbildung oder Kenntnis und Erfahrung nicht besitzen. Bei Medizinprodukten der Anlage 1 MPBetreibV schreibt der Gesetzgeber zur Vermeidung von Anwenderfehlern die Einweisung vor.

Anwendersicherheit
⇨ § 1 MPG
Zweck des MPGs ist nach § 1 MPG u. a., den Verkehr mit Medizinprodukten zu regeln und dadurch für die Sicherheit der Medizinprodukte sowie für die Gesundheit und den erforderlichen Schutz der Patienten, Anwender und Dritter zu sorgen.

Anwendung
Der Begriff «Anwendung eines Medizinprodukts» ist im MPG nicht definiert. Er umfasst die Nutzung eines Medizinprodukts für Menschen entsprechend der Zweckbestimmung des Herstellers oder auch für einen anderen medizinischen Verwendungszweck (Off Label Use).

Anwendungsbereich
Der Anwendungsbereich einer Rechtsvorschrift beschreibt,
- für welche Personen (persönlicher Anwendungsbereich),
- für welche Produkte (produktbezogener Anwendungsbereich),
- für welche Tätigkeiten oder Aktivitäten (sachlicher Anwendungsbereich) oder
- für welchen Zeitraum (zeitlicher Anwendungsbereich)

die betreffende Regelung gilt – einschließlich etwaiger Ausnahmen. Die Vorschriften sind nur im Rahmen des definierten Anwendungsbereichs anwendbar.
Der Anwendungsbereich des MPG's ist in § 2 Nr. 1 MPG produktbezogen festgelegt. Das Gesetz gilt für Medizinprodukte und deren Zubehör und legt fest, auf welche Produkte, die ebenfalls unter die Definition eines Medizinprodukts subsumiert werden könnten, das Gesetz keine Anwendung findet. Ergänzend hinzuweisen ist in die-

sem Zusammenhang, dass der Anwendungsbereich des MPG's nicht auf das «verwendungsfertige Medizinprodukt» bezogen ist.
Der sachliche Anwendungsbereich des Gesetzes ergibt sich aus den einzelnen Regelungen. Er umfasst im Wesentlichen die Voraussetzungen für das Inverkehrbringen und die Inbetriebnahme; das Gesetz enthält aber auch Regelungen zu Phasen des Produktlebenszyklus, die dem Inverkehrbringen und der Inbetriebnahme vor- und nachgelagert sind (z. B. klinische Prüfung, Betreiben und Anwenden).
In den auf dem MPG basierenden Verordnungen ist überwiegend auch der sachliche Anwendungsbereich definiert; lediglich die Verordnung über die Verschreibungspflicht von Medizinprodukten und die Verordnung über Vertriebswege für Medizinprodukte enthalten keine ausdrückliche Regelung zum Anwendungsbereich.
Mit dem Gesetz zur Änderung medizinprodukterechtlicher und anderer Vorschriften vom 14. Juni 2007 wurde der sachliche Anwendungsbereich ergänzt um das Anwenden, Betreiben und Instandhalten von Produkten, die vom Hersteller nicht als Medizinprodukte in den Verkehr gebracht wurden, aber mit einer Zweckbestimmung eingesetzt werden, die der Zweckbestimmung eines Medizinprodukts dem Sinn nach entsprechen und der Anlage 1 oder 2 MPBetreibV zuzuordnen wären.

Anwendungsdauer
⇨ Anhang IX Abschnitt I Nr. 1.1 MDD

Im Zusammenhang mit den von Herstellern zu berücksichtigenden Klassifizierungsregeln der MDD wird im Anhang IX Abschnitt I Nr. 1.1 MDD hinsichtlich der Anwendungsdauer folgende Unterscheidung vorgenommen:
- **Vorübergehend**
  Unter normalen Bedingungen für eine ununterbrochene Anwendung über einen Zeitraum von weniger als 60 Minuten bestimmt.
- **Kurzzeitig**
  Unter normalen Bedingungen für eine ununterbrochene Anwendung über einen Zeitraum von bis zu 30 Tagen bestimmt.
- **Langzeitig**
  Unter normalen Bedingungen für eine ununterbrochene Anwendung über einen Zeitraum von mehr als 30 Tagen bestimmt.

Der Begriff «ununterbrochene Anwendung» wird im Anhang IX Abschnitt II Nr. 2.6 MDD konkretisiert. Danach gilt auch eine Anwendung als nicht ununterbrochen, wenn die Anwendung durch dasselbe oder ein identisches Medizinprodukt unverzüglich fortgeführt wird.

Anwendungsfehler
Anwendungsfehler sind nach [43] definiert als: «Handlung oder Unterlassung einer Handlung, die eine andere Reaktion des Medizinprodukts bewirkt, als vom Hersteller vorgegeben oder vom Anwender des Medizinprodukts erwartet.»
Es ist darauf hinzuweisen, dass Anwendungsfehler auch Fehler umfassen können, die aufgrund einer im Arbeitsablauf üblichen Stresssituation (z. B. OP, Intensivstati-

Fachwörterbuch

on, Rettungsdienst) auftreten können (z. B. Aufmerksamkeitsfehler, Verwechslungen).
Anwendungsfehler können auch auf eine mangelhafte Kennzeichnung des Medizinprodukts, auf fehlerhafte Angaben in der Gebrauchsanweisung, auf unzureichende Angaben zu Zubehör, auf unklare Darstellungen von Bedienschritten, von Einstellungen oder Messergebnissen zurückzuführen sein.
Der Hersteller ist nach Anhang I Nr. 1 MDD zum Nachweis verpflichtet, dass durch konstruktive Maßnahmen eine weitestgehende Verringerung der durch Anwendungsfehler bedingten Risiken aufgrund der ergonomischen Merkmale des Medizinprodukts und der Umgebungsbedingungen, in denen das Medizinprodukt eingesetzt werden soll, gewährleistet ist.
Es ist der Prozess des Nachweises der Gebrauchstauglichkeit mit den Risikomanagement-Aktivitäten zu koppeln und entsprechend zu berücksichtigen.
Von Bedeutung ist die Einbeziehung der Bedienschritte (Gebrauchstauglichkeit), die vom Anwender vorzunehmen sind, um das Medizinprodukt entsprechend der Zweckbestimmung anwenden zu können.

Anwendungsregeln
1. Anwendungsregeln zur Klassifizierung
Diese Anwendungsregeln beziehen sich ausschließlich auf Medizinprodukte der MDD und sind bei jeder Klassifizierung von einem Hersteller anzuwenden.
⇨ Anhang IX Abschnitt II Nr. 2 MDD:

«2.1 Die Anwendung der Klassifizierungsregeln richtet sich nach der Zweckbestimmung der Produkte.

2.2 Wenn ein Produkt dazu bestimmt ist, in Verbindung mit einem anderen Produkt angewendet zu werden, werden die Klassifizierungsregeln auf jedes Produkt gesondert angewendet. Zubehör wird unabhängig von dem Produkt, mit dem es verwendet wird, klassifiziert.

2.3 Software, die ein Produkt steuert oder dessen Anwendung beeinflusst, wird automatisch derselben Klasse zugerechnet wie das Produkt.

2.4 Wenn ein Produkt nicht dazu bestimmt ist, ausschließlich oder hauptsächlich an einem bestimmten Teil des Körpers angewandt zu werden, muss es nach der spezifizierten Anwendung eingeordnet werden, die das höchste Gefährdungspotential beinhaltet.

2.5 Wenn unter Berücksichtigung der vom Hersteller angegebenen Leistungen auf ein und dasselbe Produkt mehrere Regeln anwendbar sind, so gilt die strengste Regel, so dass das Produkt in die jeweils höchste Klasse eingestuft wird.

2.6 Bei der Berechnung der ... [Anwendungsdauer] ... bedeutet ununterbrochene Anwendung eine tatsächliche ununterbrochene Anwendung des Produkts gemäß seiner Zweckbestimmung. Wird die Anwendung eines Produkts unterbrochen, um das Produkt unverzüglich durch dasselbe oder ein identisches Produkt zu ersetzen, gilt dies als Fortführung der ununterbrochenen Anwendung des Produkts»

2. Anwendungsregeln zur sachgerechten Handhabung von Medizinprodukten
Diese Anwendungsregeln sind der Gebrauchsanweisung und sonstigen sicherheitsbezogenen Informationen des Herstellers zu entnehmen.
Anwendungsregeln sind ebenfalls in folgenden Normen enthalten [59]:
- DIN 57753-1 VDE 0753-1:1983-02
  Anwendungsregeln für Hochfrequenz-Chirurgiegeräte
- DIN 57753-2 VDE 0753-2:1983-02
  Anwendungsregeln für elektromedizinische Geräte bei intrakardialen Eingriffen
- DIN 57753-3 VDE 0753-3:1983-02
  Anwendungsregeln für Defibrillatoren
- DIN VDE 0753-4 VDE 0753-4:2009-05
  Anwendungsregeln zum sicheren Betrieb / Gebrauch von Medizinprodukten in der extrakorporalen Nierenersatztherapie

Arbeitsschutzvorschrift
⇨ § 2 Abs. 1 MPBetreibV
Arbeitsschutzvorschriften sind staatliche Bestimmungen, die Maßnahmen sicherheitstechnischer oder organisatorischer Art zum Schutz der Beschäftigten beinhalten, z. B.:
- Arbeitsschutzgesetz, Arbeitssicherheitsgesetz, Bundes-Immissionsschutzgesetz, Geräte- und Produktsicherheitsgesetz, Chemikaliengesetz, Betriebsverfassungsgesetz, Atomgesetz, etc.,
- Arbeitsstätten-Verordnung, Arbeitsstätten-Richtlinien,
- Betriebssicherheitsverordnung, Arbeitsmittelbenutzungsverordnung, Dampfkesselverordnung, Druckbehälterverordnung, Druckluftverordnung, Strahlenschutzverordnung, Röntgenverordnung, Gefahrstoffverordnung, PSA-Benutzungsverordnung, Bildschirmarbeitsplatzverordnung, etc.,
- Technische Regeln Dampfkessel (TRD), Technische Regeln Druckgase (TRG), etc.,
- Bestimmungen der gesetzlichen Unfallversicherer (Unfallverhütungsvorschriften mit Durchführungsanweisungen), ZH1-Richtlinien, etc.,
- Normen: DIN-Normen, VDI-/VdS-Richtlinien, etc..

Arzneimittel
⇨ § 2 Abs. 1 AMG:
«Arzneimittel sind Stoffe oder Zubereitungen aus Stoffen,
1. die zur Anwendung im oder am menschlichen oder tierischen Körper bestimmt sind und als Mittel mit Eigenschaften zur Heilung oder Linderung oder zur Verhütung menschlicher oder tierischer Krankheiten oder krankhafter Beschwerden bestimmt sind
oder
2. die im oder am menschlichen oder tierischen Körper angewendet oder einem Menschen oder einem Tier verabreicht werden können, um entweder

a) die physiologischen Funktionen durch eine pharmakologische, immunologische oder metabolische Wirkung wiederherzustellen, zu korrigieren oder zu beeinflussen

oder

b) eine medizinische Diagnose zu erstellen.»

Arzneimittel fallen unter die Richtlinie 2001/83/EG, die mit dem Arzneimittelgesetz in nationales Recht umgesetzt wird.

Vereinfacht ausgedrückt handelt es sich bei Arzneimitteln um Stoffe oder Zubereitungen aus Stoffen mit medizinischer Zweckbestimmung (Heilung, Linderung oder Verhütung von Krankheiten; Wiederherstellung, Besserung oder Beeinflussung physiologischer Funktionen; medizinische Diagnose), die zur Anwendung im oder am menschlichen oder tierischen Körper bestimmt sind. Definitionsgemäß wirken Arzneimittel pharmakologisch, immunologisch oder metabolisch.

Medizinprodukte sind abzugrenzen von den Arzneimitteln. Entscheidend bei der Abgrenzungsfrage ist die hauptsächliche Wirkungsweise. Gemäß § 3 Nr. 1 MPG wird bei Medizinprodukten die „[...] *bestimmungsgemäße Hauptwirkung im oder am menschlichen Körper weder durch pharmakologisch oder immunologisch wirkende Mittel noch durch Metabolismus erreicht [...], deren Wirkungsweise aber durch solche Mittel unterstützt werden kann*". Die Hauptwirkung ergibt sich aus der vom Hersteller angegebenen Zweckbestimmung und dem Mechanismus, wie diese erreicht wird. Aufgrund der physikalischen, technischen oder physiko-chemischen Wirkungsweise fallen Produkte wie Knochenzement, Zahnfüllungsmaterialien, Nahtmaterialien, Blutbeutel mit Stabilisatoren unter das MPG.

Nach der Richtlinie 2001/83/EG ist in Zweifelsfällen ein Produkt, das sowohl unter die Arzneimitteldefinition als auch unter Definition einer anderen gemeinschaftsrechtlich geregelten Produktkategorie fällt, als Arzneimittel zu behandeln.

Einzelheiten zur Abgrenzung Arzneimittel – Medizinprodukte sind aufgeführt in:
- Leitlinie MEDDEV 2.1/3 rev. 3 (Juli 2009) [75],
- Manual on Borderline and Classification in the Community Regulatory Framework for Medical Devices [84].

Audit

Der Begriff «auditieren» kommt aus dem Bereich des Qualitätsmanagements und entspricht im Grunde dem Begriff «prüfen» oder «inspizieren».

In Anlehnung an ISO 19011:2002 [60] ist unter einem Audit folgendes zu verstehen:

«Ein systematischer, unabhängiger und dokumentierter Prozess zur Erlangung von Nachweisen, einschließlich einer objektiven Bewertung der Nachweise zur Feststellung, inwieweit die Auditkriterien erfüllt sind.»

«Systematisch» bedeutet in diesem Zusammenhang, dass die Überprüfung beispielsweise anhand von Prozessbeschreibungen oder Checklisten erfolgt.
- «Unabhängig» setzt beispielsweise voraus, dass ein Auditor nicht seinen eigenen Wirkungsbereich im Unternehmen überprüft.

- «Dokumentiert» beinhaltet, dass die Ergebnisse schriftlich festgehalten werden, und auch dargelegt wird, wie der Auditor zu den Ergebnissen gekommen ist.

Die Ergebnisse werden im Auditbericht niedergeschrieben. Die Auditnachweise stellen den beim Audit aufgenommenen Ist-Zustand dar. Dieser Ist-Zustand kann durch Überprüfungen von Dokumenten, Stichproben, Beobachtungen, Befragungen, usw. erhoben werden.

1. QM-System des Herstellers

Bei einem Hersteller von Medizinprodukten bezieht sich der Begriff «Audit» auf die Überprüfung des QM-Systems des Herstellers. Es wird überprüft, ob dieses QM-System die regulatorischen Anforderungen erfüllt.

Folgende Typen von Audits kommen zur Anwendung:

- Vollständiges Audit (Full Audit)
  Ein vollständiges Audit (Audit des gesamten QM-Systems) ist eine Überprüfung aller zutreffenden Subsysteme des QM-Systems auf Einhaltung der regulatorischen Anforderungen. Basis des QM-Systems ist in der EU die Harmonisierte Norm EN ISO 13485:2003 + AC:2007 [73]. Vollständige Audits werden in der Regel bei Zertifizierungsaudits durchgeführt. Die Benannte Stelle prüft, ob das QM-System den regulatorischen Anforderungen entspricht und ob das QM-System ordnungsgemäß angewendet wird.

- Teil-Audit (Partial Audit)
  In einem Teil-Audit werden ausgewählte Subsysteme oder spezielle Anforderungen von Subsystemen des QM-Systems auf Einhaltung der regulatorischen Anforderungen überprüft. Teil-Audits werden in der Regel von der Benannten Stelle bei Überwachungsaudits oder bei speziellen Audits durchgeführt.

- Zertifizierungsaudit
  Ein Zertifizierungsaudit umfasst ein vollständiges Audit. Nach einem erfolgreich durchgeführten Zertifizierungsaudit erhält der Hersteller ein Audit-Zertifikat, das eine zeitlich befristete Gültigkeitsdauer hat. Zur Verlängerung der Gültigkeitsdauer hat der Hersteller ein Rezertifizierungsaudit zu beantragen.

- Überwachungsaudit (Surveillance Audit)
  Überwachungsaudits werden nach einem Zertifizierungs- bzw. Rezertifizierungsaudit durchgeführt. Im Rahmen von periodisch wiederkehrenden Überwachungsaudits hat die Benannte Stelle zu prüfen, ob das genehmigte QM-System ordnungsgemäß angewendet wird und ob die festgelegten Maßnahmen wirksam sind. Dies erfolgt in aller Regel durch Teil-Audits. Ausgewählte Subsysteme des QM-Systems werden überprüft.

- Sonderaudit (Special Audit)
  Sonderaudits können erforderlich werden, wenn beispielsweise folgende Sachverhalte vorliegen:
  1. Äußere Faktoren wie z. B.:
     - Marktüberwachungsdaten zu Medizinprodukten weisen auf Mängel im QM-System hin

- wesentliche sicherheitsrelevante Informationen werden der Benannten Stelle bekannt
2. Änderungen im bzw. Einfluss auf das QM-System wie z. B.:
   - neuer Eigentümer
   - Ausweitung der Entwicklungs- und / oder Fertigungsüberwachung
   - Hinzufügen eines weiteren Subsystems zu dem QM-System
   - Zusammenlegen von Entwicklungs- und / oder Fertigungsstellen
   - neue Entwicklungs- und / oder Fertigungsstellen
   - wesentliche Veränderungen in Spezialprozessen (z. B. Änderung des Sterilisationsverfahrens)
   - wesentliche personelle Veränderungen, die einen Einfluss auf die Wirksamkeit des QM-Systems und / oder die Einhaltung regulatorischer Anforderungen haben
3. Produktbezogene Änderungen wie z. B.:
   - neue Produkte
   - Hinzufügen einer neuen Medizinprodukte-Kategorie zum Anwendungsbereich des QM-Systems (z. B. hinzufügen von Produkten der Magnet-Resonanz Bildgebung zu einer bereits existierenden Produktgruppe von Ultraschallgeräten zur Bildgebung)
4. Änderungen des QM-Systems und produktbezogene Änderungen wie z. B.:
   - regulatorische Änderungen
   - Änderungen in Harmonisierten Normen
   - Marktüberwachung
- Kombiniertes Audit (Combined Audit)
  Kombinierte Audits werden durchgeführt, wenn das QM-System des Herstellers bei einem Audit gegen mehrere regulatorische Anforderungen überprüft und bewertet wird. (z. B. EN ISO 13485:2003 + AC:2007 und 21 CFR Part 820)
- Gemeinsames Audit (Joint Audit)
  Gemeinsame Audits werden durchgeführt, wenn zwei oder mehrere Audit-Organisationen das QM-System des Herstellers bei einem Audit gleichzeitig gegen die identischen regulatorischen Anforderungen überprüfen und bewerten.

Leitlinien zum Auditieren von Medizinprodukte-Herstellern werden auch von der Global Harmonization Task Force (GHTF) Study Group 4 „Regulatory Auditing" (http://www.ghtf.org) entwickelt [61].
Folgende Leitlinien stehen zurzeit zur Verfügung:
- Guidelines for Regulatory Auditing of Quality Management Systems of Medical Device Manufacturers – Part 1: General Requirements (2008)
- Guidelines for Regulatory Auditing of Quality Management Systems of Medical Device Manufacturers – Part 2: Regulatory Auditing Strategy (2010)
- Guidelines for Regulatory Auditing of Quality Management Systems of Medical Device Manufacturers – Part 3: Regulatory Audit Reports (2007)
- Guidelines for Regulatory Auditing of Quality Management Systems of Medical Device Manufacturers – Part 4: Multiple Site Auditing (2010)

Fachwörterbuch

- Guidelines for Regulatory Auditing of Quality Management Systems of Medical Device Manufacturers – Part 5: Audits of Manufacturer Control of Suppliers (2010)
- Training Requirements for Auditors (Guidelines for Regulatory Auditing of Quality Systems of Medical Device Manufacturers – Part 1: General Requirements – Supplement 2) (2000)

2. Klinische Prüfung

Der Begriff «Audit» kommt auch im Zusammenhang mit klinischen Prüfungen zur Anwendung [91].

In dem Audit ist systematisch zu überprüfen, ob die mit der klinischen Prüfung im Zusammenhang stehenden Aktivitäten gemäß dem klinischen Prüfplan, den Verfahrensanweisungen des Sponsors, den gesetzlichen Vorschriften durchgeführt werden.

Zu überprüfen ist auch, ob die Daten entsprechend den Anforderungen dokumentiert, ausgewertet und korrekt an den Sponsor berichtet werden. Von besonderer Bedeutung sind die Meldungen beispielsweise von «schwerwiegenden unerwünschten Ereignissen» an die zuständige Bundesoberbehörde.

Auditplan

Der Auditplan hat zum Ziel, die Planung und Koordinierung der Audit-Aktivitäten zu erleichtern. Er wird in der Regel im Vorwege dem zu auditierenden Unternehmen mitgeteilt und ist von diesem zu akzeptieren. Der Auditplan sollte flexibel aufgebaut werden, um Änderungen zuzulassen, die aufgrund von Informationen, die während des Audits gewonnenen werden, erforderlich werden.

Der Auditplan sollte u. a. auch beinhalten:
- Auditumfang und Ziele,
- Auditkriterien und alle Referenzdokumente,
- Identifizierung der zu auditierenden Organisation,
- Identifizierung der Audit-Teammitglieder,
- Sprache, in der das Audit durchgeführt wird,
- Datum und Ort, an dem das Audit durchgeführt wird,
- geplante Zeit und Dauer für jede größere Audit Aktivität,
- Termine der Sitzungen, einschließlich aller erforderlichen täglichen Briefings, die mit dem Management des auditierten Unternehmens erforderlich sind,
- Datum der Übersendung des Audit-Berichts.

Die Auditplan sollte u. a. auch berücksichtigen:
- die Art des durchzuführenden Audits,
- Informationen, die sich aus einer vorab durchgeführten Überprüfung der QM-System Dokumentation ergeben haben, falls zutreffend.

Im Falle von Überwachungs- oder besonderen Audits können darüber hinaus erforderlich sein:
- Informationen aus früheren QM-System Audits,
- verfügbare Informationen aus der Marktüberwachung.

Aufbereitung von Medizinprodukten
1. Hygienische Aufbereitung
⇨ § 3 Nr. 14 MPG:

«Die Aufbereitung von bestimmungsgemäß keimarm oder steril zur Anwendung kommenden Medizinprodukten ist die nach deren Inbetriebnahme zum Zwecke der erneuten Anwendung durchgeführte Reinigung, Desinfektion und Sterilisation einschließlich der damit zusammenhängenden Arbeitsschritte sowie die Prüfung und Wiederherstellung der technisch-funktionellen Sicherheit.»

Folgt man der Festlegung in § 4 Abs. 1 MPBetreibV, so ist die Aufbereitung von Medizinprodukten der Instandhaltung von Medizinprodukten zuzuordnen. Von Bedeutung ist, dass im § 4 Abs. 2 Satz 3 MPBetreibV folgendes festgelegt ist:

«Eine ordnungsgemäße Aufbereitung [...] wird vermutet, wenn die gemeinsame Empfehlung der Kommission für Krankenhaushygiene und Infektionsprävention am Robert-Koch-Institut und des Bundesinstituts für Arzneimittel und Medizinprodukte zu den Anforderungen an die Hygiene bei der Aufbereitung von Medizinprodukten beachtet wird.» [42]

Die Vorschriften des § 4 Abs. 2 MPBetreibV zur Aufbereitung gelten auch für Medizinprodukte, die vor der erstmaligen Anwendung beim Betreiber desinfiziert oder sterilisiert werden – einschließlich der Medizinprodukte, die nach dem Öffnen der Sterilverpackung nicht zur Anwendung kamen und resterilisiert werden sollen.

Die gemeinsame Empfehlung zu den Anforderungen an die Hygiene bei der Aufbereitung von Medizinprodukten (RKI-Empfehlung) ist im Bundesgesundheitsblatt veröffentlicht [42]. Aus dieser Empfehlung ergibt sich, dass eine Aufbereitung in der Regel folgende Einzelschritte umfasst:

a) das sachgerechte Vorbereiten (Vorbehandeln, Sammeln, Vorreinigen und gegebenenfalls Zerlegen der angewendeten Medizinprodukte und deren zügigen, sicher umschlossenen und Beschädigungen vermeidenden Transport zum Ort der Aufbereitung,
b) die Reinigung / Desinfektion, Spülung und Trocknung,
c) die Prüfung auf Sauberkeit und Unversehrtheit (z. B. Korrosion, Materialbeschaffenheit), gegebenenfalls Wiederholung von Schritt b) und die Identifikation, z. B. zum Zwecke der Entscheidung über eine erneute Aufbereitung bei deren zahlenmäßiger Begrenzung,
d) die Pflege und Instandsetzung,
e) die Funktionsprüfung und, je nach Erfordernis,
f) die Kennzeichnung, sowie
g) das Verpacken und die Sterilisation (Kat. IB).

Sowohl in der Empfehlung der Kommission für Krankenhaushygiene und Infektionsprävention als auch in § 4 Abs. 4 MPBetreibV wird gefordert, dass nach einer Instandsetzung – also auch nach einer Aufbereitung – die «für die Sicherheit und Funktionstüchtigkeit wesentlichen konstruktiven und funktionellen Merkmale» zu prüfen sind, soweit sie durch die Instandhaltungsmaßnahmen beeinflusst werden können.

Die Aufbereitung endet mit der dokumentierten Freigabe des Medizinprodukts zur Anwendung. Die Einhaltung der Anforderungen an die Hygiene bei der Aufbereitung von Medizinprodukten erfordert praktisch ein QM-System oder ist zumindest durch die Maßnahmen im Rahmen eines QM-Systems wesentlich zu unterstützen.

2. Technische Aufbereitung
Im Zusammenhang mit der Begriffsbestimmung «Inverkehrbringen» (§ 3 Nr. 11 MPG) wird im MPG der Begriff „neu aufbereitetes Medizinprodukt" verwendet, ohne diesen Begriff näher zu beschreiben.

In diesem Zusammenhang ist unter einem neu aufbereiteten Medizinprodukt ein vollständig aufgearbeitetes Medizinprodukt zu verstehen. Es handelt sich nicht um eine Instandsetzung beispielsweise zur Beseitigung eines Gerätedefekts. Vielmehr erfolgt eine «wesentliche Änderung» des Medizinprodukts und damit die Herstellung eines neuwertigen Medizinprodukts [92-94].

Für neu aufbereite Medizinprodukte sind die Anforderungen des MPG an das erstmalige Inverkehrbringen durch den „Aufbereiter" zu beachten. Mit anderen Worten: Der „Aufbereiter" ist im Sinne des MPG „Hersteller eines neuwertigen Medizinprodukts".

Auftraggeber
1. Klinische Prüfung
⇨ {siehe Sponsor}
Überholte Bezeichnung

2. Medizinprodukteberater
Auftraggeber eines Medizinprodukteberaters kann sein
- jede Person / Unternehmung, die Medizinprodukte in den Verkehr bringt, z. B.:
  - Hersteller,
  - Bevollmächtigter des Herstellers,
  - Fachhändler,
  - Einführer;
- jede Person / Unternehmung, die ausschließlich Fachkreise berufsmäßig berät bzw. in die sachgerechte Handhabung einweist, ohne gleichzeitig ein Medizinprodukt in den Verkehr zu bringen, z. B.:
  - Sachverständige,
  - Dienstleister, die u. a. Anwender in die sachgerechte Handhabung von Medizinprodukten einweisen,
  - selbständige Fachberater.

Vom Auftraggeber des Medizinprodukteberaters wird ausschließlich gefordert, für eine regelmäßige Schulung des Medizinprodukteberaters zu sorgen.

Der Gesetzgeber bindet die Tätigkeit eines Medizinprodukteberaters nicht ausdrücklich an den Vorgang des Inverkehrbringens von Medizinprodukten. Maßgeblich ist, dass der Auftraggeber den Medizinprodukteberater beauftragt, berufsmäßig Fachkreise fachlich zu informieren oder in die sachgerechte Handhabung von Medizinprodukte einzuweisen – unabhängig von einer entgeltlichen oder unentgeltlichen

Abgabe von Medizinprodukten an andere. Bei der Mehrzahl der Medizinprodukteberater handelt es sich u. a. um die Außendienstmitarbeiter von Herstellern, Fachhändlern und sonstigen Vertreibern.

Ausbildung Medizinprodukteberater

Die aufgaben- und produktbezogene Schulung zur Erlangung der erforderlichen Sachkenntnis eines Medizinprodukteberaters ist nicht geregelt. Aus den verbindlich festgelegten Aufgaben eines Medizinprodukteberaters ergeben sich jedoch folgende Ausbildungsschwerpunkte:

- Regulatorisches Grundwissen
  Zu vermitteln sind die Aufgaben und Pflichten, die ein Medizinprodukteberater zu erfüllen hat. Hierzu gehören:
  - Grundlagen des Medizinprodukterechts, insbesondere im Hinblick auf die sich daraus ergebenden Pflichten des Medizinprodukteberaters und des Anwenders;
  - Bedeutung der CE-Kennzeichnung;
  - Bedeutung der Zweckbestimmung;
  - Einbeziehung des Anwenders in den Schutz vor Risiken;
  - zulässige Kombinationen mit anderen Medizinprodukten;
  - Medizinprodukte-Beobachtungs- und Meldesystem;
  - Aufgaben des Sicherheitsbeauftragten für Medizinprodukte;
  - Informations- und Meldepflichten des Medizinprodukteberaters;
  - Pflichten bei der Einweisung von Beauftragten Personen und Anwendern.
- Allgemeine, nicht produktbezogene Grundlagen,
  Zu vermitteln sind beispielsweise:
  - anwendungsspezifische, medizinische, medizintechnische Grundlagen des Umfelds, in dem das Medizinprodukt zur Anwendung / Verwendung kommt;
  - Grundlagen zu Medizinprodukten, die in Netzwerke eingebunden werden können, falls derartige Medizinprodukte von einem Hersteller / Fachhändler in den Verkehr gebracht werden;
- Produktbezogene Kenntnisse,
  Zu vermitteln sind beispielsweise:
  - Zweckbestimmung des Medizinprodukts;
  - Indikation und Kontraindikation zur Anwendung / Verwendung des Medizinprodukts;
  - Funktionsweise des Medizinprodukts;
  - Nebenwirkungen, wechselseitige Beeinflussung mit anderen Medizinprodukten;
  - Zusammenbau, Inbetriebnahme, Funktionsprüfung, Handhabung des aktiven Medizinprodukts;
  - Kombinationsmöglichkeiten mit anderen Medizinprodukten (z. B. mit Zubehör, Einmalartikel insbesondere auch von anderen Herstellern);

Fachwörterbuch

- Reinigung, Desinfektion, Sterilisation vor der Anwendung / Verwendung insbesondere auch bei wieder verwendbaren Medizinprodukten;
- Art der aufzunehmenden Mitteilungen aus den Fachkreisen im Hinblick auf ihre Relevanz für den Hersteller des Medizinprodukts, wie beispielsweise Fehlfunktionen, technische Mängel, Verfälschungen des Therapie- oder Diagnoseergebnisses (z. B. Querempfindlichkeit bei medizinischen Messgeräten, Medikamentenaufnahme durch Kunststoffe, falsche Laborbefunde).
• Vermittlung von didaktischen Grundlagen («Train the Trainer»), falls die Einweisung des Anwenders / der Beauftragten Person mit zu den Aufgaben des Medizinprodukteberaters gehört.

Hilfreich ist es, den Medizinprodukteberater ebenfalls über organisatorische Maßnahmen im Hinblick auf die Form der Übermittlung für die Mitteilungen aus den Fachkreisen zu informieren.

Die Verpflichtung zur aufgaben- und produktbezogenen Schulung eines Medizinprodukteberaters obliegt dem Auftraggeber des Medizinprodukteberaters (z. B. Hersteller, Fachhändler, Bevollmächtigter). Als Grundlage für die Schulung der nicht produktspezifischen Kenntnisse können die BVMed-Richtlinien dienen [48].

Ausstellen
⇨ § 3 Nr. 13 MPG:
«Ausstellen ist das Aufstellen oder Vorführen von Medizinprodukten zum Zwecke der Werbung.»

Notwendige Voraussetzung für das Ausstellen eines Medizinprodukts gemäß MPG ist ein real vorhandenes Medizinprodukt, das aufgestellt und vorgeführt werden kann. Dieses Medizinprodukt muss nicht mit der CE-Kennzeichnung versehen sein, wenn auf einem Schild explizit darauf hingewiesen wird, dass dieses Medizinprodukt nicht die Anforderungen des MPG's erfüllt. An ausgestellten In-vitro-Diagnostika Geräten, die die Anforderungen des MPG's nicht erfüllen, dürfen keine Proben untersucht werden, die von Besuchern der Ausstellung stammen.

Autorisierung
Autorisierung ist die – hoheitliche oder privatrechtliche – Ermächtigung zur Wahrnehmung bestimmter Aufgaben. Sie setzt voraus, dass sich die autorisierende Stelle von der grundsätzlichen Befähigung der zu autorisierenden Person zur ordnungsgemäßen Wahrnehmung der Aufgaben vergewissert.
• Ein Beispiel im öffentlich-rechtlichen Bereich stellt die Autorisierung Benannter Stellen (Benennung) dar.
• Im privatrechtlichen Bereich ist beispielsweise der im MPG genannte «Bevollmächtigte» vom Hersteller zu autorisieren, die im MPG genannten Verpflichtungen wahrzunehmen und den Behörden und zuständigen Stellen zur Verfügung zu stehen. Ein weiteres Beispiel ist die in der MPBetreibV genannte «Befugte Person», die vom Hersteller zur Durchführung der Funktionsprüfung am Betriebsort und Ersteinweisung gemäß § 5 MPBetreibV («erstmalige Inbetriebnahme») zu autorisieren ist.

- Es ist vom Gesetzgeber nicht ausgeschlossen, dass ein Hersteller auch einen Mitarbeiter eines Betreibers – z. B. einen Mitarbeiter der Medizintechnik – autorisiert, die Aufgaben der «Befugten Person» – gegebenenfalls auch teilweise – wahrzunehmen.

Beauftragte Person
⇨ § 5 Abs. 1 MPBetreibV

Die «Beauftragte Person» ist eine vom Betreiber oder vom Medizinprodukte-Verantwortlichen benannte, entsprechend befähigte Person (Arzt, Pflegekraft, Laborant, MTA, Medizintechniker, etc.), die in § 5 MPBetreibV festgelegte Aufgaben wahrnimmt.

Die MPBetreibV enthält die Verpflichtung an den Betreiber, dass die in der Anlage 1 MPBetreibV aufgeführten Medizinprodukte nur von Personen angewendet werden dürfen, wenn sie durch den Hersteller, durch eine vom Hersteller hierzu befugten Person oder durch eine vom Betreiber «Beauftragte Person» eingewiesen worden sind (vgl. § 5 Abs. 2 MPBetreibV).

Die vom Betreiber «Beauftragte Person» ist wiederum vom Hersteller oder einer vom Hersteller «Befugten Person» zum Zeitpunkt der «erstmaligen Inbetriebnahme» anhand der Gebrauchsanweisung sowie beigefügter sicherheitsbezogener Informationen und Instandhaltungshinweisen in die sachgerechte Anwendung und den Betrieb des Medizinprodukts sowie in die zulässigen Verbindung mit anderen Medizinprodukten, Gegenständen und Zubehör einzuweisen (vgl. § 5 Abs. 1 Nr. 2 MPBetreibV).

Mit dieser Regelung unterbindet der Verordnungsgeber das «Schneeballprinzip» der Einweisungen nach der Medizingeräteverordnung. Er legt unmissverständlich fest, dass neben dem Hersteller und der vom Hersteller «Befugten Person» ausschließlich die vom Betreiber «Beauftragte Person» die Einweisung der Anwender durchführen darf [38-40].

Der Begriff «Beauftragte Person» schließt nicht aus, dass der Betreiber für ein Medizinprodukt mehrere Personen beauftragen kann, an der Einweisung durch den Hersteller oder eine vom Hersteller hierzu «Befugten Person» teilzunehmen. Im Gegenteil: die Beauftragung mehrerer Personen für ein und dasselbe Medizinprodukt hat den Vorteil, dass diese Personen sich gegenseitig vertreten können oder mit der Kündigung einer Beauftragten Person noch andere Beauftragte Personen die Einweisung der Anwender durchführen können.

Bediener
⇨ DIN EN 60601-1 (2007-07) [21]:
 «3.73 Bediener
 Person, die Geräte handhabt.»

Befreiung von der Genehmigungspflicht
⇨ § 20 Abs. 1 MPG, § 7 MPKPV

Klinische Prüfungen von Medizinprodukten unterliegen in Deutschland der Genehmigungspflicht durch die zuständige Bundesoberbehörde. Bei klinischen Prüfungen

von Medizinprodukten mit geringem Sicherheitsrisiko ist auf Antrag eine Befreiung von der Genehmigungspflicht möglich (vgl. § 20 Abs. 1 MPG). In § 7 MPKPV ist das Verfahren zur Befreiung von der Genehmigungspflicht näher geregelt.
Bei folgenden Medizinprodukten nimmt der Gesetzgeber ein geringes Sicherheitsrisiko an:
- Medizinprodukte der Klasse I,
- nicht invasive Medizinprodukte der Klasse IIa,
- Medizinprodukte, die nach den §§ 6 und 10 MPG die CE-Kennzeichnung tragen dürfen und folgende Bedingungen erfüllen: die klinische Prüfung beinhaltet zusätzliche invasive oder andere belastende Untersuchungen und die klinische Prüfung hat keine andere Zweckbestimmung des Medizinprodukts zum Inhalt,
- In-vitro-Diagnostika, die für eine Leistungsbewertungsprüfung gemäß § 24 Satz 1 Nummer 1 und 2 des MPG bestimmt sind.

Befreit wird der Sponsor lediglich von der Pflicht zur Genehmigung der klinischen Prüfung durch die zuständige Bundesoberbehörde. Nicht befreit wird der Sponsor von der Pflicht, die zustimmende Bewertung der nach Landesrecht gebildeten Ethik-Kommission einzuholen.

Befugte Person
⇨ § 5 Abs. 1 MPBetreibV

Person, die im Einvernehmen mit dem Hersteller die Funktionsprüfung vor der «erstmaligen Inbetriebnahme» eines Medizinprodukts, das der Anlage 1 MPBetreibV zuzuordnen ist, durchführt und / oder die «Beauftragten Personen» für dieses Medizinprodukt anhand der Gebrauchsanweisung sowie beigefügter sicherheitsbezogener Informationen und Instandhaltungshinweisen in die sachgerechte Handhabung, Anwendung und den Betrieb des Medizinprodukts sowie in die zulässigen Verbindungen mit anderen Medizinprodukten, Gegenständen und Zubehör einweist.

Die MPBetreibV hat den Personenkreis erweitert, der berechtigt ist, ein in der Anlage 1 MPBetreibV aufgeführtes Medizinprodukt erstmalig in Betrieb zu nehmen. Neben dem Hersteller wird der «Befugten Person» das Recht zur «erstmaligen Inbetriebnahme» zugestanden.

Die «Befugte Person» muss zu diesem Zweck vom Hersteller für die Durchführung der erstmaligen Inbetriebnahme autorisiert sein – sie handelt im Einvernehmen mit dem Hersteller. «Befugte Personen» können Mitarbeiter aus dem Fachhandel, aber auch Mitarbeiter des Betreibers sein.

Beginn der klinischen Prüfung
⇨ § 20 Abs. 1 MPG, § 7 MPKPV

Mit der klinischen Prüfung eines Medizinprodukts darf erst begonnen werden, wenn
- die zustimmende Bewertung durch die nach Landesrecht gebildete Ethik-Kommission vorliegt

und
- die zuständige Bundesoberbehörde die klinische Prüfung des Medizinprodukts genehmigt hat, sofern keine Befreiung von der Genehmigungspflicht möglich ist.

BMG und AGMP haben sich bezüglich des Zeitpunkts des Beginns einer klinischen Prüfung auf Folgendes verständigt [99]:
„Im Sinne des § 44 Absatz 4 MPG wurde mit einer klinischen Prüfung oder Leistungsbewertungsprüfung begonnen, sobald nach Vorliegen aller Voraussetzungen für den Beginn der Prüfung der erste Proband rechtswirksam in die Prüfung eingewilligt hat."

Diese Festlegung gilt für klinische Prüfungen, die nach den vor dem 21. März 2010 geltenden Regelungen durchgeführt werden.

Mit anderen Worten: Hat kein Proband bis zum 20. März 2010 rechtswirksam in die klinische Prüfung eingewilligt, so ist eine zustimmende Bewertung der zuständigen nach Landesrecht gebildeten Ethik-Kommission und eine Genehmigung von der Bundesoberbehörde erforderlich.

Behandlungseinheit
⇨ §10 MPG
⇨ {Kombination von Medizinprodukten, Set, System}

Kennzeichnend für eine Behandlungseinheit kann sein, dass es sich um eine Kombination von Medizinprodukten handelt, die gemeinsam erstmalig in Verkehr gebracht werden und
- an einem Ort (z. B. Arbeitsplatz oder Gehäuse) und
- rückwirkungsfrei (im Sinne gegenseitiger Beeinflussung)

zusammengebracht – kombiniert – werden.

Die einzelnen Medizinprodukte haben keine funktionelle Kopplung, sie sind aber aufgrund ihrer Rückwirkungsfreiheit ohne gegenseitige Wechselwirkung. Sie werden eigenständig – entsprechend der Zweckbestimmung jedes einzelnen Medizinprodukts – eingesetzt. Dies schließt eine gemeinsame energetische Versorgung (elektrische Energie, Druckgasversorgung) der Medizinprodukte, die zu einer Behandlungseinheit zusammengefasst werden, nicht aus.

Behindertenhilfen
Medizinprodukte sind abzugrenzen von den Behindertenhilfen zur allgemeinen Unterstützung von Behinderten im täglichen Alltag.

Nach MEDDEV 2.1/1 vom April 1994 [54] kommt es bei dieser Abgrenzungsfrage entscheidend auf den direkten Bezug zwischen dem Produkt und einer konkret betroffenen Person an. So sind beispielsweise akustische Signaleinrichtungen bei Verkehrsampeln, behindertengerechte Toiletten, Rampen und Hebeeinrichtungen für Rollstuhlfahrer keine Medizinprodukte, während Rollstühle oder Gehhilfen zur Linderung oder Kompensation der Behinderung bei einer konkret betroffenen Person dienen und somit unter das MPG fallen.

Benannte Stelle
⇨ § 3 Nr. 20 MPG:
«Benannte Stelle ist eine für die Durchführung von Prüfungen und Erteilung von Bescheinigungen im Zusammenhang mit Konformitätsbewertungsverfahren

nach Maßgabe der Rechtsverordnung nach § 37 Abs. 1 vorgesehene Stelle, der Kommission der Europäischen Union und den Vertragsstaaten des Abkommens über den Europäischen Wirtschaftsraum von einem Vertragsstaat des Abkommens über den Europäischen Wirtschaftsraum benannt worden ist.»
Stellen, die von einem anderen Vertragsstaat des Abkommens über den EWR benannt wurden, sind ebenfalls Benannte Stellen im vorstehenden Sinne (vgl. § 15 Abs. 3 MPG).
Die Benannten Stellen erhalten von der Europäischen Kommission eine vierstellige Kennziffer und werden im Amtsblatt der Europäischen Union veröffentlicht.
Voraussetzungen für die Benennung als Benannte Stelle ist, dass die Befähigung zur Wahrnehmung der Aufgaben durch diese Stelle nachgewiesen wird (§ 15 MPG). Einzuhaltende Mindestkriterien für die Beauftragung der zu benennenden Stellen sind festgelegt in:
- Anhang 8 der AIMDD,
- Anhang XI der MDD und
- Anhang IX der IVDD.

Die Benennung (Notifizierung) an die Kommission und an die Vertragsstaaten des Abkommens über den EWR erfolgt über die zuständige Behörde des Bundes.

Benennung
⇨ § 15 MPG:
§15 MPG regelt u. a. die Benennung und Überwachung der Benannten Stellen. Festgelegt ist, dass bei der zuständigen Behörde ein Antrag auf Benennung gestellt werden kann. In Anhang 8 der AIMDD, in Anhang XI der MDD und in Anhang IX der IVDD sind die Mindestkriterien angegeben, die für eine Benennung als Benannte Stelle zu erfüllen sind. Eine Akkreditierung einer zu benennenden Stelle wird in den genannten EU-Richtlinien nicht gefordert.
⇨ DIN EN ISO/IEC 17000 (2005-03) [58]:
«7.2 Hoheitliche Ermächtigung einer Konformitätsbewertungsstelle, festgelegte Konformitätsbewertungstätigkeiten durchzuführen.»
⇨ KAN-Studie [109]:
«Benennung – designation: Formale Entscheidung eines Mitgliedstaates, die eine Stelle – im Anschluss an eine erfolgreiche Begutachtung – berechtigt, bestimmte Konformitätsbewertungstätigkeiten im Rahmen von Rechts- und Verwaltungstätigkeiten durchzuführen.
Anmerkung: Bei Abkommen der EG mit Drittstaaten erfolgt die Berechtigung erst mit Zustimmung der anderen Vertragspartei.»
Grundlage der Benennung sind die Bestimmungen der jeweiligen EU-Medizinprodukterichtlinie (z. B. Artike16 und Anhang XI MDD).
Für eine einheitliche Vorgehensweise bei der Benennung und Überwachung von Benannten Stellen sind u. a. folgende Dokumente zu beachten:

Fachwörterbuch

- die von den Mitgliedstaaten erarbeitete und von der Europäischen Kommission herausgegebene Leitlinie MEDDEV 2.10/2 rev. 1: „Designation and monitoring of Notified Bodies within the framework of EC Directives on Medical devices" [55],
- das von der NBOG erarbeitete „Handbuch für benennende Behörden" [104], das auf der Webseite http://www.nbog.eu vorgehalten wird.

Benennende Behörde

⇨ DIN EN ISO/IEC 17000 (2005-03) [58]:
«7.3 Benennende Behörde: Staatliche Stelle oder staatlich ermächtigte Stelle, die Konformitätsbewertungsstellen (2.5) benennt, ihre Benennung (7.2), aussetzt oder widerruft oder die Aussetzung aufhebt.»

⇨ KAN-Studie [109]:
«Benennende Behörde – designating authority: Von einem Mitgliedstaat eingerichtete oder beauftragte Stelle, die befugt ist, in ihren Zuständigkeitsbereich fallende Konformitätsbewertungsstellen zu benennen, zu überwachen, die Benennung auszusetzen, die Aussetzung aufzuheben oder ihre Benennung zurückzuziehen oder zu widerrufen.»

⇨ Handbuch für benennende Behörden [104]:
«Einzelstaatliche Behörde, die für die Benennung, Überwachung und Kontrolle der nationalen benannten Stellen verantwortlich ist.»

In der Bundesrepublik Deutschland sind die Aufgaben der Benennung und Überwachung von Benannten Stellen für Medizinprodukte folgenden Behörden zugeordnet:

- Zentralstelle der Länder für Gesundheitsschutz bei Arzneimitteln und Medizinprodukten (ZLG),
  - zuständig für nicht-aktive Medizinprodukte und In-vitro-Diagnostika,
- Zentralstelle der Länder für Sicherheitstechnik (ZLS)
  - zuständig für aktive Medizinprodukte.

Bundesbehörden sind lediglich in das Notifizierungsverfahren involviert.
Infolge des AkkStelleG wird die ZLG/ZLS darüber hinaus von der Nationalen Akkreditierungsstelle DAkkS mit den Begutachtungen in Akkreditierungsverfahren im Medizinproduktebereich beauftragt und in die Entscheidungsfindung einbezogen werden. ZLG/ZLS benennen auch die Konformitätsbewertungsstellen im Rahmen der Drittstaatenabkommen der EU.
Mit dem Beschluss 768/2008/EG des Europäischen Parlaments und des Rates vom 9. Juli 2008 über einen gemeinsamen Rechtsrahmen für die Vermarktung von Produkten […] werden die Rahmenbedingungen für die Notifizierung (heute: Benennung) festgelegt.

Benutzungsfehler

⇨ {siehe Anwendungsfehler}

Bereitstellung auf dem Markt
⇨ Artikel 2 Nr. 1 Verordnung (EG) Nr. 765/2008 [77]:
«Bereitstellung auf dem Markt: jede entgeltliche oder unentgeltliche Abgabe eines Produkts zum Vertrieb, Verbrauch oder zur Verwendung auf dem Gemeinschaftsmarkt im Rahmen einer Geschäftstätigkeit.»

Beschluss
Artikel 288 des Lissabon-Vertrags legt fest:
«Für die Ausübung der Zuständigkeiten der Union nehmen die Organe Verordnungen, Richtlinien, Beschlüsse, Empfehlungen und Stellungnahmen an. [...] Beschlüsse sind in allen ihren Teilen verbindlich. Sind sie an bestimmte Adressaten gerichtet, so sind sie nur für diese verbindlich.»

Bestandsverzeichnis
⇨ § 8 MPBetreibV

Auflistung (Dokumentation) aller aktiven nichtimplantierbaren Medizinprodukte einer Betriebsstätte. In das Bestandsverzeichnis sind folgende Angaben aufzunehmen:
- Bezeichnung, Art und Typ, Loscode oder Seriennummer, Anschaffungsjahr des Medizinprodukts,
- Name oder Firma und Anschrift des nach § 5 MPG für das jeweilige Medizinprodukt Verantwortlichen,
- die der CE-Kennzeichnung hinzugefügte Kennnummer der Benannten Stelle (falls angegeben),
- betriebliche Identifikationsnummer (falls vorhanden),
- Standort und betriebliche Zuordnung,
- Fristen für die Sicherheitstechnische und (falls zutreffend) die Messtechnische Kontrolle.

Das Bestandsverzeichnis gibt einen Überblick über alle beim Betreiber vorhandenen aktiven nichtimplantierbaren Medizinprodukte. Die zuständige Behörde hat das Recht der jederzeitigen Einsichtnahme in das Bestandsverzeichnis.

Ergänzend ist darauf hinzuweisen, dass auch aktive Nicht-Medizinprodukte ins Bestandsverzeichnis aufzunehmen sind, wenn sie im Sinne der Anlage 1 und 2 MPBetreibV angewendet, betrieben und instand gehalten werden (vgl. § 2 Abs. 2 MPG).

Bestimmungsgemäße Verwendung
Die bestimmungsgemäße Verwendung eines Medizinprodukts umfasst die Zweckbestimmung des Herstellers gemäß § 3 Nr. 1 MPG und die vom Hersteller vorgesehenen Anwendungsbeschränkungen. Zweckbestimmung und Anwendungsbeschränkungen sind u. a. der Gebrauchsanweisung zu entnehmen.

Mit anderen Worten: Bestimmungsgemäße Verwendung ist die Verwendung, für die das Medizinprodukt nach den Angaben des Herstellers oder Einführers u. a. in der Gebrauchsanweisung – insbesondere aber auch nach deren Angaben zum Zwecke der Werbung – gekennzeichnet ist.

Fachwörterbuch

Die bestimmungsgemäße Verwendung umfasst auch die bestimmungsgemäße Lagerung und den bestimmungsgemäßen Transport eines Medizinprodukts.
Für die bestimmungsgemäße Verwendung eines Medizinprodukts sind von Bedeutung
- die Zweckbestimmung (z. B. Medizinprodukt zur Überwachung von Krankheiten, Medizinprodukt zur Linderung von Behinderungen) und
- die Anwendungsbeschränkungen (z. B. Medizinprodukt nur für Personen mit einem Körpergewicht $\geq$ x kg, vorgegebene Umgebungsbedingungen für den Betrieb, für die Lagerung und den Transport, Medizinprodukt nicht zur Verwendung in Hyperbarokammern, Medizinprodukt nicht zur Verwendung in Kernspintomografen).

Damit unterscheidet sich die Definition der bestimmungsgemäßen Verwendung in dem Punkt der so genannten «üblichen Verwendung» von der im Geräte- und Produktsicherheitsgesetz festgelegten Begriffsbestimmung. Das Geräte- und Produktsicherheitsgesetz versteht unter einer üblichen Verwendung die Verwendung, die sich alleine aus der Bauart und Ausführung eines Produkts ergibt (vgl. § 2 Abs. 5 Nr. 2 GPSG), unabhängig davon, ob der Hersteller diese Verwendung zulässt oder u. U. auch ausdrücklich verbietet.
Aus einer Erläuterung der Kommission zur MDD geht jedoch hervor, dass ein Hersteller die Festlegung der Zweckbestimmung nicht ohne Berücksichtigung der üblichen Verwendung treffen kann. Dieses könnte eine (unbewusste) Täuschung des Anwenders zur Folge haben mit der Konsequenz einer möglicherweise irreführenden Bezeichnung.

Betreiben
⇨ § 14 MPG
Mit dem Begriff «Betreiben» werden alle Vorgänge oder Maßnahmen erfasst, die sich unmittelbar auf die Nutzung eines Medizinprodukts beziehen, beispielsweise:
- bestimmungsgemäße Verwendung eines Medizinprodukts,
- Einweisung der Beauftragten Person / des Anwenders zur bestimmungsgemäßen Verwendung eines Medizinprodukts,
- Sicherheitstechnische Kontrolle zur Feststellung und Beurteilung des sicherheitstechnischen Zustands eines aktiven nichtimplantierbaren Medizinprodukts,
- Messtechnische Kontrolle zur Feststellung und Beurteilung der Messsicherheit,
- Inspektion zur Feststellung des Istzustands eines Medizinprodukts,
- Wartung zur Bewahrung des Sollzustands eines Medizinprodukts,
- Instandsetzung zur Wiederherstellung des Sollzustands eines Medizinprodukts – einschließlich der Maßnahmen zur Aufbereitung von Medizinprodukten.

Rechtsgrundlage für das Betreiben ist § 14 MPG «Errichten, Betreiben, Anwenden und Instandhalten von Medizinprodukten» und die MPBetreibV.
Es handelt sich hierbei um rein nationale Vorschriften, die jedoch nicht im Widerspruch zu den europäischen Richtlinien stehen oder ergänzende Anforderungen

enthalten dürfen, wenn damit ein Handelshemmnis für Medizinprodukte aus anderen Mitgliedstaaten entstehen würde.

Betreiber
⇨ {Verantwortliche Organisation}
Betreiber ist derjenige, der Besitzer des Medizinprodukts ist, d. h. der die tatsächliche Sachherrschaft über das Medizinprodukt ausübt [56]. Der Betreiber muss nicht zwingend auch der Eigentümer des Medizinprodukts sein. Überlässt der Eigentümer das Medizinprodukt z. B. aufgrund eines Mietvertrages (Leihgerät im Falle der Instandsetzung) einem Dritten, so ist dieser Dritte der Betreiber dieses Medizinprodukts.
Der Betreiber
- kann eine natürliche Person (Inhaber der Arztpraxis, Zahnarztpraxis) oder eine juristische Person (Krankenhausträger, Rettungsdienst) – vertreten durch den jeweiligen Verwaltungsdirektor, Geschäftsführer, etc. – sein.
- schafft die organisatorischen Voraussetzungen für den bestimmungsgemäßen Einsatz der Medizinprodukte,
- ist u. a. verantwortlich für die Erfüllung der rechtlichen Vorschriften der MPBetreibV auf der Rechtsgrundlage des MPG's.

In einem Urteil des Bundesverwaltungsgerichts [56] wird ausdrücklich festgestellt:
«Eine gesetzliche Krankenkasse, die ihren Versicherten die von diesen benötigten elektrisch betriebenen nichtimplantierbaren Hilfsmittel unter Einschaltung eines Sanitätshauses leihweise überlässt, ist nicht Betreiberin der Geräte im Sinne der Medizinprodukte-Betreiberverordnung.»

Betriebsort
⇨ § 5 Abs. 1 MPBetreibV
Der Hersteller, Lieferant oder eine hierzu befugte Person hat am Betriebsort ein Medizinprodukt, das der Anlage 1 MPBetreibV zuzuordnen ist, im Rahmen der Inbetriebnahme einer Funktionsprüfung zu unterziehen.
Ziel dieser Funktionsprüfung ist die Prüfung des Medizinprodukts unter Betriebsbedingungen. Da der Betriebsort aber nicht in allen Fällen sinnvollerweise in Frage kommt – Zuordnungsproblem bei transportablen Medizinprodukten, Raumproblem in der Intensivstation, Hygieneproblem im Operationssaal, etc. – kann ein entsprechend vergleichbar installierter Raum beispielsweise in der medizintechnischen Abteilung beim Betreiber alternativ gewählt werden.

Bevollmächtigter
⇨ § 3 Nr. 16 MPG:
«Bevollmächtigter ist die im Europäischen Wirtschaftsraum niedergelassene natürliche oder juristische Person, die vom Hersteller ausdrücklich dazu bestimmt wurde, im Hinblick auf seine Verpflichtungen nach diesem Gesetz in seinem Namen zu handeln und den Behörden und zuständigen Stellen zur Verfügung zu stehen.»

Fachwörterbuch

Hinzuweisen ist darauf, dass ein Hersteller, der keinen Firmensitz im EWR hat, für ein Medizinprodukt nur einen einzigen Bevollmächtigten – mit Sitz im EWR – benennen darf. Regionale Bevollmächtigte sind damit nicht mehr zulässig.
Folgt man dem Erwägungsgrund 14 der Richtlinie 2007/47/EG, so sollte der Bevollmächtigte mindestens für alle Medizinprodukte desselben Modells benannt sein. Der Bevollmächtigte muss vom Hersteller ausdrücklich dazu bestimmt sein, im Hinblick auf seine Verpflichtungen nach den EU-Richtlinien in seinem Namen zu handeln und von den Behörden und Stellen der Mitgliedstaaten in diesem Sinne kontaktiert zu werden.
Der Name oder die Firma des Bevollmächtigten und seine Anschrift müssen sowohl deutlich lesbar am Medizinprodukt angebracht und in der Gebrauchsanweisung enthalten sein.

Bewertung
Nach DIN EN ISO 9000 [72] ist unter Bewertung die Tätigkeit zur Ermittlung der Eignung, Angemessenheit und Wirksamkeit der jeweiligen Betrachtungseinheit zu verstehen, um festgelegte Ziele zu erreichen.
Beispielsweise sind folgende Bewertungen im Medizinprodukterecht von Bedeutung:
- Konformitätsbewertung,
- Bewertung eines QM-Systems,
- Risikobewertung,
- Klinische Bewertung,
- Entwicklungsbewertung,
- Bewertung von Kundenanforderungen,
- Bewertung von Fehlern.

BGV A3
Berufsgenossenschaftliche Vorschriften mit Festlegungen zur Prüfung elektrischer Anlagen und Betriebsmittel zum Schutz der Beschäftigten [30].

Binnenmarkt
⇨ Artikel 26 AEUV
«Der Binnenmarkt umfasst einen Raum ohne Binnengrenzen, in dem der freie Verkehr von Waren, Personen, Dienstleistungen und Kapital gemäß den Bestimmungen der Verträge gewährleistet ist.»

Der Binnenmarkt umfasst 27 Mitgliedstaaten der Europäischen Union: Belgien, Bulgarien, Dänemark, Deutschland, Estland, Finnland, Frankreich, Griechenland, Großbritannien, Irland, Italien, Lettland, Litauen, Luxemburg, Malta, Niederlande, Österreich, Polen, Portugal, Rumänien, Schweden, Slowakei, Slowenien, Spanien, die Tschechische Republik, Ungarn und Zypern

Biologische Sicherheitsprüfung
⇨ § 2 MPV

Der mit einer biologischen Sicherheitsprüfung – insbesondere in Tierversuchen – zu führende Nachweis erlaubt die Aussage, ob das betreffende Medizinprodukt mit der vom Hersteller vorgegebenen Zweckbestimmung – vor einer Anwendung am Menschen – die zutreffenden Grundlegenden Anforderungen im nicht-klinischen und prä-klinischen Stadium erfüllt.

Mit biologischen Sicherheitsprüfungen lassen sich beispielsweise in Tierversuchen Nachweise führen, ob Materialien oder Medizinprodukte negative Auswirkungen auf den Patienten haben können.

In § 2 MPV werden diese Forderungen dahingehend konkretisiert, dass bei bestimmten Medizinprodukten diese biologischen Sicherheitsprüfungen auch Tierversuche umfassen können. Danach können Tierversuche erforderlich sein, wenn:
1. Medizinprodukte Arzneimittel zur Unterstützung der Medizinprodukte-Funktion enthalten,
2. dies in Harmonisierten Normen gefordert wird, oder
3. sich die Notwendigkeit nach dem jeweiligen Stand der wissenschaftlichen Erkenntnisse ergibt.

In Harmonisierten Normen ist festgelegt, wie die biologischen Sicherheitsprüfungen durchzuführen sind. Von Bedeutung sind hier die Festlegungen der Harmonisierten Normen DIN EN ISO 10993 Teil 1 bis 18: „Biologische Beurteilung von Medizinprodukten" [63].

Bundesinstitut für Arzneimittel und Medizinprodukte (BfArM)
⇨ § 32 MPG

Das BfArM ist eine selbstständige Bundesoberbehörde im Geschäftsbereich des BMG. Mit dem Gesetz zur Änderung medizinprodukterechtlicher Vorschriften vom 29. Juli 2009 sind im § 32 MPG die Aufgaben und Zuständigkeiten des BfArM festgelegt worden. Sie umfassen insbesondere:
1. die Aufgaben des Medizinprodukte-Beobachtungs- und Meldesystems nach § 29 Abs. 1 und 3 MPG,
2. die Bewertung hinsichtlich der technischen und medizinischen Anforderungen und der Sicherheit von Medizinprodukten, es sei denn, dass das MPG anderes vorschreibt oder andere Bundesoberbehörden zuständig sind,
3. Genehmigungen von klinischen Prüfungen und Leistungsbewertungsprüfungen nach den §§ 22a und 24 MPG,
4. Entscheidungen zur Abgrenzung und Klassifizierung von Medizinprodukten nach § 13 Abs. 2 und 3 MPG,
5. Sonderzulassungen nach § 11 Abs. 1 MPG und
6. die Beratung der zuständigen Behörden, der Verantwortlichen nach § 5 MPG, von Sponsoren und Benannten Stellen.

Fachwörterbuch

Meldungen von Vorkommnissen nach § 3 MPSV sind u. a.
- vom Hersteller,
- vom Verantwortlichen nach § 5 MPG,
- vom Betreiber und
- vom Anwender

zu richten an:
Bundesinstitut für Arzneimittel und Medizinprodukte
Abteilung Medizinprodukte
Kurt-Georg-Kiesinger-Allee 3
53 175 Bonn
Im Internet sind vom BfArM unter http://www.bfarm.de umfangreiche Informationen über Risiken mit Medizinprodukten aufgeführt – schwerpunktmäßig auf den Seiten:
- Maßnahmen von Herstellern,
- Empfehlungen des BfArM,
- Wissenschaftliche Aufarbeitung.

CE-Kennzeichnung
⇨ {CE-Kennzeichnung nach MPG}
⇨ Artikel 2 Nr. 20 Verordnung (EG) Nr. 765/2008 [77]:
«CE-Kennzeichnung: Kennzeichnung, durch die der Hersteller erklärt, dass das Produkt den geltenden Anforderungen genügt, die in den Harmonisierungsrechtsvorschriften der Gemeinschaft über ihre Anbringung festgelegt sind.»

Die CE-Kennzeichnung ist eine notwendige Voraussetzung für den freien Warenverkehr innerhalb des EWR. Sie ist somit in erster Linie eine Art «Verwaltungszeichen» und erleichtert der zuständigen Behörde die Marktüberwachung und damit die nationale Anwendung der CE-Kennzeichnung.
Darüber hinaus ist mit der CE-Kennzeichnung aber auch die Information an den Betreiber und Anwender verbunden, dass alle zutreffenden Schutzziele aller für das Medizinprodukt zu berücksichtigenden europäischen Richtlinien erfüllt sind [16].
Die CE-Kennzeichnung ist kein Normenkonformitätszeichen. Weitere Kennzeichnungen sind nur dann zulässig (vgl. § 9 MPG),
- wenn sie die Sichtbarkeit und Lesbarkeit der CE-Kennzeichnung nicht beeinträchtigen oder
- wenn sie Dritte nicht bezüglich der Bedeutung oder der graphischen Gestaltung «in die Irre zu führen» [16].

Problematisch ist jedoch, dass das Schriftbild der CE-Kennzeichnung für alle europäischen Richtlinien einheitlich ist, so dass ein Betreiber nicht die Rechtsgrundlage für die CE-Kennzeichnung erkennen kann.

CE-Kennzeichnung nach MPG
⇨ {CE-Kennzeichnung}
⇨ § 9 MPG:
«(1) Die CE-Kennzeichnung ist für aktive implantierbare Medizinprodukte gemäß Anhang 9 der Richtlinie 90/385/EWG, für In-vitro-Diagnostika gemäß Anhang X

der Richtlinie 98/79/EG und für die sonstigen Medizinprodukte gemäß Anhang XII der Richtlinie 93/42/EWG zu verwenden. Zeichen oder Aufschriften, die geeignet sind, Dritte bezüglich der Bedeutung oder der graphischen Gestaltung der CE-Kennzeichnung in die Irre zu leiten, dürfen nicht angebracht werden. Alle sonstigen Zeichen dürfen auf dem Medizinprodukt, der Verpackung oder der Gebrauchsanweisung des Medizinproduktes angebracht werden, sofern sie die Sichtbarkeit, Lesbarkeit und Bedeutung der CE-Kennzeichnung nicht beeinträchtigen.

(2) Die CE-Kennzeichnung muss von der Person angebracht werden, die in den Vorschriften zu den Konformitätsbewertungsverfahren gemäß der Rechtsverordnung nach § 37 Abs. 1 dazu bestimmt ist.

(3) Die CE-Kennzeichnung nach Abs. 1 Satz 1 muss deutlich sichtbar, gut lesbar und dauerhaft auf dem Medizinprodukt und, falls vorhanden, auf der Handelspackung sowie auf der Gebrauchsanweisung angebracht werden. Auf dem Medizinprodukt muss die CE-Kennzeichnung nicht angebracht werden, wenn es zu klein ist, seine Beschaffenheit dies nicht zulässt oder es nicht zweckmäßig ist. Der CE-Kennzeichnung muss die Kennnummer der Benannten Stelle hinzugefügt werden, die an der Durchführung des Konformitätsbewertungsverfahrens nach den Anhängen 2, 4 und 5 der Richtlinie 90/385/EWG, den Anhängen II, IV, V und VI der Richtlinie 93/42/EWG sowie den Anhängen III, IV, VI und VII der Richtlinie 98/79/EG beteiligt war, das zur Berechtigung der Anbringung der CE-Kennzeichnung geführt hat. Bei Medizinprodukten, die eine CE-Kennzeichnung tragen müssen und in sterilem Zustand in den Verkehr gebracht werden, muss die CE-Kennzeichnung auf der Steril-Verpackung und gegebenenfalls auf der Handelspackung angebracht sein. Ist für ein Medizinprodukt ein Konformitätsbewertungsverfahren vorgeschrieben, das nicht von einer Benannten Stelle durchgeführt werden muss, darf der CE-Kennzeichnung keine Kennnummer einer Benannten Stelle hinzugefügt werden.»

Die CE-Kennzeichnung nach MPG bestätigt die «subjektive» Eignung des Medizinprodukts im Sinne der Einhaltung der vom Hersteller festgelegten Zweckbestimmung. Sie bringt zum Ausdruck, dass der Verantwortliche für das erstmalige Inverkehrbringen

- den Nachweis der Einhaltung der Grundlegenden Anforderungen erbracht hat,
- bei Medizinprodukten der AIMDD und der MDD eine klinische Bewertung durchgeführt hat und
- ein für das Produkt vorgeschriebenes Konformitätsbewertungsverfahren erfolgreich abgeschlossen hat.

Grundsätzlich ist davon auszugehen, dass die CE-Kennzeichnung nach MPG nur angebracht werden darf, wenn das Medizinprodukt den Anforderungen aller zutreffenden europäischen Richtlinien entspricht, denen das Produkt unterliegt.

Hinzuweisen ist, dass Medizinprodukte vom Geltungsbereich der Maschinenrichtlinie 2006/42/EG nicht mehr ausgenommen sind (vgl. Artikel 1 Abs. 2 Richtlinie 2006/42/EG). Somit müssen Medizinprodukte der MDD sowie aktive implantierbare

medizinische Geräte der AIMDD, die der Definition «Maschine» im Artikel 2 lit a) der Richtlinie 2006/42/EG entsprechen, auch den zutreffenden grundlegenden Gesundheits- und Sicherheitsanforderungen der Maschinenrichtlinie 2006/42/EG entsprechen, sofern diese grundlegenden Gesundheits- und Sicherheitsanforderungen spezifischer sind als die Grundlegenden Anforderungen in Anhang I MDD oder Anhang 1 AIMDD. Artikel 3 der neuen Maschinenrichtlinie ist zu beachten.
Der Hersteller muss danach für sein spezielles Produkt im Einzelfall prüfen, ob die von seinem Medizinprodukt ausgehenden Gefährdungen ganz oder teilweise von anderen europäischen Richtlinien genauer erfasst werden. Anzuwenden sind diese Rechtsvorschriften seit dem 29. Dezember 2009.
Die Anforderungen des EMV-Gesetzes sind nicht zusätzlich zu berücksichtigen, da die Grundlegenden Anforderungen nach Anhang I der MDD den Nachweis der elektromagnetischen Verträglichkeit beinhalten (vgl. Anhang I Nr. 9.2 MDD).
Im Regelfall wird die CE-Kennzeichnung unter der Verantwortung des Herstellers oder seines in der Gemeinschaft niedergelassenen Bevollmächtigten angebracht. Dieses gilt auch dann, wenn in das Konformitätsbewertungsverfahren eine unabhängige dritte Stelle eingeschaltet ist.
Im MPG ist festgelegt, dass die CE-Kennzeichnung (im Normalfall) auf dem Medizinprodukt und auf der Gebrauchsanweisung angebracht werden muss. Ist zu dem Medizinprodukt eine Handelsverpackung vorhanden, so ist auch diese mit der CE-Kennzeichnung zu versehen.

Chirurgisch-invasive Anwendung
Bei der chirurgisch-invasiven Anwendung dringt ein Medizinprodukt durch die Körperoberfläche in den Körper ein. Dabei kann die Körperöffnung
- durch einen chirurgischen Eingriff speziell für die Anwendung des Medizinprodukts hergestellt worden sein (z. B. unblutige Messung des Drucks in einem Blutgefäß),
- durch einen chirurgischen Eingriff hergestellt worden sein, durch die dann u. a. auch das Medizinprodukt in den Körper eingebracht wird (z. B. Anwendung einer Pumpe zur Absaugung von Körperflüssigkeiten im Operationsgebiet),
- durch das Medizinprodukt hergestellt werden – d.h. ohne einen eigentlichen chirurgischen Eingriff – (z. B. Punktion mit einer Kanüle, Herzkatheter).

Chirurgisch-invasives Medizinprodukt
⇨ Anhang IX Abschnitt I Nr. 1.2 MDD
«Invasives Medizinprodukt, das mittels eines chirurgischen Eingriffs oder im Zusammenhang damit durch die Körperoberfläche in den Körper eindringt.
Produkte, die vom vorstehenden Unterabsatz nicht erfasst werden und die anders als durch hergestellte Körperöffnungen in den Körper eindringen, werden im Sinne dieser Richtlinie als chirurgisch-invasive Produkte behandelt.»
Chirurgisch invasive Medizinprodukte sind beispielsweise Elektroden für externe Herzschrittmacher, Herzkatheter, Katheter zur Blutdruckmessung, Spritzenkanülen, alle chirurgischen Instrumente.

Desinfektion

«Bei der Desinfektion werden krankmachende Mikroorganismen bis auf die hitzestabilen Dauerformen abgetötet oder inaktiviert, so dass sie keine Infektionskrankheiten mehr verursachen können.» [105]

Bei einer Desinfektion erfolgt eine Keimreduktion um einen Faktor von mindestens 10^{-5}, d. h. von ursprünglich 100.000 vermehrungsfähigen Keimen „überlebt" nicht mehr als ein Einziger.

Desinfektionsmittel für Medizinprodukte

Desinfektionsmittel fallen dann als Zubehör zu einem Medizinprodukt unter den Anwendungsbereich des MPG, wenn sie entsprechend der Angaben des Herstellers eines Medizinprodukts zur bestimmungsgemäßen Verwendung des Medizinprodukts erforderlich sind oder wenn sie in Übereinstimmung mit der Zweckbestimmung des Medizinprodukts zur Anwendung kommen bzw. die Verfügbarkeit des Medizinprodukts erst ermöglichen und mit entsprechender Zweckbestimmung in den Verkehr gebracht werden – z. B. Pflegemittel für Kontaktlinsen, Spezialdesinfektionsmittel für Endoskope.

Universell einsetzbare Desinfektionsmittel, die nicht ausdrücklich für die Desinfektion von Medizinprodukten bestimmt sind, fallen nicht unter das MPG. Sie unterliegen als Chemikalien oder Biozid-Produkte dem Chemikalienrecht.

Deutsche Akkreditierungsstelle

Die Deutsche Akkreditierungsstelle GmbH (DAkkS) wurde durch die Bundesrepublik Deutschland – vertreten durch das BMWi – gegründet.

Die DAkkS wurde als nationale Akkreditierungsstelle für die deutsche Wirtschaft gegründet, sie hat ihre Tätigkeit zum 1. Januar 2010 aufgenommen. Sie führt Akkreditierungen in den folgenden Bereichen durch:

- Prüflaboratorien,
- Kalibrierlaboratorien,
- Medizinische Laboratorien,
- Produktzertifizierung,
- Managementzertifizierung,
- Personenzertifizierung,
- Inspektionsstellen,
- Ringversuchsanbieter,
- Referenzmaterialhersteller.

Die DAkkS nimmt die Akkreditierungstätigkeiten gemäß Verordnung (EG) Nr. 765/2008 wie eine Behörde wahr. Sie ist damit auch für die Akkreditierung der Benannten Stellen für Medizinprodukte zuständig. (http://www.dakks.de)

Der Sitz der DAkkS ist Berlin:

DAkkS Standort Berlin
Spittelmarkt 10
10117 Berlin

Weitere Standorte befinden sich in Braunschweig und Frankfurt am Main.

Fachwörterbuch

Deutsches Institut für Medizinische Dokumentation und Information (DIMDI)
⇨ § 33 MPG

DIMDI mit Sitz in Köln, ist ein Institut im Geschäftsbereich des BMG.
DIMDI hat nach § 33 MPG die Aufgabe, das Informationssystem Medizinprodukte zur Unterstützung des Vollzugs des MPG's einzurichten und den für die Medizinprodukte zuständigen Behörden des Bundes und der Länder die hierfür erforderlichen Informationen zur Verfügung zu stellen.
Informationen vom DIMDI sind im Internet unter http://www.dimdi.de zu finden.
Art und Inhalte des Informationssystems Medizinprodukte des DIMDI ergeben sich aus den Anzeigepflichten der Hersteller, Bevollmächtigten, Sponsoren, Benannten Stellen, Betreiber und Anwender nach dem MPG und den daraus resultierenden Verordnungen, z. B.:

- Anzeigen zum erstmaligen Inverkehrbringen (§ 25 MPG),
- Anzeigen zum Sicherheitsbeauftragten (§ 30 MPG),
- Anträge zu klinischen Prüfungen von Medizinprodukten (§ 3 MPKPV),
- Anträge zu Änderungen von klinischen Prüfungen von Medizinprodukten (§ 8 MPKPV),
- Anträge zu Leistungsbewertungsprüfungen von In-vitro-Diagnostika (§ 7 MPKPV),
- Anträge zu Änderungen von Leistungsbewertungsprüfungen von In-vitro-Diagnostika (§ 8 MPKPV),
- Meldungen über Bescheinigungen von Benannten Stellen (§ 18 MPG),
- Meldungen über Vorkommnisse (§ 29 MPG),
- Mitteilungen über Klassifizierung von Medizinprodukten und Abgrenzung zu anderen Produkten (§ 13 MPG),
- Informationsaustausch zwischen der zuständigen Bundesoberbehörde und den zuständigen Landesbehörden (§ 20 MPSV).

Diagnostische Sensitivität
⇨ Anhang I, Nr. A 3 IVDD: Leistungsparameter von In-vitro-Diagnostika
Die diagnostische Sensitivität gibt den Anteil (in Prozent) der richtig erkannten positiven Proben bezogen auf die Gesamtzahl der Proben, die das Merkmal / den Zielmarker aufweisen, an und errechnet sich nach der Formel

$$DiagnostischeSensitivität = \frac{RP}{RP + FN}$$

mit: RP = Anzahl der richtig positiven Ergebnisse
FN = Anzahl der falsch negativen Ergebnisse

Je höher die diagnostische Sensitivität eines Tests ist, desto sicherer wird ein Merkmal / ein Zielmarker erkannt bzw. desto niedriger ist der Anteil der falsch negativen Ergebnisse. Diesem Leistungsparameter kommt somit insbesondere für Screeninguntersuchungen eine besondere Bedeutung zu. Bei der Betrachtung der diagnostischen Sensitivität spielen falsch positive Ergebnisse keine Rolle.

Diagnostische Spezifität

⇨ Anhang I, Nr. A 3 IVDD: Leistungsparameter von In-vitro-Diagnostika
Die diagnostische Spezifität gibt den Anteil (in Prozent) der richtig erkannten negativen Proben an, bezogen auf die Gesamtzahl der Proben, die das Merkmal / den Zielmarker nicht aufweisen, und errechnet sich nach der Formel

$$Diagnostische Spezifität = \frac{RN}{RN + FP}$$

mit: RN = Anzahl der richtig negativen Ergebnisse
FP = Anzahl der falsch positiven Ergebnisse

Je höher die diagnostische Spezifität, desto sicherer kann das Vorliegen eines bestimmten Merkmals / Zielmarkers ausgeschlossen werden bzw. desto niedriger ist der Anteil der falsch positiven Ergebnisse. Bei Bestätigungstests kommt es daher entscheidend auf die diagnostische Spezifität an.
Die diagnostische Aussagekraft von qualitativen Tests – der sogenannte Vorhersagewert oder prädiktive Wert – hängt neben der diagnostischen Sensitivität und Spezifität noch von der Prävalenz des Merkmals / Zielmarkers im jeweils untersuchten Kollektiv ab.

Dienstanweisung Medizinprodukte[1]

Die Dienstanweisung ist eine Organisationsanweisung (Dienstordnung) für ein Krankenhaus, eine ärztliche Praxis oder sonstige medizinische Einrichtungen (z. B. Reha-Kliniken), in denen Medizinprodukte für Menschen zum Einsatz kommen. Diese Organisationsanweisung regelt die für den Betreiber und Anwender maßgeblichen Bestimmungen, die sich aus dem MPG, der MPBetreibV, im Fall von Vorkommnis-Meldungen aus der MPSV und im Fall von Eigenherstellung aus der MPV ergeben.
Wesentliche in einer Dienstanweisung Medizinprodukte zu regelnde Punkte – neben Präambel, gesetzlichen Grundlagen und Begriffserklärungen – sind:
- Festlegen von Zuständigkeiten, Verantwortungsbereichen und Aufgaben,
- Aufgabenverteilungen wie z. B. Beschaffung von Medizinprodukten, Inbetriebnahme von Medizinprodukten, Einweisung, Betreuung der Medizinprodukte (Sicherheitstechnische Kontrolle, Messtechnische Kontrolle, Bestandsverzeichnis, Medizinproduktebuch, Leihgeräte, Medizinprodukte zur klinischen Prüfung, Medizinprodukte von Patienten, Eigenherstellung, Außerbetriebnahme, etc.),
- Pflichten des Betreibers,
- Pflichten des Medizinprodukte-Verantwortlichen (MP-Verantwortlicher),
Der Begriff des MP-Verantwortlichen tritt weder im MPG noch in den zugehörigen Verordnungen auf, ist aber für die Umsetzung des Medizinprodukterechts von großer organisatorischer Bedeutung ist. Der MP-Verantwortliche – beispielsweise der Direktor einer Klinik, eines Labors oder eines Instituts – ist in seinem Bereich (z. B. Klinik, Labor, Institut) verantwortlich für die Umsetzung und Einhal-

---

[1] Ein Leitfaden zur Erstellung einer „Dienstanweisung Medizinprodukte" ist in [45; Kapitel 8.0 Anhang: A] zu finden.

Fachwörterbuch

tung der Vorschriften des MPG, der MPBetreibV und der MPSV. Er benennt Personen in seinem Zuständigkeitsbereich, delegiert diese Aufgaben, und überzeugt sich z. B. durch interne Audits über die Einhaltung der getroffenen Anweisungen.
- Pflichten der Beauftragten Person (MP-Beauftragter),
- Pflichten des Anwenders,
- Pflichten des Technischen Dienstes / Medizintechnik
- Pflichten der Beschaffungsabteilung,
  Vor der Beschaffung eines Medizinprodukts sollte u. a. Klarheit hinsichtlich folgender gesetzlicher Festlegungen bestehen:
    - Zweckbestimmung des Medizinprodukts,
    - Anwendungsbeschränkungen des Medizinprodukts,
    - Sicherheitstechnische Kontrolle,
    - Messtechnische Kontrolle,
    - Anzahl der Gebrauchsanweisungen,
    - Gebrauchsanweisung als elektronisches Dokument,
    - Einweisung von Anwendern – neben der obligatorischen Einweisung für Beauftragte Personen in Medizinprodukte der Anlage 1 MPBetreibV –,
    - Angaben zur Instandhaltung – einschließlich der Angaben zur Aufbereitung.
- Meldung von Vorkommnissen.
  Unter diesem Punkt sollte nicht nur der Meldeweg zu Vorkommnissen geregelt werden, die sich in der Einrichtung ereignen, sondern auch, wie Sicherheitshinweise von Herstellern oder des BfArM, die an die Einrichtung gerichtet sind, an die zuständigen MP-Beauftragten und die betroffenen Anwender gelangen.

EDMS-Nomenklatur
⇨ {GMDN; UMDNS}
EDMS ist eine Nomenklatur für In-vitro-Diagnostika zum regulatorischen Informationsaustausch im Rahmen des MPG.
EDMS steht für European Diagnostic Market Statistics. EDMS wurde von der EDMA, dem europäischen Verband der Hersteller von In-vitro-Diagnostika, entwickelt. Die vorliegende deutsche Version der EDMS wird im Auftrag des BMG zur einheitlichen Nomenklatur der In-vitro-Diagnostika für regulatorische Zwecke herausgegeben.
Für die Nomenklatur für Medizinprodukte wird die Nomenklatur UMDNS verwendet. UMDNS und EDMS-Nomenklatur sollen durch die Global Medical Device Nomenclature (GMDN) abgelöst werden.

EG-Baumusterprüfung
⇨ Anhang 3 AIMDD, Anhang III MDD, Anhang V IVDD
«Als EG-Baumusterprüfung wird das Verfahren bezeichnet, mit dem eine Benannte Stelle feststellt und bescheinigt, dass ein für die vorgesehene Produktion repräsentatives Exemplar den einschlägigen Bestimmungen dieser Richtlinie entspricht.»

Die EG-Baumusterprüfung muss in Verbindung mit einem weiteren Konformitätsbewertungsverfahren zur Anwendung kommen, so z. B. bei Medizinprodukten der MDD mit:
- EG-Prüfung,
- EG-Konformitätserklärung «Qualitätssicherung Produktion»,
- EG-Konformitätserklärung «Qualitätssicherung Produkt».

EG-Entscheidungen
⇨ {Beschluss}
Überholte Bezeichnung seit Inkrafttreten des Lissabon-Vertrags.

EG-Konformitätserklärung
⇨ Anhang II Nr. 2 MDD, Anhang V Nr. 2 MDD, Anhang VI Nr. 2 MDD, Anhang VII Nr. 1 MDD

«Bei der EG-Konformitätserklärung handelt es sich um das Verfahren, mit dem der Hersteller (...), der den Verpflichtungen (...) nachkommt, gewährleistet und erklärt, dass die betreffenden Produkte (...) den einschlägigen Bestimmungen dieser Richtlinie entsprechen.»

In den EU-Richtlinien ist festgelegt, dass die Bewertung der Konformität des Medizinprodukts mit den Anforderungen der EU-Richtlinie in einer EG-Konformitätserklärung festgehalten sein muss, die im Allgemeinen vom Hersteller aufzubewahren ist.

In jeder der für Medizinprodukte zutreffenden EU-Richtlinien sind unterschiedliche EG-Konformitätserklärungen aufgeführt.

In der AIMDD sind aufgeführt:
- EG-Konformitätserklärung (vollständiges Qualitätssicherungssystem) – Anhang 2,
- EG-Prüfung – Anhang 4,
- EG-Erklärung zur Übereinstimmung mit dem Baumuster (Qualitätssicherung der Produktion) – Anhang 5,
- Erklärung zu besonderen Zwecken – Anhang 6.

In der MDD sind aufgeführt:
- EG-Konformitätserklärung (vollständiges Qualitätssicherungssystem) – Anhang II,
- EG-Prüfung – Anhang IV,
- EG-Konformitätserklärung (Qualitätssicherung Produktion) – Anhang V,
- EG-Konformitätserklärung (Qualitätssicherung Produkt) – Anhang VI,
- EG-Konformitätserklärung – Anhang VII,
- Erklärung zu Produkten für besondere Zwecke – Anhang VIII.

In der IVDD sind aufgeführt:
- EG-Konformitätserklärung – Anhang III,
- EG-Konformitätserklärung (vollständiges Qualitätssicherungssystem) – Anhang IV,
- EG-Prüfung – Anhang VI,

Fachwörterbuch

- EG-Konformitätserklärung (Qualitätssicherung Produktion) – Anhang VII,
- EG-Konformitätserklärung (Qualitätssicherung Produkt) – Anhang VII.

EG-Prüfung
⇨ Anhang 4 AIMDD, Anhang IV MDD, Anhang VI IVDD
«Verfahren, mit dem der Hersteller oder sein Bevollmächtigter gewährleistet und erklärt, dass die Produkte, auf die die Bestimmungen nach [...] angewendet wurden, mit dem in der EG-Baumusterprüfbescheinigung beschriebenen Baumuster übereinstimmen und den einschlägigen Anforderungen dieser Richtlinie entsprechen.»

Ergänzt werden die Anforderungen in Anhang 4 AIMDD bzw. Anhang IV MDD u. a. durch folgende Forderung:
«Der Hersteller muss zusichern, unter Berücksichtigung der in Anhang [...] enthaltenen Bestimmungen ein systematisches Verfahren einzurichten und auf dem neuesten Stand zu halten, mit dem Erfahrungen mit Produkten in den der Herstellung nachgelagerten Phasen ausgewertet werden, und angemessene Vorkehrungen zu treffen, um erforderliche Korrekturen durchzuführen. Dies schließt die Verpflichtung des Herstellers ein, die zuständigen Behörden unverzüglich über folgende Vorkommnisse zu unterrichten, sobald er selbst davon Kenntnis erlangt hat.»

Es handelt sich um ein Verfahren zur Konformitätsbewertung, mit dem der Hersteller oder sein für das betreffende Medizinprodukt im EWR niedergelassener Bevollmächtigter nachweist und erklärt, dass das Medizinprodukt mit dem in der EG-Baumusterprüfbescheinigung der Benannten Stelle beschriebenen Baumuster übereinstimmt und den einschlägigen Anforderungen der zutreffenden EU-Richtlinie(n) entspricht.

Verfahren zur EG-Prüfung werden beschrieben in:
- Anhang 4 AIMDD,
- Anhang IV MDD,
- Anhang VI IVDD.

Im Falle der Anwendung auf Produkte der Klasse IIa wird mit dem Verfahren der EG-Prüfung die Übereinstimmung mit der in der technischen Dokumentation festgelegten Produktspezifikation nachgewiesen.

EG-Richtlinie
⇨ {EU-Richtlinie}
Überholte Bezeichnung seit Inkrafttreten des Lissabon-Vertrags.

EG-Richtlinien für Medizinprodukte
⇨ {siehe EU-Richtlinien für Medizinprodukte}
Überholte Bezeichnung seit Inkrafttreten des Lissabon-Vertrags.

EG-Verordnung
⇨ {EU-Verordnung}
Überholte Bezeichnung seit Inkrafttreten des Lissabon-Vertrags.

EG-Zertifikat
Eine Benannte Stelle kann einem Hersteller folgende EG-Zertifikate erteilen:
- EG-Zertifikat für eine EG-Produktauslegungsprüfung
  In einem EG-Zertifikat Produktauslegungsprüfung bescheinigt eine Benannte Stelle dem Medizinprodukte-Hersteller, dass das (die) auf dem EG-Zertifikat genannte(n) Produkt(e) die Forderungen gemäß Anhang II Abschnitt 4 MDD / gemäß Anhang 2 Abschnitt 4 AIMDD erfüllen.
  Auf dem EG-Zertifikat Produktauslegungsprüfung ist zusätzlich die Nummer des Prüfberichts der Benannten Stelle vermerkt. Des Weiteren ist auf dem EG-Zertifikat angegeben, dass dieses Zertifikat nur in Verbindung mit einem EG-Zertifikat Qualitätssicherungssystem nach Anhang II Abschnitt 3 MDD / Anhang 2 Abschnitt 3 AIMDD gültig ist.
- EG-Zertifikat Qualitätssicherungssystem
  In einem EG-Zertifikat Qualitätssicherungssystem bescheinigt eine Benannte Stelle dem zu zertifizierenden Unternehmen – z. B. dem Medizinprodukte-Hersteller –, dass das Unternehmen ein QM-System eingeführt hat und anwendet, das Forderungen einer EU-Richtlinie – z. B. Anhang II (Vollständiges Qualitätssicherungssystem) MDD – bezüglich der im Anhang des EG-Zertifikats aufgeführten Medizinprodukte / Medizinprodukte-Kategorien erfüllt.
  Den Nachweis erbringt die Benannte Stelle durch ein Zertifizierungsaudit, das in dem entsprechenden Auditbericht dokumentiert ist. Die Nummer des Audit-Berichts ist auf dem EG-Zertifikat vermerkt.
  Im Zeitraum der Gültigkeit des EG-Zertifikats Qualitätssicherungssystem unterliegt der Hersteller der Überwachung durch die Benannte Stelle gemäß Anhang II Absatz 5 MDD. Mit der Überwachung wird sichergestellt, dass der Hersteller die Verpflichtungen, die sich aus dem genehmigten Qualitätssicherungssystem ergeben, einhält.

Die Gültigkeit eines EG-Zertifikats ist entsprechend der jeweiligen AIMDD, MDD bzw. IVDD auf maximal fünf Jahre befristet. Sie kann auf Antrag des Herstellers jeweils um höchstens fünf Jahre verlängert werden.

Eigenherstellung
1. In-vitro-Diagnostikum
⇨ § 3 Nr. 22 MPG:
«In-vitro-Diagnostika aus Eigenherstellung sind In-vitro-Diagnostika, die in Laboratorien von Gesundheitseinrichtungen hergestellt werden und in diesen Laboratorien oder in Räumen in unmittelbarer Nähe zu diesen angewendet werden, ohne dass sie in den Verkehr gebracht werden. Für In-vitro-Diagnostika, die im industriellen Maßstab hergestellt werden, sind die Vorschriften über Eigenherstellung nicht anwendbar. Die Sätze 1 und 2 sind entsprechend anzuwenden auf

Fachwörterbuch

in Blutspendeeinrichtungen hergestellte In-vitro-Diagnostika, die der Prüfung von Blutzubereitungen dienen, sofern sie im Rahmen der arzneimittelrechtlichen Zulassung der Prüfung durch die zuständige Behörde des Bundes unterliegen.»

2. Medizinprodukt
⇨ § 3 Nr. 21 MPG:
«Medizinprodukte aus Eigenherstellung sind Medizinprodukte einschließlich Zubehör, die in einer Gesundheitseinrichtung hergestellt und angewendet werden, ohne dass sie in den Verkehr gebracht werden oder die Voraussetzungen einer Sonderanfertigung nach Nummer 8 erfüllen.»

Eigenherstellung ist die Herstellung von Medizinprodukten, die keine Sonderanfertigungen sind, in einer Einrichtung des Gesundheitswesens zur ausschließlich dortigen Verwendung, ohne dass ein Inverkehrbringen erfolgt. Abweichend von der ansonsten gültigen Definition meint Inverkehrbringen hier die Abgabe an eine andere juristische Person (richtlinienkonforme Auslegung).

Gehören zu einer Gesundeinrichtung mehrere Einrichtungen an unterschiedlichen Orten, so schließt der Gesetzgeber nicht ausdrücklich aus, dass Eigenherstellung von Medizinprodukten – ausgenommen eigenhergestellte In-vitro-Diagnostika – in diesen zum Einsatz kommen.

Die Eigenherstellung ist insoweit privilegiert, als die Konformitätsbewertung der hergestellten Produkte unabhängig von deren Art und Klassifizierung nach einem vereinfachten Verfahren (analog dem Verfahren für Sonderanfertigungen) von der herstellenden Gesundheitseinrichtung in eigener Verantwortung vorgenommen werden kann, d. h. ohne Einschaltung einer «Benannten Stelle».

Hinzuweisen ist darauf, dass die Vorschriften des vierten Abschnitts des Medizinproduktegesetzes und die Vorschriften der MPBetreibV zu beachten sind.

Einführer
⇨ § 3 Nr. 26 MPG:
«Einführer im Sinne dieses Gesetzes ist jede in der Europäischen Gemeinschaft ansässige natürliche oder juristische Person, die ein Medizinprodukt aus einem Drittstaat in der Europäischen Gemeinschaft in Verkehr bringt.»
⇨ Artikel 2 Nr. 5 Verordnung (EG) Nr. 765/2008 [77]:
«Einführer: jede in der Gemeinschaft ansässige natürliche oder juristische Person, die ein Produkt aus einem Drittstaat auf dem Gemeinschaftsmarkt in Verkehr bringt.»

Einführer ist derjenige, der ein Medizinprodukt von außerhalb des EWR's bezieht und im EWR unter seiner Verantwortung erstmalig in den Verkehr bringt. Dies gilt auch für gebrauchte Medizinprodukte, die erst nach ihrer Inbetriebnahme in den EWR eingeführt werden.

Der Einführer ist eine natürliche oder juristische Person, der die Verantwortung und die Verpflichtung des Herstellers im Hinblick auf Einhaltung der Anforderungen für das erstmalige Inverkehrbringen übernimmt.

Einmalprodukt
⇨ Artikel 1 Abs. 2 lit. n) MDD

«Einmal-Produkt: ein Produkt, das zum einmaligen Gebrauch an einem einzigen Patienten bestimmt ist.»

Unter einmaligem Gebrauch ist die Anwendung für nur eine diagnostische oder therapeutische Prozedur zu verstehen, bei der das Produkt an dem gleichen Patienten gegebenenfalls aber durchaus mehrfach zum Einsatz kommen kann (z. B. mehrfache Injektionen eines Lokalanästhetikums mit einer Einmalspritze im Zusammenhang mit einem chirurgischen Eingriff oder mehrfache Anwendung eines chirurgischen Einmalinstruments an einem einzigen Patienten während eines chirurgischen Eingriffs).

Mit der Zweckbestimmung legt der Hersteller die Verwendungsmöglichkeiten eines Medizinprodukts fest – auch bei Medizinprodukten zur einmaligen Verwendung. Dies ergibt sich aus einer Stellungnahme der Europäischen Kommission zu einer Anfrage im Europäischen Parlament [45]. Hinzuweisen ist darauf, dass ein Verweis zum einmaligen Gebrauch eines Medizinprodukts – z. B. in der Kennzeichnung – im EWR einheitlich sein muss.

Nach offizieller Behördenmeinung in Deutschland – insbesondere nach Auffassung des BMG – ist die Angabe «Nur zur einmaligen Verwendung» bzw. das entsprechende Symbol jedoch nicht Teil der Zweckbestimmung.

Das MPG enthält expressis verbis kein Verbot zur Wiederverwendung von Medizinprodukten zur einmaligen Verwendung. Die Verantwortung für die Aufbereitung und Wiederverwendung von Medizinprodukten zur einmaligen Verwendung liegt beim Betreiber.

Hinzuweisen ist darauf, dass an die Aufbereitung von Medizinprodukten in Deutschland hohe Anforderungen gestellt werden, um die Sterilität und Funktionstüchtigkeit gemäß der Zweckbestimmung zu gewährleisten.

Nach § 4 Abs. 2 Satz 1 MPBetreibV muss die Aufbereitung von bestimmungsgemäß keimarm oder steril zur Anwendung kommenden Medizinprodukten mit geeigneten validierten Verfahren so durchgeführt werden, dass der Erfolg der Verfahren nachvollziehbar gewährleistet ist und die Sicherheit und Gesundheit von Patienten, Anwendern oder Dritten nicht gefährdet wird.

Nach § 4 Abs. 4 MPBetreibV wird gefordert, dass nach einer Aufbereitung die für die Sicherheit und Funktionstüchtigkeit wesentlichen konstruktiven und funktionellen Merkmale geprüft werden, soweit sie durch die Aufbereitung beeinflusst werden können.

Voraussetzung zur Durchführung einer Aufbereitung von Medizinprodukten zur einmaligen Verwendung ist ein umfassendes QM-System, z. B. entsprechend den Vorgaben der RKI-Empfehlung „Anforderungen an die Hygiene bei der Aufbereitung von Medizinprodukten" [42]. Für die Aufbereitung von besonders kritischen Medizinprodukten fordert die RKI-Empfehlung zusätzlich die Zertifizierung des QM-Systems.

Einweisung
⇨ § 2, § 5, § 15 MPBetreibV

Anforderungen an die Einweisung in Medizinprodukte werden in der MPBetreibV in folgenden Paragrafen formuliert:
- § 2 Abs. 2 MPBetreibV: Allgemeine Anforderungen an Anwender,
- § 2 Abs. 4 MPBetreibV: Allgemeine Anforderungen an Betreiber,
- § 5 Abs. 1 Nr. 2 MPBetreibV: Spezielle Anforderungen für nichtimplantierbare aktive Medizinprodukte der Anlage 1 an Betreiber und an vom Betreiber Beauftragte Personen,
- § 5 Abs. 2 MPBetreibV: Spezielle Anforderungen für nichtimplantierbare aktive Medizinprodukte der Anlage 1 MPBetreibV an Anwender,
- § 15 Nr. 5 MPBetreibV: Sondervorschriften für Medizinprodukte nach § 2 Nr. 1 und 3 MedGV an Anwender und einweisende Personen.

In diesem Zusammenhang ist darauf hinzuweisen, dass das «Betreiben» eines Medizinprodukts über die Anwendung am Patienten hinausgeht. Daher ist es zweckdienlich, die Einweisung für das jeweils zuständige Personal (Pflegepersonal / ärztliches Personal / Medizintechniker) zu strukturieren.

Mit der Einweisung sollten dem Anwender die Grenzen der befugten «Instandhaltung» durch den Anwender vor Ort erläutert werden. Es ist aufzuzeigen, welche Instandhaltungsmaßnahmen nur durch autorisiertes Fachpersonal durchgeführt werden dürfen.

Dem Betreiber obliegt die Verantwortung, sicherzustellen, dass nur Personen mit der Handhabung von Medizinprodukten beauftragt werden, die entsprechend der MPBetreibV die Voraussetzungen erfüllen und somit u. a. über Kenntnisse verfügen, die für eine sachgerechte Handhabung unabdingbar sind. Die Kenntnisse werden u. a. durch qualifizierte Einweisungsmaßnahmen vermittelt. Bei der Planung von Einweisungsmaßnahmen sind sowohl die verschiedenen Personengruppen als auch die Personalfluktuation zu berücksichtigen.

1. Anwender
Die MPBetreibV geht grundsätzlich davon aus, dass Medizinprodukte nur von Personen angewendet werden dürfen, die aufgrund ihrer Ausbildung, Kenntnisse und Erfahrungen die für die Anwendung erforderlichen Sachkenntnisse besitzen. Die für eine sachgerechte Anwendung von Medizinprodukten erforderlichen Kenntnisse können im Rahmen von Einweisungen vermittelt werden.

Die allgemeine Anforderung von § 2 Abs. 2 MPBetreibV ist eine Verpflichtung an den Anwender. Liegen keine entsprechenden Kenntnisse beim Anwender vor, darf er ein Medizinprodukt nicht anwenden. Der Anwender hat sich eigenverantwortlich um eine entsprechende Einweisungsmaßnahme zu kümmern (Holpflicht des Anwenders).

Die Medizinprodukte-Betreiberverordnung geht in diesem Zusammenhang aber auch von einer Bringschuld des Betreibers bezüglich der Einweisung des Anwenders in die sachgerechte Handhabung von Medizinprodukten aus – auch wenn dieses nicht expressis verbis in der Verordnung genannt ist. Nach § 2 Abs. 4 MPBe-

treibV darf der Betreiber nur Personen mit dem Anwenden von Medizinprodukten beauftragen, die die geforderte Qualifikation (Ausbildung, Kenntnis und Erfahrung) besitzen.
Eine besondere Situation ergibt sich bei nichtimplantierbaren aktiven Medizinprodukten, die der Anlage 1 MPBetreibV zuzuordnen sind. Nach § 5 Abs. 2 MPBetreibV dürfen diese «Anlage 1-Medizinprodukte» nur von Personen angewendet werden, die die in § 2 Abs. 2 MPBetreibV geforderte Qualifikation (Ausbildung, Kenntnisse und Erfahrungen) besitzen und zusätzlich die vom Hersteller, von der «Befugten Person» oder von der «Beauftragten Person» in die sachgerechte Handhabung dieses Medizinprodukts eingewiesen wurden.
Der Anwender kann bei einem Verstoß gegen diese Einweisungspflicht mit einer Ordnungswidrigkeit von bis zu 25.000 € belegt werden. Die erfolgte Einweisung ist zu dokumentieren.
Die Einweisung eines Anwenders hat unter Berücksichtigung der Gebrauchsanweisung zu erfolgen. Mit anderen Worten: Die wesentlichen Anwendungsinformationen der Gebrauchsanweisung sind vom Einweisenden zu vermitteln, wobei die Gebrauchsanweisung nicht zwingend dem Anwender vorliegen muss. In diesem Punkt unterscheidet sich die Einweisung des Anwenders ganz wesentlich von der Einweisung der Beauftragten Person.
Bei umfangreichen Gebrauchsanweisungen kann es hilfreich sein, alle für die Einweisung notwendigen Informationen zielgruppenspezifisch aufzubereiten.
Mit einer qualifizierten Einweisungsmaßnahme sind folgende Sachverhalte zu vermitteln:
- Bedeutung und Inhalt der vom Hersteller festgelegten Zweckbestimmung;
- Kenntnis aller Bedienelemente und der dazugehörigen Funktionen;
- Kenntnis des zulässigen Zubehörs und der zulässigen Kombinationsmöglichkeiten bei Anlage 1-Medizinprodukten;
- Kenntnis der vom Hersteller gegebenen sicherheitstechnischen Hinweise;
- Bedeutung der Sicherheitstechnischen / Messtechnischen Kontrollen;
- Kenntnis des ordnungsgemäßen Zustands des Medizinprodukts und
- Kenntnis der gegebenenfalls vom Hersteller vorgeschriebenen Funktionsprüfungen, die vor einer Anwendung am Patienten durchzuführen sind.

Im Rahmen aller Entscheidung über Ansprüche aus einem Narkosezwischenfall hat der Bundesgerichtshof [98] darauf hingewiesen, dass
- der Arzt über die Funktionsweise eines von ihm zu bedienenden Medizinprodukts wenigstens in groben Zügen Bescheid wissen muss,
- der Arzt nicht von der Pflicht befreit ist, sich mit der Funktionsweise insbesondere von Medizinprodukten, deren Einsatz für den Patienten vitale Bedeutung hat, wenigstens insofern vertraut zu machen, wie dies einem naturwissenschaftlich und technologisch aufgeschlossenen Menschen möglich und zumutbar ist.

Anzumerken ist, dass während einer Einweisung auch eine Fehlersimulation (z. B. Auswahl des zulässigen Infusionsbestecks aus einer Vielzahl von in dem Krankenhaus zur Anwendung kommender Infusionsbestecke) und Simulation einer Anwen-

Fachwörterbuch

dung unter Stressbedingungen (z. B. Bestimmung der Reaktionszeit des Anwenders auf einen zufällig ausgelösten Gerätealarm) wünschenswert wäre.
§ 15 Nr. 5 MPBetreibV regelt die Einweisungen für sogenannte Altgeräte – medizinisch-technische Geräte nach § 2 Nr. 1 und 3 MedGV (Geräte der Gruppe 1 oder 3). Die Anforderungen von § 10 MedGV sind unverändert als Sonderregelung in § 15 Nr. 5 MPBetreibV übernommen worden. Bei diesen Altgeräten dürfen Personen in die sachgerechte Handhabung einweisen, die aufgrund ihrer Kenntnisse und praktischen Erfahrungen für die Einweisung geeignet sind – es wird hier nicht gefordert, dass nur Hersteller, Befugte Personen oder Beauftragte Personen den Anwender einweisen dürfen.
Empfehlenswert ist, dass am Einweisungstermin das Medizinprodukt als Hardware zur Verfügung steht, um die Kenntnis des ordnungsgemäßen Zustands vermitteln und um Handhabungsübungen am Medizinprodukt durchführen zu können.
Empfehlung: Alle Einweisungen – unabhängig nach welcher Rechtsvorschrift sie zu erfolgen haben – sollten unter gleichen Bedingungen organisiert werden.

2. Beauftragte Person
⇨ § 5 MPBetreibV

Gemäß § 5 Abs. 1 Nr. 2 MPBetreibV ist bei «Anlage 1-Medizinprodukten» vorgeschrieben, dass

> *"die vom Betreiber beauftragte Person anhand der Gebrauchsanweisung sowie beigefügter sicherheitsbezogener Informationen und Instandhaltungshinweise in die sachgerechte Handhabung und Anwendung und den Betrieb des Medizinproduktes sowie in die zulässige Verbindung mit anderen Medizinprodukten, Gegenständen und Zubehör [...]"*

durch den «Hersteller» oder eine vom Hersteller «Befugte Person» eingewiesen werden muss, und zwar bevor das Medizinprodukt betrieben werden darf (siehe «Betreiben»). Es wird ausdrücklich darauf verwiesen, dass eine solche Einweisung nicht erforderlich ist, sofern diese für ein baugleiches Medizinprodukt bereits erfolgt ist. Ein Medizinprodukt ist dann baugleich, wenn eine Übereinstimmung in Hard- und Software sowie der Gebrauchsanweisung vorliegt.
Die Durchführung der Einweisung ist im «Medizinproduktebuch» zu dokumentieren. Ergänzend hinzuweisen ist, dass auch aktive Nicht-Medizinprodukte einer Einweisung bedürfen, wenn sie im Sinne der Anlage 1 und 2 der MPBetreibV angewendet werden (vgl. § 2 Abs 2 MPG).
Die Einweisung muss
- die sachgerechte Handhabung,
- die Anwendung und
- den Betrieb des Medizinprodukts (siehe «Betreiben» sowie
- die zulässige Verbindung mit anderen Medizinprodukten, Gegenständen und Zubehör

umfassen.
Die Einweisung einer Beauftragten Person unterscheidet sich vom Inhalt und vom Umfang gravierend von der Einweisung eines Anwenders. Diese Einweisung ist ent-

sprechend § 5 Abs. 1 Nr. 2 MPBetreibV „[...] *anhand der Gebrauchsanweisung, beigefügter sicherheitsbezogener Informationen und Instandhaltungshinweise [....]*" durchzuführen. Mit anderen Worten: Die Gebrauchsanweisung hat bei der Einweisung der Beauftragten Person(en) vorzuliegen.
Die Verpflichtung, dass die Beauftragte Person eingewiesen wird, obliegt ausschließlich dem Betreiber. Mit anderen Worten: Hersteller bzw. Befugte Personen haben zwar das Recht, die Beauftragte Person einzuweisen, sind aber durch die MPBetreibV nicht rechtsverbindlich dazu verpflichtet. Es bedarf einer Beauftragung durch den Betreiber an den Hersteller bzw. an die Befugte Person, die Einweisung der Beauftragten Person durchzuführen.

EMA
⇨ {siehe Europäische Arzneimittel-Agentur}

Errichten
⇨ §§ 4 und 14 MPG, § 1 MPBetreibV
Mit dem Begriff Errichten wird die Endmontage, Fertigstellung, Aufstellung bzw. der Einbau von Medizinprodukten beim Betreiber verstanden. Im Normalfall handelt es sich dabei um ortsfeste Geräte, die vom Hersteller oder einer damit beauftragten Fachkraft am Betriebsort errichtet werden. Zum Errichten von Geräten zählt <u>nicht</u> die Herstellung / Montage der Geräte im Herstellerwerk.

Ersatzteil
Ersatzteile sind Komponenten oder Teile eines Medizinprodukts bzw. eines Zubehörs im Sinne der MDD, deren Konformität mit den Grundlegenden Anforderungen bereits im Rahmen der Konformitätsbewertung des Medizinprodukts bzw. des Zubehörs festgestellt wurde. Sie werden im Rahmen der Instandhaltung für den Ersatz vorhandener Teile eines Medizinprodukts / Zubehörs ausgetauscht ohne die Eigenschaften oder Leistung des Medizinprodukts wesentlich zu ändern [106].
Da Ersatzteile keine eigenständigen Medizinprodukte sind – und damit auch keine medizinische Zweckbestimmung haben, entfällt auch die Klassifizierung. Es muss jedoch sichergestellt sein, dass
- weder die Zweckbestimmung noch die technische und / oder medizinische Leistung des Medizinprodukts / Zubehörs durch die Ersatzteile verändert wird [41] und
- die Spezifikation dieser Ersatzteile der Spezifikation des Originalteils entspricht – z. B. durch Berücksichtigung der im QM-System beschriebenen Qualitätsmaßnahmen.

Mit anderen Worten: durch die Verwendung der Ersatzteile im Rahmen einer Instandsetzung oder Wartung wird der Sollzustand des Medizinprodukts wieder hergestellt.
Ersatzteile als Komponenten oder Teile eines Medizinprodukts, deren Konformität mit den Grundlegenden Anforderungen bereits im Rahmen der Konformitätsbewertung des Originalprodukts festgestellt wurde, gelten nicht als eigenständige Medizin-

produkte und müssen somit auch nicht mit einer CE-Kennzeichnung versehen werden.
Anders verhält es sich mit «Ersatzteilen», bei deren Verwendung die Eigenschaft, die Zuverlässigkeit und / oder auch die Zweckbestimmung des Originalprodukts entscheidend verändert wird (z. B. „Upgrades" bei Software). Bei der Verwendung dieser «Ersatzteile» erfolgt eine wesentliche Veränderung des Originalprodukts, so dass die Konformität mit den Grundlegenden Anforderungen neu zu bewerten ist. Aus diesem Grund sind derartige «Ersatzteile» als eigenständige Medizinprodukte zu behandeln und somit auch mit einer CE-Kennzeichnung zu versehen.

Erster Fehler
⇨ EN 60 601-1 (07.2007) [21]:
«3.116 Erster Fehler
Zustand, wenn eine einzelne Maßnahme zur Verminderung eines Risikos defekt ist oder wenn eine einzelne, anomale Bedingung vorliegt.»

Ethik-Kommission
⇨ § 3 Abs. 2c GCP-V
«Ethik-Kommission ist ein unabhängiges Gremium aus im Gesundheitswesen und in nichtmedizinischen Bereichen tätigen Personen, dessen Aufgabe es ist, den Schutz der Rechte, die Sicherheit und das Wohlergehen von betroffenen Personen im Sinne des Absatzes 2a zu sichern und diesbezüglich Vertrauen der Öffentlichkeit zu schaffen, indem es unter anderem zu dem Prüfplan, der Eignung der Prüfer und der Angemessenheit der Einrichtungen sowie zu den Methoden, die zur Unterrichtung der betroffenen Personen und zur Erlangung ihrer Einwilligung nach Aufklärung benutzt werden und zu dem dabei verwendeten Informationsmaterial Stellung nimmt.»
⇨ § 3 Abs. 2a GCP-V:
«Betroffene Person ist ein Prüfungsteilnehmer oder eine Prüfungsteilnehmerin, die entweder als Empfänger des Prüfpräparates oder als Mitglied einer Kontrollgruppe an einer klinischen Prüfung teilnimmt.»

Ethik-Kommission nach Landesrecht
⇨ § 22 MPG, § 5 MPKPV
Eine klinische Prüfung darf nach § 20 Abs. 1 MPG nur begonnen werden, wenn eine zustimmende Bewertung einer nach Landesrecht gebildeten Ethik-Kommission und eine Genehmigung durch die zuständige Bundesoberbehörde vorliegen.
Die Aufgabe der nach Landesrecht gebildeten Ethik-Kommission ergibt sich aus § 22 MPG. Danach hat die Ethik-Kommission den Prüfplan und die erforderlichen Unterlagen insbesondere nach ethischen und rechtlichen Gesichtspunkten zu beraten und zu prüfen. Versagensgründe ergeben sich aus § 22 Abs. 3 MPG.
Der Antrag ist im Wege der Datenübertragung über das zentrale Erfassungssystem des Deutschen Instituts für Medizinische Dokumentation und Information einzurei-

chen. Die notwendigen Antragsunterlagen ergeben sich aus § 3 Abs. 2 und 3 MPKPV. Einzelheiten zum Bewertungsverfahren ergeben sich aus § 5 MPKPV.

EU-Richtlinie
⇨ Artikel 288 AEUV
«Für die Ausübung der Zuständigkeiten der Union nehmen die Organe Verordnungen, Richtlinien, Beschlüsse, Empfehlungen und Stellungnahmen an. [...] Die Richtlinie ist für jeden Mitgliedstaat, an den sie gerichtet wird, hinsichtlich des zu erreichenden Ziels verbindlich, überlässt jedoch den innerstaatlichen Stellen die Wahl der Form und der Mittel.»

EU-Richtlinien für Medizinprodukte
Der europäische Rechtsrahmen für Medizinprodukte umfasst z. Z. drei „EU-Hauptrichtlinien", sechs EU-Richtlinien mit Durchführungsvorschriften und Änderungen und eine EU-Verordnung zur Änderung einer Richtlinie.
Die drei „Hauptrichtlinien" decken folgende Medizinproduktgruppen ab:
- Aktive implantierbare medizinische Geräte: Richtlinie 90/385/EWG (AIMDD),
- Medizinprodukte: Richtlinie 93/42/EWG (MDD),
- In-vitro-Diagnostika: Richtlinie 98/79/EG (IVDD).

Zu den zwei „EU-Hauptrichtlinien" AIMDD und MDD sind zur Angleichung der Rechtsvorschriften folgende zurzeit gültige Richtlinien erlassen worden:
- Richtlinie 90/385/EWG „Aktive implantierbare medizinische Geräte",
  – Richtlinie 2007/47/EG des Europäischen Parlaments und des Rates vom 5. September 2007 zur Änderung der Richtlinien 90/385/EWG des Rates zur Angleichung der Rechtsvorschriften der Mitgliedstaaten über aktive implantierbare medizinische Geräte und 93/42/EWG des Rates über Medizinprodukte sowie der Richtlinie 98/8/EG über das Inverkehrbringen von Biozid-Produkten,
- Richtlinie 93/42/EWG „Medizinprodukte",
  – Richtlinie 2000/70/EG zur Änderung der Richtlinie 93/42/EWG hinsichtlich Medizinprodukte, die stabile Derivate aus menschlichem Blut oder Blutplasma enthalten,
  – Richtlinie 2001/104/EG des Europäischen Parlaments und des Rates vom 7. Dezember 2001 zur Änderung der Richtlinie 93/42/EWG des Rates über Medizinprodukte,
  – Richtlinie 2003/12/EG der Kommission vom 3. Februar 2003 zur Neuklassifizierung von Brustimplantaten im Rahmen der Richtlinie 93/42/EWG über Medizinprodukte,
  – Richtlinie 2003/32/EG der Kommission vom 23. April 2003 mit genauen Spezifikationen bezüglich der in der Richtlinie 93/42/EWG des Rates festgelegten Anforderungen an unter Verwendung von Gewebe tierischen Ursprungs hergestellte Medizinprodukte,

- Richtlinie 2005/50/EG der Kommission vom 11. August 2005 zur Neuklassifizierung von Gelenkersatz für Hüfte, Knie und Schulter im Rahmen der Richtlinie 93/42/EWG über Medizinprodukte,
- Richtlinie 2007/47/EG des Europäischen Parlaments und des Rates vom 5. September 2007 zur Änderung der Richtlinien 90/385/EWG des Rates zur Angleichung der Rechtsvorschriften der Mitgliedstaaten über aktive implantierbare medizinische Geräte und 93/42/EWG des Rates über Medizinprodukte sowie der Richtlinie 98/8/EG über das Inverkehrbringen von Biozid-Produkten,

Zu der „Hauptrichtlinie" IVDD ist zur Angleichung der Rechtsvorschriften folgende Verordnung erlassen worden
- Richtlinie 98/79/EG „In-vitro-Diagnostika".
  - zuletzt geändert durch Verordnung (EG) Nr. 596/2009.

Diese Richtlinien sind mit dem MPG in deutsches Recht umgesetzt worden.
Wichtig ist, dass für ein Medizinprodukt nur eine einzige der für Medizinprodukte zutreffenden EU-Richtlinien (AIMDD; MDD; IVDD) gültig ist. Ein Hersteller hat also im ersten Schritt zu prüfen, ob ein Medizinprodukt vorliegt. Liegt ein Medizinprodukt vor, so ist im nächsten Schritt festzulegen, welche der genannten EU-Richtlinien für das Medizinprodukt zutreffend ist.
Hinzuweisen ist darauf, dass darüber hinaus zu prüfen ist, ob für ein Medizinprodukt noch weitere EU-Richtlinien zu berücksichtigen sind. Von Bedeutung sind in diesem Zusammenhang u. a. folgende Richtlinien:
- Richtlinie 2006/42/EG über Maschinen
  Hinzuweisen ist darauf, dass Medizinprodukte vom Anwendungsbereich der Richtlinie 2006/42/EG über Maschinen („Maschinenrichtlinie") nicht mehr ausgenommen sind.
- Richtlinie 89/686/EWG über persönliche Schutzausrüstungen
  Artikel 1 Nr. 6 der Richtlinie 93/42/EWG ermöglicht es einem Hersteller, Produkte sowohl zur Verwendung entsprechend den Vorschriften der Richtlinie 89/686/EWG über persönliche Schutzausrüstungen als auch zur Verwendung entsprechend den Vorschriften der MDD vorzusehen. Die Konsequenz dieser Festlegung ist, dass sogenannte Produkte mit doppeltem Verwendungszweck (Medizinprodukt und Persönliche Schutzausrüstung) von der MDD mit abgedeckt werden.

Hinzuweisen ist auf das interpretative Dokument, das von der Kommission am 21. August 2009 veröffentlicht wurde: „Interpretation of the relation between the revised Directive 93/42/EEC concerning medical devices and Directive 89/686/EEC on personal protective equipment" [78].
In dem interpretativen Dokument wird im Abschnitt (11) klar gestellt, dass Produkte mit zweifachem Verwendungszweck (dual use products) nicht nur die zutreffenden Grundlegenden Anforderungen und Grundlegenden Gesundheits- und Sicherheitsanforderungen erfüllen müssen, sondern dass für die Produkte mit zweifachem Verwendungszweck ein Konformitätsbewertungsverfahren gemäß der MDD und für die

auf das Produkt zutreffenden Grundlegenden Gesundheits- und Sicherheitsanforderungen ein entsprechendes Konformitätsbewertungsverfahren gemäß der Richtlinie 89/686/EWG durchzuführen ist.
Gemäß Abschnitt (14) des interpretativen Dokuments ist das Produkt nach erfolgreichem Abschluss der zwei Konformitätsbewertungsverfahren nur mit einer CE-Kennzeichnung zu versehen. Sind zwei unterschiedliche Benannte Stellen bei diesen Konformitätsbewertungsverfahren involviert, so sind beide Kennnummern der involvierten Benannten Stellen anzugeben.
Des Weiteren ist darauf hinzuweisen, dass beispielsweise bei Heißdampf-Sterilisatoren und bei Hyperbarokammern die entsprechenden EU-Richtlinien für Druckgeräte zu beachten sind.
Die Richtlinie 84/539/EWG über in der Veterinärmedizin eingesetzte elektrische Geräte gilt nur für Produkte der Veterinärmedizin.

Europäische Arzneimittel-Agentur
Die Europäische Arzneimittel-Agentur (EMA) ist eine dezentrale Einrichtung der Europäischen Union mit Sitz in London. Ihre Hauptaufgabe besteht im Schutz und in der Förderung der Gesundheit von Mensch und Tier durch die Beurteilung und Überwachung von Human- und Tierarzneimitteln. Die EMA ist für die wissenschaftliche Beurteilung von Anträgen auf Erteilung der europäischen Genehmigung für das Inverkehrbringen von Arzneimitteln (zentralisiertes Verfahren) zuständig (http://www.ema.europa.eu)

Europäische Leitlinie
⇨ {MEDDEV-Leitlinie}
Leitlinien mit Bezug auf Medizinprodukte-Richtlinien werden von der Kommission als „MEDDEV-Guidelines" (MEDDEV-Leitlinien) herausgegeben. Sie werden im Konsens mit den nationalen Behörden im EWR, den europäischen Herstellerverbänden, den Benannten Stellen und gegebenenfalls weiteren Fachkreisen erarbeitet.
Eine MEDDEV-Leitlinie ist nicht verbindlich und dient zur einheitlichen Anwendung und Durchführung von europäischen Richtlinien (z. B. Leitlinie für ein Medizinprodukte-Beobachtungs- und Meldesystem). Verabschiedet werden MEDDEV-Leitlinien von der Medical Devices Expert Group unter Vorsitz der Kommission. MEDDEV-Leitlinien sind verfügbar unter http://ec.europa.eu/enterprise/medical_devices/meddev/meddev_en.htm

Europäische Norm (EN)
Eine Europäische Norm (EN) ist ein Dokument von technischen Spezifikationen, das in Zusammenarbeit und – idealer Weise – im Konsens der betroffenen Kreise aus den verschiedenen nationalen Normungsdelegationen der Mitglieder der Europäischen Normeninstitutionen erarbeitet worden ist. Europäische Normen müssen den Status einer nationalen Norm erhalten. Entsprechende gegensätzliche nationale Normen müssen zurückgezogen werden.

Fachwörterbuch

Die Anwendung von Europäischen Normen ist freiwillig. Jedem Hersteller steht es frei, andere technische Spezifikationen zu benutzen, um die Grundlegenden Anforderungen zu erfüllen.

Europäische Normeninstitution
CEN (Comité Européen de Normalisation), CENELEC (Comité Européen de Normalisation Electrotechnique) und ETSI (European Telecommunications Standards Institute) bilden die europäischen Normenorganisationen. Sie sind aufgerufen, durch ihren Auftrag zur Harmonisierung, Erarbeitung und Förderung von Europäischen Normen eine wichtige Rolle bei der Verwirklichung des Europäischen Binnenmarktes zu spielen.
Europäische Normen tragen zum Abbau von technischen Handelshemmnissen bei und erleichtern somit den freien Warenaustausch im gesamten EWR.
Das Verfahren zur Zusammenarbeit zwischen Kommission einerseits und den Europäischen Normenorganisation CEN / CENELEC / ETSI andererseits ist in «Allgemeinen Leitsätzen» zusammengefasst.
Von den Europäischen Normeninstitutionen werden u. a. erarbeitet:
- Harmonisierte Normen,
- Europäische Normen,
- Europäische Vornormen und
- Harmonisierungsdokumente.

Europäische Richtlinie
⇨ {siehe EU-Richtlinie}

Europäische Richtlinien für Medizinprodukte
⇨ {siehe EU-Richtlinien für Medizinprodukte}

Europäischer Binnenmarkt
⇨ {siehe Binnenmarkt}

Europäischer Wirtschaftsraum
Der Europäische Wirtschaftsraum (EWR) umfasst 30 Vertragsstaaten: 27 Mitgliedstaaten der EU und drei der vier EFTA-Staaten.
- Die 27 Mitgliedstaaten der EU sind seit dem 1. Januar 2007: Belgien, Bulgarien, Dänemark, Deutschland, Estland, Finnland, Frankreich, Griechenland, Großbritannien, Irland, Italien, Lettland, Litauen, Luxemburg, Malta, Niederlande, Österreich, Polen, Portugal, Rumänien, Schweden, Slowakei, Slowenien, Spanien, die Tschechische Republik, Ungarn und Zypern.
- Die drei EFTA-Staaten Liechtenstein, Island und Norwegen.
- Die Schweiz ist kein Vertragsstaat des Abkommens über den EWR. Sie regelt ihre Zusammenarbeit mit der EU in bilateralen Verträgen. Im Medizinproduktebereich anerkennt sie das Inverkehrbringen von Medizinprodukten mit CE-Kennzeichnung.

Fachhandel

Das MPG und darauf basierende Verordnungen richten sich mit ihren Anforderungen an die Fachkreise und damit auch an den Fachgroßhandel / Fachhandel u. a. in den Bereichen:
- Inverkehrbringen von Medizinprodukten,
- Beratung von Anwendern / Verwendern von Medizinprodukten (Medizinprodukteberater),
- Medizinprodukte-Beobachtungs- und -Meldesystem,
- Vertriebswege und Verschreibungspflicht für Medizinprodukte.

Diese Anforderungen setzen eine entsprechende Fachkompetenz beim Fachhandel zwingend voraus. Die Personen im Fachhandel, die Fachkreise fachlich informieren oder in die sachgerechte Handhabung einweisen, müssen die Qualifikation eines «Medizinprodukteberaters» besitzen.

Fachkreise

⇨ § 3 Nr. 17 MPG:
«Fachkreise sind Angehörige der Heilberufe, des Heilgewerbes oder von Einrichtungen, die der Gesundheit dienen, sowie sonstige Personen, soweit sie Medizinprodukte herstellen, prüfen, in der Ausübung ihres Berufes in den Verkehr bringen, implantieren, in Betrieb nehmen, betreiben oder anwenden.»

Zu den Fachkreisen gehören neben den Herstellern und dem Fachhandel somit insbesondere
- Ärzte,
- Pflegekräfte, Arzthelferinnen,
- medizinische Assistenzberufe,
- Diplom-Ingenieure für Biomedizintechnik, Medizintechniker,
- Prüfstellen und Prüfdienste.

Nicht zu den Fachkreisen zählen Privatpersonen, die Medizinprodukte im Bereich der häuslichen Pflege („Home-Care Bereich") einsetzen.

Fehlergrenzen

⇨ Teil A Nr. 3 RiLiBÄK [74]
«Beträge der durch diese Richtlinie vorgegebenen Grenzwerte für Messabweichungen. Werden diese Beträge überschritten, sind die Abweichungen Fehler und erfordern Korrekturmaßnahmen.»

Ferngesteuerte Instandhaltung

Ferngesteuerte Instandhaltung
Bei einer ferngesteuerten Instandhaltung werden über eine sichere Datenverbindung Informationen des Medizinprodukts – beispielsweise Störungs- und Fehlermeldungen – an den Hersteller / Serviceanbieter übertragen. Diese Informationen ermöglichen dem Hersteller / Serviceanbieter:
- eine Störung bzw. einen Fehler zu lokalisieren und ggf. online zu beheben oder die erforderlichen Ersatzteile dem Service-Techniker im voraus bereitzustellen;

- durch eine kontinuierliche Überwachung elektronischer Baugruppen eines Medizinprodukts eine frühzeitige Erkennung von Mängeln bevor diese eine Störung oder einen Ausfall verursachen. [110]

Gebrauchsanweisung
⇨ Anhang 1 Nr. 15 AIMDD, Anhang I Nr. 13 MDD, Anhang I Nr. 8 IVDD

Der Hersteller hat jedem Medizinprodukt eine Information beizufügen, die – unter Berücksichtigung des Ausbildungs- und Kenntnisstands des vorgesehenen Anwenderkreises – die sichere Anwendung des Produkts und die Ermittlung des Herstellers möglich machen.

Eine Gebrauchsanweisung ist für Medizinprodukte der Klasse I und der Klasse IIa MDD dann entbehrlich, wenn die vollständige sichere (und ordnungsgemäße) Anwendung des Medizinprodukts ohne Gebrauchsanweisung gewährleistet ist. Gleiches gilt in hinreichend begründeten Fällen auch für In-vitro-Diagnostika.

In Verbindung mit § 11 Abs. 2 MPG ergibt sich, dass eine Gebrauchsanweisung abgefasst sein muss in
- deutscher Sprache oder
- einer anderen für den Verwender oder Anwender des Medizinprodukts leicht verständlichen Sprache, jedoch aber nur in begründeten Fällen. In diesem Fall müssen aber immer die sicherheitsbezogenen Informationen der Gebrauchsanweisung in
  - deutscher Sprache oder
  - in der Sprache des Verwenders oder Anwenders

  vorliegen.

In der Gebrauchsanweisung müssen u. a. folgende Angaben enthalten bezüglich – falls diese für das Medizinprodukt zutreffend sind:
- Name oder Firma und Anschrift des Herstellers, gegebenenfalls
  - des Verantwortlichen für das erstmalige Inverkehrbringen,
  - des Bevollmächtigten des Herstellers;
- Zweckbestimmung des Medizinprodukts;
- Hinweise bezüglich
  - Sterilität,
  - einmaligem Gebrauch

    (Hinweis: Anhang I Nr. 13.6 lit. h) MDD enthält folgende zusätzliche Forderung:

    „[...] sofern das Produkt einen Hinweis trägt, dass es für den einmaligen Gebrauch bestimmt ist, Informationen über bekannte Merkmale und technische Faktoren, von denen der Hersteller weiß, dass sie eine Gefahr darstellen könnten, wenn das Produkt wieder verwendet würde. Sind gemäß Abschnitt 13.1 keine Gebrauchsanweisungen erforderlich, so müssen die Informationen dem Benutzer auf Anfrage zugänglich gemacht werden");

Fachwörterbuch

- Hinweis auf
  - Sonderanfertigung,
  - Medizinprodukt zur klinischen Prüfung;
- besondere Hinweise
  - zur Lagerung,
  - zur Handhabung,
  - zur sachgerechten, sicheren Anwendung,
  - auf zu treffende Vorsichtsmaßnahmen einschließlich gezielter Warnhinweise (sicherheitsbezogene Informationen),
  - Angaben zur Aufbereitung (Desinfektions- bzw. Sterilisationsverfahren),
  - die Angabe der der CE-Kennzeichnung zugrunde liegenden Rechtsvorschriften, wenn dieses nicht das MPG ist;
- technische und medizinische Leistungsdaten;
- Angaben zu unerwünschten Nebenwirkungen;
- Angaben zu den Risiken wechselseitiger Störungen, die sich im Zusammenhang mit dem Produkt bei speziellen Untersuchungen oder Behandlungen ergeben;
- bei Medizinprodukten, die zur Erfüllung ihrer Zweckbestimmung mit anderen Anlagen (z. B. Gasversorgungseinrichtung) oder Ausrüstungen (z. B. zentrale Personenrufanlage) kombiniert oder an diese angeschlossen werden müssen: alle Merkmale, soweit sie zur Wahl der für eine sichere Kombination erforderlichen Einrichtung oder Ausrüstung erforderlich sind;
- alle Angaben, mit denen überprüft werden kann, ob das Medizinprodukt ordnungsgemäß installiert worden ist und sich in sicherem und betriebsbereitem Zustand befindet (z. B. Angaben zur Funktionsprüfung vor jeder Anwendung);
- Angaben zu Art und Häufigkeit der Instandhaltungsmaßnahmen – insbesondere zur Wartung und Inspektion (Sicherheitstechnische Kontrolle);
- Angaben zu Kalibrierungen, die erforderlich sind, um den sicheren und ordnungsgemäßen Betrieb der Produkte fortwährend zu gewährleisten sind (z. B. Messtechnische Kontrollen).
- bei Implantaten: zweckdienliche Angaben, die zur Vermeidung bestimmter Risiken im Zusammenhang mit der Implantation des Medizinprodukts zu beachten sind;
- bei sterilen Produkten: Angaben für den Fall, dass die Steril-Verpackung beschädigt wird, gegebenenfalls auch Angaben von geeigneten Verfahren zur erneuten Sterilisation;
- bei wieder zu verwendenden Produkten: Angaben über geeignete Aufbereitungsverfahren, z. B. Reinigung, Desinfektion, Sterilisation (falls eine erneute Sterilisation erforderlich ist) und Verpackung einschließlich Angaben zu einer eventuellen zahlenmäßigen Beschränkung der Wiederverwendungen;
- bei Produkten, die vor ihrer Anwendung zu sterilisieren sind: Angaben zur Reinigung und Sterilisation müssen sicherstellen, dass die Anwendung der sterilisierten Produkte weder
  - den klinischen Zustand und die Sicherheit der Patienten noch

Fachwörterbuch

- die Sicherheit und die Gesundheit der Anwender oder Dritter gefährdet;
- Hinweise auf eine möglicherweise vor der Anwendung erforderliche Behandlung oder zusätzliche Aufbereitung (z. B. Sterilisation, Montage);
- bei Produkten, die Strahlung zu medizinischen Zwecken aussenden: Angaben zu Beschaffenheit, Art, Intensität und Verteilung dieser Strahlungen.

Darüber hinaus muss die Gebrauchsanweisung – soweit zutreffend – auch Angaben enthalten, die es dem medizinischen Personal erlauben, den Patienten auf Gegenanzeigen und zu treffende Vorsichtsmaßnahmen hinzuweisen. Dabei handelt es sich insbesondere um:
- Vorsichtsmaßnahmen, die im Falle von Änderungen in der Leistung des Produkts zu treffen sind;
- Vorsichtsmaßnahmen für den Fall, dass es unter vernünftigerweise vorhersehbaren Umgebungsbedingungen zu einer Exposition gegenüber
  - Magnetfeldern,
  - elektrischen Fremdeinflüssen,
  - elektrostatischen Entladungen,
  - Druck oder Druckschwankungen,
  - Beschleunigung,
  - Wärmequellen mit der Gefahr einer Selbstentzündung, usw.

  kommt;
- ausreichende Angaben zu Arzneimitteln, für deren Verabreichung das betreffende Produkt bestimmt ist einschließlich der Angaben bezüglich einer Beschränkung in der Wahl der zu verabreichenden Stoffe;
- Vorsichtsmaßnahmen für den Fall, dass ein Produkt im Hinblick auf seine Entsorgung eine besondere oder ungewöhnliche Gefahr darstellt;
- Angaben zu Stoffen, die einen Bestandteil des Produkts bilden (z. B. heparinbeschichteter Katheter);
- bei Produkten mit Messfunktion: der vom Hersteller vorgegebene Genauigkeitsgrad.

Eine sinnvolle, rechtlich aber nicht verbindlich vorgeschriebene Ergänzung der ausführlichen Gebrauchsanweisung für aktive Medizinprodukte ist eine standardisierte Kurzbedienungsanleitung, die unter Umständen auch auf dem Gerät angebracht sein kann [22].

Anforderungen an die Gebrauchsanweisungen sind konkretisiert in einschlägigen Normen, wie z. B.:
- DIN EN 1041 (2008-11): Bereitstellung von Informationen durch den Hersteller eines Medizinprodukts; Deutsche Fassung EN 1041:2008;
- DIN EN ISO 18113-1 (2010-05): In-vitro-Diagnostika – Bereitstellung von Informationen durch den Hersteller – Teil 1: Begriffe und allgemeine Anforderungen (ISO 18113-1:2009); Deutsche Fassung EN ISO 18113-1:2009;
- DIN EN ISO 18113-2 (2010-05): In-vitro-Diagnostika – Bereitstellung von Informationen durch den Hersteller – Teil 2: In-vitro-diagnostische Reagenzien für

den Gebrauch durch Fachpersonal (ISO 18113-2:2009); Deutsche Fassung EN ISO 18113-2:2009;
- DIN EN ISO 18113-3 (2010-05): In-vitro-Diagnostika – Bereitstellung von Informationen durch den Hersteller – Teil 3: Geräte für in-vitro-diagnostische Untersuchungen zum Gebrauch durch Fachpersonal (ISO 18113-3:2009); Deutsche Fassung EN ISO 18113-3:2009;
- DIN EN ISO 18113-4 (2010-05): In-vitro-Diagnostika – Bereitstellung von Informationen durch den Hersteller – Teil 4: Reagenzien für in-vitro-diagnostische Untersuchungen zur Eigenanwendung (ISO 18113-4:2009); Deutsche Fassung EN ISO 18113-4:2009;
- EN ISO 18113-5 (2010-05): In-vitro-Diagnostika – Bereitstellung von Informationen durch den Hersteller – Teil 5: Geräte für in-vitro-diagnostische Untersuchungen zur Eigenanwendung (ISO 18113-5:2009).

Gebrauchstauglichkeit von Medizinprodukten

⇨ DIN EN 60601-1-6 (2009-02) [64,65]:

«Gebrauchstauglichkeit

Eigenschaft, mit der die Effektivität, Effizienz sowie die Lernförderlichkeit durch den Bediener (Benutzer) und Zufriedenstellung des Bedieners (Benutzers) zusammengefasst werden.»

Basis für die Gebrauchstauglichkeit eines Medizinprodukts ist die Gebrauchsanweisung und sonstige vom Hersteller zur Verfügung gestellten Unterlagen.

60 bis 70% aller Zwischenfälle mit elektrisch betriebenen Medizinprodukten sind nach DIN EN 60601-1-6 (2008-02) Fehler in der Anwendung (Anwenderfehler und Anwendungsfehler).

- Anwenderfehler sind außerhalb der Kontrolle eines Herstellers.
- Anwendungsfehler sind vom Hersteller durch geeignete Maßnahmen in der Designphase zu minimieren und durch Kontrollmaßnahmen in der Anwendungsphase des Medizinprodukts zu überwachen.

Im Anhang I Nr. 1 MDD wird u. a. gefordert:

«[...] eine weitestgehende Verringerung der durch Anwendungsfehler bedingten Risiken aufgrund der ergonomischen Merkmale des Produkts und der Umgebungsbedingungen, in denen das Produkt eingesetzt werden soll (Produktauslegung im Hinblick auf die Sicherheit des Patienten)».

Dies setzt die Anwendung von Methoden der Gebrauchstauglichkeit voraus, wie sie in [64,66] beschrieben sind.

Ein wesentlicher Teil der Grundlegenden Anforderungen befasst sich mit der Bereitstellung von Informationen zur sicheren Anwendung des Medizinprodukts. Der Hersteller hat den Nachweis zu führen, dass die sichere Anwendung unter Berücksichtigung des Ausbildungs- und Kenntnisstands des vorgesehenen Anwenderkreises gegeben ist.

Empfohlen wird, die Kriterien der Gebrauchstauglichkeit eines Medizinprodukts in der Entwicklungsphase zu spezifizieren (z. B. Testplan mit häufig bei der Anwen-

dung auftretenden Szenarien mit festgelegten Test- und Umgebungsbedingungen) und zu validieren. Bezogen auf die Sicherheit bei der Anwendung legen die Normen
- DIN EN 62366:2008-09 [66] und
- DIN IEC 60601-1-6:2008-06 [64,65]

Anforderungen an einen vom Hersteller durchzuführenden Prozess zur Analyse, Entwicklung, Gestaltung, Verifizierung und Validierung der Gebrauchstauglichkeit eines Medizinprodukts fest.
Bezogen auf Medizingeräte-Software legt die Norm DIN EN 62304 [107,108] Anforderungen an einen vom Hersteller durchzuführenden Prozess für den sicheren Entwurf und eine sichere Wartung von Medizinprodukte-Software fest.

Gefährdung
⇨ DIN EN ISO 14971 (2009-10) [62] :
«Potenzielle Schadensquelle.»

Gemeinsam betriebene Geräte
⇨ {Gerätekombination}
Werden mehrere, voneinander unabhängig arbeitende Medizinprodukte gleichzeitig an einem Patienten betrieben – beispielsweise in der Intensivüberwachung – so handelt es sich nicht um eine Gerätekombination im Sinne des MPG's, sondern um gemeinsam betriebene Medizinprodukte. Jedes einzelne Medizinprodukt erfüllt hier eine eigenständige – von den anderen unabhängige – bestimmungsgemäße Funktion im Rahmen seiner Zweckbestimmung (z. B. EKG-Monitoring, Infusionspumpe, Inhalations-Narkosegerät und HF-Chirurgiegerät während einer Operation).
In diesem Fall bleiben die Anforderungen an jedes Einzelprodukt unverändert, ohne dass zusätzlich die Gesamtheit aller bei der gemeinsamen Anwendung beteiligten Medizinprodukte neu zu bewerten wäre.
Unabhängig von dieser Frage der Konformitätsbewertung dieser Gerätesituation hat der Hersteller eines Medizinprodukts selbstverständlich die Wechselwirkungen zwischen den bei einer derartigen gemeinsamen Anwendung gleichzeitig zum Einsatz kommenden Medizinprodukte bei der klinischen Bewertung mit zu untersuchen und im Rahmen der Risikoanalyse kritisch zu bewerten. So darf beispielsweise die Motorsteuerung der Infusionspumpe die Elektronik des EKG-Monitors oder des Inhalations-Narkosegerätes nicht «irritieren».

Gemeinsame Technische Spezifikationen
⇨ § 3 Nr. 19 MPG:
«Gemeinsame Technische Spezifikationen sind solche Spezifikationen, die In-vitro-Diagnostika nach Anhang II Listen A und B der Richtlinie 98/79/EG des Europäischen Parlaments und des Rates vom 27. Oktober 1998 über In-vitro-Diagnostika (ABl. EG Nr. L 331 S. 1) in der jeweils geltenden Fassung betreffen und deren Fundstellen im Amtsblatt der Europäischen Union veröffentlicht und im Bundesanzeiger bekannt gemacht wurden. In diesen Spezifikationen werden

Kriterien für die Bewertung und Neubewertung der Leistung, Chargenfreigabekriterien, Referenzmethoden und Referenzmaterialien festgelegt.»

In den Gemeinsamen Technischen Spezifikationen werden für In-vitro-Diagnostika festgelegt:
- Kriterien für die Bewertung und Neubewertung der Leistung,
- Chargenfreigabekriterien,
- Referenzmethoden,
- Referenzmaterialien.

Abweichend von den Harmonisierten Normen werden die Gemeinsamen Technischen Spezifikationen von einer Arbeitsgruppe – die das Mandat der Europäischen Kommission hat – erarbeitet und dem «Ausschuss für Medizinprodukte» gemäß Artikel 7 Abs. 1 IVDD vorgelegt. Letztlich werden sie dann von der Kommission festgelegt und im Amtsblatt der Europäischen Union veröffentlicht.

Auch verabschiedete Gemeinsame Technische Spezifikationen können nur auf diese Art geändert werden.

Gemeinsame Technische Spezifikationen haben im Vergleich zu Harmonisierten Normen eine höhere rechtliche Relevanz [4]; sie sind quasi verbindlich.

Genauigkeit
⇨ Anhang I, Nr. A 3 IVDD: Leistungsparameter von In-vitro-Diagnostika

Der Begriff «Genauigkeit» wird in der deutschen Ausgabe IVDD fälschlich als «Richtigkeit» bezeichnet. Mit Genauigkeit (engl. accuracy) wird der Grad der Übereinstimmung mit dem wahren Wert, der bei einer idealen Messung erhalten würde und der Definition der betrachteten Größe entspricht, bezeichnet.

Genehmigung – klinische Prüfung von Medizinprodukten
⇨ § 20, 22a MPG, § 6 MPKPV

In § 20 MPG ist festgelegt, dass mit der klinischen Prüfung eines Medizinprodukts in Deutschland erst begonnen werden darf, wenn die zuständige Ethik-Kommission diese nach Maßgabe des § 22 MPG zustimmend bewertet und die zuständige Bundesoberbehörde nach Maßgabe des § 22a MPG genehmigt hat.

Die zuständige Bundesoberbehörde prüft die vom Sponsor eingereichten Unterlagen insbesondere nach wissenschaftlichen und technischen Gesichtspunkten (§ 22a MPG). Einzelheiten zu den Antragsunterlagen ergeben sich aus § 3 Abs. 2 und Abs. 4 MPKPV). Anforderungen an Genehmigungsverfahren der Bundesoberbehörde ergeben sich aus § 22a MPG in Verbindung mit § 6 MPKPV.

Nach § 20 Abs. 1 MPG kann die zuständige Bundesoberbehörde bei klinischen Prüfungen von Medizinprodukten mit geringem Sicherheitsrisiko von einer Genehmigung absehen. Davon unberührt bleibt jedoch die Verpflichtung zur Einholung der zustimmenden Bewertung durch eine nach Landesrecht gebildeten Ethik-Kommission. Das Verfahren und die Medizinprodukte, bei denen ein geringes Sicherheitsrisiko angenommen wird, ergeben sich aus § 7 MPKPV.

Fachwörterbuch

Generische Produktgruppe
⇨ Artikel 2, Abs. 2 lit. m) MDD
«Generische Produktgruppe: eine Gruppe von Produkten mit gleichen oder ähnlichen Verwendungsbestimmungen oder mit technologischen Gemeinsamkeiten, so dass sie allgemein, also ohne Berücksichtigung spezifischer Merkmale klassifiziert werden können»

Die Begriffsbestimmung entspricht der entsprechenden Nomenklatur-Ebene der GMDN, die auf der Norm DIN EN ISO 15225:2005: „Nomenklatur – Spezifikation für ein Nomenklatursystem für Medizinprodukte zum Zweck des regulativen Datenaustauschs" [67] aufbaut.

Die Begriffsbestimmung „Generische Produktgruppe" wurde in die MDD eingefügt, um zusätzliche Anforderungen im Rahmen der Konformitätsbewertungsverfahren aufzunehmen.

Die Benannte Stelle hat gemäß den Anforderungen des Anhangs II Abschnitt 7 MDD bei Medizinprodukten der Klasse IIb die technische Dokumentation für zumindest eine repräsentative Probe einer jeden generischen Produktgruppe auf Einhaltung der regulatorischen Anforderungen zu prüfen. Prüftiefe und Prüfumfang sowie Stichprobenpläne werden in der NBOG-Leitlinie „Guidance on Notified Body's Tasks of Technical Documentation Assessment on a Representative Basis" [86] angegeben.

Gerätekombination
⇨ {Gemeinsam betriebene Geräte}

Gerätekombinationen liegen dann vor, wenn ein physikalischer Zusammenhang (Kombination bzw. (mechanische oder elektrische) Verbindung, auch Funkverbindung) zwischen den Geräten hergestellt wird und alle Einzelgeräte an der Zweckbestimmung dieser Gerätekombination beteiligt sind (z. B. rechnergesteuerte Infusion zur Blutdruckregelung). In diesem Fall unterliegt die Gerätekombination dem MPG und ist eigenständig zu klassifizieren und einem entsprechenden Konformitätsbewertungsverfahren zu unterziehen.

In den Fällen, in denen bei der Nutzung innerhalb einer Gerätekombination die Zweckbestimmung eines Einzelgeräts unverändert bleibt (z. B. Infusionsspritzenpumpe zur Applikation von Heparin oder Protamin während der Dialysebehandlung), darf bei der Bewertung der Konformität der Gerätekombination auf das Ergebnis der Konformitätsbewertung des Einzelgeräts zurückgegriffen werden.

Zulässige Kombinationen mit anderen Geräten ergeben sich aus der vom Hersteller festgelegten Zweckbestimmung. In diesem Zusammenhang ist darauf hinzuweisen, dass auch ein Betreiber eine Gerätekombination nach seinen Vorstellungen zusammenstellen kann (z. B. eine Herz-Lungen-Maschine, die der Betreiber nach eigenen Vorstellungen aus Einzelgeräten unterschiedlicher Hersteller zusammenstellt). In diesen Fällen übernimmt der Betreiber Herstellerpflichten und muss beispielsweise in eigener Verantwortung die Konformität mit den Grundlegenden Anforderungen feststellen – nach Maßgabe der für Eigenherstellung geltenden Vorschriften.

Von der Gerätekombination im Sinne des MPG's sind gemeinsam betriebene Geräte zu unterscheiden.

Gerätepflege

Ergänzend zu den Definitionen der Instandhaltung ist beim Betrieb medizinischer Geräte (aktiver Medizinprodukte) die Gerätepflege von besonderer Bedeutung.
Hierunter versteht man die Gesamtheit der innerhalb des Krankenhauses durch seine Mitarbeiter auszuführenden Arbeiten, die für die Erhaltung der Funktionsfähigkeit und Betriebsbereitschaft der Geräte vor, während und nach der Anwendung erforderlich sind.
Dies sind insbesondere hygienische Maßnahmen der Geräteaufbereitung, in deren Rahmen patientennahe Teile eines Geräts abgebaut, gereinigt, gegebenenfalls desinfiziert oder sterilisiert und wieder aufgebaut werden.
Legt man auch für die Gerätepflege die RKI-Empfehlung «Anforderungen an die Hygiene bei der Aufbereitung von Medizinprodukten» [42] zugrunde, so sind nach einer Gerätepflege die für die Sicherheit und Funktionstüchtigkeit wesentlichen funktionellen Merkmale zu prüfen.

GMDN

⇨ {EDMS-Nomenklatur; UMDNS}
GMDN ist eine Nomenklatur für Medizinprodukte der AIMDD, MDD und IVDD.
GMDN steht für „Global Medical Device Nomenclature" und ist eine auf der Grundlage der DIN EN ISO 15225 [67] entwickelte Nomenklatur für Medizinprodukte (einschließlich der In-vitro-Diagnostika), die globale Verwendung finden soll.
Die Struktur der GMDN besteht grundsätzlich aus drei Ebenen:
- Produktkategorie (20 mögliche Produktkategorien, derzeit 14),
- Generische Produktgruppe,
- Produkttyp.

Zusätzlich wurden speziell für regulatorische Zwecke noch Sammelbegriffe („collective terms") entwickelt, die hierarchisch zwischen den Produktkategorien und den generischen Produktgruppen stehen.
Bis eine deutsche Übersetzung der GMDN verfügbar ist, werden die UMDNS und die EDMS-Nomenklatur als offizielle Nomenklaturen vom DIMDI im Auftrag des BMG herausgegeben.

Grundlegende Anforderungen

⇨ § 7 MPG, Anhang 1 AIMDD, Anhang I MDD, Anhang I IVDD
In den EU-Richtlinien werden Grundlegende Anforderungen festgelegt, deren Erfüllung eine notwendige Voraussetzung für das Inverkehrbringen technischer Produkte innerhalb des EWR ist. Die Grundlegenden Anforderungen an Medizinprodukte sind technologieneutral gehalten und gehen nicht auf technische Details ein.
Die in den EU-Richtlinien festgelegten Grundlegenden Anforderungen werden in Harmonisierte Normen weiter konkretisiert. Für In-vitro-Diagnostika nach Anhang II

Listen A und B der IVDD sind zusätzlich die «Gemeinsamen Technischen Spezifikationen» relevant.
Mit der CE-Kennzeichnung bestätigt der Hersteller die Einhaltung aller zutreffenden Grundlegenden Anforderungen.
Die Grundlegenden Anforderungen definieren abstrakt – also ohne weitergehende konkretisierende Details – ein Anforderungsprofil, dem Medizinprodukte genügen müssen, wenn sie im EWR in den Verkehr gebracht werden sollen und umfassen insbesondere Anforderungen bezüglich

- Sicherheit,
- technische Leistung und
- medizinische Leistung.

Der Nachweis der Einhaltung der Grundlegenden Anforderungen ist eine Grundforderung des MPG's im Hinblick auf die Verkehrsfähigkeit eines Medizinprodukts. Er erfolgt durch den Hersteller im Rahmen der Konformitätsbewertung durch Verfahren, die durch die EU-Richtlinien bzw. das MPG vorgegeben werden.
Hinzuweisen ist darauf, dass der Nachweis der Übereinstimmung mit den Grundlegenden Anforderungen eine klinische Bewertung gemäß Anhang 7 AIMDD (vgl. Anhang 1 Nr. 5a. AIMDD) bzw. Anhang X MDD (vgl. Anhang I Nr. 6a. MDD) umfassen muss.
Des Weiteren ist gemäß § 7 Abs. 2 MPG folgende regulatorische Forderung zu beachten:
«Besteht ein einschlägiges Risiko, so müssen Medizinprodukte, die auch Maschinen in Sinne des Artikels 2 Buchstabe a der Richtlinie 2006/42/EG des Europäischen Parlaments und des Rates vom 17. Mai 2006 über Maschinen sind, auch den grundlegenden Gesundheits- und Sicherheitsanforderungen gemäß Anhang I der genannten Richtlinie entsprechen, sofern diese grundlegenden Gesundheits- und Sicherheitsanforderungen spezifischer sind als die Grundlegenden Anforderungen gemäß Anhang I der Richtlinie 93/42/EWG oder gemäß Anhang 1 der Richtlinie 90/385/EWG.»
Jeder Hersteller muss für jedes von ihm hergestellte Medizinprodukt – bzw. für jede Produktfamilie mit prinzipiell gleichen Medizinprodukten – die Grundlegenden Anforderungen identifizieren, die unter Berücksichtigung der Zweckbestimmung zutreffend sind. Im nächsten Schritt ist dann anzugeben und zu dokumentieren, wie die einzelnen Grundlegenden Anforderungen erfüllt werden.
Zum Nachweis der Erfüllung und Einhaltung der Grundlegenden Anforderungen sind die Werkzeuge des

- Risikomanagements – Risikoanalyse, Risikobewertung, Risikobeherrschung, Informationen aus der Herstellung und der Herstellung nachgelagerten Phase (Phase der Instandhaltung, der Anwendung und des Betreibens);
- Managements der Gebrauchstauglichkeit;
- ggf. Management der Software

unerlässlich.

Händler
⇨ Artikel 2 Nr. 6 Verordnung (EG) Nr. 765/2008 [77]:
«Händler: jede natürliche oder juristische Person in der Lieferkette, die ein Produkt auf dem Markt bereitstellt, mit Ausnahme des Herstellers oder des Einführers.»

Harmonisierte Norm
⇨ § 3 Nr. 18 MPG:
«Harmonisierte Normen sind solche Normen von Vertragsstaaten des Abkommens über den Europäischen Wirtschaftsraum, die den Normen entsprechen, deren Fundstellen als „harmonisierte Norm" für Medizinprodukte im Amtsblatt der Europäischen Union veröffentlicht wurden. Die Fundstellen der diesbezüglichen Normen werden vom Bundesinstitut für Arzneimittel und Medizinprodukte im Bundesanzeiger bekannt gemacht. Den Normen nach den Sätzen 1 und 2 sind die Medizinprodukte betreffenden Monographien des Europäischen Arzneibuches, deren Fundstellen im Amtsblatt der Europäischen Union veröffentlicht und die als Monographien des Europäischen Arzneibuchs, Amtliche deutsche Ausgabe, im Bundesanzeiger bekannt gemacht werden, gleichgestellt.»

⇨ Artikel R1, Anhang I des Beschlusses 768/2008/EG [80]:
«Harmonisierte Norm: Norm, die von einem der in Anhang I der Richtlinie 98/34/EG anerkannten europäischen Normungsgremien auf der Grundlage eines Ersuchens der Kommission nach Artikel 6 jener Richtlinie erstellt wurde.»

Die im Anhang I der Richtlinie 98/34/EG genannten anerkannten europäischen Normungsgremien sind:
- Europäisches Komitee für Normung (CEN)
- Europäisches Komitee für Elektrotechnische Normung (CENELEC)
- Europäisches Institut für Telekommunikationsnormen (ETSI)

Harmonisierte Normen sind Europäische Normen – und damit technische Spezifikationen – [44], die die Anforderungen der EU-Richtlinien konkretisieren. Sie werden von den privatrechtlich organisierten, in keinem Weisungsverhältnis zur Kommission stehenden genannten europäischen Normungsgremien erlassen [44,81]

Harmonisierte Normen müssen u. a. folgende Voraussetzungen erfüllen:
- Mandat für die zu erarbeitende Norm von der Kommission.
- Erarbeitung der Harmonisierten Norm von einer der drei genannten Europäischen Normenorganisationen.
  Die Erarbeitung und Annahme Harmonisierter Normen gründet sich auf die allgemeinen Leitlinien für die Zusammenarbeit zwischen CEN, CENELEC und ETSI sowie der Kommission und der Europäischen Freihandelsgemeinschaft vom 28. März 2003 [82]
- Umsetzung der Harmonisierten Norm in eine nationale Norm.
  Diese Umsetzung bedeutet, dass die betreffenden Harmonisierten Normen in gleicher Weise wie nationale Normen zugänglich gemacht werden und alle im

Widerspruch dazu stehenden nationalen Normen zurückgezogen werden müssen.
- Bekanntmachung der Fundstellen der Harmonisierten Normen durch die Kommission im Amtsblatt der Europäischen Union unter Hinweis auf die betreffenden EU-Richtlinien [7].
Die Fundstellen der diesbezüglichen deutschen Normen werden vom BfArM im Bundesanzeiger bekannt gemacht. Den Harmonisierten Normen sind die Medizinprodukte betreffenden Monographien des Europäischen Arzneibuches gleichgestellt, deren Fundstellen im Amtsblatt der Europäischen Union veröffentlicht und die als Monographien des Europäischen Arzneibuches, Amtliche deutsche Ausgabe, im Bundesanzeiger bekannt gemacht werden.
- Harmonisierte Normen behalten im Bereich der EU-Richtlinien des Neuen Konzepts den Status, dass ihre Anwendung freiwillig ist. Für einen Hersteller besteht keine Verpflichtung eine Harmonisierte Norm anzuwenden [81].
- Die Einhaltung der Anforderungen einer für das Medizinprodukt zutreffenden Harmonisierten Norm bedeutet für einen Hersteller eine gesetzliche Konformitätsvermutung [81], d. h. es ist – bei Konformität mit der Harmonisierten Norm – von der Konformität mit den entsprechenden Grundlegenden Anforderungen der zutreffenden europäischen Richtlinien auszugehen, die von der Harmonisierten Norm abgedeckt sind.
- Harmonisierte Normen können von dem zuständigen Normengremium geändert werden.

Hauptprüfer – klinische Prüfung
⇨ § 3 Nr. 24 MPG

«[…] Wird eine Prüfung in einer Prüfstelle von mehreren Prüfern vorgenommen, so ist der verantwortliche Leiter der Gruppe der Hauptprüfer. […]»
Dieser Satz gilt für genehmigungspflichtige Leistungsbewertungsprüfungen von In-vitro-Diagnostika entsprechend.

Herstellen
Herstellen im weiteren Sinne umfasst – korrespondierend zu den Verantwortlichkeiten des Herstellers – u. a. das Festlegen der Zweckbestimmung, Entwickeln, klinisch Bewerten und gegebenenfalls klinisch Prüfen, Erproben, Fertigen, Prüfen, Bewerten, Kennzeichnen und Verpacken eines Medizinprodukts. Abgeschlossen wird die Phase des Herstellens durch die Konformitätsbewertung auf der Basis der vom Hersteller festgelegten Zweckbestimmung des Medizinprodukts.
Herstellen im engeren Sinne meint die Produktion oder Fertigung einschließlich der zugehörigen In-Prozess- und Qualitätskontrollen sowie der Kennzeichnung und Verpackung eines Medizinprodukts.

Hersteller
⇨ § 3 Nr. 15 MPG:
«Hersteller ist die natürliche oder juristische Person, die für die Auslegung, Herstellung, Verpackung und Kennzeichnung eines Medizinprodukts im Hinblick auf das erstmalige Inverkehrbringen im eigenen Namen verantwortlich ist, unabhängig davon, ob diese Tätigkeiten von dieser Person oder stellvertretend für diese von einer dritten Person ausgeführt werden. Die dem Hersteller nach diesem Gesetz obliegenden Verpflichtungen gelten auch für die natürliche oder juristische Person, die ein oder mehrere vorgefertigte Medizinprodukte montiert, abpackt, behandelt, aufbereitet, kennzeichnet oder für die Festlegung der Zweckbestimmung als Medizinprodukt im Hinblick auf das erstmalige Inverkehrbringen im eigenen Namen verantwortlich ist. Dies gilt nicht für natürliche oder juristische Personen, die ohne Hersteller im Sinne des Satzes 1 zu sein bereits in Verkehr gebrachte Medizinprodukte für einen namentlich genannten Patienten entsprechend ihrer Zweckbestimmung montieren oder anpassen.»

Hersteller ist jede natürliche oder juristische Person, die für
- die Auslegung einschließlich klinischer Bewertung und Konformitätsbewertung,
- die Herstellung einschließlich CE-Kennzeichnung,
- die Verpackung und / oder
- die Kennzeichnung einschließlich Festlegung der Zweckbestimmung für das Medizinprodukt

verantwortlich ist und es
- im eigenen Namen
- erstmalig in den Verkehr bringt.

Die dem Hersteller nach dem MPG obliegenden Verpflichtungen gelten aber auch für die natürliche oder juristische Person, die ein oder mehrere vorgefertigte Produkte
- montiert,
- abpackt,
- behandelt,
- aufbereitet,
- kennzeichnet und / oder
- für die Festlegung der Zweckbestimmung des Medizinprodukts

im Hinblick auf das erstmalige Inverkehrbringen im eigenen Namen verantwortlich ist.

Dies gilt jedoch nicht für Personen, die – ohne Hersteller im Sinne der vorgenannten Definition zu sein – bereits in Verkehr gebrachte Medizinprodukte für einen namentlich genannten Patienten entsprechend ihrer Zweckbestimmung montieren oder anpassen.

Die Definition «Hersteller» des MPG's stellt somit nicht auf die tatsächliche Entwicklung und / oder Fertigung eines Medizinprodukts ab. Sie geht vielmehr von der Verantwortlichkeit im Hinblick auf die Einhaltung der Anforderungen für das erstmalige Inverkehrbringen aus.

Fachwörterbuch

So ist beispielsweise ein Fachhändler dann Hersteller im Sinne des MPG's, wenn er ein Medizinprodukt von einem anderen bezieht und dieses Produkt danach – gegebenenfalls sogar unverändert – unter seinem Namen und / oder seiner Handelsbezeichnung in den Verkehr bringt.
Zusammengefasst ergeben sich somit zwei wesentliche Voraussetzungen, die einen Hersteller im Sinne des MPG's charakterisieren:
- Anbieten eines Produkts auf dem freien Markt und
- verantwortliches Inverkehrbringen des Medizinprodukts unter eigenem Namen.

Hygienische Sicherheit

Hygienische Sicherheit umfasst alle Aspekte / Maßnahmen zur Vermeidung von Infektionen beim Patienten – aber auch beim Anwender [5] – durch Maßnahmen wie beispielsweise:
- Aufbereitung von Medizinprodukten,
- Gerätepflege und -reinigung vor bzw. nach der Anwendung,
- Sterilisation des Medizinprodukts einschließlich der Anwendungsteile,
- Kontaminationsschutz während der Anwendung.

Aspekte der gerätebedingten, hygienischen Sicherheit sind im MPG im Rahmen der Grundlegenden Anforderungen enthalten.
Die Sterilisation von steril anzuwendenden Medizinprodukten für das erstmalige Inverkehrbringen ist in jedem Fall Gegenstand eines unter Beteiligung einer Benannten Stelle durchzuführenden Konformitätsbewertungsverfahrens. Anforderungen an die Durchführung der Aufbereitung von Medizinprodukten ergeben sich aus § 4 Abs. 2 MPBetreibV in Verbindung mit der gemeinsamen Empfehlung der Kommission für Krankenhaushygiene und Infektionsprävention am RKI und des BfArM zu den Anforderungen an die Hygiene bei der Aufbereitung von Medizinprodukten [42].
Darüber hinaus wird in § 10 Abs. 3 Satz 2 MPG in Verbindung mit § 7 Abs. 8 MPV für den Fall der Aufbereitung steril anzuwendender Medizinprodukte, die an andere abgegeben werden sollen, die Durchführung eines auf die Sterilisation und die Erhaltung der Funktionsfähigkeit beschränkten Konformitätsbewertungsverfahrens unter Beteiligung einer Benannten Stelle verbindlich vorgeschrieben.

Immunologische Wirkungsweise

⇨ AGMP-Arbeitshilfe [57]:
«Eine immunologische Wirkungsweise im Sinne des MPG wird verstanden als eine Wirkungsweise im oder am Körper durch Stimulierung, Mobilisierung und/oder den Zusatz von Zellen und/oder Produkten, die an einer spezifischen Immunreaktion beteiligt sind.»

Implantierbares Medizinprodukt

⇨ Anhang IX Abschnitt I Nr. 1.2 MDD:
«Jedes Medizinprodukt, das dazu bestimmt ist, durch einen chirurgischen Eingriff
- ganz in den menschlichen Körper eingeführt zu werden oder

- eine Epitheloberfläche oder die Oberfläche des Auges zu ersetzen und nach dem Eingriff dort zu verbleiben [red. Hinweis: z. B. Elektrode eines implantierbaren Herzschrittmachers, Endoprothese].

Als implantierbares Medizinprodukt gilt auch jedes Medizinprodukt, das dazu bestimmt ist, durch einen chirurgischen Eingriff teilweise in den menschlichen Körper eingeführt zu werden und nach dem Eingriff mindestens 30 Tage dort zu verbleiben.» [red. Hinweis: z. B. Knochennagel]

In-Haus-Herstellung
⇨ {siehe Eigenherstellung}
Überholte Bezeichnung

Inbetriebnahme
⇨ § 3 Nr. 12 MPG:
«Inbetriebnahme ist der Zeitpunkt, zu dem das Medizinprodukt dem Endanwender als ein Erzeugnis zur Verfügung gestellt worden ist, das erstmals entsprechend seiner Zweckbestimmung im Europäischen Wirtschaftsraum angewendet werden kann. Bei aktiven implantierbaren Medizinprodukten gilt als Inbetriebnahme die Abgabe an das medizinische Personal zur Implantation.»

Die Inbetriebnahme eines Medizinprodukts ist im MPG definiert als die Bereithaltung / Bereitstellung zur erstmaligen Nutzung entsprechend der Zweckbestimmung durch den Endanwender. Somit ist die reine Vorführung eines Medizinprodukts beispielsweise auf Messen keine Inbetriebnahme.

Bei aktiven implantierbaren Medizinprodukten gilt die Abgabe an das medizinische Personal zum Zwecke der Implantation als Inbetriebnahme. Da ein Betreiber wegen der individuellen Anpassung von nicht aktiven implantierbaren Medizinprodukten (z. B. Hüftimplantate) mehrere Größen vorhalten muss, richtet er ein Konsignationslager ein. Ein nicht aktives implantierbares Medizinprodukt wird erst bei der Entnahme aus dem Konsignationslager in Betrieb genommen.

Grundvoraussetzung für die Inbetriebnahme durch den Endbenutzer ist, dass das Medizinprodukt mit der CE-Kennzeichnung versehen sein muss.

Mit der Inbetriebnahme wird quasi das (erstmalige) Inverkehrbringen im Sinne des MPG's abgeschlossen.

Inspektion
⇨ DIN 31051 (2003-06) [68]:
«Maßnahme zur Feststellung und Beurteilung des Istzustands einer Betrachtungseinheit einschließlich der Bestimmung der Ursachen der Abnutzung und dem Ableiten der notwendigen Konsequenzen für eine künftige Nutzung.»

Die Inspektion ist eine wesentliche Maßnahme zur Vermeidung technisch bedingter Störungen. Eine periodische Durchführung ist eine wesentliche Voraussetzung zur Erhaltung der Funktions- bzw. Betriebssicherheit eines Medizinprodukts.

Maßnahmen einer Inspektion umfassen u. a.:

- Erstellen eines Plans zur Feststellung des Istzustands, der für die spezifischen Belange des jeweiligen Betriebs oder der betrieblichen Anlage abgestellt ist und hierfür verbindlich gilt. Dieser Plan soll u. a. Angaben über Ort, Termin, Methode, Geräte, Maßnahmen und zu betrachtende Merkmalswerte enthalten.
- Vorbereitung der Durchführung;
- Durchführung, vorwiegend die quantitative Ermittlung bestimmter Merkmalswerte;
- Vorlage des Ergebnisses der Istzustandsfeststellung;
- Fehleranalyse;
- Bewertung und Ableitung der notwendigen Konsequenzen aufgrund der Beurteilung;
- Rückmeldung und Dokumentation.

Instandhaltung
⇨ DIN 31051 (2003-06) [68]:
«Kombination aller technischen und administrativen Maßnahmen sowie Maßnahmen des Managements während des Lebenszyklus einer Betrachtungseinheit zur Erhaltung des funktionsfähigen Zustandes oder der Rückführung in diesen, so dass sie die geforderte Funktion erfüllen kann.»
DIN 31051 ergänzt die Norm DIN EN 13306:2010 [69].
DIN EN 13306:2010 strukturiert die Instandhaltung u. a. in folgende Instandhaltungsarten:
- Präventive Instandhaltung (z. B. vorbeugenden Teileaustausch),
- Geplante Instandhaltung (z. B. Inspektion und Wartung),
- Ungeplante Instandhaltung (z. B. Schadensbehebung),
- Korrektive Instandhaltung (z. B. Schwachstellenbeseitigung),
- Ferngesteuerte Instandhaltung (z. B. ferngesteuerte Fehlersuche als Vorbereitung zur Instandsetzung).

Instandhaltung umfasst damit die Maßnahmen, die notwendig sind, um z. B. ein Medizinprodukt in dem Zustand zu halten, in dem es die vom Hersteller spezifizierte Funktion erfüllen kann. Darüber hinaus zählt zur Instandhaltung u. a. auch die Schwachstellenbeseitigung sowie alle technischen und administrativen Maßnahmen einschließlich des Managements während des Lebenszyklus des Medizinprodukts, um den spezifizierten funktionsfähigen Zustand zu erhalten oder das Medizinprodukt in diesen Zustand zurückzuführen.

Gemäß den Festlegungen in § 4 MPBetreibV ist – entgegen der Definition in [77 und 78] – die Aufbereitung von Medizinprodukten ebenfalls zu den Maßnahmen der Instandhaltung zu zählen. Für die Aufbereitung von steril oder keimarm zur Anwendung kommender Medizinprodukte sollte die RKI-Empfehlung «Anforderungen an die Hygiene bei der Aufbereitung von Medizinprodukten» [42] beachtet werden.

Instandhaltung, ferngesteuert
⇨ {siehe Ferngesteuerte Instandhaltung}

Invasives Produkt
⇨ Anhang IX Abschnitt I Nr. 1.2 MDD:
«Produkt, das durch die Körperoberfläche oder über eine Körperöffnung ganz oder teilweise in den Körper eindringt.»

Inverkehrbringen
⇨ § 3 Nr. 11 MPG:
«Inverkehrbringen ist jede entgeltliche oder unentgeltliche Abgabe von Medizinprodukten an andere. Erstmaliges Inverkehrbringen ist die erste Abgabe von neuen oder als neu aufbereiteten Medizinprodukten an Andere im Europäischen Wirtschaftsraum. Als Inverkehrbringen nach diesem Gesetz gilt nicht
a) die Abgabe von Medizinprodukten zum Zwecke der klinischen Prüfung,
b) die Abgabe von In-vitro-Diagnostika für Leistungsbewertungsprüfungen,
c) die erneute Abgabe eines Medizinprodukts nach seiner Inbetriebnahme an andere, es sei denn, dass es als neu aufbereitet oder wesentlich verändert worden ist.
Eine Abgabe an Andere liegt nicht vor, wenn Medizinprodukte für einen anderen aufbereitet und an diesen zurückgegeben werden.»

In § 3 Nr. 11 MPG werden zwei Begriffsbestimmungen angegeben. Es handelt sich hierbei um
- das «erstmalige Inverkehrbringen» und
- das «Inverkehrbringen».

Beiden Begriffen gemeinsam ist, dass darunter jede entgeltliche oder unentgeltliche Abgabe von Medizinprodukten zu verstehen ist. Von Bedeutung für das Inverkehrbringen ist hierbei, ob ein Medizinprodukt einem anderen überlassen wurde, d. h. ob die tatsächliche Verfügungsgewalt auf den anderen übergegangen ist. Dabei ist es unerheblich, ob die «Überlassung» zeitlich befristet oder unbefristet ist bzw. ob sie entgeltlich oder unentgeltlich erfolgt.

1. Erstmaliges Inverkehrbringen von Medizinprodukten
Der Begriff «erstmaliges Inverkehrbringen» wird in den EU-Richtlinien
- für aktive implantierbare medizinische Geräte,
- für Medizinprodukte,
- für In-vitro-Diagnostika

definiert und bezieht sich ausschließlich auf neue oder als neu aufbereitete Medizinprodukte, die im EWR erstmalig bereitgestellt werden. Unter Bereitstellung ist die Überlassung eines Produkts nach der Herstellung mit dem Ziel des Vertriebs oder der Verwendung im EWR zu verstehen. Wenn in den genannten EU-Richtlinien vom Inverkehrbringen die Rede ist, ist ausschließlich das «erstmalige Inverkehrbringen» zu verstehen.

Fachwörterbuch

Die Überlassung des Produkts erfolgt entweder durch den Hersteller oder seinen im EWR niedergelassenen Bevollmächtigten an den im EWR niedergelassenen Einführer oder an die Person, die für den Vertrieb des Produkts im EWR zuständig ist.
Das Produkt gilt als überlassen, sobald seine Übergabe oder Übereignung stattgefunden hat. Diese Überlassung kann entgeltlich oder unentgeltlich erfolgen. Von einer Überlassung kann beispielsweise im Falle des Verkaufs, der Verleihung, der Vermietung, des Leasings, der Schenkung ausgegangen werden.
Wird ein Medizinprodukt im EWR erstmalig in Verkehr gebracht, so fallen hierunter sowohl

- neue auf den Markt des EWR gebrachte Medizinprodukte als auch
- als neu aufgearbeitete Medizinprodukte, aber auch
- gebrauchte Medizinprodukte aus Drittländern, die erstmalig im EWR in Verkehr gebracht werden.

2. Inverkehrbringen von Medizinprodukten

In Übereinstimmung mit der europäischen Gesetzgebung (Lissabon-Vertrag) kann ein Mitgliedstaat zusätzliche einzelstaatliche Bestimmungen erlassen, die jedoch nicht die Bedingungen für das erstmalige Inverkehrbringen im EWR beeinflussen dürfen. Mit der in § 3 Nr. 11 Satz 1 MPG vorgenommenen Begriffsbestimmung hat die Bundesrepublik von diesem Recht Gebrauch gemacht.
Gemäß der Definition von Inverkehrbringen als «jede entgeltliche oder unentgeltliche Abgabe von Medizinprodukten an andere» ist die Kette zu betrachten, die ein Medizinprodukt vom Hersteller bis zum Betreiber / Anwender nimmt, z. B. vom Hersteller über den Einführer, den Großhändler und den Händler. Bei jeder Abgabe in dieser Kette – z. B. vom Hersteller zum Einführer, vom Einführer zum Großhändler, vom Großhändler zum Händler, vom Händler zum Betreiber / Anwender – erfolgt ein Inverkehrbringen im Sinne von § 3 Nr. 11 Satz 1 MPG. Das Produkt gilt auch nach deutschem Recht als überlassen, sobald seine Übergabe oder Übereignung stattgefunden hat [4]. Diese Überlassung kann beispielsweise in Form des Verkaufs, der Verleihung, der Vermietung, des Leasings oder der Schenkung erfolgen.
In der Legaldefinition von § 3 Nr. 11 MPG wird vom Inverkehrbringen explizit ausgenommen:

- die Abgabe von Medizinprodukten für die klinische Prüfung,
- die Abgabe von In-vitro-Diagnostika für Leistungsbewertungsprüfungen,
- die erneute Abgabe eines Medizinprodukts nach seiner Inbetriebnahme an andere – ausgenommen ist, dass es als neu aufbereitet oder wesentlich verändert worden ist.

In-vitro

Mit «in-vitro» werden Maßnahmen (insbesondere Untersuchungen) bezeichnet, die unter Verwendung von Körpermaterial außerhalb des menschlichen Körpers durchgeführt werden {lat: im (Reagenz-)Glas [33]}.

In-vitro-Diagnostikum
⇨ § 3 Nr. 4 MPG:

«In-vitro-Diagnostikum ist ein Medizinprodukt, das als Reagenz, Reagenzprodukt, Kalibriermaterial, Kontrollmaterial, Kit, Instrument, Apparat, Gerät oder System einzeln oder in Verbindung miteinander nach der vom Hersteller festgelegten Zweckbestimmung zur In-vitro-Untersuchung von aus dem menschlichen Körper stammenden Proben einschließlich Blut- und Gewebespenden bestimmt ist und ausschließlich oder hauptsächlich dazu dient, Information zu liefern
a) über physiologische oder pathologische Zustände oder
b) über angeborene Anomalien oder
c) zur Prüfung auf Unbedenklichkeit oder Verträglichkeit bei den potenziellen Empfängern oder
d) zur Überwachung therapeutischer Maßnahmen.

Probenbehältnisse gelten als In-vitro-Diagnostika. Probenbehältnisse sind luftleere oder sonstige Medizinprodukte, die von ihrem Hersteller speziell dafür gefertigt werden, aus dem menschlichen Körper stammende Proben unmittelbar nach ihrer Entnahme aufzunehmen und im Hinblick auf eine In-vitro-Untersuchung aufzubewahren. Erzeugnisse für den allgemeinen Laborbedarf gelten nicht als In-vitro-Diagnostika, es sei denn, sie sind aufgrund ihrer Merkmale nach der vom Hersteller festgelegten Zweckbestimmung speziell für In-vitro-Untersuchungen zu verwenden.»

In-vitro-Diagnostika müssen sowohl die Definition für Medizinprodukte als auch die spezifische Definition für In-vitro-Diagnostika erfüllen. Voraussetzung für ein In-vitro-Diagnostikum ist somit zunächst das Vorliegen einer medizinischen Zweckbestimmung im Sinne der Medizinprodukte-Definition. Keine medizinische Zweckbestimmung haben z. B. Tests für rein forensische Zwecke sowie Produkte für Forschungszwecke.

Produkte zur Untersuchung von Blut- oder Gewebespenden sind In-vitro-Diagnostika, sofern eine medizinische Zweckbestimmung vorliegt. Dies gilt unabhängig davon, ob die Anwendung in Einrichtungen des Gesundheitswesens oder in anderen Einrichtungen erfolgt.

Produkte zur invasiven Probenahme sind grundsätzlich Medizinprodukte im Sinne der MDD. Eine Einstufung als In-vitro-Diagnostikum kann in Betracht kommen, wenn ein Produkt gleichzeitig der Probenahme und der analytischen Untersuchung dient und nach erfolgter Probenahme mit der Probe wieder vom Körper entfernt wird.

Produkte des allgemeinen Laborbedarfs sind keine In-vitro-Diagnostika. Sie können vom Hersteller nur dann mit spezifischer Zweckbestimmung als In-vitro-Diagnostikum in den Verkehr gebracht werden, wenn sie entsprechende besondere Merkmale aufweisen.

Wenn Zusammenstellungen von Produkten, für die unterschiedliche Rechtsvorschriften gelten, als Sets in den Verkehr gebracht werden, müssen die Komponenten den für sie relevanten Rechtsvorschriften entsprechen. Bei Sets, die ein Arzneimittel enthalten, beschränkt sich die Verkehrsfähigkeit auf die Länder, in denen das Arzneimittel zugelassen ist.

In-vitro-Diagnostikum zur Eigenanwendung
⇨ § 3 Nr. 5 MPG:
«In-vitro-Diagnostikum zur Eigenanwendung ist ein In-vitro-Diagnostikum, das nach der vom Hersteller festgelegten Zweckbestimmung von Laien in der häuslichen Umgebung angewendet werden kann.»

In-vitro-Diagnostika zur Eigenanwendung stellen eine eigene Kategorie von In-vitro-Diagnostika dar, für die besondere Regelungen – Grundlegende Anforderungen, Leistungsbewertung, Konformitätsbewertungsverfahren – gelten.

Definitionsgemäß handelt es sich um Produkte, die zur Anwendung durch Laien im häuslichen Umfeld bestimmt sind. Synonym werden sie auch als Heimdiagnostika / Heimtests oder OTC-Produkte bezeichnet.

Für bestimmte Produkte – z. B. HIV-Tests – wird eine Anwendung durch Laien in der öffentlichen Diskussion kritisch gesehen. Diesbezüglich sind gesundheitspolitische Entscheidungen und gegebenenfalls Maßnahmen gefordert.

Sonstige Produkte für eine patientennahe Diagnostik – POCT, ärztliches Praxislabor – sind keine In-vitro-Diagnostika zur Eigenanwendung.

Eine Anwendung von zur Eigenanwendung in den Verkehr gebrachten In-vitro-Diagnostika auch im professionellen Umfeld ist nicht grundsätzlich unzulässig.

Kalibrierung

Bei Medizinprodukten mit Messfunktion muss u. a. die Genauigkeit der Messwerte gewährleistet werden. In der MDD wird gefordert, dass Angaben zu Kalibrierungen von Medizinprodukten mit Messfunktion gemacht werden.

Nach DIN 1319 Teil 1 «Grundbegriffe der Messtechnik, Allgemeine Grundbegriffe» [70] heißt «Kalibrieren», die Messabweichungen am «fertigen Messgerät» festzustellen. Beim Kalibrieren erfolgt somit kein Eingriff in das Messgerät.

Bei «anzeigenden Messgeräten» wird durch das Kalibrieren die Messabweichung zwischen der Anzeige und dem «richtigen» oder als «richtig geltenden» Wert festgestellt. Der «richtige» oder der als «richtig geltende» Wert kann dabei beispielsweise durch ein entsprechendes Messgerät «höherer Genauigkeit» gegeben werden, z. B. durch Anschluss an Normale der PTB.

Kalibrierungen umfassen Maßnahmen zur Feststellung und Beurteilung des messtechnischen Istzustands von Medizinprodukten mit Messfunktion. Sie können damit als eine Untermenge der Maßnahmen einer Inspektion angesehen werden.

Der Kalibrierwert des Messgeräts wird zur Messkorrektur verwendet. Die Kalibrierung schließt begrifflich nicht die Justierung des kalibrierten Messgeräts, d. h. die Beseitigung der Messabweichung gegenüber dem verwendeten Normal, ein.

Kalibrier- und Kontrollmaterialien von In-vitro-Diagnostika
⇨ § 3 Nr. 7 MPG

«Als Kalibrier- und Kontrollmaterial gelten Substanzen, Materialien und Gegenstände, die von ihrem Hersteller vorgesehen sind zum Vergleich von Messdaten oder zur Prüfung der Leistungsmerkmale eines In-vitro-Diagnostikums im Hinblick auf die bestimmungsgemäße Anwendung. Zertifizierte internationale Referenzmaterialien und Materialien, die für externe Qualitätsbewertungsprogramme verwendet werden, sind keine In-vitro-Diagnostika im Sinne dieses Gesetzes.»

Klinische Bewertung
⇨ § 19 MPG, Anhang 7 AIMDD, Anhang X MDD
⇨ {Äquivalentes Medizinprodukt}

Für jedes Medizinprodukt der AIMDD und MDD ist gemäß §19 Abs. 1 MPG die Eignung für den vorgesehenen Verwendungszweck anhand von klinischen Daten nachzuweisen. Dieser Nachweis – die klinische Bewertung – schließt die Beurteilung von unerwünschten Wirkungen sowie die Annehmbarkeit des in den Grundlegenden Anforderungen der AIMDD und MDD genannten Nutzen-/Risiko-Verhältnisses mit ein. Klinische Bewertungen sind für alle Medizinprodukte der AIMDD und MDD – ungeachtet ihrer Klassifizierung – durchzuführen.

In Anhang I Nr. 6a MDD und in Anhang 1 Nr. 5a AIMDD wird gefordert:
«Der Nachweis der Übereinstimmung mit den Grundlegenden Anforderungen muss eine klinische Bewertung gemäß Anhang X MDD – gemäß Anhang 7 AIMDD – umfassen.»

Die klinische Bewertung eines Medizinprodukts ist ein Prozess, durch den die klinischen Daten des Medizinprodukts aus
- der Literatur,
- den Ergebnissen von klinischen Prüfungen und
- anderen Quellen

analysiert, bewertet und als ausreichend erachtet werden, um nachzuweisen, dass die Konformität des Medizinprodukts mit den für dieses Medizinprodukt zutreffenden Grundlegenden Anforderungen gegeben ist. Nachzuweisen ist, dass die vom Hersteller vorgegebene Zweckbestimmung des Medizinprodukts erfüllt wird.

Das Ergebnis dieses Prozesses ist ein Bericht, in dem nachvollziehbar nachgewiesen wird, dass der Nutzen des Medizinprodukts die aufgezeigten Risiken und Nebenwirkungen überwiegt.

Zur Erstellung einer klinischen Bewertung wurde von der Kommission die Leitlinie MEDDEV 2.7/1 [52] veröffentlicht. In dieser Leitlinie werden Hinweise zur Vorgehensweise und zur Methodik einer klinischen Bewertung gegeben. Ebenfalls werden Kriterien genannt, die bei der klinischen Bewertung zu beachten sind.

Hinzuweisen ist darauf, dass zur klinischen Bewertung des Medizinprodukts auch klinische Daten von äquivalenten Medizinprodukten herangezogen werden können. Äquivalente Medizinprodukte müssen ordnungsgemäß in Verkehr gebrachte Medi-

Fachwörterbuch

zinprodukte sein. Die Gleichartigkeit der Medizinprodukte ist nachweisbar zu belegen.

Nach dem erstmaligen Inverkehrbringen eines Medizinprodukts ist die klinische Bewertung nicht abgeschlossen. Über die Marktbeobachtung des Medizinprodukts bzw. von äquivalenten Medizinprodukten können zusätzliche klinische Daten gewonnen werden, die Einfluss auf das Ergebnis der klinischen Bewertung haben können.

Die klinische Bewertung eines Medizinprodukts hat nach den Festlegungen des Anhangs 7 AIMDD bzw. des Anhangs X MDD zu erfolgen. Zu beachten sind u. a.:

⇨ Anhang X Nr. 1.1 MDD (eine vergleichbare Festlegung ist in Anhang 7 Nr. 1.1 AIMDD zu finden):

«Der Nachweis, dass die in Anhang I Abschnitte 1 und 3 genannten merkmal- und leistungsrelevanten Anforderungen von dem Produkt bei normalen Einsatzbedingungen erfüllt werden, sowie die Beurteilung von unerwünschten Nebenwirkungen und der Annehmbarkeit des Nutzen-/Risiko-Verhältnisses, auf das in Anhang I Abschnitt 6 Bezug genommen wird, müssen generell auf der Grundlage klinischer Daten erfolgen. Die Bewertung dieser Daten, die im Folgenden als „klinische Bewertung" bezeichnet wird und bei der gegebenenfalls einschlägige harmonisierte Normen berücksichtigt werden, erfolgt gemäß einem definierten und methodisch einwandfreien Verfahren auf der Grundlage:

1.1.1. entweder einer kritischen Bewertung der einschlägigen, derzeit verfügbaren wissenschaftlichen Literatur über Sicherheit, Leistung, Auslegungsmerkmale und Zweckbestimmung des Produkts; dabei
 – wird die Gleichartigkeit des Produkts mit dem Produkt nachgewiesen, auf das sich die Daten beziehen, und
 – belegen die Daten in angemessener Weise die Übereinstimmung mit den einschlägigen grundlegenden Anforderungen;
1.1.2. oder einer kritischen Bewertung der Ergebnisse sämtlicher durchgeführten klinischen Prüfungen;
1.1.3. oder einer kritischen Bewertung der kombinierten klinischen Daten gemäß 1.1.1 und 1.1.2.»

Mit der klinischen Bewertung verfolgt das MPG das Ziel, dass ein Hersteller grundsätzlich für jedes Medizinprodukt im Hinblick auf die von ihm festgelegte Zweckbestimmung

- den Nachweis zu erbringen hat, dass die von ihm spezifizierten merkmal- und leistungsbezogenen Anforderungen vom Medizinprodukt erfüllt werden;
- die Beurteilung von unerwünschten Begleiterscheinungen durch klinische Daten zu belegen hat;
- die Bewertung des bei bestimmungsgemäßer Verwendung auftretenden unerwünschten Einflusses verschiedener Medizinprodukte untereinander, mit anderen Gegenständen oder mit Arzneimitteln vorzunehmen hat.

Bei In-vitro-Diagnostika wird der vergleichbare Prozess als „Leistungsbewertung" bezeichnet.

Fachwörterbuch

Klinische Bewertung – Bericht
⇨ Anhang X MDD, Anhang 7 AIMDD

Die klinische Bewertung und ihr Ergebnis sind in einem Bericht zu dokumentieren. Dieser Bericht und / oder ein ausführlicher Verweis darauf sind in die technische Dokumentation über das Produkt aufzunehmen.

Der Bericht zur klinischen Bewertung muss aktiv anhand der aus der Überwachung nach dem Inverkehrbringen erhaltenen Daten auf dem neuesten Stand gehalten werden.

Mit anderen Worten: Der Bericht der klinischen Bewertung ist über die gesamte Lebensphase eines Medizinprodukts zu führen.

Eine Gliederung des Berichts zur klinischen Bewertung ist in der Leitlinie der Global Harmonization Task Force (GHTF SG 5) „Clinical Evaluation" – SG5/N2R8:2007 angegeben [85]. Diese Empfehlungen wurden in MEDDEV 2.7/1 [52] übernommen.

Klinische Daten
⇨ § 3 Nr. 25 MPG

«Klinische Daten sind Sicherheits- oder Leistungsangaben, die aus der Verwendung eines Medizinproduktes hervorgehen. Klinische Daten stammen aus folgenden Quellen:
a) einer klinischen Prüfung des betreffenden Medizinproduktes oder
b) klinischen Prüfungen oder sonstigen in der wissenschaftlichen Fachliteratur wiedergegebenen Studien über ein ähnliches Produkt, dessen Gleichartigkeit mit dem betreffenden Medizinprodukt nachgewiesen werden kann, oder
c) veröffentlichten oder unveröffentlichten Berichten über sonstige klinische Erfahrungen entweder mit dem betreffenden Medizinprodukt oder einem ähnlichen Produkt, dessen Gleichartigkeit mit dem betreffenden Medizinprodukt nachgewiesen werden kann.»

⇨ Artikel 1, Abs. 2, lit. k) MDD

«Klinische Daten: Sicherheits- und/oder Leistungsangaben, die aus der Verwendung eines Produkts hervorgehen. Klinische Daten stammen aus folgenden Quellen:
– klinischen Prüfung/en des betreffenden Produkts oder
– klinischen Prüfung/en oder sonstigen in der wissenschaftlichen Fachliteratur wiedergebene Studien über ein ähnliches Produkt, dessen Gleichartigkeit mit dem betreffenden Produkt nachgewiesen werden kann, oder
– veröffentlichten und/oder unveröffentlichten Berichten über sonstige klinische Erfahrungen entweder mit dem betreffenden Produkt oder einem ähnlichen Produkt, dessen Gleichartigkeit mit dem betreffenden Produkt nachgewiesen werden kann»

Klinische Daten sind zur klinischen Bewertung für alle Medizinprodukte – ungeachtet ihrer Klassifizierung – erforderlich.

Hinzuweisen ist darauf, dass aus der in § 3 Nr. 25 MPG angegebenen Aufzählung der Quellen für klinische Daten keine Rangfolge der Quellen abzuleiten ist. Alle drei

Fachwörterbuch

genannten Quellen für klinische Daten sind gleichwertig. Aus der in Artikel 1, Abs. 2, lit. k) MDD gegebenen Definition ist zu entnehmen, dass klinische Daten, „Sicherheits- und Leistungsangaben" sind, die aus der Verwendung eines Medizinprodukts hervorgehen.

Klinische Prüfung eines Medizinprodukts

Der Begriff „klinische Prüfung" eines Medizinprodukts wird nicht in den EU-Richtlinien, im MPG und in der MPKPV definiert. Die Harmonisierte Norm EN ISO 14155-1 [53] sowie die MEDDEV-Leitlinie 2.7/1 [52] definieren die klinische Prüfung.
Eine „klinische Prüfung" ist nach EN ISO 14155-1:2003 [53]:
 «eine geplante systematische Studie an Versuchspersonen, die vorgenommen wird, um die Sicherheit und / oder Leistungsfähigkeit eines bestimmten Medizinprodukts zu überprüfen.».

Diese Begriffsbestimmung ist nicht rechtsverbindlich, kann jedoch hilfsweise herangezogen werden. Die Einhaltung der Anforderungen einer für das Medizinprodukt zutreffenden Harmonisierten Norm bedeutet für den Hersteller eine gesetzliche Konformitätsvermutung [81].

Legt man die in den genannten Dokumenten [52,53] gegebene Definition „klinische Prüfung" zugrunde, so lässt sich hieraus ableiten, dass eine „geplante systematische Studie" ohne Probanden keine klinische Prüfung im Sinne des Medizinprodukterechts ist (beispielsweise eine Prüfung / Studie bei Sterilisatoren, Steckbecken-Spülautomaten, Reinigungs- und Desinfektionsautomaten).

Das Ergebnis einer „klinischen Prüfung" eines Medizinprodukts sind klinische Daten, um

- die Eignung und Sicherheit des Medizinprodukts – gegebenenfalls zusammen mit anderen Daten – zu belegen,
- unerwünschte Wirkungen beurteilen zu können sowie
- die Annehmbarkeit des in den Grundlegenden Anforderungen der AIMDD und MDD genannten Nutzen-/Risiko-Verhältnisses bewerten zu können.

Zu einer klinischen Prüfung kommen zur Anwendung:

- Medizinprodukte ohne CE-Kennzeichnung und / oder
- Medizinprodukte mit CE-Kennzeichnung – jedoch mit einer neuen noch nicht mit klinischen Daten belegten Zweckbestimmung.

Das Medizinprodukterecht sieht klinische Prüfungen zu unterschiedlichen Medizinprodukten mit unterschiedlichen Rechtsfolgen vor. So sind im Medizinprodukterecht bei klinischen Prüfungen für Medizinprodukte folgende Unterscheidungen zu treffen:

- Medizinprodukte ohne CE-Kennzeichnung, die ein geringes Sicherheitsrisiko haben (vgl. § 7 Abs. 1 MPKPV).
  Für diese Medizinprodukte gelten bei einer klinischen Prüfung:
  – die Vorschriften der §§ 20 bis 23a MPG;
  – von einer Genehmigung kann die zuständige Bundesoberbehörde auf Antrag absehen;

- eine zustimmende Bewertung einer nach Landesrecht gebildeten Ethik-Kommission.
- Medizinprodukte ohne CE-Kennzeichnung, die ein nicht geringes Sicherheitsrisiko haben (vgl. § 20 Abs. 1 Satz 1 MPG).
  Für diese Medizinprodukte gelten bei einer klinischen Prüfung:
  - die Vorschriften der §§ 20 bis 23a MPG;
  - eine von der zuständige Bundesoberbehörde erforderliche Genehmigung;
  - eine zustimmende Bewertung einer nach Landesrecht gebildeten Ethik-Kommission.
- Medizinprodukte, die eine CE-Kennzeichnung tragen dürfen, die klinische Prüfung aber mit einer anderen Zweckbestimmung durchgeführt wird (vgl. § 23b MPG).
  Für diese Medizinprodukte gelten bei einer klinischen Prüfung:
  - die Vorschriften der §§ 20 bis 23a MPG;
  - eine von der zuständige Bundesoberbehörde erforderlich Genehmigung;
  - eine zustimmende Bewertung einer nach Landesrecht gebildeten Ethik-Kommission;
  - das Medizinprodukt darf in der klinischen Prüfung <u>nicht</u> mit der CE-Kennzeichnung versehen sein.
- Medizinprodukte, die eine CE-Kennzeichnung tragen dürfen, in der klinischen Prüfung im Rahmen ihrer Zweckbestimmung zur Anwendung kommen, aber zusätzlich invasive oder belastende Untersuchungen durchgeführt werden (vgl. § 23b MPG i.V.m. § 7 Abs. 1Nr . 3 MPKPV).
  Für diese Medizinprodukte gelten bei einer klinischen Prüfung:
  - die Vorschriften der §§ 20 bis 23a MPG;
  - von einer Genehmigung kann die zuständige Bundesoberbehörde auf Antrag absehen;
  - eine zustimmende Bewertung einer nach Landesrecht gebildeten Ethik-Kommission;
  - das Medizinprodukt darf in der klinischen Prüfung mit der CE-Kennzeichnung versehen sein.
- Medizinprodukte, die eine CE-Kennzeichnung tragen dürfen, in der klinischen Prüfung ausschließlich im Rahmen ihrer Zweckbestimmung zur Anwendung kommen und keine zusätzlichen invasiven oder belastenden Untersuchungen durchgeführt werden (vgl. § 23b MPG).
  Für diese Medizinprodukte gelten bei einer klinischen Prüfung:
  - die Vorschriften des § 23b MPG;
  - die Vorschriften der §§ 20 bis 23a MPG finden <u>keine</u> Anwendung;
  - eine Genehmigung der zuständige Bundesoberbehörde ist <u>nicht</u> erforderlich;
  - eine zustimmende Bewertung einer nach Landesrecht gebildeten Ethik-Kommission ist <u>nicht</u> erforderlich. Davon unberührt bleibt die Verpflichtung

des Prüfers zur ethischen Beratung durch seine nach Standesrecht zuständige Ethik-Kommission.
Die klinische Prüfung muss im Einklang mit der vom 18. Weltärztekongress 1964 in Helsinki gebilligten Erklärung von Helsinki in der letzten vom Weltärztekongress geänderten Fassung stehen.
Eine klinische Prüfung ist nach dem wissenschaftlichen Stand der medizinischen Erkenntnisse entsprechenden klinischen Prüfplan durchzuführen, der so angelegt ist, dass sich die Angaben über Eignung und Leistung des Medizinprodukts bestätigen oder widerlegen lassen.
Die klinischen Prüfungen müssen unter den Bedingungen durchgeführt werden, wie sie für normale Einsatzbedingungen des Medizinprodukts gelten.
Der Begriff „klinische Prüfung" ist nicht gleichzusetzen mit dem Begriff „klinische Studie". Bei der klinischen Studie stehen klinische Forschungsaspekte im Vordergrund.
Eine klinische Prüfung im Sinne des Medizinproduktegesetzes dient ausschließlich dazu, klinische Daten eines Medizinprodukts zur Durchführung des regulatorisch geforderten Konformitätsbewertungsverfahrens zu erhalten.

Klinischer Prüfplan
⇨ § 20 Abs. 1 Nr. 8 MPG
Der Begriff „klinischer Prüfplan" ist weder in den entsprechenden EU-Richtlinien, noch im MPG bzw. der MPKPV definiert.
Nach EN ISO 14155-1:2003-09 [53] ist der klinische Prüfplan definiert als:
«Dokument, in dem Begründung, Ziele, Anlage (redaktionelle Anmerkung: in der Bedeutung von Design) und vorgesehene Analysen, Methodik, Monitoring, Durchführung und Berichtsführung der klinischen Prüfung festgelegt sind.»
Der klinische Prüfplan ist ein Dokument, das vom Sponsor und dem klinischen Prüfer zu erarbeiten ist, in dem Begründung, Ziele, Design und vorgesehene Analysen, Methodik, Monitoring, Durchführung und Berichtsführung der klinischen Prüfung festgelegt sind. EN ISO 14155-2:2003 [87] legt fest, welche Angaben in dem klinischen Prüfplan enthalten sein müssen.
Nach § 20 Abs. 1 Nr. 8 MPG muss der klinische Prüfplan dem jeweiligen Stand der wissenschaftlichen Erkenntnisse entsprechen.
Nach § 22 MPG in Verbindung mit § 5 MPKPV hat die nach Landesrecht gebildete Ethik-Kommission die Aufgabe, den Prüfplan und die erforderlichen Unterlagen, insbesondere nach ethischen und rechtlichen Gesichtspunkten, zu beraten und zu prüfen, ob die Voraussetzungen nach § 20 Abs. 1 Satz 4 Nummer 1 bis 4 und 7 bis 9 sowie Absatz 4 und 5 MPG und § 21 MPG erfüllt werden.
Nach § 22a MPG in Verbindung mit § 6 MPKPV hat die zuständige Bundesoberbehörde die Aufgabe, den Prüfplan und die erforderlichen Unterlagen, insbesondere nach wissenschaftlichen und technischen Gesichtspunkten zu prüfen, ob die Voraussetzungen nach § 20 Absatz 1 Satz 4 Nummer 1 bis 4 und 7 bis 9 MPG erfüllt werden.

Klinische Studie

Der Begriff „klinische Studie" findet im MPG keine Verwendung. Eine klinische Studie ist eine geplante systematische Studie an Patienten oder Probanden zum Zwecke der medizinischen Forschung. Sie muss im Einklang mit der vom 18. Weltärztekongress 1964 in Helsinki gebilligten Erklärung von Helsinki in der letzten vom Weltärztekongress geänderten Fassung stehen und ist von einer Ethik-Kommission zu befürworten.

Im Gegensatz zur klinischen Prüfung von Medizinprodukten muss das Ergebnis einer klinischen Studie keine klinischen Daten zu Medizinprodukten beinhalten. Es ist aber zulässig, dass klinische Daten zu den gegebenenfalls zum Einsatz kommenden CE-gekennzeichneten, im Rahmen ihrer Zweckbestimmung zum Einsatz kommenden Medizinprodukten gewonnen werden.

Klinische Überwachung

⇨ Anhang 7 Nr. 1.4 AIMDD, Anhang X Nr. 1.1c. MDD

«Die klinische Bewertung und ihre Dokumentation müssen aktiv anhand der aus der Überwachung nach dem Inverkehrbringen erhaltenen Daten auf dem neuesten Stand gehalten werden. Wird eine klinische Überwachung nach dem Inverkehrbringen als Bestandteil des Überwachungsplans nach dem Inverkehrbringen nicht für erforderlich gehalten, muss dies ordnungsgemäß begründet und dokumentiert werden.»

Hersteller von Medizinprodukten sind verpflichtet eine klinische Überwachung der Medizinprodukte nach deren Inverkehrbringen als Bestandteil eines Überwachungsplans durchzuführen.

Kombination von Medizinprodukten

⇨ § 10 MPG
⇨ {Behandlungseinheit, Set, System}

In der Empfehlung der Benannten Stellen NB-Med 2.5.5/Rec.2 wird die Kombination von Medizinprodukten beschrieben als

«A combination is a configuration of two or more devices intended to be used together.»

Die Kombination von Medizinprodukten lässt sich demnach wie folgt definieren:

«Eine Kombination ist eine Zusammenstellung von zwei oder mehr Produkten, die gemeinsam (an einem Patienten) angewendet werden.»

Die Zweckbestimmung der Kombination muss mindestens eine der im § 3 Nr. 1 bis 9 MPG gegebenen medizinischen Anwendungen umfassen.

Eine Zusammenstellung eines Systems und einer Behandlungseinheit stellt ebenfalls eine Kombination von Medizinprodukten dar. Kennzeichnend für eine Kombination aus «System und Behandlungseinheit» ist, dass sowohl nicht-rückwirkungsfreie als auch rückwirkungsfreie Kopplungen von Medizinprodukten (und auch Nicht-Medizinprodukten) vorliegen können.

Wird diese Kombination mit entsprechender medizinischer Zweckbestimmung von einem Verantwortlichen zusammengesetzt und erstmalig in Verkehr gebracht, so handelt es sich um eine Kombination, bei der die Bedingungen des § 10 MPG zu erfüllen sind.

Kombinationsprodukte aus Medizinprodukt und Arzneimittel
⇨ § 2 Abs. 3 MPG, § 3 Nr. 1 MPG

Unter einem Kombinationsprodukt wird ein Produkt verstanden, das sowohl einen Medizinprodukte- als auch einen Arzneimittelanteil enthält, wobei diese Anteile eine integrale Einheit bilden. Für derartige Produkte gilt, dass sie entweder als Medizinprodukt oder als Arzneimittel einzustufen sind. Sie unterliegen entweder dem Medizinprodukte- oder dem Arzneimittelrecht. Im Rahmen der Konformitätsbewertung oder des arzneimittelrechtlichen Zulassungsverfahrens sind jedoch bestimmte besondere Vorschriften zu beachten, die der dualen Natur solcher Produkte Rechnung tragen.

- Kombinationsprodukte, die unter das Arzneimittelrecht fallen
  Nach § 2 Abs. 3 MPG sind Kombinationsprodukte, die aus einem Arzneimittel und einem Medizinprodukt (Applikationshilfe) bestehen, Arzneimittel, wenn diese Produkte so in den Verkehr gebracht werden, dass die Applikationshilfe und das Arzneimittel ein einheitliches, miteinander verbundenes Produkt bilden, das ausschließlich zur Anwendung in dieser Verbindung bestimmt und nicht wieder verwendbar ist. Die Applikationshilfe muss die Grundlegenden Anforderungen des Medizinprodukterechts erfüllen, die sicherheits- und leistungsbezogene Produktfunktionen betreffen. Die Überprüfung der Erfüllung dieser Anforderungen erfolgt im arzneimittelrechtlichen Zulassungsverfahren. Zu diesen Kombinationsprodukten, die dem Arzneimittelrecht unterliegen, zählen z. B. Fertigspritzen, transdermale Applikationssysteme, Asthma-Dosieraerosole, Insulin-Fertigpen (Einmalpen).
  In allen anderen Fällen sind einzeln oder zusammen mit einem Arzneimittel in den Verkehr gebrachte Applikationshilfen eigenständige Medizinprodukte, deren Konformität nach den Vorschriften des Medizinprodukterechts zu bewerten ist (z. B. wieder verwendbarer Insulin-Pen).

- Kombinationsprodukte, die unter das Medizinproduktrecht fallen.
  Nach § 3 Nr. 2 MPG unterliegen Kombinationsprodukte dem Medizinprodukterecht, wenn diese Produkte einen Stoff oder eine Zubereitung aus Stoffen enthalten oder solche aufgetragen sind, die bei gesonderter Verwendung als Arzneimittel angesehen werden können und die in Ergänzung zu den Funktionen des Medizinprodukts eine Wirkung auf den menschlichen Körper entfalten können. Dies gilt auch für Medizinprodukte, die als Arzneimittelanteil ein Derivat aus menschlichem Blut oder Plasma mit unterstützender Wirkung enthalten. Zu diesen Kombinationsprodukten, die dem Medizinprodukterecht unterliegen, zählen beispielsweise Knochenzemente mit Antibiotika, heparinbeschichtete Katheter, Elektroden mit Corticosteroid-Beschichtung, mit einem Arzneimittel beschichteter Stent, albuminbeschichtete Medizinprodukte.

Der Arzneimittelanteil solcher Kombinationsprodukte ist im Rahmen der Konformitätsbewertung des Medizinprodukts über ein Konsultationsverfahren gemäß den arzneimittelrechtlichen Kriterien zu bewerten.

Konformität
Im Sinne des MPG's wird unter dem Begriff „Konformität" die Erfüllung aller für das Medizinprodukt zutreffenden regulatorischen Anforderungen mit den jeweiligen für das Medizinprodukt zutreffenden EU-Richtlinien verstanden. Anzumerken ist, dass nach § 7 Abs. 2 MPG gegebenenfalls auch die grundlegenden Gesundheits- und Sicherheitsanforderungen anderer EU-Richtlinien, beispielsweise der Maschinenrichtlinie zu beachten sind.

Konformitätsbewertung
⇨ Artikel 2 Nr. 12 Verordnung (EG) Nr. 765/2008 [77]:
«Konformitätsbewertung: das Verfahren zur Bewertung, ob spezifische Anforderungen an ein Produkt, ein Verfahren, eine Dienstleistung, ein System, eine Person oder eine Stelle erfüllt sind.»

Konformitätsbewertungsverfahren
Verfahren, in dem geprüft wird, ob das Medizinprodukt den Vorschriften der jeweiligen für das Medizinprodukt zutreffenden EU-Richtlinie(n) und dem MPG entspricht.
Bei den Konformitätsbewertungsverfahren werden dem Hersteller immer mehrere unterschiedliche Verfahren zur Auswahl angeboten, die sich jeweils unterscheiden nach:
- dem Zeitpunkt der jeweiligen Bewertung bzw. der Phase der Produktentstehung, auf die sich die Bewertung bezieht
  zum Beispiel:
    - Entwurfsphase,
    - Abschluss der Entwicklungsphase,
    - Produktionsphase;
- der Art der jeweiligen Bewertung
  zum Beispiel:
    - Prüfung der Produktauslegung an Hand technischer Unterlagen;
    - Prüfung des Baumusters;
    - Prüfung, Zulassung und Überwachung des QM-Systems.

Hauptziel eines Konformitätsbewertungsverfahrens ist es, sicherzustellen, dass die in den Verkehr gebrachten Medizinprodukte insbesondere in Bezug auf den Gesundheitsschutz und die Sicherheit der Anwender und Patienten den Anforderungen der EU-Richtlinie gerecht werden.
Anhand der Konformitätserklärungen, der erteilten Zertifikate und der CE-Kennzeichnung, die das Ergebnis der Konformitätsbewertung dokumentieren, können sich die zuständigen Behörden auf formaler Ebene von der Konformität der Medizinprodukte vergewissern. Darüber hinaus bleibt es den zuständigen Behörden unbe-

nommen, auch eine inhaltliche Überprüfung der ordnungsgemäßen Konformitätsbewertung auf der Grundlage der Technischen Dokumentation eines Medizinprodukts vorzunehmen.

Konformitätsvermutung
⇨ Artikel R8 des Beschlusses 768/2008/EG [80]:
«Bei Produkten, die mit harmonisierten Normen oder Teilen davon übereinstimmen, deren Fundstellen im Amtsblatt der Europäischen Union veröffentlicht worden sind, wird eine Konformität mit den Anforderungen von [Verweis auf den betreffenden Teil des Rechtsaktes] vermutet, die von den betreffenden Normen oder Teilen davon abgedeckt sind.»

Konformitätszeichen
⇨ {siehe CE-Kennzeichnung}

Konsultationsverfahren
⇨ Anhang 1 bis 3 AIMDD, Anhang I bis III MDD

Konsultationsverfahren haben zum Ziel, den Arzneimittelanteil von Medizinprodukten von einer Arzneimittelbehörde zu bewerten.

Wenn ein Medizinprodukt als integraler Bestandteil einen Stoff enthält, der bei gesonderter Verwendung als Arzneimittel angesehen wird und eine ergänzende Wirkung auf den menschlichen Körper entfalten kann (Kombinationsprodukt), sind die Qualität, die Nützlichkeit und Unbedenklichkeit des Arzneimittelanteils nach arzneimittelrechtlichen Kriterien zu bewerten. Hierbei ist die Konsultation einer nationalen Zulassungsbehörde für Arzneimittel (in Deutschland: BfArM) oder der Europäischen Arzneimittel-Agentur EMA (abhängig von der Art des Stoffes) vorgeschrieben. Die Arzneimittelbehörde erstellt auf Ersuchen der Benannten Stelle ein wissenschaftliches Gutachten zur Qualität, Nützlichkeit und Unbedenklichkeit des Arzneimittelanteils. Der Nutzen der Verwendung des Stoffes in dem Produkt ist primär von der Benannten Stelle zu bewerten.

Das Gutachten der Arzneimittelbehörde ist von der Benannten Stelle bei ihrer Entscheidung über die Zertifizierung gebührend zu berücksichtigen. Sofern es sich bei dem bewerteten Stoff um einen Stoff oder ein Derivat aus menschlichem Blut handelt, darf ein Zertifikat nicht ausgestellt werden, wenn das (in diesem Fall zwingend bei der Europäischen Arzneimittel-Agentur einzuholende) Gutachten negativ ausfällt.

Im Falle späterer Änderungen an dem verwendeten Stoff ist eine ergänzende Konsultation erforderlich. Erhält die konsultierte Arzneimittelbehörde (z. B. im Rahmen der Pharmakovigilanz) sicherheitsrelevante neue Informationen zu dem verwendeten Stoff, informiert sie die Benannte Stelle, ob sich hieraus eine veränderte Einschätzung des Nutzen-Risiko-Profils ergibt. Die Benannte Stelle ihrerseits hat dann zu prüfen, ob durch das aktualisierte Gutachten das erteilte Zertifikat in Frage gestellt wird.

Körperöffnung
⇨ Anhang IX Nr. 1.2 MDD:
«Eine natürliche Öffnung in der Haut, sowie die Außenfläche des Augapfels oder eine operativ hergestellte ständige Öffnung, wie z. B. ein Stoma.»

Korrektive Maßnahme
⇨ § 2 Nr. 2 MPSV:
«*Korrektive Maßnahme*: eine Maßnahme zur Beseitigung, Verringerung oder Verhinderung des erneuten Auftretens eines von einem Medizinprodukt ausgehenden Risikos».

Korrektive Maßnahmen können unterschieden werden in Maßnahmen zur Schadensbegrenzung, die im Verkehr und / oder in Betrieb befindliche Medizinprodukte betreffen, und Maßnahmen zur Beseitigung der Ursachen der aufgetretenen Probleme, die sich auf künftig herzustellende Produkte beziehen.

Das BfArM informiert auf seiner Internetseite (http://www.bfarm.de/cln_103/DE/Medizinprodukte/riskinfo/kundeninfo/functions/kundeninfo-node.html) durch Veröffentlichung der von den Herstellern oder in deren Auftrag herausgegebenen Maßnahmenempfehlungen die interessierte Fachöffentlichkeit fortlaufend über durchgeführte korrektive Maßnahmen, die im Verkehr und/oder in Betrieb befindliche Produkte betreffen (so genannte „field safety corrective actions").

Kosmetische Mittel
⇨ § 2 Abs. 5 LFGB
«Kosmetische Mittel sind Stoffe oder Zubereitungen aus Stoffen, die ausschließlich oder überwiegend dazu bestimmt sind, äußerlich am Körper des Menschen oder in seiner Mundhöhle zur Reinigung, zum Schutz, zur Erhaltung eines guten Zustandes, zur Parfümierung, zur Veränderung des Aussehens oder dazu angewendet zu werden, den Körpergeruch zu beeinflussen. Als kosmetische Mittel gelten nicht Stoffe oder Zubereitungen aus Stoffen, die zur Beeinflussung der Körperformen bestimmt sind.»

Nach § 2 Abs. 5 Nr. 2 MPG sind kosmetische Mittel keine Medizinprodukte [95].

Krankheit
§ 21 MPG enthält besondere Voraussetzungen zur Durchführung einer klinischen Prüfung von Medizinprodukten „bei einer Person, die an einer Krankheit leidet, zu deren Behebung das zu prüfende Medizinprodukt angewendet werden soll" (vgl. § 21 Satz 1 MPG). Offen bleibt dabei die Frage, was der Gesetzgeber unter dem Begriff „Krankheit" versteht.

Der Begriff „Krankheit" ist im Medizinprodukterecht nicht definiert, wird aber in der Begriffsbestimmung eines Medizinprodukts in § 3 Nr. 1 MPG neben den Begriffen „Verletzung" und „Behinderung" verwendet. Hieraus könnte abgeleitet werden, dass der Gesetzgeber durch die Verwendung dreier unterschiedlicher Begriffe auch drei unterschiedliche „Zustände" einer Person verbindet. Diese Vermutung wird im Grunde durch die Festlegungen im § 21 MPG widerlegt, denn ansonsten würden für klini-

Fachwörterbuch

sche Prüfungen bei verletzten oder behinderten Personen die besonderen Anforderungen von § 21 MPG nicht greifen.
Bemerkenswert ist, dass selbst im Arzneimittelrecht die Begriffsbestimmung „Krankheit" nicht zu finden ist. *Burgardt, Clausen und Wigge* [100] stellen in diesem Zusammenhang fest, dass sich – in Ermangelung einer Legaldefinition „Krankheit" – die Rechtsprechung eine eigene Definition zugrunde legt. Danach wäre „Krankheit"

«ein regelwidriger Körper- oder Geisteszustand, der die Notwendigkeit einer ärztlichen Heilbehandlung oder zugleich oder allein Arbeitsunfähigkeit zur Folge hat.» [100]

Diese in der Rechtsprechung übliche Verwendung des Begriffs „Krankheit" ist zu ergänzen mit dem durch die Weltgesundheitsorganisation (WHO) definierten Begriff „Gesundheit":

«Gesundheit ist ein Zustand vollkommenen körperlichen, geistigen und sozialen Wohlbefindens und nicht allein das Fehlen von Krankheit und Gebrechen.» [101]

Ausführlicher wird der Begriff „Krankheit" in [102] definiert:

«Krankheit ist definiert als Störung des körperlichen, seelischen und sozialen Wohlbefindens. Bei der Abgrenzung der Krankheit von Gesundheit ist eine bestimmte, aus einer Vielzahl von Beobachtungen mit Hilfe statistischer Methoden gewonnene Schwankungsbreite zu berücksichtigen, innerhalb derer der Betroffene noch als gesund angesehen wird.

Bei der Beschreibung einer Krankheit muss zwischen ihren Ursachen (Krankheitsursache) und ihren sichtbaren Anzeichen (Symptomen) unterschieden werden.

Außerdem können sich unterschiedliche Verläufe zeigen:
- Eine akute Krankheit setzt plötzlich und heftig ein.
- Eine chronische Krankheit (Malum) beginnt langsam und verläuft schleichend.
- Manche Krankheiten verlaufen in Schüben, d. h., es wechseln sich Phasen der Besserung mit Phasen der Verschlechterung (Exazerbationen) ab, oder sie treten nach scheinbarer Ausheilung erneut auf (Rezidiv).

Die Feststellung einer Krankheit (Diagnose) beruht auf der Erhebung der Krankengeschichte (Anamnese) sowie der Untersuchung des Betroffenen mit Auswertung der geschilderten und festgestellten Symptome. Die erhobene Diagnose dient der Festlegung einer evtl. notwendigen Behandlung, der Voraussage über den Verlauf der Krankheit (Prognose) und Maßnahmen der Krankheitsverhütung (Prävention).»

Wenner versteht – wie *Burgardt, Clausen und Wigge* [100] – Krankheit als

«regelwidrigen Körper- oder Geisteszustand, der die Notwendigkeit einer Heilbehandlung zur Folge hat und / oder zur Arbeitsunfähigkeit führt.» [103]

Folgt man diesen Begriffsbestimmungen in Verbindung mit dem in der Rechtsprechung üblichen Verständnis für den Begriff „Krankheit", so sind
- Verletzungen und

- Behinderungen

unter den Begriff „Krankheit" zu subsumieren.

Laboratorium
⇨ {siehe Medizinisches Laboratorium}

Leihgerät
Leihgeräte sind Geräte, die ein Verleiher – z. B. ein Hersteller – dem Kunden zum Zwecke der Kaufentscheidung bzw. als Überbrückungsgerät zur Verfügung stellt. Juristisch bedeutet Leihe die unentgeltliche Überlassung einer (beweglichen oder unbeweglichen) Sache auf vertraglicher Basis [96]. In der Praxis wird jedoch gelegentlich auch ein gegen Entgelt für eine bestimmte Zeit überlassenes Gerät – Miete oder Leasing – als Leihgerät bezeichnet.

Hinzuweisen ist, dass ein Betreiber bei Leihgeräten die Anforderungen des MPG's, der MPBetreibV und der MPSV zu beachten hat, da er bei Leihgeräten die Sachherrschaft besitzt. Der Betreiber ist in diesen Fällen Besitzer, aber nicht Eigentümer der Leihgeräte.

Leistung eines Medizinprodukts
⇨ §§ 1, 4, 22, 22a, 22b, 29, 37 MPG, § 4 MPV, § 2 MPSV

Die Leistung eines Medizinprodukts im Sinne des MPG's ist nicht die physikalische / technische Leistung im eigentlichen Sinne, sondern umfasst als Oberbegriff die technische und medizinische Leistungsfähigkeit eines Medizinprodukts.

Leiter der klinischen Prüfung
⇨ §3 Nr.24 MPG

«[…] Wird eine Prüfung in mehreren Prüfstellen durchgeführt, wird vom Sponsor ein Prüfer als Leiter der klinischen Prüfung benannt. […]»

Dieser Satz gilt für genehmigungspflichtige Leistungsbewertungsprüfungen von In-vitro-Diagnostika entsprechend.

Leitlinie «Medizinprodukte-Beobachtungs- und Meldesystem»
Die Leitlinie MEDDEV 2.12/1 Rev. 6 (2009-12) beschreibt ein System zur Meldung und Bewertung von Vorkommnissen, das die Bezeichnung «Medizinprodukte- Beobachtungs- und Meldesystem» trägt [43]. Sie erläutert die Anforderungen der AIMDD, MDD und IVDD. Die Leitlinie ist als Grundlage für die Erarbeitung der MPSV herangezogen worden.

Lissabon-Vertrag
Der Lissabon-Vertrag ist ein völkerrechtlicher Vertrag zwischen den 27 Mitgliedstaaten der EU. Er wurde am 13. Dezember 2007 in Lissabon unterzeichnet und ist am 1. Dezember 2009 in Kraft getreten. Mit Inkrafttreten des Lissabon-Vertrags hat die Europäische Gemeinschaft (EG) aufgehört zu existieren.

Der Vertrag zur Gründung der Europäischen Gemeinschaft ist mit Inkrafttreten des Lissabon-Vertrags in „Vertrag über die Arbeitsweise der Europäischen Union"

(AEUV) umbenannt worden und hat eine neue Artikelabfolge erhalten. Der vollständige Titel des Lissabon-Vertrags lautet „Vertrag von Lissabon zur Änderung des Vertrags über die Europäische Union und des Vertrags zur Gründung der Europäischen Gemeinschaft" (ABl. 2007© 306/01).
Im Artikel 288 des Lissabon-Vertrags werden beispielsweise die Rechtsakte der Union geregelt. Hier heißt es u. a.:
«Für die Ausübung der Zuständigkeiten der Union nehmen die Organe Verordnungen, Richtlinien, Beschlüsse, Empfehlungen und Stellungnahmen an.»

Marktüberwachung
⇨ Artikel 2 Nr. 17 Verordnung (EG) Nr. 765/2008 [77]:
«Marktüberwachung: die von den Behörden durchgeführten Tätigkeiten und von ihnen getroffenen Maßnahmen, durch die sichergestellt werden soll, dass die Produkte mit den Anforderungen der einschlägigen Harmonisierungsrechtsvorschriften der Gemeinschaft übereinstimmen und keine Gefährdung für die Gesundheit, Sicherheit oder andere im öffentlichen Interesse schützenswerte Bereiche darstellen.»

Die Verpflichtung der Mitgliedstaaten zu einer effektiven Marktüberwachung im Medizinproduktebereich ergibt sich aus dem europäischen Recht. Im Medizinproduktebereich hat sie eine besondere Bedeutung; zusätzlich zur Marktüberwachung sehen die EU-Richtlinien die Überwachung klinischer Prüfungen und das Medizinprodukte-Beobachtungs- und -Meldesystem als weitere Formen staatlicher Kontrolle vor.
Die nähere Ausgestaltung der Marktüberwachung erfolgt im nationalen Recht. Das MPG schreibt ein risikogestuftes Vorgehen vor. Danach haben die zuständigen Behörden sich in angemessenem Umfang unter besonderer Berücksichtigung möglicher Risiken der Medizinprodukte zu vergewissern, ob die Voraussetzungen zum Inverkehrbringen und zur Inbetriebnahme erfüllt sind, und gegebenenfalls die zur Beseitigung festgestellter und zur Verhütung künftiger Verstöße notwendigen Maßnahmen zu treffen.
Die behördliche Überwachung erstreckt sich in Deutschland auch noch auf weitere Bereiche bzw. Aktivitäten, die nicht Gegenstand der EU-Richtlinien sind (z. B. den Handel mit Medizinprodukten, das professionelle Betreiben und Anwenden sowie die Aufbereitung von Medizinprodukten).
Zuständig für die Überwachung sind in Deutschland grundsätzlich die Landesbehörden.
Die zentrale Erfassung und Bewertung von Risiken im Rahmen des Medizinprodukte- Beobachtungs- und -Meldesystems obliegt dem BfArM bzw. dem PEI.
Die Zuständigkeit für die Genehmigung von klinischen Prüfungen obliegt dem BfArM.

Marktüberwachungsbehörde
⇨ Artikel 2 Nr. 18 Verordnung (EG) Nr. 765/2008 [77]:
«Marktüberwachungsbehörde: eine Behörde eines Mitgliedstaats, die für die Durchführung der Marktüberwachung auf seinem Staatsgebiet zuständig ist.»

Maschine

⇨ {Maschinenrichtlinie 2006/42/EG}
⇨ Artikel 2 lit. a) Richtlinie 2006/42/EG [97]:
«„Maschine"
- eine mit einem anderen Antriebssystem als der unmittelbar eingesetzten menschlichen oder tierischen Kraft ausgestattete oder dafür vorgesehene Gesamtheit miteinander verbundener Teile oder Vorrichtungen, von denen mindestens eines bzw. eine beweglich ist und die für eine bestimmte Anwendung zusammengefügt sind;
- eine Gesamtheit im Sinne des ersten Gedankenstrichs, der lediglich die Teile fehlen, die sie mit ihrem Einsatzort oder mit ihren Energie- und Antriebsquellen verbinden;
- eine einbaufertige Gesamtheit im Sinne des ersten und zweiten Gedankenstrichs, die erst nach Anbringung auf einem Beförderungsmittel oder Installation in einem Gebäude oder Bauwerk funktionsfähig ist;
- eine Gesamtheit von Maschinen im Sinne des ersten, zweiten und dritten Gedankenstrichs oder von unvollständigen Maschinen im Sinne des Buchstabens g, die, damit sie zusammenwirken, so angeordnet sind und betätigt werden, dass sie als Gesamtheit funktionieren;
- eine Gesamtheit miteinander verbundener Teile oder Vorrichtungen, von denen mindestens eines bzw. eine beweglich ist und die für Hebevorgänge zusammengefügt sind und deren einzige Antriebsquelle die unmittelbar eingesetzte menschliche Kraft ist.»

Aus Artikel 1 Abs. 2 der Richtlinie 2006/42/EG ergibt sich, dass Medizinprodukte nicht vom Anwendungsbereich der Maschinenrichtlinie ausgenommen sind.
Nach § 9 Abs. 2 MPG müssen aktive implantierbare oder sonstige Medizinprodukte, bei denen ein einschlägiges Risiko besteht und die Maschinen im Sinne Maschinenrichtlinie sind, unter bestimmten Voraussetzungen auch die grundlegenden Gesundheits- und Sicherheitsanforderungen gemäß Anhang I der Maschinenrichtlinie beachtet werden.

Maschinenrichtlinie 2006/42/EG

Medizinprodukte der MDD sowie aktive implantierbare medizinische Geräte der AIMDD, die der Begriffsbestimmung «Maschine» der Richtlinie 2006/42/EG entsprechen, sind grundsätzlich nicht von der Maschinenrichtlinie ausgenommen. Zu beachten ist der Artikel 3 „Spezielle Richtlinien" der Maschinenrichtlinie.
Der Hersteller muss danach für sein spezielles Medizinprodukt im Einzelfall prüfen, ob von dem Medizinprodukt ausgehende Gefährdungen ganz oder teilweise von anderen EU-Richtlinien genauer erfasst werden. Werden für die von dem Medizinprodukt ausgehenden Gefährdungen spezifischere «Grundlegende Sicherheits- und Gesundheitsschutzanforderungen für Konstruktion und Bau von Maschinen» gefordert als in den Medizinprodukte-Richtlinien, so sind diese zusätzlich bei der Konformitätsbewertung zu berücksichtigen.

Mit anderen Worten: Diejenigen „Grundlegenden Sicherheits- und Gesundheitsanforderungen" der Richtlinie 2006/42/EG, die auf das jeweilige Medizinprodukt zutreffen und die spezifischer sind als die Grundlegenden Anforderungen der betreffenden Medizinprodukte-Richtlinie werden Teil der betreffenden Medizinprodukte-Richtlinie [83].

Maßnahmenempfehlung
⇨ § 2 Nr. 4 MPSV

«Maßnahmenempfehlung: eine Mitteilung des Verantwortlichen nach § 5 des Medizinproduktegesetzes, mit der eine korrektive Maßnahme veranlasst wird.»

MEDDEV-Leitlinie
Von der Europäischen Kommission werden Leitlinien zur einheitlichen Anwendung und Interpretation der AIMDD, MDD und IVDD in englischer Sprache erarbeitet und gegebenenfalls aktualisiert.
Diese Leitlinien haben jedoch keinen rechtsverbindlichen Charakter.
Zu folgenden Fragestellungen sind MEDDEV-Leitlinien erarbeitet und veröffentlicht worden (vollständige Liste siehe http://ec.europa.eu/enterprise/medical_devices/meddev/meddev_en.htm:

- 2.1   Scope, field of application, definition
- 2.2   Essential requirements
- 2.4   Classification of medical devices
- 2.5   Conformity assessment procedure
- 2.7   Clinical investigation, clinical evaluation
- 2.10   Notified bodies
- 2.11   Products using materials of biological origin
- 2.12   Market surveillance
- 2.13   Transitional period
- 2.14   IVD
- 2.15   Other guidances

Medical Devices Experts Group (MDEG)
Die „Medical Devices Experts Group" (MDEG) ist ein europäisches Steuergremium zu Fragen der Regulierung von Medizinprodukten. Unter der Leitung der Kommission treffen sich die zuständigen Vertreter der Mitgliedstaaten, der europäischen Industrieverbände sowie anderer Vertreter von europäischen Medizinprodukte Interessengruppen. Wesentliche Aufgaben der MDEG sind:
- Unterstützung der Kommission bei der Vorbereitung von Rechtsvorschriften und in der Politikgestaltung,
- Koordinierung des Erfahrungsaustauschs mit den Mitgliedstaaten,
- Überwachung der Entwicklung der nationalen Medizinprodukte-Politik und der Umsetzung des EU-Rechts durch die nationalen Behörden,

Fachwörterbuch

- Koordinierung und Überwachung der Aktivitäten der einzelnen MDEG-Arbeitsgruppen und Freigabe der Arbeitsergebnisse z. B. in Form von «MEDDEV- Leitlinien».

In nichtöffentlicher Sitzung ist die MDEG ein Forum für die Kommission und die zuständigen Behörden der Mitgliedstaaten zur Erörterung aller Fragen im Zusammenhang mit der Umsetzung der Medizinprodukte-Richtlinien.

Mitteilungen der Kommission zu Fragen des Medizinprodukterechts sind zu finden unter: http://ec.europa.eu/enterprise/medical_devices/index_en.htm

Medizinische Grundlagenforschung

Werden wissenschaftliche Untersuchungen im Sinne einer medizinischen oder auch biomedizinischen Grundlagenforschung durchgeführt, die nicht dem Nachweis der Sicherheit und / oder Leistungsfähigkeit eines Medizinprodukts dienen, so werden diese Untersuchungen nicht von der Definition „klinische Prüfung" der EN ISO 14155-1 erfasst. Diese wissenschaftlichen Untersuchungen sind somit keine klinischen Prüfungen im Sinne des Medizinprodukterechts.

Medizinische Leistung eines Medizinprodukts

Die medizinische Leistung eines Medizinprodukts umfasst im Wesentlichen die diagnostische oder therapeutische Leistungsfähigkeit eines Medizinprodukts.

Ohne eine entsprechende technische Leistung ist jedoch eine adäquate medizinische Leistung nicht denkbar, da in einem solchen Fall das Medizinprodukt von vornherein ungeeignet oder «überflüssig» wäre.

Medizinische Sicherheit

Medizinische Sicherheit umfasst u. a. alle Aspekte einer Diagnosefindung und Therapieauswahl durch den behandelnden Arzt / Zahnarzt [5], wie beispielsweise:

- Fragestellungen zur Indikation / Kontraindikation des Behandlungsverfahrens im Hinblick auf eine Abschätzung von Nutzen und Risiko,
- Festlegung der zu applizierenden Energie- oder Arzneimittelmenge zur Erzielung des beabsichtigten Therapieerfolges,
- Festlegung der Geräteeinstellung vor der Geräteanwendung.

Die medizinische Sicherheit ist damit unmittelbar abhängig von dem Wissen, der Ausbildung und der Erfahrung des behandelnden Arztes / Zahnarztes und im Wesentlichen auf seine ethische Verpflichtung zur Abwendung von Gefährdungen für den Patienten begründet. Oberstes Gebot des ärztlichen Handelns ist, dem Patienten unter allen Umständen keinen Schaden zuzufügen [5].

Somit ist im Grunde die medizinische Sicherheit nicht – zumindest aber nicht unmittelbar – durch Aufstellen rechtlicher Anforderungen beeinflussbar.

Im Sinne des MPG's bedeutet «medizinische Sicherheit» jedoch die Vermeidung nicht technisch bedingter Risiken wie beispielsweise

- hygienische Risiken (Infektion, mikrobielle Kontamination),
- Bio-Inkompatibilitäten von Materialien,

Fachwörterbuch

- Nebenwirkungen,
- Wechselwirkungen.

Medizinisches Gerät

⇨ {Aktives implantierbares Medizinprodukt, Medizinprodukt}
⇨ Artikel 1 Abs. 2 lit. a) AIMDD:
«*Medizinisches Gerät*: alle einzeln oder miteinander verbunden verwendete/n Instrumente, Apparate, Vorrichtungen, Software, Stoffe oder anderen Gegenstände samt der Zubehörteile, einschließlich der vom Hersteller speziell zur Anwendung für diagnostische und/oder therapeutische Zwecke bestimmten und für ein einwandfreies Funktionieren des medizinischen Geräts eingesetzten Software, die vom Hersteller zur Anwendung für Menschen für folgende Zwecke bestimmt sind:
- Erkennung, Verhütung, Überwachung, Behandlung oder Linderung von Krankheiten,
- Erkennung, Überwachung, Behandlung, Linderung oder Kompensierung von Verletzungen oder Behinderungen,
- Untersuchung, Ersatz oder Veränderung des anatomischen Aufbaus oder eines physiologischen Vorgangs,
- Empfängnisregelung,

und deren bestimmungsgemäße Hauptwirkung im oder am menschlichen Körper weder durch pharmakologische oder immunologische Mittel noch metabolisch erreicht wird, deren Wirkungsweise aber durch solche Mittel unterstützt werden kann.»

Diese Definition ist im MPG nicht wiedergegeben. Somit wird im MPG nicht gefordert, dass ein Zubehörteil, das zum einwandfreien Funktionieren des aktiven implantierbaren medizinischen Geräts erforderlich ist, der AIMDD zuzuordnen ist. Hier wird jedem Hersteller empfohlen, für seine Entscheidungen die Texte der EU-Richtlinien zu Grunde zu legen.

Im Unterschied zur Begriffsbestimmung «Medizinprodukt» gemäß § 3 Nr. 1 MPG sind Zubehörteile explizit in der Begriffsbestimmung „medizinisches Gerät" aufgeführt.

Mit der Begriffsbestimmung wird auch klargestellt, dass Software als solche, wenn sie spezifisch vom Hersteller für einen oder mehrere der in der Definition von „medizinisches Gerät" genannten medizinischen Zwecke bestimmt ist, ein Medizinprodukt ist. Software für allgemeine Zwecke ist kein „medizinisches Gerät", auch wenn sie im Zusammenhang mit der Gesundheitspflege genutzt wird.

Medizinisches Laboratorium

⇨ Teil A Nr. 3 RiLiBÄK [74]
«Ein medizinisches Laboratorium im Sinn dieser Richtlinie (redaktionelle Anmerkung: RiLiBÄK) bedeutet abhängig vom Zusammenhang

- einen Raum, einen Anteil daran oder mehrere Räume, in dem / denen medizinische Laboratoriumsuntersuchungen durchgeführt werden (räumliche Definition),
- eine Person, in deren Verantwortung laboratoriumsmedizinische Untersuchungen durchgeführt werden (personale Definition) oder
- eine Funktions- oder Organisationseinheit (organisatorische Definition).»

Medizinprodukt
⇨ § 3 Nr. 1 MPG:
«Medizinprodukte sind alle einzeln oder miteinander verbunden verwendeten Instrumente, Apparate, Vorrichtungen, Software, Stoffe und Zubereitungen aus Stoffen oder andere Gegenstände einschließlich der vom Hersteller speziell zur Anwendung für diagnostische oder therapeutische Zwecke bestimmten und für ein einwandfreies Funktionieren des Medizinproduktes eingesetzten Software, die vom Hersteller zur Anwendung für Menschen mittels ihrer Funktionen zum Zwecke
 a) der Erkennung, Verhütung, Überwachung, Behandlung oder Linderung von Krankheiten,
 b) der Erkennung, Überwachung, Behandlung, Linderung oder Kompensierung von Verletzungen oder Behinderungen,
 c) der Untersuchung, der Ersetzung oder der Veränderung des anatomischen Aufbaus oder eines physiologischen Vorgangs oder
 d) der Empfängnisregelung
zu dienen bestimmt sind und deren bestimmungsgemäße Hauptwirkung im oder am menschlichen Körper weder durch pharmakologisch oder immunologisch wirkende Mittel noch durch Metabolismus erreicht wird, deren Wirkungsweise aber durch solche Mittel unterstützt werden kann.»
⇨ § 3 Nr. 2 MPG:
«Medizinprodukte sind auch Produkte nach Nummer 1, die einen Stoff oder eine Zubereitung aus Stoffen enthalten oder auf die solche aufgetragen sind, die bei gesonderter Verwendung als Arzneimittel im Sinne des § 2 Abs. 1 des Arzneimittelgesetzes angesehen werden können und die in Ergänzung zu den Funktionen des Produktes eine Wirkung auf den menschlichen Körper entfalten können.»
Software, die vom Hersteller spezifisch für einen oder mehrere der in der Definition von Medizinprodukt genannten medizinischen Zwecken bestimmt ist, ist ein Medizinprodukt. Software für allgemeine Zwecke ist kein Medizinprodukt, auch wenn sie im Zusammenhang mit der Gesundheitspflege genutzt wird.
Das MPG verwendet den Begriff «Medizinprodukt» in einer doppelten Bedeutung:
- allgemeine Verwendung im Sinne eines Oberbegriffs
- im engeren Sinne als Produkt der MDD («sonstige Medizinprodukte»).

Fachwörterbuch

1. Oberbegriff im Sinne des Medizinproduktegesetzes
Wird im MPG ausschließlich der Begriff «Medizinprodukt» ohne weitergehende Ergänzungen verwendet, so subsumiert der Gesetzgeber darunter – im Sinne eines Oberbegriffs:
- aktive implantierbare medizinische Geräte im Sinne der AIMDD,
- Medizinprodukte im Sinne der MDD (im MPG als «sonstige Medizinprodukte» bezeichnet),
- In-vitro-Diagnostika im Sinne der IVDD.

Grundvoraussetzung, dass ein Produkt als Medizinprodukt dem MPG unterliegt, ist die vom Hersteller im Rahmen der Zweckbestimmung vorgesehene medizinische Nutzung. Die alleinige Anwendung eines Produkts in medizinischer Umgebung ist nicht hinreichend zur Einstufung als Medizinprodukt im Sinne des MPG's [46]. So ist beispielsweise die Bleischürze als Schutzkleidung gegen Röntgenstrahlung als persönliche Schutzausrüstung einzustufen.

Obwohl das MPG nicht ausdrücklich von «fertigen Produkten» ausgeht, kann die beabsichtigte medizinische Nutzung im Allgemeinen jedoch nur bei «verwendungsfertigen Produkten» sinnvoll angegeben werden.

Verwendungsfertig in diesem Zusammenhang bedeutet aber nicht, dass das Medizinprodukt bereits für eine unmittelbare Anwendung vorbereitet ist. Es können noch Maßnahmen des Betreibers bzw. Anwenders erforderlich sein, wie beispielsweise Installation, Konfiguration elektronischer Geräte, anwendungsbezogene Modifikationen oder Anpassungen, Zusammenbau, Sterilisation von unsteril gelieferten Medizinprodukten. Auch Einmalartikel oder Zubehör, die üblicherweise gesondert beschafft und bei bestimmungsgemäßer Verwendung des Grundgeräts hinzugefügt werden müssen (Infusionsbesteck, EKG-Elektroden, Atemschlauchsystem, etc.), unterliegen denselben Anforderungen bezüglich des Inverkehrbringens wie das eigentliche Grundgerät.

Eine Ausnahme bilden die Zwischenprodukte, die von Gesundheitshandwerkern (Zahntechniker, Orthopädiemechaniker, Orthopädieschuhmacher, Hörgeräteakustiker, Augenoptiker) für die Herstellung von Sonderanfertigungen verwendet werden.

2. Sonstige Medizinprodukte
Zur Abgrenzung der allgemeinen Verwendung des Begriffs «Medizinprodukt» zu der Legaldefinition in Art. 1 Abs. 2 lit. a) MDD führt der Gesetzgeber im MPG den Begriff «sonstiges Medizinprodukt» ein, ohne aber in § 3 Nr. 1 MPG auf diese Unterscheidung hinzuweisen.

Dass unter «sonstige Medizinprodukte» nur die Medizinprodukte im Sinne der MDD gemeint sind, ist gleichwohl eindeutig. Dies ergibt sich daraus, dass die «sonstigen Medizinprodukte» immer am Ende einer Aufzählung nach den aktiven Implantaten im Sinne der AIMDD und den In-vitro-Diagnostika im Sinne der IVDD genannt werden.

Der Begriff «sonstiges Medizinprodukt» umfasst somit das ganze Spektrum der Medizinprodukte, die der MDD unterliegen. Stark vereinfacht lassen sich diese Produk-

te umschreiben als «technische Produkte für die medizinische Anwendung für Menschen».
Der Zweck von «sonstigen Medizinprodukten» wird vorwiegend – im Sinne von bestimmungsgemäßer Hauptwirkung – auf physikalischem (technischem) Wege erreicht.

Medizinprodukt – auf EU-Ebene nicht reguliert

Folgende Medizinprodukte fallen zurzeit nicht in den Geltungsbereich der AIMDD, MDD und IVDD:
- Medizinprodukte, die ausschließlich aus nicht lebensfähigen menschlichen Zellen und / oder Geweben und / oder ihren Derivaten bestehen;
- Medizinprodukte, die solche Zellen und / oder Gewebe und / oder ihre Derivate mit einer Wirkung enthalten, die jene des Medizinprodukts selbst ergänzt;
- Medizinprodukte aus Eigenherstellung (§ 3 Nr. 21 MPG), für die in Deutschland Anforderungen durch das MPG festgelegt werden (z. B. in § 12 MPG).

Medizinprodukt mit doppeltem Verwendungszweck („Dual use" medical device)

⇨ § 7 Abs. 3 MPG:
«Bei Produkten, die vom Hersteller nicht nur als Medizinprodukt, sondern auch zur Verwendung entsprechend den Vorschriften über persönliche Schutzausrüstungen der Richtlinie 89/686/EWG bestimmt sind, müssen auch die einschlägigen grundlegenden Gesundheits- und Sicherheitsanforderungen dieser Richtlinie erfüllt werden.»

⇨ Artikel 1 Abs. 6 MDD:
«Bei Produkten, die vom Hersteller sowohl zur Verwendung entsprechend den Vorschriften über persönliche Schutzausrüstungen der Richtlinie 89/686/EWG des Rates als auch der vorliegenden Richtlinie bestimmt sind, müssen auch die einschlägigen grundlegenden Gesundheits- und Sicherheitsanforderungen der Richtlinie 89/686/EWG erfüllt werden.»

§ 7 Abs. 3 MPG ermöglicht es einem Hersteller, Produkte sowohl zur Verwendung entsprechend den Vorschriften über persönliche Schutzausrüstungen der Richtlinie 89/686/EWG als auch zur Verwendung entsprechend den Vorschriften der MDD vorzusehen.

Hinzuweisen ist auf das interpretative Dokument, das von der Kommission am 21. August 2009 veröffentlicht wurde: „Interpretation of the relation between the revised Directive 93/42/EEC concerning medical devices and Directive 89/686/EEC on personal protective equipment" [78].

In dem interpretativen Dokument wird im Abschnitt (11) klar gestellt, dass Produkte mit zweifachem Verwendungszweck (dual use products) nicht nur die zutreffenden Grundlegenden Anforderungen und Grundlegenden Gesundheits- und Sicherheitsanforderungen erfüllen müssen, sondern dass für die Produkte mit zweifachem Verwendungszweck ein Konformitätsbewertungsverfahren gemäß der MDD und für die auf das Produkt zutreffenden Grundlegenden Gesundheits- und Sicherheitsanforde-

Fachwörterbuch

rungen ein entsprechendes Konformitätsbewertungsverfahren gemäß der Richtlinie 89/686/EWG durchzuführen ist.
Gemäß Abschnitt (14) des interpretativen Dokuments ist das Produkt nach erfolgreichem Abschluss der zwei Konformitätsbewertungsverfahren nur mit einer CE-Kennzeichnung zu versehen. Sind zwei unterschiedliche Benannte Stellen bei diesen Konformitätsbewertungsverfahren involviert, so sind beide Kennnummern der involvierten Benannten Stellen anzugeben.

Medizinprodukt zur einmaligen Verwendung
⇨ {siehe Einmalprodukt}

Medizinprodukt zur In-vitro-Diagnose
⇨ {siehe In-vitro-Diagnostikum}

Medizinprodukt mit geringem Sicherheitsrisiko
⇨ § 20 MPG, § 7 MPKPV
Bei klinischen Prüfungen von Medizinprodukten differenziert der Gesetzgeber in Deutschland zwischen Medizinprodukten und Medizinprodukten mit geringem Sicherheitsrisiko.
Bei der klinischen Prüfung von Medizinprodukten mit einem geringen Sicherheitsrisiko kann die zuständige Bundesoberbehörde auf Antrag von einer Genehmigung absehen.
Medizinprodukte mit einem geringen Sicherheitsrisiko sind in Deutschland gemäß § 7 Abs. 1 MPKPV:
- Medizinprodukte der Klasse I;
- Nicht invasive Medizinprodukte der Klasse IIa;
- Medizinprodukte, die nach den §§ 6 und 10 MPG die CE-Kennzeichnung tragen dürfen und deren klinische Prüfung zusätzliche invasive oder andere belastende Untersuchungen beinhaltet, es sei denn, diese Prüfung hat eine andere Zweckbestimmung des Medizinprodukts zum Inhalt;
- In-vitro-Diagnostika, die für eine Leistungsbewertungsprüfung gemäß § 24 Satz 1 und 2 des MPG bestimmt sind.

MDD und AIMDD unterscheiden bei der klinischen Prüfung zwischen
- „risikoreichen" Medizinprodukten:
  - Produkten der Klasse III und
  - implantierbaren und zur langzeitigen Anwendung bestimmten invasiven Produkten der Klassen IIa und IIb (Artikel 15 Abs. 2 MDD);
  - aktiven implantierbaren medizinischen Geräten (Artikel 10 Abs. 1 AIMDD).
- „risikoarmen" Medizinprodukten:
  - den übrigen Medizinprodukten (Artikel 15 Abs. 3 MDD).

Anmerkung: Österreich legt bei klinischen Prüfungen von Medizinprodukten beispielsweise die in der AIMDD und MDD aufgeführte Differenzierung zu Grunde.

Medizinprodukt mit Messfunktion
⇨ § 32 Abs. 2 MPG, § 11 MPBetreibV

In der MDD wird der Begriff der Messfunktion nicht näher spezifiziert. Es werden in den Grundlegenden Anforderungen zusätzliche besondere Anforderungen für diese Medizinprodukte festgelegt:
- Die Produkte müssen so ausgelegt und hergestellt sein, dass entsprechend der Zweckbestimmung des Medizinprodukts eine ausreichende Konstanz und Genauigkeit des Messwerts – unter Berücksichtigung der vom Hersteller spezifizierten Messabweichungen – gewährleistet wird.
- Messskalen, Bedienungs- und Anzeigeeinrichtungen müssen – ebenfalls unter Berücksichtigung der Zweckbestimmung – nach ergonomischen Gesichtspunkten gestaltet sein.
- Es sind die gesetzlichen Einheiten im Messwesen gemäß den Vorschriften der Richtlinie 80/181/EWG des Rates (zuletzt geändert durch die Richtlinie 89/617/EWG) zu verwenden (vgl. MEDDEV 2.1/5 vom Juni 1998).

Im § 32 Abs. 2 MPG wird der PTB die Zuständigkeit für die Sicherung der Einheitlichkeit des Messwesens in der Heilkunde übertragen.

Im § 11 MPBetreibV ist festgelegt, dass der Betreiber Messtechnische Kontrollen durchzuführen hat für Medizinprodukte mit Messfunktion,
- die in der Anlage 2 MPBetreibV aufgeführt sind,
- die nicht in der Anlage 2 MPBetreibV aufgeführt sind, für die der Hersteller Messtechnische Kontrollen vorgesehen hat.

Zur einheitlichen Durchführung Messtechnischer Kontrollen wurde von der Physikalisch-Technischen Bundesanstalt der «Leitfaden zu messtechnischen Kontrollen von Medizinprodukten mit Messfunktion (LMKM)» erarbeitet [37].

Medizinprodukte-Beobachtungs- und -Meldesystem
⇨ § 29 MPG, § 3 MPSV
⇨ {Schwerwiegendes unerwünschtes Ereignis, Vorkommnis}

Das Medizinprodukte- Beobachtungs- und -Meldesystem (Vigilanzsystem) ist eine speziell auf die Erkennung und Abwehr von Risiken fokussierte besondere Form der Marktüberwachung.

Der Verantwortliche für das erstmalige Inverkehrbringen von Medizinprodukten – gemäß § 5 MPG der Hersteller oder sein Bevollmächtigter – ist nach den Bestimmungen der MPSV verpflichtet, Vorkommnisse, die in Deutschland aufgetreten sind (unter bestimmten Voraussetzungen auch Vorkommnisse, die sich in Drittländern ereignet haben), sowie in Deutschland durchgeführte Rückrufe an das BfArM bzw. entsprechend seiner Zuständigkeit an das PEI zu melden. Werden Medizinprodukte nicht unter der Verantwortung des Bevollmächtigten in den EWR eingeführt, so hat nach § 5 MPG auch der Einführer die genannten Meldepflichten zu erfüllen.

Das Vigilanzsystem sieht vor, dass schwerwiegende Produktprobleme, die bei im Verkehr oder in Betrieb befindlichen Medizinprodukten beobachtet werden, der zuständigen Bundesoberbehörde gemeldet und von dieser zentral erfasst und in Zu-

Fachwörterbuch

sammenarbeit mit dem betroffenen Hersteller (oder dessen Bevollmächtigten) im Hinblick auf das damit verbundene Risiko und das Erfordernis korrektiver Maßnahmen bewertet werden. Damit soll sichergestellt werden, dass derartige Probleme ordnungsgemäß untersucht und die gegebenenfalls erforderlichen Maßnahmen zur Risikoabwehr veranlasst werden (einschließlich der Verhinderung des erneuten Auftretens).

Nach § 3 MPSV hat der Verantwortliche nach § 5 MPG u. a. Vorkommnisse, die in Deutschland aufgetreten sind, der zuständigen Bundesoberbehörde zu melden, ebenso derjenige, der beruflich oder gewerblich Medizinprodukte zur Eigenanwendung an den Endabnehmer abgibt. Betreiber oder professionelle Anwender haben ebenfalls die Pflicht, aufgetretene Vorkommnisse der zuständigen Bundesoberbehörde zu melden.

Auf nationaler Ebene sind die Aufgaben und Verpflichtungen der Beteiligten sowie sonstige nähere Einzelheiten des Medizinprodukte- Beobachtungs- und -Meldesystems im Wesentlichen in der MPSV geregelt. Die zentrale Erfassung und wissenschaftliche Bewertung der Risiken von Medizinprodukten obliegt in Deutschland dem BfArM und (für eine Teilmenge der In-vitro-Diagnostika) dem PEI. Für die Überwachung und gegebenenfalls Durchsetzung von korrektiven Maßnahmen sind die Landesbehörden zuständig.

Hinzuweisen ist auf die in § 3 Abs. 5 MPSV geregelte Meldepflicht bei aufgetretenen schwerwiegenden unerwünschten Ereignissen:

«(5) Schwerwiegende unerwünschte Ereignisse sind vom Sponsor und vom Prüfer oder Hauptprüfer der zuständigen Bundesoberbehörde zu melden. Wird die klinische Prüfung auch in anderen Vertragsstaaten des Abkommens über den Europäischen Wirtschaftsraum durchgeführt, hat der Sponsor den dort zuständigen Behörden ebenfalls Meldung zu erstatten. Wird eine klinische Prüfung oder eine Leistungsbewertungsprüfung auch in Deutschland durchgeführt, hat der Sponsor der zuständigen Bundesoberbehörde auch schwerwiegende unerwünschte Ereignisse außerhalb von Deutschland zu melden.»

Medizinprodukteberater
⇨ § 31 MPG

Das MPG verpflichtet jedes Unternehmen, das Fachkreise über Medizinprodukte informiert bzw. in die sachgerechte Handhabung von Medizinprodukten einweist, bestimmte, im MPG vorgegebene Aufgaben, so genannten Medizinprodukteberatern zu übertragen [24,25]. Diese Forderung ist eine rein nationale Forderung.

Die Aufgaben eines Medizinprodukteberaters sind:
- fachliche Information der Fachkreise über Medizinprodukte;
- Einweisung der Fachkreise in die sachgerechte Handhabung der Medizinprodukte;
- schriftliche Aufzeichnung von Mitteilungen der Angehörigen der Fachkreise über
  - Nebenwirkungen,
  - wechselseitige Beeinflussung,

- Fehlfunktionen,
- technische Mängel,
- Gegenanzeigen,
- Verfälschungen und
- sonstigen Risiken bei Medizinprodukten;
- schriftliche Übermittlung der Mitteilungen der Angehörigen der Fachkreise an den Sicherheitsbeauftragten des Herstellers oder an das Unternehmen, das ihn beauftragt hat (so z. B. Händler, Großhändler, externer Serviceanbieter).

Die Beauftragung eines Medizinprodukteberaters ist an die Information und Beratung über Medizinprodukte – auch dann, wenn sie telefonisch erfolgt – und gegebenenfalls an die Einweisung gebunden. Daraus folgt:
- Nicht alle Mitarbeiter eines Unternehmens müssen die Qualifikation eines Medizinprodukteberaters besitzen.
- Unternehmen, die ausschließlich Medizinprodukte verkaufen ohne jegliche Informationsübermittlung über das verkaufte Medizinprodukt, zu dessen Anwendung / Verwendung oder zu anderen Medizinprodukten des Angebots (so genannter Verkauf nach Katalog), müssen für diese Tätigkeit keine Medizinprodukteberater beauftragen.

Der Personenkreis, der eine Qualifikation als Medizinprodukteberater benötigt, umfasst nicht nur Mitarbeiter des Vertriebs, sondern kann darüber hinaus auch Mitarbeiter aus den Bereichen
- Produktmanagement,
- Marketing,
- technischer Service,
- Applikationsberatung,
- Entwicklung, etc.

umfassen. Jedes Unternehmen hat diesen Personenkreis an Hand der unternehmensspezifischen organisatorischen Rahmenbedingungen festzulegen.

Der Mitarbeiter, der die Aufgaben eines Medizinprodukteberaters wahrnimmt, muss nicht (kann aber) die Bezeichnung «Medizinprodukteberater» beispielsweise auf der Visitenkarte führen. Zur Erfüllung der rechtlichen Anforderungen ist es vollkommen ausreichend, dass der Mitarbeiter die Anforderungen an die Qualifikation eines Medizinprodukteberaters erfüllt.

Medizinproduktebuch
⇨ § 7 MPBetreibV

Das Medizinproduktebuch ist eine vom Betreiber zu führende Dokumentation für alle den Anlagen 1 und 2 MPBetreibV zuzuordnenden Medizinprodukte zum Nachweis des ordnungsgemäßen Betriebs. Nach § 2 Abs. 2 MPG gelten auch Nicht-Medizinprodukte als Medizinprodukte im Sinne des MPG, wenn sie im Sinne der Anlage 1 und 2 MPBetreibV angewendet, betrieben und instand gehalten werden. Daraus ergibt sich, dass auch für diese aktiven nichtimplantierbaren Nicht-Medizinprodukte ein Medizinproduktebuch zu führen ist.

Fachwörterbuch

In das Medizinproduktebuch sind folgende Angaben aufzunehmen:
- Bezeichnung und sonstige Angaben zur Identifikation des Medizinprodukts,
- Beleg über Funktionsprüfung und Einweisung (§ 5 Abs. 1 MPBetreibV),
- Name der vom Betreiber Beauftragten Person(en) – § 5 Abs. 1 Nr. 2 MPBetreibV –, Zeitpunkt der Einweisung sowie Namen der eingewiesenen Anwender (Anmerkung: Es wird empfohlen, die Dokumentation der Einweisung auf separaten Dokumenten geführt werden. Im Medizinproduktebuch genügt der Verweis auf diese Dokumentation),
- Fristen und Datum der Durchführung sowie das Ergebnis von vorgeschriebenen Sicherheits- und Messtechnischen Kontrollen und Datum von Instandhaltungen sowie der Name der verantwortlichen Person oder der Firma, die diese Maßnahme durchgeführt hat,
- Name oder Firma sowie Anschrift von Personen oder Institutionen, mit denen Verträge zur Durchführung von Sicherheits- und Messtechnischen Kontrollen oder Instandhaltungsmaßnahmen bestehen (soweit vorhanden),
- Datum, Art und Folgen von Funktionsstörungen und wiederholten gleichartigen Bedienungsfehlern,
- Meldungen von Vorkommnissen an Behörden und Hersteller.

Das Medizinproduktebuch ist somit der Lebenslauf eines Medizinprodukts vom Zeitpunkt der Inbetriebnahme bis zur Außerbetriebnahme mit allen wesentlichen Ereignissen. Es soll vorrangig dem Anwendungs-, Kontroll- und Instandhaltungspersonal einen Überblick über vorangegangene Störungen Maßnahmen verschaffen. Für das Medizinproduktebuch sind elektronische Datenträger zulässig, wenn die gespeicherten Informationen während der vorgeschriebenen Aufbewahrungsfrist – nach Außerbetriebnahme noch fünf Jahre – verfügbar sind.

Medizinproduktegesetz
Mit dem MPG vom 2. August 1994 (BGBl. I S.1963) werden
- die AIMDD über aktive implantierbare medizinische Geräte, zuletzt geändert durch die Richtlinie 2007/47/EWG,
- die MDD über Medizinprodukte, zuletzt geändert durch die Richtlinie 2007/47/EG und
- die IVDD über In-vitro-Diagnostika, zuletzt geändert durch die Verordnung (EG) Nr. 596/2009

in deutsches Recht umgesetzt.
- Mit dem Ersten Medizinprodukte-Änderungsgesetz wurde insbesondere der Begriff «Inverkehrbringen» im Sinne des erstmaligen Inverkehrbringens präzisiert und eine Verlängerung für bei der Übergangsregelung für die Abverkaufsfrist beim Handel bzw. die Frist zur erstmaligen Inbetriebnahme beim Betreiber bis zum 30. Juni 2001 verlängert.
- Mit dem Zweiten Medizinprodukte-Änderungsgesetz wurden u. a.
  - die IVDD des Europäischen Parlaments und des Rates über In-vitro-Diagnostika und

- die Richtlinie 2000/70/EG des Europäischen Parlaments und des Rates zur Änderung der MDD des Rates hinsichtlich Medizinprodukten, die stabile Derivate aus menschlichem Blut oder Blutplasma enthalten

in deutsches Recht umgesetzt.
- Mit der dritten Änderung durch das Gesetz zur Änderung medizinprodukterechtlicher und sonstiger Vorschriften vom 14. Juni 2007 wurde insbesondere der Anwendungsbereich des MPG's auf das Anwenden, Betreiben und Instandsetzen von Nicht-Medizinprodukten ausgedehnt, der Begriff «In-Haus-Herstellung» durch den Begriff «Eigenherstellung» ersetzt und differenziert zwischen Medizinprodukten aus Eigenherstellung und In-vitro-Diagnostika aus Eigenherstellung. Des Weiteren wurden Ausnahmeregelungen für den Zivil- und Katastrophenschutz getroffen und die Anzeigepflichten bei klinischen Prüfungen und Sonderanfertigungen reduziert.
- Mit der vierten Änderung durch das Gesetz zur Änderung medizinprodukterechtlicher Vorschriften vom 29. Juli 2009 wurde insbesondere die Einbeziehung der grundlegenden Gesundheits- und Sicherheitsanforderungen der Maschinenrichtlinie in die Konformitätsbewertung von Medizinprodukten gefordert, falls das Medizinprodukt auch unter die Begriffsbestimmung «Maschine» fällt.

  Des Weiteren wurden u. a. folgende Festlegungen getroffen: befristete Abgabe von In-vitro-Diagnostika zur Erkennung von HIV-Infektionen an festgelegte Personen und Einrichtungen, Novellierung der Anforderungen an die Genehmigung und Durchführung klinischer Prüfungen, Neuregelung der Zuständigkeiten der Bundesoberbehörden, Aufnahme der Ermächtigung zum Erlassen einer allgemeinen Verwaltungsvorschrift, um die Maßnahmen und die Qualität behördlicher Überwachung zu vereinheitlichen und die Überwachungsqualität zu verbessern. Die Registrierung von Ethik-Kommissionen wird nicht mehr gefordert.
- Mit der 5. Änderung durch Artikel 12 des Gesetzes zur Änderung krankenversicherungsrechtlicher und anderer Vorschriften vom 24. Juli 2010 (BGBl. I S. 983, 993) werden die Aufgaben des DIMDI der geänderten DIMDIV angepasst. Des Weiteren werden die Straf- und Bußgeldvorschriften entsprechend der 4. Änderung des MPG korrigiert.

Mit dem MPG werden die Anforderungen an Medizinprodukte in einem Gesetz zusammengefasst, die vor 1994 in den verschiedensten Gesetzen, wie beispielsweise Geräte- und Produktsicherheitsgesetz mit der zugehörigen Medizingeräteverordnung, Arzneimittelgesetz, Bedarfsgegenständegesetz, Eichgesetz, Lebensmittelgesetz, Gesetz zur Bekämpfung von Geschlechtskrankheiten, Atomgesetz mit der zugehörigen Röntgenverordnung und Strahlenschutzverordnung, etc.) [1] geregelt waren.

Das MPG gilt für technische Produkte, die in der Medizin zur Anwendung kommen und für Menschen bestimmt sind. Es richtet sich im Wesentlichen an
- den Hersteller bzw. seinen Bevollmächtigten einschließlich Fachhandel und
- den Betreiber und Anwender

von Medizinprodukten mit dem Ziel [1]

Fachwörterbuch

- eine ordnungsgemäße Medizinprodukteversorgung sicherzustellen,
- die medizinische und technische Sicherheit und Leistung von Medizinprodukten zu gewährleisten,
- für den Schutz von Patienten, Anwendern und Dritten zu sorgen,
- den freien Warenverkehr aller mit einer CE-Kennzeichnung versehenen, in Deutschland hergestellten Medizinprodukte im gesamten EWR zu ermöglichen.

Zur Erreichung des wesentlichen Ziels des MPG's – Verwirklichung einer hohen Produktsicherheit – konzentrieren sich die Vorschriften auf die Forderung, dass

- das Medizinprodukt medizinisch und technisch unbedenklich ist (Nutzen-Risiko-Abwägung),
- der medizinische Zweck, den das Medizinprodukt nach den Angaben des Herstellers besitzen soll, durch den Hersteller zu belegen ist und
- das Medizinprodukt die erforderliche Qualität aufweist (Qualitätssicherung im Rahmen der Konformitätsbewertung).

Medizinprodukte-Klinische Prüfungsverordnung

Die „Verordnung über klinische Prüfungen von Medizinprodukten – MPKPV" (im Folgenden als „Medizinprodukte Klinische Prüfungsverordnung" bezeichnet – da ein offizieller Kurzbegriff ist im Titel der Verordnung nicht aufgenommen wurde) vom 10. Mai 2010 ist eine Verordnung zum Medizinproduktegesetz und auf der Grundlage von § 37 Abs. 2a MPG vom BMG erlassen worden.

Die MPKPV ist Artikel 1 der Verordnung über klinische Prüfungen von Medizinprodukten und zur Änderung medizinprodukterechtlicher Vorschriften vom 10. Mai 2010 (BGBl. I S. 555). Sie ist nach Artikel 5 dieser Verordnung einen Tag nach ihrer Verkündigung am 13. Mai 2010 in Kraft getreten.

Mit der MPKPV werden – ohne einen ausdrücklichen Verweis – die einschlägigen Anforderungen der entsprechenden EU-Richtlinien in nationales Recht umgesetzt, insbesondere

- Artikel 10, Anhang 6 und Anhang 7 der AIMDD;
- Artikel 15, Anhang VIII und Anhang X der MDD;
- Artikel 9, Anhang VIII der IVDD.

Die MPKPV gilt für klinische Prüfungen und genehmigungspflichtige Leistungsbewertungsprüfungen gemäß der §§ 20 bis 24 MPG, deren Ergebnisse verwendet werden sollen zu:

- der Durchführung eines Konformitätsbewertungsverfahrens gemäß der Medizinprodukte-Verordnung,
- der Durchführung eines Konformitätsbewertungsverfahrens mit einem Medizinprodukt, das die CE-Kennzeichnung tragen darf, zur Erlangung einer neuen Zweckbestimmung, die über die der CE-Kennzeichnung zugrunde liegende Zweckbestimmung hinausgeht, oder
- der Gewinnung und Auswertung von Erfahrungen des Herstellers bezüglich der klinischen Sicherheit und Leistung eines Medizinprodukts, das die CE-Kenn-

zeichnung tragen darf, sofern zusätzlich invasive oder andere belastende Untersuchungen durchgeführt werden.

Mit der MPKPV werden im Wesentlichen die Anforderungen geregelt bezüglich:
- des Verfahrens der Antragstellung bei der nach Landesrecht gebildeten Ethik-Kommission und der zuständigen Bundesoberbehörde,
- des Genehmigungsverfahrens,
- des zustimmenden Bewertungsverfahrens,
- des Verfahrens zur Befreiung von der Genehmigungspflicht,
- des Verfahrens bei Änderungen der klinischen Prüfung / Leistungsbewertungsprüfung,
- der Anforderungen an die Qualifikation des Prüfers für klinische Prüfungen,
- der Durchführung klinischer Prüfung / Leistungsbewertungsprüfungen und
- der Überwachung durch die zuständige Landesbehörde.

Die Verordnung richtet sich an den Sponsor und den Prüfer klinischer Prüfungen von Medizinprodukten, den Hersteller / Produzenten von Medizinprodukten zur klinischen Prüfung, die nach Landesrecht gebildeten Ethik-Kommissionen, die zuständige Bundesoberbehörde und die zuständigen Landesbehörden.

Medizinprodukte-Vertriebswege-Verordnung

Die „Verordnung über Vertriebswege für Medizinprodukte – MPVertrV" (im folgenden nur als „Vertriebswege-Verordnung" bezeichnet – ein offizieller Kurzbegriff ist im Titel der Verordnung nicht aufgenommen) vom 17. Dezember 1997 ist eine Verordnung zum Medizinproduktegesetz und auf der Grundlage von § 37 Abs. 3 MPG vom BMG erlassen worden. Sie ist einen Tag nach ihrer Verkündigung im Bundesgesetzblatt vom 23. Dezember 1997 – also am 24. Dezember 1997 – in Kraft getreten.

Diese Verordnung richtet sich ausschließlich an Einrichtungen und Personen, die „apothekenpflichtige" Medizinprodukte in den Verkehr bringen, insbesondere an:
- Hersteller – einschließlich deren Bevollmächtigten –, Einführer und Händler von apothekenpflichtigen Medizinprodukten,
- Krankenhäusern,
- Ärzte und Zahnärzte,
- Apotheken,
- von der zuständigen Behörde anerkannte zentrale Beschaffungsstellen.

Das Ziel, das das BMG mit dem Erlassen dieser Verordnung verfolgt, ergibt sich sowohl aus § 37 Abs. 3 MPG als auch aus der amtlichen Begründung zum Verordnungsentwurf des BMG:

«Ziel dieser Verordnung ist, solche Produkte, die bisher nach der Verordnung über apothekenpflichtige und freiverkäufliche Arzneimittel apothekenpflichtige Arzneimittel waren und jetzt nach den Vorschriften des Medizinproduktegesetzes in den Verkehr gebracht werden, ebenfalls der Apothekenpflicht zu unterwerfen. Die Regelung ist erforderlich, um für diese Produkte ein gleiches Sicherheitsniveau wie nach dem Arzneimittelrecht zu gewährleisten.»

Welche Medizinprodukte unter die Vertriebswege-Verordnung fallen, regelt:

Fachwörterbuch

- die Verschreibungspflicht-Verordnung (siehe Anlage zu § 1 Abs. 1 Nr. 1 MPVerschrV),
- die Vertriebswege-Verordnung (siehe Anlage zu § 1 Abs. 1 Nr. 2 MPVertrV),
- die Verordnung über verschreibungspflichtige Arzneimittel, wenn das Medizinprodukt Stoffe oder Zubereitungen enthält oder auf die solche Stoffe aufgetragen sind, die verschreibungspflichtige Arzneimittel im Sinne dieser Verordnung sind.

Medizinprodukterisiken

Medizinprodukterisiken sind alle Risiken, die von Medizinprodukten ausgehen. Zweck des MPG's ist es u. a., für die Sicherheit der Medizinprodukte zu sorgen. Vor dem erstmaligen Inverkehrbringen eines Medizinprodukts im EWR ist ein Hersteller verpflichtet, den Nachweis zu erbringen, dass das Produkt so ausgelegt und hergestellt ist, dass die

«Anwendung unter den vorgesehenen Bedingungen und zu den vorgesehenen Zwecken weder den klinischen Zustand und die Sicherheit der Patienten noch die Sicherheit und die Gesundheit der Anwender oder gegebenenfalls Dritter gefährdet, wobei etwaige Risiken im Zusammenhang mit der vorgesehenen Anwendung gemessen am Nutzen für den Patienten vertretbar […] sein müssen.» (Auszug aus Anhang I Nr. 1 MDD)

Im Rahmen von Risikomanagement-Prozessen hat der Hersteller von Medizinprodukten vor dem erstmaligen Inverkehrbringen nachzuweisen, dass durch Gefahren keine Schäden hervorgerufen werden können und dass das verbleibende Restrisiko akzeptabel ist. Zu betrachten sind beispielsweise:

- primäre Gefahren, die speziell bei aktiven Medizinprodukten durch Energie bedingt sein können, wie Hitze, Elektrizität, ionisierende Strahlung;
- biologische Gefahren wie Toxizität, Abbau eines Werkstoffs, falsche Abgabe von Substanzen, Unvermögen, die hygienische Sicherheit zu erhalten;
- Gefahren durch Umwelteinflüsse während der Herstellungs- und Betriebsphase, wie zum Beispiel Lagerung, Betrieb außerhalb der spezifizierten Umweltbedingungen, elektromagnetische Störungen;
- Gefahren, die mit der Medizinprodukteanwendung verbunden sind, wie Anwendungsfehler, die beispielsweise durch unzureichende Kennzeichnung, unzureichende Gebrauchsanweisung, unzureichende Angaben zu Zubehör, unklare Darstellungen von Bedienschritten, von Einstellungen oder Messergebnissen (unzureichende Gebrauchstauglichkeit) verursacht werden können;
- Gefahren durch Funktionsfehler des Medizinprodukts, unzureichende Instandhaltung, Alterung.

Nach dem Inverkehrbringen ist der Hersteller zu einer systematischen Produktbeobachtung im Markt verpflichtet. Er muss auch von den Medizinprodukteberatern mitgeteilte und aus anderen Quellen in Erfahrung gebrachte Risiken erfassen und bewerten sowie gegebenenfalls erforderliche korrektive Maßnahmen veranlassen. Wesentliche Quellen für bekannt gewordene Meldungen über Medizinprodukterisiken sind u. a.:

Fachwörterbuch

- Mitteilungen der Medizinprodukteberater,
- Serviceberichte des Hersteller-Kundendienstes,
- hauseigene Untersuchungen, z. B. Ergebnisse von Risikoanalysen,
- hauseigene Meldungen,
- Meldungen von Unterlieferanten, z. B. im Rahmen der Qualitätssicherung,
- Reklamationsberichte,
- Mitteilungen des Fachhandels,
- Berichte der ausländischen Vertretungen,
- direkte Mitteilungen eines Kunden an den Hersteller, z. B. an die Geschäftsleitung,
- Veröffentlichungen in der Fachliteratur,
- Mitteilungen von zuständigen Behörden, von Benannten Stellen, von Betreibern und Anwendern, etc.,
- Mitteilungen im Internet zu Vorkommnissen mit Medizinprodukten, wie z. B. von Behörden (BfArM, FDA, Medical Device Agency),
- bekannt gewordene Veröffentlichungen in der Fachliteratur und in Presseberichten,
- bekannt gewordene Erkenntnisse und Informationen aus der Beobachtung von Konkurrenzprodukten.

Von besonderer Bedeutung sind die meldepflichtigen Vorkommnisse, die der zuständigen Behörde – in Deutschland dem BfArM oder bei speziellen In-vitro-Diagnostika dem PEI – angezeigt werden müssen. Eine Meldepflicht besteht nach der MPSV ferner für alle aus Risikogründen durchgeführte Rückrufe.
Nicht meldepflichtig sind dagegen beispielsweise sogenannte «Erste Fehler» im Sinne von EN 60 601-1 [21], für die der Hersteller entsprechende Schutzsysteme konstruktiv vorgesehen hat, wenn diese ordnungsgemäß funktionieren und somit nicht zu einer Verletzung oder potenziellen Verletzung geführt haben.
Für die Sammlung und Bewertung von Medizinprodukterisiken, die Koordinierung erforderlicher Maßnahmen und die Erfüllung von Meldepflichten, soweit sie Medizinprodukterisiken betreffen, muss in Deutschland ein Sicherheitsbeauftragter für Medizinprodukte (betriebsintern vom Verantwortlichen für das Inverkehrbringen) bestellt werden.
Mit dem Gesetz zur Änderung medizinprodukterechtlicher Vorschriften vom 29. Juli 2009 sind auch «schwerwiegende unerwünschte Ereignisse» in das Medizinprodukte-Beobachtungs- und -Meldesystem einbezogen worden. Die Zuständigkeit liegt beim BfArM.

Messtechnische Kontrolle
⇨ § 11 MPBetreibV

Das Ziel einer Messtechnischen Kontrolle ist das rechtzeitige Erkennen einer unzulässigen Überschreitung der maximalen Messabweichung (Fehlergrenzen), bevor sie sich für die Therapie bzw. Diagnose zum Nachteil des Patienten auswirken kann.
Die Messtechnische Kontrolle umfasst somit nach § 11 MPBetreibV:

Fachwörterbuch

- die Beurteilung der Messgenauigkeit zum Zeitpunkt der Durchführung der Messtechnischen Kontrolle und
- die Beurteilung der voraussichtlichen messtechnischen Entwicklung des geprüften Medizinprodukts im Zeitraum bis zum nächsten Prüftermin – insbesondere im Hinblick auf eine absehbare Entwicklung beispielsweise durch Alterung oder Verschleiß – zur Gewährleistung einer ausreichenden Messbeständigkeit.

Der Betreiber hat Messtechnische Kontrollen für die in der Anlage 2 MPBetreibV aufgeführten Medizinprodukte fristgerecht durchzuführen bzw. durchführen zu lassen. Die in der Anlage 2 MPBetreibV bzw. die vom Hersteller angegebenen Fristen beginnen mit Ablauf des Jahres, in dem das Medizinprodukt in Betrieb genommen wurde. Hinzuweisen ist darauf, dass ein Hersteller Messtechnische Kontrollen auch für Medizinprodukte festlegen kann, die nicht in der Anlage 2 MPBetreibV aufgeführt sind.
Auch Nicht-Medizinprodukte, die im Sinne der Anlage 2 MPBetreibV betrieben, angewendet und instand gehalten werden – z. B. Tretkurbelergometer –, unterliegen dem Medizinprodukterecht. Auch für diese Nicht-Medizinprodukte sind Messtechnische Kontrollen erforderlich.

Metabolische Wirkungsweise
⇨ AGMP-Arbeitshilfe [57]:
«Eine metabolische Wirkungsweise im Sinne des MPG wird verstanden als eine Wirkungsweise, die auf einer Veränderung (Stoppen, Starten, Geschwindigkeit) normaler biochemischer Prozesse beruht, die an der normalen Körperfunktion beteiligt sind oder deren Verfügbarkeit für diese von Bedeutung sind. Die Tatsache, dass ein Produkt selbst verstoffwechselt wird, bedeutet nicht, dass seine bestimmungsgemäße Hauptwirkung auf metabolische Art und Weise erzielt wird.»

Monitor
Für den Fall, dass der Sponsor die Überwachung und Berichterstattung der klinischen Prüfung eines Medizinprodukts nicht selbst übernimmt, hat er für diese Aufgaben eine Person (Monitor) zu benennen, die die Aufgabe der Überwachung und Berichterstattung über den Verlauf der klinischen Prüfung eines Medizinprodukts verantwortlich übernimmt.
Das Monitoring dient der Qualitätssicherung im Verlauf der klinischen Prüfung, z. B. zum:
- Einhalten der gesetzlichen Vorgaben,
- Einhalten des Prüfplans,
- Einhalten der Datenqualität,
- Schutz der an der klinischen Prüfung teilnehmenden Patienten.

Der Monitor übernimmt somit eine wesentliche Aufgabe in der Vorbereitung von Audits und Inspektionen.

Multizentrische klinische Prüfung eines Medizinprodukts
Eine multizentrische klinische Prüfung eines Medizinprodukts ist eine klinische Prüfung, die entsprechend einem einzigen klinischen Prüfplan an mehreren Prüfstellen durchgeführt wird.

Nach Landesrecht gebildete Ethik-Kommission
⇨ Ethik-Kommission nach Landesrecht

Nationale Akkreditierungsstelle
⇨ {Deutsche Akkreditierungsstelle}
⇨ Artikel 2 Nr. 11 Verordnung (EG) Nr. 765/2008 [77]:
«Nationale Akkreditierungsstelle: die einzige Stelle in einem Mitgliedstaat, die im Auftrag dieses Staates Akkreditierungen durchführt.»
In Deutschland nimmt die DAkkS diese Aufgabe wahr.

Nebenwirkung
⇨ § 31 MPG
Nebenwirkungen sind die bei einer bestimmungsgemäßen Verwendung des Medizinprodukts auftretenden unerwünschten Begleiterscheinungen.

Neue Harmonisierungskonzeption
Auf dem Gebiet der technischen Harmonisierung und Normung ist der sogenannte New Approach von 1985 mit dem Beschluss 768/2008/EG und der Verordnung (EG) 765/2008 grundlegend reformiert worden [81]. Die Verordnung (EG) Nr. 765/2008 trat am 2. September 2008 in Kraft und ist ab dem 1. Januar 2010 anzuwenden.
Aus dem Erwägungsgrund (1) der Verordnung (EG) Nr. 765/2008 ist zu entnehmen, dass Produkte für den freien Warenverkehr innerhalb der Union Anforderungen für ein hohes Niveau in Bezug auf den Schutz öffentlicher Interessen wie Gesundheit und Sicherheit im Allgemeinen, Gesundheit und Sicherheit am Arbeitsplatz, Verbraucher- und Umweltschutz und Sicherheit erfüllen müssen. Gleichzeitig muss gewährleistet sein, dass der freie Warenverkehr nicht über das nach den Harmonisierungsrechtsvorschriften der Union oder anderen einschlägigen Vorschriften der Union zulässige Maß hinaus eingeschränkt wird. Daher werden Bestimmungen für die Akkreditierung, die Marktüberwachung, die Kontrollen von Produkten aus Drittstaaten und die CE-Kennzeichnung vorgesehen [77].
Mit dem Beschluss 768/2008/EG wird ein präziserer Rahmen für die Konformitätsbewertung, Akkreditierung und Marktüberwachung geschaffen. Aus Artikel 2 des Beschlusses 768/2008/EG ergibt sich, dass dieser Beschluss als eine Art „Baukasten" sowohl für die Überarbeitung bestehender EU-Richtlinien – beispielsweise der Medizinprodukte-Richtlinien – als auch für die Erarbeitung neuer EU-Richtlinien angesehen werden kann.

Nichtinvasive Anwendung
Bei der nichtinvasiven Anwendung erfolgt die Anwendung des Medizinprodukts außerhalb des menschlichen Körpers oder an der Körperoberfläche (äußerlich am

menschlichen Körper). Die Anwendung eines Medizinprodukts in einem extrakorporalen Kreislauf kann einer Anwendung im Körper gleichgesetzt werden. Derartige Produkte können eine Interaktion mit dem menschlichen Körper haben, wenn sie mit dem menschlichen Körper in Kontakt kommen.

Normale Einsatzbedingungen
⇨ Anhang X Nr. 1.1 MDD

«Normale Einsatzbedingungen» sind Umweltbedingungen, Umgebungsbedingungen und Anwenderbedingungen, die bei der Anwendung eines Medizinprodukts zu beachten sind. Bei der Bewertung eines Medizinprodukts unter «Normalen Einsatzbedingungen» sind auch der nahe liegende Fehlgebrauch oder Missbrauch sowie vernünftigerweise vorhersehbare Abweichungen von den vom Hersteller vorgegebenen Bedingungen zu berücksichtigen.

Notified Body Operations Group (NBOG)
Im Juli 2000 haben die Mitgliedstaaten und die Europäische Kommission beschlossen, die Notified Body Operations Group (NBOG) ins Leben zu rufen. Dies war in Reaktion auf die weit verbreitete Sorge, dass die Leistungen der Benannten Stellen im Medizinproduktesektor unterschiedlich und widersprüchlich sind. Verantwortung für die Benennung der Benannten Stellen tragen die zuständigen Behörden der Mitgliedstaaten.

NBOG hat die Aufgabe, zur Verbesserung der Gesamtleistung der im Medizinproduktesektor tätigen Benannten Stellen Best-Practice-Beispiele zu identifizieren und zu veröffentlichen, so dass Empfehlungen von den für die Benennung zuständigen Behörden und den Benannten Stellen übernommen werden können.

NBOG hat bislang folgende Dokumente auf http://www.nbog.eu veröffentlicht:
- Handbuch für Benennende Behörden (2003),
- Change of Notified Body (2008),
- Certificates issued by Notified Bodies with reference to Council Directives 93/42/EEC, 98/79/EC, 90/385/EEC,
- Guidance on Design-Dossier Examination and Report Content (2009),
- Role of Notified Bodies in the Medical Device Vigilance System (2009),
- Guideline for Designating Authorities to Define the Notification Scope of a Notified Body Conducting Medical Devices Assessments (2009),
- Guidance on Notified Body's Tasks of Technical Documentation Assessment on a Representative Basis (2009),
- Guidance on Notified Bodies auditing suppliers to medical device manufacturers (2010),
- Guidance on Audit Report Content (2010),
- Checklist for audit of Notified Body's review of Clinical Data / Clinical Evaluation (2010),
- Notification form – Directive 93/42/EEC (2009),
- Notification form – Directive 90/385/EEC (2009),
- Notification form – Directive 98/79/EC (2009),

- Certificate Notification to the Commission and other Member States (2010).

Notifizierung (von Benannten Stellen)
⇨ KAN-Studie [109]:
«Notifizierung (Mitteilung) – notification: Verfahren, mit dem ein Mitgliedstaat die Europäische Kommission sowie die anderen Mitgliedstaaten über die Benennung einer Stelle informiert.»

Durch die Notifizierung wird der Kommission und den anderen Vertragsstaaten des Abkommens über den EWR mitgeteilt, dass eine Benannte Stelle die Anforderungen erfüllt – und damit die Kompetenz hat – und berechtigt, Konformitätsbewertungsverfahren innerhalb eines Richtlinienbereichs auf einem festgelegten Aufgabengebiet durchzuführen. Benannte und notifizierte Stellen werden ausschließlich in der von der Generaldirektion Unternehmen und Industrie der Europäischen Kommission betriebenen NANDO-Datenbank[2] bekannt gegeben, in der alle Benannten Stellen – nach verschiedenen Kriterien (z. B. nach EU-Richtlinie, Land, Kennnummer) suchbar – gelistet sind.

Der Vorgang der Notifizierung ist ein von der Benennung getrennter Vorgang. Die Benennung hat von ihrem Wesen her primär eine innerstaatliche Bedeutung, sie ist die Bestätigung eines Mitgliedstaats, dass eine Benannte Stelle in seinem Hoheitsgebiet des Mitgliedstaats kompetent und berechtigt ist, Aufgaben im Rahmen einer Konformitätsbewertung innerhalb eines Richtlinienbereichs auf einem festgelegten Aufgabengebiet durchzuführen.

Off-Label-Use eines Medizinprodukts
Der Off-Label-Use eines Medizinprodukts ist eine Verwendung außerhalb der vom Hersteller festgelegten Zweckbestimmung und / oder außerhalb der vom Hersteller angegebenen Anwendungsbeschränkungen.

Das deutsche Medizinprodukterecht sieht den Off-Label-Use eines Medizinprodukts nicht vor. Gemäß § 2 Abs. 1 MPBetreibV darf ein Medizinprodukt nur gemäß seiner Zweckbestimmung entsprechend angewendet werden.

Im Falle eines Off-Label-Use eines Medizinprodukts übernimmt die Person die Haftung, die das Medizinprodukt im Off-Label-Use anwendet bzw. die den Off-Label-Use angeordnet hat.

Patient
Der Begriff «Patient» ist weder im MPG noch in den zugehörigen EU-Richtlinien definiert.
⇨ DIN EN 60601-1 (2007-07):
«3.76 Patient
Lebewesen (Mensch oder Tier), das einem medizinischen, chirurgischen oder zahnmedizinischem Verfahren unterzogen wird.»

---

2) http://ec.europa.eu/enterprise/newapproach/nando/

Nach [33] ist – im engeren Sinn – der Patient:
«[...] ein an einer Krankheit bzw. an Krankheitssymptomen Leidender, der ärztlich behandelt wird; auch für einen Gesunden, der Einrichtungen des Gesundheitswesens zu Diagnose oder Therapie in Anspruch nimmt.»
Patienten – im Sinne des Medizinprodukterechts – sind somit Personen, an denen, für die oder von denen Medizinprodukte unmittelbar (z. B. Infusionspumpe, Herzschrittmacher, Pflaster) oder mittelbar (z. B. Blutzuckermessgerät) im Rahmen einer diagnostischen oder therapeutischen Intervention in der Heilkunde oder Zahnheilkunde angewendet bzw. verwendet werden.

Patientennahe Sofortdiagnostik
⇨ Teil A Nr. 3 RiLiBÄK [74]
«Bei der patientennahen Sofortdiagnostik handelt es sich um laboratoriumsmedizinische Untersuchungen, die ohne Probenvorbereitung unmittelbar als Einzelprobenmessungen durchgeführt werden.
Ein wesentliches Kriterium der patientennahen Sofortdiagnostik ist die unmittelbare Ableitung therapeutischer Konsequenzen aus der durchgeführten Laboratoriumsuntersuchung.»

Patientensicherheit
Im allgemeinen Verständnis umfasst Patientensicherheit alle Aspekte [5] der
- medizinischen Sicherheit (Indikation / Kontraindikation des Behandlungsverfahrens, Dosierung der Energie- und Stoffmengen, Einstellung des Medizinprodukts, etc.),
- hygienische Sicherheit (Gerätepflege, Sterilität der Anwendungsteile, Kontaminationsschutz, etc.),
- technische Sicherheit (Konzeption und Konstruktion, Installations- und Anschlussbedingungen, Instandhaltung, Handhabung, etc.).

Im Sinne der Patientensicherheit wird in den Grundlegenden Anforderungen der AIMDD und MDD auch die Berücksichtigung der ergonomischen Produktauslegung ausdrücklich festgehalten.

Paul-Ehrlich-Institut (PEI)
⇨ § 32 MPG
Das Paul-Ehrlich-Institut ist eine selbstständige Bundesoberbehörde im Geschäftsbereich des BMG.

Im § 32 Abs. 2 MPG sind die Aufgaben und Zuständigkeiten des Paul-Ehrlich-Instituts festgelegt. Sie umfassen insbesondere die gleichen Aufgaben wie beim BfArM, soweit es sich um In-vitro-Diagnostika handelt, die im Anhang II der IVDD genannt sind. Die In-vitro-Diagnostika müssen zur Prüfung der Unbedenklichkeit oder Verträglichkeit von Blut- oder Gewebespenden bestimmt sein oder Infektionskrankheiten betreffen.
Meldungen von Vorkommnissen nach § 3 MPSV sind u. a.
- vom Hersteller,

- vom Verantwortlichen nach § 5 MPG,
- vom Betreiber und
- vom Anwender

zu richten an:
Paul-Ehrlich-Institut
Bundesinstitut für Impfstoffe und biomedizinische Arzneimittel
Paul-Ehrlich-Straße 51-59
63225 Langen

Persönliche Schutzausrüstung (PSA)

⇨ {Medizinprodukt mit doppeltem Verwendungszweck – „Dual Use" medical device}

Im Sinne der Richtlinie 89/686/EG

«[...] gilt als PSA jede Vorrichtung oder jedes Mittel, das dazu bestimmt ist, von einer Person getragen oder gehalten zu werden, und das diese gegen ein oder mehrere Risiken schützen soll, die ihre Gesundheit sowie ihre Sicherheit gefährden können.

Als PSA gelten ferner:
a) eine aus mehreren vom Hersteller zusammengefügten Vorrichtungen oder Mitteln bestehende Einheit, die eine Person gegen ein oder mehrere gleichzeitig auftretende Risiken schützen soll;
b) eine Schutzvorrichtung oder ein Schutzmittel, das mit einer nichtschützenden persönlichen Ausrüstung, die von einer Person zur Ausübung einer Tätigkeit getragen oder gehalten wird, trennbar oder untrennbar verbunden ist;
c) austauschbare Bestandteile einer PSA, die für ihr einwandfreies Funktionieren unerlässlich sind und ausschließlich für diese PSA verwendet werden.»

Hinzuweisen ist auf das interpretative Dokument, das von der Kommission am 21. August 2009 veröffentlicht wurde: „Interpretation of the relation between the revised Directive 93/42/EEC concerning medical devices and Directive 89/686/EEC on personal protective equipment" [78].

In dem interpretativen Dokument wird im Abschnitt (11) klar gestellt, dass Produkte mit zweifachem Verwendungszweck (Dual Use products) nicht nur die zutreffenden Grundlegenden Anforderungen und Grundlegenden Gesundheits- und Sicherheitsanforderungen erfüllen müssen, sondern dass für die Produkte mit zweifachem Verwendungszweck ein Konformitätsbewertungsverfahren gemäß der MDD und für die auf das Produkt zutreffenden Grundlegenden Gesundheits- und Sicherheitsanforderungen ein entsprechendes Konformitätsbewertungsverfahren gemäß der Richtlinie 89/686/EWG durchzuführen ist.

Gemäß Abschnitt (14) des interpretativen Dokuments ist das Produkt nach erfolgreichem Abschluss der zwei Konformitätsbewertungsverfahren nur mit einer CE-Kennzeichnung zu versehen. Sind zwei unterschiedliche Benannte Stellen bei diesen Konformitätsbewertungsverfahren involviert, so sind beide Kennnummern der involvierten Benannten Stellen anzugeben.

Nach § 2 Abs. 4a MPG fallen persönliche Schutzausrüstungen in den Anwendungsbereich des MPG's, wenn der Hersteller das Produkt mit einer Zweckbestimmung sowohl als Medizinprodukt als auch als PSA in den Verkehr bringt (Medizinprodukt mit doppeltem Verwendungszweck). Hierunter fallen z. B.:
- Op-Handschuhe und Untersuchungs-Handschuhe als Medizinprodukt, die im klinisch-chemischen Labor als Schutzhandschuhe Verwendung finden,
- Laserschutzbrillen als Zubehör für einen medizinischen Laser, die auch bei konventionellen Lasern zur Anwendung kommen.

Pharmakologische Wirkungsweise
⇨ AGMP-Arbeitshilfe [57]:
«Eine pharmakologische Wirkungsweise im Sinne des MPG wird verstanden als eine Wechselbeziehung zwischen den Molekülen des betreffenden Stoffs und einem gewöhnlich als Rezeptor bezeichneten Zellbestandteil, die entweder zu einer direkten Wirkung führt oder die Reaktion auf einen anderen Liganden (Agenz) blockiert (Agonist oder Antagonist). Das Vorhandensein einer Dosis-Wirkung-Korrelation ist ein Indikator für eine pharmakologische Wirkungsweise, jedoch ist dies kein unbedingt verlässliches Kriterium.»

POCT: Point of Care Testing
Unter POCT ist eine Untersuchung mit Hilfe eines medizinischen Messgeräts (z. B. Glukose-Messgerät) am Ort des Patienten oder in dessen Nähe zu verstehen. Das Ergebnis steht sofort zur Diagnose und /oder zur Therapie des Patienten zur Verfügung («patientennahe Sofortdiagnostik»).
Die patientennahe Sofortdiagnostik ist sehr weit verbreitet. Sie umfasst beispielsweise die Sofortdiagnose folgender Werte:
- Glukose,
- Hämoglobin A1c,
- Blutgasanalyse (mit / ohne Elektrolyte, Metabolite, …),
- Blutgerinnungswerte,
- Diagnostik des Herzinfarkts (z. B. Troponin T Test),
- neonatales Bilirubin,
- Allergie-Diagnostik,
- Drogenscreening,
- Teststreifen z. B. für Harnuntersuchungen.

Die RiLiBÄK von 2007 [76], die zur Vermutung einer ordnungsgemäßen Qualitätssicherung in medizinischen Laboratorien in § 4a MPBetreibV aufgenommen wurde, fordert die komplette Integration der patientennahen Sofortdiagnostik in ein QM-System. Die Mitarbeiter von medizinischen Laboratorien werden dadurch in die Situation gebracht, sich mit den Abläufen und Organisationsstrukturen z. B. einer Pflegestation, Intensivtherapiestation, Intensivüberwachungsstation, Intermediate Care Station, Aufwachraum, Ambulanz, Notaufnahme, Kreißsaal, Neugeborenenstation, minimal invasive Radiologie, OP-Bereichen auseinander setzen zu müssen.

Außerhalb eines Krankenhauses ist beispielsweise an folgende Bereiche zu denken: Notarzteinsatz, Apotheke, Praxis eines niedergelassenen Arztes, ambulante Pflege, Pflegeheim.

Präanalytik
⇨ Teil A Nr. 3 RiLiBÄK
«Unter Präanalytik werden alle Arbeitsschritte verstanden, die bis zur eigentlichen Messung durchlaufen werden:
- Gewinnung des Untersuchungsmaterials,
- Transport und Verwahrung des Untersuchungs- oder Probenmaterials,
- Beurteilung des Untersuchungs- oder Probenmaterials,
- Probenvorbereitung (z. B. Abtrennung korpuskulärer Bestandteile durch Zentrifugation).»

Präzision eines Messverfahrens
⇨ Anhang I, Nr. A 3 IVDD: Leistungsparameter von In-vitro-Diagnostika
Die Präzision beschreibt das Ausmaß der Annäherung wiederholter Messungen derselben Messgröße in demselben Probenmaterial unter veränderten Messbedingungen – z. B. Labor, Person, Serie, Zeit.
Maße für die Präzision eines Messverfahrens sind:
- «Reproduzierbarkeit» – wiederholte Messungen unter verschiedenen Bedingungen, z. B. in verschiedenen Serien oder in unterschiedlichen Laboratorien,
- «Wiederholbarkeit» – aufeinander folgende Messungen innerhalb eines Labors unter ansonsten gleichen Bedingungen, d.h. in einer Serie

Das Ausmaß der Präzision wird in der Regel durch die statistischen Maße der Unpräzision – Standardabweichung und relative Standardabweichung (Variationskoeffizient) – angegeben, die in umgekehrter Beziehung zur Präzision stehen.

Produktinformation
Die Produktinformation besteht aus
- der Kennzeichnung,
- der Gebrauchsanweisung und
- den in der Werbung gemachten Aussagen zu einem Medizinprodukt.

Hieraus ergibt sich insbesondere auch die Zweckbestimmung des Medizinprodukts.
In den Grundlegenden Anforderungen im Anhang I MDD ist unter Punkt 13 die «Bereitstellung von Informationen durch den Hersteller» geregelt. Allgemein gilt, dass Informationen jedem Medizinprodukt beizugeben sind, die die sichere Anwendung des Produkts und die Ermittlung des Herstellers möglich machen. Diese Informationen umfassen die Angaben in der Kennzeichnung und in der Gebrauchsanweisung.
Eine Gebrauchsanweisung ist für Medizinprodukte der Klasse I und der Klasse IIa MDD dann entbehrlich, wenn die vollständige sichere (und ordnungsgemäße) Anwendung des Medizinprodukts ohne Gebrauchsanweisung gewährleistet ist (siehe z. B. Anhang I Nr. 13.1 MDD). Gleiches gilt in hinreichend begründeten Fällen auch für In-vitro-Diagnostika.

Fachwörterbuch

Das MPG fordert darüber hinaus, dass Medizinprodukte nur an den Anwender oder Verwender weitergegeben werden dürfen, wenn die für sie bestimmten Informationen in deutscher Sprache abgefasst sind.
In begründeten Fällen kann auch eine andere, für den Verwender bzw. Anwender verständliche Sprache vorgesehen werden, wobei die sicherheitsbezogenen Informationen immer in deutscher Sprache oder in der Sprache des Verwenders bzw. Anwenders vorliegen müssen.
Hinzuweisen ist darauf, dass die Festlegungen des Heilmittelwerbegesetzes zu beachten sind, da auch Medizinprodukte unter den Anwendungsbereich dieses Gesetzes fallen.

Produzentenhaftung

Maßstab für die Produzentenhaftung nach § 823 BGB bzw. dem Produkthaftungsgesetz sind die Grundlegenden Anforderungen des MPG's.
Mit anderen Worten: Bietet ein Medizinprodukt beim Inverkehrbringen nicht die Sicherheit / Leistung, die aufgrund der Erfüllung der Grundlegenden Anforderungen von dem Produkt zu erwarten ist, so ist es fehlerhaft. Kommt es mit diesem Produkt zu einem Personenschaden, so kann der Verantwortliche für das erstmalige Inverkehrbringen für diesen Fehler haftbar gemacht werden.
In diesem Zusammenhang ist auch das sogenannte «Honda-Urteil» des Bundesgerichtshofs von Interesse. Mit diesem Urteil hat der Bundesgerichtshof den Hersteller verpflichtet, nicht nur seine eigenen Produkte, sondern auch Fremdprodukte auf dem Markt zu beobachten, um Gefahren, die aus der Kombination entstehen können, rechtzeitig aufzudecken und entsprechend entgegenzuwirken [12-14].

Prüfer einer klinischen Prüfung

§ 3 Nr. 24 MPG
«Prüfer ist in der Regel ein für die Durchführung der klinischen Prüfung bei Menschen in einer Prüfstelle verantwortlicher Arzt oder in begründeten Ausnahmefällen eine andere Person, deren Beruf aufgrund seiner wissenschaftlichen Anforderungen und der seine Ausübung voraussetzenden Erfahrungen in der Patientenbetreuung für die Durchführung von Forschungen am Menschen qualifiziert. [...]»
Dieser Satz gilt für genehmigungspflichtige Leistungsbewertungsprüfungen von In-vitro-Diagnostika entsprechend.
Die Begriffsbestimmung „Prüfer" hat der Gesetzgeber wortgleich aus dem Arzneimittelrecht übernommen.
§ 20 Abs. 1 Nr. 4 MPG legt fest, dass der Prüfer „angemessen qualifiziert" sein muss.
Der Prüfer, der jede an einer klinischen Prüfung eines Medizinprodukts teilnehmende Person über Wesen, Bedeutung und Tragweite der klinischen Prüfung aufzuklären hat, muss nach § 20 Abs. 1 Nr. 2 MPG ein Arzt sein – bei Medizinprodukten der Zahnheilkunde ein Zahnarzt.
Mit anderen Worten: Wird in begründeten Ausnahmefällen die Funktion eines Prüfers einem Nicht-Mediziner übertragen, so hat der Sponsor sicherzustellen, dass die

Patientenaufklärung von einem Arzt – bei Medizinprodukten der Zahnheilkunde von einem Zahnarzt – durchgeführt wird.
Nach § 20 Abs. 1 Nr. 7 MPG hat jeder Prüfer vor Beginn einer klinischen Prüfung darauf zu achten, dass er vom Sponsor bzw. vom Vertreter des Sponsors über die
- Ergebnisse der biologischen Sicherheitsprüfung,
- Ergebnisse der Prüfung der sicherheitstechnischen Unbedenklichkeit,
- mit der klinischen Prüfung des Medizinprodukts verbundenen Risiken

informiert wurde.

Prüfung gemäß Unfallverhütungsvorschrift
⇨ § 2 MPBetreibV, § 5 BGV A3

Auf die Durchführung von Prüfungen, die in Unfallverhütungsvorschriften gefordert werden, ist hinzuweisen, da Medizinprodukte u. a. nur unter Beachtung der Arbeitsschutz- und Unfallverhütungsvorschriften errichtet, betrieben und angewendet werden dürfen (vgl. § 2 Abs. 1 MPBetreibV).
Die in den Unfallverhütungsvorschriften geforderten Prüfungen beinhalten Maßnahmen zur Feststellung und Beurteilung des sicherheitstechnischen Istzustands. Sie können damit als eine Untermenge der Maßnahmen einer Inspektion angesehen werden.
Prüfungen nach BGV A 3 [71] beziehen sich beispielsweise auf «elektrische Anlagen und Betriebsmittel» – und damit auch auf elektrisch betriebene medizinisch-technische Geräte. Sie beschränken sich auf Aspekte der elektrischen Sicherheit – speziell für Anwender.

Qualitätsmanagementsystem (QM-System)
⇨ DIN EN ISO 9000 (2005-12) [72]

Basierend auf den Definitionen der DIN EN ISO 9000:2005 ist unter einem QM-System ein strukturiertes Managementsystem zum Leiten und Lenken einer Organisation bezüglich der Qualität zu verstehen. Es handelt sich hierbei um ein prozessorientiertes System, das neben dem Festlegen von Qualitätspolitik und messbaren Qualitätszielen auch Methoden und Verfahren zum Erreichen dieser Ziele festlegt – einschließlich der Maßnahmen zur Prüfung der erreichten Qualität. Von entscheidender Bedeutung ist das Festlegen von Korrekturmaßnahmen für den Fall, dass Abweichungen zwischen der spezifizierten Soll-Qualität und der Ist-Qualität auftreten.
Zum Erreichen der Qualitätsziele ist das von dem Qualitäts-Pionier *Deming* formulierte Prinzip empfehlenswert: Plan, Do, Check, Act (Planen, Handeln, Prüfen, bei Abweichungen Agieren in Form von präventiven oder korrektiven Maßnahmen).

Qualitätsmanagementsystem (QM-System) für Medizinprodukte
⇨ EU-Richtlinien für Medizinprodukte, EN ISO 13485:2003 + AC:2007 [73]

Anforderungen an ein QM-System für Medizinprodukte werden in den EU-Richtlinien für Medizinprodukte angegeben – für ein vollständiges QM-System beispielsweise im Anhang II der MDD. In der seit 21. März 2010 anzuwendenden Fassung des An-

Fachwörterbuch

hangs II der MDD werden u. a. folgende Anforderungen an das QM-System präziser formuliert:
- Aktive Marktbeobachtung (Abschnitt 3.1),
- Dokumentation (Abschnitt 3.2)

Anforderungen an ein QM-System, das von einem Hersteller für die Entwicklung, Produktion und Installation und Kundendienst von Medizinprodukten (einschließlich In-vitro-Diagnostika) angewendet werden kann, wird durch die prozessorientierte Harmonisierte Norm EN ISO 13485:2003 + AC:2007 «Medizinprodukte – Qualitätsmanagementsysteme – Anforderungen für regulatorische Zwecke» beschrieben.
EN ISO 13485 ist eine eigenständige Norm. Sie folgt in ihrer Systematik der Norm DIN EN ISO 9001. Die Forderungen der Norm DIN EN ISO 9001 zum Nachweis der Erhöhung der Kundenzufriedenheit und der ständigen Verbesserung des QM-Systems lassen sich im geregelten Bereich nicht mit objektiven Kriterien überprüfen. In EN ISO 13485:2003 + AC:2007 wird der Begriff «Kundenzufriedenheit» durch den Begriff «Erfüllung der Kundenanforderungen» und der Begriff «Ständige Verbesserung» durch den Begriff «Aufrechterhaltung der Wirksamkeit» ersetzt.
Mit EN ISO 13485:2003 + AC:2007 werden mit Ausnahme von nationalen regulatorischen Forderungen Anforderungen der EU-Richtlinien für Medizinprodukte an QM-Systeme erfüllt. Bei den nationalen Forderungen handelt es sich beispielsweise um den Sicherheitsbeauftragten für Medizinprodukte (§ 30 MPG) und den Medizinprodukteberater (§ 31 MPG), deren Funktionen in das QM-System einzubinden sind.

Remote Service
⇨ {siehe Ferngesteuerte Instandhaltung}

Reproduzierbarkeit
⇨ Anhang I, Nr. A 3 IVDD: Leistungsparameter von In-vitro-Diagnostika
Reproduzierbarkeit – wiederholte Messungen unter verschiedenen Bedingungen, z. B. in verschiedenen Serien oder in unterschiedlichen Laboratorien – und Wiederholbarkeit – aufeinander folgende Messungen innerhalb eines Labors unter ansonsten gleichen Bedingungen, d. h. in einer Serie – sind Maße für die Präzision eines Messverfahrens, also das Ausmaß der gegenseitigen Annäherung wiederholter Messungen derselben Messgröße in demselben Probenmaterial unter veränderten Messbedingungen – z. B. Labor, Person, Serie, Zeit.

Richtlinie
⇨ {siehe EU-Richtlinie}

Richtlinien für Medizinprodukte
⇨ {siehe EU-Richtlinien für Medizinprodukte}

RiLiBÄK
⇨ § 4a Abs. 1 MPBetreibV
«Wer laboratoriumsmedizinische Untersuchungen durchführt, hat ein Qualitätssicherungssystem nach dem allgemein anerkannten Stand der medizinischen

Wissenschaft und Technik zur Aufrechterhaltung der erforderlichen Qualität, Sicherheit und Leistung bei der Anwendung von In-vitro-Diagnostika sowie zur Sicherstellung der Zuverlässigkeit der damit erzielten Ergebnisse einzurichten. Eine ordnungsgemäße Qualitätssicherung in medizinischen Laboratorien wird vermutet, wenn die Teile A und B1 der Richtlinie der Bundesärztekammer zur Qualitätssicherung laboratoriumsmedizinischer Untersuchungen vom 23. November 2007 (Deutsches Ärzteblatt 105, S. A 341 bis 355) beachtet werden.»

Die Fassung der RiLiBÄK von 2001 wurde von der Bundesärztekammer komplett überarbeitet und die Neufassung am 13. November 2007 veröffentlicht [74]. Diese neue Fassung ist am 1. April 2008 in Kraft getreten. Mit dem Gesetz zur Änderung medizinprodukterechtlicher Vorschriften vom 29. Juli 2009 wurde diese neue Fassung in der MPBetreibV aufgenommen und ist seit dem 1. April 2010 anzuwenden (§ 4a Abs. 3 MPBetreibV).

In der RiLiBÄK werden die fachlichen Grundlagen bzw. die erforderlichen Maßnahmen zur Durchführung von Qualitätskontrollen an Laborgeräten beschrieben. Die RiLiBÄK ist in folgende Teile gegliedert:

- Teil A: Grundlegende Anforderungen an die Qualitätssicherung laboratoriumsmedizinischer Untersuchungen
- Teil B: Spezielle Teile
    Quantitative laboratoriumsmedizinische Untersuchungen
    1. Grundsätze der Qualitätssicherung
    2. Durchführung der Qualitätssicherung (interne und externe Qualitätssicherung)
- Teil C: Beirat
- Teil D: Fachgruppen
- Teil E: Allgemeine Anforderungen an Referenzinstitutionen, welche die Ringversuche durchführen
- Teil F: Übergangsregelungen
- Teil G: Inkrafttreten

Im Teil A, der für die gesamte labormedizinische Diagnostik – einschließlich der patientennahen Sofortdiagnostik – gilt, wird der gesamte Prozess der Analyse von der Präanalytik über die eigentliche Messung bis zur Postanalytik betrachtet. Im Sinne eines allgemeinen Verständnisses von Qualitätsmanagement werden Ansprüche und Forderungen an die damit zusammenhängende Dokumentation sowohl der Prozesse, als auch der Qualitätskontrollen und -bewertung definiert.

Risiko

⇨ DIN EN ISO 14971 (2009-10) [62]:
«Kombination der Wahrscheinlichkeit des Auftretens eines Schadens und des Schweregrades dieses Schadens»

Das Risiko wird beschrieben durch eine Wahrscheinlichkeitsaussage, die
- die bei einem bestimmten technischen Vorgang oder Zustand zu erwartende Häufigkeit des Eintritts eines unerwünschten Ereignisses und

- den bei Ereigniseintritt zu erwartenden Schadensumfang

zusammenfasst [28].

Bei der Abschätzung des Risikos sind demnach sowohl Überlegungen zu dem Schweregrad eines Schadens – den potenziellen schädigenden Folgen – als auch zu der Auftrittswahrscheinlichkeit dieses Schadens erforderlich.

Wendet man die Risiko-Definition auf Software an, um beispielsweise das durch den Einsatz der Software bedingte Risiko abzuschätzen, dass ein durch die Software bedingter Fehler auftritt, so ist zu berücksichtigen, dass Software-Fehler nicht statistisch auftreten. Die Wahrscheinlichkeit für das Auftreten eines Software-Fehlers – d. h. die Software verhält sich nicht gemäß Spezifikation –, ist demnach mit 100 % zu bewerten. Das Risiko ist folglich nur noch von der Schwere des potenziellen Schadens abhängig.

Risikoanalyse

⇨ DIN EN ISO 14971 (2009-10) [62]:

«Systematische Verwendung von verfügbaren Informationen zur Identifizierung von Gefährdungen und Einschätzung von Risiken.»

Die Risikoanalyse ist heute unverzichtbarer Bestandteil aller Bemühungen im Hinblick auf die Sicherheit von Produkten unterschiedlichster Art [34].

Hinsichtlich der Medizinprodukte erlangt die Risikoanalyse eine besondere Bedeutung, denn ein Medizinprodukt soll so ausgelegt und hergestellt werden, dass die

«Anwendung unter den vorgesehenen Bedingungen und zu den vorgesehenen Zwecken weder den klinischen Zustand und die Sicherheit der Patienten noch die Sicherheit und die Gesundheit der Anwender oder gegebenenfalls Dritter gefährdet, wobei etwaige Risiken im Zusammenhang mit der vorgesehenen Anwendung gemessen am Nutzen für den Patienten vertretbar und mit einem hohen Maß an Gesundheitsschutz und Sicherheit vereinbar sein müssen.» (vgl. Anhang I Nr. 1 MDD).

Somit ist die Durchführung der Risikoanalyse notwendiger Bestandteil zum Nachweis der Einhaltung der Grundlegenden Anforderungen. Dies ist sowohl für die Genehmigung einer klinischen Prüfung eines Medizinprodukts notwendige Voraussetzung als auch zur Durchführung einer Konformitätsbewertung.

Nach Anhang I Nr. 2 MDD gilt:

«Die vom Hersteller bei der Auslegung und der Konstruktion der Produkte gewählten Lösungen müssen sich nach den Grundsätzen der integrierten Sicherheit richten, und zwar unter Berücksichtigung des allgemein anerkannten Standes der Technik.

Bei der Wahl der angemessensten Lösungen muss der Hersteller folgende Grundsätze anwenden, und zwar in der angegebenen Reihenfolge:

- Beseitigung oder Minimierung der Risiken (Integration des Sicherheitskonzepts in die Entwicklung und den Bau des Produkts);
- gegebenenfalls Ergreifen angemessener Schutzmaßnahmen, einschließlich Alarmvorrichtungen, gegen nicht zu beseitigende Risiken;

Fachwörterbuch

- Unterrichtung der Benutzer über die Restrisiken, für die keine angemessenen Schutzmaßnahmen getroffen werden können.»

Es ist darauf hinzuweisen, dass eine Aktualisierung der Risikoanalyse und Risikobewertung sicherzustellen ist, da der Prozess der «klinischen Bewertung» über die gesamte Lebensdauer eines Medizinprodukts auf aktuellem Stand gehalten werden muss.

Risikobewertung
⇨ DIN EN ISO 14971 (2009-10) [62]:
«Prozess des Vergleichs des eingeschätzten Risikos mit vorgegebenen Risikokriterien, um die Akzeptanz des Risikos zu bestimmen.»

Die Risikobewertung ist vom Hersteller für jedes Medizinprodukt vorzunehmen und über die gesamte Lebensdauer eines Medizinprodukts auf aktuellem Stand zu halten.
Der Begriff der Risikobewertung hat in der MPSV eine wesentliche Bedeutung. Nach § 9 MPSV hat die von den Bundesoberbehörden BfArM oder PEI vorzunehmende Risikobewertung zum Ziel, festzustellen, «ob ein unvertretbares Risiko vorliegt und welche korrektiven Maßnahmen geboten sind». Die Risikobewertung der Bundesoberbehörde BfArM erfolgt nach § 10 MPSV in Zusammenarbeit mit den Verantwortlichen nach § 5 MPG und soweit erforderlich, mit den jeweils betroffenen Betreibern und Anwendern. Weitere Einrichtungen, Stellen und Personen können von der Bundesoberbehörde hinzugezogen werden.

Risikomanagement
⇨ DIN EN ISO 14971 (2009-10) [62]:
«Systematische Anwendung von Managementstrategien, Verfahren und Praktiken auf die Analyse, Bewertung, Beherrschung und Überwachung von Risiken.»

RKI-Empfehlung
⇨ § 4 MPBetreibV

Der Begriff «RKI-Empfehlung» wird umgangssprachlich verwendet für die «gemeinsame Empfehlung der Kommission für Krankenhaushygiene und Infektionsprävention am Robert-Koch-Institut und des Bundesinstituts für Arzneimittel und Medizinprodukte zu den Anforderungen an die Hygiene bei der Aufbereitung von Medizinprodukten» [51].
Nach § 4 Abs. 2 MPBetreibV wird eine ordnungsgemäße Aufbereitung vermutet, wenn diese Empfehlung beachtet wird.

Rücknahme
⇨ Artikel 2 Nr. 15 Verordnung (EG) Nr. 765/2008 [77]:
«Rücknahme: jede Maßnahme, mit der verhindert werden soll, dass ein in der Lieferkette befindliches Produkt auf dem Markt bereitgestellt wird.»

Fachwörterbuch

Rückruf
⇨ § 2 Nr. 3 MPSV:
«Rückruf: eine korrektive Maßnahme, mit der die Rücksendung, der Austausch, die Um- oder Nachrüstung, die Aussonderung oder Vernichtung eines Medizinproduktes veranlasst wird oder Anwendern, Betreibern oder Patienten Hinweise für die weitere sichere Anwendung oder den Betrieb von Medizinprodukten gegeben werden».

Ein Rückruf bezieht sich auf sicherheitsrelevante Maßnahmen, die bei Medizinprodukten vorgenommen werden müssen, die bereits in Verkehr gebracht wurden.
Wenn ein «Inverkehrbringer» Medizinprodukte nicht aus Sicherheitsgründen, sondern z. B. aus kommerziellen Gründen austauscht, handelt es sich nicht um einen Rückruf im Sinne der MPSV. Solche Maßnahmen müssen nicht gemeldet werden, da es sich nicht um korrektive Maßnahmen im Sinne der MPSV handelt.
Maßnahmen, die beim Hersteller an Medizinprodukten durchgeführt werden, die noch nicht in Verkehr gebracht wurden, fallen ebenfalls nicht unter die Definition eines Rückrufs.

Schaden
⇨ DIN EN ISO 14971 (2009-10) [62]:
«Physische Verletzung oder Schädigung der menschlichen Gesundheit oder Schädigung von Gütern oder der Umwelt.»

Schutz vor Gefährdung
⇨ § 4 Abs. 1 Nr. 1 MPG
Die zentrale Vorschrift zum Schutz vor Gefährdungen enthält § 4 Abs. 1 Nr. 1 MPG. Die Festlegung des Schutzniveaus erfolgt dabei unter folgenden Voraussetzungen:
- sachgemäße Anwendung des Medizinprodukts,
- sachgerechte Instandhaltung,
- Nutzung entsprechend der Zweckbestimmung,
- vertretbares Risiko entsprechend den Erkenntnissen der medizinischen Wissenschaft.

Schwerwiegendes unerwünschtes Ereignis
⇨ § 2 Nr. 5 MPSV:
«Schwerwiegendes unerwünschtes Ereignis: jedes in einer genehmigungspflichtigen klinischen Prüfung oder einer genehmigungspflichtigen Leistungsbewertungsprüfung auftretende ungewollte Ereignis, das unmittelbar oder mittelbar zum Tod oder zu einer schwerwiegenden Verschlechterung des Gesundheitszustands eines Probanden, eines Anwenders oder einer anderen Person geführt hat, geführt haben könnte oder führen könnte ohne zu berücksichtigen, ob das Ereignis vom Medizinprodukt verursacht wurde.»

Verantwortlich für die Meldung ist der Sponsor und der Prüfer oder Hauptprüfer der klinischen Prüfung (§ 3 Abs. 5 MPSV). Zuständig für die Bewertung des schwerwiegenden unerwünschten Ereignisses und der vom Sponsor vorgeschlagenen korrektiven Maßnahmen ist das BfArM.

Wird die klinische Prüfung auch in anderen Vertragsstaaten des Abkommens über den EWR durchgeführt, hat der Sponsor den in diesen Staaten zuständigen Behörden ebenfalls Meldung zu erstatten. Wird eine klinische Prüfung oder eine Leistungsbewertungsprüfung auch in Deutschland durchgeführt, hat der Sponsor der zuständigen Bundesoberbehörde auch schwerwiegende unerwünschte Ereignisse außerhalb von Deutschland zu melden (§ 3 Abs. 5 MPSV).

Schwerwiegende Verschlechterung des Gesundheitszustands
⇨ Übersetzung in Anlehnung an MEDDEV 2.12-1 rev. 6, Nr. 5.1.1 C [43]
«... Eine schwerwiegende Verschlechterung des Gesundheitszustands kann folgendes umfassen:
a) lebensbedrohliche Krankheit (oder Verletzung);
b) dauerhafte Beeinträchtigung einer Körperfunktion oder dauerhafter Körperschaden;
c) ein Zustand, der eine medizinische oder chirurgische Intervention erfordert, um eine dauerhafte Beeinträchtigung einer Körperfunktion oder einen dauerhaften Körperschaden zu vermeiden (z. B. klinisch relevante Verlängerung der Dauer einer Operation; Erfordernis einer Krankenhausbehandlung oder wesentliche Verlängerung eines Krankenhausaufenthalts);
d) eine indirekte Schädigung [...] als Folge eines fehlerhaften Ergebnisses einer diagnostischen oder labordiagnostischen Untersuchung, wenn die Produkte gemäß der Gebrauchsanweisung des Herstellers angewendet wurden;
e) Gefährdung oder Tod eines ungeborenen Kinds, jegliche angeborene Anomalien oder Geburtsschäden.»

Der Begriff «Verschlechterung des Gesundheitszustands» ist Teil der Legaldefinition «Vorkommnis» der MPSV.

Set
⇨ § 10 MPG
⇨ {Behandlungseinheit, Kombination von Medizinprodukten, System}
Eine funktionell zusammengesetzte Einheit von Produkten wird dann als «Set» bezeichnet, wenn ihr eine eindeutig definierte Zweckbestimmung zugeordnet wird. Ein «Set» kann erstmalig in Verkehr gebracht werden, wenn die jeweils zutreffende Bedingung des §10 MPG erfüllt ist.
⇨ Beschluss des EK-Med – Dokument 3.10 A1 (2008)
«Sets sind definiert zusammengestellte Behandlungseinheiten beispielsweise zur Appendektomie oder Tonsillektomie, d. h. die Zusammenstellungen von Geräten / Instrumenten, Besteck, Tupfern, Nahtmaterial, Zubehör einschließlich der Kombination mit anderen Produkten, die nicht dem MPG unterliegen (sog. „sonstige Produkte").»

Sicherheit
⇨ ISO/IEC Guide 51, 1999:
«Freiheit von unvertretbaren Risiken.»

Sicherheitsbezogene Informationen
⇨ §11 Abs. 2 MPG

§11 Abs. 2 MPG legt Sondervorschriften für das Inverkehrbringen und die Inbetriebnahme von Medizinprodukten fest. U. a. wird gefordert, dass „sicherheitsbezogene Informationen" in deutscher Sprache oder in der Sprache des Anwenders vorliegen müssen.

„Sicherheitsbezogene Informationen" sind die Informationen, die zur sicheren Anwendung des Medizinprodukts erforderlich sind. Zu Grunde zu legen sind die Informationen, die in den Grundlegenden Anforderungen der Richtlinien (Anhang 1 Nr. 15 AIMDD, Anhang I Nr. 13 MDD, Anhang I Nr. 8 IVDD) gefordert werden.

Für die sichere Anwendung sind von Bedeutung:
- Zweckbestimmung des Medizinprodukts,
- Anwendungsbeschränkungen,
- Angaben zur Instandhaltung (einschließlich Aufbereitung),
- Angaben zu Sicherheitstechnischen und Messtechnischen Kontrollen.

Sicherheitsbeauftragter
⇨ § 30 MPG

Der Sicherheitsbeauftragte für Medizinprodukte hat bekannt gewordene Meldungen über Risiken bei Medizinprodukten zu sammeln, zu bewerten und die notwendigen Maßnahmen zu koordinieren. Er ist für die Erfüllung von Anzeigepflichten verantwortlich, soweit sie Medizinprodukterisiken betreffen.

Die Forderung zur Beauftragung eines Sicherheitsbeauftragten ist eine rein nationale Forderung des MPG's und gilt für alle Verantwortlichen für das erstmalige Inverkehrbringen mit Sitz in Deutschland. Verantwortlicher nach § 5 MPG ist
- der Hersteller,
- der Bevollmächtigte – mit Sitz in Deutschland – eines Herstellers außerhalb des EWR's, oder
- der Einführer – mit Sitz in Deutschland –, wenn kein Bevollmächtigter ernannt ist.

Wesentliche Quellen für bekannt gewordene Meldungen über Risiken bei Medizinprodukten sind u. a.:
- Mitteilungen der Medizinprodukteberater,
- Serviceberichte des Hersteller-Kundendienstes,
- hauseigene Untersuchungen, z. B. Ergebnisse von Risikoanalysen
- hauseigene Meldungen,
- Meldungen von Unterlieferanten z. B. im Rahmen der Qualitätssicherung,
- Reklamationsberichte,
- Mitteilungen des Fachhandels,
- Berichte der ausländischen Vertretungen,
- direkte Mitteilungen eines Kunden an den Hersteller, z. B. an die Geschäftsleitung,
- Veröffentlichungen in der Fachliteratur,

- Mitteilungen von zuständigen Behörden, von Benannten Stellen, von Betreibern und Anwendern, etc.,
- Mitteilungen im Internet zu Vorkommnissen mit Medizinprodukten – wie z. B. von Behörden (BfArM, FDA, Medical Device Agency),
- bekannt gewordene Veröffentlichungen in Fachliteratur oder Presseberichte,
- bekannt gewordene Erkenntnisse und Informationen aus der Beobachtung von Konkurrenzprodukten.

Unternehmensintern ist zu organisieren – beispielsweise durch Festlegungen in Verfahrensanweisungen des Qualitätshandbuchs – wie sichergestellt wird, dass bekannt gewordene Informationen zu «Medizinprodukterisiken» aus den genannten Informationsquellen dem Sicherheitsbeauftragten rechtzeitig, vollständig und in der Originalfassung zur Verfügung stehen.

Der Sicherheitsbeauftragte ist verantwortlich für die Einhaltung der Pflicht, bestimmte Medizinprodukterisiken der zuständigen Behörde anzuzeigen.

Der Verantwortliche für das erstmalige Inverkehrbringen – z. B. der Hersteller – ist verpflichtet, unverzüglich nach Aufnahme seiner Tätigkeit der zuständigen Behörde Name und Anschrift des Sicherheitsbeauftragten mitzuteilen. Jeder Wechsel in der Funktion des Sicherheitsbeauftragten ist ebenfalls unverzüglich der zuständigen Behörde anzuzeigen, d. h. ohne schuldhafte Verzögerung innerhalb weniger Tage.

Als Sicherheitsbeauftragter kann nur eine Person mit mindestens zweijähriger Berufserfahrung bestimmt werden, die die zur Ausübung der Tätigkeit erforderliche Sachkenntnis und Zuverlässigkeit besitzen muss. Der Nachweis der erforderlichen Sachkenntnis als Sicherheitsbeauftragter für Medizinprodukte wird erbracht durch

- das Zeugnis über eine abgeschlossene naturwissenschaftliche, medizinische oder technische Hochschulausbildung oder
- eine andere Ausbildung, die zur Durchführung der in § 30 Absatz 4 MPG genannten Aufgaben befähigt.

Die Sachkenntnis des Sicherheitsbeauftragten ist auf Verlangen der zuständigen Behörde nachzuweisen.

Sicherheitstechnische Kontrolle

⇨ § 6 MPBetreibV

«Der Betreiber hat bei Medizinprodukten, für die der Hersteller sicherheitstechnische Kontrollen vorgeschrieben hat, diese nach den Angaben des Herstellers und den allgemein anerkannten Regeln der Technik sowie in den vom Hersteller angegebenen Fristen durchzuführen oder durchführen zu lassen. [...]»

Das Ziel einer Sicherheitstechnischen Kontrolle ist das rechtzeitige Erkennen von sicherheitstechnischen Mängeln an nichtimplantierbaren aktiven Medizinprodukten und Systemen – und zwar bevor Patienten, Anwender oder Dritte gefährdet werden. Sie dient der Feststellung und der Erhaltung des ordnungsgemäßen Zustands der Medizinprodukte bzw. des Systems / der Behandlungseinheit und damit auch dem sicheren Betrieb zwischen Sicherheitstechnischen Kontrollen.

Sicherheitstechnische Kontrollen sind Stück-Prüfungen, d. h. sie müssen an jedem einzelnen Medizinprodukt durchgeführt werden. Dies gilt auch für Medizinprodukte, Zubehör, Software und andere Gegenstände, die mit einem prüfpflichtigen Medizinprodukt verbunden sind.

Sie beschränken sich auf die Feststellung und Bewertung der Betriebs- und Funktionssicherheit eines Medizinprodukts oder eines Systems / einer Behandlungseinheit und sind in regelmäßigen Abständen vom Betreiber durchzuführen bzw. durchführen zu lassen.

Adressat für die Durchführung der Sicherheitstechnischen Kontrolle ist der Betreiber der von dieser Regelung betroffenen Medizinprodukte. Der Betreiber hat diese Prüfungen fristgerecht durchzuführen bzw. durchführen zu lassen und das Protokoll der Sicherheitstechnischen Kontrolle (STK-Protokoll) bis zur nächsten Sicherheitstechnischen Kontrolle aufzubewahren.

Hinzuweisen ist darauf, dass die nicht rechtzeitige Durchführung bzw. das nicht rechtzeitige Durchführen lassen von Sicherheitstechnischen Kontrollen als Ordnungswidrigkeit mit einem Bußgeld geahndet werden kann.

In der MPBetreibV ist festgelegt, dass Sicherheitstechnische Kontrollen für diejenigen Medizinprodukte durchzuführen sind,
- die der Anlage 1 MPBetreibV zuzuordnen sind und
- für sonstige nichtimplantierbare aktive Medizinprodukte, für die der Hersteller eine Sicherheitstechnische Kontrolle vorgeschrieben hat.

Nach den Festlegungen der MPBetreibV müssten auch für nichtimplantierbare aktive Einmal-Medizinprodukte der Anlage 1 MPBetreibV Sicherheitstechnische Kontrollen durchgeführt werden, was aber für Einmalprodukte als nicht sinnvoll angesehen wird. Beispielsweise sind zu nennen aktive nichtimplantierbare Einmal-Infusionspumpen für die Chemotherapie.

Sicherheitstechnische Unbedenklichkeit
⇨ §20 Abs. 1 Nr. 6 MPG

In den allgemeinen Voraussetzungen zur klinischen Prüfung eines Medizinprodukts ist – falls erforderlich – die sicherheitstechnische Unbedenklichkeit für die Anwendung eines Medizinprodukts unter Berücksichtigung des Stands der Technik sowie der Arbeitsschutz- und Unfallverhütungsvorschriften nachzuweisen.

Legt man die in [62] gegebene Definition von Sicherheit als „Freiheit von unvertretbaren Risiken" zu Grunde, so ergibt sich hieraus die Forderung, die von dem zu prüfenden Medizinprodukt für die Anwendung ausgehenden Risiken – unter Berücksichtigung des Verwendungszwecks und der normalen Anwendungsbedingungen – zu analysieren, zu bewerten und zu beherrschen.

Mit anderen Worten: Ziel des Risikomanagements ist es, den Schaden, der bei der Anwendung eines Medizinprodukts gegebenenfalls entstehen kann, so gering zu halten, dass das Risiko für Patient, Anwender und Dritte akzeptabel bleibt.

Das Risikomanagement stellt ein wesentliches Werkzeug zum Nachweis der Erfüllung und Einhaltung der regulatorischen Anforderungen und damit auch der Grund-

legenden Anforderungen und der für das jeweilige Medizinprodukt zulässigen Konformitätsbewertungsverfahren der AIMDD, MDD oder IVDD dar.
Der Nachweis der sicherheitstechnischen Unbedenklichkeit eines Medizinprodukts ist zu führen:
- als notwendige Voraussetzung, um eine klinische Prüfung eines Medizinprodukts durchführen zu können (§ 20 Abs. 1 Nr. 6 MPG),
- als notwendige Voraussetzung bei der Durchführung eines Konformitätsbewertungsverfahrens, zum Nachweis der Erfüllung der regulatorischen Anforderungen – vor der CE-Kennzeichnung.

Handelt es sich um ein Medizinprodukt beispielsweise der Klasse IIb oder III, bei dem der Hersteller zur Gewinnung von klinischen Daten eine klinische Prüfung durchzuführen hat, so besteht folgende Möglichkeit zur Vorgehensweise:
- Einschalten der Benannten Stelle zur Durchführung einer EG-Baumusterprüfung. Im Rahmen der EG-Baumusterprüfung ist von der Benannten Stelle u. a. der Nachweis der sicherheitstechnischen Unbedenklichkeit zu erbringen.
- Da nicht alle klinischen Daten zur Durchführung der klinischen Bewertung vorliegen, sind vom Hersteller in Abstimmung mit der Benannten Stelle die klinischen Daten zu spezifizieren, die im Rahmen der klinischen Prüfung zu gewinnen sind. Die Einbindung der Benannten Stelle zu diesem frühen Zeitpunkt der Entwicklung des Medizinprodukts hat den Vorteil, dass die zur klinischen Bewertung erforderlichen Daten von der Benannten Stelle zu einem sehr frühen Zeitpunkt des Konformitätsbewertungsverfahrens auditiert werden können.
- Der Hersteller reicht die zur Genehmigung und zustimmenden Bewertung erforderlichen Unterlagen ein – ergänzt um den im Rahmen der EG-Baumusterprüfung durchgeführten Nachweis der sicherheitstechnischen Unbedenklichkeit. Zum Nachweis der Erfüllung der Grundlegenden Anforderungen ist auch der Nachweis der Gebrauchstauglichkeit zu führen.

Sofortdiagnostik
⇨ {siehe Patientennahe Sofortdiagnostik}

Software
⇨ Artikel 1 Abs. 2 lit. a) AIMDD, Artikel 1 Abs. 2 lit. a) MDD
⇨ § 3 Nr. 1 MPG:
«Medizinprodukte sind alle einzeln oder miteinander verbunden verwendeten Instrumente, Apparate, Vorrichtungen, Software, Stoffe und Zubereitungen aus Stoffen oder andere Gegenstände einschließlich der vom Hersteller speziell zur Anwendung für diagnostische oder therapeutische Zwecke bestimmten und für ein einwandfreies Funktionieren des Medizinproduktes eingesetzten Software, die vom Hersteller zur Anwendung für Menschen mittels ihrer Funktionen zum Zwecke [...]»

Mit dieser Begriffsbestimmung wird klargestellt, dass Software als Medizinprodukt zu klassifizieren ist, wenn sie für eine in § 3 Nr. 1 MPG angegebene medizinische Anwendung zum Einsatz kommt.

Fachwörterbuch

Als Konsequenz hieraus ergibt sich, dass für derartige Software ein Konformitätsbewertungsverfahren durchgeführt werden muss. Anzumerken ist, dass in Verbindung mit der Festlegung in Anhang IX Abschnitt I Nr. 1.4 MDD Software ein «aktives Medizinprodukt» ist, da sie ohne eine (aktive) Hardware nicht eingesetzt werden kann.
Für Software, die für ein einwandfreies Funktionieren von Medizinprodukten eingesetzt wird ergibt sich aus der Begriffsbestimmung in § 3 Nr. 1 MPG, dass diese nur dann als Medizinprodukt zu klassifizieren ist, wenn sie vom Hersteller speziell zur Anwendung für diagnostische oder therapeutische Zwecke bestimmt ist (z. B. Software zur Steuerung eines Regelkreises zur Blutdruckstabilisierung).
Die Feststellung in der Begriffsbestimmung von § 3 Nr. 1 MPG ist dahingehend zu relativieren, dass Software, die beispielsweise in mikroprozessorgesteuerten Medizinprodukten der MDD zur Funktion dieser Produkte notwendig ist (Betriebssoftware), als Teil dieses Medizinprodukts bereits einer Konformitätsbewertung unterzogen wurde und somit nicht zusätzlich noch eigenständig zu klassifizieren und zu bewerten ist.
Ein Auswechseln der Software – beispielsweise zur Behebung eines Fehlers – ist im Sinne des Auswechselns eines Ersatzteils zu bewerten. Werden jedoch durch den Wechsel der Software wesentliche Eigenschaften eines Medizinprodukts im Sinne der MDD oder seine Zweckbestimmung verändert / ergänzt, so ist diese Software als eigenständiges Medizinprodukt unter Berücksichtigung der neuen Zweckbestimmung zu klassifizieren und einer erneuten Konformitätsbewertung zu unterziehen.
Anzumerken ist, dass allgemeine Betriebssoftware (Betriebssystem), die ausschließlich für die Funktion des Medizinprodukts benötigt wird, kein Medizinprodukt im Sinne des MPG's ist.
Software für allgemeine Zwecke ist kein Medizinprodukt, auch wenn sie im Zusammenhang mit der Gesundheitspflege genutzt wird.

Sonderanfertigung

⇨ § 3 Nr. 8 MPG:
«Sonderanfertigung ist ein Medizinprodukt, das nach schriftlicher Verordnung nach spezifischen Auslegungsmerkmalen eigens angefertigt wird und zur ausschließlichen Anwendung bei einem namentlich benannten Patienten bestimmt ist. Das serienmäßig hergestellte Medizinprodukt, das angepasst werden muss, um den spezifischen Anforderungen des Arztes, Zahnarztes oder des sonstigen beruflichen Anwenders zu entsprechen, gilt nicht als Sonderanfertigung.»
Im Sinne des MPG's ist eine Sonderanfertigung jedes Medizinprodukt, das
- nach schriftlicher Verordnung eines Arztes oder Zahnarztes,
- nach spezifischen Auslegungsmerkmalen eigens angefertigt wird und
- zur ausschließlichen Anwendung bei einem namentlich genannten Patienten bestimmt ist.

Alle drei Voraussetzungen müssen zutreffen. Es wird jedoch nicht zwingend vorausgesetzt, dass es sich um Einzelanfertigungen handelt. So ist es durchaus denkbar, dass aufgrund einer ärztlichen Verordnung für einen namentlich genannten Patienten Einmalartikel mit spezifischen Auslegungsmerkmalen in größerer Stückzahl hergestellt werden.

Sonderanfertigungen können erstellt werden
- als Veränderung oder Ergänzung eines CE-gekennzeichneten Serienprodukts (z. B. Hörhilfen, Schuheinlagen),
- Herstellung aus Zwischenprodukten (z. B. Endoprothesen, die nach MR-Daten auf einer CNC-Fräsmaschine speziell gefertigt werden, Inlay-Herstellung beim Zahnarzt mit Hilfe spezieller Kopierverfahren),
- als patientenspezifische Herstellung eines Medizinprodukts (z. B. Sonderformen bei Endoprothesen, Zahnprothesen, Brillen mit ganz individuell geschliffenen Gläsern).

Sonderanfertigungen können hergestellt werden beispielsweise durch den Hersteller im eigentlichen Sinn des MPG's, aber auch durch Betreiber z. B. im Rahmen einer klinikeigenen Orthopädie-Werkstatt. Jeder, der Sonderanfertigungen herstellt, muss gewährleisten, dass die für das Inverkehrbringen von Sonderanfertigungen vorgesehenen Verfahren des MPG's eingehalten werden:
- schriftliche Erklärung über die Einhaltung der zutreffenden Grundlegenden Anforderungen,
- schriftliche Erklärung über die Einhaltung aller erforderlichen Maßnahmen für den Herstellungsprozess zur Gewährleistung der zugesicherten Eigenschaften.

Sonderanfertigungen sind Medizinprodukte ohne CE-Kennzeichnung. Für eine Sonderanfertigung ist von dessen Hersteller eine (vereinfachte) Konformitätserklärung zu erstellen (vgl. § 7 Abs. 5 MPV).

Beispiele von Sonderanfertigungen sind Zahnprothesen, Beinprothesen, Sehhilfen, orthopädische Schuheinlagen.

Unter anderen wurden folgende Anforderungen in das MPG neu aufgenommen:
- Verpflichtung des Herstellers der Sonderanfertigung zur systematischen Marktüberwachung nach dem Inverkehrbringen;
- zur Verbesserung der Patienteninformation ist die Erklärung nach Anhang 6 der AIMDD bzw. nach Anhang VII der MDD für den Patienten verfügbar zu halten. Sie muss den Namen des Herstellers enthalten.

Spezifikation

Anforderungen, die in einem Dokument festgelegt sind, wie z. B. Produktspezifikation, Leistungsspezifikation, Prüfspezifikation, Prozessspezifikation, Zeichnung.

Sponsor

⇨ § 3 Nr. 22 MPG:
«Sponsor ist eine natürliche oder juristische Person, die die Verantwortung für die Veranlassung, Organisation und Finanzierung einer klinischen Prüfung bei Menschen oder einer Leistungsbewertungsprüfung von In-vitro-Diagnostika übernimmt.»

Diese Begriffsbestimmung hat der Gesetzgeber wortgleich aus dem Arzneimittelrecht übernommen, sie ersetzt den im MPG zuvor verwendeten Begriff des Auftraggebers einer klinischen Prüfung. Gemäß § 3 Nr. 22 MPG trägt der Sponsor (oder sein Vertreter) die gesamte Verantwortung der klinischen Prüfung eines Medizinproduktes.

Nach § 26 MPG unterliegt der Sponsor einer klinischen Prüfung von Medizinprodukten der Überwachung durch die zuständigen Behörden.

Der Sponsor bzw. sein Vertreter hat beispielsweise folgende Anforderungen bzw. Aufgaben zu erfüllen:

- Sitz in einem Mitgliedstaat der Europäischen Union oder in einem anderen Vertragsstaat des Abkommens über den EWR (§ 20 MPG),
- Benennung eines angemessen qualifizierten Prüfers als Leiter der klinischen Prüfung, wenn eine Prüfung in mehreren Prüfstellen durchgeführt wird (§ 3 Nr. 24 MPG),
- Auswahl der geeigneten Prüfstelle(n) (§ 20 Abs. 1 Nr. 4 MPG),
- Beantragung der nach § 20 Absatz 1 Satz 1 MPG erforderlichen zustimmenden Bewertung der Ethik-Kommission bei der nach Landesrecht für den Prüfer zuständigen unabhängigen interdisziplinär besetzten Ethik-Kommission (§ 22 MPG),
- Vorlage aller für eine zustimmende Bewertung erforderlichen Angaben und Unterlagen der zuständigen Ethik-Kommission (§ 22 MPG),
- Beantragung der nach § 20 Absatz 1 Satz 1 MPG erforderlichen Genehmigung bei der zuständigen Bundesoberbehörde und Vorlage aller für eine Bewertung erforderlichen Angaben und Unterlagen der zuständigen Bundesoberbehörde (§ 22a MPG),
- Anzeige jeder Änderung der Dokumentation der zuständigen Bundesoberbehörde (§ 22c MPG);
- Beachtung der Auflagen der Ethik-Kommission (§ 22c MPG),
- Meldung der Beendigung der klinischen Prüfung der zuständigen Bundesoberbehörde innerhalb von 90 Tagen nach Beendigung einer klinischen Prüfung (§ 23a MPG),
- Einreichung des Schlussberichts bei der zuständigen Bundesoberbehörde innerhalb von zwölf Monaten nach Abbruch oder Abschluss der klinischen Prüfung (§ 23a MPG),
- Aufbewahrung der Dokumentation nach Nummer 3.2 des Anhangs 6 der AIMDD mindestens 15 Jahre und der Dokumentation nach Nummer 3.2 des Anhangs VIII der MDD mindestens fünf und im Falle von implantierbaren Medizinprodukten mindestens 15 Jahre nach Beendigung der klinischen Prüfung. Bei einer Leistungsbewertungsprüfung muss er die Dokumentation nach Nr. 3 des Anhangs VIII der IVDD mindestens fünf Jahre nach Beendigung der Prüfung aufbewahrt werden (§ 12 MPG).

Im § 3 Abs. 5 MPSV ist festgelegt, dass u. a. der Sponsor verantwortlich ist für die Meldung eines „schwerwiegenden unerwünschten Ereignisses". Er hat geeignete korrektive Maßnahmen vorzuschlagen und mit dem BfArM abzustimmen (§ 14a MPSV).

Stand der medizinischen Wissenschaft
⇨ § 4 Abs. 1 MPG

Das MPG legt bei der Bewertung des vertretbaren Risikos den Stand der medizinischen Wissenschaft zugrunde. Der Stand der medizinischen Wissenschaft umfasst über den Stand der Technik hinausgehend auch noch Lösungsmöglichkeiten, für die ein experimenteller Nachweis beispielsweise im Rahmen wissenschaftlicher Untersuchungen erbracht wurde.

Der Stand der medizinischen Wissenschaft wird somit geprägt durch die Meinungen einzelner Fachleute, soweit diese hinreichend substantiiert sind. Es kommt nicht darauf an, ob diese Erkenntnisse in der Fachwelt bereits allgemeine Anerkennung gefunden und / oder sich in der Praxis bereits bewährt haben.

Aus einer Entscheidung des Bundesverfassungsgerichts vom 8. August 1978 (NJW 1979, S. 359) lässt sich sinngemäß der Stand der Wissenschaft ableiten zu [4]:

«Wissenschaftliche Erkenntnisse sind die Ergebnisse wissenschaftlicher Untersuchungen und Prüfungen über Eigenschaften eines Produkts, wenn ihre Ergebnisse aufgrund abstrakter Denkvorgänge und / oder Erfahrungen mit Hilfe zielgerichteter Methoden gefunden werden.»

Damit geht das MPG deutlich über das Sicherheitsniveau der EU-Richtlinien, aber auch der bisherigen Regelung der Medizingeräteverordnung hinaus. In beiden Rechtsgrundlagen wird bzw. wurde der Stand der Technik als Maß für das vertretbare Risiko zugrunde gelegt.

Als Konsequenz hieraus stellt die noch fehlende Bewährung von Maßnahmen zur Gefahrenabwehr (Schutzmaßnahmen) in der Praxis keinen Grund dar, auf eine nach dem Stand der medizinischen Wissenschaft gebotene Produktverbesserung oder Produktweiterentwicklung zu verzichten.

Stand der Technik

Der Stellungnahme des Bundesrates zum Entwurf des Medizinproduktegesetzes (Bundestags-Drucksache 12/6991 vom 8. März 1994) ist zu entnehmen:

«Der Stand der Technik ist der Entwicklungsstand fortschrittlicher Verfahren, Einrichtungen und Betriebsweisen, der nach herrschender Auffassung führender Fachleute die Erreichung des gesetzlich vorgegebenen Ziels gesichert erscheinen lässt.»

Der Stand der Technik wird durch die allgemein anerkannten Regeln der Technik umschrieben. Im Wesentlichen umfasst der Stand der Technik alle sicherheitstechnischen Lösungsmöglichkeiten, die
- von der Mehrzahl der Fachleute angewendet werden und
- die sich in der Fachpraxis unter Betriebsbedingungen bewährt haben.

Die EU-Richtlinien legen bei der Bewertung des noch vertretbaren Risikos (Restrisiko) den Stand der Technik zugrunde. In dem 7. Erwägungsgrund der MDD wird festgestellt:

«Die in den Anhängen festgelegten Grundlegenden Anforderungen und sonstigen Anforderungen, einschließlich der Hinweise auf Minimierung oder Verringerung der Gefahren, sind so zu interpretieren und anzuwenden, dass dem Stand der Technik und der Praxis zum Zeitpunkt der Konzeption sowie den technischen und wirtschaftlichen Erwägungen Rechnung getragen wird, die mit einem hohen Maß des Schutzes von Gesundheit und Sicherheit zu vereinbaren sind.»

Sterilisation

«Im Gegensatz zur Desinfektion werden bei der Sterilisation alle vorhandenen Mikroorganismen einschließlich ihrer Sporen (auch der hitzestabilen) abgetötet oder inaktiviert.» [105]

Subkategorie von Medizinprodukten

⇨ Artikel 2, Abs. 2, lit. l) MDD

«Subkategorie von Medizinprodukten: eine Gruppe von Produkten, die in den gleichen Bereichen verwendet werden sollen oder mit den gleichen Technologien ausgestattet sind»

Die Begriffsbestimmung „Subkategorie von Medizinprodukten" wurde in die MDD eingefügt, um zusätzliche Anforderungen im Rahmen der Konformitätsbewertungsverfahren aufzunehmen. Die Benannte Stelle hat gemäß den Anforderungen in

- Abschnitt 7 des Anhangs II,
- Abschnitt 6 des Anhangs V und
- Abschnitt 6 des Anhangs VI

der MDD bei Medizinprodukten der Klasse IIa die technische Dokumentation für eine repräsentative Probe einer jeden Subkategorie auf Einhaltung der regulatorischen Anforderungen zu prüfen.

Beispiele für Subkategorien von aktiven Medizinprodukten der MDD sind [88]:

- MD 1101   Geräte für extrakorporale Kreisläufe, Infusionen sowie zur Hämophorese
- MD 1102   Beatmungs-, Sauerstofftherapie- (einschließlich hyperbare Therapiekammern) und Inhalationsnarkosegeräte
- MD 1111   Software

System

⇨ §10 MPG
⇨ {Behandlungseinheit, Kombination von Medizinprodukten, Set}

Der griechische Ursprung des Begriffs „System" bedeutet so viel wie „Zusammenstellung". Überträgt man diese allgemeine Bedeutung des Begriffs „System" auf das Medizinprodukterecht, so kann das Medizinprodukt „System" im Sinne von § 10 MPG verstanden werden als eine „Zusammenstellung von Produkten",

- die gemeinsam über die vom Hersteller festgelegte Zweckbestimmung im Zusammenhang stehen

und

- gemeinsam – d. h. nicht getrennt als einzelne Medizinprodukte – erstmalig in den Verkehr gebracht und in Betrieb genommen werden.

Kennzeichnend für ein System ist – in Abgrenzung zu dem Begriff „Behandlungseinheit" –, dass zwischen den einzelnen Produkten, die gemeinsam als System erstmalig in Verkehr gebracht werden, eine funktionelle, aber nicht rückwirkungsfreie Kopplung besteht, um gemeinsam die beabsichtigte medizinische Zweckbestimmung zu erzielen.

Technische Leistung eines Medizinprodukts
Die technische Leistung eines Medizinprodukts umfasst die physikalisch / technische Leistungsfähigkeit.

Die technische Leistung ist notwendige Voraussetzung zur Erbringung der medizinischen Leistung, wobei auch der Fall, dass keine medizinische Leistung erbracht wird, grundsätzlich nicht ausgeschlossen ist. Das Medizinprodukt würde in einem derartigen Fall eine Placebo-Funktion erfüllen, wäre aber medizinisch gesehen wirkungslos, da die ordnungsgemäße technische Leistung nicht zu der gewünschten medizinischen Wirkung führt (z. B. bei umstrittenen Therapieverfahren).

Technische Sicherheit
Technische Sicherheit umfasst alle Aspekte zur Vermeidung von durch das Medizinprodukt bedingten, technisch induzierten Gefährdungen, wie beispielsweise:
- Fehler in der Konzeption bzw. Konstruktion,
- Produktionsfehler,
- Mängel bei Umgebungs- und Anschlussbedingungen,
- Verschleißerscheinungen bzw. nicht erkennbare Defekte,
- Mängel in der Handhabung der Medizinprodukte sowohl in der Phase der Anwendungsvorbereitung als auch unmittelbaren Anwendung.

Technische Spezifikation
⇨ Artikel 2 Nr. 8 Verordnung (EG) Nr. 765/2008 [77]:
«Technische Spezifikation: ein Dokument, in dem die technischen Anforderungen vorgeschrieben sind, denen ein Produkt, ein Verfahren oder Dienstleistungen genügen müssen.»

UMDNS
⇨ {EDMS-Nomenklatur; GMDN}

UMDNS ist eine Nomenklatur für Medizinprodukte der AIMDD und MDD zum regulatorischen Informationsaustausch im Rahmen des MPG's.

UMDNS steht für „Universal Medical Device Nomenclature System". Diese Nomenklatur umfasst im Wesentlichen alle Medizinprodukte der AIMDD und MDD sowie auch einige Nicht-Medizinprodukte, die in der Medizin Verwendung finden (z. B. Krankenhausmöbel). UMDNS wurde vom Emergency Care Research Institute (ECRI) zum Zwecke der Verschlüsselung von Medizinprodukten entwickelt.

Die vorliegende deutsche Version des UMDNS wird in Deutschland im Auftrag des BMG zur einheitlichen Nomenklatur der Medizinprodukte für regulatorische Zwecke herausgegeben. Für die Kodierung und exakte Bezeichnung von In-vitro-Diagnostika wird die speziellere und besser strukturierte EDMS-Nomenklatur verwendet. UMDNS und EDMS-Nomenklatur sollen zukünftig durch die Global Medical Device Nomenclature (GMDN) abgelöst werden.

Unfall
Unerwünschtes Ereignis, das unerwartet eintritt und Schäden verursacht oder verursachen kann.

Unfallverhütungsvorschrift
⇨ § 2 MPBetreibV

Unfallverhütungsvorschriften (UVV) haben den Status einer Rechtsnorm, die verbindlich von den Mitgliedsbetrieben eines Unfallversicherungsträgers eingehalten werden müssen. Eine UVV enthält technische, organisatorische und persönliche Maßnahmen für Unternehmer und Versicherte (Arbeitnehmer). Die gesetzliche Grundlage ergibt sich aus dem 7. Sozialgesetzbuch (SGB VII).
Die Träger der Deutschen Gesetzlichen Unfallversicherung – Berufsgenossenschaften (gewerblich) und Unfallkassen (öffentlich) – können Unfallverhütungsvorschriften erlassen, um Unfälle und Berufskrankheiten bei Anwendern / Bedienern von Medizinprodukten zu vermeiden, z. B.:
- BGV A 1 „Grundsätze der Prävention",
- BGV A 3 „Elektrische Anlagen und Betriebsmittel" [30].

Ergänzt werden die Unfallverhütungsvorschriften durch Berufsgenossenschaftliche Regeln für Sicherheit und Gesundheit bei der Arbeit (BG-Regeln). Sie sind eine Zusammenstellung bzw. Konkretisierung von Inhalten z. B. aus Staatlichen Arbeitsschutzvorschriften (Gesetze, Verordnungen), Berufsgenossenschaftlichen Vorschriften (Unfallverhütungsvorschriften), Technischen Spezifikationen und/oder den Erfahrungen berufsgenossenschaftlicher Präventionsarbeit, so z. B. BGR 250 / TRBA 250 „Biologische Arbeitsstoffe im Gesundheitswesen und in der Wohlfahrtspflege".

Untersuchungsmaterial
⇨ Teil A Nr. 3 RiLiBÄK

«Für Untersuchungszwecke einem zu Untersuchenden entnommenes oder von ihm ausgeschiedenes Körpermaterial (z. B. venöses Blut, Liquor cerebrospinalis, Punktatflüssigkeit, Gewebe, Urin, Stuhl) einschließlich eventueller Zusätze in einem geeigneten Behältnis.»

Validierung
⇨ § 7 Abs. 8 MPV

«Wer Medizinprodukte nach § 10 Absatz 3 Satz 2 des Medizinproduktegesetzes aufbereitet, hat im Hinblick auf die Sterilisation und die Aufrechterhaltung der Funktionsfähigkeit der Produkte ein Verfahren entsprechend Anhang II oder V der Richtlinie 93/42/EWG durchzuführen und eine Erklärung auszustellen, die die Aufbereitung nach einem geeigneten validierten Verfahren bestätigt.»

Nach ISO 9000:2005 ist unter „Validierung" eine Bestätigung durch einen objektiven, dokumentierten Nachweis zu verstehen, dass spezifizierte Anforderungen für eine bestimmte Anwendung erfüllt sind.

Mit anderen Worten: Die Validierung bestätigt (oder auch nicht), dass beispielsweise das Aufbereitungsverfahren für die vom Anwender vorgesehene Anwendung geeignet ist. Die Validierung gibt somit eine Antwort auf die Frage: „Ist das Verfahren für die vorgesehene Anwendung richtig?"

Um sicherzustellen, dass ein Medizinprodukt die Anforderungen für die vorgesehene Anwendung erfüllt, muss eine Validierung durchgeführt und die Ergebnisse und notwendigen Maßnahmen aufgezeichnet und dokumentiert werden. Bei der Validierung eines Medizinprodukts für eine vom Anwender vorgesehene Anwendung ist die Frage zu beantworten: „Ist das Medizinprodukt für die vorgesehene Anwendung richtig?"

Verantwortliche Organisation

⇨ DIN EN 60601-1 (2007-07):

«3.101 Verantwortliche Organisation

Einheit, die für den Gebrauch und die Instandhaltung eines medizinischen elektrischen Geräts oder eines medizinischen elektrischen Systems verantwortlich ist.

Anmerkung 1: Die verantwortliche Einheit kann ein Krankenhaus, ein praktizierender Arzt oder ein Laie sein. Bei der Anwendung zuhause können der Patient, der Bediener und die verantwortliche Organisation ein und dieselbe Person sein.

Anmerkung 2: Ausbildung und Schulung sind im „Gebrauch" inbegriffen.»

Verifizierung

⇨ ISO 9000:2005

«Bestätigung durch Bereitstellung eines objektiven Nachweises, dass Anforderungen erfüllt werden.»

Mit anderen Worten: Durch Verifizierung wird bestätigt und dokumentiert, dass beispielsweise die Spezifikation für ein Medizinprodukt richtig realisiert ist. Das Medizinprodukt erfüllt die in der Spezifikation festgelegten Anforderungen.

Verantwortlicher für das erstmalige Inverkehrbringen

⇨ § 5 MPG

§ 5 MPG legt fest, dass entweder

- der Hersteller eines Medizinprodukts oder – falls dieser nicht seinen Sitz im EWR hat –
- sein Bevollmächtigter oder
- der Einführer – wenn das Medizinprodukt nicht unter der Verantwortung des Bevollmächtigten in den EWR eingeführt wird –

verantwortlich ist für das erstmalige Inverkehrbringen eines Medizinprodukts im EWR.
Zu den Pflichten des Verantwortlichen für das erstmalige Inverkehrbringen gehört
- die Verantwortung im Sinne der Produzentenhaftung,
- die Verantwortung für den vom Hersteller dem Produkt zugewiesenen medizinischen Verwendungszweck,
- die CE-Kennzeichnung des Medizinprodukts und die damit verbundene Verantwortung bezüglich der Aussage im Hinblick auf die Konformität mit den Grundlegenden Anforderungen,
- die Verantwortung für die Vollständigkeit der Produktinformation, insbesondere der in der Gebrauchsanweisung gegebenen Informationen,
- die Verantwortung, dass das Medizinprodukt die Anforderungen des MPG's sowie der zugehörigen Verordnungen, die das Inverkehrbringen betreffen – einschließlich der Durchführung von notwendigen korrektiven Maßnahmen – im vollen Umfang erfüllt.

Verbände der Medizinprodukte-Industrie
In der Bundesrepublik Deutschland sind u.a. folgende Verbände tätig, die die Interessen der Medizinprodukte-Industrie vertreten. Angabe der Verbände in alphabetischer Reihenfolge:
- Bundesverband der Arzneimittel-Hersteller e. V. – BAH
  Ubierstr. 71-73
  53173 Bonn, (http://www.bah-bonn.de)
- Bundesverband der pharmazeutischen Industrie e. V. – BPI
  Friedrichstraße 148
  10117 Berlin, (http://www.bpi.de)
- Bundesverband Medizintechnologie e.V. – BVMed
  Reinhardtstr. 29b
  10117 Berlin, (http://www.bvmed.de)
- ZVEI – Zentralverband Elektrotechnik- und Elektronikindustrie e.V.
  Fachverband Elektromedizinische Technik
  Lyoner Straße 9
  60528 Frankfurt, (http://www.zvei.org)
- SPECTARIS – Deutscher Industrieverband für optische, medizinische und mechatronische Technologien e. V.
  Saarbrücker Straße 38
  10405 Berlin, (http://www.spectaris.de)
- Verband der Deutschen Dental-Industrie e. V. – VDDI
  Aachener Straße 1053-1055
  50858 Köln, (http://www.vddi.de)
- VDGH – Verband der Diagnostica-Industrie e. V.
  Neustädtische Kirchstraße 8
  10117 Berlin, (http://www.vdgh.de)

Verkehr mit Medizinprodukten
⇨ § 1 MPG

Der Zweck des MPG's – den Verkehr mit Medizinprodukten zu regeln – hat zwei wesentliche Aspekte:
- Schaffung der Voraussetzungen für einen freien Warenverkehr innerhalb des EWR's und
- Schaffung der Voraussetzungen für einen geordneten Verkehr der Medizinprodukte von ihrer Herstellung über den gesamten Vertriebsweg bis hin zum Anwender bzw. Verwender.

Unter dem Begriff «Verkehr mit Medizinprodukten» im Sinne des MPG's wird mehr subsumiert als nur die Maßnahmen im Zusammenhang mit dem erstmaligen Inverkehrbringen. Auch die dem erstmaligen Inverkehrbringen vor- und nachgeschalteten Tätigkeiten sind geregelt. Der Verkehr mit Medizinprodukten umfasst u. a.:
- Herstellung
  - Entwicklung,
  - Erprobung,
  - Fertigung,
  - Qualitätsmanagement,
  - klinische Bewertung,
  - gegebenenfalls klinische Prüfung,
  - Risikobewertung,
  - Bewertung der Gebrauchstauglichkeit,
  - Konformitätsbewertung,
  - Kennzeichnung,
  - Verpackung,
- Ausstellung (Aufstellung, Vorführung),
- Inverkehrbringen (Überlassung an einen Anderen),
- Errichten (Zusammenbau, Installation beim Betreiber),
- Einweisen,
- Betreiben (Bereithaltung zur Nutzung durch den Anwender),
- Anwenden bzw. Verwenden (Nutzung am, für oder durch den Patienten).

Verordnung
⇨ {siehe EU-Verordnung}

Verschleißteil
Verschleiß ist die unerwünschte Veränderung der Oberfläche von Gebrauchsgegenständen durch Lostrennen kleiner Teilchen infolge mechanischer Ursachen z. B. Reibung bei aufeinander gleitenden Oberflächen [90].

Verschleißteile sind Teile, die bei bestimmungsgemäßer Verwendung aufgebraucht werden und somit entsprechend der Gerätenutzung rechtzeitig vor ihrem endgültigen Versagen ausgewechselt werden müssen.

Fachwörterbuch

Verwendung
Der Begriff «Verwendung» ist im Grunde ein Synonym für «Anwendung» und meint insbesondere die Nutzung eines Medizinprodukts entsprechend der Zweckbestimmung des Herstellers
- durch den Patienten (z. B. Gehhilfen, Rollstuhl, Brille, Hörhilfe) oder
- durch einen Dritten – aber für den Patienten (z. B. Verbandmaterial, Lifter, elektrisch verstellbares Pflegebett).

Verwendungszweck
⇨ § 19 Abs. 1 und 2 MPG

Der Verwendungszweck eines Medizinprodukts basiert auf der Zweckbestimmung des Herstellers und umfasst den bestimmungsgemäßen Gebrauch unter normalen Einsatzbedingungen – einschließlich des vorhersehbaren Missbrauchs. Hierbei hat das Medizinprodukt die vom Hersteller vorgegebenen Leistungen zu erbringen – unter Berücksichtigung der technischen Anwendungsbeschränkungen.

Die Eignung des Medizinprodukts für den vorgesehenen Verwendungszweck ist durch eine klinische Bewertung (Leistungsbewertung bei In-vitro-Diagnostika) zu belegen.

Bei der Beurteilung eines Medizinprodukts für die Eignung unter dem vorgesehenen Verwendungszweck ist der bestimmungsgemäße Gebrauch „unter normalen Einsatzbedingungen" vorauszusetzen, wie dies explizit im Anhang X Nr. 1.1 der MDD gefordert wird.

Verwendungsfertiges Produkt
Obwohl das MPG nicht explizit in der Definition «Medizinprodukt» von verwendungsfertigen Produkten spricht, darf unterstellt werden, dass es sich bei Medizinprodukten im Allgemeinen um verwendungsfertige Produkte handelt. Die vorausgesetzte medizinische Nutzung kann im Allgemeinen nur bei verwendungsfertigen Produkten sinnvoll angegeben werden.

Verwendungsfertig in diesem Zusammenhang unterstellt dabei aber keinesfalls, dass das Medizinprodukt bereits für eine unmittelbare Anwendung vorbereitet ist. Es können noch Maßnahmen des Betreibers bzw. Anwenders erforderlich sein, wie beispielsweise Anbringen von Zubehörteilen, Installation, Konfiguration elektronischer Geräte, anwendungsbezogene Modifikationen oder Anpassungen, Zusammenbau, Sterilisation von unsteril gelieferten Medizinprodukten.

Im Gegensatz zur Medizingeräteverordnung ist jedoch die Verwendungsfähigkeit kein Kriterium dafür, ob ein Produkt nach den Vorschriften des MPG's eigenständig in den Verkehr gebracht werden kann oder nicht. Einmalartikel oder Zubehör, die üblicherweise gesondert beschafft und bei bestimmungsgemäßer Verwendung des Grundgeräts hinzugefügt werden müssen (Infusionsbesteck, EKG-Elektroden, Atemschlauchsystem, etc.) sind eigenständige Medizinprodukte und unterliegen somit denselben Anforderungen bezüglich des Inverkehrbringens wie das eigentliche Grundgerät.

Vigilanzsystem
⇨ {siehe Medizinprodukte-Beobachtungs- und -Meldesystem}

Vorkommnis
⇨ § 2 Nr. 1 MPSV:
«Vorkommnis: eine Funktionsstörung, ein Ausfall oder ein Änderung der Merkmale oder der Leistung oder eine Unsachgemäßheit der Kennzeichnung oder der Gebrauchsanweisung eines Medizinproduktes, die unmittelbar oder mittelbar zum Tod oder zu einer Verschlechterung des Gesundheitszustands eines Patienten, eines Anwenders oder einer anderen Person geführt hat, geführt haben könnte oder führen könnte.»

Wartung
⇨ DIN 31051 (2003-06) [68]:
«Maßnahmen zur Verzögerung des Abbaus des vorhandenen Abnutzungsvorrats.»

Die Wartung ist eine wesentliche Maßnahme zur Vermeidung technisch bedingter Störungen. Eine geplante periodische Durchführung verbessert die Zuverlässigkeit eines medizinisch-technischen Geräts und ist somit eine wesentliche Voraussetzung zur Erhaltung der Funktions- und Betriebssicherheit.

Maßnahmen der Wartung umfassen u. a:
- Erstellen eines Wartungsplans, der auf die spezifischen Belange des jeweiligen Betriebes oder der betrieblichen Anlage abgestellt ist und hierfür verbindlich gilt;
- Vorbereitung der Durchführung;
- Durchführung;
- Funktionsprüfung;
- Dokumentation.

Wechselseitige Beeinflussung
⇨ § 29 MPG, § 31 MPG

Wechselseitige Beeinflussung ist der unerwünschte Einfluss, den Medizinprodukte oder Medizinprodukte und andere Gegenstände oder Medizinprodukte und Arzneimittel bei ihrer Zweckbestimmung entsprechender Verwendung untereinander ausüben.

Dieser Begriff wird in den EU-Richtlinien weder definiert noch verwendet. Im MPG wird dieser Begriff im Rahmen des «Medizinprodukte-Beobachtungs- und -Meldesystems» und im Zusammenhang mit den Aufgaben des Medizinprodukteberaters und den zu meldenden Ereignissen benutzt.

Wesentliche Änderung
1. QM-System
⇨ Anhang 2 Abschnitt 3 und 4 AIMDD, Anhang II Abschnitt 3 und 4 MDD

Wesentliche Änderungen des QM-Systems sind Änderungen, die die Konformität des QM-Systems mit den regulatorischen Anforderungen des MPG, der entspre-

chenden europäischen Richtlinie oder der entsprechenden Harmonisierten Norm EN ISO 13485:2003 + AC 2007 in Frage stellen, beispielsweise:
- neuer Eigentümer,
- Ausweitung der Entwicklungs- und / oder Fertigungsüberwachung,
- Hinzufügen eines weiteren Subsystems zu dem QM-System,
- Zusammenlegen von Entwicklungs- und / oder Fertigungsstellen,
- neue Entwicklungs- und / oder Fertigungsstellen,
- wesentliche Veränderungen in Spezialprozessen (z. B. Änderung des Sterilisationsverfahrens) und / oder in Herstellungstechnologien,
- wesentliche personelle Veränderungen, die einen Einfluss auf die Wirksamkeit des QM-Systems und / oder die Einhaltung regulatorischer Anforderungen haben,
- Veränderung der im Zertifikat zum QM-System aufgeführten, in die Genehmigung eingeschlossenen Medizinprodukte / Medizinprodukte-Kategorien.

Der Hersteller hat die Benannte Stelle über wesentliche Änderungen des QM-Systems zu informieren.

2. Medizinprodukt

Wesentliche Änderungen des Medizinprodukts sind Änderungen, die die Konformität des Medizinprodukts mit den Anforderungen des MPG oder den zutreffenden Grundlegenden Anforderungen der entsprechenden europäischen Richtlinie(n) in Frage stellen.

Wesentliche Änderungen eines Medizinprodukts sind auch verbunden mit einer Änderung
- der medizinischen Zweckbestimmung,
- der sicherheitstechnischen Eigenschaften,
- der technischen Leistung und / oder
- der medizinischen Leistung.

Wesentliche Änderungen führen zu einer neuen Konformitätsbewertung des Medizinprodukts.

Ergänzend sei darauf hingewiesen, dass auch ein „Software-Upgrade" eine wesentliche Änderung des Medizinprodukts «Software» sowohl als eigenständige Software als auch als Betriebssoftware eines Medizinprodukts (wesentliche Änderung des «Ersatzteils" „Betriebs- oder Steuerungssoftware") bedeuten kann.

Zu wesentlichen Änderungen eines Medizinprodukts zählen beispielsweise auch:
- Einsatz neuer Werkstoffe bei Implantaten,
- Einsatz neuer Technologien – beispielsweise der Nanotechnologie.

Wesentliche Änderungen eines Medizinprodukts sind nur dann der Benannten Stelle zu melden, wenn diese im Rahmen des Konformitätsbewertungsverfahrens in Produktprüfungen involviert war. Dies trifft beispielsweise bei der AIMDD auf alle Produkte zu und bei der MDD auf Designauslegungsprüfungen nach Anhang II Nr. 4 (Produkte der Klasse III) und EG-Baumusterprüfungen nach Anhang III (Produkte der Klasse III oder IIb).

Hinzuweisen ist auf die Empfehlung der Notified-Body Gruppe NB-MED 2.5.2 Rec.2 – Rev. 7: „Reporting of design changes and changes of the quality system" [97]. Empfohlen wird jedem Hersteller in einer Verfahrensanweisung festzulegen, welche wesentlichen Änderungen im Hinblick auf das genehmigte Qualitätssystem und die im Zertifikat aufgeführten Medizinprodukte / Medizinprodukte-Kategorien zu melden sind.

Wiederaufbereitung
⇨ {siehe Aufbereitung von Medizinprodukten}

Wiederholbarkeit
⇨ Anhang I, Nr. A 3 IVDD

Wiederholbarkeit – aufeinander folgende Messungen innerhalb eines Labors unter den gleichen Bedingungen – und Reproduzierbarkeit – wiederholte Messungen unter verschiedenen Bedingungen, z. B. in verschiedenen Serien oder in unterschiedlichen Laboratorien – sind Maße für die Präzision eines Messverfahrens, also das Ausmaß der gegenseitigen Annäherung wiederholter Messungen derselben Messgröße in demselben Probenmaterial unter veränderten Messbedingungen – z. B. Labor, Person, Zeit.

Wiederverwendbares chirurgisches Instrument
⇨ Anhang IX Abschnitt I Nr. 1.3 MDD

«Ein nicht in Verbindung mit einem aktiven Medizinprodukt eingesetztes, für einen chirurgischen Eingriff bestimmtes Instrument, dessen Funktion im Schneiden, Bohren, Sägen, Kratzen, Schaben, Klammern, Spreizen, Heften oder ähnlichem besteht und das nach Durchführung geeigneter Verfahren wieder verwendet werden kann.»

Unabhängig vom Einsatzort im menschlichen Körper wird ein wieder verwendbares chirurgisches Instrument aufgrund von Regel 6 im Anhang IX MDD der Klasse I zugeordnet [47] – es sei denn, dass das wieder verwendbare chirurgische Instrument vom Hersteller spezifisch zur Anwendung z. B. am zentralen Kreislaufsystem bestimmt ist. In diesem Fall ist es nach Regel 6 der Klasse III zuzuordnen.

Wirtschaftsakteure
⇨ Artikel 2 Nr. 7 Verordnung (EG) Nr. 765/2008 [77]:
«Wirtschaftsakteure: Hersteller, Bevollmächtigter, Einführer und Händler.»

Zentrales Kreislaufsystem
⇨ Anhang IX Nr. 1.7 MDD:
«Im Sinne dieser Richtlinie [red. Anmerkung: gemeint ist MDD] sind unter dem „zentralen Kreislaufsystem" folgende Gefäße zu verstehen:
Arteriae pulmonales, Aorta ascendens, arcus Aortae, Aorta descendens bis zur Bifurcatio aortae, Arteriae coronariae, Arteria carotis communis, Arteria carotis externa, Arteria carotis interna, Arteriae cerebrales, Truncus brachiocephalicus, Venae cordis, Venae pulmonales, Vena cava superior, Vena cava inferior.»

Zentrales Nervensystem
⇨ Anhang IX Nr. 1.8 MDD:
«Im Sinne dieser Richtlinie [red. Anmerkung: gemeint ist MDD] ist unter dem „zentralen Nervensystem" folgendes zu verstehen:
Gehirn, Hirnhaut, Rückenmark.»

Zentrallabor
⇨ Teil A Nr. 3 RiLiBÄK
«Zentrallabor bedeutet, dass die laboratoriumsmedizinischen Untersuchungen in der Regel von einer einzigen Organisationseinheit „medizinisches Laboratorium" für die gesamte Einrichtung (z. B. Krankenhaus) von entsprechend qualifiziertem Fachpersonal durchgeführt werden. Das Zentrallabor kann auch ein externes Labor sein, das einem anderen Rechtsträger / Betreiber untersteht.»

Zertifikat
⇨ {EG-Zertifikat}
In einem Zertifikat bescheinigt eine Benannte Stelle dem Hersteller, dass das Unternehmen ein genehmigtes QM-System beispielsweise zur Entwicklung, Fertigung, Vertrieb und Kundendienst von Medizinprodukten eingeführt hat und anwendet. In dem Zertifikat wird die Norm genannt, die bei der Zertifizierung durch die Benannte Stelle zugrunde gelegt wurde, beispielsweise die Harmonisierte Norm EN ISO 13485:2003 + AC 2007.

Zertifizierung
Das Wort Zertifizierung beinhaltet das lateinische Wort «certificare» in der Bedeutung von «bescheinigen». Der Begriff «zertifizieren» kommt aus dem Bereich der Qualitätssicherung und entspricht im Grunde dem Begriff «bescheinigen».
Nach erfolgreich abgeschlossenem Audit wird dem Auftraggeber (z. B. Hersteller) eine Bescheinigung erteilt und mit der Zertifizierungsstelle (z. B. Benannte Stelle) die regelmäßige Überwachung (z. B. des genehmigten QM-Systems) zur Aufrechterhaltung der Gültigkeit des Zertifikats vereinbart.
Grundlagen für die Zertifizierung eines Medizinprodukteherstellers sind:
- Anhänge von EU-Richtlinien – beispielsweise Anhang II MDD,
- Normen zu einem QM-System – beispielsweise EN ISO 13485 + AC 2007 [73].

Zubehör
⇨ § 3 Nr. 9 MPG:
«Zubehör für Medizinprodukte sind Gegenstände, Stoffe, Zubereitungen aus Stoffen sowie Software, die selbst keine Medizinprodukte nach Nummer 1 sind, aber vom Hersteller dazu bestimmt sind, mit einem Medizinprodukt verwendet zu werden, damit dieses entsprechend der von ihm festgelegten Zweckbestimmung des Medizinprodukts angewendet werden kann. Invasive, zur Entnahme von Proben aus dem menschlichen Körper zur In-vitro-Untersuchung bestimmte Medizinprodukte sowie Medizinprodukte, die zum Zwecke der Probenahme in un-

mittelbaren Kontakt mit dem menschlichen Körper kommen, gelten nicht als Zubehör für In-vitro-Diagnostika»
⇨ DIN EN 60601-1 (2007-07):
«3.3 Zubehör
zusätzliches Teil zum Gebrauch mit einem Gerät, um
- die Zweckbestimmung zu ermöglichen,
- es für einige Spezialanwendungen anzupassen,
- den Gebrauch zu erleichtern,
- die Leistungsfähigkeit zu verbessern,
- seine Funktionen mit denjenigen von anderen Geräten zusammenführen zu können.»

Unter Zubehör sind zusätzliche Medizinprodukte zu verstehen,
- die erforderlich sind, damit das Grundgerät entsprechend der Zweckbestimmung des Herstellers betrieben werden kann oder
- die optional, d. h. bei entsprechendem Bedarf ergänzt werden, um die Funktion des Medizinprodukts zu unterstützen.

Obwohl Zubehör kein eigenständiges Medizinprodukt im Sinne eines verwendungsfertigen Medizinprodukts ist, wird aufgrund der Festlegungen in § 2 Abs. 1 Satz 2 MPG Zubehör grundsätzlich als eigenständiges Medizinprodukt behandelt. Dieses hat zur Konsequenz, dass Zubehör – unabhängig vom eigentlichen Grundgerät – die Konformität mit den zutreffenden Grundlegenden Anforderungen – insbesondere auch im Hinblick auf die Verwendung mit dem / den in der Zweckbestimmung angegebenen Grundgerät(en) – zu bewerten ist.

Zustimmende Bewertung
⇨ § 22 MPG, § 5 MPKPV

Die nach Landesrecht gebildete Ethik-Kommission prüft die vom Sponsor eingereichten Unterlagen insbesondere nach ethischen und rechtlichen Gesichtspunkten (§ 22 MPG). Einzelheiten zu den Antragsunterlagen ergeben sich aus § 3 Abs. 2 und Abs. 3 MPKPV. Anforderungen an Bewertungsverfahren der Ethik-Kommission ergeben sich aus § 22 MPG in Verbindung mit § 5 MPKPV.

Zustimmende Stellungnahme
⇨ {Zustimmende Bewertung}
Überholte Bezeichnung

Zweckbestimmung
⇨ § 3 Nr. 10 MPG:
«Zweckbestimmung ist die Verwendung, für die das Medizinprodukt in der Kennzeichnung, der Gebrauchsanweisung oder den Werbematerialien nach den Angaben des in Nummer 15 genannten Personenkreises (redaktionelle Anmerkung: gemeint ist der Hersteller) bestimmt ist.»

Die Zweckbestimmung ist die vom Hersteller festgelegte Verwendungsmöglichkeit für ein Medizinprodukt und ergibt sich für den Betreiber oder Anwender aus

- der Kennzeichnung des Produkts,
- der Gebrauchsanweisung oder / und
- der Werbung.

Die bisher im Geräte- und Produktsicherheitsgesetz getroffene Regelung, die sogenannte «übliche Verwendung» automatisch – also ohne ausdrückliche Festlegung durch den Hersteller – als Zweckbestimmung eines Produkts anzusehen, entfällt bei Medizinprodukten, da das MPG in seiner Definition der Zweckbestimmung dieses nicht vorsieht.

Unabhängig davon kann aber ein Hersteller die Zweckbestimmung nicht vollkommen unabhängig von der «üblichen Verwendung» festlegen, da sonst durchaus die Möglichkeit einer irreführenden Kennzeichnung gegeben ist.

Die Festlegung der Zweckbestimmung kommt im Rahmen des MPG's eine entscheidende Bedeutung zu, da bei allen Maßnahmen, denen ein Medizinprodukt mittelbar oder unmittelbar unterzogen wird, auf die vom Hersteller festgelegte Zweckbestimmung Bezug genommen wird, wie beispielsweise:

- Zuordnung als Medizinprodukt,
- Klassifizierung bei Medizinprodukten im Sinne der MDD,
- Klinische Bewertung bei Medizinprodukten im Sinne der AIMDD oder MDD,
- Bewertung von Medizinprodukterisiken im Rahmen des Risikomanagements,
- sachgerechte Anwendung bzw. Verwendung,
- Produkthaftung.

Bei der Überprüfung, ob sich ein Medizinprodukt für den vorgesehenen Verwendungszweck eignet und hierfür angemessen sicher ist, muss der Hersteller auch den vorhersehbaren Missbrauch (Fehlgebrauch) und die Anwendungsbeschränkungen berücksichtigen. Diese sind als Teil des «Verwendungszwecks» anzusehen.

Weiterführende Literatur

[1] *Böckmann, R.-D.*: Medizinproduktegesetz – Erster Entwurf vorgestellt. Teil 1, mt-Medizintechnik 113 (1993), Nr. 6, S. 223; Teil 2, mt-Medizintechnik 114 (1994), Nr. 1, S. 14

[2] *Schorn, G., Baumann, H. G., Bien, A. S., Lücker, V., Wachenhausen, H.*: Medizinprodukte-Recht – Recht, Materialien, Kommentar. 25. Ergänzung, Stand 08.2009. Wissenschaftliche Verlagsgesellschaft mbH, Stuttgart

[3] *Böckmann, R.-D., Winter, M.*: Durchführungshilfen zur Medizingeräteverordnung – Praxisnahe Hinweise, Erläuterungen, Textsammlung. Verlag TÜV Rheinland GmbH, 14. Ergänzungslieferung November 1996, Köln

[4] *Nöthlichs, M.*: Sicherheitsvorschriften für Medizinprodukte. Kommentar zum MPG und zur MPBetreibV mit weiteren Vorschriften und Texten, Stand 02.2010. Erich Schmidt Verlag, Berlin

[5] *Friesdorf, W., Ahnefeld, F. W., Kilian, J.*: Organisation der Geräteübernahme und der Einweisung. Anästh. Intensivmedizin 25 (1984), S. 331

[6] *Schorn, G.*: Nachgefragt … Medizinprodukte Journal 2 (1995), Nr. 2, S. 21

[7] Anselmann, N.: EG-Richtlinien für Medizinprodukte. DIN-Mitteilungen 72 (1993), Nr. 11, S. 689

[8] Wallroth, C. F.: Wie lassen sich die neuen Medizingerätenormen für den europäischen Binnenmarkt realisieren? In: Der europäische Binnenmarkt – Konsequenzen für die Medizintechnik. Eurospec – Institut für Gerätesicherheit, Darmstadt (1992)

[9] Anselmann, N.: Die europäische Normung. In: *Schorn, G.* (Hrsg.): Aktive implantierbare Medizinprodukte – Texte mit Einführung. Wissenschaftliche Verlagsgesellschaft mbH, Stuttgart 1993

[10] Europäische Normen für 1992 – Ein Leitfaden des DIN. DIN-Deutsches Institut für Normung, Berlin (1992)

[11] CEN / CENELEC Memorandum No. 4 *«Allgemeine Leitsätze»*

[12] Otto, F.: Zusatzeinrichtungen zu fremder Ware. mt-Medizintechnik 106 (1986), Nr. 1, S. 25

[13] Otto, F.: Pflicht zur Produktbeobachtung. mt-Medizintechnik 107 (1987), Nr. 4, S. 25

[14] Miethe, B.: Bundesgerichtshof schafft neue Fakten in der Produzentenhaftung. mt-Medizintechnik 107 (1987), Nr. 5, S. 182

[15] Frankenberger, H., Böckmann, R.-D.: EG-Richtlinien. In: *Böckmann, R.-D., Winter, M.* (Hrsg.): Durchführungshilfen zur Medizingeräteverordnung – Praxisnahe Hinweise, Erläuterungen, Textsammlung. Verlag TÜV Rheinland GmbH, 14. Ergänzungslieferung November 1996, Köln

[16] Lange, D.: EG-Zeichen (CE). In: *Schorn, G.* (Hrsg.): Aktive implantierbare Medizinprodukte – Texte mit Einführung. Wissenschaftliche Verlagsgesellschaft mbH, Stuttgart 1993

[17] Mestmacher, B.: Problematik der Konformitätsbewertungsverfahren. Medizinprodukte-Journal 1 (1994), Nr. 2, S. 10

[18] Konformitätsbewertungsverfahren für Medizinprodukte (Stand: März 2009) aus: Informationsreihe „Medizinprodukterecht" (10-teilige Leitfadenserie). BVMed – Bundesverband Medizintechnologie e.V., Berlin

[19] Hessenbruch, H. E., Staatsmann, W., Rosarium, H. T.: Europa setzt auf Qualität – *«Globales Konzept»* und Auditierung / Zertifizierung von Qualitätssicherungs-Systemen. mt-Medizintechnik 113 (1993), Nr. 3, S. 98

[20] Böckmann, R.-D.: CE = *«Confusion Européenne»*? mt-Medizintechnik 113 (1993), Nr. 2, S. 44

[21] DIN EN 60601-1 (2007-07) «Medizinische elektrische Geräte, Teil 1: Allgemeine Festlegungen für die Sicherheit einschließlich der wesentlichen Leistungsmerkmale» , (IEC 60601-1:2005), Deutsche Fassung EN 60601-1:2006, Berichtigung zu DIN EN 60601-1 (VDE 0750-1) 2007-07, Beuth Verlag, Berlin

[22] *Obermayer, A.:* Technische Ausbildung für Anwender medizinisch-technischer Geräte. mt-Medizintechnik 107 (1987), Nr. 6, S. 214

Fachwörterbuch

[23] *Böckmann, R.-D.*: Betriebsvorschriften für medizinisch-technische Geräte. mt-Medizintechnik 115 (1995), Nr. 4, S. 124

[24] *Künzel, I.*: Der Medizinprodukteberater – eine neue Aufgabe für die Hersteller. Medizinprodukte-Journal 2 (1995), Nr. 2, S. 18

[25] *Böckmann, R.-D.*: Der Medizinprodukteberater. mt-Medizintechnik 115 (1995), Nr. 2, S. 44

[26] *Böckmann, R.-D.*: Zertifizierung nur ein PR-Gag? mt-Medizintechnik 115 (1995), Nr. 1, S. 4

[27] *Frankenberger, H.*: Qualitätssicherung medizinisch-technischer Geräte. mt-Medizintechnik 107 (1987), Nr. 3, S. 84

[28] *Schwanbom, E.*: Risikoanalyse in der Medizintechnik. mt-Medizintechnik 113 (1993), Nr. 6, S. 215

[29] DIN EN 62353; VDE 0751-1 (2008-08): Medizinische elektrische Geräte – Wiederholungsprüfungen und Prüfung nach Instandsetzung von medizinischen elektrischen Geräten (IEC 62353:2007); Deutsche Fassung EN 62353:2008. Beuth Verlag, Berlin.

[30] BGVR-Gesamtausgabe: Unfallverhütungsvorschriften (BGV) – Regeln (BGR) – Informationen (BGI) – Grundsätze (BGG), 47. Ausgabe (3. Aktualisierung 2009). Carl Heymanns Verlag, Köln.

[31] BGR 250 / TRBA 250 «Biologische Arbeitsstoffe im Gesundheitswesen und in der Wohlfahrtspflege» 2008

[32] *Schultner, R.*: Die Bedeutung von Lerninhalten und Lernzielen bei Schulungen und Ausbildung an medizintechnischen Geräten. Beitrag und Diskussionsergebnis beim Workshop «Schulung und Ausbildung an medizintechnischen Geräten», Giengen / Brenz 1987. MedGV schnell erklärt – Aus der Praxis für die Praxis Nr. 4, B. Braun Melsungen AG, Melsungen 1987

[33] *Pschyrembel*: Klinisches Wörterbuch, 261. Auflage, Walter de Gruyter, Berlin 2007

[34] *Schwanbom, E., Rothballer, W.*: Die Risiko- und Akzeptanzmatrix. Medizinprodukte Journal 3 (1996), Nr. 3, S. 27

[35] *Hill, R., Schmitt, J. M.*: WiKo – Kommentar zum Medizinprodukterecht. Stand April 2010. Verlag Dr. Otto Schmidt KG, Köln

[36] *Böckmann, R.-D., Frankenberger, H.*: Durchführungshilfen zum Medizinproduktegesetz– Schwerpunkt Medizintechnik und In-vitro-Diagnostika – Praxisnahe Hinweise, Erläuterungen, Textsammlung. Stand: 33. Ergänzung Juni 2010, TÜV Media GmbH, Köln

[37] *Mieke, S., Schade, T.* (Hrsg.): Leitfaden zu messtechnischen Kontrollen von Medizinprodukten mit Messfunktion (LMKM) – Ausgabe 2.2. Physikalische-Technische Bundesanstalt, Medizinische Messtechnik, Braunschweig und Berlin, Teil 1: Februar 2009, Teil 2: April 2009

[38] *Böckmann, R.-D.*: Die „*beauftragte Person*" kündigt, was nun? mt-Medizintechnik 119 (1999), Nr. 4, S. 125

[39] *Obermayer, A.*: Wer ist „*die vom Betreiber beauftragte Person*"? mt-Medizintechnik 121 (2001), Nr. 1, S. 17
[40] *Böckmann, R.-D.*: Anforderungen an die Ausbildung der Einweisenden. mt-Medizintechnik 121 (2001), Nr. 1, S. 1
[41] *Frankenberger, H.*: Entwurf eines Zweiten Gesetzes zur Änderung des Medizinproduktegesetzes – Was ändert sich? Eine Stellungnahme. mt-Medizintechnik 121 (2001), Nr. 2, S. 47
[42] Gemeinsame Empfehlung der Kommission für Krankenhaushygiene und Infektionsprävention am Robert-Koch-Institut und des Bundesinstituts für Arzneimittel und Medizinprodukte zu den «Anforderungen an die Hygiene bei der Aufbereitung von Medizinprodukten», Bundesgesundheitsbl. 44 (2001), S. 1115-1126
[43] MEDDEV 2.12/1 Rev. 6 (12-2009): Medical device vigilance system
[44] Europäische Kommission: Leitfaden für die Umsetzung der nach dem neuen Konzept und dem Gesamtkonzept verfassten Richtlinien. Amt für amtliche Veröffentlichungen der Europäischen Gemeinschaften, Luxemburg, 2000
[45] Schriftliche Anfrage E-0002/01 von Rolf Linkohr (PSE) an die Kommission vom 17. Januar 2001; Betrifft: Aufbereitung von Medizinprodukten. ABl. EG C E vom 19. Juni 2001, S. 243
[46] Urteil des Oberlandesgerichts München – 6 U 1860/01 vom 22. November 2001: Pigmentiergeräte zum Zwecke der Herstellung eines dauerhaften Make-up fallen nicht unter das Medizinproduktegesetz
[47] MEDDEV 2.4/1 Rev. 9 (06-2010): Guidelines for the classification of medical devices.
[48] BVMed-Richtlinien zum Nachweis der Qualifikation zum Medizinprodukteberater.
Teil 1 – Basismodul: Grundwissen / Rechtliche Grundlagen / Aufgaben / Pflichten (Stand: Juni 2010).
Teil 2 – Aufbaumodul: Unternehmensinternes Ausbildungs-/Schulungskonzept (Stand: März 2008). Bundesverband Medizintechnologie e.V., Berlin
[49] *Friesdorf, W., Schwilk, B., Hähnel, J.*: Ergonomie in der Intensivmedizin. Bibliomed Verlag Melsungen, 1990
[50] *Daenzer, W. F.*: Systems Engineering. Verlag Industrielle Organisation, Zürich, 1987
[51] *Thomae, D., Altherr, W. F.*: Bericht des Ausschusses für Gesundheit (15. Ausschuss) zu dem Entwurf eines Gesetzes über den Verkehr mit Medizinprodukten (Medizinproduktegesetz – MPG) der Bundesregierung. Bundestags-Drucksache 12/7930 vom 15. Juni 1994
[52] MEDDEV 2.7/1 rev. 3 (12-2009): Clinical evaluation: Guide for manufacturers and notified bodies
[53] EN ISO 14155-1 (2003-09): Klinische Prüfung von Medizinprodukten an Menschen – Teil 1: Allgemeine Anforderungen (ISO 14155-1:2003); Beuth Verlag, Berlin

Fachwörterbuch

[54] MEDDEV 2.1/1 (04.1994): Definitions of «medical devices», «accessory» and «manufacturer»

[55] MEDDEV 2.10/2 rev. 1 (04.2001): Designation and monitoring of Notified Bodies within the framework of EC Directives on Medical devices

[56] Urteil des Bundesverwaltungsgerichts Leipzig – 3 C 47.02 vom 16. Dezember 2003

[57] AGMP: Arbeitshilfe: Einstufung und Klassifizierung von Medizinprodukten. Version 01 vom 29. Juni 2007

[58] DIN EN ISO/IEC 17000 (2005-03): Konformitätsbewertung – Begriffe und allgemeine Grundlagen (ISO/IEC 17000:2004); Dreisprachige Fassung EN ISO/IEC 17000:2004; Beuth Verlag, Berlin

[59] DIN 57753 / VDE 0753 Teile 1 bis 4: Anwendungsregeln; Beuth Verlag, Berlin.

[60] DIN EN ISO 19011 (2002-12): Leitfaden für Audits von Qualitätsmanagement und/oder Umweltmanagementsystemen(ISO 19011:2002); Deutsche Fassung EN ISO 19011:2002; Beuth Verlag, Berlin

[61] GHTF: Guidelines for Regulatory Auditing of Quality Management Systems of Medical Device Manufacturers – Part 1: General Requirements (2008) – GHTF/SG4/ N28R4:2008 – http://www.ghtf.org

[62] DIN EN ISO 14971 (2009-10): Medizinprodukte – Anwendung des Risikomanagements auf Medizinprodukte (ISO 14971:2007); Deutsche Fassung EN ISO 14971:2007 und DIN EN ISO 14971 Berichtigung 1 (10.2007): Medizinprodukte – Anwendung des Risikomanagements auf Medizinprodukte (ISO 14971:2007), korrigierte Fassung 2007-10-01; Deutsche Fassung EN ISO 14971:2009; Beuth Verlag, Berlin

[63] DIN EN ISO 10993 Teil 1 bis 18: Biologische Beurteilung von Medizinprodukten; Beuth Verlag, Berlin

[64] DIN EN 60601-1-6; VDE 0750-1-6:2008-02: Medizinische elektrische Geräte – Teil 1-6: Allgemeine Festlegungen für die Sicherheit einschließlich der wesentlichen Leistungsmerkmale – Ergänzungsnorm: Gebrauchstauglichkeit (IEC 60601-1-6:2006); Deutsche Fassung EN 60601-1-6:2007; Beuth Verlag, Berlin

[65] DIN EN 60601-1-6 Berichtigung 1; VDE 0750-1-6 Berichtigung 1: Medizinische elektrische Geräte – Teil 1-6: Allgemeine Festlegungen für die Sicherheit einschließlich der wesentlichen Leistungsmerkmale – Ergänzungsnorm: Gebrauchstauglichkeit (IEC 60601-1-6:2006); Deutsche Fassung EN 60601-1-6:2007, Berichtigung zu DIN EN 60601-1-6 (VDE 0750-1-6): 2008-02; Deutsche Fassung CENELEC-Cor. :2010 zu EN 60601-1-6:2007; Beuth Verlag, Berlin

[66] DIN EN 62366; VDE 0750-241 (2008-09): Medizinprodukte – Anwendung der Gebrauchstauglichkeit auf Medizinprodukte (IEC 62366:2007); Deutsche Fassung EN 62366:2008; Beuth Verlag, Berlin

[67] DIN EN ISO 15225 (2005-09): Nomenklatur – Spezifikation für ein Nomenklatursystem für Medizinprodukte zum Zweck des regulativen Datenaustauschs

Fachwörterbuch

(ISO 15225:2000 + Amd 1:2004); Deutsche Fassung EN ISO 15225:2000 + A1:2004 + A2:2005; Beuth Verlag, Berlin

[68] DIN 31051 (2003-06): Grundlagen der Instandhaltung; Beuth Verlag, Berlin

[69] DIN EN 13306 (2010): Begriffe der Instandhaltung; Deutsche und englische Fassung EN 13306:2010; Beuth Verlag, Berlin

[70] DIN 1319-1 (1995-01): Grundlagen der Messtechnik – Teil 1: Grundbegriffe; Beuth Verlag, Berlin

[71] BGV A3 «Elektrische Anlagen und Betriebsmittel»

[72] DIN EN ISO 9000 (2005-12): Qualitätsmanagementsysteme – Grundlagen und Begriffe (ISO 9000:2005); Dreisprachige Fassung EN ISO 9000:2005; Beuth Verlag, Berlin

[73] EN ISO 13485:2003 + AC:2007: Medizinprodukte – Qualitätsmanagementsysteme – Anforderungen für regulatorische Zwecke

[74] Richtlinie der Bundesärztekammer zur Qualitätssicherung quantitativer labormedizinischer Untersuchungen vom 23. November 2007 (Deutsches Ärzteblatt 105 (2008), Heft 7 vom 15. Februar 2008, S. A 341)

[75] MEDDEV 2.1/3 rev. 3 (07.2009): Borderline products, drug-delivery products and medical devices incorporating, as an integral part, an ancillary medicinal substance or an ancillary human blood derivative. Guidelines relating to the application of: the Council Directive 90/385/ EEC on active implantable medical devices, the Council Directive 93/42/EEC on medical devices

[76] Richtlinie der Bundesärztekammer zur Qualitätssicherung quantitativer laboratoriumsmedizinischer Untersuchungen vom 23. November 2007, Deutsches Ärzteblatt 105 (2008), Heft 7 vom 15. Februar 2008, S. A 341

[77] Verordnung (EG) Nr. 765/2008 des Europäischen Parlaments und des Rates vom 9. Juli 2008 über die Vorschriften für die Akkreditierung und Marktüberwachung im Zusammenhang mit der Vermarktung von Produkten und zur Aufhebung der Verordnung (EWG) Nr. 339/93 des Rates [ABl. Nr. L 218 vom 13. 8. 2008, S. 30)

[78] Interpretative Document of the Commission's Services: Interpretation of the relation between the revised Directive 93/42/EEC concerning medical devices and Directive 89/686/EEC on personal protective equipment – 21. August 2009 (http://ec.europa.eu/enterprise/sectors/medical-devices/files/guide-stds-directives/interpretative_ppe_2009_en.pdf) Stand: 12. Juli 2010)

[79] Richtlinie 98/34/EG des Europäischen Parlaments und des Rates vom 22. Juni 1998 über ein Informationsverfahren auf dem Gebiet der Normen und technischen Vorschriften

[80] Beschluss Nr. 768/2008/EG des Europäischen Parlaments und des Rates vom 9. Juli 2008 über einen gemeinsamen Rechtsrahmen für die Vermarktung von Produkten und zur Aufhebung des Beschlusses 93/465/EWG des Rates [ABl. Nr. L218 vom 13. 8. 2008, S. 82]

[81] *Anselmann, N.*: Europäische technische Vorschriften und Normen – Grundlegende Reform mit Auswirkung auf Medizinprodukte. Medizinprodukte Journal 16 (2009), Nr. 1, S. 36

[82] Allgemeinen Leitlinien für die Zusammenarbeit zwischen CEN, CENELEC und ETSI sowie der Europäischen Kommission und der Europäischen Freihandelsgemeinschaft vom 28. März 2003 (ABl. C 91 vom 16. 4. 2003, S. 7)
[83] Interpretative Document of the Commission's Services: Interpretation of the relation between the revised Directive 93/42/EEC concerning medical devices and Directive 2006/42/EEC on machinery – 18. Januar 2008 http://ec.europa.eu/enterprise/medical_devices/guide-stds-directives/interpretative_documents_en.htm (Stand: 28. Juli 2009)
[84] Manual on Borderline and Classification in the Community Regulatory Framework for Medical Device http://ec.europa.eu/enterprise/medical_devices/borderline_classification_en.htm (Stand: 28. Juli 2009)
[85] Leitlinie der Global Harmonization Task Force (GHTF SG 5/N2R8) „Clinical Evaluation" (Mai 2007) http://www.ghtf.org/sg5/sg5-final.html (Stand 28. Juli 2009)
[86] NBOG BPG 2009-4: Guidance on Notified Body's Tasks of Technical Documentation Assessment on a Representative Basis (Juli 2009) http://www.nbog.eu/2.html (Stand: 28. Juli 2009)
[87] EN ISO 14155-2 (2003-09): Klinische Prüfung von Medizinprodukten an Menschen – Teil 2: Klinische Prüfpläne (ISO 14155-2:2003); Beuth Verlag, Berlin
[88] NBOG BPG 2009-3: Guidance for Designating Authorities to Define the Notification Scope of a Notified Body Conducting Medical Devices Assessments (März 2009) http://www.nbog.eu/2.html (Stand: 28. Juli 2009)
[89] *Kollinger, R.*: Kurzportrait der AGMP. http://www.zlg.de (Stand: 28. Juli 2009)
[90] http://www.uni-protokolle.de/Lexikon/Verschlei%DF.html (Stand: 28. Juli 2009)
[91] ICH Topic E 6 (R1), July 2002: Guideline for Good Clinical Practice. European Medicines Agency EMEA http://www.emea.europa.eu/pdfs/human/ich/013595en.pdf (Stand: 28. Juli 2009)
[92] Recommendation NB-MED/2.1/Rec5 – Rev. 5, Juni 2000: Placing on the market of fully refurbished medical devices. http://www.team-nb.org/documents.htm (Stand: 28. Juli 2009)
[93] Inverkehrbringen von instandgesetzten Fingerclipsensoren ohne neue CE-Kennzeichnung. Urteil LG Frankfurt am Main – 2/3 O 214/00 – vom 14. Dezember 2000
[94] EK-Med Antworten und Beschlüsse: Aufbereitung von Medizinprodukten (3.16 A 2 – Mai 2008). Zentralstelle der Länder für Gesundheitsschutz bei Arzneimitteln und Medizinprodukten http://www.zlg.de/cms.php?PHPSESSID=4c73a5229737a88551e122c95cc70c4c&mapid=334 (Stand 28. Juli 2009)

[95] Lebensmittel- und Futtermittelgesetzbuch in der Fassung der Bekanntmachung vom 24. Juli 2009 (BGBl. I S. 2205), geändert durch die Verordnung vom 3. August 2009 (BGBl. I S. 2630)
[96] Alpmann Brockhaus: Fachlexikon Recht. Alpmann & Schmidt juristische Lehrgänge, Münster und F. A. Brockhaus, Mannheim 2004[
[97] Recommendation NB-MED 2.5.2/Rec.2 – Rev. 7, April 2000: Reporting of design changes and changes of the quality system.
http://www.team-nb.org/documents.htm (Stand: 28. Juli 2009)
[98] Anforderung an das Wissen eines Arztes um die Funktionsweise eines von ihm zur Behandlung eingesetzten technischen Geräts. Urteil des Bundesgerichtshofs – VI ZR 110/75 vom 11. Oktober 1977
[99] Mitteilung des Bundesministeriums für Gesundheit zur Übergangsregelung für klinische Prüfungen und Leistungsbewertungsprüfungen, mit denen vor dem 20. März 2010 begonnen wurde (§ 44 Absatz 4 des Medizinproduktegesetzes)
[100] *Burgardt, C., Clausen, C., Wigge, P.*: Kostenerstattung für Medizinprodukte. In *Anhalt, E., Dieners, P.*: Handbuch des Medizinprodukterechts. Verlag C. H. Beck München 2003
[101] Verfassung der Weltgesundheitsorganisation vom 22. Juli 1946; Stand: 25. Juni 2009
[102] Der Gesundheits-Brockhaus, F. A. Brockhaus GmbH, Leipzig - Mannheim
[103] *Wenner, U.*: Sozialgesetzbuch (SGB V). In *Prütting, D.*: Fachanwaltskommentar Medizinrecht; Luchterhand, Köln 2010
[104] *NBOG*: Handbuch für benennende Behörden (2003)
(http://www.nbog.eu/2.html)
[105] Ministerium für Gesundheit, Soziales, Frauen und Familie des Landes Nordrhein-Westfalen: Verordnung zur Verhütung übertragbarer Krankheiten (Hygiene-Verordnung) vom 9. Januar 2003 GV. NRW. 2003, S. 56
[106] *Lücker, V.*: Klarstellung mit Wermutstropfen – Ersatzteile von Drittanbietern bei Medizinprodukten zulässig. Orthopädie im Profil (2009), Nr. 1, S. 35
[107] DIN EN 62304; VDE 0750-101:2007-03: Medizingeräte-Software – Software-Lebenszyklus-Prozesse (IEC 62304:2006); Deutsche Fassung EN 62304:2006
[108] DIN EN 62304 Berichtigung 1; VDE 0750-101 Berichtigung 1:2009-05: Medizingeräte-Software – Software-Lebenszyklus-Prozesse (IEC 62304:2006); Deutsche Fassung EN 62304:2006, Berichtigung zu DIN EN 62304 (VDE 0750-101):2007-03; Deutsche Fassung CENELEC-Cor.:2008 zu EN 62304:2006
[109] Verein zur Förderung der Arbeitssicherheit in Europa e.V.: Akkreditierung von Prüf- und Zertifizierungsstellen, KAN-Bericht Nr. 30 (2003-10)
[110] ZVEI – Elektromedizinische Technik: Service in der Medizintechnik – Remote Service, 1. Auflage, Frankfurt 2007

Notizen

Notizen

Qualitätssicherung nach Röntgenverordnung (RöV)

info@stolpe-jazbinsek.de
www.stolpe-jazbinsek.de

Prüfung aller Systeme innerhalb einer Radiologie und Teleradiologie

in Deutschland, Österreich und der Schweiz

... Prüfungssicherheit für kleine und große Menschen!

Qualitätsmanagement

Prüfung aller Systeme innerhalb einer Radiologie und Teleradiologie

Mit *Stolpe-Jazbinsek Medizintechnische Systeme* empfiehlt sich ein Unternehmen, das Ihnen als umsichtiger Partner kompetent zur Seite steht. Als Team von Spezialisten mit langjähriger Erfahrung betreuen wir radiologische Einrichtungen und Kliniken.

Das Qualitätsmanagement soll eine hohe diagnostische Qualität unter Beachtung gesetzlicher Vorschriften und Empfehlungen gewährleisten. Hier helfen wir Ihnen als kompetenter Partner mit einem passend geschnürten Dienstleistungspaket.

1. Abnahme- und Konstanzprüfung nach RöV
- Ohne Ausnahme kann jedes Röntgensystem einschließlich der digitalen Mammographie, jede Röntgensystemkomponente und die Teleradiologie von uns geprüft werden.
- Fach- und sachkundiges Personal nach § 6 RöV
- Experten für Prüfungen an digitalen Mammographieeinrichtungen

2. Elektrische Sicherheitsprüfung nach BGV A3
- Sicherheitsbeauftragter für Medizinprodukte nach § 30 MPG

3. Messtechnische Kontrolle (MTK) am DFP (Dosisflächenproduktanzeigegerät)
- § 11 Abs. 5 MPBetreibV; behördlich zugelassene und öffentliche Stelle

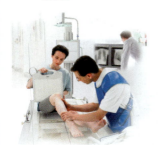

Inklusive:
- Funktionsprüfung
- Sichtprüfung
- Messprotokoll in digitaler und analoger Form
- Protokollnummer und Aufkleber am Prüfling
- Fotonachweis

Datensicherung auf unseren Servern, 10 Jahre. Zugang ist jederzeit möglich via Internet.

Stolpe-Jazbinsek
Medizintechnische Systeme
Rimbacher Straße 30e
97332 Volkach

Telefon +49 (0) 9381 7177479
Telefax +49 (0) 9381 7177489
E-Mail info@stolpe-jazbinsek.de
Web www.stolpe-jazbinsek.de